К 0

Х 1

Б 2

З"А 3

М 4

0
1
2
3
4

кетер
хохма
бина
хесед
гвура
тиферет
нецах
ход
есод
малхут

ТВОРЕНИЕ

Михаэль Лайтман

Основы Каббалы

серия

КАББАЛА. ТАЙНОЕ УЧЕНИЕ

НПФ **«Древо Жизни»**

Издательская группа **kabbalah.info**

Москва 2003

ББК 87.2
УДК 141.33.0
Л18

Лайтман Михаэль
Серия «КАББАЛА. ТАЙНОЕ УЧЕНИЕ»

Л18 **ОСНОВЫ КАББАЛЫ.** –
М.: НПФ «Древо Жизни»,
Издательская группа kabbalah.info, 2003. - 640 с.

Laitman Michael
Series of «KABBALAH. THE HIDDEN WISDOM»

OSNOVI KABBALI. –
M.: NPF «Tree of Life»,
Publishing Group kabbalah.info, 2003. – 640 pages.

ISBN 5-902172-08-X

Настоящий сборник является основной книгой для начинающих изучать Каббалу. Книга в доступной форме позволяет желающим проникнуть в тайны науки, на тысячелетия скрытой от глаз непосвященных. Автор разворачивает перед читателем всю панораму строения и системы мироздания. Открывает структуру высших миров и Законы Высшего Управления.

Желающий познать Высшее найдет в этом сборнике ответы на множество своих вопросов. В первую очередь на главный вопрос человека: «В чем смысл моей жизни?». Книга захватывает и увлекает, позволяет человеку проникнуть в самые глубинные тайны мира и самого себя.

Работы Михаэля Лайтмана, автора более 30 книг серии «Каббала. Тайное Учение», переведены на 19 языков мира (www.kab1.com). М.Лайтман является крупнейшим практикующим каббалистом нашего времени.

Учение Михаэля Лайтмана, основанное на исследованиях самых выдающихся каббалистов за всю историю человечества и на собственном опыте Пути, приобрело огромную международную популярность. Более 150 отделений школы М. Лайтмана работают по всему миру.

ББК 87.2

ISBN 5-902172-08-X

ОГЛАВЛЕНИЕ

К ЧИТАТЕЛЮ

Известно, что Каббала является тайным учением. Именно ее скрытность, тайность послужила поводом для возникновения вокруг Каббалы множества легенд, фальсификаций, профанаций, досужих разговоров, слухов, невежественных рассуждений и выводов. Лишь в конце XX столетия получено разрешение на открытие знаний науки Каббалы всем и даже на распространение их по миру. И потому в начале этой книги я вынужден в этом обращении к читателю сорвать вековые наслоения с древней общечеловеческой науки Каббала.

Наука Каббала никак не связана с религией. То есть связана в той же самой степени, что, скажем, физика, химия, математика, но не более. Каббала – не религия, и это легко обнаружить хотя бы из того факта, что никто из религиозных людей не знает ее и не понимает в ней ни одного слова. Глубочайшие знания основ мироздания, его Законов, методику познания мира, достижение Цели творения Каббала скрывала в первую очередь от религиозных масс. Ибо ждала времени, когда разовьется основная часть человечества до такого уровня, что сможет принять каббалистические Знания и правильно использовать их. Каббала – это наука управления судьбой, это Знание, которое передано всему человечеству, для всех народов земли.

Каббала – это наука о скрытом от глаз человека, от наших пяти органов чувств. Она оперирует только духовными понятиями, т.е. тем, что происходит неощутимо для наших пяти чувств, что находится вне их, как мы говорим, в Высшем мире. Но названия каббалистических обозначений и терминов взяты Каббалой из нашего земного языка. Это значит, что хотя предметом изучения науки Каббала являются высшие, духовные миры, но объяснения, выводы исследователь-каббалист выражает названиями, словами нашего мира. Знакомые слова обманывают человека, представляя ему якобы земную картину, хотя Каббала описывает происходящее в Высшем мире. Использование знакомых слов-понятий приводит к недоразумениям, к неправильным представлениям, неверным измышлениям, воображениям. Поэтому сама же Каббала запрещает представлять себе какуюлибо связь между названиями, взятыми из нашего мира, и их духовными корнями. Это является самой грубой ошибкой в Каббале.

И потому Каббала была запрещена столько лет, вплоть до нашего времени: развитие человека было недостаточным для того, чтобы перестал он представлять себе всяких духов, ведьм, ангелов и прочую чертовщину там, где говорится совершенно о другом.

Только с 90-х годов XX века разрешено и рекомендуется распространение науки Каббала. Почему? Потому что люди уже более не связаны с религией, стали выше примитивных представлений о силах природы как о человекоподобных существах, русалках, кентаврах и пр. Люди готовы представить себе Высший мир как мир сил, силовых полей, мир выше материи. Вот этим-то миром сил, мыслей и оперирует наука Каббала.

С пожеланием успеха в открытии Высшего мира,
Михаэль Лайтман

ЯЗЫК КАББАЛЫ*

Когда необходимо описать высший мир, неощущаемое пространство, каббалисты используют для описания слова нашего мира. Потому что в высшем мире нет названий. Но поскольку оттуда, как из корня ветви, нисходят силы, рождающие в нашем мире объекты и действия, то для отображения корней, объектов и сил высшего мира, применяются названия ветвей, их следствий, объектов и действий нашего мира. Такой язык называется «язык ветвей». На нем написаны Пятикнижие, Пророки, Святые писания – вся Библия и многие другие книги. Все они описывают высший мир, а не историю еврейского народа, как может показаться из буквального понимания текста.

Все святые книги говорят о законах высшего мира. Законы высшего мира называются Заповедями. Их всего 613. В мере выполнения этих законов, человек входит в ощущение высшего мира, ощущение вечности и совершенства, достигает уровня Творца. Выполнение достигается использованием высшей силы, называемой Высшим светом или Торой. Все книги говорят о обретении веры, под этим в Каббале подразумевается не существование в потемках, а именно явное ощущение Творца.

Желающему войти в ощущение высшего мира ни в коем случае нельзя понимать тексты буквально, а только пользуясь языком ветвей. Иначе он останется в своем понимании на уровне этого мира.

Принятые у религиозных евреев ритуалы, в обиходе также называются заповедями и описываются тем же языком, что и духовные действия и процессы. Ритуалы были введены в народ для оформления границ поведения, позволявших сохранять народ в изгнании.

---

* см. также: «Учение Десяти Сфирот», Вступление.

Кроме истинной, духовной трактовки понятия Заповедь, начинающему необходима адаптация к духовной интерпретации слов: поцелуй, гой, объятие, Израиль, беременноть, иудей, роды, изгнание, народы мира, освобождение, пловой акт, вскармливание и пр. Время постепенно рождает в человеке новые определения и сквозь них начинает ощущаться высший, вечный мир.

Основные положения

ОГЛАВЛЕНИЕ

Знай, до начала творения был лишь высший,
Все собой заполняющий свет,
И не было свободного незаполненного пространства –
Лишь бесконечный ровный свет все собой заливал.
И когда решил Он сотворить миры и создания, их населяющие,
Этим раскрыв совершенство свое,
Что явилось причиной творения миров,
Сократил себя Он в точке центральной своей –
И сжался свет, и удалился,
Оставив свободное, ничем не заполненное пространство.
И равномерным было сжатие света вокруг центральной точки,
Так, что место пустое форму окружности приобрело,
Поскольку таковым было сокращение света.
И вот после сжатия этого
В центре заполненного светом пространства
Образовалась круглая пустота, лишь тогда
Появилось место, где могут создания и творения существовать.
И вот протянулся от бесконечного света луч прямой,
Сверху вниз спустился внутрь пространства пустого того.
Протянулся, спускаясь по лучу, свет бесконечный вниз,
И в пространстве пустом том сотворил все совершенно миры.
Прежде этих миров был Бесконечный,
В совершенстве настолько прекрасном своем,
Что нет сил у созданий постичь совершенство Его –
Ведь не может созданный разум достигнуть Его.
Ведь нет Ему места, границы и времени.
И лучом спустился свет
К мирам, в черном пространстве пустом находящимся.
И круг каждый от каждого мира и близкие к свету – важны,
Пока не находим мир материи наш в точке центральной,
Внутри всех окружностей в центре зияющей пустоты.
И так удален от Бесконечного – далее всех миров,
И потому материально так окончательно низок –
Ведь внутри окружностей всех находится он –
В самом центре зияющей пустоты.

Ари «Древо Жизни»

ВВЕДЕНИЕ

Приоткройте мне сердце,
А я открою вам мир.
Книга «Зоар»

Кто я и для чего существую?
Откуда мы, куда идем и для чего появились здесь?
Возможно ли, что мы уже были в этом мире?
Можем ли мы познать себя и вселенную?
Отчего страдания в мире, и есть ли возможность их избежать?
Как обрести покой, удовлетворение, счастье?

Множество людей из поколения в поколение пытаются выяснить эти болезненно преследующие нас вопросы. И происходит это из поколения в поколение и говорит о том, что до сих пор мы не получили исчерпывающих ответов.

Изучая природу, вселенную, мы обнаруживаем, что все окружающее нас существует и действует в соответствии с четкими, целенаправленными законами. Глядя же на себя – как на вершину творения природы – мы обнаруживаем, что человечество существует как бы вне этой системы логических законов.

Например, видя, каким мудрым образом создала нас природа – части нашего организма, каждую живую клетку, видя четкую целенаправленность в функционировании каждой клетки тела, мы не в состоянии ответить на вопрос: а для чего он, весь этот организм, существует?

Все окружающее нас пронизано причинно-следственными связями: ничего не создается бесцельно, в мире физических тел существуют четкие законы движения, преобразования, кругооборота. Та же логика существует в растительном и животном мирах.

Но основной вопрос: для чего все это существует? – т.е. не только мы, а весь окружающий нас мир, – остается без ответа. Есть ли в мире человек, которого этот вопрос не затронул хотя бы раз в жизни?

Существующие научные теории утверждают, что миром управляют неизменные физические законы, на которые мы не в состоянии влиять. Наша задача лишь, мудро их используя, хорошо прожить свои 70 – 120 лет, подготовив почву, в буквальном и переносном смысле, для будущих поколений. Но им-то – будущим поколениям – для чего существовать?

Развилось ли человечество от простейших видов путем эволюции или жизнь занесена с других небесных тел, это сути не меняет – есть две даты: рождение и смерть. А то, что между ними, – неповторимо и потому бесценно? Или наоборот: жизнь – ничто, если в конце ее тьма, обрыв?

Где же мудрая, все предусматривающая, логичная, ничего не сотворяющая зря природа? Каждый атом, каждая клетка в человеческом организме имеет свою причину, цель своего функционирования – а весь организм в целом? Он-то для чего? Или существуют еще не открытые нами законы и цели?

Мы можем исследовать то, что находится ниже нашего уровня развития. Воспринимаем и понимаем смысл неживого, растительного и животного существования. Но смысл существования человека мы постичь не можем – его, очевидно, можно постичь только с более высокого уровня.

Наше исследование мира сводится к изучению его реакций на наши воздействия, которые мы улавливаем пятью органами чувств: осязанием, обонянием, зрением, слухом, вкусом и еще приборами, лишь расширяющими их диапазон.

Все, что не подвластно нашим ощущениям и исследованиям, просто не воспринимается нами, как бы не существует относительно нас. И то, что кажется существующим, – тоже существует только в наших ощущениях, а в восприятии существа с иными органами чувств ощущалось бы иначе.

Причем мы лишены чувства нехватки отсутствующих органов – как никогда человек не испытывает недостатка в шестом пальце на руке. Как невозможно объяснить слепому от рождения, что такое зрение, так никогда человек не откроет скрытые формы природы, пользуясь доступными ему методами исследования.

Согласно Каббале, существует духовный, т.е. не ощущаемый органами чувств мир, в центре которого находится наша вселенная – его малая часть и наша планета – в центре этого духовного мира. Этот мир информации, мыслей и чувств, действуя на нас посредством законов материальной, ощущаемой природы и случая, ставит нас в определенные условия, в соответствии с которыми мы вынуждены действовать.

Мы – рабы окружающего: не от нас зависит, где, когда, кем родиться, с какими задатками и данными, с кем встретиться в жизни, в какой среде оказаться. Это определяет все наши реакции и поступки, все их последствия. Так в чем же наша свобода воли?

Согласно Каббале есть четыре вида Знания, которые может и должен постичь человек:

Творение. Изучение создания и развития миров в объеме, постижимом человеком, а именно: каким образом Творец путем последовательных сокращений создал миры и существа, их населяющие. Законы взаимодействия духовного и материального миров и их следствия.

Цель творения человека: сочетанием души и тела, путем высшего управления через природу и фактор случайности, с помощью двух взаимно уравновешенных систем светлых и темных сил – создание системы с иллюзией свободы воли.

Функционирование. Изучение сущности человека, его взаимосвязи и взаимодействия с духовным миром. Приход человека в этот мир и уход из него. Какую реакцию со стороны высших миров на наш мир и лично на каждого из нас вызывают действия человека. Личный путь каждого со времени создания миров до постижения Высшей цели.

Кругооборот душ. Изучение сущности каждой души и ее кругообращения. Действия человека в этой жизни и их последствия в последующих его жизнях от начала и до конца мира. Каким образом, по какой причине спускается душа в тело и в зависимости от чего определенное тело принимает определенную душу.

Тайна Случая и исследование истории рода человеческого как следствия определенного порядка и перемещения душ, прослеживание этого пути в течение 6000 лет. Связь души с общим управлением системы миров, ее кругообороты, циклы жизни и смерти – все то, от чего зависят все наши пути в этом мире.

Управление. Изучение нашего мира: неживой, растительной и животной природы, их сущности, роли и управления ими из духовного мира. Управление свыше и наше восприятие Природы, Времени, Пространства.

Исследование высших сил, двигающих материальные тела. Каким образом единая внутренняя сила толкает все живое и мертвое к намеченной цели? Можно ли разрешить фундаментальную загадку человеческой жизни, не затрагивая вопроса об ее источнике?

Каждый человек касается этих вопросов. Поиски цели и смысла существования индивидуума и всего человечества – центральные вопросы духовной жизни человека.

Технический прогресс и мировые катаклизмы, породившие всевозможные философии, не принесли человеку духовного удовлетворения. Как объясняется в Каббале, из всех существующих наслаждений нашему миру досталась лишь одна маленькая искорка, так называемый «нэр дакик». Присутствие ее в материальных объектах дает нам удовольствие.

Другими словами, все приятные чувства, которые человек ощущает в различных ситуациях и от различных объектов, объясняются лишь наличием в них этой искорки. Причем в течение жизни человек вынужден постоянно искать новые и новые объекты, надеясь получить большие и большие удовольствия, не подозревая, что все это лишь оболочки, а суть «нэр дакик» остается та же.

Чтобы привести человека к получению абсолютного удовлетворения путем осознания необходимости возвышения духа над материей, существуют в мире два пути: Путь Торы и Путь страданий.

Путь Торы – это путь самостоятельного и добровольного осознания необходимости постепенного искоренения эгоизма, когда используется свет Торы для того, чтобы человек подошел к осознанию эгоизма как зла. Это – зачастую путь приходящих в Каббалу: человек – совершенно светский, хорошо устроенный, спокойный – вдруг начинает ощущать острую неудовлетворенность: пропадает искорка – «нэр дакик». В своих обычных занятиях он не находит удовольствия, радости, вкуса к жизни. Подобным образом в Торе проклят змей: ни в чем не чувствует он вкуса – любая пища, которая есть у него в изобилии, имеет вкус земли.

Так и в нашем поколении начинает ощущаться духовный голод – именно при материальном изобилии. И человек начинает искать источник удовлетворения, путем подчас тернистым и долгим. Между этими двумя путями и находится свобода воли. Можно лишь пожелать людям вовремя «выбрать жизнь», как советует Тора, а не идти по пути страданий, по которому мы уже прошли в прошлом.

ВРЕМЯ ДЕЙСТВОВАТЬ

Уже долгое время чувство ответственности подталкивало меня к выходу из моего замкнутого мира, чтобы преподнести читателю хотя бы некоторые истинные сведения о сути иудаизма, которые раскрываются только в его основе – тайной науке Каббала.

До возникновения книгопечатания не появлялись книги, поверхностные по содержанию, поскольку не было смысла платить немалые деньги переписчику за не пользующийся спросом товар. В то же время знания Каббалы стремились скрыть от тех, кто недостоин (а не рекламировать наше драгоценное наследие и тайны), – как уважение к Создателю обязывает нас. Поэтому если и появлялись каббалистические книги – они были истинными.

Однако с изобретением книгопечатания распространилась в мире болезнь «книгописание», и не требуется более писателям нанимать дорогих переписчиков для размножения своих книг, и упала цена книги, и открылась безответственным сочинителям возможность «делать» книги для удовлетворения потребностей кармана и в поисках известности. И хоть не годятся подобные люди ни на что, но многое они все же успели...

И принялись всякого рода «специалисты», каждый в выбранной им области, за любое «стоящее» дело, на котором можно легко добиться славы и богатства. А есть среди них и такие, кто взял себе статус и имя «руководителя поколения», знающего якобы толк в книгах и потому диктующего обществу, какие книги важны. Роль подобную брал на себя ранее лишь один из десяти мудрецов поколения, а сегодня – десятки «мудрецов» сразу...

Но в последнее время взялись подобные знатоки и за Каббалу, не учитывая того, что наука эта закрыта тысячи лет от посторонних, что невозможно непосвященному понять в ней ни единого слова, не говоря уже о связи слов и их тайном смысле!

Ведь в истинных каббалистических источниках есть лишь намеки, понятные только при передаче этой информации непосредственно из уст признанного учителя-каббалиста своему особо подготовленному ученику.

Но «знатокам» Каббалы необходима известность и деньги, а потому начали умножаться книги, авторы которых безо всякой углубленной подготовки у соответствующего авторитетного учителя и даже без серьезного изучения источников пишут и выпускают свои совершенно невежественные сочинения, не осознавая размеров ущерба, который умножится еще и в последующих поколениях.

И потому совершенно извратилась у общества реальная оценка истины, и появилась такая легкость взглядов и оценок, что, пролистав в свободное время какой-либо текст, содержащий высокий тайный смысл, каждый может позволить себе делать выводы в зависимости от своего сиюминутного настроения.

Эти-то причины и вынудили меня выйти из замкнутости и скрытости, и решил я, что настало время действовать во имя Создателя и спасти то, что еще можно спасти, и я взял на себя ответственность приоткрыть истинные истоки широкому кругу читателей.

УСЛОВИЯ РАЗГЛАШЕНИЯ ТАЙН ТОРЫ

Существуют три причины скрытия Каббалы:
– «Нет необходимости»;
– «Невозможно»;
– «Личная тайна Создателя».

И нет ни одной мельчайшей детали в Каббале, на которую не были бы наложены одновременно эти три вида запретов.

«Нет необходимости». Смысл этого запрета состоит в том, что нет никакой пользы от разглашения, разглашение возможно только в случае явной пользы обществу. Люди, действующие по принципу «Что с того?», занимаются сами и вынуждают других заниматься делами, в которых нет необходимости. Они являются источником многих страданий в мире. И потому каббалисты принимали в ученики лишь того, кто способен хранить тайну и не раскрывать ее, если в этом нет необходимости.

«Невозможно». Этот запрет есть следствие ограниченности языка, не способного передать тонкие духовные понятия: поскольку все словесные попытки обречены на неудачу и ведут к ошибочным представлениям, сводящим с пути интересующегося, то при раскрытии этого вида тайн требуется разрешение свыше.

«Разрешение свыше». Об этом сказано в трудах великого каббалиста Ари: «Знай, что души великих наполнены внешним (окружающим) или внутренним (наполняющим) свечением. И те, чьи души наполнены окружающим свечением, обладают даром излагать тайны, облачив их в слова так, что не поймет их недостойный».

У великого рабби Шимона бар Йохая (Рашб"и, II в.н.э.) была душа, наполненная окружающим свечением, и потому была у него сила излагать так, что, даже когда он выступал перед большим собранием, понимали его лишь те, кто достоин был понять. Поэтому, только ему свыше было позволено написать книгу «Зоар», хотя каббалисты, жившие до него, знали больше. Но не было у них способности облечь духовные понятия в слова, как мог только он.

Таким образом, видно, что условия изложения в Каббале зависят не от уровня знаний каббалиста, а от свойства его души, и лишь в зависимости от нее получает он указание свыше раскрыть определенную часть Торы.

Поэтому не найти ни одного фундаментального сочинения по Каббале до книги «Зоар». А те, что есть, содержат лишь туманные и беспорядочно изложенные намеки. И со времен Рашб"и лишь Ари было позволено раскрыть далее еще часть Каббалы, хотя, возможно, уровень знаний живших до Ари каббалистов был много выше, но не дано было им позволения свыше.

Поэтому остерегались сочинять и печатать все, что касалось самой Каббалы, за исключением туманных замечаний. И потому со времени появления книг Ари все занимающиеся Каббалой оставили все прочие книги и изучают лишь книгу «Зоар» и книги Ари и Ашлага.

«Личная тайна Создателя». Смысл запрета состоит в том, что тайны Торы раскрываются лишь верным и уважающим Его. И эта причина сокрытия тайн Торы от широкого круга людей – самая важная. Многие шарлатаны использовали Каббалу в собственных интересах: предсказаниями, изготовлением амулетов, снятием сглаза и прочими «чудесами» заманивали они простаков.

Первоначальное сокрытие Каббалы было именно по этой причине, и потому приняли на себя истинные каббалисты жесткие обязанности по проверке учеников – и в этом причина, что и те единицы в каждом поколении, кто допускался к Каббале, приводились к строжайшей присяге, запрещающей раскрыть даже ничтожную деталь, подпадающую под три вышеперечисленных запрета.

Но не следует думать, что это деление на три части делит на три части саму Каббалу, – нет, каждая часть, каждое слово, понятие, определение подпадает под это деление на три вида сокрытия истинного смысла и постоянно действует в этой науке.

Однако возникает вопрос – если эта тайная часть Торы настолько глубоко скрыта – как появились все эти многочисленные сочинения о ней?

Ответ состоит в том, что есть разница между первыми условиями секретности и последним, поскольку на последний ложится основная часть секретности. Однако две первые части не находятся под постоянным запретом, поскольку условие «Нет необходимости», в зависимости от внешних общественных причин, оборачивается подчас в «Необходимое» – с развитием человечества или получением разрешения свыше, как получили его Рашб"и и Ари, и в меньшей мере другие, и потому появляются иногда истинные книги по Каббале.

Так вот и я получил знания на этих же условиях – стеречь и скрывать. Но по причине, объясненной в статье «Время действовать», оборачивается условие «Нет необходимости разглашать» в «Есть необходимость», а потому, раскрыв одну часть, я, однако, обязан хранить две другие – как заповедано мне.

СУТЬ КАББАЛЫ

Каббала – это учение о причинно-следственных связях духовных источников, соединяющихся по постоянным и абсолютным законам для достижения одной высокой цели – постижения Творца созданиями, существующими в этом мире.

Согласно Каббале, все человечество и каждый индивидуум обязаны придти к этой высшей точке постижения цели и программы творения во всей ее полноте. В каждом поколении находились отдельные личности, которые путем работы над собой достигали определенного духовного уровня или, другими словами, шли по лестнице, ведущей вверх, и достигали вершины.

Любой материальный объект – от микрочастиц до макромира – и его действие управляются духовными силами, которыми пронизана вся наша вселенная, лежащая как бы на сетке, сотканной из этих сил.

Возьмем, к примеру, мельчайший живой организм, вся роль которого состоит лишь в поддержании в течение некоторого времени своего существования для создания потомства. Сколько сил и сложных систем в нем функционируют! А сколько человеческий глаз и опыт еще не уловили?

Помножив их на количество живущих, когда-либо существовавших в нашем мире, творений, т.е. во вселенной и духовных мирах, мы получим лишь ничтожное представление о количестве управляющих духовных сил и связей...

Многообразие духовных сил можно условно представить себе как две взаимосвязанные и равные системы, различающиеся только в том, что:

– **первая** исходит от Создателя и развивается сверху вниз через все миры вплоть до нашего мира;
– **вторая** исходит из нашего мира и идет снизу вверх, согласно законам, уже развитым и действующим в первой системе.

Первая система в Каббале называется «Порядок создания миров и сфирот», **вторая** – «Постижения или ступени пророчества и духа». Вторая система предполагает, что желающие достигнуть высшей точки обязаны действовать согласно законам первой системы, что и изучается в Каббале. Но в мире духовном не время, а чистота духа, мысли и желания – основной фактор открытия, постижения.

В материальном мире существует много непосредственно не ощущаемых нами сил и явлений, таких как электричество, магнитные волны и т.п., но следствие их действий, их названия знакомы даже детям. И хотя наши знания, например, об электричестве ограничены, но мы научились использовать это явление в каких-то своих целях и называем его по имени так же естественно, как хлеб называем хлебом, сахар – сахаром.

Соответственно и в Каббале – все имена как бы дают реальное (предметное) представление о духовном объекте. Но если вдуматься, то так же, как нет у нас представления о духовных объектах и даже о самом Создателе, совершенно в той же степени нет у нас истинного представления о любом, даже ощущаемом нашими руками объекте: ведь воспринимаем мы не сам объект, а нашу реакцию на его воздействие.

Эти реакции дают нам видимость познания, хотя сама вещь, ее суть остается совершенно скрытой. И более того, даже самого себя нет у нас никакой возможности постичь: лишь действия, реакции – вот что известно нам о самих себе.

Наука как инструмент исследования мира делится на две части: изучение свойств материи и изучение ее формы. Иначе говоря, нет ничего во вселенной, что не состояло бы из материи и формы. Например, стол есть сочетание материи и формы, где материя, т.е. дерево, есть основа, а носитель формы – доска на ножках круглой, квадратной, овальной и пр. формы.

Другой «живой» пример – лжец, где материя, т.е. тело человека, является носителем формы – лжи. Часть науки, занимающаяся изучением материи, вещества, базируется на опытах, экспериментах, на основании которых делаются научные выводы.

Но другая часть науки, изучающая формы без связи с веществом, отвлеченно разделяя их, и тем более изучающая те формы, которые еще ни разу не воплощались в материю (коммунизм как идеальная общественная формация, например), не может опираться на эксперимент, так как не существует формы без материи в нашем мире.

Отделить форму от материи мы можем лишь в воображении, и тогда все наши выводы основываются на теоретических предпосылках. Вся философия относится к этому виду науки, и часто страдало человечество от ее беспочвенных выводов. Большинство ученых современности отказались от этого пути исследования, потому как нет абсолютно никакой уверенности в выводах.

Сам человек, исследуя духовные миры, действительно обнаруживает, что и его ощущение – лишь желание свыше, чтобы мы именно так себя чувствовали – как отдельно существующий объект, а не часть Творца, а весь окружающий мир – мир иллюзий – на самом деле есть результат действия на нас духовных сил.

Поясню это примером. Жил-был в местечке простой извозчик и были у него пара лошадей, дом, семья. Пошла вдруг полоса несчастий: пали лошади, умерли жена и дети, развалился дом, и от горя вскоре умер и он сам. И вот решают на Высшем суде, что можно дать такой многострадальной душе для счастья. И решают дать ощущение, будто бы он живой, и с ним его семья, дом, хорошие лошади, и доволен он работой, жизнью.

Эти ощущения воспринимаются, как подчас сон представляется реальностью, ведь лишь ощущения создают картину окружающего. Как же можно отличить иллюзии от реальности?..

Каббала как наука о мире также подразделяется на изучение вещества и изучение формы. Однако есть в ней замечательная особенность и превосходство над остальными науками: даже часть ее, занимающаяся изучением формы вне материи, строится полностью на экспериментальном контроле, т.е. подлежит проверке опытом!

Каббалист, поднявшись на духовный уровень изучаемого объекта, сам приобретает его свойства и, таким образом, ощущает в себе наличие полного представления о нем и практически оперирует с различными видами форм еще до их материального воплощения, наблюдая все наши иллюзии как бы со стороны!

Каббала, как и любая наука, использует определенную терминологию и символы для описания объектов и действий: духовная сила, мир, сфира называются тем именем, которым назван управляемый ею объект в нашем мире.

А так как любому материальному объекту или силе соответствует управляющий ими духовный объект или сила, то создается совершенно точное соответствие между наименованием, взятым из материального мира, и его духовным корнем – источником.

Поэтому дать имя духовному объекту может лишь каббалист, твердо знающий соответствие духовных сил определенным материальным объектам, т.е. достигший сам духовного уровня этого духовного объекта и потому видящий следствие его влияния в нашем мире.

Каббалисты пишут книги и передают знания с помощью такого языка. Причем язык этот необычайно точен, так как основан на духовном корне материального предмета, и не может меняться, поскольку связь предмета и его духовного корня неизменна. В то же время наш земной язык постепенно теряет точность, так как связан лишь с внешней формой.

Но одного лишь номинального знания языка недостаточно – ведь даже зная имя по низшему материальному объекту, нельзя понять его высшую духовную форму. Лишь зная духовную форму, можно видеть его материальное следствие, ветвь.

Отсюда вывод: сначала необходимо постичь духовный корень сам по себе, его природу и свойства,и лишь потом перейти к его ветви в этом мире и изучить их взаимосвязь. Только тогда становится понятен язык и возможен четкий обмен информацией.

Но закономерен вопрос: каким же образом может начинающий овладеть этой наукой, если он не в состоянии правильно понять учителя?

На это есть один ответ: овладеть этой наукой можно, лишь вознесясь над нашим миром. А это возможно только при условии, что человек отбрасывает весь свой материальный эгоизм и принимает духовные ценности как главное и единственное в жизни. Тоска, страсть к свету, к духовности – ключ к высшему миру.

НАЗНАЧЕНИЕ ТОРЫ

В книге «Изречения мудрецов» сказано: «Хотел Создатель очистить Израиль, потому дал им Тору и Заповеди». Но для чего Создатель требует от нас этого? Каббалисты утверждают, что цель творения – доставлять радость и наслаждение созданиям. Желание насладиться – сосуд или душа – наполняется, получает наслаждение, согласно величине этого желания.

Поэтому все, что создано во всех мирах, является лишь видоизменяющимся желанием насладиться, а Создатель – удовлетворяет это желание. И это желание насладиться и есть вся материя творения (духовная и физическая) – существующая и та, что проявится в будущем.

Материя в своем многообразии видов и форм (минералы, растения, человек, краски, звуки и т.д.) – это лишь разные количества желания насладиться. Свет, идущий от Создателя, оживляет и наполняет материю. И первоначально оба желания – насладиться (называемое сосуд) и насладить (называемое Свет) соответствовали по величине друг другу, т.е. сосуд (желание насладиться) получал максимальное наслаждение.

Но по мере уменьшения желания они оба (сосуд и наполняющий его Свет), постепенно сокращаясь, как бы удаляются от Создателя, пока не достигают наинизшего уровня, где желание насладиться окончательно материализуется.

Разница между остальными мирами и нашим миром лишь в том, что в нашем мире сосуд, т.е. желание получить наслаждение, находится на своей самой низшей ступени, называемой материальным телом.

До окончательной материализации сосуды проходят четыре уровня, делящиеся на десять сфирот (ступеней): Кэтэр, Хохма, Бина, Хэсэд, Гвура, Тифэрэт, Нэцах, Ход, Есод, Малхут, которые представляют собой фильтры, задерживающие идущий от Творца к созданиям свет. Их задача – ослабить свет настолько, чтобы населяющие наш мир могли его воспринять.

Сфира Кэтэр называется также – мир Адам Кадмон, сфира Хохма – мир Ацилут, сфира Бина – мир Брия, сфирот от Хэсэд до Есод составляют мир Ецира и сфира Малхут – мир Асия, последняя ступень которого и есть наша вселенная, называемая в Каббале Аолам азэ, этот мир, – мир, данный в ощущения нам, находящимся в нем в данный момент, где сосуд, т.е. желание наслаждения, называется телом, а свет, наслаждение, ощущается лишь как жизненная сила.

И хотя свет, находящийся в теле, уменьшен настолько, что человек не чувствует его источника, но, исполняя данные ему Создателем определенные, изложенные в Торе правила, он, очищаясь, постепенно поднимается через все миры в обратном направлении.

И по мере постижения более высоких уровней он получает и большие порции света, пока не достигает уровней, где может получить весь свет (абсолютное, бесконечное наслаждение), предназначенный ему еще с начала творения.

Каждую душу окружает духовное излучение. Начинающий изучать Каббалу хотя еще и не понимает, что учит, но от сильного желания понять он возбуждает окружающее его поле, излучения которого возвышают и очищают и, таким образом, возносят его.

Каждый человек, если не в этом кругообороте жизни, то появившись на свет в следующий раз, придет к необходимости изучения Каббалы и получения знаний о Создателе. Свет окружает душу человека снаружи, пока человек не достигнет такого духовного уровня, когда свет начнет проникать внутрь. Получение же его внутрь зависит от желания и готовности лишь самого человека, от чистоты его души.

Но произнося во время учебы имена сфирот, миров и духовных действий, которые связаны и с его душой, получает он соответствующее микроизлучение снаружи, и это излучение постепенно очищает и подготавливает душу к получению и вовнутрь духовной энергии, наслаждения...

ДАРОВАНИЕ ТОРЫ

Люби другого как себя, –
сказал рабби Акива, –
Это общее правило всей Торы.

Как известно, понятие «общий» указывает на сумму составляющих его частей. Потому, когда рабби Акива говорит о любви к ближнему – одном из 613 законов, определяющих жизнь человека от рождения до смерти, его обязанности относительно общества и даже относительно Создателя – как об общем, он подразумевает, что все остальные 612 законов – всего лишь составляющие этого правила.

Но при попытке понять это мы наталкиваемся на еще более странное высказывание Гилеля, к которому пришел человек, желающий достичь слияния с Творцом. Он обратился к мудрецу с просьбой: «Научи меня всей Торе, пока я стою на одной ноге». Гилель ответил ему: «Все, что ты ненавидишь, не делай и другим. В этом – все!». Из ответа ясно: вся Тора, оказывается, существует для выяснения и выполнения лишь одного закона: «Люби другого как себя».

Но как могу я любить другого как самого себя, т.е. постоянно выполнять все желания каждого из окружающих, когда даже собственные желания я не успеваю удовлетворить! И как будто вдобавок поясняется, что я должен удовлетворять потребности другого прежде, чем свои собственные.

Например, сказано, что если у хозяина есть всего одна подушка, то должен он передать ее своему рабу, если есть у него лишь один стул, то должен усадить на него своего раба, а сам – стоять или сидеть на земле, иначе не выполнит заповеди любви к другому.

Выполнимо ли вообще это требование Торы? И поскольку эта заповедь, по словам рабби Акивы, обобщает весь смысл Торы, то выясним вначале, что же такое сама Тора.

Тора утверждает, что мир сотворен лишь для выполнения ее законов, цель которых – духовное развитие человека до уровня возвышения над нашим материальным миром для соединения с Создателем.

Но зачем понадобилось Создателю создавать нас такими порочными и вручать нам Тору для нашего исправления? Отвечает на это книга «Зоар» так: «Кто ест чужой хлеб, стыдится смотреть в глаза дающему».

Чтобы избавить нас от подобного чувства, создан этот мир, где в борьбе с самим собой, с собственным эгоизмом зарабатывает человек сам свой будущий мир.

Для пояснения представим себе следующую ситуацию: богач, встретив после долгой разлуки бедного друга, ведет его к себе домой, кормит, поит, одевает и т.п. – и так изо дня в день. И как-то раз, рассчитывая сделать еще что-либо приятное другу, спросил он, чем бы еще мог услужить, и получил ответ: «Лишь одного хотел бы я – то, что получаю теперь из сострадания, достичь собственным трудом. Все мои просьбы ты в состоянии удовлетворить, кроме этой!».

Действительно, не в состоянии дающий избавить берущего от чувства стыда – тем большего, чем большие услуги он получает. И чтобы избавить нас от этого чувства, создана вселенная, и наша маленькая планета – наше место работы.

А сама работа состоит в том, чтобы возвратиться посредством своих исправленных желаний к нашему Создателю, а в качестве вознаграждения получить огромное наслаждение от вечности, совершенства, слияния с Творцом.

Но отчего мы испытываем чувство неловкости и стыда при получении чего-либо от окружающих?

В нашем мире действует закон причинно-следственных связей, утверждающий, что каждое следствие по характеру близко к своей причине, источнику, и все законы, действующие в источнике, передаются следствию.

Действие этого закона проявляется на всех уровнях окружающей нас природы: неживой, растительной, животной и человека. Законы, действующие в осколке камня, – те же, что и в минерале, от которого он отщепился. И наоборот, все, не имеющее места в корне, – не любимо и отрицается следствием.

На основании этого закона открывается возможность понять источник всех наших радостей и несчастий: поскольку Творец природы – корень, источник всего созданного, то все закономерности, действующие в Нем, воспринимаются нами как приятные, и наоборот, все отсутствующее в Нем – совершенно чуждо и неприятно нам.

Например, мы любим покой и ненавидим движение настолько, что двигаемся лишь для достижения покоя, поскольку наш корень, т.е. Создатель, из которого мы вышли, находится в абсолютном покое, и потому всякое движение противно нашей природе. И так как вся цель творения – соединение посредством Торы с нашим источником, то в результате мы, естественно, попадаем в сферу действия лишь приятных нам ощущений.

Абсолютным эгоистом рождается человек и растет, лишь о себе заботясь. Даже мысли о сострадании и помощи не возникает у него, и тем противоположен он Создателю, оживляющему всю природу. Но, подрастая, под влиянием окружающего его общества, человек начинает понимать необходимость взаимопомощи, размер и направление которой зависят от развития общества.

Наделив нас низкими склонностями и вручив в противовес им Тору, Творец создал, таким образом, возможность, истребив власть эгоизма, достичь состояния наслаждения без чувства стыда.

Есть два вида законов в Торе: обязанности человека по отношению к человеку и обязанности человека относительно Создателя. Но одну лишь цель преследуют оба – привести человека к соответствию с Создателем. И совершенно неважно, ради кого человек действует – ради Творца или ради людей, поскольку все, что выходит за пределы его личных интересов, совершенно не ощущается им.

Каждое движение, совершенное человеком ради другого, совершает он, в конечном счете, ради себя. И невозможно абсолютно безвозмездно совершить ни малейшего физического или душевного движения без расчета извлечь из него хоть когдалибо какую-либо пользу. Этот закон природы известен под названием конечный эгоизм. И только выполняя законы Торы, возможно достичь состояния безвозмездной любви к другим.

Не соблюдающие же правила Торы не могут выйти за пределы конечного эгоизма. Согласно Торе, законы отношений в обществе важнее, чем законы, относящиеся к связи с Творцом, поскольку постоянная возможность их соблюдения в различных ситуациях позволяет человеку эффективно исправлять себя в нужном направлении.

Теперь мы можем понять ответ Гилеля, что главное в Торе – любовь к другим, а все остальные 612 законов лишь вспомогательные, включая и законы отношений с Создателем, поскольку невозможно слиться с ним до достижения состояния любви к ближнему. И потому Гилель указал на любовь к другим как на самое верное и быстрое средство овладеть всей Торой.

И потому была вручена Тора не одному человеку (например, Адаму) или маленькой группе людей (семье Авраама), а уже сложившемуся народу, все члены которого вместе страдали в рабстве. И по выходе из Египта принял каждый для себя это правило любви к ближнему.

И тогда лишь получили они Тору, когда появилась возможность заботы о других в широком кругу общества бывших рабов, и за долгие 40 лет в Синае, достигнув духовного уровня, стали достойными земли, государства, Храма.

А теперь представьте себе многомиллионный народ, каждый член которого всем сердцем с огромной любовью и желанием стремится лишь помочь, исполнить все, в чем нуждаются остальные члены общества.

Ясно, что в таком случае нет необходимости ни одному из граждан заботиться о самом себе и не возникает страх за собственное будущее – ведь несколько миллионов любящих постоянно стоят на страже его интересов и заботятся о нем.

Но поскольку народ зависит лишь от самого себя, то нарушение кем-либо принятого обязательства вносит в общество вакуум от не оказанной кому-то помощи.

В зависимости от роста количества нарушителей правило, обязательное для всех членов общества, все больше нарушается. Ведь все члены общества ответственны друг за друга, т.е. как за выполнение, так и за нарушение законов.

В Торе приводится пример, поясняющий эту ответственность. Двое находятся в одной лодке. И один начал сверлить отверстие, а на просьбу второго прекратить ответил: «Какое тебе дело? Ведь на своей половине сверлю я!». Так по вине одного все остальные тонут в погоне за утолением личного эгоизма.

Но древний мудрец Эльазар, сын Рашб"и, автора книги «Зоар», удивляет нас еще больше: не только евреи, но все человечество, все люди ответственны друг за друга. Евреи лишь первыми выполняют это правило. А затем к ним присоединяются все остальные народы, и этим будет достигнуто исправление мира.

Избранным еврейский народ называется не потому, что обладает какими-то особыми качествами, а поскольку первым из всех народов связан законом коллективной ответственности и прежде других обязан соблюдать этот закон.

Невозможно полное исправление и возвышение мира, если не будут охвачены общим законом мироздания все его участники. Наша же обязанность заботой друг о друге привести мир к способности выполнения этого правила остальным человечеством.

А пока невозможно достичь такого состояния всем человечеством – до тех пор каждый нееврей ответственен за себя лично, а евреи ответственны за весь мир в целом. И как нам было необходимо пройти по пути страданий в Древнем Египте, чтобы оценить в полном объеме необходимость взаимопомощи, – так и все человечество прозреет путем поисков и страданий.

И возможность быстрого или медленного исправления мира зависит от духовного уровня нашего народа – и в этом секрет всеобщей инстинктивной ненависти к нам, поскольку от каждого из нас зависит приближение или отдаление момента счастья и совершенства всего мира. Поэтому в первую очередь расчет ведется с нами, и потому наша задача – любовь к ближнему, и награда – вечность.

СОВЕРШЕНСТВО И МИР

Как нам уже известно, сущность заповедей Создателя заключается в любви, максимуме внимания и сострадания ко всем членам общества – в той же степени, как и к себе. Попытаемся теперь исследовать, принимаем ли мы эту заповедь только на веру или возможен в этой области также практический опыт.

Думаю, читатель поймет мою нелюбовь к пустой философии – ведь на базе выдуманных закономерностей строят целые здания и делают выводы.

Нашему поколению известны случаи претворения таких философий в жизнь. И страдают подчас миллионы, когда теоретические предпосылки, взятые за основу, оказываются практически несостоятельными, что приводит к крушению всей теории.

Можно ли, изучая мир, его законы, на основе практических данных придти к необходимости выполнения требований Создателя?

Когда мы наблюдаем существующий в природе порядок, нас поражает четкость управления (как в микроэлементах, так и в макромирах). Возьмем для примера самое нам близкое – человека. Клетка отца, попадая в надежное, уготованное место в теле матери, обеспечивается там всем необходимым для своего развития. До появления на свет – пока она не начинает существование как отдельный организм – ничто постороннее не может повредить ей.

Но и потом заботливая природа возбуждает в родителях необходимые чувства – настолько, что ребенок абсолютно уверен в любви и заботе окружающих. И так же как человек, так и животный, и растительный миры заботятся о размножении и послеродовом развитии.

Однако бросается в глаза резкое противоречие между заботой природы о появлении нового организма на свет и его становлении и той борьбой за существование, которую он вынужден вести в дальнейшем.

Это поразительное противоречие в управлении миром, существующее на всех уровнях жизни, занимало умы человечества еще с древних времен и привело к появлению ряда теорий, пытающихся объяснить возникновение и развитие нашего мира.

Эволюция. Эта теория не считает нужным разрешать это противоречие. Творец создал мир и управляет всем. Будучи сам бесчувственным и не мыслящим, он создает вид в соответствии с физическими законами. Появившись и став индивидуумом, вид развивается в процессе эволюции, подчиняясь жестким законам выживания. Создателя эта теория называет Природа, подчеркивая этим его бесчувственность.

Дуализм. Эта теория исходит из того, что поразительная мудрость природы во много раз превышает человеческие возможности, и потому невозможно предвидеть и программировать будущие организмы без существования обратной связи. Необходимо также наличие у дающего (природы) ума, памяти, чувств. Ведь невозможно утверждать, что на всех уровнях природы властвует лишь случай. Отсюда делается вывод о существовании двух сил – положительной и отрицательной, обладающих разумом и чувством и потому способных наделить этим все ими созданное.

Развитие этой теории породило возникновение еще нескольких.

Многобожие. Как результат анализа действий природы и разделения ее сил по характеру появились религии (типа древнегреческой), в основе которых лежат представления о сонме божеств, каждый из которых управляется определенной силой.

Отсутствие управления. В последнее время с появлением тонких приборов и новых научных методов исследователи обнаружили тесную связь между всеми – самыми разнообразными – частями мира и потому отбросили теорию «многосилия» и выдвинули предположение о связывающей и мудро руководящей единой силе мира. Но вследствие ничтожности человечества относительно величия этой силы мы, человечество, предоставлены сами себе.

Но независимо от многочисленных теорий создания и управления миром человечество страдает. И не понимает человек, почему природа так бережно относилась к нему в утробе матери и в период раннего развития и так безжалостна в те годы, когда он, повзрослев, казалось бы, нуждается еще больше в ее опеке. Возникает вопрос: а не мы ли сами являемся причиной жестокости природы относительно живого мира?

Все действия природы взаимосвязаны, и потому, нарушая один из ее законов, мы выводим систему из равновесия, и совершенно неважно, говорим мы о Природе как о Руководителе, не обладающем чувствами и целями, или как о Создателе, обладающем планом, целью и мудростью. Неважно потому, что мы существуем в мире определенных законов и, нарушая их, получаем в виде наказания испорченную среду, общество и нас самих (причем ввиду того что законы природы взаимно связаны, мы, нарушая один из них, получаем подчас неожиданный, жестокий удар с другой стороны).

Природа или Создатель, что в принципе неважно, действуют на нас посредством определенных законов, и мы обязаны выполнять их как объективные и вынуждающие. Согласно Каббале, числовое значение «Элоким» равно значению слова «Тэва», что указывает на связь Создателя с нами посредством законов природы.

Нам важно понять законы природы, поскольку их несоблюдение – причина всех наших страданий. Ясно каждому, что человек нуждается в обществе подобных себе, и невозможно его существование вне помощи со стороны окружающих. И очевидно, что если кто-либо вдруг захотел бы изолироваться от общества, то вынудил бы себя к жизни, полной страданий и лишений, потому что не в состоянии был бы себя обеспечить самым необходимым.

Именно природа обязывает человека жить среди ему подобных и, общаясь с ними, выполнять две операции – «получать» необходимое ему от общества и «давать», «обеспечивать», в свою очередь, общество продуктом своего труда. И нарушающий одно из двух правил нарушает равновесие и потому заслуживает наказания со стороны общества.

В случае чрезмерного получения (например, воровство) наказание со стороны общества следует незамедлительно. В случае же отказа в отдаче своих услуг обществу наказание, как правило, не следует вообще или не находится в прямой зависимости от нарушения. Поэтому условие, требующее обеспечивать общество своими услугами, обычно не соблюдается. Природа же действует, как квалифицированный судья, наказывая человечество в соответствии с его развитием.

Согласно Торе, чередование поколений в мире – это лишь появление и исчезновение тел, в то время как душа, наполнитель тел, главное «я» человека (его желания, характер, мысли, записанные, как всякая другая информация, на материальном носителе – клетках мозга) не исчезает, а лишь меняет носитель.

Кругообращение постоянного, ограниченного количества душ, их спуск в наш мир и одевание в новые тела дает нам новые поколения людей. Потому относительно душ все поколения от первого до последнего считаются как одно поколение, жизнь которого – несколько тысяч лет от рождения человечества и до его смерти, и неважно, сколько переодеваний в тела проходит каждая душа, потому как смерть тела не отражается на душе, которая является материей более высокого уровня. Так срезание волос, ногтей – материи «растительного» уровня – не отражается на жизни «животного» – тела.

Создав и предоставив в наше распоряжение миры, Создатель поставил этим задачу – достичь слияния с Ним путем постепенного духовного развития, сближения, подъема. Но обязано ли человечество выполнять его волю?

Каббала раскрывает полную, замкнутую картину управления нами. И получается, что добровольно или через страдания, в этой или одной из последующих жизней, в результате воздействия физических, социальных, экономических сил каждый из нас и все человечество в целом будет вынуждено принять цель творения за цель жизни.

В конце поколений все достигнут одной цели. Разница лишь в пути: идущий к этой цели добровольно, сознательно получает двойной выигрыш – наслаждение от слияния с Творцом вместо страданий – и в чувствах, и во времени.

Драма состоит в том, что человечество еще не представляет себе несчастий, предстоящих ему, – ведь цель поставлена и законы Торы неизменны. И личные каждодневные страдания, и периодические глобальные катастрофы толкают каждого из нас на осознание необходимости выполнения заповедей Создателя – искоренение эгоизма, зависти, развитие чувства сострадания, взаимопомощи, любви.

НЕЗАВИСИМОСТЬ ЛИЧНОСТИ

Понятие независимости определяет всю жизнь человека. Животные, лишившись свободы, если не погибают, то уж, как правило, хиреют. И это верный признак того, что природа и управление ею из духовного мира не согласны ни на какой вид рабства. И не случайно поэтому последние сотни лет много крови пролило человечество, завоевывая личности относительную свободу.

Но все же мы довольно расплывчато представляем себе свободу и независимость, потому как предполагаем, что у каждого из нас существует внутренняя потребность в них, которую каждый сможет использовать по своей воле и желанию.

Однако, присмотревшись к действиям человека, мы обнаружим, что они продиктованы необходимостью, и нет у него никакой свободы воли. И это оттого, что внешнее управление осуществляется воздействием на человека двумя чувствами – наслаждением или болью (счастьем или страданием). У животного нет никакого свободного выбора.

Преимущество же человека над животным в том, что человек сознательно предпочитает вытерпеть боль, зная, что в дальнейшем его ждет удовольствие: например, больной соглашается на болезненную операцию, зная, что это приведет к улучшению его состояния.

Однако этот выбор – не более чем деловой расчет, где оценивается возможное в будущем удовольствие относительно страдания. То есть простым арифметическим действием из величины будущего удовольствия вычитается величина страдания и их разность диктует выбор человеку. А если достигнутое удовольствие меньше ожидаемого – это доставляет человеку страдание, а не радость.

Лишь притягательная сила наслаждения руководит человеком и животными, и через нее происходит управление всем живым на всех стадиях и уровнях жизни, и потому нет никакой разницы между ними, поскольку свобода воли не зависит от разума. И более того, даже выбор характера наслаждения не зависит от свободного выбора личности, а диктуется нормами и вкусами общества. И нет совершенно независимого индивидуума, лично, свободно действующего.

Люди, верующие в управление свыше, ожидают награды или наказания за свои поступки в будущем мире, а атеисты – в этом. И человеку кажется, что он – свободная личность, самостоятельно живущий и действующий индивидуум, независимый от внешних сил.

Корень этого явления находится в причинно-следственном законе, действующем в природе в целом и для каждой личности в частности.

На любой из четырех видов творения: неживое, растительное, животное, человека – в каждый момент их существования в мире – действует закон причинности и цели. И каждое их состояние определяется действием внешних причин на выбранную извне цель, будущее состояние.

Любой существующий в мире объект постоянно развивается (т.е. оставляет прежнюю форму и приобретает новую) под действием четырех факторов:

1) Происхождения.
2) Путей развития, вытекающих из его природы и потому неизменных.
3) Путей развития, изменяющихся под действием внешних факторов.
4) Путей развития, изменения самих внешних факторов.

Первый фактор – происхождение или первичная материя, ее прежняя форма. Поскольку каждый объект постоянно меняет свою форму, то каждая его предыдущая форма относительно последующей определяется как первичная, и ее внутренние свойства, зависимые лишь от происхождения, диктуют последующую форму и являются ее главным фактором, ее личной информацией, геном, свойством.

Второй фактор – порядок причинно-следственного развития, зависимого от происхождения объекта. Он неизменяем, как, например, зерно, разлагающееся в почве и дающее в результате этого побег: зерно утратило свою форму, т.е. полностью исчезло, и приобрело новую, в виде побега, который в свою очередь дает новую форму в виде первой, т.е. зерна, потому что таково его происхождение. Меняется лишь количество зерен и, возможно, качество (размер, вкус). То есть наблюдается причинно-следственный порядок, где все зависит лишь от происхождения объекта.

Третий фактор – причинно-следственная связь той части первичной материи, которая изменяет свои свойства от контакта с внешними силами. Вследствие этого меняется количество и качество зерна, потому что появились дополнительные факторы (почва, вода, солнце), и они дополнили свойства первичной материи.

Но сила происхождения превалирует над дополнительными факторами, и потому изменения эти относятся к изменению сорта, но не изменению вида. То есть, как и второй, третий фактор – это внутренний фактор объекта, но в отличие от второго, изменяющийся в количестве и качестве.

Четвертый фактор – это причинно-следственная связь действующих извне сил – например случайность, стихия, соседи по дому.

Эти четыре фактора обычно совместно воздействуют на любой материальный (зерно), или индивидуальный (мысли, знания, чувства) объект.

Для человека **первый фактор** – **происхождение** – самый важный. Он – **плод родителей** и, будучи их потомком, в определенном смысле является их копией, т.е. почти все особенности и ментальность отцов и прадедов повторяются в нем. Понятия и знания, которые приобрели предки, проявляются у потомков как привычки и врожденные свойства – даже бессознательно.

Скрытые духовные силы, переданные им по наследству, движут всеми их поступками, физические и духовные качества, полученные предками, передаются из поколения в поколение.

Мы наблюдаем разного рода стремления, которые проявляются в людях, – к вере или критическому, рациональному отношению к миру, материальным благам или духовному поиску, скупости, стыдливости и т.д. – все это не приобретенные свойства, а наследие от близких и далеких предков, записанное на определенных участках мозга.

Но поскольку приобретенное предками автоматически наследуется нами, то эти свойства подобны зерну, потерявшему форму в земле. При этом часть из переданных нам свойств проявляется в нас в обратном, противоположном значении.

Поскольку первичная материя проявляется в силах без их внешней формы, она может нести на себе как положительные, так и отрицательные свойства. Вообще же на человека влияют и три других фактора.

Последовательность причин и их следствий, вытекающих из самого происхождения человека, – второй фактор – неизменяем. Зерно под влиянием окружающей среды разлагается, постепенно меняя форму до окончательного созревания нового зерна, т.е. первый фактор приобрел форму первичной материи лишь с разницей в количестве и качестве.

Человек, рождаясь, поневоле попадает под влияние общества и воспринимает его характер и свойства: склонности, переданные ему по наследству, видоизменяются под влиянием общества.

Влияние окружающего общества – это третий фактор, действующий на первичный материал, происхождение, ген. Каждый из нас знает по себе, как вкусы и взгляды человека подчас меняются на противоположные под влиянием общества, чего не может быть в неживой, растительной или животной природе – лишь у человека.

Четвертый фактор – это прямое и косвенное влияние отрицательных внешних факторов (например, отсутствие благополучия, болезни, беспокойство), не имеющих отношения к последовательному порядку развития первичного материала.

Все наши мысли и действия зависят от этих четырех факторов сразу и диктуют нам весь образ жизни. Мы, словно глина в руках ваятеля, отданы под власть этих четырех факторов. Мы полностью во власти этих слагаемых. И нет свободы, желания, и зависит оно лишь от взаимодействия этих четырех факторов, и никакой последующий контроль невозможен.

Ни одна теория не дает ответа, как это чисто духовное управляет, двигает талантом, где и что является посредником между телом и душой.

В Каббале говорится, что все, что создано вообще во всех мирах, состоит лишь из излучения и сосудов, которые оно наполняет. Единственным созданием является сосуд, желающий получить это излучение, исходящее непосредственно от Создателя. И это желание получить излучение, несущее жизнь и наслаждение, проявляется в духовном или материальном веществе – в зависимости от своей величины.

Все различия между всеми созданиями в природе, качестве и количестве определяются лишь величиной этого желания, согласно которому оно наполняется излучением, идущим прямо от Создателя и дающим жизнь.

Все, что отделяет одно от другого, дает цветовое, материальное, волновое и прочие различия между физическими и живыми объектами и является следствием емкости желания получить, а значит, и количества излучения, его наполняющего. То есть желание одной величины дает нам форму минерала, другой – жидкости или цвета, т.е. волнового поля, – все зависит лишь от места на шкале желания принять излучение свыше, само же излучение окружает нас и все миры в неограниченном количестве.

Теперь возможно выяснить вопрос о свободе личности. Поскольку понятно уже, что личность – это определенного размера желание получить излучение Создателя, то все черты, именно ей свойственные, зависят лишь от размера этого желания, т.е. от величины силы притяжения излучения или отталкивания.

Сила притяжения, называемая обычно ЭГО, заставляет индивидуум бороться за свое существование, и если мы убиваем какое-то из его желаний, стремлений в жизни, мы лишаем его возможности использовать свой потенциальный «сосуд жизни», наполнить который – право, данное ему Создателем.

Любые идеи прививаются человеку под действием окружающей его среды, как семя развивается лишь в земле – среде, подходящей ему. И потому весь наш выбор в жизни – это выбор общества, круга друзей. И меняя окружающую среду, мы не в состоянии сохранить прежние взгляды, потому как отдельная личность – лишь копия, отображение своего окружения, его продукт.

Люди, понявшие это, сделали вывод, что у человека нет свободы воли, поскольку он – продукт общества, и мысль не может управлять телом, поскольку внешняя информация заносится в память мозга, и, таким образом, мозг, лишь как зеркало, отражает все, происходящее вокруг.

Происхождение человека – это его основной, первичный материал, и по наследству получает он движения души, стремления, и лишь этим отличается один от другого. На всех одинаково влияет все окружающее – и все равно не найти двух одинаковых людей.

И знай, что этот первичный материал – истинное богатство индивидуума, которое даже нельзя пытаться изменить, потому как развивая лишь ему присущие данные, он становится личностью.

Потому тот, кто уничтожает хоть одно духовное движение, стремление, создает этим соответствующую пустоту в мире, поскольку ни в каком другом теле и никогда оно не повторится. И видно отсюда, какое преступление совершают цивилизованные народы, несущие свою «культуру» и разрушающие устои других.

Но возможно ли обеспечить полную свободу личности в обществе? Ведь ясно, что для нормального функционирования оно обязано навязывать всем своим индивидуумам законы, т.е. ограничения, нормы, и таким образом постоянно происходит борьба личности с обществом. Вопрос еще более острый: ведь если диктовать – это право большинства, то поскольку масса всегда менее развита, чем личность, то это означает регресс вместо прогресса.

Если общество создает свои законы согласно законам Торы, то человек, следуя этим законам, не теряет возможности максимального индивидуального развития (до слияния с Творцом), поскольку законы Торы – естественные законы управления миром и обществом.

Если же общество создает свои законы в противоречии с законами Торы, то человек, даже выполняя их, не может достичь максимального развития.

Согласно целенаправленному управлению, обязаны мы выполнять законы Торы – для развития в необходимом направлении личности и общества. Правило Торы указывает, что все должно решаться мнением общества.

Это правило классифицируется как природное правило управления, как, в общем, и все правила – Законы Торы, суть закона управления природой непосредственно или через внешний мир. Каббала, изучая взаимосвязь Законов Торы, действующих сверху вниз на наш мир, подтверждает, что закон влияния большинства в обществе также относится к природному закону, и все человечество идет к цели творения «Сближение с Творцом» двумя путями: путем Торы и путем страданий. Но каждый в отдельности, внутри человечества, может двигаться к этой цели целенаправленно, сознательно, выбирая себе каждый раз все более подходящее для этой цели общество: группу и руководителя.

СУЩНОСТЬ И ЦЕЛЬ КАББАЛЫ

В чем сущность Каббалы?
Где находится преследуемая ею цель – в этом или будущем мире?
Для чьего блага существует Каббала – для блага Творца или Его созданий?

Многие в течение всей своей жизни не получали ответа на эти вопросы, и вот уже вторую сотню лет это приводит к отдалению от религии...

Каббалисты, постигающие Творца, ощущают, что Он абсолютно добр. И объясняют, что не может Он причинить комулибо в мире хоть малейшее страдание, поскольку «желание получить», являющееся причиной всех неприятных ощущений, отсутствует в Нем.

Ведь только ради удовлетворения собственного недостатка в чем-то мы причиняем зло другому, и если бы это чувство постоянно не охватывало животное или человека – не было бы основы для всего зла на свете. А так как Создатель понимается нами как нечто абсолютно совершенное и целое, то отсутствие в Нем «желания приобрести» ведет к отсутствию основы для всякого зла.

Относительно нас Он проявляется как абсолютно добрый – чувство, охватывающее порою и каждого из нас в минуты радости, полноты, отсутствия недостатка. Но поскольку все, нами ощущаемое, исходит от Создателя, то лишь доброе и хорошее должны ощущать все Его создания?!

Вся окружающая нас природа подразделяется на четыре вида: неживая, растительная, животная и человек, в каждом из которых наблюдается целенаправленное развитие – медленный, постепенный, основанный на причинно-следственных связях рост. Как растущий на дереве плод, следуя этой цели, становится приятным и годным лишь в конце созревания.

Но сколько промежуточных состояний проходит плод от оплодотворения до окончания роста! И ничего эти промежуточные состояния не говорят о конечном состоянии плода – когда он мягок и сладок, а скорее, наоборот: насколько плод хорош, когда он созрел, – настолько он горек и тверд в стадиях созревания (как гадкий утенок).

И так же в животном мире: животное умственно ограничено в зрелом возрасте, но это вовсе незаметно в период роста. В однодневном теленке, например, есть уже все присущие быку свойства и качества, т.е. он практически больше не развивается духовно – в противоположность человеку, здравому в расцвете лет, но совершенно беспомощному и жалкому в первые годы жизни.

И настолько поразительна разница, что появись исследователь, не знающий наш мир, он с первого взгляда, глядя на этих двух новорожденных, сделал бы вывод, что, конечно, из человеческого детеныша вряд ли получится что-либо стоящее, а из бычка уж точно выйдет как минимум новый Наполеон.

Промежуточные состояния, как правило, обратны конечному результату. И поэтому лишь тот, кто знает конечный результат, не поражается неприглядному виду объекта в процессе развития. Потому так часто, не предвидя конечного результата, делаются неверные выводы.

Таким образом, выясняется, что пути управления Создателем нашим миром целенаправленны и проявляются лишь в конце развития. Создатель руководствуется в своем отношении к нам лишь добром без какой-либо примеси зла, и цель Его руководства заключается в постепенном нашем развитии до того состояния, когда в конце развития мы будем способны получить все хорошее, что уготовано нам. И несомненно, эта цель, согласно Его замыслу, будет достигнута.

Развитие в нужном направлении уготовано нам по двум путям – пути страданий (путь развития как результат осознания добра и зла и выбора добра по необходимости) или по безболезненному и короткому пути соблюдения Торы, когда желаемый результат развития достигается выполнением ее законов

Цель всех законов Торы – в осознании плохого и хорошего в нас и развития чувства ненависти ко всему дурному. Выполнение законов способно избавить нас от всего плохого, так как разница в развитии заключается лишь в более или менее глубоком осознании зла в человеке и более или менее сильном желании избавиться от него.

Основа всего зла – наш эгоизм, так как он противоположен природе Создателя, желающего дать нам лишь добро. Поскольку все воспринимаемое нами как приятное идет лично от Него, то в близости с Создателем ощущается приятное, а пропорционально степени удаления – чувствуется страдание.

Поскольку ненавистен эгоизм Создателю, то, в зависимости от степени развития, он становится ненавистен и человеку: эгоизм воспринимается как естественное чувство у духовно неразвитого, и потому он пользуется им без стеснения и границ (вплоть до воровства и убийства на глазах у всех), у более развитого уже возникает чувство стеснения при открытом пользовании эгоизмом, а у духовно развитого человека это чувство доходит до ненависти к эгоизму.

Таким образом, мы находим ответы на первоначально поставленные вопросы:

- **Сущность Каббалы и преследуемая ею цель** – в достижении человеком уготовленного ему высшего уровня развития добрым путем, а не путем страдания.
- **Каббала** дана не на благо созданиям, а как руководство к самосовершенствованию.

ЯЗЫК ВЕТВЕЙ

У нас нет слов выразить и передать духовные понятия, не связанные временем, местом, движением, поскольку весь словарь ограничен восприятием нашего мира. Как трудно подобрать слова и объяснить пережитые чувства не испытавшему их!

Но как все же можно выразить те неуловимые нашими органами чувств понятия, точно описать их и передать друг другу их правильный смысл? Ведь если хоть одно понятие не найдет себе адекватного соответствия в слове, то пропадет точный смысл всей науки.

Любой объект и действие в нашем мире берут начало из соответствующего, определенного объекта в духовном мире. И потому нашли каббалисты верный путь передачи информации, знаний друг другу, взяв за основу названия предметов и действий (ветвей) нашего материального мира для описания соответствующих им предметов и действий (корней) в духовном мире.

Язык этот был разработан людьми, достигшими духовных миров еще при жизни в нашем мире и потому точно знавшими эти соответствия. И потому назвали его каббалисты языком ветвей.

Отсюда можно понять странные названия в каббалистических книгах, да и во всей Торе, описание действий, воспринимаемых нами как детские сказки или вовсе нелепые повествования.

И тем не менее язык этот очень точен, так как есть точное и однозначное соответствие между корнем и ветвью его, ведь создатели языка находились одновременно в двух мирах. Поэтому нельзя заменить одно слово другим, каким бы нелепым оно ни казалось: ветвь должна точно соответствовать корню.

Понятия, противоположные у нас, имеют в духовном мире один корень. Понять это можно на примере манны небесной. Она включала в себя все противоположные свойства одновременно, и тот, кто хотел чувствовать вкус сладкого, – для тех она была сладкой, вкус горького – горькой и т.д.

Это потому, что материальный потребитель воспринимает от духовного предмета лишь то, что он хочет выделить из бесконечного множества свойств, сам же духовный предмет включает в себя одновременно все возможные в нашем мире формы и свойства.

Во влиянии на нас Творца есть две стадии. Одна – духовная, в ее простом, включающем все свойства виде. Вторая, проходя через наши ощущения, попадает в область наших чувств и проявляет одно из своих свойств в соответствии со свойствами ощущающего.

Духовные объекты разделяет не пространство, а их духовное несоответствие (несхожесть их свойств). И поэтому количество душ, т.е. отдельных духовных объектов, определяет количество отделенных друг от друга расстоянием личностей. В начале творения была одна общая душа (свет) и соответствующее ей тело (желание) – Адам. Она сливалась с Творцом и потому получала максимальное наслаждение.

По своей природе душа – это всего лишь желание получить наслаждение. И согласно этому желанию душа им наполнилась. Но получив наслаждение, душа почувствовала стыд. Так чувствует стыд в нашем мире каждый получающий подарок или большое одолжение.

Степень ощущения стыда зависит от духовного развития человека. Лишь это чувство постоянно держит нас в рамках и заставляет следовать идеям и законам общества. Оно же лежит и в основе других стремлений – к образованию, богатству, положению в обществе, почестям.

Душа, почувствовав беспредельно жгучий стыд (соответственно полученному наслаждению), нашла, что единственный путь избавиться от него – прекратить получать наслаждение. Но поскольку Создатель желал доставить душе наслаждение, она согласилась принять его лишь ради Создателя, а не ради собственного удовольствия. Как и в нашем мире, кушая «ради мамы», чем большее наслаждение получает ребенок от еды, тем большее наслаждение он доставляет матери.

В таком положении душа должна постоянно контролировать количество получаемого наслаждения, чтобы наслаждаться лишь ради Создателя.

Поскольку невозможно было общей душе в едином порыве преодолеть свое естественное желание наслаждаться ради себя –

так оно было велико! – она раскололась на мириады осколков – душ, которым легче проводить заданную работу по искоренению желания наслаждаться ради себя. В этом основа чистых душ. Темные же души получают наслаждение согласно своему желанию, пренебрегая чувством стыда.

И так как в духовном мире, где нет расстояния, близость определяется совпадением действий и мыслей (взаимной близостью, взаимной любовью), то душа, получающая ради Создателя, близка Ему, поскольку они доставляют друг другу взаимное наслаждение, как мать с ребенком.

Близость определяется степенью наслаждения, которое получает душа ради Создателя. Желание насладиться действует в нас инстинктивно, а желание избавиться от стыда и наслаждаться ради Создателя идет от нас самих и потому требует особых постоянных усилий.

Душа, получающая ради себя, противоположна дающему по намерению, т.е. по своему духовному действию, в тем большей степени, чем большее наслаждение эгоистически получает.

Поскольку уменьшение желания приводит к удалению от Создателя, то на разных уровнях удаления образовались разные миры – вплоть до нашего мира, где каждой частице общей души дано и определенное время (жизнь), и повторные возможности (кругооборот душ) для самоисправления.

И рождается человек лишь с желанием получить наслаждение для себя. Все наши «личные» желания происходят от системы темных сил, т.е. бесконечно удален человек, и потому не чувствует Создателя (духовно мертв).

Но если в борьбе с собой он приобретает желание жить, думать, действовать лишь ради других и Творца, то, очищая таким образом душу, он постепенно приближается к Творцу до полного слияния (и по мере приближения чувствует все большее наслаждение).

Ради этого преобразования души и создан наш мир, а все духовные миры – лишь ступени на пути к Творцу. Причем слиться с Творцом – задача, цель, которую возможно осуществить еще при жизни в нашем мире.

Наш мир – самая удаленная от Создателя точка. Избавляясь от желания удовлетворять лишь себя, мы сближаемся с Ним, и таким образом выигрываем вдвойне: наслаждаемся от получения наслаждения от Него и от того, что доставляем Ему наслаждение. Как мы, кушая у мамы, получаем удовольствие от еды и от удовольствия, доставленного маме.

Заметим, что в то время как эгоистическое наслаждение ради себя ограничено продолжительностью жизни и размером желания – желание разделить или получить ради другого может быть бесконечным, и соответственно этому получаемое наслаждение безгранично!

Все миры и объекты, их населяющие, в том числе и наш мир, объединяются в едином замысле Творца дать бесконечное наслаждение душе. И эта единственная мысль и цель замыкает в себе все творение от его создания до конца. Все страдания, нами ощущаемые, наша работа над собой и вознаграждение определены лишь этой мыслью.

После индивидуального исправления все души вновь воссоединяются, как прежде, в одну, и, таким образом, наслаждение, получаемое каждой душой, не только двойное от получения наслаждения и от доставления радости Творцу, но оно еще и помножено на количество воссоединенных душ.

А пока, по мере работы над собой, у духовно возвышенных людей открываются глаза, и начинают они ощущать другие миры, и так – еще при жизни в этом мире – становятся обладателями всех миров. И кажущийся нелепым язык Каббалы становится для них языком действий, мыслей, чувств, а противоположные в нашем мире понятия объединяются в едином корне.

ИЗ ПРЕДИСЛОВИЯ К КНИГЕ «ЗОАР»

По необходимости, вытекающей из главы «Условия разглашения», слог данной статьи нарочито неказист и неточен.

Воспринимаемый нами окружающий мир, скорее всего, говорит о своей бесцельности, а причиной всех отрицательных качеств в нем и в нас самих в конце концов мы считаем Создателя.

Но чтобы понять хоть что-то из окружающей нас природы и себя самих, необходимо четко представить цель творения, его конечное состояние, ведь промежуточные состояния могут быть весьма обманчивы.

Каббалисты утверждают, что цель творения – привести создания к высшему наслаждению. И потому создал Творец души – «желание получить это наслаждение». Причем поскольку хотел насладить их до состояния насыщения, то и создал желание наслаждаться огромным, под стать желанию насладить.

Таким образом, душа – это желание наслаждаться. И согласно этому желанию она получает наслаждение от Создателя, причем количество получаемого наслаждения можно измерить величиной желания.

Все существующее относится или к Творцу, или к Им созданному, т.е. до состояния желания насладиться, до сотворения душ существовало лишь желание Творца насладить. И потому, согласно Его желанию, из ничего, самим желанием насладить, было создано желание насладиться (равное по величине и противоположное по свойству).

Следовательно, единственное, что сотворено, что существует помимо Творца, – это желание насладиться. И оно является материалом всех миров и населяющих их объектов, а наслаждение, исходящее из Творца, оживляет и управляет всем.

В духовных мирах несоответствие свойств-желаний разделяет, отдаляет два духовных предмета, как два материальных предмета в нашем мире разделяются расстоянием между ними. Да и в нашем мире, если два человека любят и ненавидят одно и то же, т.е. их вкусы совпадают, то мы говорим, что они близки друг другу по духу.

А если вкусы, взгляды различны, то как бы удалены друг от друга пропорционально разнице их вкусов и взглядов. И не физическое расстояние, а духовная близость определяет близость людей. Любящие друг друга как бы сливаются вместе, а ненавидящие – духовно удалены, как два полюса.

Желание получать наслаждение. Душа бесконечно удалена от Творца, поскольку противоположна желанию Творца давать наслаждение. И чтобы исправить эту отдаленность душ от Творца, созданы и разделены все миры на две противодействующие системы: четыре светлых мира – Ацилут, Брия, Ецира, Асия (АБЕ"А) против четырех темных миров АБЕ"А.

Разница между этими двумя системами лишь в том, что характерное свойство первой – давать наслаждение, а второй – получать наслаждение. То есть первоначальное желание получить наслаждение разделилось как бы на две части: одна осталась прежней по свойствам, а другая как бы приобрела свойства самого Творца, т.е. сблизилась, слилась с Ним.

И так преобразовались миры до нашего материального мира, т.е. до места, где человек существует в виде системы: тело и душа. Тело – это желание получить наслаждение, преобразовавшееся без изменений через темные миры АБЕ"А, желание насладиться ради себя – эгоизм.

И потому эгоистом рождается человек и находится под влиянием этой системы до 13 лет (духовный уровень). Но с 13 лет, выполняя заповеди Торы, чтобы доставить радость Творцу, он постепенно очищает себя от эгоизма (желания наслаждаться ради себя) и приобретает желание наслаждаться ради Творца, и тогда светлая душа спускается через всю систему светлых миров и облачается в тело.

Этим начинается период исправления, продолжающийся до тех пор, пока весь эгоизм, желание насладиться, удовлетворить себя не преобразится в альтруизм (желание наслаждаться лишь ради Творца).

И тем самым человек сравнивается по свойствам с Творцом, так как получение ради кого-то считается не получением, а отдачей, влиянием. А так как совпадение свойств означает слияние, то человек автоматически получает все уготованное ему еще по замыслу творения.

Разделение созданного Творцом желания самонаслаждаться на две части – тело и душу посредством систем АБЕ"А – дает нам возможность преобразовать желание наслаждаться самим в желание наслаждаться ради Творца и:

1) получить все уготованное нам по замыслу творения;

2) находиться в состоянии слияния с Ним.

И это считается конечной целью творения – так называемый итог исправления; и тогда пропадает потребность в темной системе АБЕ"А, она исчезает, аннулируется. Ведь работа, рассчитанная на 6000 лет (преобразовать свой эгоизм выполнением Торы в желание наслаждаться во имя Создателя) выполнена – как каждым в течение его жизни, так и всеми поколениями вместе. А существование темной системы АБЕ"А необходимо лишь для создания тела – чтобы, исправляя его эгоизм, приобрести свою вторую – божественную природу.

Но если эгоизм (желание самонаслаждения) настолько низок, то как вообще он мог появиться, возникнуть в мыслях Создателя? Ответ прост – поскольку времени в духовном мире не существует, то конечное состояние творения возникло одновременно с его замыслом, так как в духовных мирах сливаются прошлое, настоящее и будущее в одно целое.

Поэтому эгоизма – желания самонаслаждения и, как следствие, противоположности свойств, отделения от Творца в духовном мире – никогда не существовало.

С начала творения и до конца душа проходит три состояния.

Первое – конечное состояние, в котором она существует рядом с Создателем благодаря подобию свойств.

Второе – наша действительность, где в течение 6000 лет, разделившись двумя системами АБЕ"А на тело и душу, эгоизм преобразовывается в альтруизм. И в течение этого времени исправляются лишь души – уничтожается присущий им под влиянием тела эгоизм и достигается присущий им по природе альтруизм.

Даже души праведников не попадают в рай (определенный уровень в системе светлой АБЕ"А), пока не уничтожится весь эгоизм в телах и не сгниют они в земле (малхут олам Асия).

Третье состояние – это состояние исправленных душ после воскресения мертвых, т.е. после исправления и самих тел – когда присущий телу эгоизм преобразуется в альтруизм и, таким образом, и тело станет достойным и будет в состоянии получить все предназначенное ему Создателем наслаждение и в то же время достигает слияния с Творцом ввиду подобия свойств. И дает этим наслаждение Творцу – ведь наслаждается в слиянии с Ним.

Присмотревшись к этим трем состояниям, мы обнаружим, что они взаимно обязуют появление одним другого, что при исключении одного из них аннулировались бы остальные.

Как, например, если бы не появилось конечное третье состояние, то не появилось бы первое – так как появилось оно рядом с Создателем лишь потому, что будущее (третье состояние) играет там роль настоящего, и все совершенство первого состояния – лишь благодаря проекции будущего состояния на настоящее, и если бы не было будущего, то аннулировалось бы и настоящее.

Таким образом, будущее обязывает настоящее к существованию. А если бы исчезло что-либо из второго состояния – из работы по самоисправлению, то как бы появилось третье, исправленное состояние, обязывающее первое?

Так же первоначальное состояние, где уже существует совершенство благодаря будущему (третьему состоянию), обязывает таким образом и второе, и третье состояния к их существованию и завершению.

Но возникает вопрос – если третье состояние уже существует (хоть и не в наших ощущениях), и мы, согласно замыслу Творца, обязаны его достичь, то в чем же наша свобода воли?

Из вышесказанного вытекает, что хоть и обязаны мы достичь поставленной цели, но есть два пути ее достижения – от первого до третьего состояний.

Первый – добровольный – осознанным выполнением предписанных Торой правил.

Второй – путь страданий, потому как страдания способны исправить тело от эгоизма и вынудить к альтруизму, и таким образом к слиянию с Творцом.

Отличие между этими двумя путями лишь в том, что первый короче и, конечно, легче – ведь вторым путем мы через страдания все равно возвращаемся к первому пути. Но так или иначе, все взаимосвязано и взаимно обязывает все наши состояния, от начала и до конца творения. Мы, испорченные и низкие, должны быть под стать нашему Творцу, т.е. абсолютно совершенными. Ведь не может из совершенного, каким является Он, выйти нечто несовершенное.

Но теперь понятно, что наше настоящее тело – это не то, которым мы сейчас обладаем. Наше настоящее тело, совершенное и бессмертное, находится в своем первом и третьем состояниях.

А в нашем теперешнем, втором состоянии дано нам специально низкое, порочное, испорченное, совершенно эгоистичное тело, оторванное разностью желаний от Творца, – именно для его исправления и получения взамен бессмертного тела в третьем состояния. И только в нашем состоянии возможно совершить всю работу.

Но можно сказать, что и во втором состоянии мы находимся в абсолютном совершенстве, потому как наше тело (желание наслаждаться, эгоизм), со дня на день отмирающее, совершенно не мешает нам – за исключением времени, необходимого для его окончательного устранения и получения взамен него вечного и совершенного.

Каким образом из совершенного, каким является Творец, возникла столь несовершенная вселенная, и мы, и наше общество с его низменными склонностями?

Наше временное тело, вся вселенная, человечество в его настоящем виде вовсе не были в замысле Создателя. Относительно Него мы уже находимся в нашем конечном состоянии. А все временное, как тело с его эгоизмом, лишь создает возможность возвыситься, работая над собой.

Все же остальные существа, населяющие этот мир, духовно возвышаются или опускаются вместе с Человеком и вместе с ним достигают совершенства. Поскольку третье состояние действует на первое состояние, то мы достигнем заданной цели путем Торы или путем страданий. Причем страдания действуют лишь на наше тело.

И видно отсюда, что эгоизм был сотворен лишь ради его искоренения из мира и превращения в альтруизм. А страдания раскрывают нам ничтожность тела, чтобы мы убедились этим в его временности и никчемности.

И когда все люди мира решат уничтожить эгоизм и думать не каждый о себе, а лишь друг о друге – исчезнут все заботы и источник несчастий, и каждый будет уверен в спокойной, здоровой, счастливой жизни, поскольку у каждого будет уверенность, что весь мир беспокоится и думает о его благополучии.

А пока мы погрязаем в эгоизме, то нет никакого лекарства от страданий, постоянно обрушивающихся на человечество, и, наоборот, именно эти страдания посылаются Творцом с целью привести нас к решению выбрать путь Торы – путь любви и заботы друг о друге.

Поэтому обязанности, заповеди между людьми, как считает Тора, важнее, чем заповеди, обязанности человека по отношению к Творцу, – поскольку быстрее приводят к искоренению эгоизма.

И хотя мы еще не достигли третьего состояния и существуем во времени, но это нисколько не унижает нас, поскольку это лишь вопрос времени. Мы можем ощутить будущее уже сейчас, в нашем состоянии, но ощущение будущего зависит от уверенности в нем. То есть у абсолютно уверенного возникает точное ощущение третьего состояния. Наше тело в таком случае как бы не существует.

Но душа существует вечно, поскольку совпадает по свойству с Творцом (в отличие от разума – продукта материи). Это свойство душа приобрела в процессе развития, хотя по своей первоначальной природе она – желание наслаждаться.

Желание рождает потребности, а потребности – мысли и знания в объеме, необходимом для удовлетворения потребности. И поскольку у людей желания разные, то, естественно, и разные потребности, мысли, развитие.

У обладающих лишь низменными потребностями мысли и образование направлены на удовлетворение этих желаний. Хотя они пользуются знанием и умом, но находятся они в услужении низменного (животного) разума.

Те, у кого желание самонаслаждаться сводится к человеческим желаниям, таким как почет, слава и власть над другими, используют свою силу, разум, образование для достижения этого желания. Те, у которых все желание самонаслаждаться сводится к знаниям, используют свой интеллект, свою потребность знания на удовлетворение этого желания.

И эти три вида желаний находятся, смешиваясь в определенной пропорции, в каждом из нас, не встречаясь никогда в чистом, т.е. в одном, виде. И в этом вся разница между людьми.

Души людей, проходя через светлые миры АБЕ"А, приобретают свойство наслаждаться ради людей и Творца. И когда входит душа внутрь тела, то возникает у человека желание к альтруизму, стремление к Творцу, и сила этого стремления зависит от величины желания.

Все, чего достигает душа во втором состоянии, остается навечно ее – вне зависимости от смерти испорченного, состарившегося тела. И наоборот, вне его она тут же занимает соответствующую духовную ступень (вплоть до высшей, называемой рай).

И уж конечно, вечность души совершенно не зависит от приобретенных в жизни знаний, исчезающих с телом. Вечность ее лишь в том, что приобрела она свойство, характер, как у Творца.

Известно, что в течение 6000 лет, данных нам на исправление с помощью Торы и заповедей, мы исправляем не наше тело с его чудовищным желанием наслаждаться, а лишь нашу душу, поднимая ее по светлым ступеням чистоты и духовного развития. Но окончательное исправление эгоизма возможно лишь в состоянии, называемом «воскрешение мертвых».

Как было замечено, первое состояние обязывает третье к проявлению в полном объеме, и потому первое состояние обязывает воскрешение мертвых тел – т.е. возрождение эгоизма во всех его пороках. И заново начинается работа по переделке эгоизма, в его чудовищной форме, в такого же размера альтруизм. И, таким образом, мы выигрываем вдвойне:

1) От того, что есть у нас доставшееся от тела огромное желание получить удовольствие.
2) Получая удовольствие не ради самонаслаждения, а ради выполнения желания Творца, мы этим как бы не получаем удовольствие, а даем Ему возможность нам его дать. И потому находимся в слиянии с Творцом – ведь подобны Ему по действию: Он дает нам удовольствие, а мы даем Ему возможность для этого. То есть воскрешение мертвых вытекает из первого состояния.

Воскрешение мертвых, как теперь понятно, должно произойти в конце второго состояния – после искоренения эгоизма и приобретения альтруизма и постижения духовных ступеней души постепенно до самых высших: (нэфеш – руах – нэшама – хая – ехида). И в данном состоянии душа, придя к совершенству, позволяет оживить и полностью исправить тело.

Кстати, этот принцип (воскрешение мертвых) действует и в каждом частном случае, когда мы хотим уничтожить дурную привычку, свойство, склонность: сначала мы обязаны полностью избавиться от них, а потом можно снова частично их использовать в нужном направлении.

Но до тех пор пока мы полностью не избавились от них, невозможно их использование в нужном, разумном, независимом направлении. После всего вышесказанного понятна наша роль в длинной цепи действительности, мельчайшее звено которой – каждый из нас. Наша жизнь делится на четыре периода.

1. Достижение максимального эгоизма со дня рождения и до «13 лет» от темной системы АБЕ"А – для его дальнейшего исправления. Наслаждения, получаемые от темной системы АБЕ"А, не удовлетворяют, а лишь увеличивают желание наслаждения.

Например, человек желает получить наслаждение, но когда он получает его – желание увеличивается вдвойне и, достигая последнего, желание учетверяется. И если он не ограничивает себя с помощью Торы и заповедей, не очищается от ненужных, временных желаний и не обращается к альтруизму, то в течение всей жизни желание увеличивается, пока, умирая, человек не обнаруживает, что не достиг и половины желаемого.

То есть роль темных сил заключается в том, чтобы предоставить человеку материал для работы, но обычно оказывается, что он сам – материал для темных сил.

2. В период от «13 лет» и далее дается сила светлой точке в сердце человека (существующей еще с духовного рождения) и появляется возможность выполнением Торы возвыситься посредством действия светлых сил АБЕ"А.

Главная задача в этот период – приобрести и увеличить до максимума желание к духовным наслаждениям. Потому как с момента рождения нет у человека желания, кроме как к материальным вещам, желания овладеть всем миром – богатством, славой, властью, несмотря на их временность и зыбкость.

Но когда человек развивает духовное желание, он хочет взять себе и весь будущий мир со всей его вечностью – это и есть настоящее желание – конечный эгоизм. Вот тогда он может, работая над собой (т.е. над этим огромным желанием самонасладиться), достичь вершин духа – пропорционально исправленному эгоизму.

Эгоизм создает огромные трудности, отталкивает от духовного, и если человек не вступает в постоянную, жестокую борьбу с самим собой, то начинает желать всего в мире. В случае же удачной борьбы возникает необычной силы тяга к Создателю, помогающая слиться с Ним. И это желание слияния с Творцом является последней ступенью второго периода.

Восходящий преодолевает путь длиной в 500 лет, поскольку существует пять ступеней души – нэфеш, руах, нэшама, хая, ехида, каждая в 100 лет, и таким образом достигает уровня третьего периода.

3. Третий период развития человека составляют занятия Торой и выполнение заповедей ради доставления радости Создателю, и ни в коем случае не для собственной выгоды. И эта работа исправляет, переделывает эгоизм в желание творить добро, как Творец.

Пропорционально уничтоженной части эгоизма человек получает определенного уровня душу – определенное количество света, наслаждения, состоящего из пяти частей (нэфеш – руах – нэшама – хая – ехида – НаРаНХа"Й). И пока осталось еще желание самонаслаждения (эгоизм), человек находится в отрыве от Творца – и даже мельчайшая душа не может войти в тело.

Но уничтожив полностью эгоизм и достигнув желания наслаждаться лишь ради Творца, т.е. уподобившись Творцу, тотчас вся его душа (часть общей, единой души) входит в него.

4. Четвертый период – после воскрешения мертвых – после полного уничтожения – вновь восстановление эгоизма во всей его полноте и всеядности. Вновь начинается работа по перестройке его в альтруизм. И лишь единицы способны еще в нашем мире проделать эту работу.

Сказано в Торе, что все миры созданы ради человека. И не странно ли, что для такого маленького объекта, как человек, теряющегося даже в нашем мире и тем более представляющего собой мизерную единицу относительно других миров, старался Творец создать все это? И зачем это человеку?

Все наслаждение Творца, заключающееся в удовлетворении созданий, зависит от степени ощущения Его созданиями, их прозрения и осознания Его – как дающего все доброе, хорошее. Лишь в таком случае получает Он наслаждение от нас.

Как у отца, играющего с любимым сыном, удовольствие от отношения к нему сына, от признания сыном отца – как любимого, сильного, ждущего лишь просьб и готового выполнить эти будущие просьбы.

Попробуй же представить себе огромную радость Творца от тех совершенных, что смогли подняться настолько, что увидели и почувствовали все уготованное ради них, и достигли отношений с Творцом, как отец с любимым и любящим сыном, – и тогда поймешь, что ради этого стоило Творцу создавать все миры. А избранные поймут и большее, что раскрывается приближающимся к Творцу.

Чтобы подготовить творения к этой роли, уготовлены четыре уровня развития – неживой, растительный, животный и человек, – соответствующие четырем уровням в желании наслаждения. Главная ступень – четвертая, но достичь ее возможно, лишь развиваясь постепенно и овладевая каждой ступенью в ее полном объеме.

Первая ступень (неживая) – представляет собою начало проявления, зарождение желания в нашем материальном мире. В ней есть сила, включающая все виды неживой природы, но в каждом из составляющих эту природу (как в камнях, например) нет собственного движения.

Желание насладиться рождает потребности, а потребности рождают движения ради достижения желаемого. В данном случае (на первой ступени) желание насладиться крайне мало и поэтому влияет одновременно лишь на сумму всех составляющих, а не проявляет себя в каждом элементе неживой природы в отдельности.

На следующей ступени (растительной) желание насладиться больше, и оно уже проявляется в каждом частном составляющем. И потому у каждого элемента растительной ступени есть личное движение – распространяться по площади, поворачиваться за солнцем. На этой ступени наличествуют процессы питания и выделения. Но еще отсутствует чувство личной свободы воли каждого.

На третьей ступени (животной) желание получить наслаждение еще больше. Здесь желание рождает в каждом частном элементе личные ощущения – особую жизнь каждого, отличающуюся от других. Но пока еще отсутствует на этой ступени чувство сопереживания постороннему, т.е. нет еще в них необходимого сострадания или радости за себе подобных.

На последней, четвертой ступени желание наслаждаться рождает чувство ближнего. И разница между, например, третьей и четвертой ступенями – как разница между всеми животными вместе взятыми относительно одного человека, поскольку у животного отсутствует чувство ближнего, и в состоянии оно породить потребности лишь в границах своего желания.

Тогда как человек, способный ощущать ближнего, становится обладателем потребностей ближнего и, таким образом, наполняется завистью к ближнему и хочется ему большего и большего, пока не пожелает он весь мир.

Цель, преследуемая Творцом, – насладить создания, чтобы те познали Его величие и получили от Него все уготованное им наслаждение. Ясно, что эту роль может выполнить только человек. Только у человека есть необходимое ощущение ближнего. Только человек может преобразовать желание получить наслаждение – в желание доставлять его другим (выполняя заповеди Торы и работой над собой).

Наличие этих способностей дает ему ощущение духовных миров и самого Творца. Постигая соответственно своему уровню очередную ступень из НаРаНХа"Й определенного духовного мира, он получает наслаждение согласно цели творения.

Но почему не видно невооруженным глазом, что именно человек, несмотря на свою кажущуюся ничтожность относительно вселенной, является центром и целью творения? И подобен человек червяку, живущему внутри лука и потому думающему, что весь мир так горек и мал, как эта луковица, в которой он родился.

Но в тот момент, когда он разбивает наружную оболочку лука и бросает взгляд наружу, то, пораженный, вскрикивает: «Я думал, весь мир, как тот лук, в котором я родился, но теперь вижу я огромный, прекрасный мир!».

Так и мы, рожденные в оболочке эгоизма, желания лишь наслаждаться, не в состоянии без Торы как инструмента нашего исправления, пробить оболочку эгоизма и обратить желание получать наслаждение в желание давать наслаждение другим и доставлять радость Творцу. А потому думаем, что весь мир – это лишь то, что мы видим и ощущаем, – не чувствуя, сколько хорошего уготовлено для нас Творцом.

Все сотворенное состоит из пяти миров:
– Адам Кадмон;
– Ацилут;
– Брия;
– Ецира;
– Асия.

Но в каждом из них есть бесконечное множество составляющих.

Пять миров соответствуют пяти сфирот:
– Адам Кадмон соответствует сфире Кэтэр;
– Ацилут соответствует сфире Хохма;
– Брия соответствует сфире Бина;
– Ецира соответствует сфире Тифэрэт;
– Асия соответствует сфире Малхут.

Свет (наслаждение), наполняющий эти миры, делится соответственно на пять видов:
– Ехида;
– Хая;
– Нэшама;
– Руах;
– Нэфеш,
называемые сокращенно в обратном порядке НаРаНХа"Й.

Таким образом:
– мир А"К наполнен наслаждением, светом, называемым Ехида;
– мир Ацилут наполнен наслаждением, светом, называемым Хая;
– мир Брия наполнен наслаждением, светом, называемым Нэшама;
– мир Ецира наполнен наслаждением, светом, называемым Руах;
– мир Асия наполнен наслаждением, светом, называемым Нэфеш.

Сами миры, т.е. желание получить наслаждение, и само наполняющее их наслаждение исходят от Творца. Но каждый из миров делится в свою очередь на сфирот: Кэтэр, Хохма, Бина, Тифэрэт, Малхут, которые наполнены, соответственно, своим светом НаРаНХа"Й.

Кроме этого, есть в каждом мире четыре уровня:
– неживой;
– растительный;
– животный;
– человек.

– **Душа человека** (нэшама) соответствует уровню **«человек»**.
– **Ангелы** (малахим) соответствуют уровню **«животный»**.

– **Оболочки, одеяния** (левушим) соответствуют уровню **«растительный»**.
– **Строения** (эйхалот) соответствуют уровню **«неживой»**.

Уровни, соответственно, находятся один в другом, как концентрические окружности (как оболочки луковицы):

– внутри находится сфира Кэтэр – влияющая на данный мир как Творец;
– на нее как бы надеваются снаружи нэшамот – души людей, находящиеся в данном мире;
– затем, соответственно, надеваются один на другой малахим, левушим, эйхалот. Все неживое, растительное и животное сотворено ради четвертой ступени желания – человека и его души.

В этом роль прочих уровней, и поэтому они как бы одевают снаружи душу человека, т.е. служат ему.

От рождения есть в человеке частица общей (первоначальной) души. Частица эта представляет собой точку. Она находится как бы в сердце человека, т.е. внутри его желания, эгоизма. Все сотворенное построено так, что общие законы, действующие на всех уровнях и во всех мирах, проявляются и в каждой части творения, даже самой малой.

Например, все существующее делится на пять миров, или пять сфирот: Кэтэр, Хохма, Бина, Тифэрэт, Малхут. В свою очередь каждый мир делится на пять сфирот, и также каждый, даже самый незначительный, объект делится на пять сфирот.

Как уже сказано, в нашем мире имеются четыре уровня: неживой, растительный, животный, человек – соответственно сфирот Малхут, Тифэрэт, Бина, Хохма, а их корень, источник, называется Кэтэр.

И любая часть неживого, растительного, животного или человека делится на четыре уровня (неживое, растительное, животное, человек), соответственно уровню желания, например, в самом человеке есть тоже четыре уровня желания – неживое, растительное, животное, человек, в центре которых находится точка его души.

До достижения уровня «13 лет» эта точка находится в покое (не ощущается). Но когда человек начинает выполнять Тору и Заповеди – даже без особого отношения к Творцу как Руководителю всего существующего, т.е. без должного уважения и страха (потому как человек не чувствует Создателя), а с желанием самому получить наслаждение, то если он преследует цель приобрести склонности к альтруизму – лишь в таком случае начинает точка в его сердце развиваться и ощущаться в действии.

В этом все чудо, патент Торы и Заповедей, принадлежащих к высшему, духовному миру. Поэтому их изучение и выполнение даже в эгоистических целях личного духовного роста – очищает и постепенно возвышает человека. Но лишь до первого уровня – неживого.

И в той мере, в какой возвышает человек духовное над материальным и стремится к альтруизму, он изменяет свои желания и строит таким образом целую форму этого первого уровня. Тогда душа его поднимается и одевается в сфире Малхут в мире Асия – все тело человека чувствует, соответственно, свет (наслаждение от этого уровня). И этот свет помогает продвигаться далее к более высоким ступеням.

И как при духовном рождении человека находится в его сердце точка света души уровня Нэфеш – так и теперь, при рождении всего уровня Нэфеш мира Асия, находится в нем точка более высокой, следующей ступени – Руах мира Асия.

И так на каждом уровне: когда он полностью осваивается человеком, происходит его переход в точку следующего, высшего уровня – и это единственная связь низшего с высшим, до самой верхней ступени. Благодаря этой точке есть возможность продвигаться вперед, к Творцу.

Этот свет – уровня Нэфеш мира Асия – называется светом неживого уровня мира Асия, так как соответствует исправленной неживой части желания в теле человека. И действия такого человека в духовном мире похожи на действия неживой природы в материальном мире. То есть нет у него личных движений, а лишь общее движение всей массы неживых объектов, объемлющее все части в общем.

Свет, т.е. наслаждение, в объекте Нэфеш мира Асия – есть в нем частные составляющие – 613 органов, как в человеке, соответственно 613 заповедям. И каждый из них имеет свое особое восприятие, наслаждение от света Творца, но пока не выделяются эти изменения между частями.

А пока воспринимается каббалистом лишь общее влияние света, распространяющееся в равной степени на все части. И хотя нет разницы между сфирот от самой верхней (Кэтэр в мире

Адам Кадмон) до самой нижней (Малхут в мире Асия), но есть разница относительно человека, получающего свет.

Сфирот делятся на сосуд и свет, их наполняющий. Свет исходит от самого Создателя. Сосуды называются также сфирот Кэтэр, Хохма, Бина, Тифэрэт, Малхут. В трех последних мирах – Брия, Ецира, Асия – эти сосуды представляют собой фильтры, задерживающие и четко отмеряющие порции света относительно потребителя – так, чтобы каждый получил лишь соответствующую порцию строго согласно своему духовному уровню развития. Хотя свет в них однороден, но называем мы исходящие света относительно потребителя НаРаНХа"Й, поскольку свет делится согласно свойствам фильтров – сосудов.

Малхут – самый плотный фильтр. Получаемый от нее свет мал по величине и предназначен и достаточен лишь для исправления неживого уровня в теле человека и потому называется свет Нэфеш.

Тифэрэт – более прозрачный фильтр, чем Малхут, и потому порция света, которую он (фильтр) пропускает от Творца к нам, предназначена для одухотворения растительной части в теле человека, так как более интенсивен, чем свет Нэфеш, и называется Руах.

Бина более прозрачна, чем Тифэрэт, и проводит свет Творца, достаточный для исправления животной части в теле человека, и называется свет Нэшама.

Хохма – самый прозрачный фильтр и проводит свет для возвышения части «человек», что в теле человека, и называется свет Хая ... и нет предела его силе...

И как уже сказано, если достиг человек посредством Торы уровня Нэфеш, то внутри него уже находится точка следующего света – Руах. И если и далее, применяя Тору и заповеди с определенной целью, достигает растительного уровня своего желания насладиться, то обретает с ним сосуд, поднимающийся и охватывающий, одевающий сфиру Тифэрэт мира Асия, – и она поставляет ему более сильный свет – Руах, соответствующий уровню «растительный» в теле человека.

И как среди растений нашего мира, так у человека уже появляется личное духовное движение и различаются духовные силы. При полном освоении уровня Руах уже находится в нем точка следующего уровня Нэшама.

А изучением тайн Торы человек одухотворяет животный уровень своего желания, и когда построит весь сосуд, то поднимается и одевает сфиру Бина в мире Асия и получает в него свет Нэшама. Человек в таком случае называется «чистое животное», так как очистил животную часть своего тела.

И как в животном, появляется в нем индивидуальное чувство – ощущение в каждой из 613 заповедей, так как воспроизводит индивидуально, как животное в нашем мире, каждое движение. А разница в наслаждении, свете, который получает, подобна разнице между животным и растением в нашем мире.

И когда полностью освоил 613 частей сосуда (желания) и получил в него свет (наслаждение), особый на каждую из 613 частей (чувствует наслаждение, соответствующее каждой заповеди Творца), то с помощью этого света, далее работая над собой, очищает часть «человек» своего желания, поскольку зародилась она из точки, появившейся по окончании строения сосуда Нэшама.

И, закончив строительство сосуда соответствующего желания уровня «человек», получает ощущение посторонних людей, их мыслей. А получаемый свет, наслаждение, отличается от предыдущей ступени, как в нашем мире человек отличается от животного.

Но все эти пять уровней – всего лишь наслаждения НаРаНХа"Й мира Асия, т.е. Нэфеш. И нет в нем даже Руах, так как Руах – свет в мире Ецира, Нэшама – в мире Брия, Хая – в мире Ацилут и Ехида – в мире Адам Кадмон. Но то, что есть в общем, существует и в каждой части общего, т.е. эти пять видов света находятся и в мире Асия, но на общем уровне Нэфеш – самом малом, неживом.

А в мире Ецира эти пять видов света находятся на общем уровне Руах, в мире Брия – НаРаНХа"Й уровня Нэшама, в мире Ацилут – НаРаНХа"Й уровня Хая, и в мире Адам Кадмон – НаРаНХа"Й уровня Ехида. А разница между мирами, как между уровнями НаРаНХа"Й в мире Асия.

Таким образом, все зависит от духовного уровня человека, желающего постичь высшее и потому сопоставляющего свои духовные качества со свойствами миров, в результате чего он становится интегральной их частью.

Это и является объяснением, для чего сотворены все миры и зачем они нужны человеку. Ведь невозможно было бы нам достигнуть Творца без последовательного подъема по ступеням НаРаНХа"Й каждого мира. Причем, постигая определенный уровень, человек ощущает свет, наслаждение, и это помогает ему идти дальше в искоренении желания самоудовлетворения, пока не дойдет до цели творения – отношений с Творцом, как отца с сыном.

И знай, что этот НаРаНХа"Й, о котором мы говорим, – это пять частей, на которые делится все созданное. И то, что действует в общей системе, действует и в ее даже ничтожно малой части. То есть даже на самом низшем уровне мира Асия, в мире духовно неживой природы, есть пять его составляющих – его частный НаРаНХа"Й.

Потому, как выясняется в Каббале, любое мельчайшее желание состоит из пяти частей: Кэтэр – представитель Творца, тогда как Хохма, Бина, Тифэрэт, Малхут – четыре уровня самого творения, а его направляющее наслаждение также состоит из пяти видов света НаРаНХа"Й.

Отсюда следует, что даже свет духовно неживого в мире Асия нельзя достичь без четырех видов постижения, то есть без исправления желания на всех четырех видах его эгоистической толщины.

Наше поколение еще погружено во тьму – ведь единицы занимаются Каббалой. А причина этого в том, что книги по Каббале полны огрубленных, овеществленных описаний.

Поэтому возникла необходимость в полном комментарии на книгу «Зоар». Этот труд избавил нас от страха неправильного толкования Каббалы. Каббала становится доступной любому человеку.

А комментарий назван «Сулам» – «лестница». Книга эта помогает постепенно, как по лестничным ступеням, подняться на нужную высоту любому, в зависимости от его желания, постичь глубины создания миров и своего места в них.

Назначение Каббалы можно пояснить примером:

«В одном далеком королевстве один из подданных нарушил строгий закон и потому по приказу короля был изгнан за пределы страны – отлучен от друзей, родных, всего хорошего, что было в его жизни. На новом месте ему было очень плохо, грустно... Но постепенно, как ко всему в жизни, он привык, а вскоре и вовсе полностью забыл, где и как родился, жил и был изгнан и что вообще когда-то был в

другом месте... И обзавелся на новом месте домом, друзьями и т.д. Но вот однажды ему в руки попала книга о том королевстве – и он вспомнил, где оно, и какое оно, и как там прекрасно. Он понял, изучая книгу, за что его изгнали и каким образом можно туда вернуться».

Королевство это – духовный мир, где все прекрасно для выполняющих законы Великого Короля – Творца. Место изгнания – наш мир. Книга, благодаря которой каждый из нас лично может восполнить, восстановить забытое, т.е. место, где находились наши души, и понять, почему они были изгнаны, и суметь вернуться, – это книга «Зоар»!

Но если книга «Зоар» настолько важна, что с ее помощью можно постичь высшие миры, увидеть, почувствовать мир душ и самого Творца, почему же до нашего времени она была чуть ли не тайной: почти 2000 лет была скрыта книга «Зоар» – со времени написания ее до появления на свет методики Каббалы Ари?

Ответ мы находим в самой Каббале: мир в течение 6000 лет своего существования представляет собой одно строение, состоящее из десять сфирот, где Кэтэр – влияние Создателя, а остальные делятся на три группы:

– **головная** – Хохма, Бина, Даат;
– **средняя** – Хэсэд, Гвура, Тифэрэт;
– **конечная** – Нэцах, Ход, Есод.

То есть 6000 лет делятся на три части:
– **2000** – тьма;
– **2000** – период Торы;
– **2000** – дни Машиаха.

Первые 2000 были головные, т.е. получающие малый свет (Нэфеш), поскольку существует обратная зависимость между сфирот и светом Творца, их наполняющим: сначала появляется первая группа, большие сфирот: Кэтэр, Хохма, Бина, но с наполнением света малой величины, т.е. сначала появляется малый свет – Нэфеш. Этот период – первые 2000 лет – тьма.

А во вторые 2000 лет мира, когда развивается вторая группа сфирот – Хэсэд, Гвура, Тифэрэт – свет Нэфеш, наполнявший первую группу сфирот, спускается во вторую, а в первую входит свет Руах – свет Торы. Эти следующие после тьмы 2000 лет называются периодом Торы.

Третья группа сфирот: Нэцах, Ход, Есод занимают последние 2000 лет, сюда спускается свет Нэфеш из второй группы, а свет Руах из первой группы спускается во вторую, а в первую группу входит свет Нэшама – свет Машиаха.

До появления третьей группы сфирот вся Каббала, а главное – книга «Зоар», были скрыты. Ари открыл нам книгу «Зоар», а его комментарии указали путь к освоению духовного мира. Умер Ари, когда еще не закончился период, т.е. не вошел весь свет в третью группу, поэтому ею могли заниматься особые души (Бааль Шем Тов, Рамхаль, Виленский Гаон) без права раскрыть ее суть миру.

Но в наше время, близкое к концу третьего периода, мы удостоились такого всеобъемлющего комментария на книгу «Зоар», как «Сулам», и учебного систематического изложения Каббалы, как Талмуд Десяти Сфирот.

Хотя души живущих в первые и вторые 2000 лет были очень высоки и соответствовали высшим сфирот (Кэтэр, Хохма, Бина), но не смогли они получить соответствующий им свет, потому что не достиг он еще нашего мира.

В настоящее время в наш мир спускаются самые низкие души, что видно и по происходящему в мире, но именно они дополняют все строение. А высший свет входит в высшие души, уже ушедшие из нашего мира в высшие миры, но их свет доходит и до нас – в виде окружающего свечения.

И хотя первые поколения превосходили поколения нашего времени по качеству душ, так как более чистые появляются в нашем мире первыми (сфирот от Кэтэр – к Малхут), но наука Торы, ее внутренняя, скрытая часть (как, впрочем, и другие науки) выявляются в последних поколениях – так как от них зависит интенсивность света.

Чем ниже души, тем больший свет открывается, входит в наш мир, так как низший свет может спуститься из высших в низшие сфирот (души), а в освобожденные места в верхних сфирот (душах) входит высший свет.

Изучение книги «Зоар» и собственно Каббалы – отправная точка исправления всего мира и достижения им состояния абсолютного покоя и счастья.

ИЗ ПРЕДИСЛОВИЯ К ТАЛМУДУ ДЕСЯТИ СФИРОТ

Главным моим желанием является взорвать стену, отделяющую нас от Каббалы еще со времен разрушения Храма (I в.н.э.), дабы не исчезла окончательно эта наука из нашего мира. И привычны стандартные возражения против изучения этой науки: зачем для выполнения заповедей знать, что находится на небе (подразумевается духовный мир), – ведь главное знать, как выполнять заповеди. Причем говорят, что занятия Каббалой опасны и вообще предназначены лишь для избранных...

Но спросим себя – каков смысл жизни в небольшом, горьком и трудном подчас отрезке времени, в годах, полных забот и испытаний, и кто может насладиться этой жизнью, как того и требует от нас Создатель? Где ответы на эти вопросы?

Тора отвечает на это: «...попробуйте вкусить, как прекрасен Творец» (имеется в виду, через изучение Торы и выполнение заповедей почувствовать Творца) – и увидите, что Он абсолютно добр и создал все лишь для нашего блага и ради него вручил нам Тору, причем почувствуете это в нашем мире. И сама Тора призывает: «избери жизнь», т.е. благо, а не смерть – горькое, бесцельное существование. И сказано: «избери», т.е. дано право выбора.

Как выяснено в предыдущих статьях, это право касается лишь выбора одного из двух путей достижения обязательной конечной цели – пути Торы или пути страданий, причем конечная цель состоит в уничтожении эгоизма и приобретении природы любви и положительного влияния.

Каким путем этого можно достичь? Сказано: «Спи на земле, питайся лишь хлебом с водой – и будешь счастлив и в этом, и в том мирах» – так можно приобрести духовную природу, слиться с духовными мирами – и лишь тогда ощутить все благо Творца.

Этим путем лишь особые личности (т.е. души) могут придти к цели. И потому дается в Торе еще один путь: «Занимайся постоянно Торой, поскольку находящийся в ней свет, влияя на душу, преобразует ее в нужном направлении» – это путь постижения сердцем, умом, а не путем физических страданий.

Но свет, наполняющий Тору, влияет лишь на абсолютно верных и преданных Создателю, верующих в его благие действия. То есть главное в этом пути – вера в Творца, а она измеряется количеством времени и сил, которые человек отдает, и задача, таким образом, сводится к достижению максимальной уверенности в силе, покровительстве и любви Творца к идущему Ему навстречу. И эту веру человеку неоткуда получить, разве лишь из Торы, потому и сказано о ней, что Тора – лекарство от эгоизма.

Сказано в Вавилонском Талмуде: учащийся 5 лет и не достигший нужного – никогда уже не достигнет. Занятия Торой помогают лишь в случае уважения к Творцу (богобоязни), что возможно лишь при знакомстве с бесконечными, могущественными духовными силами Творца и величием созданного Им. Как сказано царем Давидом: «Познай Творца, а затем стань Его рабом».

Потому для обычных людей (душ) занятия общепринятыми частями Торы, говорящими лишь о путях физического выполнения заповедей, не приносят нужного результата. Предостерегает Талмуд, что если нет успеха в течение 5 лет, то и не будет, а так как цель – не учеба, а постижение Творца, то необходимо искать другой путь.

Основная разница между открытой и тайной частями Торы в том, что в последней изучаются непосредственно действия Творца, и потому свет Торы в ней более явственен, интенсивен – и может быстро исправить человека.

Тайная часть Торы – Каббала – состоит из двух частей: скрытой – нигде не описанной, передающейся устно, и открытой – изложенной во многих книгах. Последнюю необходимо изучать, и лишь от ее изучения зависит приход Машиаха.

Свет Торы воздействует положительно лишь в том случае, если изучающий ставит перед собой цель – достичь искоренения эгоизма, слияния с Творцом, в противном случае, т.е. используя Тору не по назначению, он лишь наносит себе неощутимый и неисправимый вред, ведущий к духовной смерти.

Невозможно немедленно настроить себя в изучении Торы на нужную цель, но она должна преследоваться постоянно в процессе учебы. Именно изучая духовные миры и действия Создателя, легче придерживаться мысли, желания слияния с тем, что изучаешь.

Ведь наше удаление от духовного мира – есть причина всех болей, невзгод, страданий и бесцельности.

Таким образом, единственное, чего не хватает нам, – явного ощущения управления.

Постижение этого проходит по четырем стадиям:

– двойное скрытие действий Творца;
– простое скрытие;
– постижение причины и следствия награды или наказания;
– абсолютное постижение (когда ясно, что все лишь для блага созданий, как хорошее, так и плохое).

Обычное, начальное состояние человека – двойное скрытие от него Творца, когда он не видит в мире никаких следствий наличия Создателя – и верит в природу. Когда же от недостаточного сближения с Творцом человека преследуют несчастья и он верит, что это следствие его поступков и результат управления Творца, – такое состояние называется простым скрытием (в данном случае он верит в преступление и наказание).

В этих двух состояниях и заключается основная работа человека по сближению с Творцом, так как ввиду Его скрытия имеется свобода воли.

И когда в силу веры идет человек навстречу Творцу, стремясь видеть Его в каждом происходящем действии, то постепенно открывается ему Творец, и ясно видит человек все причины и следствия управления миром – и уже выполняет заповеди (искореняет эгоизм), явно видя в этом необходимость и огромную пользу. И ясно, что уже не может повернуть назад, так как видит, чувствует и предвидит наказание.

И очищая себя далее, достигает уровня абсолютной взаимной любви с Творцом, и, как следствие этого, достигает абсолютного постижения Создателя – в этом и состоит конечная цель каждого, и ради нее сотворены все миры и силы, управляющие ими и их населяющие.

И указано в Торе, и это призыв: «Мир свой постигни, узри еще при жизни». И в этом вознаграждение за долгий и трудный путь в потемках, в состоянии скрытия Творца, когда свободным усилием воли, вопреки природе и обществу, преодолевает человек барьер между нашим и духовным мирами в поисках Творца. И чем с большими трудностями и с большего расстояния начинается этот путь, тем сильнее постигаемое чувство обоюдной любви.

И эта цель должна преследоваться постоянно при изучении и выполнении Торы – лишь тогда возможен успех, иначе занятия Торой оборачиваются против человека и лишь увеличивают его эгоизм. Отсюда происходят два названия Торы – открытая (нигле) и скрытая (нистар), так как от человека зависит, откроется ему Творец путем Торы или, наоборот, еще дальше скроется от него.

И потому так важно для нас, отдаленных, заниматься открытой частью Торы – Каббалой, описывающей действия, мысли и цели Творца и помогающей, таким образом, ближе узнать, а узнав, полюбить Его и стремиться к Нему.

И каждый обязан достичь уровня любви всеми чувствами, до полного постижения. И каждый начинает с крайне удаленной точки.

Сама Тора, с уровня ее создания в мире Ацилут, прошла также множество последовательных сокращений до ее вручения нам, но суть ее не меняется – и чем ниже уровень созданий, тем большее значение она имеет для них, помогая выйти на свободу из тела, скованного внутренними желаниями.

В нашем мире Тора облачена в оболочки: природа, живые существа, время, управляемые из мира Ацилут. Эти оболочки – источники наших страданий, поскольку именно они скрывают систему управления.

Оболочки и ими скрываемая часть в мирах Брия, Ецира, Асия называются Каббалой (скрытая часть Торы), а оболочка нашего мира называется открытой Торой. То есть до выхода из четвертой в третью оболочку в мире Ецира человек, независимо от того что он изучает, занимается скрытой частью Торы.

Но лишь когда человек входит в мир Ецира, открывается ему Тора. А Тора, начиная с мира Ецира и выше, называется уже наука Каббала – и сменяются бессмысленные имена на свет.

Таким образом, начинают Тору с тайны, пока она не становится явью: соответственно двойное и просто скрытие Творца или Торы в мире Асия, открытие в мире Ецира, достижение любви к Творцу в мире Брия, совершенное слияние в абсолютной любви в мире Ацилут. И для последовательного, безболезненного, уверенного постижения Творца написана Ари книга «Эц хаим» – «Древо Жизни», и на ее основе – монументальный труд рабби Ашлага – Талмуд Десяти Сфирот.

НЕКОТОРЫЕ КАББАЛИСТИЧЕСКИЕ ПОНЯТИЯ

Каббала – метод, путь открытия Творца созданиям, находящимся в этом мире. Каббала – от слова «лекабель»; пути живущих в этом мире – получить все то бесконечное наслаждение, для которого и создано все творение.

Чувство ближнего – во всей природе развито лишь у человека. Оно дает человеку и чувство зависти и чувство боли за другого, чувство стыда и чувство духовного возвышения. Причина создания такого чувства в нас – чтобы путем его развития мы пришли к ощущению Создателя.

Чувство Создателя – ощущение каждым Создателя в той же степени, как и ощущение ближнего. Сказано, что Моше говорил с Создателем «лицом к лицу», т.е. у него было чувство абсолютного познания Его до степени близости общения с Творцом, как с другом.

Конец действия – определяется замыслом: как человек, строящий дом, согласно этой конечной цели, составляет план, спецификации. И все его действия определяются конечной, заранее известной целью.

Так и после выяснения конечной цели творения нам ясно, что все созданное и пути управления им преследуют эту конечную цель. Цель управления – в постепенном развитии человечества до способности ощутить Создателя в той же степени, как и ощущения созданий в нашем мире.

Снизу вверх – путь постепенного постижения духовного, т.е. путь развития человека до состояния ощущения постороннего как себя, и затем до состояния ощущения духовных объектов как материальных и т.д. – до самых высших их ступеней, т.е. до самого Создателя. Это порядок постижения человеком Создателя, идущего по тем же ступеням, по которым проходило создание сверху вниз. То есть по уже готовому пути, и при постижении все более высших ступеней раскрываются во всей полноте и соответствующие им низшие.

Сверху вниз – порядок творения миров: духовных и нашего – конечного, материального мира.

Физическое выполнение законов творения – необходимое условие духовного развития, следующее из того, что исполнитель находится в нашем физическом мире.

Духовное выполнение законов творения – физическое выполнение является лишь необходимым условием, подготовкой к духовному выполнению. Необходима мысль, желание исполнителя путем их исполнения достичь цели творения – лишь тогда исполнение законов – инструмент, средство духовного совершенствования, как сказано Творцом: «Я создал в вас низменные желания и в противодействие им создал Тору».

Тора – как средство духовного самосовершенствования делится на две части:

– изучение физического выполнения законов;
– изучение духовного их выполнения.

Пути их действия в нашем и духовных мирах и их последствия. Лишь совмещением физического и духовного выполнения достигается необходимый результат. Каббала изучает пути духовного выполнения и следствие от совместного действия обеих частей.

Как следует из опыта, человек, достигший духовным развитием ощущения духовных миров, непосредственно, без чтения Торы получает о ней полное представление, поскольку все повествующееся Торой – суть законы миров.

Периоды Каббалы – с начала творения мира до разрушения второго Храма каббалисты «в открытую» занимались Каббалой. Все духовные силы ощущались в нашем мире более явно, наш контакт с духовными мирами был более значителен и тесен, в частности через Храм и проводившиеся в нем службы.

По мере нравственного падения общества мы лишились ощущения духовных миров, став недостойными (т.е. отличными по свойствам), и потому пал Храм и начался галут, и каббалисты уже втайне продолжали заниматься Каббалой, закрыв в нее доступ «недостойным».

Сказано в книге «Зоар»: «Желание Творца в том, чтобы не открывалась мудрость Его миру, но когда мир будет приближаться к дням Машиаха, даже детям откроются тайны Его и смогут высчитывать и изучать будущее, и в то время откроется Он всем».

Рабби Шимон бар Йохай был последним из Каббалистов догалутного периода и потому получил разрешение свыше написать книгу «Зоар».

Почти 15 веков Каббала была под запретом, пока не появился каббалист Ари, постигший всю Каббалу и открывший нам «Зоар», благодаря своим трудам: «…И в 600 лет шестого тысячелетия откроются наверху источники мудрости и польются вниз».

А каббалист Авраам Азулай (VI век) нашел в старинных рукописях, что «с 5300 года от сотворения мира могут заниматься Каббалой все в открытую, взрослые и дети, в будущем именно и благодаря этому придет Избавитель».

И как признак того, что мы находимся в конце дней мира, появился в наше время великий каббалист рабби Йегуда Ашлаг, который объяснил всю Каббалу понятным нам языком, методом, подходящим именно для наших душ.

Особенность Каббалы как науки заключается в том, что она включает в себя все знания о нашем мире (т.е. все науки во всей их нераскрытой полноте) как составляющие, поскольку изучает корни нашего мира, из которых он появился и управляется.

Душа – ощущаемое каждым свое «я», при подробном рассмотрении делящееся на наше тело, силу его оживляющую («животную» душу) и силу влечения к духовному (духовную, божественную душу), отсутствующую практически в духовно неразвитом человеке.

Тело человека и его «животная» душа – продукты нашего мира, и они достаточны для его познания через наши органы чувств. Развивая духовную душу (путем борьбы с «я» – эгоизмом) человек получает способность ощущения вне своего «я» («я» духовное, альтруистическое возникает из отрицания «я» эгоистического) и таким образом начинает ощущать извне более высокие, духовные колебания, пока не развивает свою духовную душу из «точки» до присущих ей «размеров».

Внутренняя суть Каббалы – по своему внутреннему содержанию это свет Создателя, исходящий от Него и по определенным законам доходящий до нас.

Закон ветвей – говорится в Каббале: «Нет зернышка внизу, чтобы не было его ангела наверху», т.е. силы, толкающей его к росту и развитию.

Все миры подобны друг другу – разница лишь в материале, из которого они созданы (чем выше мир, тем более «чиста» его материя), но законы их действия и формы одинаковы, и каждый последующий является точной копией – ветвью от предыдущего – корня.

Населяющие определенный мир способны чувствовать лишь в его пределах – поскольку органы чувств воспринимают только материал данного мира. Лишь человеку дана возможность одновременно постичь все миры.

Язык ветвей – у населяющих определенный мир есть общие ощущения в восприятии предметов их мира, и таким образом возможен обмен чувствами через их словесные обозначения. О происходящем в других мирах можно сообщать, используя тот же язык, но подразумевая, что речь идет о предметах другого мира, соответствующего как копия нашему миру. На таком языке и написана Тора.

Ступени постижения – последовательные уровни ощущения Творца, составляющие как бы лестницу от нашего мира вверх. Наинизшая ступень этой лестницы, называемая махсом, – она настолько скрывает от нас все духовные силы, что у человека совершенно отсутствует всякое их ощущение, и потому источник жизни и ее цель он пытается найти в своем мире.

Свет в духовных мирах – передача информации, чувств, наслаждений осуществляется посредством распространения или исчезновения духовной субстанции, называемой светом (по аналогии со светом в нашем мире, дающим жизнь, тепло и т.д., или свет мысли, прояснения, просветления).

Право на существование – каждая вещь в нашем мире, хорошее и плохое, и даже самое вредное, имеет право на существование. Но возложена на нас возможность исправления и улучшения. Нет ничего лишнего, ненужного. И все для блага человека в прямом смысле (хорошие вещи) или обратном («плохие»), чтобы, исправив себя, мы нейтрализовали их вредное воздействие.

Исправление – Создатель не закончил создание нашего мира. Его дополнение до совершенного, целого возложено на нас. Как горек плод в период созревания, таким видим мы наш мир. Его исправление – наша задача и цель.

Вознаграждение – наслаждение (вкус созревшего плода). В человеческих силах влиять лишь на самого себя и ни на что внешнее. Поэтому исправление возможно лишь самоусовершенствованием каждого.

Два пути исправления – путь принятия духовных законов Исправления к исполнению каждым, в первую очередь – любовь, сочувствие к ближнему, называется путем Торы. Он является предпочтительным и со стороны Творца, поскольку его цель доставить радость творениям на всех стадиях их существования (горечи плода мы в таком случае не чувствуем).

Путь страданий – путем проб и ошибок в течение определенного времени (6000 лет) все равно придти всем человечеством к необходимости исполнения законов творения.

Каббалист – каждый в нашем мире, кто путем изучения и выполнения духовных законов достигает подобия Творцу, развивает себя духовно настолько, что сам становится частью духовных миров.

Заповедь – свеча, а Тора – свет – есть две стадии выполнения законов Торы. Первая – воспитательная, когда человек выполняет всевозможные действия, которые должны привести его к исправлению и выходу в высший мир. Этот период называется «подготовительный» (зман ахана).

Но есть иной уровень выполнения заповедей – духовный: душа человека состоит из 613 желаний. Исправляя каждое из них с ее эгоистического применения «ради себя» на альтруистическое применение «ради Творца», человек получает в каждое исправленное желание соответствующий этому желанию, заповеди, свет Создателя, Его ощущение, ощущение слияния с Ним. Исправление желаний называется выполнением заповедей. Свет, получаемый в исправленные желания, называется свет Торы (свет свечи). Тора – это совокупный свет, который должен наполнить всю исправленную душу.

Постижение – происходит путем внутренней работы над собой, изучением характера и свойств духовных объектов. Необходимо предупредить, что речь идет не о психологических ощущениях типа полета, не о фантазиях и внушениях, а о действительном подъеме в мир, материал которого духовен, т.е. выше и вне всяких связей с человеческим психологическим восприятием.

Наслаждение – возможно, лишь если есть желание и стремление. Желание возможно при условии, что наслаждение известно. Стремление возможно лишь при отсутствии наслаждения в данный момент. Кто сидит, не наслаждается этим, кто не выходит из тюрьмы, не наслаждается свободой, здоровье может оценить лишь больной. И желание, и стремление мы получаем от Творца.

Единственно созданное в творении – чувство недостатка, чего нет в Творце. И чем больше человек, тем больше это чувство у него. А у детей и простых людей оно весьма ограничено. Настоящий человек хочет весь мир – и так до последнего дня. А мудрый – хочет не только наш мир, но и все другие миры.

Поговорка из Торы: «Богат – кто удовлетворяется тем, что у него есть» – говорит о пути исправления, а не о величине желания. Желание и стремление вместе называются в Каббале кли (сосуд). Само же наслаждение – ор (свет) исходит от Творца.

Чувство наслаждения – свет входит в сосуд (ощущается сосудом) в зависимости от соответствия свойств сосуда и света. Чем ближе эти свойства, т.е. чем больше способность сосуда положительно влиять, любить, радовать, и чем меньше его желание насладиться, – тем ближе он к свету и тем большее количество света ощущает и тем большее наслаждение.

Таким образом, почувствовать или не почувствовать Творца (или свет, что одно и то же) зависит только от нашей (так как каждый из нас – сосуд) близости (соответствия свойств) к Нему. Пока есть у сосуда хоть незначительное желание влиять (т.е. думать, страдать за других, любить, помогать, пренебрегая собственными желаниями), он находится (ощущает) в духовных мирах (в каком-либо из них – в зависимости от его свойств).

А когда желание влиять иссякнет в нем, считается, что находится (ощущает) в нашем мире, как пока каждый из нас. И подобный сосуд называется телом человека, и единственное его желание – заботиться лишь о себе. Мы даже не представляем себе возможность совершенно безвозмездно что-либо сделать для другого. А кто считает, что это не так, должен заняться четким анализом себя и своих чувств, что называется на языке Каббалы акарат ара (осознание зла).

Совершенство сосуда – сосуд (кли) создан светом так, что в сосуде существуют желания на все наслаждения, существующие в свете. В результате сокращения и разделения сосуда образовалось определенное количество отдельных сосудов, каждый из которых перемещается из одного положения (мира) в другое, приводя к разделению (смерти).

Задача каждого – будучи в этом мире, привести себя, т.е. сосуд, в состояние близости по свойствам к свету и получить соответствующую ему порцию света и затем вновь соединиться с остальными сосудами (душами) в единый сосуд, полностью наполненный светом (наслаждением). Такое будущее состояние называется гмар тикун (конец исправления).

Таким образом, ясно, что вся разница между людьми – в величине их желаний, и понятен запрет духовного насилия, убийства. Изучая свойства духовных сосудов, изучающий их материальный сосуд – человек – вызывает в себе желание быть им подобным, и поскольку желание в духовном мире и есть действие, то постепенно изменяясь, он позволяет свету войти в его сосуд. Свет же, находясь внутри сосуда, очищает (улучшает) его, поскольку свойство света – «влиять», и этим свойством он постепенно изменяет свойство сосуда.

Цимцум Алеф – запрет, обет, принятый на себя первым, общим, духовным сосудом сразу по его появлении. Состоит в том, что хоть со стороны Творца существует лишь желание наполнить сосуд наслаждением, последний принял на себя условие наслаждаться не ради себя, а ради Творца.

Изменилась, таким образом, лишь мысль, а не само действие. То есть сосуд получает свет не потому, что он хочет этого, а потому, что этого желает Творец. Потому и наша цель в достижении желания насладиться – хотеть насладиться, так как этого хочет Творец.

Ощущение – свойство реагировать на присутствие или отсутствие света даже в его бесконечно малых порциях. В принципе весь человек, вся его жизнь – лишь циклы всевозможных ощущений. И обычно человеку неважно, чем наслаждаться, но без наслаждения он не в состоянии жить. Почет, слава, деньги в банке – дают лишь чувство, ощущение, но как это важно для человека!

Постоянно наше состояние зависит лишь от настроения, восприятия окружающего мира, независимо от состояния этого мира. То есть важен не сам мир, а лишь его восприятие. Все наши ощущения – не продукт внутренней жизни организма и влияния окружающей среды. Их источник – сам Творец, так как каждое ощущение – это или свет, или его отсутствие.

Человек чувствует или себя, или Творца, или и то и другое в зависимости от своего нравственного состояния. И чувствуя лишь себя, может лишь верить, что Творец существует и воздействует на него. Как говорится в Торе, нет в мире ничего, кроме Творца, а то, что мы ощущаем себя независимо и даже единственно существующими, – лишь результат духовного несоответствия, удаления от Создателя.

По мере уничтожения своего «я» начинает ощущаться Творец до полного ощущения, что существует лишь Он, а мы – Его неотъемлемые части.

Мысленаправленность (кавана) – это главное в каждом действии человека, поскольку в духовном мире мысль – это действие. Да и в нашем материальном мире действий это так: один ударяет ножом другого с целью навредить и несет наказание, другой ударяет ножом с целью излечить (вскрывая рану, производя операцию) и получает вознаграждение.

Так же и в Торе: за умышленное убийство – смертная казнь, за неумышленное – возмещение ущерба, изгнание. Если выносить приговор в соответствии с абсолютными законами духовных миров, то наказание (духовное) должно следовать за каждой плохой мыслью человека. Так и происходит на самом деле.

Наше настроение, самочувствие также зависят лишь от мысленаправленности, а не от тяжести или особенности работы, материального состояния. Необходимо заметить, что человек властен лишь над своими физическими действиями, чувства он в состоянии изменить только через духовный мир.

Потому такое значение имеет молитва – по сути своей любое обращение, даже без слов, лишь сердцем, к источнику всего сущего, Творцу, перед которым все равны и желанны.

ДИАГРАММЫ

Поскольку духовный мир не ограничен рамками пространства, места, времени, перемещения, то все диаграммы следует понимать лишь как соотношения свойств духовных объектов, а не сами духовные объекты, их форму, поскольку таковой зрительно не существует.

1. Бесконечность

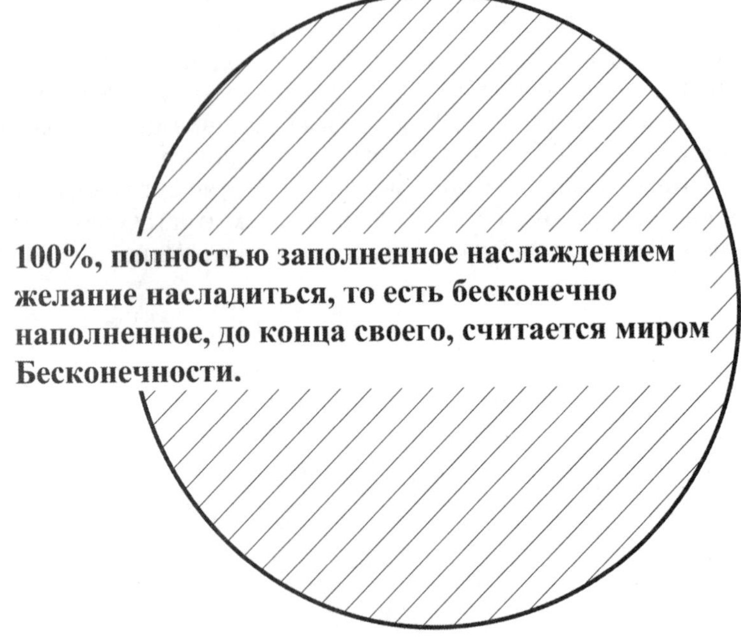

2. Цимцум

Но получив от света (дающего жизнь, наслаждения) его свойство и потому решив быть подобным Творцу, желание наслаждаться извергло все наполняющее его наслаждение, сократило, сжало себя от получения света (цимцум) и, таким образом, осталось пустым.

3. Кав

Только прекратив получать свет, желание наслаждаться перестало быть лишь получателем. Чтобы быть похожим по действию на Творца, необходимо давать наслаждение другим, как Он. Поэтому решено получать наслаждение (получать или не получать – только эти два действия возможны у создания), но не ради себя, а ради Творца, так как такое получение эквивалентно влиянию (отдаче).

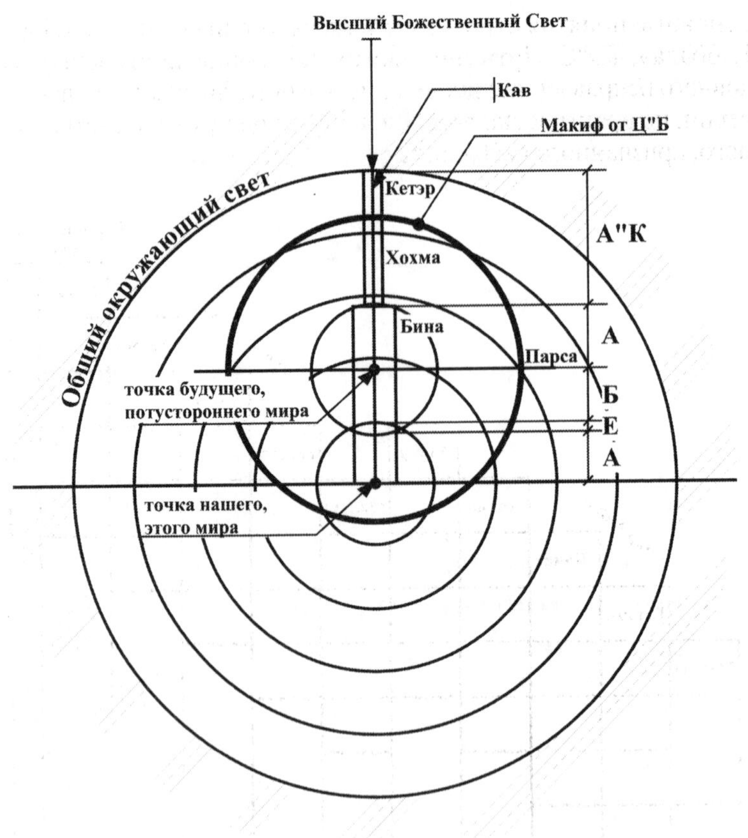

Но так как невозможно одним разом исправить себя, переделать то, что сотворено Творцом, против своей природы, т.е. перейти из первого состояния к третьему, последнему (все получать лишь ради Творца), без промежуточных, – то эта работа, называемая Работа Творца (аводат аШем), происходит постепенно, в течение 6000 лет, каждой из 600 тысяч душ, т.е. последняя ступень созданного желания раздробилась и по времени и по количеству, поскольку лишь таким образом можно полностью переделать свою природу, и эта работа называется тикун келим (исправление сосудов, душ). Сотворение миров, душ, человека сверху вниз изучается в Талмуде Десяти Сфирот. Для начинающего основные понятия строения миров изложены в книгах «Наука Каббала», ТЭ"С. Путь снизу вверх, т.е. личное постижение духовного исправлением души, описан в остальных книгах данной серии, но практически возможен лишь под руководством опытного, признанного каббалиста.

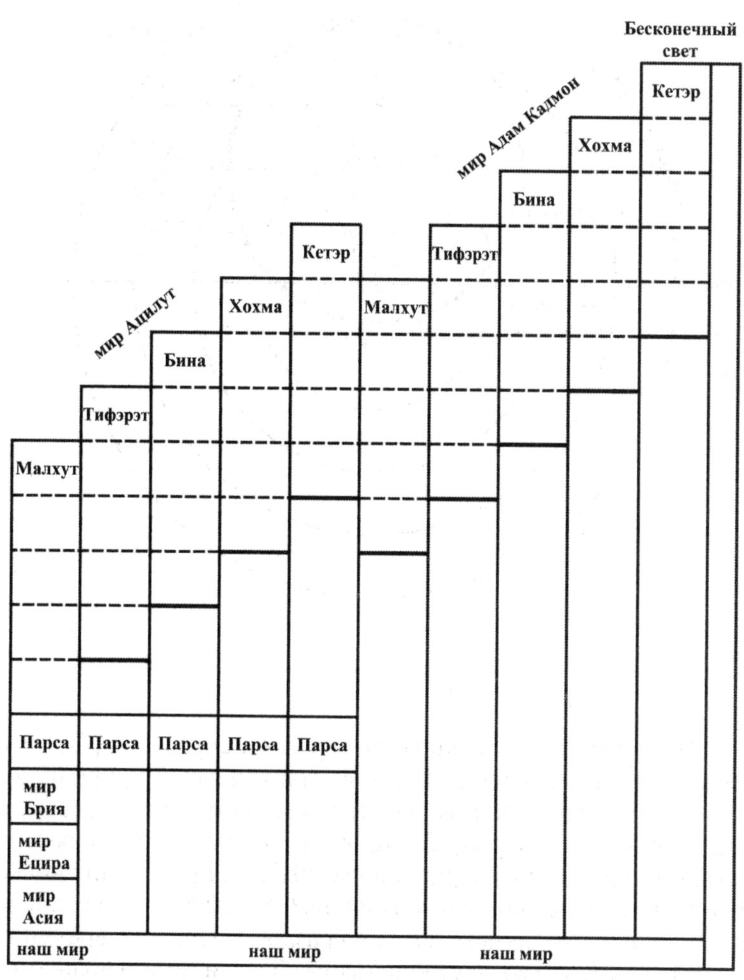

Схема мироздания

ОГЛАВЛЕНИЕ

Пресветлый, с вершин излучающий!
Там, за завесою экрана –
Тайны праведников открываются,
Светят вместе и свет, и тьма.

Как прекрасно познать Всевышнего,
Но остерегайтесь коснуться его –
И возникнет тогда пред вами
Та особая башня Оз.

Воссияет вам чудно истина,
Лишь ее уста изрекут,
А все, что раскроется в откровении, –
Вы увидите – и никто другой.

Рав Йегуда Ашлаг

СПИСОК СОКРАЩЕНИЙ

А"А	–	Арих Анпин
А"Б	–	парцуф хохма в А"К
АБ"А	–	Ахор бэ Ахор
АБЕ"А	–	Ацилут, Брия, Ецира, Асия
АВ"И	–	Аба вэ Има
А"К	–	Адам Кадмон
АХА"П	–	Озен, Хотэм, Пэ
БЕ"А	–	Брия, Ецира, Асия
БО"Н	–	парцуф малхут в Ацилут
ВА"К	–	вав кцавот
Г"А, Г"Э	–	Гальгальта-Эйнаим
ГА"Р	–	гимэл ришонот
З"А	–	Зэир Анпин
ЗО"Н	–	З"А и нуква
КАХА"Б	–	Кэтэр, Хохма, Бина
КАХАБ"ТУМ	–	Кэтэр, Хохма, Бина, Тифэрэт, Малхут
М"А	–	парцуф З"А в Ацилут
МА"Н	–	Мэй Нуква
НаРа"Н	–	Нэфеш, Руах, Нэшама
НаРаНХа"Й	–	Нэфеш, Руах, Нэшама, Хая, Ехида
О"М	–	ор макиф
О"П	–	ор пними
О"Х	–	ор хозэр
О"Я	–	ор яшар
ПБ"А	–	паним ба ахор
ПБ"П	–	паним ба паним
ПАРДЭ"С	–	пшат, рэмез, друш, сод
Р"К	–	рацон лекабель
Р"Л	–	рацон леашпиа
СА"Г	–	парцуф бина в А"К
ТАНТ"А	–	Таамим, Некудот, Тагин, Отиет
Ц"А	–	Цимцум Алеф
Ц"Б	–	Цимцум Бэт

ПРЕДИСЛОВИЕ

Не подлежит сомнению, что человек не в состоянии жить в нашем мире без определенных знаний о природе и окружающей среде.

Так же точно душа человека не может существовать в мире будущем (олам аба), если не познает устройство духовных миров и их действия. Рождаясь на свет, т.е. появившись в нашем мире, ребенок не знает ничего, и всю необходимую для жизни информацию ему сообщают родители.

Он существует и развивается благодаря заботам отца и матери. Постепенно, подрастая и накопив знания и опыт, ребенок учится самостоятельно ориентироваться в окружающей среде. Став взрослым и научившись использовать в своих интересах приобретенные знания, человек выходит из-под родительской опеки в большой мир.

Подобные стадии развития – гильгулим (кругообороты) – проходит и душа человека, пока не удостаивается понять истинную мудрость Каббалы в ее абсолютной полноте. Без этого не может душа достичь полного совершенства. Не то чтобы знание Каббалы обеспечивало только развитие души, но такова внутренняя природа души, что не в состоянии она самостоятельно функционировать, если не запаслась определенным количеством знаний. И рост ее зависит от уровня этих знаний.

А если бы душа развивалась без знаний, она могла бы пострадать. Так Господь не дал новорожденному сил самостоятельно передвигаться. Ведь у ребенка нет разума, и если бы у него были силы, он мог бы навредить себе.

Итак, право на существование в духовных мирах получает лишь тот, кто прежде приобрел знания об их устройстве. Приступая к изучению системы духовных миров, необходимо рассмотреть, как действуют в них главные факторы нашего мира.

В высших мирах отсутствуют такие физические понятия, как время, пространство, движение (уже в нашем мире они видоизменяются при скоростях, близких к скорости света: время – к нулю, масса – к бесконечности, а пространство сжимается в точку).

Вместо времени в духовных мирах рассматриваются причинно-следственные связи, переход одного состояния в другое, одной формы в другую. Но если вы спросите, сколько времени понадобилось для этих процессов, то вопрос не будет иметь смысла, так как под временем понимается лишь последовательность действий.

Поэтому в Каббале материал изучается по цепочке – от причины каждого явления к его следствию, или, что то же самое, от начала творения до его грядущего конца.

Место – это не определенная, занимаемая телом часть пространства, а место на шкале духовных свойств, качеств, где за сто условно принимается свойство Творца, а за ноль – первоначальное свойство творения.

Таким образом, перемещение в духовном мире – это изменение духовным объектом своих свойств. Он как бы перемещается в духовном пространстве по шкале духовных ценностей (ближе или дальше относительно Творца). Но в духовном мире объект не исчезает, лишь появляется его новая форма.

Другими словами, с появлением новых качеств от духовного объекта отделяется его новая форма, а прежняя продолжает существовать, как и ранее. Было одно духовное тело, оно изменило свои свойства, тотчас же отделилось от старого тела и стало самостоятельно существовать.

Таким образом, теперь имеются два духовных тела. Так рождаются новые духовные объекты. (Кстати, и в нашем мире зародыш, находящийся в теле матери, является одновременно и частью ее организма, и отдельным новым существом. Причина же его окончательного отделения – приобретение им определенных собственных, отличных от свойств матери качеств.)

Пытаясь найти каббалистические определения понятий пространства, времени, движения, необходимо установить, какой терминологией мы можем пользоваться.

Ведь мы должны говорить о вещах, которых не видим, мы хотим передать информацию о мирах, которых не чувствуем. Как же мы можем быть уверены, что правильно поняли друг друга?

У людей в нашем мире существует общность ощущений. Но как передать знания об объекте, которого собеседник никогда не видел? В таком случае мы переходим на язык аналогий: «похож на то-то», «подобен тому-то». Ну а если я пришелец из другого мира, в котором все совершенно не похоже на ваш мир? Как же мне рассказать о моем мире? Это возможно, если только есть связь миров.

Все, что существует в нашем мире, – порождение мира духовного. Поскольку все сущее исходит от Творца и, проходя через систему миров, нисходит в наш мир, то нет ничего в нашем мире, что не имело бы корня в духовном. Поэтому каббалисты сочли возможным использовать понятия нашего мира для описания объектов мира духовного.

Ведь существует строгая связь между корнем (духовным) и ветвью (материальной). И не может произрастать из одного корня несколько ветвей. Поэтому можно именами объектов нашего мира называть их духовные корни-силы, вызывающие эти ветви к жизни.

Естественно, подобный язык может разработать лишь видящий одновременно корень и ветвь, причину и следствие, т.е. находящийся одновременно в обоих мирах. Как мы увидим из дальнейшего, **человек, находясь в нашем мире, может одновременно войти и в мир духовный – бесконечный, вечный мир душ**. Жить одновременно в обоих мирах, постичь вечность, постичь духовные миры, находясь в нашем материальном мире, – это ли не достойная цель для человека!

А пока мы вынуждены использовать «язык ветвей», не видя корней. И поскольку, как было сказано, существует точное соответствие духовных и материальных объектов, нельзя произвольно менять каббалистическую терминологию. Этим можно объяснить встречающиеся в каббалистических книгах такие «неприличные» слова, как нэшика (поцелуй), зивуг (соитие) и пр.

НЕСКОЛЬКО ПРЕДВАРИТЕЛЬНЫХ ЗАМЕЧАНИЙ

1. Во многих отраслях знаний термины не переводят на другие языки, и они употребляются только на языке оригинала. Например, латинские названия в медицине, итальянские в музыке. Так и в нашей книге оказалось невозможным перевести многие каббалистические термины на русский, поскольку кроме смыслового значения слова чрезвычайно важно числовое выражение составляющих его букв (гематрия), их форма и их элементы, а также другие факторы.

И хотя желательней всего было бы оставить написание терминов ивритскими буквами, так как глубокий смысл заключен даже в форме их начертания, от этого по разным причинам пришлось отказаться.

В зависимости от звучания в тексте применяются русские падежные окончания слов: например, «в сфире», «от масаха», а во множественном числе – ивритские окончания, например, женского рода: сфира – сфирот, или мужского рода: парцуф – парцуфим.

Духовные миры не ограничены рамками пространства, времени, перемещения (места, движения), не существует в них и зрительной формы объекта. Поэтому все графические изображения – это лишь изображения соотношений духовных объектов.

2. Поскольку Каббала говорит языком ветвей, т.е. под словами, обозначающими объекты нашего мира, подразумеваются их духовные аналоги, необходимо **постоянно** помнить об этом и учиться ощущать, что подразумевается под названиями духовных действий и объектов.

3. Познание в Каббале, как, впрочем, и во всякой науке, ступенчатое, послойное: сначала усваивается верхний, наиболее легкий слой, исходные данные, упрощенные схемы, общая картина. Затем наступает второй этап – подробный анализ каждой

детали, затем третий – соединение всех деталей в общую картину и заключительный – анализ-синтез.

Таким образом, шаг за шагом все лучше ощущается материал, вырисовывается общая картина всей системы, уточняются детали, все процессы постигаются не умозрительно, а чувственно. Ведь специалистом в любом деле можно назвать того, кто ощущает материал без приборов и чертежей, как говорится, шестым чувством.

И в Каббале требуется многократное осмысление текста и работа над собой, пока не появятся чувства, адекватные изучаемому материалу. Это можно сравнить с наслаждением музыканта, читающего партитуру, – нотные знаки дают ему полную картину музыкального произведения. Музыка звучит в его ушах без помощи музыкальных инструментов.

4. Итак, в первом чтении достаточно понять лишь последовательность создания духовных миров и нашего мира.

Во втором – причины их создания. И уже потом – путь каждого: снизу, из нашего мира – вверх, к духовным мирам, и через них – к Источнику. Это ни в коем случае не означает, как некоторые могут подумать, стремление «переселиться в мир иной», умереть. Как уже было сказано, наша задача – жить одновременно в обоих мирах, познавая Творца.

5. Не беспокойтесь, если по мере изучения материала вы почувствуете, что он становится все менее понятен – это нормально и означает правильное осмысливание и продвижение вперед.

Продолжайте занятия, и понимание придет!

6. Если какие-то места в книге покажутся вам совершенно непонятными, пожалуйста, пропустите их. Они прояснятся при дальнейшей работе над текстом и главное – над собой.

По мере духовного роста читатель сможет увидеть в уже прочитанном ранее более глубокий смысл. Поскольку текст многослоен, то новое осмысление его на более высоком уровне – показатель духовного прогресса.

7. Я не касаюсь изучения системы духовных миров в ее конечном состоянии – гмар тикун. Это отдельная сложная тема.

8. Изложение следует «хронологическому» порядку создания миров: Создатель – кли – Олам Эйн Соф – Ц"А – Олам А"К – Олам Некудим – швират келим – Олам Ацилут – Оламот БЕ"А – сотворение человека – грехопадение – Олам Азэ.

ОЛАМ ЭЙН СОФ

О Создателе нам неизвестно ничего, кроме Его воли сотворить нас и дать нам наслаждение. По Его замыслу и возникло из ничего **желание наслаждаться**. Поэтому мы и все, что нас окружает, включая духовные миры, все, кроме Творца, – лишь разные величины желания получить наслаждение.

Желание Творца создать творение и дать ему наслаждение пронизывает и окружает творение подобно венцу или короне. Поэтому оно и называется **кэтэр** – корона. Порожденное кэтэром творение можно условно представить в виде **кли** – сосуда, готового принять **ор** – наслаждение, свет Творца.

Эта стадия творения кли (сосуда) называется **хохма** (мудрость), а наслаждение, наполняющее его, – **ор хохма или ор хаим** – свет жизни. Пустой сосуд ощущает отсутствие света как различные отрицательные эмоции, а по мере наполнения светом чувствует все большую радость, полноту, беспредельное спокойствие – всевозможные положительные эмоции, которые можно обобщить словом **«шлемут»** – полнота, совершенство.

То есть в стадии хохма кли переполнено благодатью заполняющего его света. Разумеется, когда мы говорим о кли – сосуде, имеется в виду не материальная емкость, а емкость духовная, т.е. величина желания, которое свет удовлетворяет (заполняет). Ведь когда мы говорим «пустое сердце», «пустая душа» или «сердце, переполненное радостью», то мы не имеем в виду наполненность чем-то материальным, а именно духовное состояние.

Поскольку желание насладиться – единственное желание человека (все его устремления – лишь производные этого первичного желания), то, управляя этим желанием, Творец и управляет нами.

В солнечные и знойные дни израильского лета с улицы доносятся всем нам знакомые возгласы продавца арбузов, зазывающего покупателей к своей тележке. Что заставляет этого, как правило, грубого и примитивного человека так тяжело работать под палящим солнцем? Какое ему дело до семьи, детей? Создатель дал ему желание заботиться о своей семье, и это определяет его неосознанное альтруистическое поведение – заботу о других, – посредством которого Творец заставляет его исправлять мир.

Но в состоянии полного наполнения именно из-за того, что желание кли (сосуда) удовлетворено настолько, что оно не ощущает себя, а чувствует лишь наполняющее его наслаждение, – кли как бы не существует, оно словно растворено целиком в море света, каждая его мельчайшая частица наслаждается и поэтому желает лишь одного – оставаться в покое. Ведь лишь недостаток чего-то стимулирует движение. Как не видны стенки чистого прозрачного стакана, в который налито молоко, так не виден духовный сосуд (кли) в **стадии хохма**, весь заполненный, насыщенный светом.

Получая абсолютное наслаждение, как бы всасывая свет, кли одновременно с получением наслаждения воспринимает от света и его свойство – **давать наслаждение**, удовлетворять – свойство, противоположное желанию кли **получать**, брать. Под добрым влиянием света кли начинает ощущать свою эгоистическую природу как недостаток. И хотя сам Творец создал кли именно таким, оно начинает ощущать, сознавать свое ничтожество относительно Творца и света.

Итак, свет дает кли в стадии хохма кроме наслаждения еще и присущее свету свойство давать, дарить наслаждение. Это свойство противоположно природе кли и вызывает у него чувство стыда за свои эгоистические желания – настолько жгучее, что кли предпочитает отказаться от получения света. Давать кому-то наслаждение, как Творец, кли не может. Единственная альтернатива – не получать наслаждение. И кли отказывается получать свет. И так как в духовном мире нет насилия, то согласно желанию кли ор хохма покидает его.

От сознания работы, проделанной в борьбе со своей эгоистической природой, кли получает наслаждение, разумеется, также идущее от Творца. Если наслаждение от получения света называется **ор хохма**, то наслаждение от добровольного отказа получать свет – что приводит к сближению свойства кли со свойствами Творца – называется **ор хасадим**. Эта стадия развития кли называется **бина**.

Бина предпочитает «косвенное» наслаждение от стремления приблизиться к Творцу «прямому» наслаждению от получения света, и это говорит нам о том, что давать наслаждение другим – более сильное и полное чувство, чем получать его самому. Кли в таком случае не ограничено: в день можно раздать тысячу обедов – получить удовольствие тысячу раз, а съесть лишь один.

Но не желание получить более сильное наслаждение толкнуло бину на отказ от света, ведь если в результате отказа от света возникает еще большее наслаждение, то отказ – это не отказ, а лишь средство дополнительного получения. Цель же бины противоположна – достичь схожести, слияния со светом, т.е. с Творцом.

После ухода света из бины кли хоть и чувствует наслаждение от уподобления Творцу, сближения с Ним, но начинает как бы «задыхаться». Дело в том, что ор хохма – это свет жизни, подобный оживляющей наше тело витальной силе, без которой жизнь, движения, ощущения – невозможны; наступает как бы духовная смерть. Поэтому такое состояние вынуждает бину начать принимать ор хохма в минимальном, необходимом для поддержания жизни количестве.

И поскольку каждое новое желание выделяет из духовного объекта новый духовный объект – ведь именно различием желаний отличаются духовные объекты, – то как только в бине появилось желание принять жизненно необходимую ей часть ор хохма, эта часть бины выделилась в отдельный духовный объект, состоящий из небольшого количества ор хохма, допустим 10%, и 90% ор хасадим. Соотношение 10 к 90 приводится лишь для наглядности и простоты, а истинные пропорции желаний и, соответственно, светов мы поймем из дальнейшего изучения.

Итак, из бины родился новый объект, называемый **зэир анпин**. Но ощущая в себе два данных ему от рождения желания, он начинает чувствовать, что желание насладиться ор хохма естественнее, да и создан он таким образом, что каждая его «клеточка» желает насладиться лишь этим светом, а то, что бина предпочла другое наслаждение (близость к Творцу), было «противоестественно», и это бина выбрала такой путь, а не он, зэир анпин. И потому из двух желаний, с которыми он родился, зэир анпин выбирает одно – по собственному желанию получать лишь ор хохма.

А поскольку это желание новое, то выделяется и новый объект – **малхут** – царство (желаний), так как именно на этой ступени кли приобрело свое собственное, изнутри идущее желание насладиться на 100% тем светом, который дает Творец.

Ведь кэтэр – это желание Творца дать наслаждение, и поэтому возник сосуд (кли), приемник наслаждения – света хохма. Но кли хохма лишено свободы выбора: ее желание насладиться полностью продиктовано волей Создателя.

Независимое желание возможно лишь при следующих условиях:

1) наслаждение уже было испытано;
2) наслаждение исчезло, оставив воспоминание – **решимо** (от слова «рошем» – впечатление, запись).

Когда свет ушел из бины, он оставил решимо – воспоминание о том, что он дает кли все – жизнь, счастье, и поэтому бина в конце концов должна была вернуть хоть часть этого света, поняв, что вообще без света невозможно. И таким образом родился зэир анпин. А зэир анпин, свободно выбирая из двух желаний, сам захотел насладиться небольшим, ограниченным количеством света. И лишь малхут – первое, самостоятельно действующее, сознательное творение, в котором желание уже пригодно для замысла Творца: само творение хочет насладиться, и именно тем и в том количестве, что дает Творец.

Но мне возразят: что значит само творение хочет? Так оно создано! Ведь в конечном итоге ор (свет) породил кли (сосуд). Верно. Разумеется, все идет от света, от Творца, но никто этого не чувствует. В стадии малхут сосуд чувствует лишь, что он желает наполниться наслаждением, а не то, что его таким создали. Малхут сама тянется к свету, жаждет его.

Итак, стадии творения и развития кли следующие:

КЭТЭР. Желание Творца создать и дать наслаждение кли.

ХОХМА. Рожденное светом, но еще не осознанное, несамостоятельное желание наслаждения, как бы связанные вместе ор и кли. Еще нет самостоятельного желания со стороны кли. Естественно, что в стадии хохма доминирует ор, так как его желание дать наслаждение первично, оно породило кли. Поэтому самостоятельные движения, т.е. самостоятельные желания, в кли хохма отсутствуют.

БИНА.Впитывая весь ор хохма, кли приобретает и его желание «давать», предпочитает быть подобным свету, давать

Творцу, как дает Творец, и потому рождается новая стадия – бина, которая получает все наслаждение не от света, а от чувства отдачи Творцу. Это наслаждение называется ор хасадим. Бина – это первая самостоятельная реакция творения.

ЗЭИР АНПИН (З"А). Чувствуя, что не в состоянии существовать только с ор хасадим (ведь ор хохма дает ей жизнь), бина решается на компромисс: получать лишь необходимое для жизни количество ор хохма, а остальное по-прежнему отдавать. И эта новая стадия называется зэир анпин.

МАЛХУТ. Чувствуя, что ор хохма дает ему жизнь, З"А стремится заполнить им всего себя, как в стадии хохма. И тогда возникает следующая стадия – малхут – настоящее кли, творение, самостоятельно стремящееся получить все то наслаждение, которое Творец желает дать. И потому лишь малхут называется кли-создание-творение, а предыдущие, предшествующие стадии – лишь этапы его развития. Такова воля Творца – создать кли, которое бы само желало насладиться Его светом. Малхут в состоянии полного наполнения светом называется олам Эйн Соф – мир Бесконечности.

Мы уже понемногу привыкаем к каббалистическим определениям:

Величина желания определяет емкость кли, и чем больше желание, тем больше емкость кли. Впрочем, и человек, говоря, например, что нет места в желудке, имеет в виду отсутствие желания его наполнить. Ведь подчас и при пустом желудке нет чувства голода.

Движение – это изменение желаний, приводящее к появлению, рождению новых келим (сосудов).

Время – это последовательность действий в духовном мире.

Когда мы говорим **«мир Бесконечности»** (олам Эйн Соф), то имеем в виду сосуд, полностью (безгранично, бесконечно) наполненный наслаждением, где нет предела, т.е. неудовлетворенного желания. С этой точки зрения 200-граммовый полностью, доверху наполненный стакан тоже находится в состоянии Эйн Соф. Таким образом, под бесконечностью подразумевается состояние бесконечного, безграничного насыщения, без предела, без границы, когда все запросы удовлетворены.

В таком состоянии и находится кли малхут. И поэтому, с точки зрения Создателя, программа творения на этом завершена.

* * *

Божественной целью творения является создание новой, ранее отсутствовавшей субстанции, называемой в дальнейшем творение, или создание, и наполнение его огромным, абсолютным наслаждением. Поэтому в природу своего создания Творец заложил огромное, всепоглощающее желание получать это наслаждение.

Желание получать – рацон лекабэль (Р"К) образно можно представить в виде сосуда (кли), емкость которого соответствует величине желания, а получаемое наслаждение – количеству света, наполняющего этот сосуд.

Следует отметить, что свет, исходящий от Творца, существовал и ранее, до начала творения. Он является неотъемлемой сущностью самого Творца. Желание же получать наслаждение в самом Творце отсутствует, оно относится к вновь созданному.

Различные величины Р"К представляют собой всю окружающую нас действительность. Все миры, с прообраза начальных стадий до конечного оформления, все многообразие созданного, известное и еще не раскрытое нами, есть не что иное, как различные степени, т.е. формы, различные проявления желания насладиться светом Творца.

И мы, как части этого кли-малхут, созданы так, что тянемся к теплу, пище и другим удовольствиям – микродозам света в нашем мире. Попробуйте убедить себя, что желание насладиться не ваше, что таким оно дается свыше, – это не поможет, ведь мы его ощущаем как свое «я». И потому мы изучаем и постигаем лишь воздействие света на кли, чувствуем лишь нашу реакцию на свет. Наше познание замкнуто на нас самих. Для Творца все мы абсолютно совершенны, а вот относительно нас самих мы еще должны пройти долгий путь исправления...

Я настоятельно прошу читателя попытаться **именно сердцем** почувствовать состояние кли, ибо так можно развить духовные качества, необходимые, чтобы ощутить духовные миры, вплоть до самого Творца.

Оценивать что-то можно лишь в сравнении. Понять, что такое темнота, можно, лишь имея какое-то представление о свете. Как говорится в молитве: «Лишь в свете Твоем увидим свет...». То есть как в нашем мире невозможно ориентироваться в темноте, так без духовного света невозможно познать и оценить себя и окружающее, духовно продвигаться.

Но чтобы почувствовать духовный свет, необходимо развить в себе особые способности. Все мы буквально купаемся в море волн – световых, звуковых, радио, рентгеновских и прочих. Но какую малую часть из них мы можем воспринять нашими органами чувств! Для того чтобы расширить возможности человеческого организма, мы создаем приборы.

Но все мы окружены также океаном духовного света, эманируемого Творцом. Для его восприятия не нужно никаких аппаратов. Необходимо лишь развить в себе определенные качества, чтобы почувствовать Божественный свет. В этом и помогает Каббала.

Вообще же все, что ощущает человек, он получает от Творца. Но воспринимая ощущения нашего мира, мы можем (пока!) лишь верить (но не чувствовать непосредственно), что их первоисточник – Создатель.

Итак, любое создание желает лишь одного – устранить ощущение недостатка – насладиться. Поэтому, задавая человеку «программу», меняя в течение жизни его потребности, желания тела, Творец вызывает строго определенные, нужные ему действия, поступки – а человеку кажется, что он поступает по своему желанию, выбору. **И если, осознав эту зависимость своего поведения от желаний тела, человек начнет им противиться, т.е. вступит с телом в борьбу, то он сможет освободиться от желаний тела и перейти в духовный мир, жить в соответствии с потребностями души.**

Наслаждение – это реакция кли на воздействие света, следствие от наполнения кли (сосуда) светом. В нашем мире духовный свет явственно отсутствует, а его небольшая искра (нэр дакик) облачается в различные предметы, потому и притягивающие нас своими таящимися в них наслаждениями.

Возможность насладиться или избавиться от страдания – недостатка наслаждения – и руководит всеми нашими мыслями и действиями. По-другому, т.е. вопреки своей природе, мы не в состоянии ни думать, ни поступать. **Духовные же миры состоят из альтруистических келим, способных укротить свой эгоизм, т.е. поступать вопреки своей природе. Если человек осознает собственный эгоизм как зло, приносящее ему лишь страдания, он может попросить Создателя**

изменить его природу, т.е. дать силы подняться выше природы, начать совершенно свободно мыслить, решать и действовать.

Тактика борьбы с телом, т.е. с желанием неограниченно насладиться, такова: тело реагирует лишь на два состояния – назовем их условно «горькое» и «сладкое» – навязываемые извне. Но есть еще два состояния – назовем их условно «правда» и «ложь», где «правда» – все, что хорошо для духовного развития человека, а «ложь» – все, что мешает такому развитию.

Почему хорошо то, что способствует развитию? Да просто потому, что по воле Творца человечество именно в итоге своего развития придет к состоянию полного исправления, т.е. перейдет от эгоизма к альтруизму, а наш выбор, свобода воли состоит в выборе пути к этому полному исправлению. Мы можем по собственному желанию выбрать хоть и трудный, но правильный и краткий путь Торы или кажущийся «сладким», но ведущий в тупик и потому долгий путь проб и ошибок – путь страданий, все равно выводящий нас, в конце концов, на путь Торы.

И поэтому Тора, т.е. Творец, советует выбрать путь правды, путь самоисправления, очищения. Эгоистические желания у каждого свои, и поэтому у каждого есть свой путь исправления, хотя общие для всех законы правильного развития души мы рассмотрим далее.

В нашем мире все мы неосознанно воспеваем свет, несущий наслаждение: наши песни о любви, романы, страсти, страдания, красоты природы – все это не что иное, как описание ощущений, вызываемых в нас светом, находящимся лишь в разных одеяниях – в природе, в звуках, в красках, в представителях противоположного пола – во всех потому и притягивающих нас объектах.

Каббала сводит все объекты, дающие нам наслаждения, к единственному их источнику – свету. Вместо того чтобы называть бесчисленные объекты, дающие человеку удовольствие, называется его источник – свет (ор). А все множество желаний насладиться обобщается одним словом – сосуд (кли).

Таким образом, все многообразие желаний, характеризующих творения, сводится к одному – желанию света. А все мыслимые виды наслаждений сводятся к получению света. И кроме этого нет ничего, так как существует лишь Создатель и творение – ор и кли – наслаждение и желания.

Поскольку желание насладиться – самое существенное в человеке, то, именно управляя нашими желаниями, управляет нами Творец. Создавая недостаток чего-то, Создатель заставляет нас действовать, добиваться того, чего нам недостает. Как говорится, «любовь и голод миром правят». То есть все поступки в жизни человека вынужденны.

Дети умерли бы с голоду, если бы Творец не дал матери наслаждение от процесса кормления. Ни один из нас не захотел бы и сдвинуться с места, если бы не стремление к новым наслаждениям, к достижению лучшего состояния. Эволюция, прогресс, духовные поиски отражают наше стремление найти удовлетворение своих желаний. Сами же желания даются нам Творцом по Его программе нашего развития, конечная цель которой – дать нам абсолютное наслаждение.

Если человек не уверен, что в результате какого-то действия он получит выгоду, он не в состоянии это действие совершить. Таким образом, лишь уверенность в том, что своими действиями он улучшает свое положение, заставляет человека работать. Без этой уверенности он не сможет совершить ни одного физического или духовного действия.

Поясню это примером. У меня есть знакомый – владелец ресторана. Он с утра до вечера весь в мыслях, как вкуснее накормить посетителей, создать им лучшую обстановку для отдыха – в общем, он живет заботой о гостях своего заведения. Не правда ли, настоящий альтруист!

Но так как наслаждение от одной только заботы о других людях он, как и любой другой «неисправленный» человек, не может испытать, то, чтобы заставить его поступать должным образом, Творец дал ему другое наслаждение, другую цель – получение и накопление денег.

Таким образом, мой знакомый неосознанно выполняет программу творения. Правда, задача состоит в том, чтобы **осознанно** претворить в жизнь цель Создателя, но, как мы увидим далее, «неосознанная», предварительная стадия необходима. Насколько быстро человек сможет перейти к конечной стадии и закончить свою миссию в этом мире, чтобы душа его не возвращалась в этот мир, – зависит от его духовного развития.

А пока истинное наслаждение одето в подходящую, понятную нам эгоистическую оболочку. Желание же Творца – дать нам абсолютное, бесконечное наслаждение без скрывающих и ослабляющих оболочек. Получение его зависит от нас самих, от успеха нашей борьбы с эгоизмом.

Но кроме вынужденной, направляемой свыше нашей деятельности пожелал Творец, чтобы мы часть работы делали без всякого вознаграждения – лишь в силу веры и в результате свободного выбора. А это возможно, когда работа не приносит наслаждения. Таковы заповеди Творца.

Изымая нэр дакик, Создатель может привести нас даже к вере, т.е. к наслаждению от предвкушения вознаграждения в будущем, которое уже в настоящем позволяет испытать радость. Так, тяжело работающий человек заранее предвкушает удовольствие от будущего получения зарплаты. И здесь также все зависит от срока ожидания, величины предполагаемого наслаждения, уверенности в получении вознаграждения.

Это предвкушение радости в будущем, как мы узнаем позже, возможно потому, что нас окружает так называемый ор макиф (окружающий свет), который издали (заранее) дает наслаждение.

Мы уже говорили, что в конце поколений настоящая Каббала становится доступной всем (речь не идет об астрологии и суевериях), но лишь избранные будут способны оценить ее значение.

Так, крупный делец не принимает во внимание дневные колебания спроса, тогда как мелкий торговец тут же хочет перепродать товар, т.е. немедленно получить прибыль-наслаждение, и потому его заработок мал.

Солидный бизнесмен, глядя вперед, покупает дешево то, что сегодня на рынке не в цене, планируя продать через месяцы или годы, когда поднимется цена на его товар. Он знает настоящую цену своему товару и заранее радуется будущей большой выручке.

Так настоящий каббалист испытывает радость от будущего окончательного исправления, потому что уверен в нем уже сегодня, предчувствует его уже сейчас.

Каббала необходима, поскольку в ней изучаются цель и план творения, размеры вознаграждения за исправление эгоизма. Две силы толкают человека к цели: испытываемое в данный момент страдание и ожидаемое впереди наслаждение – оба они, как два паровоза, двигают тяжелый состав – один тянет вперед, а второй толкает сзади. Это и есть силы нашего развития.

СОКРАЩЕНИЕ ПЕРВОЕ, ЦИМЦУМ АЛЕФ (Ц"А)

Мы остановились на том, что первое настоящее кли – малхут – появилось в результате развития первоначального желания Творца (кэтэр) через стадии хохма, бина, зэир анпин.

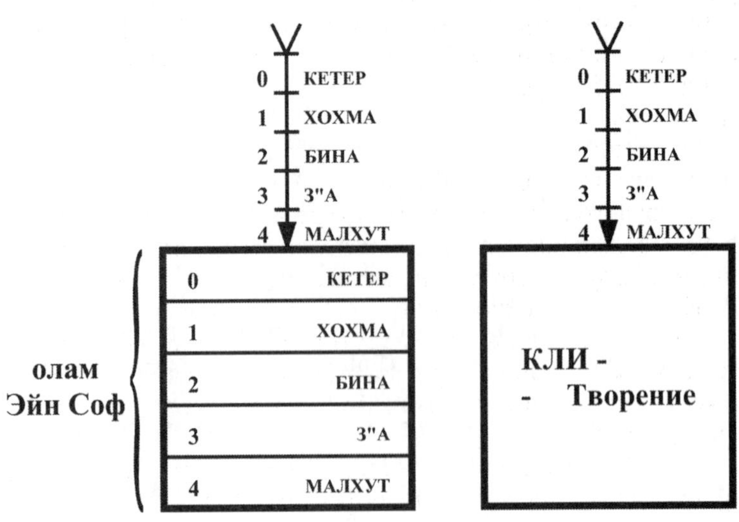

Малхут самостоятельно хочет получить уготованное ей наслаждение, сама стремится к нему, испытывает чувство страдания без него. И согласно ее желанию, свет заполняет ее полностью, насыщая все ее желания. Малхут называется олам (мир), и такое ее состояние насыщенности светом называется олам Эйн Соф – мир Бесконечности – бесконечного, безграничного наслаждения.

Мы видим, что настоящее желание появляется лишь при выполнении двух условий:

1) желание конкретизировано, так как именно это наслаждение уже испытано и оставило определенное впечатление (решимо);
2) в данный момент этого наслаждения нет.

И наоборот: невозможно настоящее наслаждение без предшествующего ему настоящего желания.

Таким образом, лишь малхут может ощутить в полной мере все виды наслаждений, которые несет в себе свет. Так, лишь выходящий из тюрьмы по-настоящему наслаждается свободой, выписавшийся из больницы – ощущением здоровья.

Чем интенсивнее желания человека – тем больше его духовный потенциал. Самый честолюбивый атеист желает весь наш мир, а самый честолюбивый верующий – еще и духовные миры. И человек так воспитывается, особенно в детстве, что на первый план выходят его желания, а не их ограничение.

Ограничение – это уже путь исправления. Но без кли, желания, нечего исправлять. Желания – это вся наша суть. Они разные у каждого из нас, и потому мы не в состоянии понять друг друга. Каждый ищет свои наслаждения, но лишь этим люди отличаются друг от друга, так как все мы – части малхут.

Наслаждение одно – от Творца, но в нашем мире оно облачается в разные одежды: богатство, секс, почести, слава. Во всех случаях это лишь нэр дакик (слабая свечка) – микродозы Божественного света, а мы гонимся за объектами, в которых они спрятаны.

Человек – раб своих желаний, и Творец, разжигая его желание обладать определенным объектом, заставляет работать, учиться, воспитывать детей, любить и терпеть, страдать и даже идти на смерть...

Всем командует наслаждение или ожидание наслаждения в будущем. Поэтому ни о какой свободе воли не может быть и речи, пока человек не поднимется выше желания наслаждаться.

Как это возможно? Так же, как это произошло в стадии хохма: оттого, что кли наполнилось светом, идущим от Творца, оно приобрело и свойства Творца – давать наслаждение. В нашем мире этого можно достичь, изучая Каббалу.

Свет, скрытый в Торе, действует постепенно на кли – душу человека, вызывая в ней желание давать другим. «Ор махзир ле мутав», что можно перевести как «свет возвращает к Источнику». В этом и состоит особая цель изучения Каббалы – возбудить желание стать подобным высшим творениям.

У того, кто изучает свойства высших келим (сосудов), постоянно возникают соответствующие желания, вызывающие воздействие на его душу света, который и приводит к появлению желания давать, т.е. к совпадению с Творцом по свойствам и, таким образом, к слиянию с Ним. Напомним, что в духовном мире совпадение или различие свойств духовных объектов и определяют расстояние между ними.

Все исходит от Творца. Он – корень, источник всего сущего. И потому от слияния с Творцом кли получает бесконечное (неограниченное его емкостью, желанием) удовольствие, большее, чем от получения «прямого» наслаждения. Но как получить наслаждение от Творца и в то же время слиться с Ним?

Слияния можно достичь лишь одним способом: единственным желанием кли должно стать желание дать наслаждение Творцу. То есть не само наслаждение будет давать удовлетворение, наполнять кли, а то, что наслаждаясь оно тем самым доставляет радость Творцу. Тогда и у кли будет та же цель, что у Создателя, – наслаждение другого.

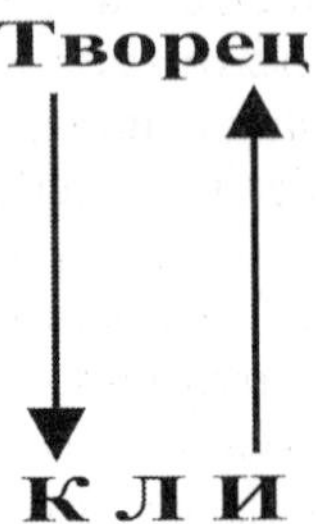

Кли получает теперь, **чтобы дать** наслаждение Создателю. Оба дают, близки по свойствам и потому сливаются в одно целое.

И кли получает:

1) наслаждение от всего света, идущего от Творца;
2) наслаждение от слияния с Творцом (что во много раз больше первого наслаждения).

Такое состояние называется в Каббале гмар тикун – окончательное исправление. К этому состоянию обязаны прийти все творения к концу 6000 года от сотворения мира (путем Торы или путем страданий).

Каким образом? Мы уже говорили, что источник всего – Творец. Он создал желание насладиться – кли. Но желание это противоположно свойствам Творца, и потому кли бесконечно удалено от Него.

Прийти к состоянию гмар тикун возможно, если выполняются два условия:

1) для себя, т.е. для самонаслаждения, кли не получает ничего (хотя желание велико);
2) ради того чтобы доставить радость Творцу (так как Его желание – дать наслаждение), кли получает и наслаждается.

И чем больше наслаждения сможет получить кли, тем большую радость доставит оно этим Творцу. И в таком случае кли получает двойное наслаждение – от получения света и от того, что, получая его, оно доставляет радость Творцу.

Но откуда кли, т.е. 100-процентное желание насладиться, получает силы так противоестественно действовать? Ответ прост: все идет от Творца – и желания, и возможность им противостоять, и свет, наполняющий эти желания.

Ор создал кли, и он же дает кли желания, в том числе и желание давать, свойственное ему, т.е. силу противодействовать природе кли – эгоизму. Поэтому как хохма, получив свойство света, изгнала его, так и малхут мира Эйн Соф, наполнившись светом, получила его свойство «давать».

До воздействия света кли чувствует только эгоистическое желание. Но как только свет начинает передавать ему свои альтруистические свойства, кли сразу ощущает свой эгоизм. И чувство стыда и желание слиться со светом, Творцом (следствие влияния света) приводят к решению: для собственного удовольствия свет больше не принимать! И свет удаляется из малхут, так как Творец хочет дать наслаждение, а это возможно только добровольно.

Отказ принимать свет из альтруистических соображений называется в Каббале Цимцум – сокращение (желания), а так как это первое подобное действие, то оно называется Цимцум Алеф (Ц"А).

Сокращая желание, кли выполнило лишь первое условие по пути к Исправлению (гмар тикун), к Творцу – уничтожение эгоизма. И вот теперь, когда кли опустошилось, оно может выполнить и второе условие – получать свет лишь ради Творца, получать постепенно, не сразу, так как получить не ради себя все 100% наслаждения (действовать против своей природы) кли за один раз не может. Это возможно лишь постепенно и небольшими порциями.

Изучение этого процесса – постепенного получения наслаждения не ради себя, и законов, по которым он идет, – и составляет предмет изучения Каббалы. Естественно, что если бы кли в состоянии насыщения (в олам Эйн Соф), не почувствовало, что оно противоположно Творцу, удалено от него, то весь процесс, конечно, остановился бы на этом состоянии: творение полностью – на 100% – насыщено и наслаждается.

Зачем же Создатель сделал так, чтобы кли почувствовало стыд в самом разгаре наслаждения? Чтобы дать возможность кли прийти к абсолютному, неограниченному даже его емкостью наслаждению. (Ответ более глубокий относится к тайнам Торы.) Опустошенная малхут после изгнания света называется олам Цимцум.

Итак, начиная с Цимцум Алеф и до конца исправления кли (до гмар тикун), мы – хотим или не хотим, путем Торы или путем страданий, сознательно или бессознательно, постоянно, ежеминутно, с нашего рождения и до смерти, в этой жизни и после нее – занимаемся и будем заниматься лишь одним: превращением эгоизма (первородного желания получить наслаждение для себя) в альтруизм – желание давать наслаждение другим и наслаждаться ради Творца.

Далее мы рассмотрим, как идет этот процесс от Ц"А до наших дней. И мне хочется верить, что следствием изучения изложенного здесь материала будет безболезненное и быстрое исправление наших келим.

ЭКРАН (МАСАХ)

Итак, достигнув последней стадии своего развития, кли сформировалось как эгоистическое стремление к наслаждению. Этим оно полностью противоположно Творцу. Следовательно, творение – оно же кли, оно же создание, – достигнув «запланированной» конечной стадии своего развития, оказалось максимально удаленным от Творца полной противоположностью свойств.

Чем же это плохо для творения? Ведь оно полностью удовлетворено!

Однако это не так. Поясним притчей. Богач, встретив после долгой разлуки бедного друга, ведет его к себе домой, кормит, поит, одевает, выполняет все его желания. Как-то раз, желая сделать еще что-то приятное другу, он спросил его, чем бы мог еще ему услужить. Тот ответил, что единственное неудовлетворенное его желание, которое никто не сможет удовлетворить, – это получать не из милости, а заработанное своим трудом.

Очевидный вывод – «дармовые» блага не приносят полного счастья.

Откуда же у творения возникает чувство стыда и горечи от получения «чужого» хлеба? Оно возникает потому, что свет, наполняющий кли, являющийся частью Творца, придает кли свои свойства и таким образом возбуждает в кли чувство стыда за незаслуженное вознаграждение. Только совместившись по свойствам с Творцом, создание может достигнуть состояния максимального наслаждения.

Для того чтобы преодолеть это состояние стыда и бесконечного удаления от Творца, творение само наложило запрет на удовлетворение своего желания. Суть этого запрета, получившего название Цимцум (сокращение), состоит в том, что создание, т.е. малхут (или кли, что одно и то же), безмерно желая получать свет от Творца, само отказалось от получения этого света.

Если ранее свет полностью наполнял кли, то теперь, вследствие Цимцум Алеф, свет удалился.

На первый взгляд, здесь повторилась ситуация, которая привела к появлению стадии бина. И здесь кли отдает свет, не желая получать его для себя, т.е. стремится быть похожим по свойствам на Творца. Но отдавая в стадии бина свет, кли еще не знает, как он ей нужен и желаем. В стадии же малхут, совершая Ц"А, зная, какую благодать несет ей свет, кли уже сознательно все-таки отвергает его.

Свет продолжает стремиться войти в кли, ибо такова его сущность – желание услаждать. Но кли, изгнав свет, закрыло ему доступ внутрь себя.

Эта преграда на вход света в кли называется масах (экран). Масах отражает приходящий сверху свет, не давая ему войти внутрь кли.

Мы уже говорили, что в духовном мире ничего не исчезает: все, что было, – остается существовать, а то, что рождается, – добавляется к прошлой картине, как бы накладывается на прошлое.

Старое продолжает существовать, из него появляется новая форма. Поэтому одновременно существуют все прошедшие стадии кли – 1, 2, 3, 4, Олам Эйн Соф, Олам Цимцум. И все они являются продолжением один другого. Все прежние формы кли остаются, а теперь, после Ц"А, существует еще и пустое кли – малхут. И оно решает принимать свет, наслаждаться лишь ради Творца, так как лишь принимая от Него свет, может дать Творцу наслаждение.

То есть действие не изменилось – кли по-прежнему будет принимать свет (ведь только в решении – принимать или нет – состоит его свобода выбора), но теперь, после Ц"А, изменилась цель получения наслаждения – не ради себя (хотя в этом исконное желание кли), а лишь ради Творца.

Таким образом, не меняя действия, а лишь изменив цель получения наслаждения, его мотивацию (кавана), кли из получающего превратилось в дающего.

Итак, главное теперь после Ц"А – мысль, с которой кли получает наслаждение. Эта мысль (кавана) и определяет действие кли – получает оно или дает. А сила этой мысли определяет количество света (наслаждения), которое кли может получить не ради себя, а ради Творца. Но поскольку цель получать лишь ради Творца – противоестественна для кли, то оно может позволить себе получить ровно столько света, не рискуя начать самонаслаждаться, насколько сильна в ней эта мысль, это намерение. То есть кли должно постоянно контролировать свои желания и точно рассчитывать получаемую внутрь порцию света.

Объясняя языком Каббалы (в четком описании чувств и духовных движений), у кли появляется свойство задержать, не впускать или допускать в себя – принимать лишь определенную порцию света. Это свойство называется масах (экран). До Ц"А взаимодействие света с кли можно изобразить графически следующим образом (см. чертеж на следующей странице).

Поясним чертеж: свет (наслаждение) исходит из Творца (прямой свет – ор яшар, О"Я), проходя через все стадии кли – от кэтэр до малхут, – доходит до самого кли-малхут и наталкивается на экран (масах) перед ним (т.е. на решение творения на стадии малхут не впускать свет ради себя, для самонаслаждения).

Экран, отталкивая все наслаждения, имеющиеся в свете, создает отраженный свет (ор хозэр, О"Х). Этим действием кли соблюдает первое условие, условие Ц"А – не получать для себя. Затем с помощью экрана кли рассчитывает, какое количество света оно может принять, т.е. при каком максимальном количестве света может удержаться от самонаслаждения. И только это количество света кли разрешает получить.

Чем большее количество света может получить в таких условиях малхут и чем большее наслаждение тем самым дает оно Творцу получением света, тем ближе оно к Творцу.

Если ранее свет бесконечно наполнял кли, то вследствие Ц"А он удаляется из кли. Свет исходит от Творца постоянно и постоянно стремится войти внутрь кли. Однако действие кли теперь находится под самоконтролем: кли оценивает величину поступающего наслаждения и свою способность противостоять получению его ради себя.

А теперь вернемся к изучению работы экрана на классическом примере Каббалы.

Обычный человек по природе своей склонен к чувству сострадания, при этом необходимость получения помощи от другого вызывает у него неприятные ощущения.

Простой пример. Попав в гостеприимный дом, человек, как правило, вежливо отклонит приглашение откушать, потому что ему неприятно ощущать себя получателем. Но если он услышит настойчивые приглашения, причем неоднократные, т.е. если ему

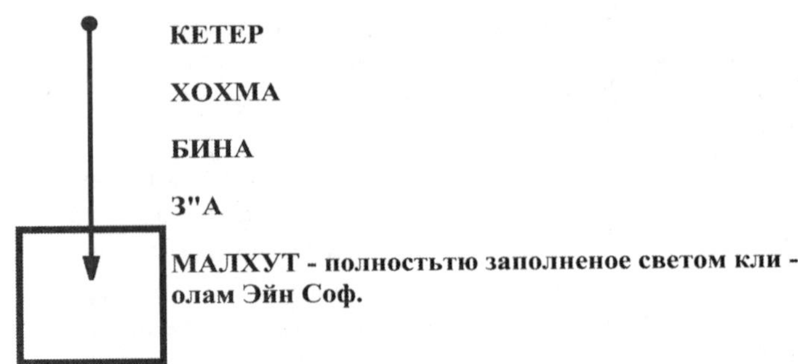

то после Ц"А свет удалился из кли:

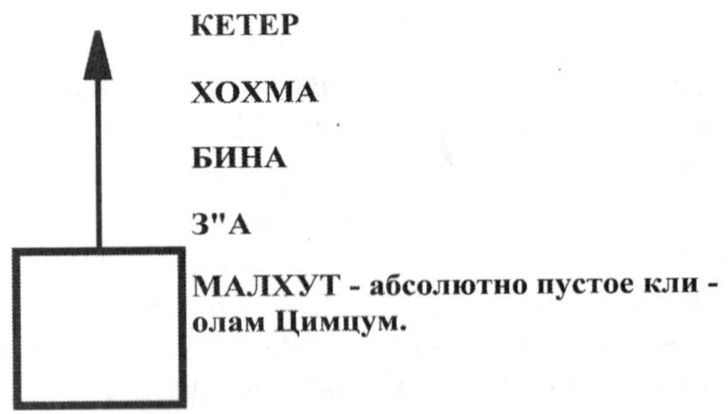

а частичное получение внутрь наслаждения можно изобразить следующим образом

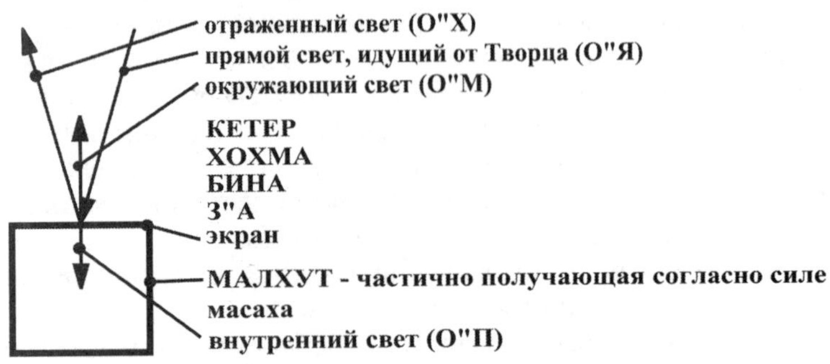

станет ясно, что он доставит удовольствие хозяину и окажет ему услугу тем, что примет приглашение, то он согласится и сядет обедать, потому что уже не будет чувствовать себя получателем, а хозяев дома – дающими.

Наоборот, он уже ощущает, что как бы делает одолжение, доброе дело, соглашаясь пообедать. То есть он **дает** тем, что **получает**. Голод, желание кли наполниться осталось тем же. Но отклонив несколько раз предложение пообедать, обратив этим получение пищи в оказание услуги тому, кто ее дает, он чувствует, что доставляет радость хозяину, и чем больше он съест, получит – тем большее удовольствие доставит хозяину. И все это благодаря отказу от пищи – отталкиванию, созданию отраженного света (ор хозэр).

То есть отказ становится условием к получению последующего – уже без чувства стыда – наслаждения.

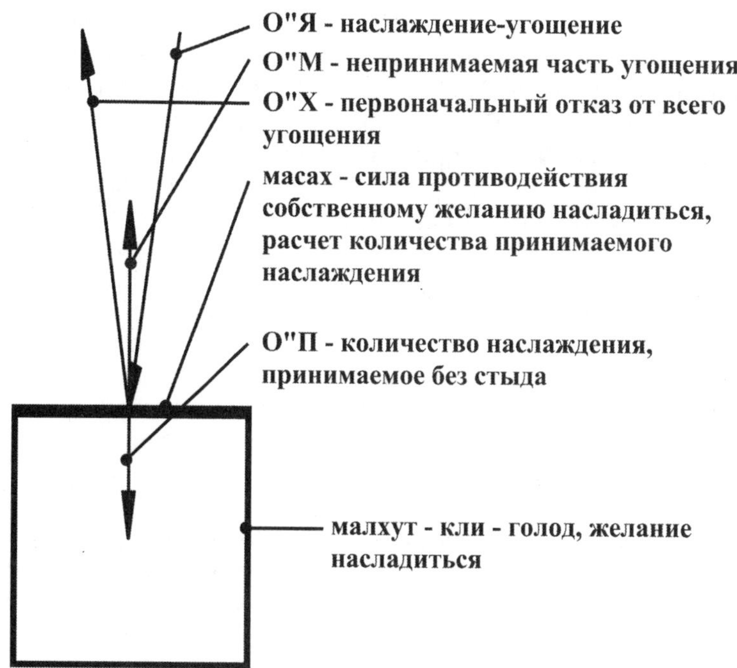

А теперь сопоставим этот пример с нашими объектами – ор и кли (см. чертеж).

Явление Ц"А может показаться на первый взгляд парадоксальным – ведь согласно цели творения, отказываясь от получения света, кли препятствует осуществлению этой цели. Однако из приведенного выше примера видно, что проявив впервые собственную волю (Ц"А) и изменив условия получения света (с помощью масаха), кли способствует цели творения в еще большей степени, так как избавляется от стыда и, таким образом, дополняет наслаждение светом наслаждением от слияния с Творцом.

Свет, исходящий из Творца, един, т.е. в нем не существует никаких различных наслаждений – наслаждение едино и абсолютно. Кли же извлекает из этого наслаждения какое-либо определенное, частное, в зависимости от своих свойств. Это – как манна небесная в Синайской пустыне, в которой каждый находил вкус, который хотел ощутить.

Но вне кли, т.е. вне анализатора, вне потребителя, вне того, кто ощущает, мы не знаем и не можем ничего сказать о свете, о манне. Даже для утверждения, что она безвкусна, нужен кто-то, ощущающий это отсутствие вкуса и передающий это ощущение нам.

Единственное свойство света, известное нам вне творения, – желание насладить его (кли-творение). Но каким видом наслаждения – это уже зависит от кли, оно само выбирает, в зависимости от величины своего экрана.

От рождения у человека есть, как у кли до Ц"А, лишь желание получить наслаждение, заполнить, удовлетворить все свои потребности. Естественные желания человека, находящегося в этом мире, ограничены этим миром. Лишь к тому, что мы видим, возникает у нас тяга – «материальное» желание насладиться. Желание же насладиться духовным, т.е. светом, отсутствует.

Мы не знаем, что такое духовное наслаждение, свет, т.е. наслаждение без материальных оболочек в виде еды, богатства, секса, славы.

Если человек начинает, сознавая никчемность этих наслаждений, отталкивать их, то свыше ему дают еще большее удовольствие в этих материальных оболочках. Это делается для того, чтобы взрастить в человеке его экран (масах).

Человек создает запрет (цимцум) на свои желания... и тут же желания эти увеличиваются – чтобы он сделал еще больший цимцум и так далее – до состояния, когда он сможет оттолкнуть все наслаждения нашего мира, так как его цель – выйти в духовный мир.

Праведники знают это и проходят через такие темные мысли и соблазны, которые простому слабому грешнику, «обычному» человеку, и не снились. Поэтому говорится, что у большого человека и большие желания (но он может устоять против них и именно потому они даются ему).

Еще одна притча-иллюстрация. Королю захотелось выбрать самых подходящих слуг из всех подданных его королевства. Он дал знать всем жителям страны, что каждый может явиться к нему в замок и поступить на службу. При этом он поставил на всех дорогах, ведущих к замку, множество стражников, приказав им указывать неправильную дорогу и всячески путать и усложнять движение к замку.

Жители страны, услышав, что есть возможность жить в замке короля и служить лично ему, устремились вперед. Но строгие стражники всячески задерживали их, сбивали с пути, отказывали по многу раз.

И чем ближе к замку, тем все тяжелее было продвигаться к заветной цели. Лишь преодолевшие все трудности, сомнения и отчаяние и, таким образом, победившие строгих стражников своим терпением и желанием – достигли ворот замка, открыли их и предстали пред ликом короля.

И после этого у них уже не было необходимости воевать со стражниками, омрачавшими весь их долгий путь, поскольку они заслужили возможность соединиться с королем и заняться настоящим делом... А все эти стражники – лишь для подготовки духовного роста человека, развития его, поднятия до уровня духовных объектов.

И потому путь вверх начинается с того, что человек начинает воспринимать все в жизни как возможность, средство, сигнал, помощь или помеху сверху, от Творца, чтобы подняться, – и так каждое мгновение в жизни. Знай, что тебя ждет твой Творец, ждет твоего обращения к Нему, проси масах и расти...

Соблазны жизни кажутся праведникам огромной горой, а обычному человеку тонким волосом: ведь пока он не начинает работать над собой, он не может ощутить, насколько трудно перебороть первородный эгоизм, и не только трудно, а самому просто невозможно.

Для чего же тогда бороться с ним? Чтобы поняв и почувствовав, что это невозможно, мог человек дойти до крайней точки, когда, не видя выхода из создавшегося положения, он кричит из глубины сердца к Творцу. И вот это-то обращение к Творцу и открывает путь света в эгоистическое кли, вопреки запрету

Ц"А, так как желание человека – исправиться. А свет, уже войдя в кли, дает ему свою природу, и появляются силы и тяга соблюдать Ц"А – и тут же открываются глаза в духовный мир и душа выходит из галута.

Для чего необходимо Творцу, чтобы мы могли выйти из галута только с его помощью, только воззвав к Нему от всего сердца? Да просто потому, что таким образом мы находим, наконец, связь с Ним и начинаем приближаться к Нему, как к источнику, попадая в поле исходящих от Него наслаждений.

Зная, насколько трудно бороться с собственным злом, великие духом праведники всегда бережно относились к простым людям, так как на себе чувствовали, насколько трудно устоять против эгоизма. Из этого принципа и родились все хасидские рассказы.

И конечно, тот, кто работает над собой, видит ничтожность своей природы и слабость воли, постоянно борется с собственным злом, обращая все свои мысли к Творцу, – не в состоянии такой человек указывать, читать нравоучения другим, пренебрегать, презирать хоть кого-либо из людей, «поучать» других.

Ведь чем дальше продвигается он, т.е. чем больше света входит в него, – тем большую разницу видит он между светом и собой – между абсолютным альтруизмом и абсолютным эгоизмом, и постигает величие Творца и собственное ничтожество, и видит, что **мир вокруг совершенен, а исправлять надо лишь самого себя.**

Но настоящий каббалист всячески скрывает себя, даже свои хорошие качества. И потому настоящего «поднимающегося» праведника простым глазом не увидеть, хотя все его желание – сделать хоть что-то в духовном мире за нас и ради нас...

О путях приближения к Творцу, стадиях на этом пути и повествует Каббала. По сути своей, Каббала исследует созданное Творцом желание насладиться, анализирует его, делит на составные части и изучает возможности исправления для достижения кли свойств света, т.е. Творца.

При этом язык чувств – желаний, страданий, наслаждений душ – переводится на физико-математический язык, на котором говорится о величинах и направлениях желаний и их совместных действиях. То есть так же, как обычная наука анализирует материальную природу, так Каббала анализирует душу человека, определяя структуру ее строения.

И хотя говорится о чувствах, но Каббала – это наиточнейшая наука, как мы увидим в дальнейшем.

Любая наука оценивается согласно ценности ее выводов, результатов. Невозможна какая-либо наука без определенной цели, и лишь значимость цели придает вес, ценность науке. А поскольку цель любой науки – получение результатов, приносящих пользу лишь в нашем материальном мире, и лишь в его рамках она существует, то любая наука – временна, как и сам наш мир. Каббала изучает высшие, вечные миры и дает нам результаты исследования всего механизма мироздания. Каббала объясняет устройство, цель, управление вечными мирами Творцом.

Цель, преследуемая наукой Каббала, – постижение и слияние с Творцом. В этом цель всего творения и внутренний смысл всех наук, который еще раскроется в будущем.

Согласно своей природе, кли может совершать действие: получать или не получать свет с определенным намерением – ради себя или ради Творца. Причем получение ради Творца эквивалентно отдаче, т.е. действию, обратному природе кли.

Изменяя свои намерения без изменения действия, кли как бы меняет действие на обратное, становится дающим, каковым может быть лишь Творец...

Человек ударяет другого ножом. Преследуемая цель – убить, т.е. получить для себя что-то, что является эквивалентом наслаждения. Но возможна и другая цель – вылечить с помощью операции, дать другому облегчение, выздоровление, т.е. насладить другого. Действие то же самое – удар ножом, но мысль, намерение, мотивация изменяет его на обратное. И поэтому самое главное – цель действия.

Выявить цель, намерение – эту миссию выполняет экран. Он предварительно проверяет намерение – получить удовольствия для себя или ради слияния с духовным миром. И лишь во втором случае решает принять свет.

Отсюда видно, что в возможностях кли есть два действия – наслаждаться самому, думать о себе, т.е. получать, или наслаждаться ради Творца, думать о Нем, т.е. давать.

Другими словами, есть лишь одна заповедь – отдавать и лишь один грех – получать. И это основа всех многочисленных и подчас непонятных нам повелений и запретов, налагаемых Торой. Но в основе всей Торы лежит один-единственный принцип – отдавай другому, возлюби ближнего, выйди из рамок эгоизма.

Причиной того, что большинство заповедей кажутся нам бессмысленными, является наша неспособность увидеть их духовную сущность – взаимодействие света с экраном. Но лишь тогда, когда человек выполнит условие Ц"А, т.е. решит получать не ради себя, – лишь тогда откроются у него глаза, он увидит и ощутит духовный мир и источник заповедей – Творца.

Лишь обладание экраном – силой сопротивления эгоизму – дает человеку возможность быть воистину свободным в своих поступках, а не оставаться слепым рабом своего тела.

Первая стадия работы над собой у желающего духовно возвыситься называется акарат ра – осознание зла (собственного), т.е. эгоизма. Осознание возможно, лишь если человек стремится совершать хорошие – альтруистические поступки. Именно тогда он обнаруживает, – вернее, ему раскрывают это свыше, – что он не в состоянии этого делать.

Ступени в осознании собственного зла:

1) Могу физически и духовно желать и делать альтруистические поступки.
2) Не могу ни желать, ни делать альтруистические поступки.
3) Не хочу ни желать, ни делать альтруистические поступки.

И когда человек постигает во всей полноте собственное бессилие, единственное, что у него остается, – требовать от Творца помощи. Ведь лишь Тот, кто сотворил нашу природу, лишь Он и способен ее изменить!

В общем же путь поднимающегося состоит из четырех стадий:

1) Стремиться все получать для себя.
2) Стремиться отдать ради себя.
3) Стремиться отдать ради Творца.
4) Стремиться все получить ради Творца.

1 – это наше исходное состояние, такими мы появляемся в этом мире.

2 – начало движения, состояние, называемое «ло ли шма» – когда физические действия вроде бы альтруистичны, но их цель – собственная выгода (в том числе собственное продвижение вперед, желание личного духовного постижения).

В состояниях 1 и 2 человек выполняет программу творения «ло ми даато», т.е. не по собственной воле, а как робот. Все его движения направлены лишь в сторону привлекающих его наслаждений.

После выполнения условия Ц"А человек преодолевает махсом – врата в духовный мир. О его пути на третьей и четвертой стадиях мы поговорим в дальнейшем, при изучении миров БЕ"А.

Но в чем же может быть свобода наших поступков, если наше сознание – лишь желание насладиться? Свобода выбора состоит в том, чтобы желать избавления от эгоизма. А так как это избавление возможно лишь под воздействием света (как стадия хохма-бина, например), то право выбора состоит в стремлении к свету. **Необходимо желать света, но не ради наслаждения, а ради очищения.**

Как же призвать, притянуть свет к себе? Проси об этом Творца. Ведь согласно запрету Ц"А в эгоистическое желание свет войти не может: общее кли – первичное творение – еще в мире Бесконечности установило для себя этот запрет. И он действует во всех частях и на всех уровнях творения, кли, в том числе и в нас. Ц"А не аннулируется никогда, свет никогда не войдет в кли, наполненное желанием самонасладиться. А так как кли (человек) рождается лишь с таким желанием, и лишь под действием света внутри кли появляется желание давать – то возникает вопрос: как и с чего начать?

Лишь маленькая искра света – нэр дакик – будет светить эгоисту для поддержания в нем жизни, «чтобы было ради чего жить», – ведь если кли не получает удовлетворения, человек стремится к самоубийству.

Существуют лишь две субстанции: Творец и творение – ор и кли. Есть я – эгоист от рождения, и есть духовный свет, даже не ощущаемый мною. Он, этот свет, если бы вошел в меня, сделал бы из меня духовное существо, жителя всех миров, приблизил бы меня к вечности и Творцу, дал бы мне возможность бесконечно наслаждаться светом, чего подсознательно только и хочет все мое существо. Но пока я эгоист и не могу выполнить условие Ц"А, свет и я бесконечно далеки друг от друга...

Чтобы избавить творения от этого беспредельного отдаления от духовного, дать возможность первоначального соприкосновения, получения очищающего света, дана нам Тора. Именно Тора позволяет, вопреки запрету Ц"А, войти в кли первой микропорции света, вызывающей в кли желание очищаться и далее от эгоизма.

Название «Тора» происходит от слов ор – свет и ораа – указание, инструкция. Тора по сути своей – не цель, а средство достичь определенной цели. Поэтому в ней и сказано: «Хотел Творец очистить евреев, потому дал им Тору и Заповеди» (Талмуд Макот, 23).

У каждого человека в жизни есть шанс – Творец дает ему первоначальный толчок. Ведь у абсолютного эгоиста, каковым каждый из нас является от рождения, не может появиться даже мысль о духовном возвышении. Но дается Творцом каждому – ситуация, книга – в общем, возможность приблизиться к высшему. А использовать этот шанс или нет – зависит уже от самого человека.

Необычайно красочно описана встреча со светом в книге «Московщина» Юрия Вудки: «... Пожалуй, меня спасло необычайное событие, самое яркое и необычное в моей жизни. Случилось это, когда я, обессиленный многочасовым зябким курсированием из угла в угол каменного гроба, прикорнул у стола в перекрученной, неудобной позе. Не знаю, спал я или нет. Не знаю, сколько прошло времени (часы отбирали еще у входа в тюрьму).

Когда я поднял голову, матовое окошечко было окрашено ультрамариновым цветом вечера. Еще явственнее оттенялся зарешеченный отсвет лампочки на потолке. Клеточки тени были трапециевидные: узкие внизу и все более широкие вверху. Все осталось на месте, и в то же время преобразилось непередаваемо. Карцер стал как бы сквозным; весь мир и меня самого пронизывало сияние неземного блаженства. Пыточный гроб всеми фибрами своими трепетал от такого нечеловеческого счастья, что я, переполненный ликованием, бросился на пол с горячей молитвой, мешая русские и еврейские слова.

Это была молитва благодарности. Я ощущал все необычайно явственно. И невыразимо четко сознавал, что никогда в своей земной жизни не испытывал и наверняка не испытаю ничего, даже отдаленно похожего на это чистое, святое, невозможное блаженство. Это было дыхание вечности, в котором бесследно растворялось все злое, наносное, второстепенное. Это был не тот внутренний огонь, который подобен жесткому пламени в черной пещере, а тихий, неугасаемый светильник. Это состояние уходило медленно, постепенно слабея и замирая день за днем. Оставляло неизбывную память. Остывало неспешно, как море. Никогда не забуду, с какой улыбкой величайшей радости засыпал я на голых досках. Ни голода, ни боли, ни зла, ни смерти для меня не существовало. Мне не только ничего больше не было нужно, но наоборот, я не знал, на кого и как излить переполняющее меня блаженство. Лишь через несколько дней, когда теплился только его слабый остаток, я вспомнил о голоде...».

Это прекрасное, красочное описание духовного ощущения верно для всех – именно так впервые каждый воспринимает свет. Так же передают нам свои впечатления люди, пережившие клиническую смерть, прошедшие коматозные состояния.

И можете верить или нет, но есть в нашем мире люди, ощущающие в миллионы раз больше и постоянно... Но от первой проходящей встречи со светом до его постоянного ощущения есть период создания экрана – длительной работы над собой.

Я не желаю запутывать здесь читателя, но как уже говорилось – все исходит от Творца. Да и нам уже ясно, что и желание, и его насыщение – от Творца, Он создает кли и дает ему свет. Но «я» чувствую, это «мое» чувство, «мои» радость и боль. И потому мы говорим о чувствах кли, хотя все эти чувства и дает ему Творец. А в наших возможностях лишь просить Его изменить «наши» чувства и желания.

Тогда дано будет человеку увидеть проявление Творца во всем, что окружает его, во всем, что составляет его жизнь, его быт, его «прекрасные порывы», его самые низменные желания – во всем он увидит лишь Творца.

Но и желание изменить мои чувства я получаю также от Него. Все от Него! Так где же я сам?

Царь Давид (псалом 139) говорит об этом так:
«Господи, Ты изучил меня и узнал. Ты знаешь, когда сяду я и встану, понимаешь наперед мысли мои.
Путь мой и ночлег окружаешь и знаешь все пути мои.
Даже нет слова в языке моем, как ты знаешь меня.
Сзади и спереди объемлешь меня и сверху возложил на меня руку Твою.
Удивительно знание для меня – не могу его постичь. Куда уйду от духа Твоего и куда от Тебя убегу? Поднимусь в небеса – там Ты, постелю себе в преисподней – вот Ты!
Возьму ли крылья утренней зари, поселюсь ли на краю моря –
И там рука Твоя поведет меня и держать будет десница Твоя.

И скажу я: только тьма скроет меня, и ночь – вместо света для меня!
Но и тьма не скроет меня от Тебя, и ночь, как день, светит, тьма – как свет.
Ибо Ты создал меня, соткал во чреве матери моей.
Славлю Тебя, потому что удивительно устроен я, знает это душа моя.
Не скрыта от Тебя суть моя, когда созидаем был втайне я, образуем в глубине земли.
Еще не созданным уже видели меня глаза Твои и в книге Твоей, где записаны дни,
Когда каждый сотворен будет – мне означен один из них.
Но как трудны мне помыслы Твои, Боже, как велико число их!
Стану считать – многочисленней песка они. Пробуждаюсь – и все еще я с Тобой...
Исследуй меня, Боже, узнай сердце мое, испытай меня, узнай мысли мои.
Посмотри, не на печальном ли пути я, и веди меня по пути вечному!»

...Вот именно, «сзади и спереди объемлешь меня и сверху возложил на меня руку Твою...». Все мои мысли – от Тебя, все мои желания – от Тебя, и все же я чувствую, что они – мои. Творец захотел создать творение, которое чувствовало бы себя независимым «я», причем настолько независимым, что не чувствовало бы и даже не верило в Него.

Но когда говорится в Торе: «Слушай, Израиль, Господь един» или «Нет никого, кроме Него», то имеется в виду, что существует только Творец... И потому высшая степень мудрости – простая вера, так как разум – ничто.

Но эта простая вера дается лишь мудрым, после долгого трудного пути поисков, а не так, как хотел бы считать каждый неуч, что именно потому у него простая вера, что он неуч. К этой простой вере и приведет нас, в конце концов, эволюция и прогресс (т.е. путь страданий) или путь возврата к вере (т.е. путь Торы).

... Рабби Давид Лейкес, ученик Бааль Шем-Това, спросил у хасидов своего зятя рабби Мотла из Чернобыля, вышедших навстречу ему за город: «Кто вы?». Они сказали: «Мы – хасиды рабби Мотла из Чернобыля». Тогда он спросил: «Верите ли вы своему учителю неколебимо?» Те промолчали, ибо кто решится сказать, что вера его неколебима.

«Так я хочу рассказать вам, – продолжал он, – что такое вера. Однажды в субботу затянулась третья трапеза у Бааль Шем-Това, как это часто бывает, до позднего вечера. Потом мы благословили пищу и сразу же произнесли вечернюю молитву и авдалу над чашей и сели за трапезу проводов Царицы-субботы. А все мы были очень бедны, и не было у нас ни гроша, тем более в субботу. И все же когда Бааль-Шем-Тов после трапезы проводов Царицы сказал: «Давид, дай на медовый напиток!», – я сунул руку в карман, хотя знал, что там ничего нет, и достал оттуда золотой. Я дал эту монету, чтобы купили медовый напиток...»

В принципе, это самая сложная и в общем-то единственная задача, стоящая перед каждым, решившим подняться, – идти вперед можно лишь в случае, если вера в цель больше желаний тела.

На иврите это условие выражается словами «эмуна лемала ми даат» – «вера выше знания». Здесь под знанием подразумевается все, что говорят человеку его разум и тело. А они утверждают, что надо спокойно жить, думать о деньгах, семье, детях и т.п. Но уж никак не о том, чтобы наперекор всему миру, всем родным, знакомым, а главное, вопреки себе – выбрать целью духовное высшее постижение Источника, слияние с Ним. Да еще при том, что до преодоления барьера (махсома) Ц"А, до вступления в духовные миры все говорит против Торы и веры. И эти «мешающие» мысли и обстоятельства постоянно посылаются самим Творцом, ведь именно преодолевая их, человек увеличивает свою веру в цель, а сама вера и есть духовное кли, в которое он затем получит свет.

Мы изучим впоследствии, что духовный сосуд состоит из двух частей: рош (голова) и гуф (тело), где рош – вера, а гуф – желание отдавать другим. Мы же от рождения представляем собою сосуд, кли, где рош – знание, а гуф – желание самонаслаждаться. Идти наперекор собственному бессилию (поскольку это против желания тела) и разочарованию можно, если постоянно контролировать и заботиться о выполнении основного правила «эмуна лемала ми даат». Лишь тогда «все, что делает Творец, – все к лучшему», так как определяющая цель – слияние с Творцом.

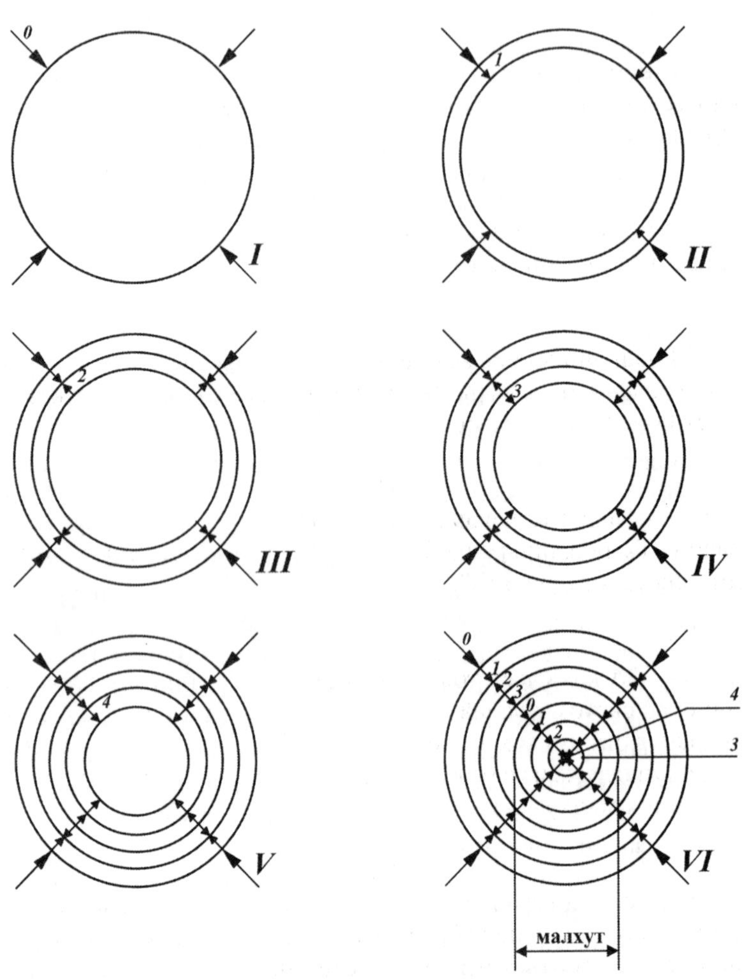
0
I
1
II
2
III
3
IV
4
V
0
1
2
3
0
1
2
4
3
VI
малхут

I

: 0 – исходящий из Творца свет (кэтэр – желание Творца сотворить создания, дабы насладить их) порождает первичное творение.

II

: 1 – первичное творение (хохма) – желание насладиться исходящим из Творца светом.

III

: 2 – наполнившись исходящим из Творца светом (0), творение (1) получило свойство света «наслаждать» и потому отказывается более получать свет: стадия 2 (бина).

IV

: 3 – поняв, что изгоняя свет, творение не выполняет этим желание Творца, оно решается на компромисс – получить лишь часть света: стадия 3 (З"А).

V

: 4 – З"А как самостоятельная стадия взвешивает, что ему лучше: со светом-наслаждением или без оного, и решает принять, как в стадии хохма, весь свет в себя. И это желание получить, идущее уже из самого кли, а не от Творца – как в стадии 1, называется малхут (4).

VI

: малхут целиком наполняется светом из всех предыдущих стадий, и поэтому в ней образуются ее подстадии, отсеки, получающие свет соответственно из стадий 0 – 3, а в стадию 4 – малхут – поступает свет, предназначенный ей самой. Малхут в максимально, неограниченно наполненном состоянии называется олам Эйн Соф – мир Бесконечности.

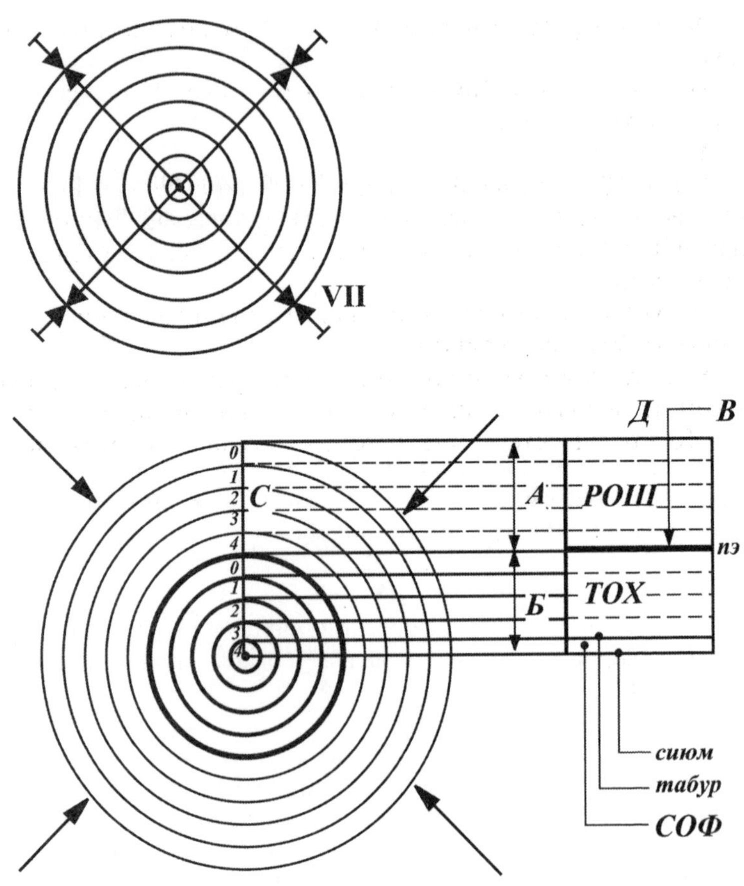

VII

: получив от наполняющего света свойство «давать» – противоположное ее природе, малхут решает не принимать свет ради самонаслаждения. Это решение и его следствие – исход света из малхут – называется «сокращение первое» – Ц"А (Цимцум Алеф). Опустошенная малхут называется – «мир сокращения» (Олам Цимцум). После исхода света в малхут остались воспоминания, записи (решимот) о свете-наслаждении.

А – рош, сфирот: кэтэр, хохма, бина, З"А, предшествующие малхут;

Б – сама малхут. Тох – кэтэр, хохма, бина, З"А в малхут. Соф – малхут в малхут.

В – масах.

После Ц"А и решения получать свет лишь согласно наличию масаха малхут условно изображается не в виде круга, а в виде линии (С), так как в состоянии получать лишь небольшие порции света,

Д – увеличенное по горизонтали изображение линии С (условное изображение малхут).

Все, что мы можем познать, о чем можем говорить, что можем исследовать, – лишь реакцию малхут на получаемый свет. То, что существует вне малхут, – вне нашего постижения.

ПЯТЬ УРОВНЕЙ ЭКРАНА

Надеюсь, читатель простит мне многочисленные отступления и побочные (вроде бы) рассуждения. Я повествую о сотворении миров, т.е. веду повествование сверху вниз, от Творца к человеку, от начала – Источника творения через все его стадии к цели творения – человеку в этом мире.

И если мой рассказ о творении будет содержать только информацию о строении мироздания – для этого не стоило бы и начинать писать книгу.

Ведь смысл, цель Каббалы (всей Торы и всего мироздания) не в повествовании о духовных мирах и процессах их творения, а в обучении человека правилам духовного восхождения – сближения, слияния со светом и его Источником.

Как мы узнали, для создания настоящего кли свет должен пройти четыре стадии:

0 – наслаждение – ор – кэтэр;
1 – первичное кли – хохма;
2 – отказ получать наслаждение – бина;
3 – компромисс – зэир анпин (З"А);
4 – настоящее кли – малхут.

Малхут получает свет от всех предыдущих стадий – от кэтэра, хохмы, бины, З"А. Таким образом, родившись, она постигает все, что было до нее: она родилась от З"А, З"А появился из бины, бина из хохмы, а хохма из кэтэра.

А так как постижение возможно только при получении информации – света – внутрь кли, то в самой малхут появляются пять подразделов (частей, отсеков), каждая из которых постигает, т.е. получает свет от определенной, соответствующей ступени, находящейся до малхут, и эти отсеки в малхут называются по именам (номерам) источников света.

Свет, получаемый в отсек кэтэр, находящийся в малхут, называется ехида; свет, получаемый в отсек хохма (в малхут),

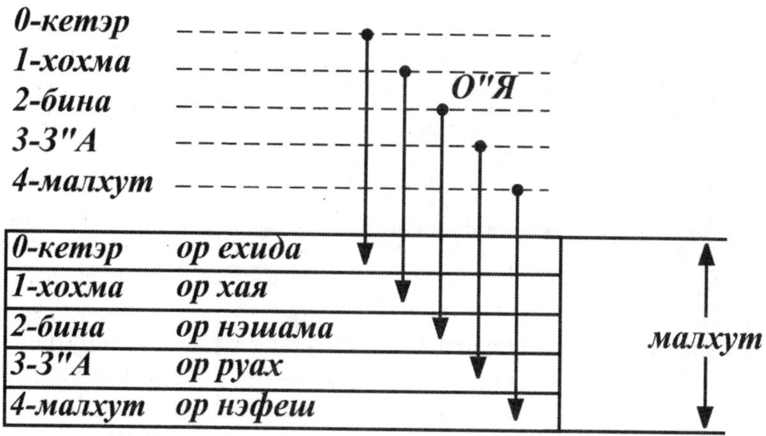

называется хая; свет, получаемый в отсек бина (в малхут), – нэшама; свет, получаемый в З"А (в малхут), – руах, и свет, получаемый в сектор малхут, находящийся в малхут, называется нэфеш.

Таким образом, в малхут есть пять различных видов, уровней желаний на пять разных входящих светов. Поэтому после Ц"А малхут создала пятислойный заградительный экран (масах), т.е. в масахе появились пять различных уровней плотности, жесткости (авиют) – пять сил отталкивания, отторжения света-наслаждения.

И как следствие отталкивания приходящих в малхут пяти лучей прямого света, рождаются пять лучей обратного, отраженного света. Как уже говорилось выше, этот отраженный свет – ор хозэр – условие последующего получения света внутрь кли. Поэтому когда нет в масахе силы оттолкнуть какой-либо из приходящих светов – видов наслаждения, то именно этот свет малхут, конечно, не может получить.

Чем сильнее наслаждение (чем больше свет), тем большую силу воли (жесткость экрана) должен иметь человек (кли, малхут), чтобы оттолкнуть это наслаждение (свет).

Итак, свет приходит через четыре стадии к малхут и ударяет в масах, стоящий перед ней. Малхут состоит из пяти отсеков – желаний с масахом соответствующей силы отталкивания в каждом. Самое слабое желание – в отсеке кэтэр, находящемся в малхут. Более сильное – в отсеке хохма в малхут и так далее, а самое сильное – в отсеке малхут в малхут.

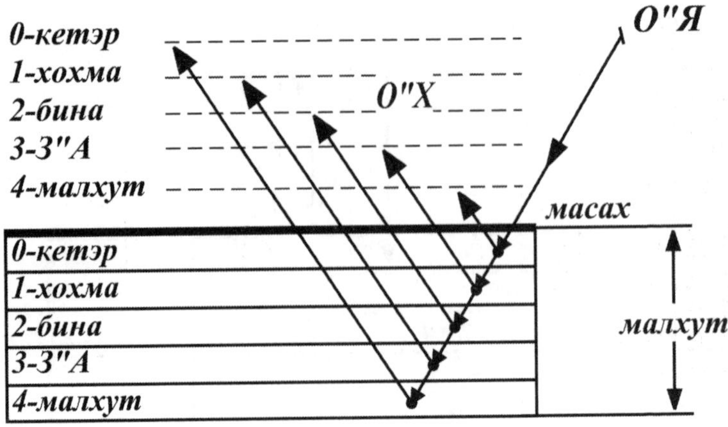

Если в кли есть лишь масах силы 0, т.е. его максимальная способность сопротивления – на желание уровня кэтэр в малхут, то только в эту часть малхут может принять наслаждение – свет. А на остальные свои части должна произвести цимцум (сокращение, отталкивание света) и не получать: ведь если получит в них, то получит ради себя, и вследствие отсутствия масаха это будет самонаслаждение, запрещенное условием Ц"А.

Если же в малхут есть сила не получить ради себя, а получить ради Творца, т.е. она может противодействовать двум и более частям – «желаниям», находящимся в ней, то в них она, соответственно, и сможет принять свет.

То есть в зависимости от силы, жесткости масаха малхут может принять то или иное количество света. Таким образом, мы видим, что малхут использует из всей своей толщины (желаний) лишь ту часть, на которую у нее есть масах, и только эта часть заполняется светом, а остальные пустуют, вернее, в них есть ор хасадим, как в бине до Ц"А, т.е. наслаждение от слияния с Источником, от подобия Ему. В той же части малхут, которая заполняется светом, есть и ор хасадим (наслаждение от слияния), и ор хохма (наслаждение от самого света).

Малхут «видит» перед собой с помощью отраженного света – ор хозэр, как и мы в нашем мире. Поэтому чем больше или меньше масах и, соответственно, больше или меньше ор хозэр, тем больше или меньше света перед собой видит (ощущает, что

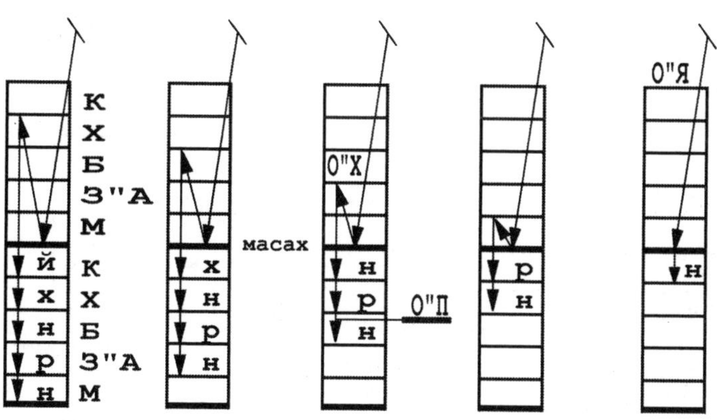

О"Я-ор яшар, О"Х-ор хозэр.
НАРАН"ХАЙ: *н-нэфэш, р-руах, н-нэшама, х-хая, й-йехида (ехида).*

к-кетэр, х-хохма, б-бина, З"А-З"А, м-малхут.

4 — 3 — 2 — 1 — 0

сила масаха

он есть) малхут и, естественно, тем больше или меньше света может принять внутрь.

А если в малхут, т.е. в желании самонасладиться, совсем нет масаха – то она ничего не видит. Так и те из нас, кто еще не создал масах, – не видят, т.е. не ощущают духовные миры, так как находятся под запретом Ц"А: свет в эгоизм не войдет – так решило первичное творение, первое кли, – малхут в олам Эйн Соф, и этот закон непреложен для всех ее частей, т.е. и для нас.

И поскольку мы не видим источников – причин происходящего в нашем мире, мы можем лишь верить в существование Творца и не можем оправдать кажущееся нам бесцельным существование тех, кто населяет наш мир (а если верить в Творца, его доброту и любовь, то трудно оправдать их страдания и ничтожность). И ответа для не соблюдающих условие Ц"А нет – возможна только слепая вера, настойчиво превозносимая выше сомнений, специально посылаемых нам Творцом для развития масаха.

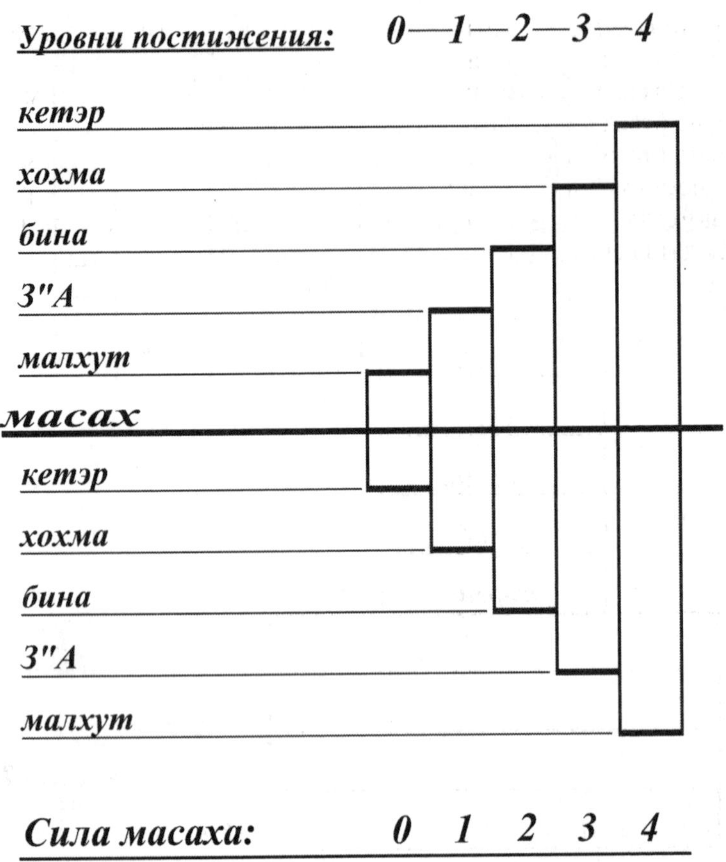

И лишь созданный таким образом масах позволяет увидеть... Увидеть посредством нового, полученного вместе с масахом духовного зрения. И тогда все становится ясно, и человек получает все ответы на все вопросы. Но это происходит лишь после долгого пути во тьме. Потому что настоящее духовное кли – выше эгоизма и строится на превосходстве веры над знанием («эмуна лемала ми даат») – даже в духовных мирах. Но там эта вера заключается в том, что человек должен верить, что есть состояние совершеннее, чем то, в котором он находится в данный момент, поскольку любое состояние в духовном мире совершенно.

И без веры в большее совершенство нет возможности двигаться выше. Единственный путь постижения – добровольное предпочтение сокрытия Творца. Поэтому, закрыв глаза, Моше удостоился увидеть самого Творца.

Из следующего рисунка видно, что если в малхут нет масаха на отсек 4, куда входит свет малхут, то малхут лишается не света малхут, а света кэтэр. Это оттого, что есть обратная зависимость между светом и сосудом – ор и кли: высшие кли рождаются первыми: от кэтэр к малхут, но в них, в эти высшие кли, входят сначала низшие света: от ор малхут к ор кэтэр.

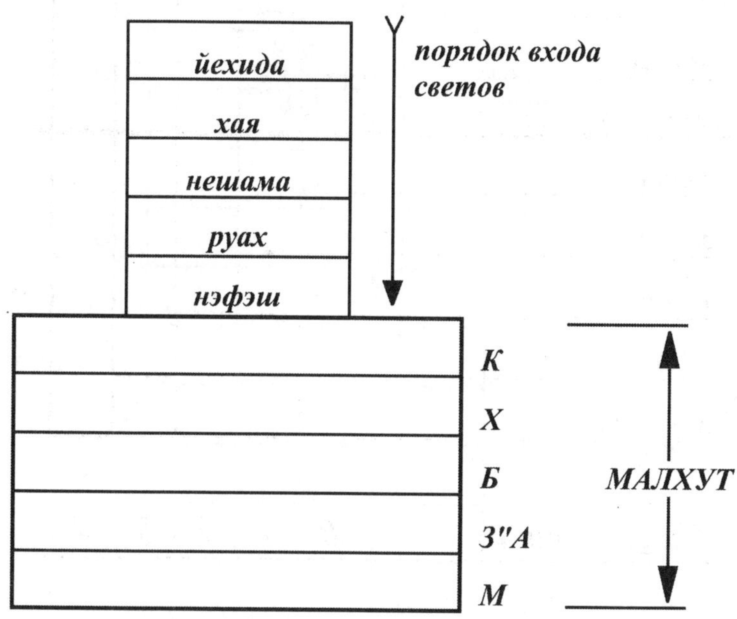

Допустим, что в малхут создан масах лишь на самое слабое желание – на кэтэр в малхут (состояние пятой стадии). В таком случае в этот отсек (кэтэр малхут) входит свет – ор малхут. А если появляется масах на хохму в малхут, то ор малхут, который был в отсеке кэтэр (в малхут), спускается в хохму, что в малхут, а сверху, в кэтэр малхут входит ор З"А.

И так далее: чем больше масах у кли, тем больше света входит в малхут, поскольку на все более низкие, грубые желания малхут создает масах. То есть существует обратная зависимость света, входящего в кли, и части малхут, в которую этот

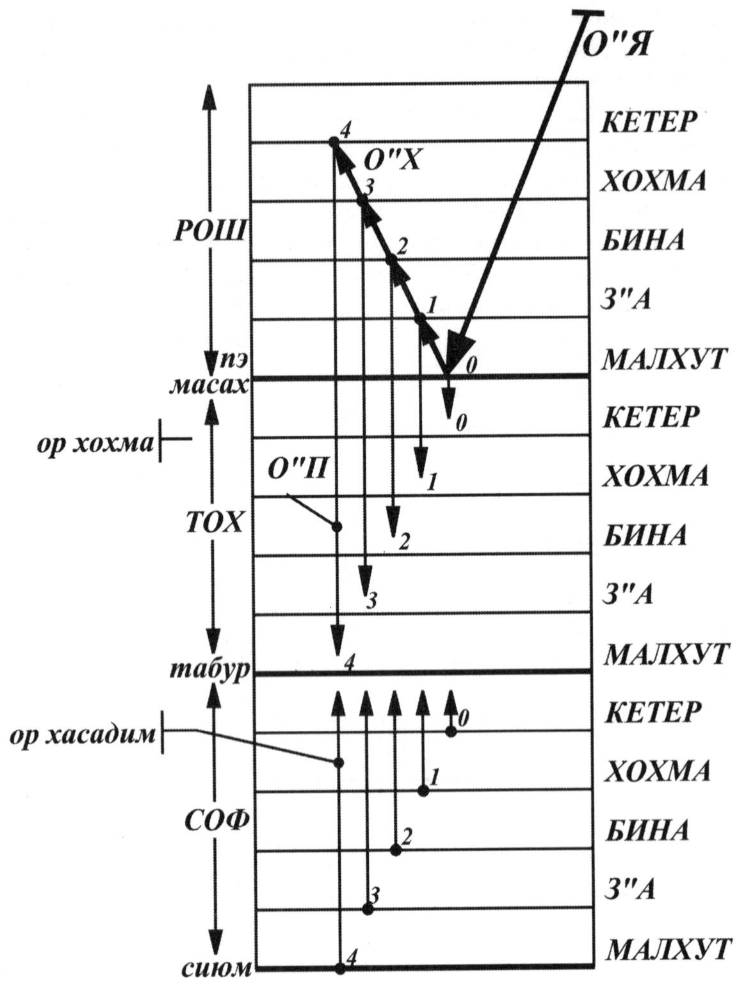

Глубина заполнения тох парцуфа в зависимости от величины масаха: 0-1-2-3-4

свет входит. Приобретая масах, кли как бы растет от жесткости 0 до жесткости 4. Поэтому в таком порядке мы и называем сфирот: кэтэр, хохма, бина, З"А, малхут (КАХАБ"ТУМ). Но по мере роста кли свет входит в нее в обратном порядке – от слабого к сильному: от ор нэфеш до ор ехида. И поэтому мы называем света в обратном порядке: нэфеш, руах, нэшама, хая, ехида (НаРаНХа"Й).

Видно, что лишь ор хозэр, сила воли, сила сопротивления желаниям определяют состояние, духовную высоту кли. Чем на большее желание у кли есть сопротивление (масах), тем больше света может получить кли и тем выше оно, ближе к Источнику.

Отсюда еще раз видно, что по мере духовного роста человека у него появляются более низкие желания. Но это лишь потому, что он в состоянии преодолеть их... И соответственно этому человек возвышается.

ОЛАМ АДАМ КАДМОН

Итак, мы узнали, что:

1) Ор создал кли в пять этапов: кэтэр, хохма, бина, З"А, малхут.
2) Только последний этап – малхут называется кли – сознательное желание самонасладиться.
3) Наполненная светом малхут называется олам Эйн Соф.
4) Малхут сократила желание самонасладиться (Ц"А) – это состояние называется Олам Цимцум.
5) После Ц"А малхут решает получать только согласно силе своего масаха – силе преодоления желаний.

Итак, после Ц"А осталась опустошенная, без света малхут с желанием получать свет-наслаждение ради Творца. И если этого она не может, то не принимает свет вообще.

Свет, как и до Ц"А, согласно своему желанию насладить кли стремится войти в малхут. Но масах, стоящий перед малхут, поначалу отталкивает весь приходящий свет, как бы говоря: «Сам я не хочу насладиться тобою, хотя весь горю от желания».

Этим малхут выполняет условия Ц"А. Закон, установленный в высшей стадии, является обязательным для всех низших, не желающих выйти из духовной среды. Как мы далее увидим, часть духовных объектов не смогла выполнить условия Ц"А и потому отделилась от духовного, образовав наш материальный мир.

После отторжения всего света, когда малхут убедилась, что может оградить себя от самонаслаждения, она желает стать подобной Источнику – Творцу, дать Ему наслаждение, как Он желает дать ей. Но так как малхут может совершить лишь два действия – получить свет или не получить, то она находит новый способ получения, способ, эквивалентный отдаче, – получить свет, но не ради себя, т.е. получить свет не потому, что она желает самонасладиться, а потому, что Творец желает дать ей наслаждение, т.е. создать для Творца условия сделать это.

И тогда малхут получает наслаждение не только от света, но и оттого, что Творцу приятно, что малхут получает свет.

Такое получение эквивалентно обратному действию – отдаче. Поэтому чем больше теперь малхут получает, тем больше «дает» этим наслаждение Творцу.

Но поскольку это действие противоречит природе самой малхут – ее желанию самонасладиться, то она в состоянии получить лишь небольшую порцию света.

Если до Ц"А малхут получила все 100% света, то после Ц"А масах ограничивает получение света в соответствии со своей силой воли, силой противодействия желанию и потому пропускает в малхут лишь часть, допустим 20% (случайная величина), от приходящего света.

Четыре стадии, рождающие малхут, находящиеся до масаха (в них находится весь приходящий свет – прямой свет – ор яшар, О"Я, и отталкиваемый, отраженный масахом свет – возвращающийся свет – ор хозэр, О"Х), образуют часть кли, называемую рош – голова.

Место нахождения масаха перед малхут называется пэ – рот. Здесь малхут решает, согласно жесткости, толщине, силе своего масаха, сколько света из находящегося в рош она может получить внутрь себя. Это количество света, допустим 20% от каждой из пяти стадий-сфирот (сфира – от слова светящийся), проходит через масах из рош в малхут.

Как уже указывалось, сама малхут также состоит из пяти частей, и в каждую из них она получает свет из соответствующей сфиры-стадии, находящейся в рош.

Заполнившаяся этим светом часть малхут называется тох – внутренняя часть.

Оставшаяся незаполненной часть малхут называется соф – конечная часть, так как здесь, в этой части кли ставит преграду, границу – соф, конец – на получение света.

Граница, разделяющая тох и соф, называется табур – пуп, а тох и соф вместе образуют гуф – тело.

Свет, заполняющий тох, называется ор пними, О"П – внутренний свет.

Оставшиеся снаружи 80% света называются ор макиф, О"М – окружающий свет.

Как уже указывалось, цель творения – получить с помощью масаха все 100% света (т.е. и 80% ор макиф) внутрь малхут.

Такое состояние называется гмар тикун – конец исправления (эгоизма).

Но получение ради Творца, т.е. с помощью масаха – противоестественно природе кли, его стремлению к самонаслаждению. Поэтому лишь небольшими порциями – постепенно, последовательно, раз за разом преодолевая свою эгоистическую природу, кли может начать получать свет-наслаждение ради Творца.

Эти порции получения света и образуют парцуфим (духовные объекты, духовные тела). Серия из пяти парцуфим образует олам – мир, а серия из пяти миров образует творение.

Порционное получение света происходит следующим образом: после получения первой порции света тох – часть малхут от пэ до табура – наполнилась О"П. На табур, т.е. на то место, где малхут ограничивает дальнейшее получение света, действует двойное давление:

1) О"П изнутри как бы говорит: «Смотри, какие наслаждения даю я тебе, и какие есть еще в тех 80%, которые ты не согласна получить».
2) О"М «давит» на малхут снаружи, и малхут точно знает, какие наслаждения оттолкнула (так как должна была «взвесить» их).

Это двойное давление малхут не способна выдержать, постоянно находиться в таком состоянии не представляется возможным. А получить что-либо из 80% О"М – значит нарушить условие Ц"А. Поэтому единственная альтернатива для малхут – совершенно избавиться от света. И малхут исторгает свет, возвращаясь как бы к исходному состоянию.

Может возникнуть вопрос, как это малхут может устоять против 100% света, не принимая его вообще, а против 80% О"М не может устоять? Все дело в том, что 20% света вошли внутрь малхут, дают ей наслаждение и этим ослабляют ее. Каждый из нас знает, что легче на расстоянии удержаться от соблазна, не получить его вообще, чем получить его малую часть, а против остальной части продолжать сопротивляться. Остановиться на полпути намного труднее, чем вовсе удержаться. Поэтому малхут, приняв 20% наслаждения, не может оставаться в таком напряженном состоянии и вынуждена полностью изгнать его.

Возврат к исходному состоянию, т.е. изгнание света, происходит постепенно: масах из табура по ступеням поднимается до пэ. И соответственно, с подъемом масаха из тох (внутренней

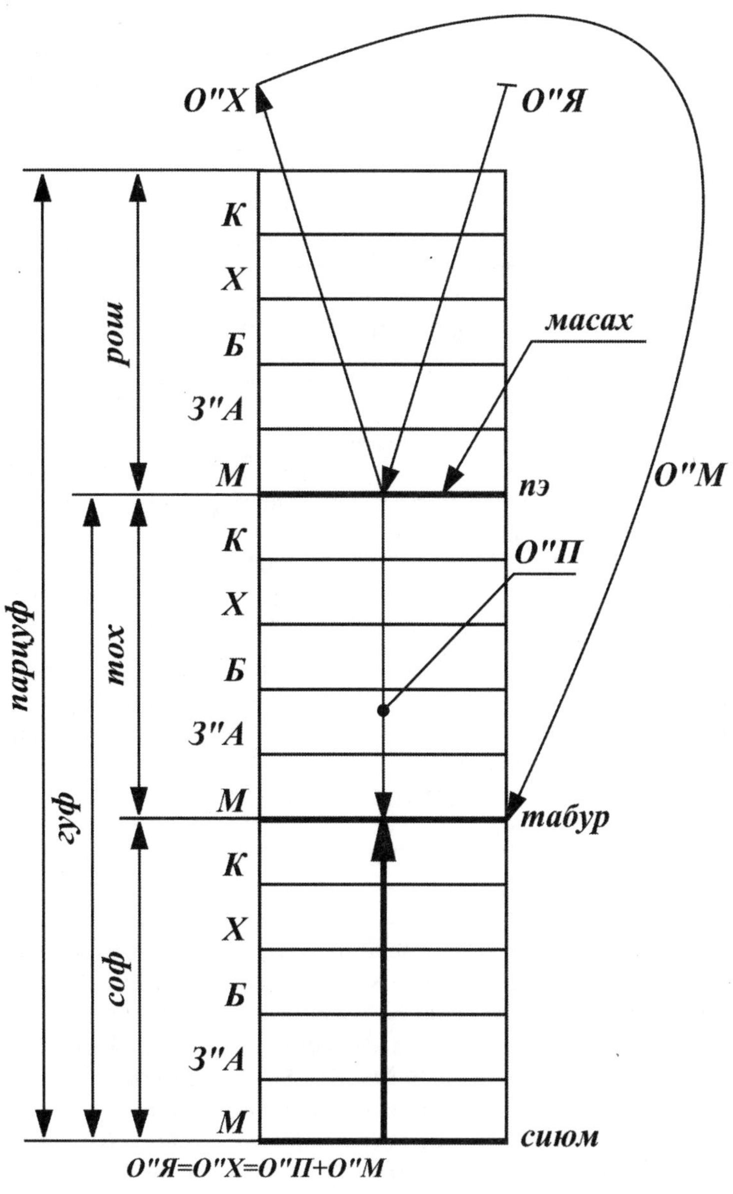
О"Х
О"Я
К
Х
Б
З"А
М
рош
масах
пэ
О"М
К
Х
Б
З"А
М
тох
О"П
парцуф
гуф
табур
К
Х
Б
З"А
М
соф
сиюм
О"Я=О"Х=О"П+О"М

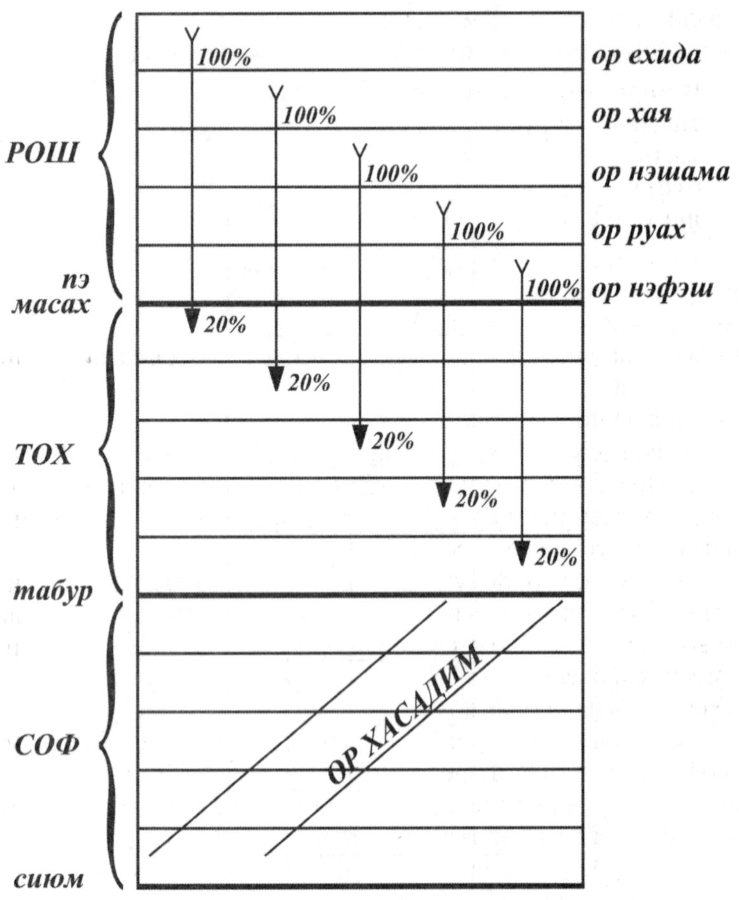

части) изгоняется О"П (внутренний свет) в следующем порядке: выходит ор кэтэр, затем ор хохма и так далее. Эти ступени исчезновения, удаления света из тох называются некудот – точки (знаки огласовки в ивритском алфавите), так как удаление света происходит из точки-малхут. Малхут же называется некуда-точка, так как родилась без света, из ничего (небытия).

Прямое, от пэ до табура, распространение света в тох называется таамим (от слова таам – вкус; знак музыкального тона и длительности в тексте Торы). Как мы уже говорили, исчезая, свет оставляет воспоминания, следы, называемые решимот (решимо –

запись). Решимот от таамим называются тагин («короны» в буквах текста Торы). Решимот от некудот называются отиет (буквы).

В иврите (см. чертежи стр.142)**:**
таамим – знаки над буквами;
тагин – короны букв;
отиет – буквы;
некудот – знаки огласовки.

Итак, масах из табура поднимается в пэ, вытесняет весь свет О"П и возвращается таким образом в исходное состояние. Но поскольку в духовном мире ничего не исчезает, то и прежняя форма – наполненная на 20% – остается, и теперь к ней добавляется новая форма – опустошенная малхут, которая как бы надевается на предыдущую, скрывая ее.

Итак, полученные 20% света уже «записаны» в счет гмар тикун. Но остается получить таким же образом еще 80%. Поэтому, поднявшись в пэ, малхут снова просит у света: «Дай мне силы получить не ради себя».

Но помня, что, получив 20%, она не выдержала давления О"П и О"М, малхут просит теперь меньшую порцию света. Если мы возьмем за начало отсчета максимальное первое получение света, как уровень кэтэр – 4, то теперь малхут просит и получает в себя лишь на уровне хохма – 3.

Поскольку после рождения, еще в олам Эйн Соф, малхут получила свет от четырех предшествующих ей стадий, то и сама она делится на 5 частей, где соответственно получает свет, т.е. по 20% от каждой из этих предшествующих ей стадий.

В первом приеме света малхут получила свет во все свои 5 частей от пэ до табура. Теперь же, получая вторую порцию света, она хочет получить меньше на одну ступень – лишь четыре вида света, исключив ор кэтэр.

От предыдущего состояния в малхут остались решимот:

1) От света, который был в ней, – это решимо называется решимо итлабшут (решимо от наполнителя – света).
2) От масаха, который принял этот свет, – это решимо называется решимо авиют (решимо от силы масаха, благодаря которой и вошел свет в кли).

Эти два вида решимот всегда остаются в кли после ухода света. Эти решимот – информация, память о прошлом состоянии (обычно пожилые люди вспоминают, какими энергичными

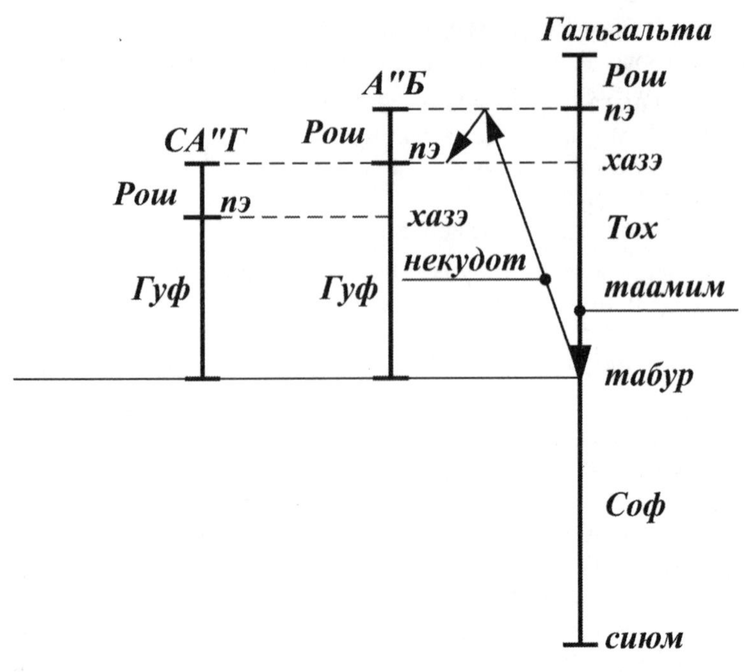
Гальгальта
А"Б
СА"Г
Рош
пэ
Рош
пэ
хазэ
Рош
пэ
хазэ
Тох
некудот
Гуф
Гуф
таамим
табур
Соф
сиюм

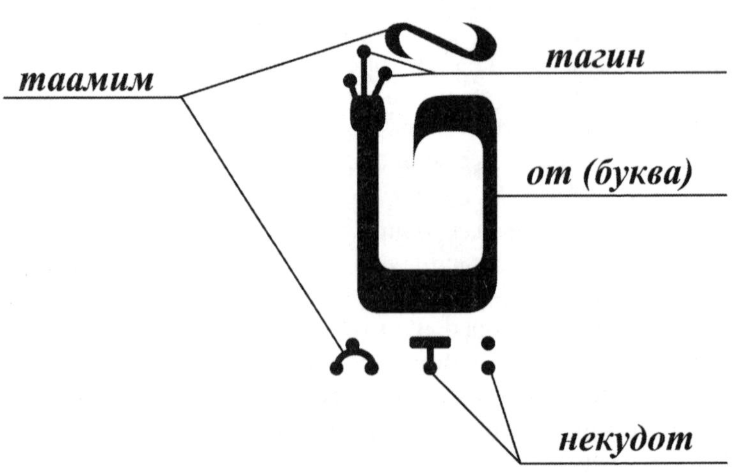
таамим
тагин
от (буква)
некудот

они были в молодости – решимо авиют – и сколько зарабатывали, как приятно проводили время – решимо итлабшут).

Без решимо невозможно никакое действие в будущем, так как лишь на основе прошлых навыков и знаний может действовать кли, как духовное – в духовном мире, так и человек в нашем мире. Если стереть все решимот из памяти, то кли, человек, уподобляется новорожденному.

После Ц"А в малхут остались два решимо: от величины ее желания насладиться и от величины света-наслаждения, наполнявшего ее до бесконечности. Решив принять свет после Ц"А, малхут помнит, что такое свет, знает, каким образом его отвергнуть и сколько можно его принять.

Теперь же, решив, что и 20% получить и удержаться от самонаслаждения невозможно, малхут, как и в Ц"А, исторгает свет из тох. И в ней также остаются два решимо: от света – решимо 4, но от масаха – лишь решимо 3. Ведь когда малхут решила изгнать О"П, то сразу же решила, что если в будущем и примет свет, то меньшее количество – на один уровень меньше, так как на уровне 4 не могла удержаться от давлений О"П и О"М.

Поэтому после изгнания О"П масах поднимается из табура в пэ с решимот 4, 3, где 4 – решимо итлабшут, а 3 – решимо авиют. И так как высший свет все время давит на масах, стремясь войти в малхут, то последняя решает принять его согласно решимот 4, 3, где в соответствии с авиют 3 максимальный свет будет не свет кэтэр, а свет хохма.

Поэтому первый парцуф называется парцуф кэтэр или Гальгальта, а второй – парцуф хохма или А"Б. И соответственно, второй парцуф ниже первого, так как его ор хозэр достигает лишь уровня хохма.

Рождение А"Б происходит так: масах просит у света (Творца) силы принять свет согласно решимот 4, 3. Так как это решимо из тох первого парцуфа, то масах из пэ – авиют 4 спускается на уровень, соответствующий авиют 3. Это место называется хазэ – грудь. Здесь масах останавливается, отражает бьющий в него свет, создавая таким образом рош – от хазэ до пэ, а затем частично принимает свет внутрь себя, образуя тох – от пэ до табура нового парцуфа, оставляя пустым часть кли – соф.

Рассмотрим взаимное расположение этих двух парцуфим: парцуф А"Б на голову ниже парцуфа Гальгальта и заканчивается на уровне ее табура. Ниже первого он потому, что не использует самую «тяжелую» часть малхут – отсек 4. И потому у него отсутствует ор кэтэр. И по длине он короче – он заканчивается на уровне табура предыдущего парцуфа и не может распространиться ниже его табура, так как под табур даже у первого парцуфа не было сил получить свет, а тем более – у второго.

А"Б не хочет получать ор кэтэр, отталкивает его и получает света, начиная с ор хохма. Поскольку он делает это ограничение по собственной воле, то часть от ор кэтэр, отталкиваемого им, распространяется в его тох, совместно с остальными светами.

После того как тох наполнился таамим, табур ощущает, как и в парцуфе Гальгальта, двойное давление от ор пними (внутреннего света) и от ор макиф (окружающего света) и вынужден изгнать свет из своей внутренней части (тох). Масах поднимается от табур А"Б в его пэ, и в нем остаются решимот 3, 2.

От этих решимот рождается третий парцуф, где наивысший свет – ор бина, так как в масахе максимальная толщина, прочность, сила сопротивления – авиют – 2. И потому этот парцуф называется парцуф бина, или СА"Г.

И снова на его табур воздействуют ор пними и ор макиф, убеждая получить весь свет, который есть в рош. И как в предыдущих случаях, парцуф решает избавиться от света, поскольку противостоять такому давлению у него нет сил, – масах поднимается от табура к пэ, изгоняя свет. В нем остаются решимот 2, 1, от которых образуется парцуф, называемый М"А Элион. А от решимот 1, 0, оставшихся от М"А Элион, появляется последний парцуф – БО"Н Элион.

Эта серия из пяти парцуфим, возникших в результате приема пяти порций света, называется олам Адам Кадмон (А"К).

Так как предыдущий парцуф не исчезает, то всякий последующий как бы надевается на него и потому называется левуш (оболочка, покрытие, одежда).

По принципу итлабшут – надевание частей друг на друга – построено все мироздание, и каждый последующий видит, т.е. чувствует, только предыдущий парцуф, внутренний, на который он надевается. Поэтому подчас нам кажутся несуразными многие понятия, требования, категории – они не из соседних с нами частей Мироздания.

Например, вся Тора говорит о том, как постичь духовные миры, т.е. как постичь десять сфирот света, находящиеся в каждой части творения. На эти десять сфирот света, находящиеся в каждой части творения, надеваются духовные парцуфим: нэшамот (души), затем левушим (одеяния), затем эйхалот (залы, пространства) – как на луковице.

Например, сказания из Торы (агадот) повествуют о самых внутренних десяти сфирот света, и потому эти сказания нельзя было описать другим, более «серьезным» языком и прокомментировать, как остальные части Торы. Мы же в исходном состоянии находимся в самой крайней оболочке всего Мироздания.

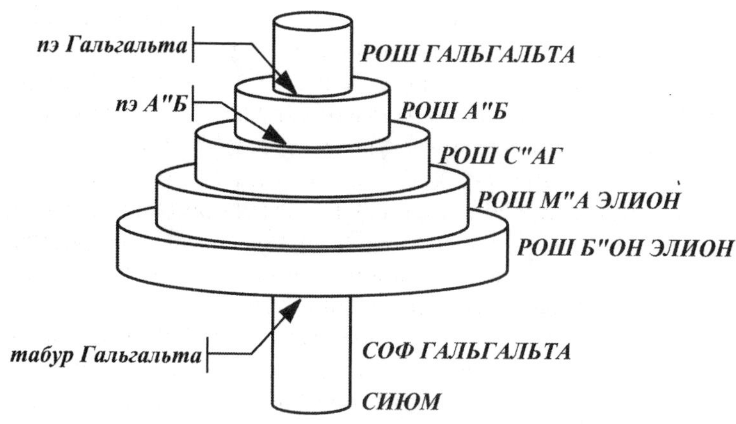

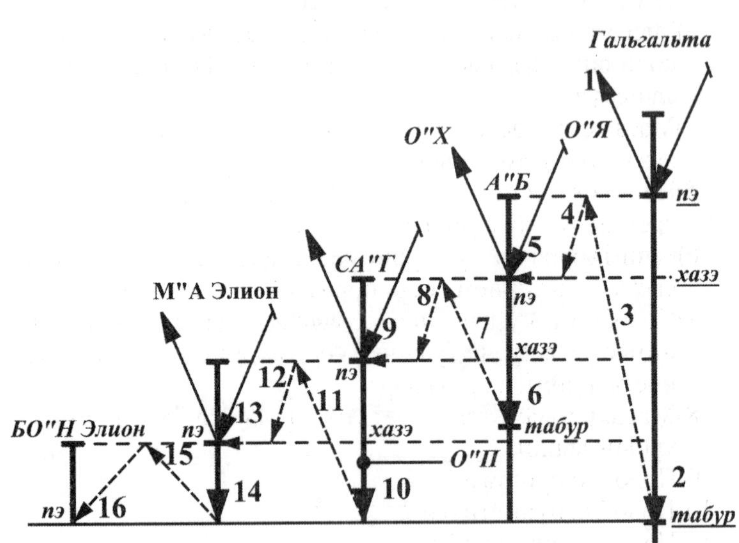

Парцуф	***Решимо[итлабшут,авиют]***
Гальгальта	***4,4***
А"Б	***4,3***
С"АГ	***3,2***
М"А Элион	***2,1***
Б"ОН Элион	***1,0***

1)После Ц"А весь приходящий к малхут свет отталкивается масахом, не желающим принять его для себя.

2)Ради Творца малхут, в соответствии с силой имеющегося масаха, решает принять определенное количество света. Этот свет – ор пними, или ор хохма. Распространение света от пэ к табур называется таамим.

3)Малхут, не имея сил оставаться в частично наполненном состоянии, изгоняет свет. Исторгающийся свет называется некудот.

4)Масах спускается с пэ – четвертогого уровня авиют до хазэ – третьего уровня авиют.

5)На новом месте масах также сначала отталкивает весь свет, не желая принять для себя.

6)Ради Творца малхут принимает определенное количество света. Этот прием света образует парцуф А"Б.

7)Подобно тому, как описано выше, в пункте 3, масах поднимается в пэ, не будучи в состоянии выдержать давление ор пними и ор макиф.

8)Масах спускается с третьего уровня авиют до второго уровня авиют.

9)Подобно пунктам 5 и 1.

10)Подобно пунктам 6 и 2.

11)Подобно пунктам 7 и 3.

12)Подобно пунктам 8 и 4 и т.д.

При рождении последнего парцуфа БО"Н Элион в масахе больше не остается силы сопротивления наслаждению, таящемуся в свете, – решимо авиют его 0. И поскольку он в состоянии лишь оттолкнуть свет – образуется рош без гуф.

На этом все пять отсеков малхут закончили свое действие: в первом парцуфе, в Гальгальте – на все пять отсеков (а главное, на самый грубый, толстый из них – малхут в малхут, четвертый отсек) был масах, и поэтому в рош этого парцуфа ор хозэр достиг уровня кэтэр, и все пять светов, находящиеся в рош, распространились в тох.

Во втором парцуфе, А"Б – масах есть лишь на четыре отсека авиюта малхут, и поэтому он короче на голову (что соответствует – на ор кэтэр) парцуфа Гальгальта – и так далее, пока не заканчивает серию последний, самый «прозрачный» отсек малхут – кэтэр малхут.

На этом все развитие должно было бы закончиться. Но еще не все 100% света вошли в малхут за эти пять последовательных приемов – соф Гальгальта осталась пустой. И чтобы продолжить до гмар тикун – до полного получения света и развития системы – произошел еще один цимцум – Цимцум Бэт (Ц"Б) – вторичное сокращение малхут на получение света.

Мы видим, что все действия кли, если смотреть со стороны кли, направлены на то, чтобы максимально выполнить программу творения – получить максимальную порцию света каждый раз при максимальном сближении с Творцом – и так, пока не иссякают все силы у масаха, кли максимально отдает. И это единственный закон его действий и единственная их причина.

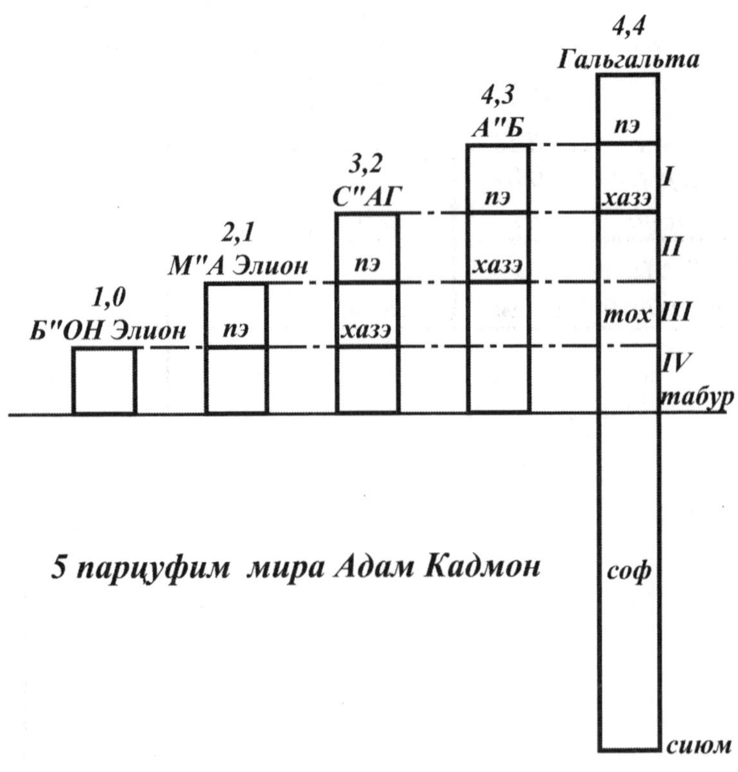

5 парцуфим мира Адам Кадмон

Каждая сфира в тох парцуфа получает свет от соответствующей ей сфиры из рош парцуфа:

I – от А"Б
II – от СА"Г
III – от М"А Элион
IV – от БО"Н Элион

Гальгальта
РОШ
пэ
хазэ
ТОХ
табур
СОФ
сиюм

А"Б
РОШ
пэ
хазэ
сиюм

СА"Г
РОШ
пэ
хазэ
сиюм

М"А Элион
РОШ
пэ
сиюм

БО"Н Элион
РОШ
пэ-сиюм

Олам Адам Кадмон

НЕКУДОТ СА"Г. ЦИМЦУМ БЭТ. ПАРСА

Все, что мы изучаем в нашем кратком курсе, отобрано из огромного по объему и глубине материала с целью преподнести читателю лишь самые необходимые данные, которые помогают составить общее представление о картине и цели Мироздания.

Процесс дальнейшего развития, начиная с парцуфа СА"Г, повернул по совершенно другому пути.

Система развития парцуфим закончилась рождением пяти парцуфим мира А"К, т.е. малхут приняла в себя количество света, которое в сумме вошло в эти пять парцуфим. Но большая часть малхут осталась пустой, так как эти пять парцуфим наполнили лишь часть малхут, от пэ до табур Гальгальты, а от табур до сиюм Гальгальты малхут осталась незаполненной светом. И даже у Гальгальты не было достаточно сильного масаха, чтобы получить свет в эту часть малхут.

Поэтому верны два подхода к происшедшим далее событиям: еще в момент создания первого кли Творцом была заложена возможность дальнейшего развития системы – ведь Он хотел на 100% насладить кли и поэтому предусмотрел, чтобы свет, создавая кли, дал ему возможность достичь этого конечного состояния.

Со стороны же кли, которому неизвестны замыслы Творца, существует второй, «технический» подход к объяснению событий: все, что происходит, происходит так вследствие свойств кли, заложенных в его природе.

Оба этих подхода верны, но отрицают один другой, и их отличие в относительности взгляда – относительно кого мы говорим: как это планирует Творец или как это чувствует творение. Нам проще, ближе, практичнее второй подход, но и первым нельзя пренебрегать, так как знание целей Творца помогает сравнить с ним наши взгляды и контролировать себя. Мы же ничего не можем знать о Творце.

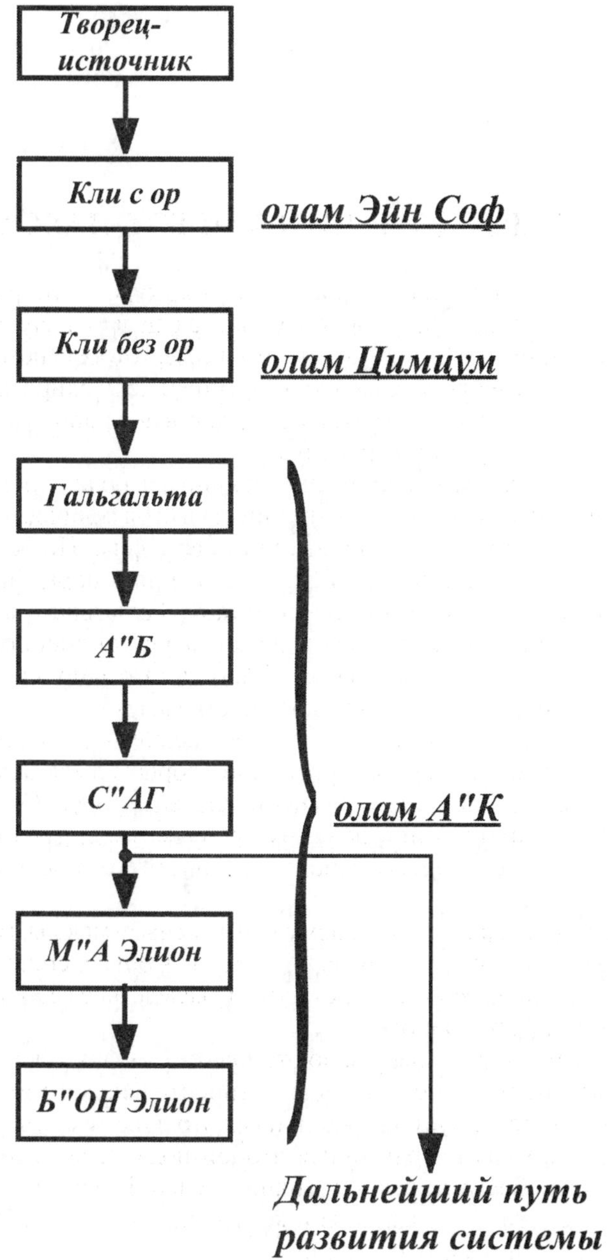
Творец-
источник
Кли с ор
олам Эйн Соф
Кли без ор
олам Цимцум
Гальгальта
А"Б
С"АГ
олам А"К
М"А Элион
Б"ОН Элион
Дальнейший путь
развития системы

Так как же удалось малхут дальнейшее самоисправление, ведь осталась наиболее грубая ее часть – от табур до сиюм, где даже у Гальгальты, т.е. у самого большого, сильного и плотного масаха, не было сил получить свет, и потому эта часть малхут осталась пустой. Как же удалось этой части малхут дальнейшее самоисправление?

После рождения парцуф СА"Г распространился до уровня табур Гальгальты, как и парцуф А"Б. Ниже табура Гальгальты оба этих парцуфа спуститься не могут. А"Б с желанием – авиют 3 и с масахом 3 не устоит перед наслаждением 4, находящимся в Гальгальте, и захочет их для себя. Ведь у Гальгальты против этих желаний есть масах 4, отсутствующий у А"Б. И поэтому он благоразумно не позволяет себе спуститься под табур.

Мы уже говорили, что все решается силами желания и воли или – что то же самое – величиной кли и масаха. Если масах слабее, чем желание, у парцуфа нет никакой возможности избежать соблазна – он желает его для себя. Если масах сильнее или равен соблазну – лишь тогда есть возможность устоять. Таким образом, все решает в итоге простой расчет.

Если А"Б, как и Гальгальта, еще может получить ради Творца, то СА"Г с масахом, имеющим показатель плотности-силы 2, в состоянии лишь противостоять наслаждению, не получать свет. Поэтому в нем распространяется не ор хохма, а наслаждение от света хасадим – от соответствия Творцу, и называется он парцуф бина, так как похож на стадию бина до Ц"А.

Там бина не захотела получать свет, чтобы быть Ему подобной, и здесь малхут не в состоянии получить свет ради Творца и поэтому ограничивается тем, что не получает свет. От этого действия кли получает наслаждение, называемое ор хасадим.

На это наслаждение нет запрета: Ц"А был лишь на ор хохма, на наслаждение от самого света. А так как СА"Г создает масах на получение ор хохма, согласно решимот 3,2 (3 – соответствует хохме), то в его внутренней части – тох кроме ор хасадим есть и слабое свечение ор хохма. И поскольку в таамим СА"Г есть немного ор хохма, они не спускаются под табур.

Под давлением внутреннего и окружающего светов (ор пними и ор макиф) СА"Г изгоняет внутренний свет и возвращается к своему исходному состоянию с решимот 2, 1.

Рассмотрим этот процесс подробнее: как только в табуре принято решение об изгнании света, сразу исчезает свечение ор хохма, поскольку, как известно, присутствие света определяется соответствующим желанием кли. Решимо 3,2 уменьшается до 2,2 – решимо света, итлабшут, исчезает. Решимо масаха – авиют – лишь в пэ уменьшается с 2 до 1. То есть некудот СА"Г имеют уровень 2,2, что, как известно, бина.

А так как бина – это желание кли ни в коем случае не получать свет, то ее свет – ор хасадим – может распространиться и в соф Гальгальты. Ведь там хотя и есть огромное желание насладиться, соответствующее силе-авиют 4 (а в некудот СА"Г есть масах всего лишь силы 2), но кто ничего не желает – может быть в любом месте, и поэтому некудот СА"Г распространились в эту часть малхут – до сиюм Гальгальты.

Парцуфим Гальгальта и А"Б, наполненные ор хохма, не могут спуститься в соф Гальгальты. Парцуфим М"А Элион и БО"Н Элион, хоть и не получающие ор хохма из-за отсутствия масаха, также не могут спуститься в соф Гальгальты ввиду слабости масаха: существует вероятность ошибиться в расчетах и нарушить Ц"А, вдруг возжелать самонаслаждения.

Некудот СА"Г – это бина, и поэтому лишь они могут спуститься в соф Гальгальты. Бина состоит из двух частей: первая

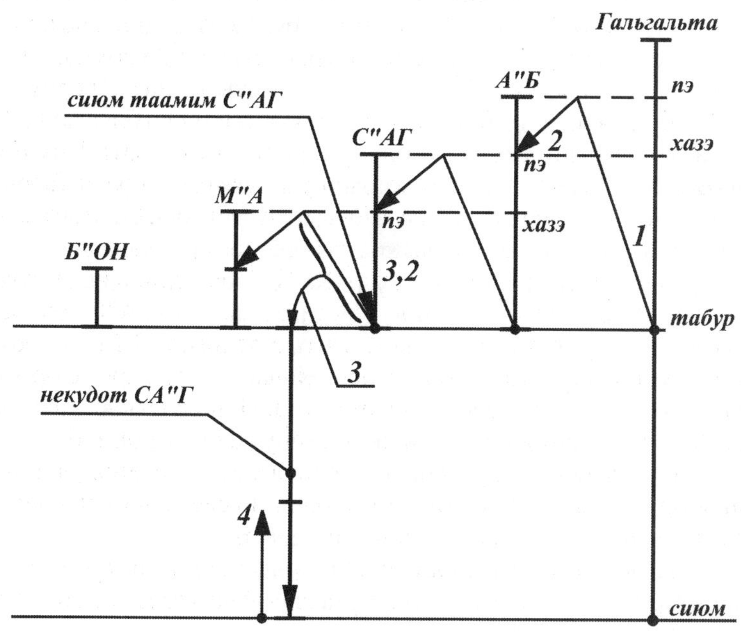

ее часть ничего не желает получать, изгоняет свет и поэтому наполнена ор хасадим. Вторая ее часть желает получить свет, но, конечно, не для себя, а чтобы передать его в зэир анпин (З"А).

Если мы разделим бину в свою очередь на десять частей – сфирот, то первая часть бины состоит из первых трех сфирот – кэтэр, хохма, бина – и поэтому называется ГА"Р (гимэл ришонот – три первых), вторая часть бины называется ЗА"Т (заин тахтонот – семь последних). Когда некудот СА"Г распространились под табур Гальгальты, то первая их часть осталась со своим желанием ничего не получать, а вторая соблазнилась большими желаниями, которыми объята малхут в соф Гальгальта.

Но Гальгальта, благодаря масаху 4, может противостоять своим желаниям, а у ЗА"Т бины, загоревшейся теми же желаниями, нет соответствующего масаха противодействовать этим желаниям. Ее масах – сила сопротивления получению не для себя, а ради других (З"А) – соответствует лишь уровню авиют 2. Попав же в зону более сильных наслаждений, она не может им противостоять и желает их для себя. Ведь бина – это то же желание самонасладиться, та же малхут, но с масахом, с силой сопротивления этому желанию. А теперь желание оказалось больше силы сопротивления ему.

Поясним это на примере. Есть два человека: один – как ГА"Р бины – не желает ничего. Другой – как ЗА"Т бины – желает, но не для себя. Допустим, оба работают. Если первому совершенно не важен размер зарплаты – он ее не получает, работает безвозмездно, то второй заинтересован в большой зарплате, допустим, чтобы разделить ее среди нуждающихся. И поэтому его можно соблазнить большей зарплатой и переманить на другое место работы – ведь его удовольствие не в отказе от наслаждения, как у ГА"Р бины, а от услаждения другого. Поэтому он заинтересован в приобретении. И поэтому, видя большие наслаждения, загорается желанием приобрести их для услаждения других. Но отдавать он способен лишь до определенного уровня зарплаты-наслаждения. Если же наслаждение-зарплата выше его масаха, то в нем возникает желание получить это наслаждение для себя, а не для передачи другим.

Чтобы не позволить ЗА"Т бины нарушить условия Ц"А, ее малхут-сиюм тут же поднялась и отделила ЗА"Т бины от ГА"Р, образовав новый сиюм – границу распространения света.

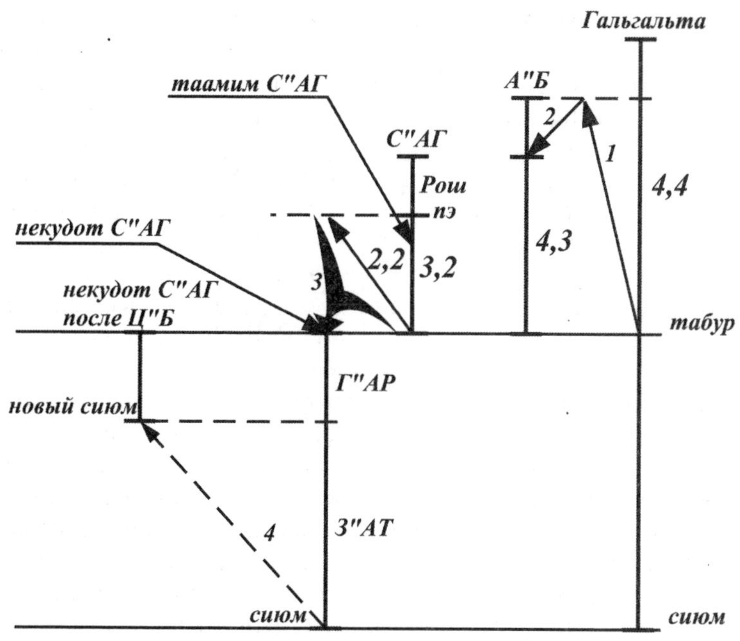

1 – *некудот Гальгальты.*

2 – *спуск масаха с четвертого уровня авиют на третий уровень авиют.*

3 – *некудот СА"Г спускаются и заполняют соф Гальгальты.*

4 – *сиюм поднимается и ограничивает собою распространение света в ЗА"Т некудот СА"Г, чтобы предотвратить в них получение для себя.*

ГА"Р – *место, где малхут может получить свет.*

ЗА"Т – *место, где малхут еще предстоит произвести исправление для того, чтобы иметь возможность получить свет.*

Это сокращение кли на получение света называется Цимцум Бэт – второе сокращение (Ц"Б).

В итоге спуска некудот СА"Г под табур Гальгальты и Ц"Б в них свет может распространиться под табур, но лишь в месте ГА"Р бины, до новой границы, в то время как ранее свет вообще не мог заполнить никакую часть малхут, находящуюся ниже табура. Спустившись в эту часть малхут и наполнив ее светом хасадим, бина придала этой части малхут свои свойства – давать – и потому сделала ее пригодной получить и ор хохма.

Рассмотрим подробнее вышеописанное явление:

1. Как указывалось, под действием света кли проходит четыре стадии преобразования до своего окончательного оформления:

2. Малхут, последняя стадия, получает свет через все предшествующие ей стадии, т.е. получает все пять светов высшего света. В малхут, таким образом, различаются как бы пять отсеков, содержащих указанные света:

3. В кли обязательно должны присутствовать все пять составляющих: кэтэр, хохма, бина, З"А, малхут.

Каждая составляющая, рассмотренная как самостоятельное кли, в свою очередь состоит из пяти стадий. Разделение можно продолжить до бесконечности в виде некоего универсального древа.

В сумме же все эти мини-кли образуют исходное, первозданное в мире Эйн Соф кли – малхут. Лишь эта малхут и есть творение, и все миры и населяющие их – ее части.

Другими словами – нет ничего, кроме Творца, исходящего из Него света и малхут, которую этот свет создал по замыслу Творца.

4. Все творение в целом, любая его часть – сфира, кли, олам – состоят из десяти частей, каждая из которых делится в свою очередь на десять и т.д. Эти десять частей (отсеков, сфирот) соответствуют пяти стадиям (частям, отсекам):

5. З"А, как видно, состоит из шести частей:

1. Хэсэд.
2. Гвура.
3. Тифэрэт.
4. Нэцах.
5. Ход.
6. Есод.

Отсюда и его название – зэир анпин – маленькое лицо. Поскольку в З"А отсутствуют кэтэр, хохма, бина, то:

1. Хэсэд – кэтэр, он выполняет функции кэтэра у З"А.
2. Гвура – хохма у З"А.
3. Тифэрэт – бина у З"А.
4. Нэцах – сам З"А.
5. Ход – малхут у З"А.
6. Есод – сумма всех предыдущих частей.

6. Поскольку любая часть творения, как и все творение в целом, состоит из десяти сфирот, то в зависимости от аспекта рассмотрения можно произвольно делить любую часть на 10:

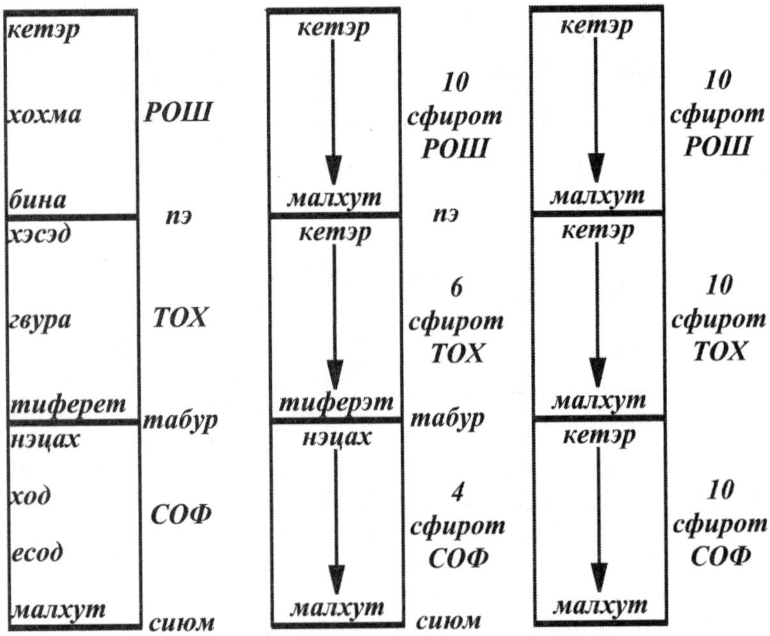

7. Сопоставление в духовных мирах ведут относительно первого парцуфа – Гальгальты. И все последующие парцуфим должны в сумме заполнить Гальгальту своим светом, вследствие того что гуф Гальгальты и есть общая для всех малхут (творение).

А"Б – парцуф хохма – как бы нанизывается на хохму Гальгальта, СА"Г – парцуф бина – на бину Гальгальта. И еще неизученные нами М"А (олам Некудим) и БО"Н (олам Ацилут) – не путать с М"А Элион и БО"Н Элион – соответственно надеваются на находящиеся ниже табура З"А и малхут Гальгальты. Для того чтобы заполнить соф Гальгальты, т.е. довершить исправление малхут, и спустились некудот СА"Г под табур.

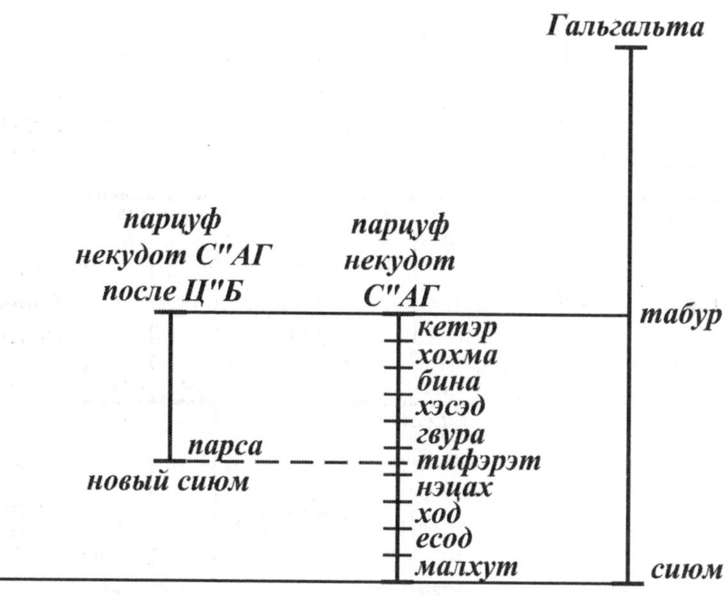

8. Любое кли состоит из десяти сфирот. Из самой природы образования кли в Эйн Соф до Ц"А следует, что первые три сфирот – кэтэр, хохма, бина – не желают получать свет, и лишь в З"А есть небольшое желание его получить, и на 100% получить свет есть желание в малхут.

Поэтому, согласно пункту 5 настоящего раздела, в самом З"А три первые сфиры – хэсэд, гвура, тифэрэт играют роль сфирот кэтэр, хохма, бина соответственно. Поэтому из десяти сфирот кли первые шесть – кэтэр, хохма, бина, хэсэд, гвура, тифэрэт – не желают получать свет. И лишь нэцах, ход, есод, малхут имеют желание получать ради Творца.

Поэтому, когда некудот СА"Г образовали свой парцуф от табура до сиюма и попали под влияние решимот 4,3, находящихся в соф Гальгальты, то этим желанием «заразилась» лишь та часть парцуфа – от нэцах до малхут – которая желает получить не ради себя, а ради Творца.

Но это желание – получить ради Творца – действует лишь на небольшую порцию приходящего в некудот СА"Г света. На большое же наслаждение нет сопротивления-масаха, и кли начинает желать его для себя.

И чтобы предотвратить такое получение света, срабатывает закон Ц"А, утвержденный еще в начале творения и потому имеющий силу до его конца: в кли, в которых появляется желание самонасладиться, масах поднимается и ограничивает доступ наслаждения-света.

Так происходит и с нами, находящимися под властью желаний самонасладиться. И потому не доходит к нам духовный свет. Но чтобы кли все же могло до совершения им самоисправления существовать, ему даются небольшие – ничтожные относительно духовных – удовольствия. Ведь без микродоз света нет жизни, даже его уменьшение уже приводит человека к самоубийству.

Так и в парцуф некудот СА"Г: как только келим каббала (получающие) – нэцах, ход, есод, малхут – возжелали самонаслаждения, масах поднялся и ограничил их – создал новую границу распространения света в кли. Эта новая граница, новый сиюм света получил особое название – парса (разграничение, разделение).

Положительное же следствие Цимцум Бэт (Ц"Б) состоит в том, что теперь от табура до парса, т.е. в кли ашпаа (дающем) – от кэтэр до тифэрэт – может распространиться и ор хохма, как над табуром Гальгальты. То есть табур – граница распространения ор хохма – спустился как бы до нового уровня – парса.

Как и в таамим СА"Г, ор хохма может здесь находиться, так как СА"Г не желает этот свет. То есть существует уверенность, что СА"Г не получит ор хохма ради себя, и потому последний может в нем присутствовать. Теперь ор хохма может наполнить и соф Гальгальты от табура до нового сиюма, поскольку эта часть малхут получила свойства бины и не желает ор хохма – т.е. даже при его наличии как бы не замечает его.

Рождающийся после некудот СА"Г олам Некудим наполняет место ГА"Р некудот СА"Г светом хохма. А родившиеся вслед за ним миры Ацилут, Брия, Ецира, Асия заканчивают с нашим участием исправление творения – создают масах и наполняют светом ЗА"Т некудот СА"Г.

ОЛАМ НЕКУДИМ

Некудот СА"Г – это свет, удаляющийся из парцуфа СА"Г. Во время удаления внутреннего света (ор пними) из парцуфа СА"Г, некудот СА"Г спустились под табур и вследствие этого приобрели желание получить свет ради себя (от соф Гальгальты), вследствие чего в них произошел Ц"Б.

Все это произошло во время исторжения света из парцуфа СА"Г (подъема масаха из табура в пэ). И если обычно в возвратившемся масахе остается одна пара решимот – решимо от света (решимо итлабшут) и решимо от масаха (решимо авиют), то здесь, после исторжения света из СА"Г, в его пэ поднялись три пары решимот:

1) Решимо от света, распространившегося до табура в парцуфе СА"Г – 2,1. От него затем образовался парцуф М"А Элион.
2) Решимо от света, распространившегося под табур – 2,1 с информацией о Ц"Б (о том, что можно использовать кли только до сфиры тифэрэт). От него затем образовался катнут (уменьшенный) олам Некудим.
3) Решимо от света, наполнявшего соф Гальгальта – 4,3 (заразившее своим желанием некудот СА"Г и приведшее к Ц"Б). От него образовывается гадлут (увеличенный) олам Некудим.

В таком порядке на эти решимот и происходит рождение новых парцуфим из рош СА"Г:

1. Сначала от решимо 2,1 (оставшееся от света, распространившегося от пэ СА"Г до табура) рождается М"А Элион. Затем из него рождается БО"Н Элион. На этом данный этап развития заканчивается.

2. Из решимот от некудот СА"Г из-под табура – 2,1 + Ц"Б (с информацией о Ц"Б) рождается в рош СА"Г новый парцуф.

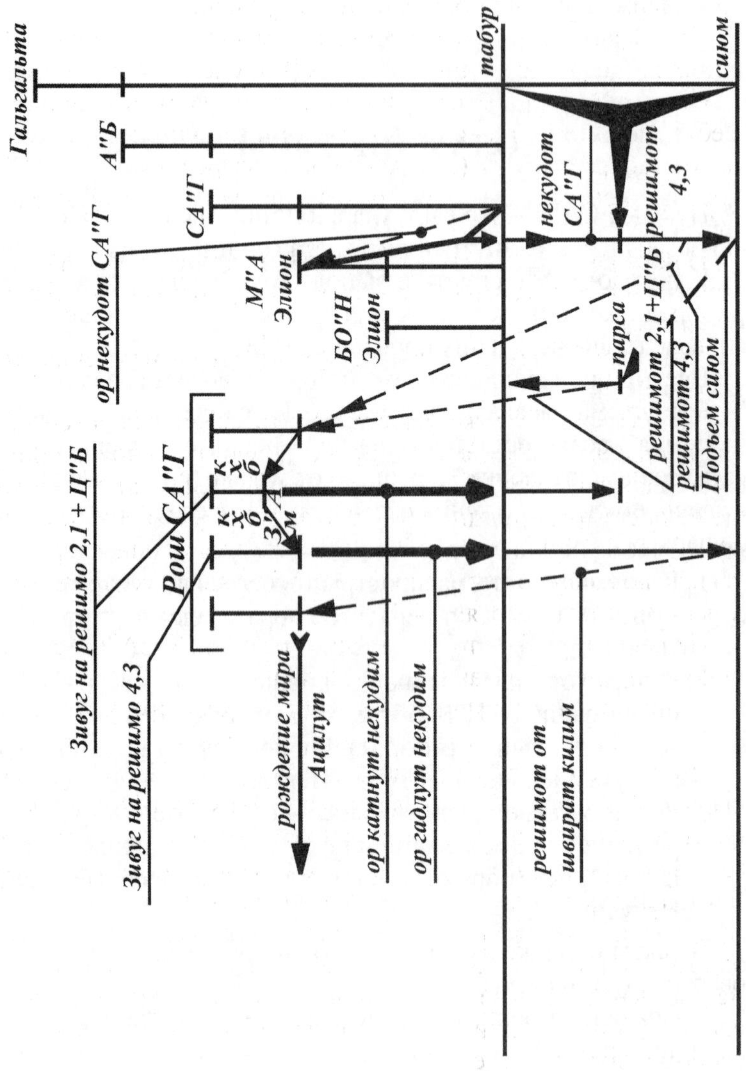
Гальгальта
А"Б
СА"Г
М"А Элион
БО"Н Элион
табур
сиюм
некудот СА"Г
решимот 4,3
ор некудот СА"Г
парса
решимот 2,1+Ц"Б
решимот 4,3
Подъем сиюм
Рош СА"Г
к х б
к х б
З"А м
Зивуг на решимо 2,1 + Ц"Б
Зивуг на решимо 4,3
рождение мира Ацилут
ор катнут некудим
ор гадлут некудим
решимот от шиврат килим

Кроме информации о величине масаха авиют 1 в данном решимо есть требование, чтобы в новорожденном парцуфе были лишь келим ашпаа – дающие, но не получающие свет.

Чтобы выполнить это требование, масах из пэ рош СА"Г поднялся и стал под биной рош СА"Г и сделал зивуг с прямым светом (ор яшар), отразил его и затем частично принял в себя. Этот свет спустился под табур и заполнил пространство от табура до парса (откуда и поднялись решимот 2,1 + Ц"Б с требованием получить свет), образовав таким образом новый парцуф.

И поскольку этот парцуф укорочен по длине на четыре оставшиеся под парса сфирот – нэцах, ход, есод, малхут, – он называется катан (малый).

Этот парцуф называется катнут олам Некудим (уменьшенный олам Некудим).

3. Теперь масах может удовлетворить желание решимо 4,3, полученное им из соф Гальгальты, т.е. получить на них порцию света. Так как решимо 4,3 получено из соф Гальгальты, т.е. оно еще не несет информации о Ц"Б, то зивуг на него обычный, и потому масах, стоящий в рош СА"Г, спускается из бины обратно в пэ и делает зивуг с внутренним светом (ор яшар) согласно этому решимо с показателями 4,3.

Но решимот 4,3 – это требование ор хохма. У СА"Г же есть лишь ор хасадим, так как он парцуф бины.

Решимот 2,1 + Ц"Б требовали лишь ор хасадим, и поэтому СА"Г мог самостоятельно их в этом обеспечить.

Чтобы удовлетворить решимо 4,3, парцуф СА"Г обращается к парцуф А"Б с просьбой получить у него ор хохма. Это взаимодействие А"Б, дающего свет – ор хохма, с получающим этот свет СА"Г называется зивуг А"Б – СА"Г, в отличие от обычного взаимодействия света с масахом, которое называется зивуг дэакаа – ударное сочетание. Слово «зивуг» – совокупление – в духовном своем смысле синоним слова «ихуд» – единство, слияние, так как в порыве к единению с Творцом кли (человек) делает огромные усилия, превозмогая собственную природу в ударном слиянии со светом.

Итак, на требование решимот 4,3 следует зивуг А"Б – СА"Г, и СА"Г, получив ор хохма от А"Б, позволяет масаху, спустившемуся в пэ, сделать зивуг и взять с собой под табур (откуда поднялись решимо 4,3) определенное количество ор хохма.

Этот ор хохма может распространиться под табур до парсы, так как там находятся сфирот ашпаа (от кэтэр до тифэрэт), желающие лишь давать, а не получать свет. Поэтому они как бы не реагируют на вливающийся в них ор хохма, ведь они получают наслаждение от света хасадим, заполнившего их на решимот 2,1 + Ц"Б.

Таким образом, в некудот СА"Г начал поступать ор хохма. И обычно, даже еще до Ц"А, ор хохма дает кли силу получать не ради себя – ведь именно распространение ор хохма в кли обратило первую ступень – хохму – во вторую ступень – бину, а затем, вследствие наполнения ор хохма в малхут, привело последнюю к решению совершить Ц"А.

Так и в парцуфе некудот СА"Г у кли появилась уверенность, что уж теперь оно сможет получить свет ради Творца, так как ор хохма сам дает ему масах, т.е. силу.

Действительно, когда начал поступать сверху, из рош СА"Г, ор хохма, кли начало получать его с помощью масаха, но оно не учло, что этот ор хохма, дающий силы масаху и наполняющий ее, т.е. выполняющий сразу две роли, не может распространиться под парсу – так как там нет предварительной «подготовки» кли – отсутствует ор хасадим.

И потому, хотя парса и спустилась со своего места обратно до сиюм Гальгальты и позволила, таким образом, ор хохма войти в сфирот нэцах, ход, есод, малхут, но как только ор хохма начал поступать в эти кли, они тут же начали получать его ради себя.

И хотя сразу же сработал запрет Ц"А и свет тут же поднялся вверх, в рош СА"Г, откуда снизошел, но этого соприкосновения света с эгоизмом было достаточно, чтобы произошло разбиение сосудов (швират келим).

То есть кли пришло в негодность: от принятия наслаждения оно разбилось, аналогично сосуду в нашем мире. Негодность сосуда говорит о том, что заполняющее его содержимое изливается наружу. В духовном понятии наружу – значит из кдуша (святости) в клипа (нечистые силы, эгоизм). При этом разбились семь сфирот некудот СА"Г, их осколки перемешались между собой, и все они, даже находящиеся выше парсы, упали под нее.

Швира (разбиение) кли приводит к его смерти – исчезновению ор хохма – света жизни. Подобно тому, как исчезновение ничтожного количества света жизни, находящегося в нас, его воспарение вверх, лишает нас жизни.

Но швира не затронула кли в сфирот кэтэр, хохма, бина, так как они по своей природе совершенно чисты, свободны от эгоизма. Разбились, таким образом, лишь семь сфирот от хэсэд до малхут.

Чем выше была сфира, т.е. чем больше было ее желание + масах до разбиения (швира), тем ниже упали ее осколки, лишившись масаха. Разбиение произошло от появления в кли желания самонаслаждаться – желания, свойственного малхут. И потому эти разбитые кли называются малахим (малах – ангел) от слова «малхут».

Итак, всего разбилось семь сфирот. Но так как сфира тифэрэт была разделена парсой пополам – на ГА"Р и ЗА"Т (так как тифэрэт-бина в гуф парцуфа), то всего появилось восемь разбитых малахим.

В каждой сфире, как известно, в свою очередь есть свои частные десять сфирот с четырьмя ступенями авиюта каждая.

Таким образом, в результате разбиения кли – олама Некудим – появилось 320 (числовое значение «шах») осколков. Эти части, осколки от разбитых келим, называются нецуцим (искры).

В этих 320 нецуцим есть 32 от сфиры малхут (числовое значение «ламэд-бэт»).

Нецуцим остальных сфирот: 320 – 32 = 288 (числовое значение «рапах»).

Эти искры света упали в разбитые келим, и потому возможно «воскрешение мертвых» – восстановление кли с масахом из осколков и во всех стадиях, в том числе и в духовно мертвом человеке.

Напомним, что духовно живой – значит получающий свет посредством масаха. То есть если в духовно мертвом есть лишь потенциальная точка, то в ожившем кли (желание + масах) есть свет. Оно видит свет в рош и получает его в тох своего духовного тела. У духовно мертвого – духовное тело, парцуф, отсутствует.

Наше материальное тело оживляется искрой света – нэр дакик в ожидании, что такое существование даст возможность человеку когда-нибудь духовно родиться.

Эти 288 осколков кли исправляются постепенно (т.е. соединяются, приобретают масах и наполняются светом) каждым из нас в течение 6000 лет существования миров. В конце 6000 лет, после исправления 288 нецуцим, происходит их соединение, и

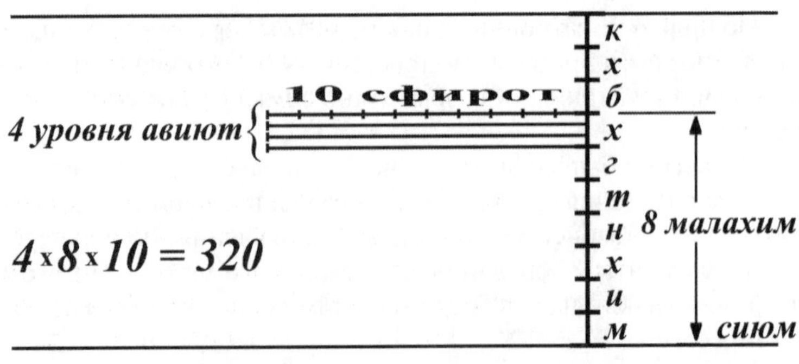

Олам	Сфира	Авиют Сфиры	Авиют Масаха
А"К	кетер	0	4
Ацилут	хохма	1	3
Брия	бина	2	2
Ецира	З"А	3	1
Асия	малхут	4	0

8 малахим х 4 ступени = 32.
32 х 10 частных сфирот = 320.

тогда одним разом исправляется и сама малхут – оставшиеся 32 осколка. Это состояние и называется гмар тикун – конец исправления.

Почему конец? Да потому, что до парсы ор хохма уже может наполнить общую малхут. Малахим распространились под парсу, но не выдержали света, который был больше, чем вместимость их келим, т.е. больше силы сопротивления масаха. Если теперь под парсой из осколков кли соберутся вновь целые сфирот и, приобретя масах, наполнятся светом, то этим вся малхут мира Эйн Соф перейдет в третье состояние – гмар тикун.

Если швира произошла по причине того, что свет был больше емкости кли (масаха), то исправление – тикун кли – возможно получением небольших порций света в большие келим (большой масах). Лишь в таком случае существует уверенность в том, что швира больше не повторится.

Эта работа по исправлению кли совершается нами с помощью миров АБЕ"А – Ацилут, Брия, Ецира, Асия.

И снова возникает вопрос, как и прежде с Ц"А и Ц"Б: неужели Творец не предвидел этих действий? Конечно же предвидел, и не только предвидел, но и сознательно запрограммировал их в природе света и сосуда – ор и кли. Ведь что вообще существует, кроме Творца!

Лишь пока нам кажется, что кроме нас, нашего мира нет ничего, потому как находимся мы во тьме вследствие запрета Ц"А. Но все миры проходят через сердце человека, и когда оно раскрывается перед светом, постигая Единство и Совершенство, то обнаруживается, что нет никого, кроме Источника. А вся окружающая нас действительность, якобы отрицающая Его существование, исчезая, раскрывает именно Его.

Исчезновение совершенства произошло вследствие Ц"А. Далее, в соответствии с воспоминаниями (решимот), искрами света (нецуцим), зародышем духовного в сердце человека (некуда ше ба лев), развивается творение, и любой несовершенный объект состоит из хорошего и дурного начала. А постигается, осознается совершенство в возврате части дурного к хорошему. И для того сотворено дурное начало (ра), чтобы, уничтожая его, обратить в доброе (тов).

И подобно тому, как из тьмы появляется стремление к свету, так и совершенство постигается нами лишь из его начального отсутствия – такова уж природа кли. Поскольку кли может постичь ор-совершенство только из противоположности тьме, то и вся работа человека начинается с постижения абсолютной духовной тьмы.

Причем желая создать человеку все условия для свободы воли, необходимо было создать добро и зло (тов и ра) равными по величине. А также создать в человеке ецер тов (добрые побуждения) и ецер ра (дурные побуждения), попеременно одерживающие победу друг над другом и переводящие, таким образом, осколки келим из миров БЕ"А в мир Ацилут, где они соединяются и наполняются светом.

Именно вследствие этих процессов – борьбы между добром и злом – возникает в нас ощущение движения времени: свет-тьма, день-ночь, добро-зло, геула-галут, возрождение-падение. Но кроме этих действий есть еще одно особое действие – тшува (возвращение, покаяние), когда вся сила, могущество и влияние ецер ра (дурного начала – эгоизма) могут быть уничтожены.

И из этого следует, что все виды наказаний – не что иное, как подстегивание человека к покаянию – его обращению к духовному, а не материально-техническому развитию.

Ведь именно страдания доказывают человеку ничтожность, временность, зыбкость его мирка и подталкивают к желанию избавиться от давления тела – от желания самонасладиться. Ведь отсутствие наслаждений вызывает страдание, а потому вызывает и стремление человека избавиться от самих желаний, т.е. от эгоизма.

Творец не обладает желанием, недостатком. И если говорится: «воздай почести Творцу», «все, что создал Творец, Он создал для того, чтобы Его почитали», – и подобные выражения, из которых кажется, будто Творец в чем-то нуждается, – то все это говорится лишь относительно кли.

Если кли настроит себя таким образом, что воздаст почтение Творцу, то должно будет при этом, естественно, принизить собственный эгоизм – а это-то и есть цель, так как этот эгоизм и мешает кли получить наслаждение, а Творцу – дать наслаждение. Поэтому, якобы для себя, и требует почитания Творец.

Представим себе, будто у вас появилось, например, желание угостить кого-то хорошим, с вашей точки зрения, обедом. Вы приготовили изысканные кушанья. Теперь вам лишь не хватает, чтобы кто-то их отведал. То есть необходимо создать кого-то, в ком можно развить желание именно к вашей пище.

Хорошо, если бы он хорошенько проголодался, т.е. у него появилось бы огромное стремление к вашему угощению, причем его вкусы, привычки, желания должны и качественно, и количественно совпадать с предлагаемым вами наслаждением. И еще одна проблема – наслаждение должно быть абсолютным, ничем не ограниченным. А ваш гость стесняется, чувствует неудобство.

Так что вам необходимо каким-то образом избавить его и от чувства стыда. Для этого необходимо внушить ему мысль, что, поглощая ваши угощения, получая ради вас, он якобы оказывает вам воистину огромное одолжение, тем большее, чем больше наслаждается сам. В общем, поставьте себя на место Творца, а затем на место Создания – ваше настоящее место – и начните готовить себя к будущей трапезе...

Инструкция по подготовке к трапезе, предлагаемой Творцом, потому и называется Каббала (получение), поскольку выясняет условия получения настоящего, абсолютного, вечного наслаждения.

ОЛАМ АЦИЛУТ

После разбиения келим в мире Некудим все решимот вновь поднялись в рош СА"Г. Так как олам Некудим образовался от решимот 2,1 + Ц"Б (катнут) и 4,3 (гадлут), то после столкновения, удара внутреннего света с окружающим светом (битуш ор пними и ор макиф) и швират келим, в рош СА"Г поднялись решимот 1,0 + Ц"Б (катнут) и 4,3 (гадлут). Решимот 4,3 остались неизменными, так как они не относятся непосредственно к олам Некудим, а заимствованы им из соф Гальгальты.

Рош СА"Г делает зивуг сначала на решимот 1,0 + Ц"Б, так как это решимот самого парцуфа. А уж потом, когда новый парцуф рождается от этих решимот в катнут (так как есть Ц"Б), то производится зивуг в рош СА"Г на решимот 4,3 и рождается гадлут. Так было и при рождении олам Некудим. Разница лишь в том, что если при рождении олам Некудим масах стоял в эйнаим рош СА"Г, так как было решимо авиют 1, то теперь, когда осталось решимо авиют 0, масах поднялся до мэцах (лоб Гальгальты) рош СА"Г.

Все миры и их парцуфим – это одно и то же кли малхут, и отличаются они между собой лишь силой масаха и представляют собой не что иное, как постепенное ослабление масаха от уровня 4 до уровня 0, создающего соответствующий уровень высоты (духовного постижения) парцуфа – от уровня кэтэр до уровня малхут.

Сначала, после Ц"А, масах со всей своей силой мог противостоять всей малхут, оттолкнуть весь свет и принять в себя его часть (20%) – этим образовался парцуф Гальгальта. Высота этого парцуфа зависит от величины масаха – силы воли, противодействия эгоизму. Лишь величина масаха отличает духовные объекты и отделяет их друг от друга. Изменением величины масаха и рождается из парцуфа новый парцуф.

Все зависит от того, на какую часть малхут есть у масаха силы противодействовать – на все 100%, как у Гальгальты, на

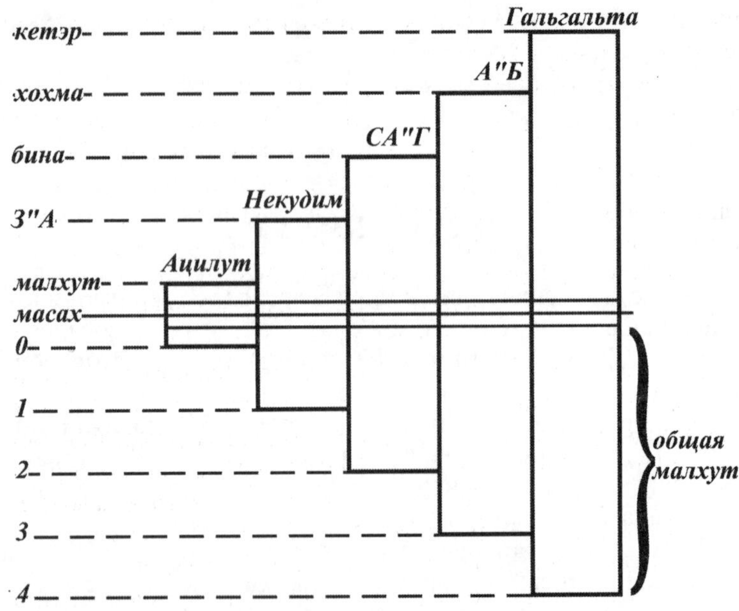

80%, как у А"Б, на 60%, как у СА"Г, на 40%, как у олам Некудим, или на 20%, как у олам Ацилут. (Цифры взяты произвольно.)

Если нет масаха, то малхут называется черной точкой, так как не может получить свет. Это – состояние каждого из нас в нашем мире. Если путем работы над собой создается масах – сила противодействовать наслаждению, таящемуся в свете (масах на Ц"А), то кли, т.е. человек, вернее, его духовное состояние, равносильно одной сфире.

Эгоизм, желание получить, созданное Творцом в мире Эйн Соф, не исчезает. В том же объеме оно существует и в каждом из нас. Но мы не чувствуем этого желания к наслаждению, таящемуся в Высшем Свете, ввиду ограничения, скрытия – астара, налагаемого на нас Ц"А. И лишь по мере создания масаха у человека появляются желания на Высший Свет и постепенно открываются глаза, по мере изменения величины масаха, т.е. силы сопротивления части желания малхут Эйн Соф.

Получение минимума, необходимого для поддержания жизни – существования себя, семьи, – не считается наслаждением, так как это необходимое условие для существования;

лишь после этого можно вообще говорить об излишествах применительно к наслаждениям.

От мертвого невозможно требовать масаха – лишь после того, как творение существует, т.е. получило минимум для поддержания жизни, можно говорить о его духовном состоянии. Так как в нашем мире, в отличие от духовных миров, требуется для поддержания жизни материальная пища, воздух, вода и т.п., то минимум, необходимый для существования, не считается «получением».

В духовных мирах, где материального тела не существует, говорится лишь о состоянии души. В нашем мире если же тело умирает – перестает функционировать, то и душа отделяется от него, а поскольку душа может быть лишь в живом теле, то минимум, необходимый для поддержания жизни, не считается получением наслаждения, так как это необходимо для совместного функционирования тела и души. А весь вопрос заключается в том, что делает человек с собой, как он относится к жизни, какова его цель и духовные потребности после получения минимума.

Поэтому человек, работающий 8 часов, отдыхающий после работы и занятый по дому, считается все это время как бы невольником. Весь вопрос, что делает человек в оставшиеся 1-2 часа в сутки, когда он сам выбирает род своих занятий. А также каковы его мысли во время бодрствования, если они не заняты выполняемой им работой. Стремился ли он к духовному или нет – лишь это спрашивают у души умершего.

Допустим, человек в состоянии во время молитвы сконцентрировать свою волю и мысли на духовном. Обозначим, в таком случае, его масах авиют 0, а свет, который он получает, – ор нэфеш.

Если он может с подобными мыслями также и заниматься, то это говорит о том, что у него появился масах авиют 1 и, соответственно, ор руах. Если же он может с такими высокими мыслями и работать, то масах его – авиют 2, а получаемый ор – нэшама. Если же с мыслью о других он остается и при общении с людьми, то его масах 3, а постигаемый ор – хая.

Ну а если он может оставаться с высокими мыслями, допустим, и во время еды, то масах его – авиют 4, а ор, получаемый им, – ехида. Но этот ор ехида он постигает не во время еды, а во время молитвы. Ор, постигаемый во время еды, – лишь ор нэфеш.

То есть человеку надо проверять себя в ситуации работы с самыми низкими желаниями – лишь там видна его сила воли. И

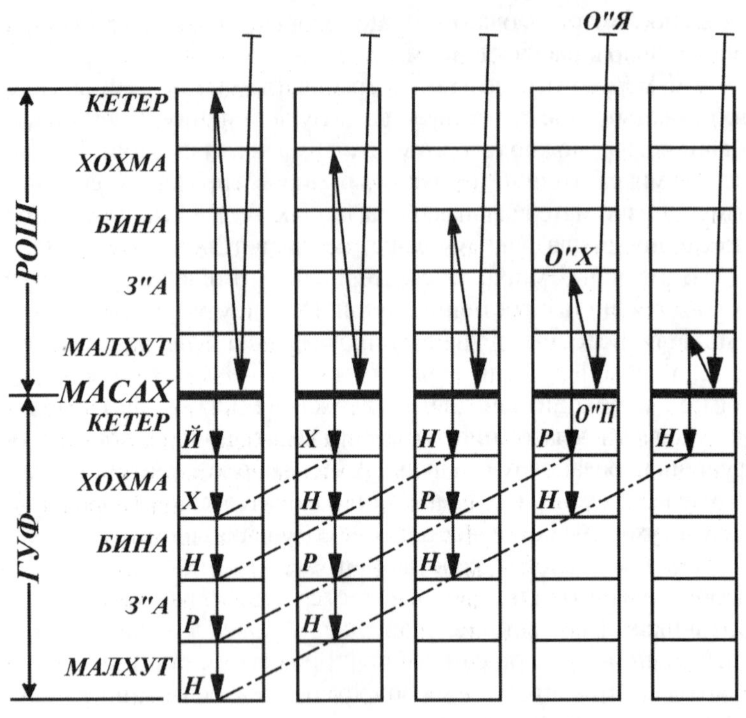

если она есть, то, конечно, он справится с более легкой задачей и, соответственно, достигнет при этом уровня Высшего Света.

Из прилагаемого рисунка видно, что света постепенно входят в гуф: сначала входит самый маленький свет, а потом постепенно входят и более высокие – большие света. Отсюда видно, что чем ниже чувства и мысли человека, на которые он может сделать масах, тем больший свет он получает.

У выполняющего условия Ц"А открываются глаза, так как отраженный свет «получает» внутрь ор хохма. А после Ц"А возможно увидеть лишь в ор хозэр.

Если же кроме выполнения Ц"А, т.е. отказа от получения света ради себя, человек может получить его ради Творца (т.е. он сумел создать масах, способный не только оттолкнуть наслаждение, но и получить не ради себя), тогда духовное состояние из сфиры превращается в парцуф, состоящий из рош, тох, соф, высота которого зависит от величины масаха.

С ростом же масаха поступающий свет раскрывает человеку еще большие наслаждения, на которые последовательно необходимо создавать все новый и новый масах – и таким образом духовно растет человек, вплоть до слияния с Творцом – «Шуву бней Исраэль ад ашем Элокейха».

Каким образом? Устремляя всего себя к Творцу. Подобно тому как Творец не испытывает недостатка и думает лишь об усладе душ, так и наслаждение человека должно быть от услады Творца и других.

Важно не **что** получать, а от **Кого** получать. Только при таком условии человек может духовно расти. Как же этого достичь? Если я бескорыстно желаю кому-то добра, то мне совсем неважно, что я получу от этого, неважно, я или кто-то другой даст это добро человеку, и если даже ни меня, ни моих мыслей получающий не узнает – главное, чтобы ему было хорошо.

Такое возможно лишь при постижении величия Творца. Если я преклоняюсь перед Ним, то любая услуга, которую я смогу Ему оказать, любая, самая тяжелая работа, если я могу сделать ее ради Него, – сама она уже награда, сама возможность услужить – и есть вознаграждение.

Давайте, для примера, представим, что прилетает известный рав. Он сходит с самолета и из всего огромного числа встречающих выбирает одного человека, вручает ему свой чемодан и просит проводить его до машины. И, садясь в машину, достает кошелек и собирается уплатить за услугу.

Как бы вы отреагировали? Ведь все наслаждение от самой услуги вы получаете за счет величия рава в ваших глазах. И это – награда, а не ожидаемое денежное вознаграждение (даже если бы вы получили и в сотни раз больше полагающегося носильщику).

Ну а если бы рав предложил вам миллион – ради чего вы тогда хотели бы услужить ему? Таким образом, можно измерить величие рава в ваших глазах – на какой сумме вы превратитесь в простого носильщика.

Вернемся к рождению олам Ацилут. Итак, после швира в олам Некудим масах с решимот 1,0 + Ц"Б и 4,3 поднялся в рош СА"Г. Обычно масах поднимается в рош того же парцуфа, т.е. в нашем случае должен был бы подняться в рош парцуф Некудим. Но так как произошла швира, то все, что осталось, – поднялось к предыдущему, родившему его парцуфу СА"Г.

В рош СА"Г масах занял положение согласно решимот 1,0 + Ц"Б, т.е. поднялся в мэцах (гальгальта) рош СА"Г, так как мэцах соответствует авиют 0:

мэцах	–	лоб	–	авиют 0
эйнаим	–	глаза	–	авиют 1
озэн	–	ухо	–	авиют 2
хотэм	–	нос	–	авиют 3
пэ	–	рот	–	авиют 4

И поэтому в мэцах СА"Г произошел зивуг на Ц"Б, т.е. на катнут, и родившийся таким образом парцуф спустился в место, откуда поднялись решимот, т.е. под табур, и распространился там от табура до парса.

Этот первый парцуф мира Ацилут называется Атик – от слова «нээтак», отделенный, – так как недоступен нашему постижению, в отличие от последующих парцуфим. Затем сам Атик делает зивуг на второе решимо 4,3, и появляется его парцуф гадлут – от табур до сиюм. Таким образом, Атик теперь – целый парцуф: Г"А + АХА"П.

Так как в олам Некудим внутри Г"А каждого парцуфа были упавшие в него АХА"П предыдущего, более верхнего парцуфа, то после швират келим решимот, поднявшиеся в рош СА"Г, располагаются таким образом: решимот АХА"П верхнего парцуфа соединены с решимот Г"А нижнего. И поэтому теперь, когда вышел АХА"П Атик, то в нем находятся решимот Г"А следующего парцуфа. И Атик делает на них зивуг.

Таким образом, на решимот катнут Г"А, находящиеся в АХА"П Атик, рождается в катнуте следующий парцуф мира Ацилут – Арих Анпин (А"А). И он распространяется от пэ Атик и до парсы. А затем А"А делает зивуг на решимот 4,3, и рождается его гадлут.

И так же, как в Атик, так и в А"А, в его АХА"П есть решимот Г"А следующего парцуфа. И А"А, делая на них зивуг, рождает этот следующий парцуф – парцуф катнут Аба вэ Има (АВ"И).

Затем этот парцуф АВ"И делает зивуг на решимот гадлут 4,3 и распространяется во все свои десять сфирот. А так как в его АХА"П есть решимот от катнут (Г"А) следующего парцуфа, то АВ"И, делая на них зивуг, рождают его – парцуф ЗО"Н (З"А + нуква-малхут). Катнут этого парцуфа – от табура А"А до парсы, а гадлут – от хазэ А"А до парсы.

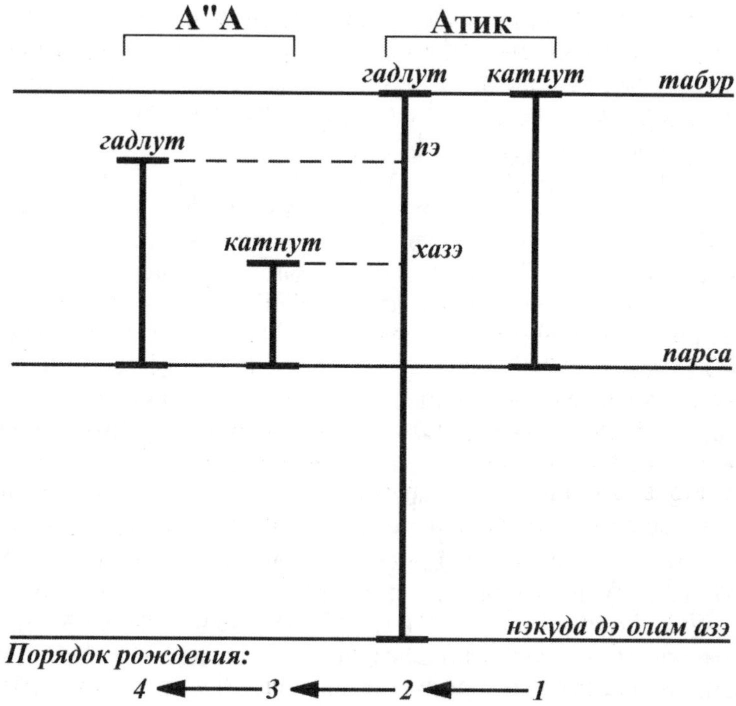

Отличие рождения парцуфим в мире Ацилут от рождения парцуфим в мире А"К в том, что в А"К каждый парцуф должен был исторгнуть свет, а масах – подняться из табура в рош и сделать зивуг на оставшиеся решимот. Здесь же, в олам Ацилут, все решимот на все парцуфим пришли после швира в рош СА"Г, и рош СА"Г сам выбрал самые лучшие и, сделав на них зивуг, родил парцуф Атик.

Далее сам парцуф Атик выбрал из оставшихся решимот самые лучшие и на них, сделав зивуг дэ-акаа, родил парцуф А"А. То есть в мире Ацилут каждый парцуф сортирует – выбирает из оставшихся решимот самые лучшие для рождения последующего парцуфа.

Второе отличие рождения парцуфим мира Ацилут от рождения парцуфим в мире А"К в том, что появление нового парцуфа происходит в два приема: масах в рош СА"Г делает зивуг на решимот катнут, и рождается Атик в катнут, а потом уже сам Атик делает зивуг на решимот 4,3 и добавляет к себе гадлут.

При этом в его АХА"Пе появляется убар (плод, зародыш) будущего, следующего парцуфа – А"А.

Место, где происходит зивуг на следующий парцуф, называется есод, местонахождение плода – бэтэн (живот) – часть от сфиры тифэрэт в гуф парцуфа.

В духовных мирах нет места, нет размеров, объемов – лишь соотношение духовных сил между собой рождают картину, воспринимаемую в душе человека. В нашем же материальном мире соотношения духовных сил рождают материальные объекты с соответствующими свойствами. Но мы очень кратко и поверхностно рассматриваем мир Ацилут, чтобы можно было провести четкие соответствия материальных объектов и их духовных корней. (Для примера: из 16 частей, занимающих более 2000 страниц Талмуда Десяти Сфирот, миру Ацилут отведено 8 частей, а по объему это – почти две трети.)

Первые три парцуфа мира Ацилут – Атик, А"А, АВ"И вышли лишь для того, чтобы родить ЗО"Н – З"А и нуква (малхут), которые и несут на себе весь план творения. Если Атик, А"А, АВ"И – полные, в десять сфирот парцуфим, то З"А может быть в двух состояниях – катнут и гадлут (Г"А или Г"А+АХА"П), а его нуква-малхут проходит целый цикл роста, пока не становится равной ему и годной для зивуга с ним:

1. В первый раз малхут родилась как точка в мире Некудим (отчего он и получил свое название).

2. В мире Ацилут малхут родилась как последняя сфира у З"А.

3. Во время вскармливания З"А от АВ"И малхут получает имя Цэла (неполный парцуф) – в искаженной трактовке Торы на русском языке трактуется как адамово ребро.

4. Рост нуквы до 12 лет и одного дня, когда она уже называется ктана (маленькая), или жена Адама.

5. После 12 лет и одного дня получает все, что надо, от З"А, чтобы стать большой – самостоятельной.

6. Отделяется от З"А и называется наара (девушка).

7. Поворачивается лицом к З"А и готова к зивугу с ним, и называется богэрэт (взрослая).

Нуква З"А мира Ацилут имеет много имен в зависимости от ее роли. Все, что происходит в нашем мире, зависит от ее состояния. Через нее доходит Высший Свет в наш мир.

Мы же посредством своих поступков можем менять ее состояние и, таким образом, управлять количеством изливаемого

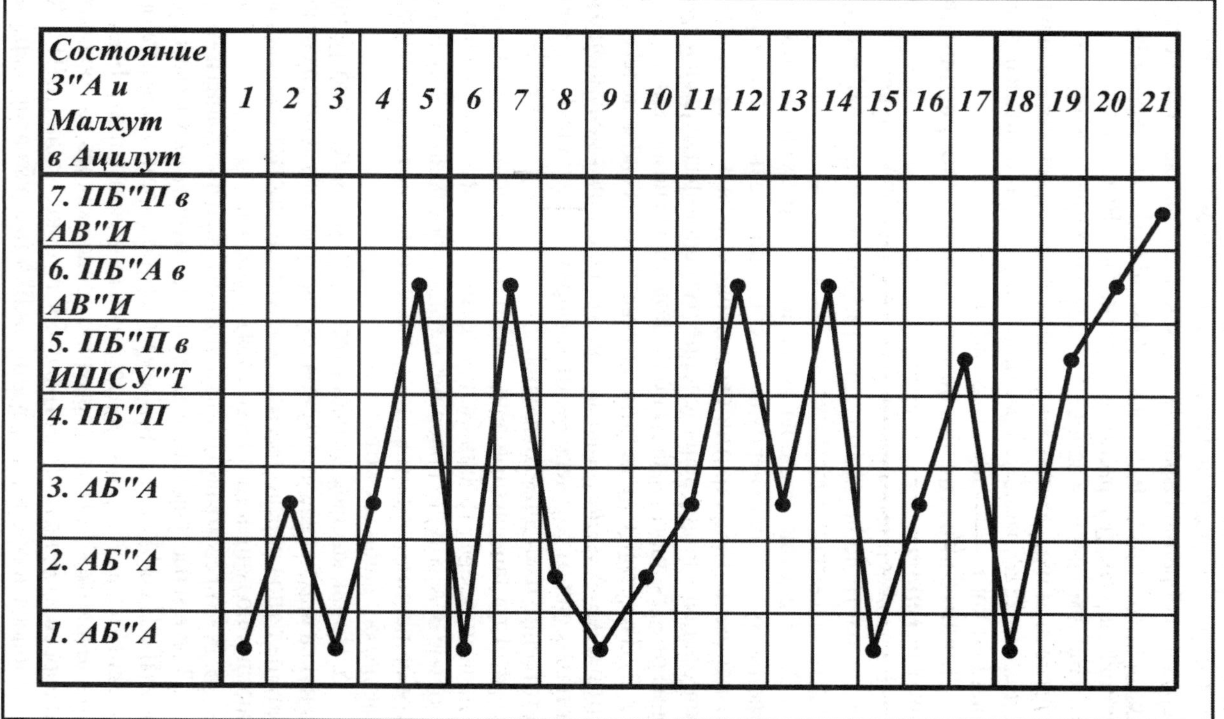
Состояние З"А и Малхут в Ацилут
1
2
3
4
5
6
7
8
9
10
11
12
13
14
15
16
17
18
19
20
21
7. ПБ"П в АВ"И
6. ПБ"А в АВ"И
5. ПБ"П в ИШСУ"Т
4. ПБ"П
3. АБ"А
2. АБ"А
1. АБ"А

на нас света. Вся история, праздники, все, что происходит с нашим миром, – следствие ее состояния. Она называется Кнесет Исраэль (собрание Израиля), так как представляет собой сумму всех альтруистических, отдающий желаний (Г"Э). Она называется шхина, так как в ней располагается шохэн – Высший Свет.

Наши молитвы и заповеди – для единства, соединения ее с З"А (ле шэм ихуд Кадош Барух ху вэ Шхина), так как их зивуг и исправляет разбитые келим мира Некудим, а их полный зивуг приведет когда-нибудь к гмар тикун.

Давайте вкратце, без объяснения причин рассмотрим нашу историю:

1. С рождением мира Ацилут родились З"А и нуква. Нуква начала расти до четвертого дня творения и стала АБ"А с З"А вниз от его хазэ.

2. Вследствие жалобы луны (китруг ярэах) нуква по собственному желанию вернулась в состояние точки – одна сфира позади есод З"А, утратив свои первые девять сфирот. Следствие этого – видимое изменение размеров-фаз луны в нашем мире от ее полного лика до почти полного исчезновения.

3. В шестой день творения нуква доросла снова до хазэ З"А и стала АБ"А с ним – таким образом ее сфирот получили свет от пяти сфирот (от хазэ, т.е. от тифэрэт до малхут) З"А – соответственно пяти дням творения.

4. И тогда, в шестой день, З"А и нуква сделали зивуг АБ"А и родили Адама. И если бы последний не согрешил, то по его просьбе З"А и нуква совершили бы в субботу зивуг ПБ"П (паним ба паним – лицом к лицу), т.е. смогли бы принять максимально большой свет от Има.

5. Но так как еще до наступления субботы Адам согрешил, то нуква вследствие этого снова превратилась в точку, а ее сфирот упали под парса в местонахождение нечистых сил (сил, желающих получить свет ради себя) – клипот.

6. В этом состоянии нуква в зивуг с З"А родила Каина и Авеля.

7. Затем наступила первая суббота, и нуква вернулась в состояние ПБ"П с З"А во все свои девять сфирот, кроме сфиры кэтэр.

8. После субботы нуква вернулась в состояние АБ"А – от хазэ до сиюм З"А. И это состояние продолжалось до ночи исхода евреев из Египта. То есть в субботу нуква была ПБ"П с З"А в свои девять сфирот, а в будни – АБ"А (ахор бэ ахор – спина к спине) от хазэ З"А до его сиюма.

9. День рождения Адама – отделение нуквы от З"А называется Рош аШана – Глава года (Новый год). Нуква постепенно, сфира за сфирой, отделяется от З"А. Каждое отделение сфиры называется день. Таким образом, за десять дней от Рош аШана до Йом Кипур (Судный День) нуква полностью отделяется от З"А – и с этим связаны все заповеди и молитвы в Рош аШана и Йом Кипур – посты, трубление в рог и т.п.

10. Место соприкосновения З"А и нуквы в зивуг ПБ"П соответствует в наших заповедях ручному тфилину.

11. Десять сфирот нуквы равны по росту десяти сфирот З"А, но делятся на две части: верхняя, до хазэ – называется Лея, а нижняя, от хазэ вниз – Рахель. Наружный гуф З"А называется Яаков, а его внутренний гуф – Моше вэ Исраэль.

12. Зивуг З"А и нуквы в рош называется нешика (поцелуй). Их зивуг в гуф называется зивуг есодот (органами деторождения). Время беременности – зман ибур – может быть 7, 9 или 12 месяцев.

13. Адам, Энош и прочие подняли нукву до седьмого неба, пока не появился Авраам и не спустил ее на одну сфиру и т.д. – до Моше, пока нуква не заняла положения АБ"А вниз от хазэ З"А, поскольку в тех поколениях начались грехопадения, связанные с построением Вавилонской башни, Сдомом, где плохое смешалось с хорошим.

14. Чтобы дополнить высоту нуквы до уровня З"А и должен был продолжаться египетский плен 400 лет – четыре сфирот.

15. В ночь исхода из Египта – в полнолуние – вернулась нуква с З"А во все десять сфирот. Поэтому в эту ночь говорится Алель (благодарственный гимн).

16. Затем, до построения Первого Храма: в субботы нуква ПБ"П с З"А, а в будни – АБ"А от его хазэ и вниз.

17. С постройкой Первого Храма нуква дополнилась тем, что и в будни стала ПБ"П с З"А, но не во все свои десять сфирот. Зивуг ПБ"П на все десять сфирот будет только в конце исправления всех келим – частей нуквы.

18. Когда вследствие беспричинной вражды и возросшего эгоизма был разрушен Первый Храм, нуква спустилась от есод и вниз позади З"А.

19. Но сразу после разрушения Храма покаяниями и молитвами евреи смогли возвратить нукву в состояние АБ"А от хазэ З"А и так – все 70 лет Вавилонского изгнания. По субботам же З"А и нуква были ПБ"П.

20. Духовное состояние при Вавилонском изгнании было равно исходу из Египта, потому как египетское изгнание было самым низким – нуква получала минимальное количество света.

21. 70 лет вавилонского плена – следствие постепенного возвращения семи сфирот (из которых каждая в свою очередь состоит из десяти) в нукву.

22. Во Втором Храме, построенном по возвращении из Вавилона, нуква уже была ниже относительно З"А, чем до изгнания, и поэтому в Храме отсутствовали Орим, Тумим и прочие атрибуты овеществления духовных сил.

23. Когда же вследствие беспричинной взаимной ненависти был разрушен Второй Храм, нуква уменьшилась до минимума, как при грехопадении Адама, как при рождении, – до точки, находящейся АБ"А под есод З"А, и дополнительный ущерб состоял в том, что ее девять сфирот упали под парсу в клипот, и вследствие этого наступил наш последний галут – изгнание, и есть лишь незначительное увеличение нуквы по субботам и праздникам.

Это состояние, когда девять сфирот нуквы находятся под парса в клипот, называется галут Шхина (изгнание Божественного присутствия). Малхут мира Ацилут, называемая Шхина, в этом состоянии пуста и не может ничего дать находящимся в этом мире. И все это – следствие беспричинной ненависти. И только любовью можно все исправить.

Есть красивая древняя легенда о том, как жили по соседству два брата. Оба возделывали землю, и каждый думал, что у другого не хватает плодов земли, чтобы прокормиться. Каждую ночь вставали они незаметно друг от друга и докладывали один другому часть зерна – каждый со своего поля. Пока однажды не встретились за этим занятием и, раскрыв свои чувства, воздвигли в честь этого один большой стог, гору общего зерна – на этом месте впоследствии и был воздвигнут Храм...

Давайте рассмотрим на примере праздника Пурим соотношения З"А и нуквы (ЗО"Н) Ацилут – как влияет на наш мир их взаимное состояние:

1. Событие, в честь которого мы празднуем Пурим, случилось в Вавилоне в конце 70-летнего изгнания, т.е. когда уже началось восстановление связи З"А и нуквы ПБ"П.

2. В то время З"А был в состоянии дромита – сна (как при рождении Хавы из Адама), т.е. в ненаполненном состоянии.

Аман был большим астрологом. Он и его десять сыновей (соответствующие десяти нечистым сфирот клипот) знали, что в эти дни связь Творца с Израилем (З"А и нуква) очень слаба, и поэтому решили, что могут уничтожить всех евреев.

3. Ахашверош тоже был большой духовной нечистой силой, но считал, что такое состояние сна у З"А – именно на пользу Израилю, так как оно предшествует восстановлению нуквы – освобождению евреев и восстановлению Храма. Оба порешили уничтожить всех до единого евреев, чтобы не было причин у нуквы расти и сделать зивуг с З"А.

4. Жена Амана, большая колдунья, посоветовала ему сначала убить Мордехая – духовную силу, связывающую Израиль с нуквой, а уж потом и остальных евреев.

5. Но ор хохма от Аба вышел (итгала – раскрылся, поэтому читаемый в Пурим свиток называется мэгила – раскрытие; по этой же причине есть чтения мэгилы вслух и реклама чуда) к З"А, и произошел почти полный зивуг З"А и нуквы.

6. По подобию этого зивуга в будущем все праздники исчезнут, кроме Пурима, так как никогда не было чуда больше этого, – но зивуг в гмар тикун будет на полную нукву и постоянно.

7. И каждый год мы можем притянуть на себя в этот праздник свет, если:

- прочтем мэгила (гилуй ор Аба);
- пошлем подарок бедному, так как нуква Рахель называется бедной вследствие недостатка света;
- дадим цдака (милостыню), так как цдака от слова «цадик» – есод, ведь цадик – есод олам, где олам – нуква;
- опьянеем во время праздничного обеда, как от получения света.

МИРЫ БРИЯ, ЕЦИРА, АСИЯ (БЕ"А)

Место для миров Брия, Ецира, Асия появилось в результате Ц"Б, т.е. подъема Малхут от сиюма до половины сфиры тифэрэт в Некудот СА"Г – на этом месте появилась парса, т.е. ограничение распространения света до этого уровня.

В месте под парса возникли впоследствии, родившись из мира Ацилут, миры БЕ"А. На месте половины сфиры тифэрэт (ЗО"Н бины гуфа) возник мир Брия, на месте сфирот нэцах, ход, есод – мир Ецира и на месте сфиры малхут – мир Асия.

Олам Ацилут занимает место от табура А"К до парса. От парса до сиюма находится место расположения трех миров – Брия, Ецира, Асия. Это место появилось еще в момент, когда некудот СА"Г сделали Ц"Б.

После разбиения (швира) в мире Некудим экран со всеми решимот ото всех сломанных келим поднялся в рош СА"Г. И на пару (авиют и итлабшут) самых лучших, т.е. наименее пострадавших от разбиения решимот, СА"Г сделал зивуг, и таким образом родился первый парцуф мира Ацилут – Атик в состоянии катнут, так как зивуг произошел на решимот от Ц"Б.

Затем сам Атик делает зивуг на решимот 4,3, и таким образом рождается его гадлут. И поскольку в олам Некудим, а значит, и в оставшихся от него решимот АХА"П высшего парцуфа был внутри Г"А низшего, то, делая зивуг на решимот своего АХА"П, Атик одновременно делает зивуг и на решимот Г"А следующего парцуфа.

Таким образом, одновременно с гадлут Атик рождается катнут следующего парцуфа – Арих Анпин (А"А). Родившись, А"А сам делает зивуг на решимот 4,3 своего АХА"П – дополняет себя до гадлут, одновременно делая зивуг на решимот катнут следующего за ним парцуфа – АВ"И.

АВ"И, делая зивуг на свой гадлут, одновременно с этим рождают ЗО"Н в состоянии катнут. Затем ЗО"Н делает зивуг на свой гадлут, и на этом заканчивается рождение всех пяти парцуфим мира Ацилут.

Но в масахе, поднявшемся после швират келим из мира Некудим в рош СА"Г и породившем все пять парцуфим мира Ацилут, остались еще не использованные от швират келим решимот. И поэтому процесс рождения новых парцуфим продолжается по тому же принципу и далее.

Таким же образом рождается из малхут Ацилут парцуф Атик мира Брия, затем из этого парцуфа Атик мира Брия рождается парцуф А"А мира Брия и т.д. – до рождения пятого, последнего парцуфа ЗО"Н мира Брия. Малхут, т.е. последний парцуф мира Брия, в таком же точно порядке рождает парцуфим мира Ецира, а затем и мира Асия.

Миры БЕ"А последовательно родились из малхут Ацилут. Но малхут в обычном состоянии представляет собою лишь точку, а чтобы родить парцуф, она должна вместе с З"А подняться до уровня АВ"И Ацилут (по аналогии с нашим миром: маленький человек может родить, лишь достигнув состояния родителей).

Таким образом, З"А поднялся до Аба, а малхут – до Има. И тогда лишь нуква-малхут родила, т.е. отобрала самые чистые из всех решимот, сделала зивуг дэ-акаа и создала таким образом мир Брия с его пятью парцуфим.

А так как в это время малхут стоит на месте Има, то олам Брия, родившись, занял место под ней – там, где в обычном состоянии, т.е. в катнут, находится парцуф З"А мира Ацилут.

Олам Ецира, родившийся затем из олам Брия, расположился под ним: четыре первых сфирот над парса на месте, где обычно находится парцуф малхут, занимающий четыре сфирот (родившись из сфира тифэрэт З"А Ацилут, парцуф малхут в состоянии АБ"А с З"А и по высоте равен четырем сфирот З"А – от его тифэрэт до малхут). Шесть нижних сфирот мира Ецира находятся под парса – на месте шести первых сфирот теперешнего мира Брия.

Мир Асия, родившийся из мира Ецира, расположился далее: его первые четыре сфирот находятся в месте четырех последних сфирот теперешнего мира Брия. Шесть последних сфирот его – на месте шести первых сфирот теперешнего мира Ецира. Оставшееся место от хазэ-тифэрэт теперешнего мира Ецира и до сиюма – всего 14 сфирот не заполненных чистыми келим (без эгоизма, с масахом) – называется мадор клипот (место нахождения клипот – эгоистических келим) (см.чертеж на стр.184).

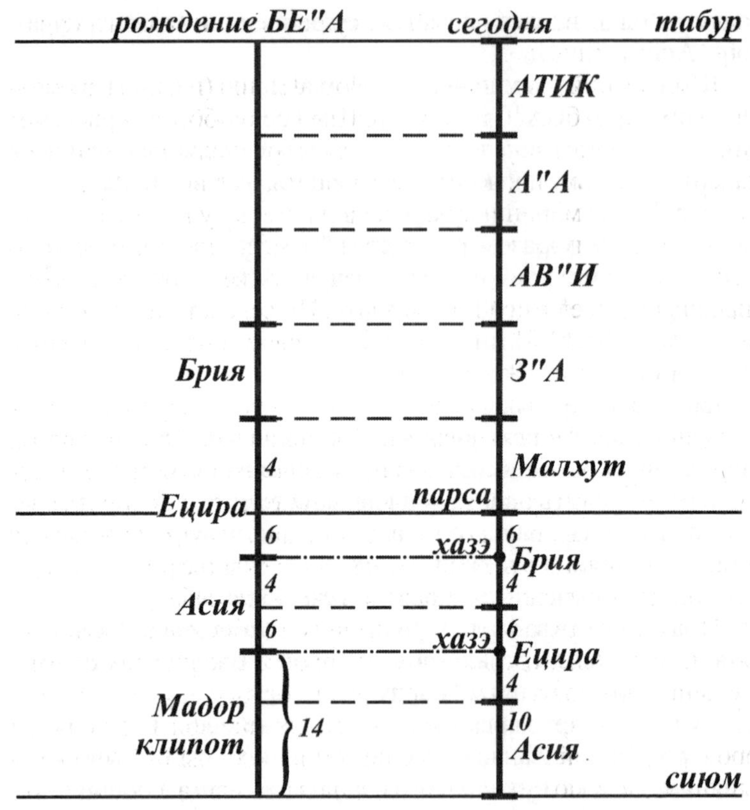

Оставшиеся после рождения миров АБЕ"А решимот считаются упавшими в олам Азэ, т.е. не являются решимот, на которые могут родиться чистые парцуфим и миры. После рождения всех миров все парцуфим миров АБЕ"А возвращаются в состояние катнут (не хотят получать свет).

После рождения миров АБЕ"А произошло рождение первого человека – Адама. Таким образом, все миры АБЕ"А представляют собой как бы оболочки, сферу, в которой находится душа Адама, – аналогично тому, как мы, люди, вернее, как наши тела находятся в оболочке нашего мира.

Задача Адама (как цели создания всего творения) состоит в доведении малхут в мире Ацилут до состояния гмар тикун – полного насыщения светом. Малхут в мире Эйн Соф, малхут в мире Ацилут, душа Адама, сумма душ всех людей, существующих в течение 6000 лет существования нашего мира – в общем идентичные понятия.

В последний день творения – Йом аШиши (пятница, шестой день творения) был создан Адам. Шаббат (суббота) знаменует собой состояние гмар тикун, т.е. все миры должны были бы в шаббат – в седьмой день творения подняться выше парса.

Этот подъем начинается еще в пятом часу в Йом аШиши, когда З"А поднимается на уровень А"А, и, соответственно, поднимаются все миры БЕ"А – это первый подъем. Второй подъем миров произошел в субботу вечером. Но вследствие грехопадения Адама миры БЕ"А спустились на свое теперешнее место. (см. чертеж на стр.186)

Сначала Адам был создан из малхут мира Ацилут. После грехопадения его душа разделилась на 600 тысяч душ. Причина в том, что родившись и познав цель своего творения – получить все уготованное ему наслаждение ради Творца, Адам тут же возжелал сделать это. Но начав получать это наслаждение, вдруг почувствовал, что не в состоянии устоять, и начал наслаждаться сам, не ради Творца, а от получения наслаждения-света для себя.

И как следствие этого – произошло разбиение его души на 600 тысяч частей, подобно тому, как произошло швират келим – разбиение сосудов в олам Некудим. Эти осколки души вселяются в праведников, т.е. в людей, достигших еще при жизни путем работы над собой выхода из нашего мира в миры БЕ"А. И каждый праведник получает ради Творца часть света, соответствующую его душе.

Когда эта работа всех душ будет закончена, они вновь сольются в одну, и, таким образом, закончится план творения и наступит состояние, называемое Шаббат – суббота отдыха. Но есть отдельные особые души, достигающие такого состояния еще при жизни в нашем мире.

Рассмотрим, каким образом души праведников получают свет. Так как малхут мира Ацилут представляет собой совокупность всех душ, то задача сводится к наполнению ее светом – к приведению в состояние зивуг с З"А. Малхут в таком случае называется Шхина, а З"А – прообраз Создателя, ее наполняющего.

Душа праведника, находящаяся в каком-либо месте в мирах БЕ"А, как бы поднимает свою просьбу – МА"Н в малхут мира Ацилут в виде экрана-масаха, который создал праведник, работая над собой. И на этот масах малхут делает зивуг с З"А.

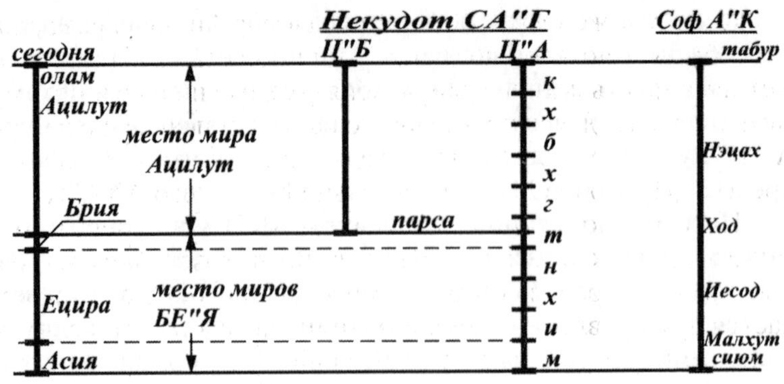

Обычное состояние Ацилут – катнут, т.е. З"А, имеет только келим ХАГА"Т НЭХИ"М, а малхут – точка. Катнут мира Ацилут говорит о том, что в нем есть лишь Г"А, а его АХА"П – под парса, в мирах БЕ"А, и в нем есть лишь света нэфеш и руах. В мирах БЕ"А находится смесь келим, так как после разбиения все келим от семи малахим перемешались между собой.

Как мы уже говорили, келим Г"А семи малахим, находившиеся над парса, смешались, разбившись, с их АХА"Пами. Менее пострадавшие от швиры сосуды-келим находятся в мире Брия, а наиболее пострадавшие – в мире Асия. Поэтому легче исправить, т.е. создать масах, на кли, находящееся в мире Брия, и труднее всего преодолеть желание – создать масах – на кли, упавшее в мир Асия.

Поэтому если праведник поднимает келим из мира Брия в Ацилут, то, делая на эти келим зивуг, малхут Ацилут дополняет в мире Ацилут к руах-нэфеш ор нэшама.

Поднимая же келим из мира Ецира в мир Ацилут, праведник способствует появлению в мире Ацилут света-хая, а если может преодолеть желания мира Асия – самые низкие и потому самые трудные для исправления, то вызывает появление в мире Ацилут света ехида. Это происходит потому, что мир Ацилут представляет собой Г"А относительно БЕ"А – его АХА"П.

Необходимо напомнить, что миры АБЕ"А родились из остатков разбитых келим мира Некудим после разбиения сосудов, и вся работа, проделываемая нами в течение 6000 лет, заключается в исправлении, т.е. в создании масаха на эти келим и наполнении их светом, чтобы Высший Свет мог распространиться и под парса до сиюма, т.е. до точки нашего мира, и засветить в нем самом.

Это возможно лишь при полном уничтожении желания получить свет ради себя и при условии, что все наслаждения человек будет получать от заботы и любви к другим людям и к Творцу – что в принципе одно и то же.

Как мы уже говорили, после разбиения келим ашпаа, находящиеся над парса – Г"А, смешались с келим каббала – АХА"П, находящимися под парса, и все вместе упали в место миров БЕ"А. Работа праведников сводится к отделению Г"А от АХА"П в каждом кли и подъему Г"А этих кли в мир Ацилут, в дополнение к келим мира Ацилут, которые тоже представляют собой Г"А относительно келим БЕ"А – АХА"П.

Разделение Г"А и АХА"П в мире Брия называется мила (обрезание). Дополнение Г"А мира Брия к миру Ацилут вызывает в последнем дополнительно к светам нэфеш и руах, находящимся в Ацилут, появление и ор нэшама. АХА"П, остающиеся в мире Брия, т.е. келим каббала, которые не могут быть исправлены до гмар тикун, называются клипа Руах Сэара (ураганный ветер).

Разделение Г"А и АХА"П в мире Ецира называется прия (подворачивание остатка кожи после обрезания). Подъем Г"А из мира Ецира в мир Ацилут вызывает появление в последнем ор хая. АХА"П, оставшийся в мире Ецира, называется клипа Анан Гадоль (большое облако).

Разделение Г"А от АХА"П в мире Асия называется атуфей дам (удаление крови после обрезания), а остающийся в Асия АХА"П называется клипа Эш Митлакахат (возгорающееся пламя). Подъем Г"А мира Асия в Ацилут вызывает в нем появление ор ехида.

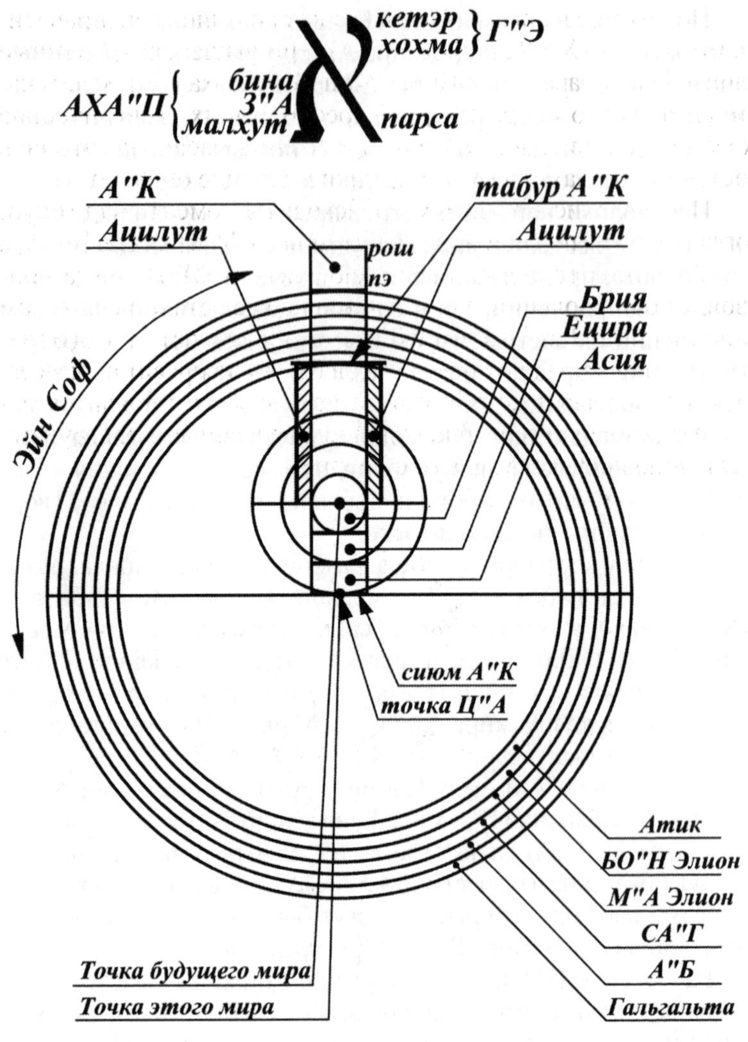

Таким образом, после отделения всех Г"А от АХА"П во всех мирах БЕ"А – что и проделывают праведники в течение 6000 лет существования миров – в мире Ацилут появляются все света НаРаНХа"Й. Напомню, что слово «мир» – олам – от слова «алама» – сокрытие. И оно продолжается в течение 6000 лет, после чего сокрытие исчезает.

Но это еще не полный свет, так как остались неисправленными келим АХА"П миров БЕ"А – три вышеперечисленные клипы: Руах Сэара, Анан Гадоль, Эш Митлакахат. Эти келим настолько тяжело исправить, т.е. преодолеть их эгоистические желания получить наслаждение, и создать масах, что это не в состоянии сделать даже праведники в течение 6000 лет.

Исправление этих келим происходит в момент гмар тикун: когда в Ацилут перейдут все келим ашпаа Г"А из миров БЕ"А, а в БЕ"А останутся лишь келим каббала – АХА"П, тогда произойдет один большой зивуг дэ-акаа на все оставшиеся келим каббала (ангел Рав Паалим у Мекабциэль), и свет от этого взаимодействия пройдет в келим миров БЕ"А и исправит их навсегда. И полностью исчезнет эгоизм, на всю малхут появится масах, и стремление всех душ будет только к ашпаа – альтруизму и слиянию посредством него с Творцом.

ВОЗВЫШЕНИЕ И ПАДЕНИЕ МИРОВ

Так как олам Ацилут находится под табуром олама А"К, то все его пять парцуфим относительно пяти парцуфим олама А"К – это как ВА"К относительно ГА"Р, т.е. как тело относительно головы или как ЗО"Н относительно Рош. То есть в этих пяти парцуфим мира Ацилут отсутствуют света нэшама, хая, ехида (ехида).

И поэтому каждый из пяти парцуфим мира Ацилут, получая свет от мира А"К, получает его от З"А соответствующего парцуфа А"К:

– Атик получает свет от З"А Гальгальты;
– А"А получает свет от З"А А"Б;
– АВ"И получают свет от З"А СА"Г;
– ЗО"Н получают свет от З"А ЗО"Н А"К.

Не следует путать: все пять парцуфим мира Ацилут надеваются как бы один на другой ЗО"Н – на АВ"И, АВ"И – на А"А, А"А – на Атик, и каждый нижестоящий получает от предыдущего. Но этот предыдущий проводит нижестоящему свет из соответствующего парцуфа предыдущего мира: от ЗО"Н кэтэра А"К (Гальгальта) – к кэтэру мира Ацилут (Атик), от ЗО"Н хохмы А"К (А"Б) – к хохме Ацилут (А"А) и т.д.

Мы уже говорили, что в общем все миры АБЕ"А представляют собой один парцуф, где Ацилут – Г"А авиют 0 (кэтэр, хохма и половина, т.е. ГА"Р, бины), а Брия, Ецира, Асия – АХА"П, т.е. ЗА"Т бины З"А и малхут. Поэтому при присоединении к Ацилут кли из мира Брия (авиют 2) к его обычным светам – нэфеш и руах – добавляется еще и свет нэшама.

А когда поднимаются кли из Ецира (авиют 3) в мир Ацилут, то в нем добавляется ор хая. А при поднятии кли из мира Асия (авиют 4) в мир Ацилут – в последнем добавляется ор ехида.

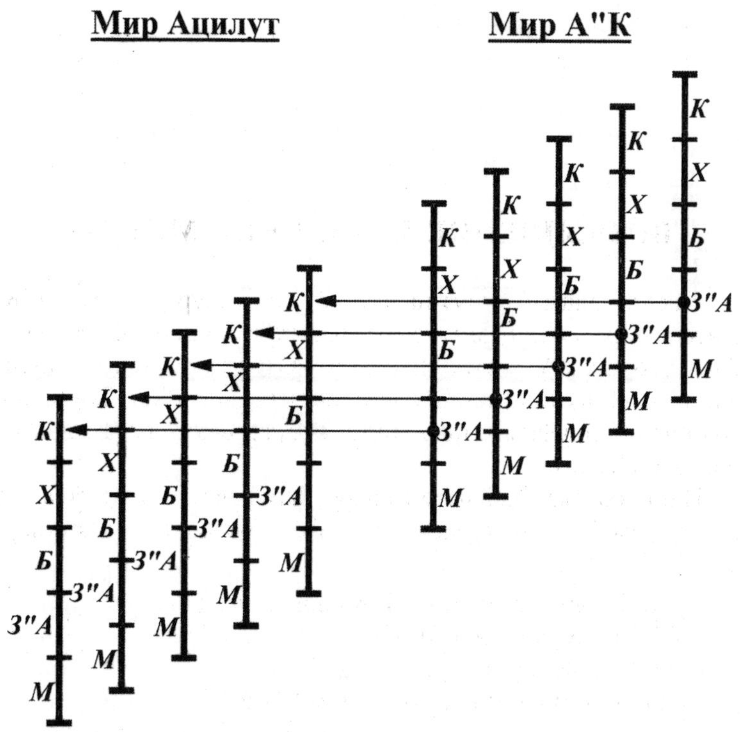

Итлабшут – надевание парцуфим мира Ацилут на соответствующие им парцуфим мира А"К в обычном состоянии.

Гальгальта
ор руах
Эйнаим
ор нэфэш
АХА"П
свет
отсутствует

А
Б
Е
А

к
х
б
х
г
1/2 т
1/2 т
н
х
е
м

Г"А
парса
АХА"П
сиюм

авиют 0
авиют 1
авиют 2
авиют 3
авиют 4

Подъемы, Субботы **Будни**

3	2	1	0	
йехида				*табур*
хая	*хая*	*нэшама*	*руах*	
нэшама	*нэшама*	*руах*		*Ацилут*
руах	*руах*			
нэфэш	*нэфэш*	*нэфэш*	*нэфэш*	*парса*
				Брия
				Ецира
				Асия *сиюм*

Подъем в Ацилут килим из миров БЕ"А

Поднять кли из миров БЕ"А в Ацилут – наша задача. Кто в состоянии это сделать, называется праведник (цадик), так как оправдывает (мацдик) сотворение и существование миров – ведь в подъеме келим из миров БЕ"А в мир Ацилут и заключается работа по исправлению келим – переводу их из состояния кабала-эгоизма в состояние ашпаа-альтруизма и, таким образом, переводу малхут мира Ацилут, или, что то же самое, душ людей – из первого состояния – Ц"А через второе – работу по исправлению келим в третье – гмар тикун.

Процесс поднятия кли из БЕ"А в Ацилут сводится к искренней просьбе человека, обращенной к Творцу, помочь в исправлении своей души.

Эта просьба называется МА"Н (маим нуквин – женские воды). Таким образом, МА"Н поднимаются из БЕ"А в ЗО"Н Ацилут. ЗО"Н Ацилут поднимают МА"Н в АВ"И, а те передают МА"Н далее, пока он через все парцуфим Ацилут и А"К доходит до рош Гальгальта, где последняя производит на него зивуг с ор Элион – Высшим Светом, исходящим от Творца. Свет от этого зивуга спускается через все миры до души того человека, который возбудил этот МА"Н. И таким образом происходит связь через все миры человека с Творцом, и во всех мирах от этого остается след – свет.

Более того – все миры получают этот дополнительный свет, вызванный просьбой человека, и чем выше мир или парцуф, тем больше света он получает: ведь миры – суть ослабители, фильтры Высшего Света. Можно сказать, что все миры – оболочки на душе человека, отделяющие его от Творца и, поднимаясь вверх (от Асия к Ецира и далее к Эйн Соф), человек, освобождаясь от этих оболочек, сближается, постепенно сливается с Творцом. Схематически это сводится к подъему всех миров, как по лестнице, ступени которой, вернее, их соотношение остается постоянным, и все миры поднимаются ближе к Творцу.

Низшая душа получает свет от вышестоящей ступени. Этот закон сохраняется, и потому спускающийся свет пронизывает все творение. Получение дополнительного света в кли считается как бы его подъемом, а утрата света – спуском, так как и то и другое зависит лишь от величины масаха. А как мы изучали, лишь масах определяет духовный уровень человека.

* * *

После рождения парцуфа Атик в катнут он сам делает зивуг на решимот 4,3 и рождает таким образом свой гадлут. Вместе с его АХА"Пом рождается и катнут следующего парцуфа – А"А. Таким образом, А"А начинается с АХА"П Атика. И отсюда во всех парцуфим мира Ацилут: Атик, А"А, АВ"И если и есть гадлут в рош (ГА"Р), то в их гуф есть лишь катнут (ВА"К) – половина от того, что есть в рош, подобно тому как у З"А есть половина того, что есть в кэтэре, хохме или бине, ввиду отсутствия в нем этих трех сфирот. И поэтому называется Атик – ВА"К, или М"А относительно Гальгальта мира А"К, так как хотя оба они – парцуфим кэтэр, но Гальгальта – это кэтэр во все десять сфирот, а Атик относительно нее – ВА"К, лишь малая ее часть. Также А"А относительно парцуфа А"Б и АВ"И – относительно парцуфа СА"Г, и ЗО"Н мира Ацилут – относительно ЗО"Н мира А"К.

Таким образом, отличие какого-либо парцуфа мира Ацилут от соответствующего парцуфа мира А"К состоит в отсутствии света, имеющегося в рош парцуфа А"К, поскольку весь мир Ацилут – М"А или З"А относительно А"К, вследствие этого в парцуфим мира Ацилут отсутствуют света нэшама, хая, ехида.

В олам Ацилут первые три парцуфа – Атик, А"А, АВ"И – находятся в состоянии ПБ"А, т.е. сами не желают получить свет и лишь по просьбе нижестоящих ЗО"Н (З"А + нуква) принимают свет свыше и передают его в ЗО"Н.

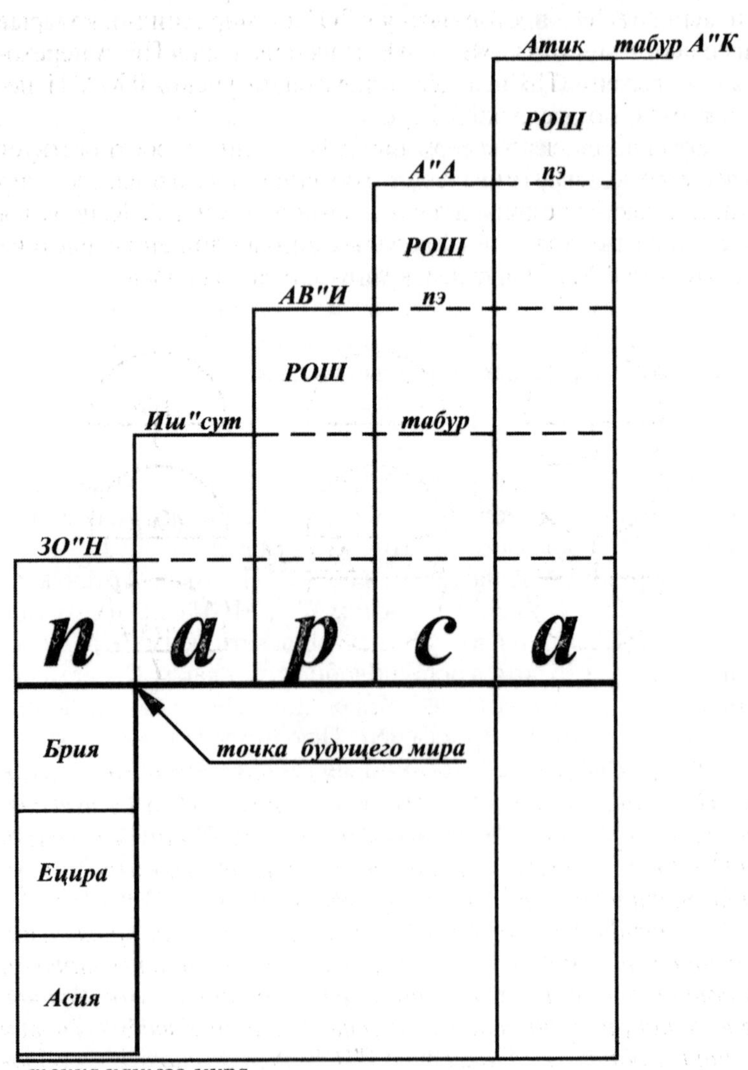
Атик
табур А"К
РОШ
пэ
А"А
РОШ
пэ
АВ"И
РОШ
табур
Иш"сут
ЗО"Н
п а р с а
Брия
Ецира
Асия
точка будущего мира
точка нашего мира

Происходит это следующим образом: вследствие добрых поступков людей, находящихся в нашем мире, их просьбы, молитвы – МА"Н – поднимаются к ЗО"Н в мир Ацилут, которые передают его затем к АВ"И. АВ"И из положения ПБ"А переходят в положение ПБ"П и, делая зивуг на полученный МА"Н, передают свет от него в ЗО"Н.

Это наполнение светом парцуфим Ацилут соответствует как бы их подъему относительно обычного состояния: весь мир Ацилут как бы поднимается относительно мира А"К, получая света нэшама, хая, ехида, которых он был лишен вследствие отсутствия АХА"П в келим, находящихся под парса.

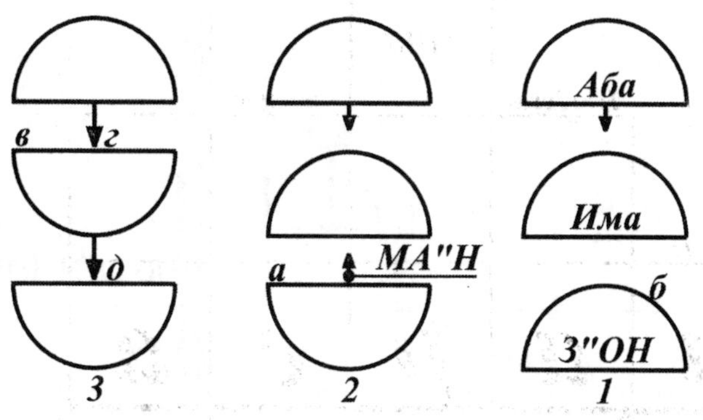

1. АВ"И находятся в состоянии: Аба – паним бэ ахор им Има (лицо Аба к спине Има), т.е. бина – Има не желает получать ор хохма – таково ее свойство. В таком случае и ЗО"Н (З"А + малхут, души) не получают свет-изобилие, и это ощущается нами как страдание.

2. Низшие существа – души людей – своими просьбами, молитвами и добрыми делами (мицвот у маасим товим), заботой о других, взаимопомощью, обращением к Творцу, т.е. обращая лицо свое (а) вместо спины (б) вверх к Творцу и таким образом поднимая МА"Н, – заставляют Има обратиться к Аба.

3. Има, согласно просьбе детей своих – душ людей, поворачивает лицо свое (в) к Аба, получает не для себя, а ради детей – ЗО"Н – ор хохма (г) и передает его вниз (д).

Каждый из миров состоит из пяти парцуфим. В мире Ацилут иногда ЗА"Т бины считается отдельным парцуфом, и он получает тогда свое особое название – ИШСУ"Т – Исраэль саба у твуна. Это разделение обычно производится при исследовании света, получаемого ЗО"Н Ацилут от трех парцуфим ГА"Р Ацилут (Атик, А"А, АВ"И).

Часть бины (ЗА"Т бина) отделяется от ничего не желающей получать бины (АВ"И) и получает от хохмы (А"А) свет, чтобы передать его в З"А и малхут (ЗО"Н). Поэтому мы делим мир Ацилут на пять парцуфим: Атик, А"А, АВ"И, З"А, малхут или Атик, А"А, АВ"И, ИШСУ"Т, ЗО"Н.

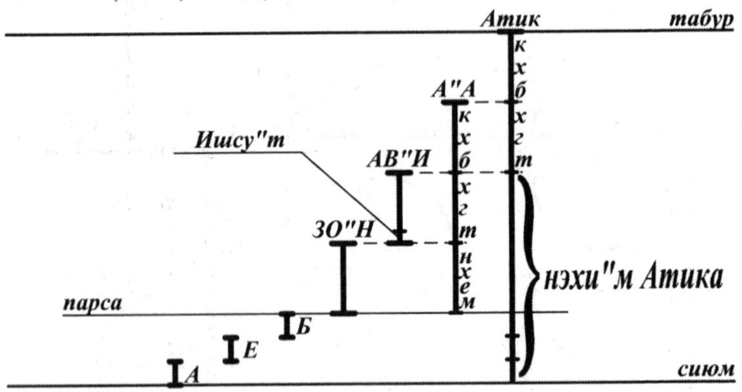

АВ"И включают в себя и ГА"Р (сами АВ"И) и ЗА"Т (Ишсу"т) – если ЗО"Н получает ор хохма. Если же ЗО"Н не получает ор хохма, то ГА"Р бины (АВ"И) отделяется от ЗА"Т, так как, будучи отдающей, не чувствующей недостатка от отсутствия ор хохма, она не может быть вместе со страдающим от недостатка ор хохма – ЗА"Т (Ишсу"т).

А теперь рассмотрим порядок подъема миров от их обычного, минимального состояния до максимального уровня – 6000 лет. Есть всего три подъема, соответствующие дополнению миров светами нэшама, хая, ехида, как уже сказано.

И когда в первом подъеме свет доходит до Атик, то он, делая на него зивуг, поднимается и надевается на парцуф СА"Г и получает ор нэшама, так как ор нэшама – это ор бина, а СА"Г – парцуф бина. А когда свет доходит до А"А, он, делая зивуг на него, поднимается на уровень Атик и т.д.

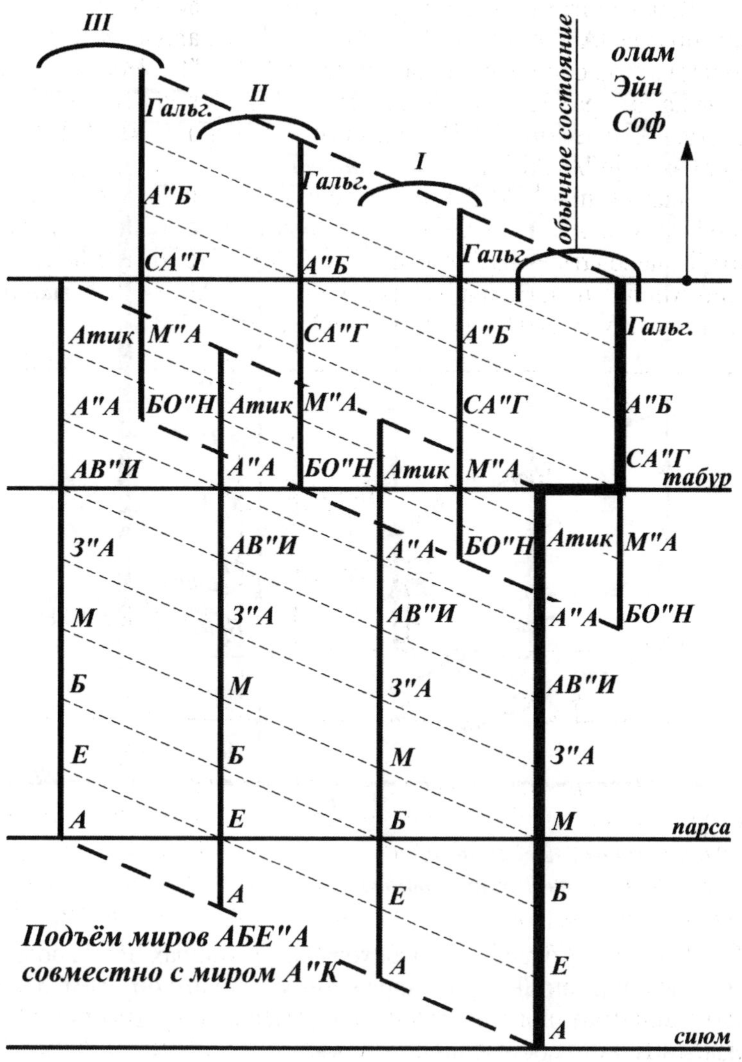

Из приведенных ниже графиков нам видно, что в третьем подъеме все парцуфим дополняются светами нэшама, хая, ехида от А"К, отсутствовавшими у них в обычном состоянии, посредством подъема и облачения каждого на соответствующий ему парцуф мира А"К.

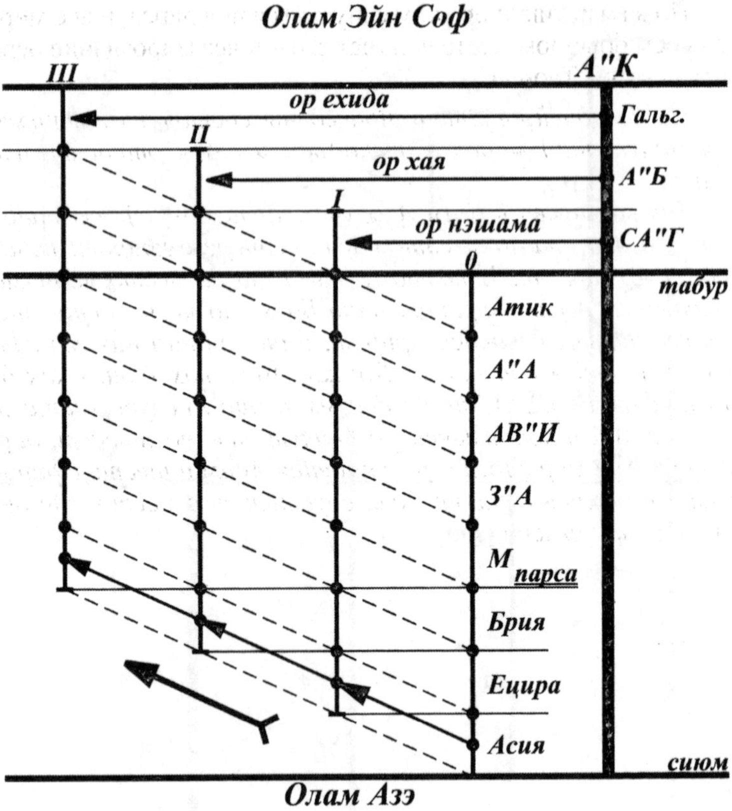

0 - обычное состояние миров
I, II, III - подъем миров относительно А"К

Так же и душа человека, находящаяся в мирах БЕ"А, поднимается с мирами БЕ"А над парса и может, таким образом, получить ор хохма, дополнительно к ор хасадим, находящемуся в ней в обычном состоянии под парса.

А когда человек по какой-либо причине теряет масах, то исчезает МА"Н, и спускаются все миры относительно этого человека на свои постоянные места, но не ниже, поскольку это обычное их состояние создалось в результате рождения миров силой самого Творца, т.е. без участия творений, и потому не может быть испорчено последними.

Но в гмар тикун ор хохма спустится под парса, и все миры на своем обычном месте получат его – и все мироздание осветится светом Творца.

На соседней странице приведены состояния постижения (ощущения) миров – их подъем и спуск относительно Адама.

Так как нуква в олам Ацилут родилась из сфиры тифэрэт З"А, то она по высоте равна четырем сфирот: нэцах, ход, есод, малхут. И поэтому, когда на ее место поднимаются снизу десять сфирот мира Брия, то место есть лишь для его первых четырех сфирот, а шесть нижних его сфирот остаются под парса. Так как Адам находится как бы внутри миров БЕ"А, то их подъем в мир Ацилут означает, что сам Адам поднимается в Ацилут, т.е. постигает, ощущает этот мир. После грехопадения Адам и шесть сфирот Ецира и десять сфирот Асия спустились в место, где был раньше мадор клипот.

Вследствие грехопадения	В субботу - если бы не грехопадение	перед субботой	рождение Адама	Сегодня
Атик				Атик
А"А	З"А	З"А		А"А
АВ"И	нуква	нуква	З"А	АВ"И
Ишсу"т	БРИЯ	БРИЯ	нуква	Ишсу"т
З"А	ЕЦИРА	ЕЦИРА	БРИЯ	З"А
нуква	АСИЯ	4 - АСИЯ	4 - ЕЦИРА	нуква
парса				
БРИЯ		6 - АСИЯ	6 - ЕЦИРА	6 - БРИЯ
			4 - АСИЯ	4 - БРИЯ
ЕЦИРА			6 - АСИЯ	6 - ЕЦИРА
			4 } мадор	4 - ЕЦИРА
АСИЯ			10 } клипот	10 - АСИЯ

ТЕРМИНЫ И ОПРЕДЕЛЕНИЯ

ОР, СВЕТ
наслаждение, получаемое творением в духовных мирах.

КЛИ, СОСУД
желание насладиться, рацон лекабэль. Единственное, что создано из ничего, и из чего состоит все творение – миры и населяющие их души. А вся разница между частями творения – в величине этого желания.

ОР ХОХМА
свет, идущий от Творца, несущий жизнь, наслаждение.

ОР ХАСАДИМ
свет, идущий к кли, отталкивающему свет хохма. Наслаждение от отдачи.

РАСПРОСТРАНЕНИЕ СВЕТА
перемещение света-наслаждения от Творца к творению.

ВРЕМЯ
определенное количество последовательных ступеней распространения света.

ПРОЗРАЧНЫЙ
малое желание (авиют), например, 1 по сравнению с 4.

ТЕМНОТА
состояние четвертой ступени, не получающей свет вследствие Ц"А, отсутствие ор хохма.

РАНЬШЕ И ПОЗЖЕ
соотношение причины и следствия.

ОДИН, ЕДИН
объединение посредством совпадения свойств.

ПОДЪЕМ
совмещение свойств нижнего кли с верхним, при улучшении свойств первого.

СПУСК
совмещение свойств верхнего кли с нижним, при ухудшении свойств.

СОЗДАТЕЛЬ
причина, верхняя ступень, рождающая нижнюю.

СВЕРХУ ВНИЗ
от высшей ступени к низшей, от первой к четвертой, поскольку четвертая более эгоистична.

НАПОЛНЕННЫЙ
состояние отсутствия недостатка, неудовлетворенного желания.

МЕСТО
желание насладиться, получить называется местом получения света, наслаждения. Размер места соответствует размеру желания.

КОНЕЦ
соф, сиюм, окончание любого творения – создается посредством ограничения на получение света.

ВЫСШИЙ
более важный.

РАЗДЕЛЕНИЕ
две ступени, не схожие ни по каким свойствам, называются разделенными.

СОПРИКОСНОВЕНИЕ
схожесть по одному из многих свойств между двумя ступенями, творениями.

СВОБОДНЫЙ
место, готовое получить исправление, дополнение, наполнение.

СОКРАЩЕНИЕ, ЦИМЦУМ
укрощение своего желания, ограничение на получение страстно желаемого наслаждения.

ЛИНИЯ
положение, указывающее на различие верха и низа.

БЛИЗКИЙ
схожий по свойствам.

ГОЛОВА, РОШ
часть создания, наиболее близкая по свойствам к своему Создателю.

РУАХ
ор хасадим называется руах, ор в кли З"А.

ИМЯ
дается постигающим свойства объекта по постигаемым им свойствам другого объекта.

ТЕЛО, ТОХ
внутреннее получение определенной порции света.

ДВИЖЕНИЕ
обновление, изменение в получении света и потому отделение от предыдущей формы получения.

А"К, АДАМ КАДМОН
первый мир, получающий из мира Эйн Соф – мира Бесконечности. Корень, источник, зародыш создания человека в нашем мире.

ОР ХОЗЭР
свет, не получаемый в четвертую ступень, а возвращаемый ею посредством зивуг дэ-акаа (ударного взаимопроникновения). Условие получения после Ц"А.

ОР ЯШАР
свет, идущий из Эйн Соф.

ОР МАКИФ
свет, окружающий парцуф и предназначенный в будущем войти в него.

ОР ПНИМИ
свет, заполняющий кли.

ГРАНИЦА
следствие действия масаха.

МАТЕРИАЛЬНОЕ
все, занимающее место, время и действующее на наши пять органов чувств.

УТОНЬШЕНИЕ МАСАХА
уменьшение силы сопротивления желанию самонасладиться.

ЗИВУГ ДЭ-АКАА
действие масаха, ограничивающее распространение света в четвертой ступени – в малхут.

З"А, зэир анпин
малая порция ор хохма.

ХАЯ
свет в сфире хохма.

ЕХИДА
свет в сфире кэтэр.

ПОСТЕПЕННО
последовательное, по ступеням, распространение света.

МАЛХУТ
последняя ступень кли, диктующая его действия и потому так называющаяся – царство.

МАСАХ
сила сокращения, сопротивления, цимцума, действующая в кли.

ИСЧЕЗНОВЕНИЕ, РАСТВОРЕНИЕ
слияние по схожести свойств малого с большим.

НЭФЕШ
самый малый свет в парцуфе, свет в сфире малхут.

НаРаНХа"Й
пять светов: нэфеш, руах, нэшама, хая, ехида.

НЭШАМА
свет в кли бина.

СИЮМ (КОНЕЦ)
четвертая ступень, ограничивающая получение – распространение света.

АВИЮТ (ТОЛЩИНА)
размер, величина желания и стремления получить свет.

ЧАСТИ КЛИ
есть две основные части у кли. Одна – притягивающая свет в зависимости от авиюта (величины желания). Другая – принимающая

свет в зависимости от захут (от слова «зах» – светлый). Свет притягивается малхут, но входит, принимается кли кэтэр, а затем постепенно спускается до малхут.

ГАГ (КРЫША)
кэтэр.

РИЦПА, ПОЛ
малхут.

РОШ
свет, приходящий в кли и отраженный масахом, образует рош.

ДУХОВНОЕ
абсолютно изолированное от всего, имеющего контакт с нашими пятью органами чувств, местом, движением, временем и фантазией (воображением).

ДАЛЕКИЙ
удаленный по свойствам.

ОРГАНЫ ТЕЛА
келим, сфирот в гуф парцуф.

А"А, АРИХ АНПИН
парцуф хохма в мире Ацилут.

БРИЯ
появление чего-то из ничего, небытия.

ПЯТЬ СТУПЕНЕЙ ТОЛЩИНЫ
как есть пять ступеней: кэтэр, хохма, бина, З"А, малхут, ограничивающие парцуф в длину, – так есть пять ступеней: моах (мозг), ацамот (кости), гидин (жилы), басар (мясо), ор (кожа), ограничивающих парцуф в ширину.

ГАЛЬГАЛЬТА
парцуф кэтэр, кли со светом ехида.

РЕЧЬ
малхут рош называется пэ (рот) и свет, проходящий сквозь нее вниз, называется речь.

КИСЭ (КРЕСЛО)
олам Брия.

СВЯТАЯ СВЯТЫХ (В ХРАМЕ)
сфира в мире Брия.

КЛИПА (ШЕЛУХА, ОБОЛОЧКА)
обратное кдуше (святости) по своим свойствам; желание все поглотить, совершенный эгоизм.

РЭИЯ (ЗРЕНИЕ)
ор хохма в сфире хохма – эйнаим (глаза) в рош парцуф.

РЭАХ (ЗАПАХ)
свет в сфире З"А, называемый хотэм (нос) в рош парцуф.

ШВИРА (РАЗБИЕНИЕ)
исчезновение ограничивающей силы в масахе.

ШМИЯ (СЛУХ)
ор в кли бина – озен (уши) в рош парцуф.

ТААМИМ
распространение света от пэ до табур. От слова таам – вкус.

НЕЦУЦИМ (ИСКРЫ)
свет угасающий, но готовый снова светить в кли, как прежде.

НЕКУДОТ (ТОЧКИ)
свет, исходящий из гуф парцуфа.

КЛИ ЛИЦОМ ВВЕРХ
готово получить свет.

КЛИ ЛИЦОМ ВНИЗ
не желает получить свет.

ПАНИМ (ЛИЦО) ВЭ АХОР (СПИНА)
соответственно, важная и не столь важная части кли.

ПОРЧА РАДИ ИСПРАВЛЕНИЯ
восприятие человека, не знающего путей развития. Для видящего же ясно, что нет порчи (швира, хэт), а все – лишь один тикун (исправление) кли.

РЕШИМО
след от света (воспоминание о наслаждении), остающийся в кли после удаления света.

ТАГИН
решимо от внутреннего света (ор пними), бывшего в тох парцуф.

ПАНИМ (ЛИЦО)
место, которым кли дает или получает свет.

МА"Н
просьба низшего, обращенная к высшему (маим нуквин).

ПАРСА
разделительная перегородка, диафрагма между органами дыхания (кли ашпаа – отдачи, влияния) и органами пищеварения (кли каббала – приема).

Ц"Б, ЦИМЦУМ БЭТ
сокращение на получение света, получение в келим кэтэр, хохма, бина, но не в З"А и малхут.

ПАРСА
свод, отделяющий верхнюю воду от нижней, отделяющий бину от малхут.

СЭАРОТ (ВОЛОСЫ)
дополнительный, наружный парцуф, где внутренний парцуф находится в Ц"А, а наружный – в Ц"Б. От слова «сэара», «соэр» – ощущение неполноценности.

СЭАРОТ РОШ
от бины (уши) вверх.

СЭАРОТ ДИКНА (БОРОДЫ)
от бина вниз.

ОТ
буква, кли.

БИРУР (АНАЛИЗ)
поиск эгоизма в кли, осознание зла, выделение из смешанных – чистых и нечистых – келим только чистых и получение в них света.

ГАДЛУТ (БОЛЬШОЙ)
присутствие ор хохма в парцуфе.

МОХИН (УМ, СОЗНАНИЕ, МЫСЛЬ)
ор хохма в рош парцуф.

МАВЭТ (СМЕРТЬ)
исчезновение ор хохма из кли. Только ор хохма оживляет кли. Состояние кли под парса и в нашем мире, о котором сказано – грешники и в жизни мертвы.

МЕСТО МИРОВ БЕ"А
от парса до сиюма, до нашего мира.

ДРЕВО ПОЗНАНИЯ ДОБРА (ХОРОШЕГО) И ЗЛА (ПЛОХОГО)

эгоизм определяется как плохое, и потому, съев с этого дерева, внес Адам в свой гуф эгоизм и, таким образом, должен был спуститься из духовных миров в наш мир.

ПБ"П (ПАНИМ БА ПАНИМ)

лицом к лицу – состояние, когда нуква (малхут) получает свет от З"А, захар (мужчина).

ЕНИКА КЛИПОТ (ВСАСЫВАНИЕ ЭГОИЗМОМ)

эгоистическое кли с желанием получить для себя после Ц"А остается пустым, т.е. безжизненным, без света хохма. Но вследствие швират келим небольшие порции света вошли и в клипот.

И далее, вследствие грехопадения Адама, и каждый раз, когда люди грешат, т.е. используют свой эгоизм, – этим увеличиваются порции света в клипот и, соответственно, уменьшаются в чистых, святых келим.

Человек состоит из чистых келим (если приобрел масах) и клипот, постоянно искушающих его воспользоваться эгоизмом, самонасладиться и, таким образом, наполнить их светом. И чем больше у человека чистых келим, наполненных светом, тем с большей силой искушают его клипот, желающие насладиться светом. И потому у большого человека – большие искушения.

ПРИСАСЫВАНИЕ КЛИПОТ

там, где кдуша, чистое кли, имеет какой-либо недостаток, брак – недостаточной силы масах, силу воли, – там возникает воздействие искушения.

НОГА (СИЯНИЕ)

клипа, в которой перемешано хорошее и плохое.

ШВИРА КЛИ

поломка сосуда, негодность кли к получению света.

БЭТЭН (ЖИВОТ)

нижняя часть тифэрэт в гуф парцуф, место беременности и рождения.

ГАН ЭДЕН (РАЙСКИЙ САД)

малхут мира Ацилут.

ДАДЭЙ БЭИМА (СОСКИ ЖИВОТНОГО)

нижняя часть нэцах и ход парцуфа Атик, находящиеся в мире Брия.

РЭАЙОН (БЕРЕМЕННОСТЬ)
зивуг на решимо катнут парцуфа.

ЗМАН РЭАЙОН (ВРЕМЯ БЕРЕМЕННОСТИ)
время в духовных мирах есть обновление формы. И поэтому развитие парцуфа – изменение формы до его рождения, называется временем беременности. В зависимости от количества света, необходимого для развития, – 7, 9 или 12 месяцев.

КОТЭЛЬ (СТЕНА)
масах.

МЭЦАХ (ЛОБ)
кэтэр в рош парцуф.

ЗМАН (ВРЕМЯ)
переход от причины к следствию.

МАКОМ (МЕСТО)
желание духовного.

НУКВА НИФРЭДЭТ (ОТДЕЛЕННАЯ НУКВА)
малхут в З"А мира Ацилут.

СИЮМ АЦИЛУТ
окончание мира Ацилут в парса, соответствует сфире бина в соф Гальгальты (если разделить соф Гальгальты на десять сфирот).

СИЮМ А"К
мир Адам Кадмон оканчивается в точке нашего мира, центральной точке всех миров.

ЭЦ ДААТ (ДРЕВО ПОЗНАНИЯ)
место от хазэ до сиюм З"А.

ЭЦ ХАИМ (ДРЕВО ЖИЗНИ)
место от начала до хазэ З"А.

ТХИЯТ МЕТИМ (ВОСКРЕШЕНИЕ МЕРТВЫХ)
выход из мира Ацилут называется мита (смерть), так как это следствие исхода ор хохма из кли. Подъем, т.е. возврат из БЕ"А в мир Ацилут, называется оживление, или воскресение мертвых.

БЭЭР (КОЛОДЕЦ)
сфира есод в парцуфе нуква в мире Ацилут.

МАКОМ ЗИВУГ ВА"К
в малхут, т.е. в пэ рош парцуфа.

МАКОМ ЗИВУГ В АЦИЛУТ
зивуг в мире Ацилут происходит между парцуфом З"А и парцуфом нуква (малхут). Причем здесь масах находится в есод, и потому есод называется брит (см. брит-мила). Так как в З"А есть ор, то его есод выделяется из парцуфа в месте масаха и наоборот – есод нуква углублен из-за отсутствия света в месте ее масаха. Причем так как нуква родилась отделением от З"А, то размер выступления наружу есода З"А равен размеру углубления есода у нуквы.

БЭН (СЫН)
каждый последующий парцуф относительно предыдущего.

ДАМ ТАГОР (ЧИСТАЯ КРОВЬ)
часть МА"Н, не прошедшая анализа разделения, часть, на которую еще не сделан зивуг дэ-акаа. Поднимаясь из есода нуквы в ее хазэ, превращается в халав (молоко).

ДАМ ТАМЭ (НЕЧИСТАЯ КРОВЬ)
часть МА"Н в есоде нуквы, не поднимающаяся в хазэ, а возвращающаяся в клипот (см. дам лида – родовая кровь).

ЯИН (ВИНО)
часть МА"Н, дополняющая здание Ацилут.

ИРУШАЛАИМ
точка малхут в парцуфе нуквы.

22 БУКВЫ АЛФАВИТА
кли, составляющие парцуф, как буквы в нашем мире составляют слова, передающие всю мудрость мира. Форма их взаимных зивугим соответствует их очертаниям. Конечные буквы алфавита – масах и авиют парцуфа.

НИКЕЙВА, НУКВА
сфира или парцуф малхут мира Ацилут. От слова «нэкев» – отверстие для прохождения света.

МУЖСКИЕ ДУШИ
души, рожденные на МА"Н от З"А.

ЦИОН
сфира есод в парцуфе нуквы.

СОН
состояние парцуфа, в котором поднимается МА"Н, т.е. исход света вверх. Остается лишь небольшая, витальная порция света.

ЭДОМ
бина называется Высшая Страна, а малхут – Низшая Страна. В Ц"Б, когда малхут поднимается в бину, то последняя называется эдом.

ОЛАМ АБАА (БУДУЩИЙ МИР)
бина.

АВИР (ВОЗДУХ)
ор руах, т.е. ор хасадим.

ТРИ ДНЯ АБСОРБЦИИ СЕМЕНИ
необходимое время анализа семени в есоде нуквы.

ТРИ ГОДА ОРЛА (НЕЗРЕЛОГО ПЛОДА)
следствие подъема сфирот нэцах, ход, есод – плода – в хэсэд, гвура, тифэрэт. В развитии человеческого плода – три первых месяца беременности.

40 ПЕРВЫХ ДНЕЙ РАЗВИТИЯ ПЛОДА
зарождение основных частей тела вследствие наполнения плода светом от Има-бина.

ХАЗЭ (ГРУДЬ)
среднее между высшим и низшим парцуфами.

ЕНИКА (ВСКАРМЛИВАНИЕ)
24 месяца, вследствие чего З"А достигает половины уровня руах.

ХАМИШИМ ШЭАРЭЙ БИНА (50 ВОРОТ БИНЫ)
пять частей масаха, по десять сфирот в каждой части в Има мира Ацилут.

ЧЕТЫРЕ ВИДА КРИЯТ ШМА
ночью после благословения на сон уходит из З"А мохин и остается только поддерживающая жизнь витальная сила – ор нэфеш. Посредством Крият Шма (чтения «Слушай, Израиль, наш Творец Един») в полночь возвращаются келим АХА"П в парцуф, и З"А увеличивается до десяти сфирот с ор руах.
Следующая Крият Шма – в начале утренней молитвы: мохин от зивуг в полночь исчезает к утру, и снова З"А остается с ор

нэфеш, и от чтения утреннего Крият Шма в него входит ор хая. Затем в середине утренней молитвы есть еще одна Крият Шма, потому как теперь З"А после девятилетнего развития может от зивуг при слове «эхад» подняться в МА"Н к АВ"И, и затем уже в молитве «Шмона Эсрэй» З"А получает мохин, достаточный для деторождения. В течение дня уходит мохин из З"А, и снова есть необходимость в Крият Шма в вечерней молитве для получения ор хая.

ДАМ ВЭ ХАЛАВ (КРОВЬ И МОЛОКО)
молоко поступает от МА"Н Аба, а кровь от МА"Н Има, и из них строится З"А.

БЕДРО ЯАКОВА
ангел (сила Эйсава, эгоизм) имеет связь со сфират ход (левое бедро).

КАВЭД (ПЕЧЕНЬ)
кли для ор нэфеш, находящееся в верхней части сфиры нэцах.

ЛЕВ (СЕРДЦЕ)
кли для ор руах, находящееся в сфире хэсэд.

ЛИДА (РОЖДЕНИЕ)
отделение З"А от Има, появление у З"А собственного авиюта – желания, отличного от Има. Материальные объекты отделяются местом, как духовные отделяются желаниями.

МОАХ (МОЗГ)
кли для ор нэшама в рош парцуф.

ИМА (МАТЬ) – бина.
В олам Ацилут Има совершает зивуг:

- с Аба для оживления миров, от их зивуга идет вниз ор хасадим;
- с Аба для рождения душ. Миры – наружное строение относительно душ, так как последние состоят из ор хохма.

ЦАР (УЗКО)
недостаток ор хасадим.

РАХАВ (ШИРОКО)
избыток ор хасадим.

КАЦАР (КОРОТКО)
недостаток ор хохма.

АРОХ (ДЛИННО)
избыток ор хохма.

ТОРА
мохин З"А называется Тора.

ЦИЦИТ
концы волос З"А, светящиеся в рош нуква и рождающие на ее лбу тфилин.

ОБНОВЛЕНИЕ ДУШ
наполнение душ светом – ор хохма – как до швиры и до грехопадения.

РАКИА (НЕБОСВОД)
есод З"А, отделяющий его от нуквы.

МАЗАЛЬ (УДАЧА)
есод называется мазаль, так как дает ор хохма (но небольшими порциями).

НОВЫЕ ДУШИ – есть два вида новых душ:
1) Совершенно новые – происходящие от ор яшар из олам Эйн Соф, не спускаются в олам Тикун.
2) Идущие от бины, поднявшейся в хохму.

УЗЕЛ ГОЛОВНОГО ТФИЛИНА
выход окружающего света – ор макиф – позади рош З"А.

УСЛАДА С ДУШАМИ
кэтэр Рахель спускается в полночь в олам Брия и присоединяет к себе свои девять низших сфирот, с которыми соединяются, и Г"А душ праведников, соединенные с девятью сфирот Рахели. И тогда Кадош Барух Ху, т.е. кэтэр Рахель, услаждается с душами праведников – радуется их выходу из клипот и присоединению к кдуша.

БЕНЬЯМИН
первый мохин от З"А, получаемый нуквой; внутри него – Йосеф. Беньямин – от слова «бэн ямин» – «сын справа», так как идет от З"А на МА"Н от есод малхут. Йосеф – собирающий свет от З"А.

ЯАКОВ
парцуф ВА"К у З"А, т.е. наружный парцуф З"А; внутренний, парцуф мохин, называется Моше вэ Исраэль.

ЭРЕЦ ИСРАЭЛЬ
наш мир также делится на три части – Брия, Ецира, Асия. Ецира его называется Эрэц Исраэль, Брия – место Храма, Асия – все остальные страны. Клипот – необитаемые места, пустыни.

ГАРОН (ГОРЛО)
кэтэр в гуф парцуф.

КИСЭ АКАВОД (ПОЧЕТНОЕ КРЕСЛО)
мохин Има, распространяемый в мире Брия.

ГА"Р
называется кисэ (кресло), девять первых сфирот называются кисэ рахамим (милосердия), а малхут называется кисэ дин (кресла суда).

ИР (ГОРОД)
название мира Ацилут в состоянии шаббата (субботы), когда поднимаются в него миры БЕ"А и, таким образом, лишь там образуется заселенное место. Пригород считается тогда – до хазэ Брия и 2000 ама (мера длины, соответствующая русскому «локоть», около полуметра), в радиусе которых можно выходить в шаббат за пределы города – от хазэ Брия до хазэ Ецира, называются тхум шаббат. А от хазэ Ецира до сиюм – место клипот, куда запрещено выходить в шаббат.

2000 ЛЕТ
Асия называется 2000 лет Тоу (беспорядка), так как в ней – место клипот. Олам Ецира называется 2000 лет Тора, так как Ецира соответствует З"А, а З"А называется письменной Торой. Брия называется 2000 лет Машиаха (Мессии), так как Брия соответствует бине, а от бины – наше освобождение.

ТИКУН (ИСПРАВЛЕНИЕ) И БИРУР (АНАЛИЗ)
швира была от внесения эгоизма в кли. И, как следствие этого, перемешались чистые и нечистые келим и упали в место миров БЕ"А.
И поэтому первая операция по исправлению состоит в разделении чистых и нечистых (альтруистических и эгоистических) келим друг от друга. А это возможно лишь при наличии ор хохма. Тогда лишь видна правда – где какое кли. Ор хохма определяет девять первых сфирот как чистые, а малхут – как нечистое кли.

АБЕ"А КЛИПОТ

первоначальное место клипот было под сиюм А"К. Но вследствие разбиения сосудов и греха Адама (швира и хэт) клипот поднялись, и их парцуфим распространились от Ацилут и вниз параллельно парцуфим кдуша.

ТВОРЕЦ

сам по себе абсолютно скрыт и непознаваем – и потому безымянен, так как имя дается согласно постижению сути объекта. Относительно нас выступает как Творец тем, что посредством сокращения (Ц"А) создал место, где создалось все творение, и открыл себя этим нашему познанию.

БХИНА

сторона, аспект, определенный взгляд рассмотрения.

ГАЛУТ (ИЗГНАНИЕ)

возможно двоякое рассмотрение галута. Изгнание, т.е. исчезновение духовного начала, постижение управления из сознания, ощущение человека. Таким образом, можно утверждать, что человек в галуте или Творец в галуте (от человеческого познания) – галут шхина.

В каббалистической литературе **бхина – дарга авиют кли (степень толщины – желания) или дарга авиют масах (степень силы воли противодействия желанию – сила экрана)** обозначаются:

שורש - א - ב - ג - ד

соответственно принятым в данной книге обозначениям:

0 – 1 – 2 – 3 – 4.

Приведенный список крайне ограничен. Ведь у каждого слова, определения, действия существует его духовный корень. Поэтому список практически бесконечен (для примера раскройте анатомический атлас, карту звездного неба, каталог растений).

Цель перечня – показать, насколько духовные объекты не связаны с нашими представлениями об их материальных следствиях и не ограничены местом, временем, движением.

Система мироздания

ОГЛАВЛЕНИЕ

ВВЕДЕНИЕ В КАББАЛУ

1. В «Зоар» (Ваикра, Тазриа, стр. 40) говорится: «Все высшие и низшие миры заключены в человеке; все, что создано и находится во всех мирах, – создано для человека». Но неужели недостаточно человеку нашего мира и необходимы ему еще и высшие миры?

2. Цель творения – максимально насладить создание. Как только у Творца появилась мысль создать души, чтобы насладить их, она немедленно обратилась в законченное действие, поскольку для действия достаточно одной лишь мысли Творца. Зачем же Творец сократил себя, чтобы создать все эти миры вплоть до нашего, наинизшего мира, и поместил душу человека в телесную оболочку?

3. Ответ заключается в том, что желанием Творца было насладить творение раскрытием Им Своего Совершенства. Но как из Совершенного, каким является Он, могли произойти столь несовершенные создания, что должны соответствующими действиями в нашем мире исправить себя?

Душа человека состоит из двух компонентов – света и сосуда, причем сосуд – это суть души, а свет, наполняющий его, и есть уготовленное Творцом наслаждение. И поскольку цель в услаждении душ, т.е. в удовлетворении их желаний, то вся природа и суть души – в одном лишь желании насладиться светом Творца .

4. Творение – есть появление объекта, не существовавшего ранее ни в каком виде – из небытия. Но как можно предположить, что появилось что-то не существовавшее в Творце?

Новое, что создал Творец, состоит в сотворении сосуда – души, т.е. желания насладиться. Такого свойства нет в Творце, поскольку Его совершенство исключает наличие в Нем какого-либо недостатка – желания.

5. Сближение (слияние, соединение) и удаление (разделение), действующие в духовном мире, определяются соответствием свойств духовных объектов. При совпадении свойств

два духовных объекта сливаются в один настолько, что невозможно отличить их один от другого. Различие в свойствах объектов дает величину их взаимного удаления – вплоть до противостояния друг другу, в случае противоположности свойств.

6. Поскольку Творец – источник наслаждения, а души – получатели этого наслаждения, то поневоле души пребывают в духовной удаленности от Творца. Желание Творца – давать, а желание души – лишь получать. То есть природа, суть, характер Творца и души противоположны, и поэтому с момента рождения душа максимально, полярно удалена от Творца.

7. Причина создания всех миров состоит в том, чтобы с их помощью все творение пришло к совершенству, каким является сам Творец. Если бы души оставались удаленными от Творца, как же можно было бы назвать Его совершенным?

И потому Творец последовательными сокращениями своего света создал все миры – вплоть до нашего мира, и поместил душу – малую порцию света в тело – оболочку из нашего мира. Выполнением законов Торы душа достигает слияния с Творцом и получает абсолютное наслаждение.

8. Но особенность Торы, позволяющая душе слиться с Творцом, действует лишь в том случае, если человек постигает Тору не ради вознаграждения, а ради того, чтобы доставить радость Создателю.

Тогда лишь душа, постепенно восходя по духовным ступеням, называемым мирами, достигает самого Творца. Восхождение заключается в постепенном приобретении нового духовного качества – альтруизма (в отличие от присущего душе эгоизма). Восходя по ступеням сфирот и миров, т.е. по мере сближения с Творцом, душа получает уготовленное ей наслаждение от света и, сверх того, от слияния с Источником.

9. Отсюда понятен смысл цитаты из книги «Зоар», что все миры созданы лишь ради человека. Первоначально миры создавались путем последовательных сокращений света – до нашего мира, чтобы поместить душу в тело, желающее лишь наслаждений.

Выполняя законы Торы, человек постепенно постигает свойство Творца – альтруизм, духовно поднимается по тем же ступеням, по которым душа спустилась в наш мир.

Духовные ступени – сфирот, миры – это величины, меры приобретенного альтруизма. Человек постепенно поднимается, пока не достигает качества совершенного альтруизма, без какого-либо желания самонаслаждения, лишь тогда душа абсолютно сливается с Творцом. Для такого состояния и создан человек. И потому все миры созданы лишь ради него.

10. Все миры, созданные последовательным сокращением – ослаблением света, абсолютно духовны, хотя мы и применяем для их описания такие материальные термины, как подъем, спуск, сдвиг, совокупление.

Зная это, можно без страха приступать к изучению Каббалы, так как основная ошибка начинающих изучать Каббалу – в овеществлении, материализации духовных объектов.

11. Из сказанного ранее ясно, что все ступени ослабления света существуют лишь относительно его потребителей – душ. И хотя свет Творца заполняет все творение равномерно, но лишь в зависимости от духовной близости к Творцу способна душа получить ту или иную порцию света.

Как скрывающийся за шторой человек остается самим собой, хотя и скрыт частично или полностью от других, так свет, исходящий от Творца, – один и тот же везде, но его скрывают от нас различные оболочки, называемые нами сфирот. Сфирот – это десять ослабляющих экранов, за которыми высший свет (сам Творец) скрывается от душ. И души могут постичь, т.е. получить свет, лишь в количестве, отмеряемом этими экранами-фильтрами.

12. Эти экраны-фильтры существуют лишь в мирах Брия, Ецира, Асия – там, где и существуют души. В более высоких мирах – А"К и Ацилут свет проявляется без каких-либо скрывающих оболочек.

13. Миры А"К и Ацилут существуют как необходимое звено для создания миров БЕ"А. Эти миры находятся в слиянии с Творцом, и от них душа получит свет в гмар тикун – в состоянии окончательного исправления.

14. Таким образом, ясно, что фильтры-сфирот, скрывающие свет Творца, не воздействуют на сам свет, а лишь ослабляют его относительно душ.

15. Поэтому везде и всегда можно выделить три категории: свет Творца, душа, свет, наполняющий душу. В душе-сосуде есть два противоположных свойства – сокрытие и раскрытие. Поначалу душа проходит этап полного сокрытия света. Но если душа становится достойной, то свойство сокрытия обращается в свою противоположность: чем грубее душа была изначально, тем больше света она сможет получить при исправлении своих удаленных от Творца свойств.

ДУХОВНЫЕ СИЛЫ ЧЕЛОВЕКА

1. Все, что нам известно о творении, можно свести в следующие таблицы:

СФИРОТ	МИРЫ	СВЕТ	ТАНТА
Кэтэр	А"К	Ехида	
Хохма	Ацилут	Хая	Таамим
Бина	Брия	Нэшама	Некудот
З"А	Ецира	Руах	Тагин
Малхут	Асия	Нэфеш	Отиет

ТЕЛО	ЛЕВУШИМ	ОСНОВЫ	СРЕДА	ОДЕЖДА
Мозг	Корень			
Кости	Душа	Огонь	Дом	Рубашка
Жилы	Тело	Воздух	Двор	Брюки
Мясо	Одежда	Вода	Поле	Повязка
Кожа	Дом	Земля	Пустыня	Пояс

Общее у всех этих категорий то, что каждая делится на четыре подраздела, а высшая – пятая категория – точка в Авая, кэтэр, А"К, ор ехида – является связующей с Творцом. Есть также всевозможные подкатегории – промежуточные, связующие вышеперечисленные категории.

Исходная категория – первичное творение – Авая, из точки которой исходят все ктарим, из буквы юд – все хохмот, из буквы хэй – все бинот и т.д.

То есть каждая из вышеприведенных категорий в свою очередь делится на подобные подкатегории, делящиеся в свою очередь до бесконечности и образующие воистину Древо Жизни, исходящее из Единого корня – точки – зародыша первичного состояния в свете, исходящем из Творца.

ЧЕЛОВЕК

	ПРОМЕЖУТОЧНЫЕ СОСТОЯНИЯ
дух	
	кровь
тело	
	волосы, ногти
одежда	
	палатка
дом	

УРОВЕНЬ ПРИРОДЫ

	ПРОМЕЖУТОЧНЫЕ СОСТОЯНИЯ
говорящий	
	обезьяна
животный	
	келев садэ
растительный	
	кораллы
неживой	

Сфира (кли)	*Рош (голова)*	*Гуф (тело) (длина)*	*Гуф (тело) (ширина)*	*в Ц"Б*
кетэр	*мэцах (лоб)*	*гарон (горло)*	*моах (мозг)*	*шореш (корень)*
хохма	*эйнаим (глаза)*		*ацамот (кости)*	*нэшама (душа)*
бина	*озэн (ухо)*	*хазэ (грудь)*	*гидин (жилы)*	*гуф (тело)*
З"А	*хотэм (нос)*		*басар (мясо)*	*левуш (одежда)*
малхут	*пэ (рот)*	*табур (пуп)*	*ор (кожа)*	*эйхаль (жилище)*

2. Как следствие Ц"Б (второго сокращения) келим кэтэр, хохма, бина (Г"А) отделены от келим З"А и малхут (АХА"П):

в Ц"А	в Ц"Б
кэтэр	кэтэр
хохма	хохма
бина	<u>бина</u>
З"А	З"А
малхут	малхут

где Г"А – внутренние келим, так как их можно использовать для получения света, а АХА"П – внешние келим, так как не могут получить свет ввиду отсутствия соответствующих сил в масахе. Соответственно, в этих келим свет светит издали, он как бы окружает их, но не может войти внутрь.

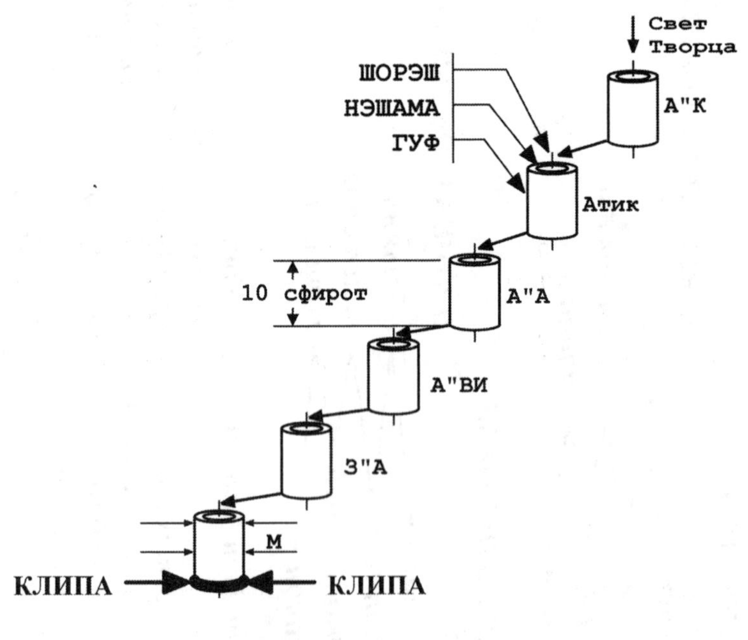

Кэтэр	Корень
Хохма	Душа
<u>Бина</u>	<u>Тело</u>
З"А	Одежда
Малхут	Дом

Как следствие этого разделения в духовном мире, соответствующие категории Г"А и АХА"П и в нашем мире разделены между собой, т.е. тело, душа и ее корень отделены от одежды и жилища человека.

Между телом и одеждой духовного парцуфа и мира находится место клипот, и поэтому оно называется темным, так как там не светит ни внутренний, заполняющий Г"А, ни наружный, окружающий АХА"П свет. Относительно парцуфа З"А мира Ацилут одеждой является талит, а жилищем, домом – небосвод.

3. **Связь келим между собой происходит следующим образом:**

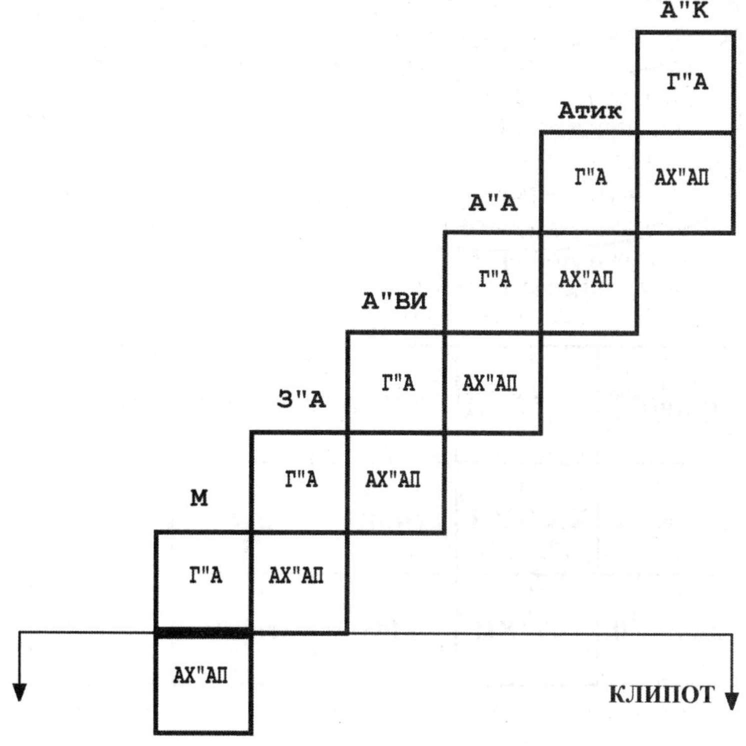

4. Любой парцуф состоит из десяти сфирот. После Ц"Б, если в парцуфе есть масах авиют 0, он не может получить свет, а находится лишь в море света – наслаждения, идущего к нему от высшего парцуфа, не получая ничего.

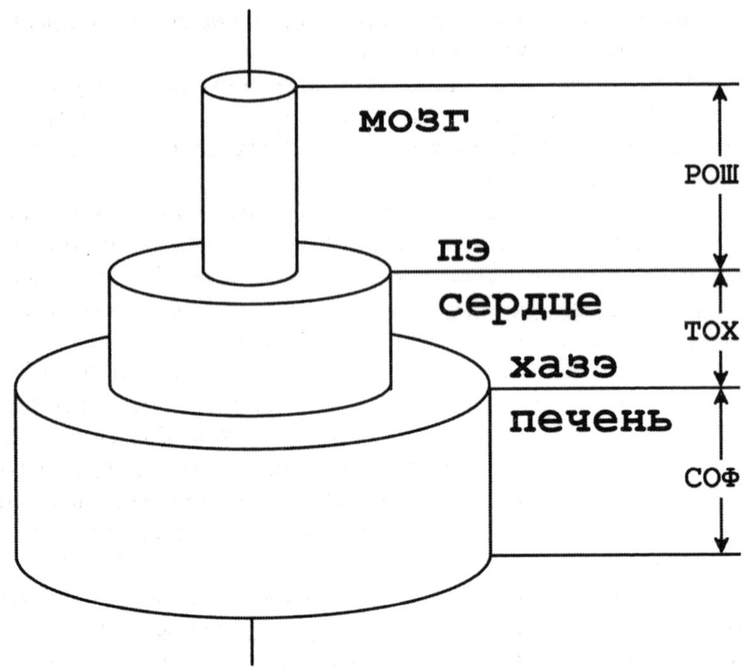

авиют 2	**ХА"БАД**	**мохин**	**нэшама**	**бина**
авиют 1	**ХА"ГАТ**	**еника**	**руах**	**З"А**
авиют 0	**НЭ"ХИ**	**ибур**	**нэфеш**	**малхут**

В таком случае говорится, что парцуф находится в состоянии зародыша (убар), а высший парцуф – в состоянии беременности (ибур), так как нижний парцуф совершенно не производит никаких самостоятельных действий (получение света), кроме того, отказывается получить свет внутрь себя, зная, что не сможет устоять перед искушением насладиться, превышающим силу его экрана.

Поэтому он как бы находится внутри высшего парцуфа и использует лишь свои келим – нэцах, ход, есод. Получаемый в них пассивно свет называется ор нэфеш, а келим нэцах, ход, есод называются кавэд (печень).

Под действием заполняющего света эти келим духовно растут. То есть, постепенно получая от света его природу, они увеличивают свой масах, пока не достигают авиют 1. Имея масах на авиют 1, кли уже может получать свет, но небольшой – всего лишь ор руах. А так как высший парцуф, в котором находится убар, наполнен более сильным светом, то чтобы оградить убар от насильственного получения (когда наслаждение давит, заставляет получить, и кли не в состоянии удержаться) и от разбиения (швиры), высший парцуф прекращает питать, передавать низшему свет и этим «выталкивает» его из себя – происходит акт рождения (лейда) самостоятельного, т.е. имеющего уже свой экран, тела (желания).

Рожденный таким образом парцуф уже может получать свет в келим – хэсэд, гвура, тифэрэт – в дополнение к получению света в келим – нэцах, ход, есод. Келим хэсэд, гвура, тифэрэт – ХАГА"Т называются лев (сердце).

Затем наступает период вскармливания (еника) молоком (халав), где ор хасадим – халав, идущий от высшего парцуфа, постепенно взращивает – дает силы масаху низшего парцуфа, пока тот не достигнет силы на авиют 2. И тогда сможет, как взрослый, сам выбирать род пищи, т.е. самостоятельно избирать и ограничивать поступающий свет. Такое состояние называется мохин (разум) – с появлением келим хохма, бина, даат – ХАБА"Д – моах (мозг) с соответствующим светом ор нэшама. Причем эти три состояния парцуфа надеваются один на другой, так как при появлении нового состояния прежнее всегда сохраняется.

5. Таким образом, мы видим, что в парцуфе, находящемся под Ц"Б, отсутствуют келим кэтэр и хохма, поскольку отсутствует сила масаха на самые грубые келим, находящиеся в соф парцуф. И отсюда появляется у клипот возможность ухватить для себя свет. Поэтому необходимо специальное исправление (тикун), чтобы не дать клипот возможность вырвать свет из парцуфа. Этот тикун называется мила – обрезание, отсечение на конце парцуфа части кожи, так как кожа соответствует сфире малхут.

В нашем материальном мире это соответствует отсечению крайней плоти. Отсечение кли малхут – кожи парцуфа может произвести парцуф, получивший ор хохма, – лишь тогда он видит, что относится к клипа, а что относится к кдуша, и отсекает, т.е. решает не использовать нечистые кли.

Но этого недостаточно, поскольку клипа может ухватить свет и от других келим.

И потому необходимо:

– против клипа Руах Сэара (ураганный ветер) – отсечь крайнюю плоть (оголенная часть мяса – З"А называется хашмаль);
– против клипа Анан Гадоль (большое облако) – подвернуть кожу крайней плоти;
– против клипа Эш Митлакахат (пожирающий огонь) – выдавить порцию крови.

И тогда лишь сиюм парцуфа будет не в малхут, а в есод – кли басар (мясо), называемое хашмаль, а кожа, оставшаяся на нем, называется клипа Нога (сияние), которую парцуфу еще предстоит исправить.

Основная масса клипот, т.е. нечистых, уводящих от кдуша сил, сосредоточена у есод (детородный орган) парцуфа. В нашем мире поэтому притягивающая сила, наслаждение от использования соответствующих келим – самое большое изо всех наслаждений, основа всех наслаждений. И кстати, чем больше духовно растет человек, тем с большей силой клипот соблазняют его.

Как говорится в Талмуде, после падения Второго Храма настоящий вкус совокупления остался лишь у тех немногих в нашем мире, кто начинает постигать духовные силы высших миров. Так как чем выше постигаемая ступень, т.е. чем больше света входит в душу, тем больший соблазн для клипот, т.е. для «я» человека получить его ради себя и самонасладиться.

А у живущих животной жизнью – как удовольствия, так и страдания животного уровня, поскольку желания, т.е. келим, постигаемые ими, находятся на низшем уровне всего мироздания.

Три нечистых клипот Руах Сэара, Анан Гадоль, Эш Митлакахат называются в Торе Элоким Ахерим – Другие Боги – или Змеем.

6. Клипа Нога состоит из двух частей – годной для использования, т.е. на которую можно приобрести масах, и негодной – на которую невозможно сделать масах до гмар тикун.

Поэтому клипа Нога называется Древо Добра и Зла – в зависимости от того, к чему, к каким кли она присоединится: если к келим с экраном, т.е. к келим кдуша, то становится Древом Добра, а если присоединяется к келим, не обладающим масахом, т.е. к трем нечистым клипот, то оборачивается Древом Зла.

7. Все клипот оживляет Творец, так как все они существуют и в каждом из нас для того, чтобы преодолевая их соблазны, мы могли взращивать, увеличивать свой масах и таким образом подниматься по ступеням миров, вплоть до самого Творца, получая наслаждение от сближения с Ним.

Параллельно мирам АБЕ"А кдуша находятся миры АБЕ"А тума (клипот, нечистых сил). Лишь преодолевая соответствующую силу ступеней клипа, человек занимает противоположное ей место на ступени кдуша.

Примеры клипы Нога: Батья – дочь Фараона, Лилит – жена Адама и т.д. Все они (черти, ведьмы) царствуют ночью (состояние, когда ор хохма не может светить внутрь кли ввиду отсутствия масаха, т.е. ор хасадим).

8. **Итак, после Ц"Б парцуф состоит из:**

моах
ацамот
гидин
басар - хашмаль
ор (кожа) - клипа Нога — ↑ ***Добро*** / ↓ ***Зло***
эш митлакахат
анан гадоль
руах саара
} ***Три нечистых клипот***

Мы видим, что наша единственная возможность – в присоединении Нога к кли кадош – басар или к трем нечистым клипот. Лишь в этом есть наша свобода воли – в выборе РАПА"Х нецуцим из клипот Нога и переводе их в кдуша. Чистые (кашерные) животные – это относящиеся к клипат Нога – убитые, разделанные и приготовленные соответствующим образом, они как бы переводятся в кдуша.

Народ Израиля также соединяется с клипат Нога. Народы мира и нечистые животные принадлежат трем нечистым клипот, относящимся к лев эвэн, которые нельзя исправить до гмар тикун. Яркий пример клипат Нога – пара адума – красная корова, пепел которой использовался в Храме для духовного очищения.

9. Как мы уже изучали ранее, в келим соф Гальгальта отсутствует масах, и поэтому они не могут получить свет ради Творца. Имеющийся у них масах лишь отталкивает наслаждение.

Чтобы дать этому масаху дополнительную силу, некудот СА"Г спустились под табур Гальгальта. Некудот СА"Г, как указывалось, состоят из ГА"Р – ничего не желающих, и ЗА"Т – желающих получить для З"А. Поэтому там, где распространился ГА"Р некудот СА"Г, – лишь там появились келим, годные для получения света, – от табур до хазэ (парса) некудот СА"Г. Для того чтобы внести в часть малхут, находящуюся под парса, свойства бины давать, необходима швира, так как лишь взрывом можно соединить между собой столь противоположные эгоистические и альтруистические свойства.

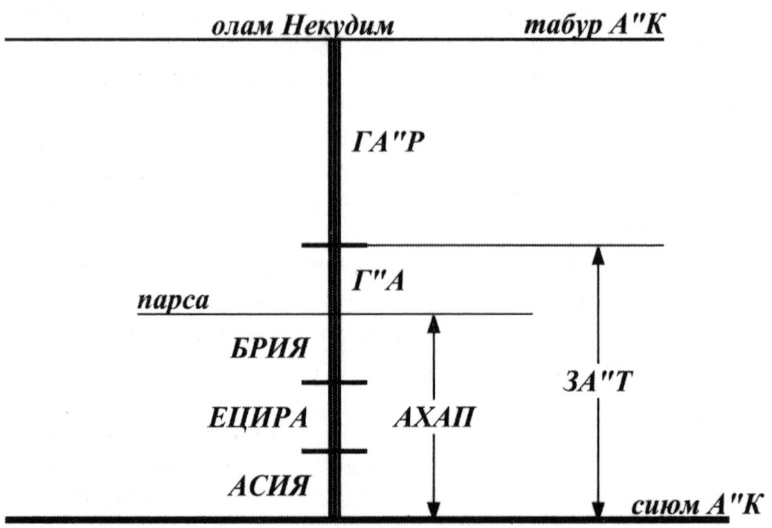

Из ГА"Р Некудим создались келим ГА"Р Ацилут – Атик, А"А, АВ"И. В результате разбиения (швиры) келим Г"А и АХА"П мира Некудим смешались.

Отделение келим Г"А и бины от З"А и малхут в мире Брия называется мила – обрезание. Подъем Г"А и бина в Ацилут позволяет получить в Ацилут дополнительно к имеющимся там светам нэфеш и руах также ор нэшама. Остающиеся в мире Брия келим З"А и малхут представляют собой клипа Руах Сэара.

Отделение келим Г"А и бины от З"А и малхут в мире Ецира называется прия – подворачивание кожи после обрезания. Подъем этих келим в Ацилут вызывает в нем появление дополнительно ор хая, а оставшиеся келим З"А и малхут представляют собой клипу Анан Гадоль.

Разделение келим Г"А и бины в мире Асия называется акизат дам – выделение крови. Подъем этих келим в Ацилут добавляет в нем ор ехида, а оставшиеся келим называются клипа Эш Митлакахат.

Эти тикуним – исправления души человека. Животное, если оно кашерное, исправляется, так как клипот устраняются определенным, правильным умерщвлением и кашированием (солением) – выделением, вернее, остановкой движения крови. Плоды деревьев, т.е. растительный уровень творения, исправляются выделением клипы в течение первых трех лет (орла) при условии выращивания их в Земле Израиля. Эти же тикуним имеют место и при исправлении животного и растительного уровня души человека.

10. Неисправленные части келим – клипот, называются также юд – алеф симанэй кторэт – одиннадцать видов воскурения. Их существование обязывало воскуривать кторэт в Храме (см. сидур «Тфилат коль пэ», стр. 21, 98).

11. Адам состоит из ор и кли, где душа, получаемый от ЗО"Н Ацилут свет – НАРА"Н, а кли – духовное тело – происходит из кли хашмаль З"А Ацилут. Это кли хашмаль также называется одеждой (кутонэт – рубашка, левуш, о которых не раз говорится в Торе).

После исправления греха остались лишь ногти в теле Адама, связанные с клипат Нога, и поэтому на них производится авдала (разделение) между кодэш (субботой) и холь (будни) на исходе субботы при свете огня – свет хохма, как нам уже известно, способен перевести кли хашмаль из клипа в кдуша.

Поскольку это четвертое кли, то когда входит ор хохма в кэтэр – в З"А смещается из бины ор нэфеш и, таким образом, З"А – басар – хашмаль становится кли кадош – чистым кли.

А когда Адам согрешил, то почувствовал потребность в одежде – хашмаль и З"А Ацилут. Творец создал ему новую одежду, но уже из хашмаль Ган Эден Арэц – земного райского сада – из малхут Асия, а верхнюю одежду души – из клипы Нога. И потому духовная одежда, т.е. кли души у всех людей, происходит из клипы Нога – смеси добра и зла.

Посредством Торы и Заповедей человек способен, осознав, что добро, а что зло, отделить их и поднять добро, т.е. годную часть кли в Ацилут. И так раз за разом, пока не разделит всю Нога и не переведет ее добрую часть в Ацилут – и на этом закончит свою земную задачу – и это задача каждого из нас, пока не вызовем все вместе приход Машиаха.

12. Материальное же тело человека происходит не из Нога, а из совершенно другого материала, и уже внутри материального тела, если удостаивается человек, то ощущает еще две категории. Одна – чистая – из хашмаль, а другая – из смеси добра и зла, называемая Ецер Тов – доброе и Ецер Ра – дурное начало, побуждение, происходящие из клипат Нога, называемой также «животная душа».

13. С помощью определенной мотивации человек исправляет левуш-одежду для света нэшама. Изучением Торы человек переводит Нога из Ецира в левуш для ор руах, а выполнением Заповедей переводит Нога из Асия в левуш ор нэфеш – и таким образом, все мы в совокупности восстанавливаем вновь левушим, бывшие до грехопадения Адама, – и у каждого своя часть в этой работе, и согласно этому отпускаются каждому дни его жизни.

1. Кдуша (святость)
2. Нога – наружный покров Змея (нейтральность).
3. Три клипот – суть Змея (нечистота).
4. Олам азэ (вне духовного).

14. В Каббале изучаются духовные объекты, являющиеся корнями нашего мира. Поэтому я считаю необходимым еще раз предупредить читателя о несостоятельности применения полученных знаний и их простой привязки к объектам нашего мира. Для примера приведу отрывки из книги Ари «Эц Хаим» (часть 2, шаар 42):

«Рассмотрим теперь суть нашего мира (олам азэ). Так вот, небосводы, которые мы видим (кто видит! – Прим. автора) в виде десяти окружающих нас сфер, являются десятью сферами (сфирот) малхут Асия, и в их центре находится парцуф малхут Асия – т.е. в самом месте Райского Сада Земли. А сама малхут Асия называется «Иерусалим».

«Эц Хаим» (часть 2, шаар 43): «Разберем, что такое Райский Сад: это центральная точка экватора на юг от земли Израиля, против бины у малхут Асия. И этот Райский Сад уготовлен для праведников в будущем мире, и там отсутствуют все клипот...»

Все, о чем говорится в Каббале и Торе, говорится не для нашего знания, а как руководство к действию. И по мере духовного роста человека – если при его действии необходимы какие-то отсутствующие у него знания о тайнах мира – он их получает свыше. Если же он желает приобрести знания не для духовного возвышения – то их приобретение лишь навредит ему и физически, и духовно.

Каким образом духовные корни, действуя внутри материала-оболочки нашего мира, дают нам видимую и ощущаемую нами картину этого мира в движении, времени и пространстве, каким образом эти духовные силы определяют времена года, цвета, события – в общем, каким образом одевается шхина в материю – удастся постичь лишь достойному.

15. З"А в мире Ацилут делится на две части: выше хазэ и ниже хазэ. Выше хазэ его часть называется Исраэль и соответствующая ему нуква называется Лея, ниже хазэ его часть называется Яаков и нуква, ему соответствующая, называется Рахель.

Так и у парцуфа Адам есть две нуквы: выше хазэ – Лилит, и от хазэ до сиюм – Хава. З"А также называется Адам. Мы уже изучали, что нуква З"А родилась из него, как и повествуется в Торе. Яаков, он же нижняя часть парцуфа З"А, любил Рахель, а не Лею, так как лишь она подходила ему в качестве нуквы.

А когда стал из Яакова – Исраэль, т.е. получил от Творца второе имя, а имя – значит новый уровень, стал в полную высоту как З"А и смог тогда понять, что Лея больше, чем Рахель, выше ее. Но до тех пор пока он был Яаковом – не смог войти с

Леей в зивуг, так как силы его экрана не хватало для ее наполнения. И потому должен был ждать 7 лет (семь сфирот от кэтэр до тифэрэт), пока не получил нукву Рахель.

Поэтому, когда Яаков получил Лею, то был в состоянии, как ночь, так как присутствовал свет хохма без света хасадим (т.е. без экрана) и ор хозэр, что, как известно, после Ц"А – необходимые условия для получения ор хохма.

16. Парцуф Лея в нашем мире ассоциируется с головным тфилином. Моше было сказано, что он увидит на горе Синай лишь затылок Творца, так как он поднялся лишь на уровень бины у парцуфа Леи, который имеет форму буквы далет – узел головных тфилин, находящийся позади З"А. Парцуф Рахель соответствует наручному тфилину. И конечно, тфилин изготовлен из кожи, так как соответствует малхут – нуквам Рахель и Лея.

17. Как известно, в Ц"Б тифэрэт (бина в гуф парцуф) делится на две части, так как верхняя ее часть относится к бине, к келим ГА"Р, а нижняя – к ЗА"Т, к З"А – так как получает свет ради него, для него.

Здесь же, в мире Ацилут, тифэрэт З"А разделилась на три части – верхняя относится к Лее, нижняя – к Рахель, а средняя часть тифэрэт З"А называется в Торе трафим – идолы, которые Рахель украла у своего отца Лавана и не дала использовать Лее, так как с помощью средней части тифэрэт, присоединенной к Лее, возникает желание получить весь ор хохма, а не его малую часть, нужную для З"А.

А весь ор хохма нельзя получить не ради себя до гмар тикун – поэтому такое действие называется авода зара – поклонение идолам, другим богам. Лаван же представляет собой источник ор хохма – Аба в мире Ацилут.

Из приведенного примера еще раз видно, насколько особенны идолопоклонники и грешники, описываемые в Торе, – каков их духовный уровень. Как говорится в Торе, Моше, подпрыгнув, с трудом дотянулся своим жезлом до голени Ога – царя земли Башан. Такова разница в их ступенях – уровнях в духовном мире!

Разница, конечно, еще и в том, с какой стороны – Кдуша или Тума – находится человек. Ведь Фараон олицетворяет собой всю малхут – как говорится в Шир аШирим (Песнь Песней 1; 9): «Кобылице в колеснице Фараона уподобил я тебя, подруга моя», – так обращается Творец к Шхине, душам праведников. Они, эти души, всего лишь кобылица в колеснице Фараона.

Лишь раскрыв глаза, узрев Высшие Миры, можно понять, кто такие грешники Торы.

18. Средняя часть тифэрэт З"А – это место открытия, излучения ор хохма. И поэтому называется оно Древо Познания – Эц Даат. И именно в том, как используется эта часть З"А, и заключается отличие Кдуша от Тума.

Например, Билам пошел в Арарэй Кедэм к Аза и Азаэлю научиться у последних, как использовать эту часть З"А. Уровень Билама – на уровне выхода ор хохма из малхут Леи, и поэтому он зовется Билам, так как хотел ливлом (поглотить) этот свет.

Лаван же был дедом Билама, и его душа вернулась в Биламе, вызвав в нем желание с помощью трафим, как его дед, получить ор хохма. А без трафим он был как слепой и потому не знал, что Яаков убежал от него со своими женами и детьми (Тора. Берешит. Ваецэ, 39; 22). Кстати, Аза и Азаэль – это и есть те двое ангелов, уговаривавших Творца не создавать человека (см. четыре категории: милосердие, правда, справедливость и мир).

19. Также хэт Эц Даат – грехопадение Адама – произошло от использования средней части тифэрэт З"А. Опьяняющее вино – свет хохма, исходящий из соф (акваим, экев – пята, гематрия 172) Леи, опьянило Адама (анавим – виноград также в гематрии 172) и привело к желанию использовать среднюю часть тифэрэт З"А – Эц Даат, что запрещено до гмар тикун.

А если бы подождал Адам до субботы – состояния, соответствующего подъему миров до уровня гмар тикун, то смог бы и съесть плод с Эц Даат – Древа Познания. Но вследствие использования света хохма ради себя (так как еще отсутствовал экран на этот свет) упал со своего духовного уровня, и все его девять сфирот, кроме кэтэр, упали в клипот, так как возжелал, как возжелали Аза и Азаэль, света, светящего душам лишь в гмар тикун.

20. После первого грехопадения Адам продолжал грешить и дальше – и родились от него, таким образом, шейдим, рухин, лилин (разновидности нечистых сил, желающих света хохма для себя) – ведьмы, вандалы и прочие. Их рождение произошло прямо от Адама без участия Хавы – путем извержения семени, т.е. получения света хохма без нуквы-масаха, что считается грехом в Торе.

Сразу же за этим он пришел к Хаве, и она зачала Каина, т.е. Адам использовал экран и желал получить свет в состоянии кдуша, не ради себя. Но поскольку он был еще под властью прежних поступков, то родился Каин с дурными, эгоистическими склонностями. И произошло от него все то поколение, приведшее к Потопу.

И лишь от второго зивуга Адама с Хавой родился Эвель – парцуф кдуша. Затем Адам снова ушел от жены, извергал семя, т.е. получал свет хохма без нуквы-масаха, пока не вернулся снова к Хаве и зачал Шета.

21. Каин по своей природе желает свет хохма без света хасадим. Эвель, так как родился уже в кдуша, т.е. посредством экрана, желает прежде ор хасадим. Так как Каин старше, что значит выше по уровню, чем Эвель, то через него Эвель получает свет.

А если Каин не желает с помощью масаха получить свет, а без масаха передать свет Эвелю нельзя, то это равносильно убийству Эвеля, так как ор хохма – это ор хаим, свет жизни. А на вопрос Б-га, где Эвель, ответил: «Разве я сторож брату своему?» (Тора. Берешит 5; 9) – т.е. с какой стати я обязан снабжать, заботиться о нем, давать ему ор хохма?

22. Души от извержения семени, т.е. от исхода света с неба (захар), но не достигшие земли (некейва, нуква), т.е. масаха, – находятся как бы висящими в воздухе. И лишь потом вода, ор хасадим, может исправить их.

Потоп, как и другие кары Торы, – это не наказание, а всего лишь тикун – исправление. Так как эти души не получили должного кли – гуф, то все эти ведьмы, вандалы и прочие называются бестелесными. После потопа же эти души постепенно могут спускаться в наш мир, облачаясь в тела духовно новорожденных, и таким образом движется творение к гмар тикун.

Сам же Потоп – тикун, дабы отделить клипот, чтобы не властвовали в нас дурные мысли и можно было бы преодолеть соблазны самонаслаждения. Также десять Аругей Малхут – тикун, исправление тех десяти капель семени, выделившихся у Иосифа под влиянием жены Потифара (Тора. Берешит. Ваешев, 39).

23. Необходимо заметить, что именно души, родившиеся от семяизвержения, выше душ, родившихся с помощью нуквы-масаха, так как первые не ограничены масахом и связаны лишь с желанием захар (мужское начало, влияние, альтруизм, З"А) получить свет без облачения этого света в ограничивающую оболочку из ор хасадим. Но на подобные высокие души есть сильное влияние клипот-соблазнов.

24. Адам включает в себя все души и все миры БЕ"А. После грехопадения раскололась его душа на осколки, которые упали в клипот, делящиеся на 70 частей – народов. Смысл галутов (изгнаний) из Израиля (Ацилута) на чужбину в том, чтобы смешались евреи (альтруистические келим) с 70 народами мира, дабы выбрать из последних чистые души, упавшие от грехопадения в клипот.

Как сказано в Мидраш Раба, цель изгнания и существования народа Израиля среди народов мира состоит в том, чтобы произошло взаимное проникновение решимот.

Самая большая клипа называется Мицраим (Египет) – дурное побуждение человека, эгоизм). Поэтому Иосиф делал обрезание новообращенным, отторгал три клипот от кли кдуша.

В основном его желанием было исправить тех шедим, рухин (ведьм, дьяволов), что родились от извержения семени Адама, – так как это и есть самые высокие души, исправить которые в принципе возможно лишь посредством множественных кругооборотов душ.

Поэтому еврейский народ (ехуди – от слова «ихуд» – соединение, слияние с Творцом и от слова «миюхад» – особенный, так как освобожден от самолюбия, и лишь таких можно назвать ехуди) появился только с поколением Яакова.

Это народ, состоящий из душ, прошедших исправление в кругооборотах – гильгулим от Адама до Яакова. А с Яакова началось исправление душ, называемых баним (сыновья), относительно душ Авраама, Ицхака, Яакова, называемых авот (отцы).

В Египте все были египтянами. Но посредством работы над собой от общей массы отделилась часть – гой ми керэв гой – и стала отдельным народом. То есть нецуцим (часть Исраэль), упавшие в клипот (часть Мицраим), исправили – выбрали и подняли в Ацилут – часть клипот, и так появился народ Израиля.

25. Но до Потопа именно эти высокие души пренебрегали Творцом – в основном, как говорится в Торе, посредством извержения семени на землю. И частично были исправлены Потопом, действием света хасадим-маим, водой, передающей кли свои свойства.

Второй кругооборот этих душ произошел в дор афлага – поколении разделения людей на народы. Третий кругооборот произошел в жителях Сдома.

26. **В человеке есть три души:**
1) Нэфеш кдуша – святая душа, не нуждающаяся в исправлении, так как состоит только из хорошего и доброго.
2) Нэфеш Нога – состоит наполовину из добра и наполовину из зла, т.е. зависит от выбора нами наших поступков. Если они способствуют нашему исправлению (в таком случае поступок называется заповедь), то Нога присоединяется к нэфеш кдуша. Если же наш поступок эгоистичен (в таком случае он называется грех), то Нога присоединяется к третьей душе человека – нэфеш трех клипот.
3) Нэфеш трех клипот – часть души, которую нельзя исправить. Но постепенно, присоединяя вторую душу (Нога) к нэфеш кдуша, мы таким образом изолируем третью душу от света, и она отмирает.

Адам был сотворен без трех клипот. Таким образом, в нем клипа Нога была постоянно соединена с нэфеш кдуша. Поэтому и должен был согрешить, чтобы произошло смешивание всех клипот, и затем, путем выбора добра, отделения его ото зла и уничтожение зла.

Человек нейтрален. Он лишь ощущает действующие на него силы, а так как с момента рождения на всех нас действует сила (ангел), называемая ецер ра (дурное начало, эгоизм), то мы считаем, что возбуждаемый в нас эгоизм – наше личное природное начало, свойство тела. Если человек представляет себе, что все его желания – не его, а посылаемые, навязываемые ему извне, свыше, – ему намного легче противостоять своим желаниям.

Представьте себе, что вы уже находитесь «над землей», в духовных мирах, и смотрите на себя и на свое тело со стороны – видите, как оно постоянно диктует вам свои желания, которые вы тут же стремитесь удовлетворить, и так в течение всей жизни . И в конце-то концов это тело остается в земле. А вы – ваше «я», т.е. душа, – смотрите и поражаетесь, как это можно было заниматься всю жизнь такой бесполезной работой – ублажать то, что обречено на смерть?!

27. Мир А"К заполнил светом место от начала развития миров до своего табура. Олам Некудим заполнил место от табур до парса. Ацилут заполняет место от парса и до конца, до точки нашего мира, поднимая по просьбе праведников келим из миров БЕ"А к себе, над парса, и там наполняя их светом. Это выполняют парцуф З"А и парцуф Малхут мира Ацилут.

Поэтому Тора и начинается с них, так как повествует лишь о том, что относится к нам: «Вначале сотворил Бог небо (З"А) и землю (Малхут)». Малхут – это сумма всех душ, и то, что получает Малхут в зависимости от уровня, где она находится, то же получают и души, вызвавшие это ее состояние.

Любой парцуф – это в общем соотношение З"А и Малхут, где З"А – девять сфирот прямого света, а Малхут – это масах, их отражающий. Малхут может использовать келим ашпаа (кэтэр, хохма, бина), и такое состояние ее называется катнут, или все келим, включая келим каббала (от хэсэд до есод), – и такое состояние ее называется гадлут. В катнут Малхут получает лишь ор хасадим, в гадлут она получает еще и ор хохма.

28. В мире Эйн Соф нет разницы между ор и кли. В Гальгальта ор кэтэр наполняет кли кэтэр. Но в А"Б уже ор хохма – в кли кэтэр, а в СА"Г ор бина – в кли кэтэр. Таким образом, появляется ощущение недостатка света в кли и вырисовывается все большее удаление кли от света, так что в конце развития миров появляется малхут без света, т.е. тело без души. И отсюда начинается работа человека – достичь первоначального состояния.

29. Рамхаль. Адир ба маром, стр. 25: «Швират келим в олам Некудим положила основу для рождения миров БЕ"А, в итоге развития которых появился наш мир, и был сотворен человек, т.е. созданы основы всего творения, которое становится его ветвями. И сотворение человека в состоянии свободы воли, свободы выбора своих поступков, получающего вознаграждение или наказание в зависимости от них, – так задумано Творцом, чтобы в конце концов получил он от Творца все уготованное наслаждение без стыда.

И чтобы создать условия для свободы действия, человеку необходимо наличие в нем дурных склонностей, чтобы иногда они овладевали человеком, а иногда человек управлял и подавлял бы их, и чтобы следствия этих его поступков сказывались в Высших Мирах. И таким образом появляются различные по уровню дурные или добрые времена.

А кроме того, есть возможность покаяния после дурного поступка, и это значит, что существует возможность вернуться назад по времени и исправить то или иное действие. Отсюда же происходит основа вознаграждения и наказания, и все это – следствие швира и тикун келим».

30. **Все управление нашим миром исходит от парцуфа З"А Ацилут, в котором мы находим пять возможных состояний:**

1) ибур (зарождение) – в течение первых 2000 лет, и в особенности в Египетском изгнании, когда Творец совершенно скрывает себя от нашего мира, как будто оставив его и не обращая внимания на поступки людей;
2) еника (вскармливание) – как наше нынешнее время, когда нет среди нас пророков и чудес и явного присутствия Творца, а лишь некоторые знания о Его наличии;
3) гадлут 1 (первый период взросления) – когда Творец явно берет власть над миром (до этого управление Им нашим миром осуществлялось незримо для нас, и потому было воспринимаемо нами как случайное, природное явление). Это уровень Первого и Второго Храмов. Но это не полное раскрытие Творца;
4) гадлут 2 (второй период взросления) – когда раскрывается Творец перед глазами (чувствами) всех созданий, постигается Его управление, и ненужными становятся чудеса и вера, а приходит вместо них знание, постижение, ощущение Создателя в явной всем форме;
5) подъем З"А – постепенное абсолютное постижение, слияние всех с Создателем. (Рамхаль. Даат твунот, стр. 140-146.)

31. **Времена всех событий, происходящих в нашем мире, определены в Малхут Ацилут:**

1) в З"А находится источник будущих событий, а в Малхут – время, в которое каждое из них должно проявиться в нашем мире;
2) в Малхут определяется время нисхождения и время возврата каждой души. Особенность души определяется временем ее рождения;
3) душа (нэфеш) находится в Малхут соответственно уровню ор руах в З"А;
4) руах каждого создан в первые 6 дней творения, а нэфеш каждого создается в любое мгновение в течение 6000 лет, и свойства души зависят от времени ее создания;
5) если душа человека появляется в этом мире в то же духовное время, когда Малхут соответствует тому уровню З"А, где находится руах человека, – рождается удачливый человек;

6) нэфеш относительно соответствующего ей руах называется женой человека;
7) жизнь, удача – зависит от души. Если руах выходит в мир, когда нэфеш находится там, – все легко дается такому человеку, даже если он и не праведник. В противном случае – тяжела его жизнь, даже если праведник. Поэтому говорится, что все зависит от удачи – мазаль (уровень руах супруга души);
8) нет человека, у которого не было бы в течение 6000 лет своего «часа», но не всегда человек выходит в мир соответственно «своему часу»;
9) все кругообороты жизней человека – для того чтобы совпала его душа с «часом» и таким образом пришла к исправлению;
10) каждый, захватывающий «чужой час», в конце концов уступает его настоящему хозяину;
11) все исправления, достигаемые от занятий Торой и выполнения заповедей, лишь для того, чтобы исправить «час». Человек должен исправить каждый час своей жизни. (Бирурэй Агра.)

32. Ни в коем случае не следует думать, что от наших хороших поступков есть услада Творцу, а от наших плохих поступков – огорчение. Просто поскольку Его единственное желание дать нам, то, давая Ему возможность дать нам наслаждение, мы как бы услаждаем Его. Ясно, что это лишь ласкающие ухо слова. Творец выше наших желаний. Выполняя Его волю, мы создаем в себе сосуд, способный получать наслаждение, не выполняя – вредим лишь сами себе. И это Его воля была – создание управления в зависимости от наших действий.

Страх перед Творцом, благодарность, просьбы к Нему – суть сотворения в нас кли для получения наслаждения. Он же выше всех реакций на наши действия. Требуемое от нас условие выполнения заповедей «ради Него» (ли шма) – не что иное, как создание ор хозэр – условие для получения наслаждения, света хохма.

Рассказывают, что Провидец из Люблина в исход Йом Кипур отвечал каждому на вопрос ответом, получаемым им прямо с неба. И когда один из его хасидов сказал, что его просьба – делать все лишь ради Творца, то получил ответ: «Без одолжений!» И поэтому следует помнить – путь Торы, Каббалы, альтруизм – лишь для нашего блага.

33. Тфила – молитва, просьба о том, чего действительно недостает кли, человеку. Но если мы не знаем, что нам действительно надо, а в том, что просим, на самом деле у нас совершенно нет необходимости? Как, например, мне нужен хлеб, а я по ошибке беру в магазине молоко. Если продавец ясновидящий, т.е. понимающий, что мне действительно необходимо, – то, конечно, даст то, что мне надо, а не то, что я по ошибке прошу.

Поэтому главное – просить, а что дать каждому из нас – решает Творец. И в этом наше счастье, иначе бы мы навредили и себе, и другим. И на каждую просьбу, обращенную к Творцу, есть ответ.

34. **В человеке есть три вида желаний:**

1) собственное – желания тела: есть, пить и т.п., выполнять которые необходимо для поддержания нормального существования тела;
2) посторонние – желания, навязываемые извне, возбуждаемые стыдом и требованием почета, статуса, уважения от подобных себе.

В этих двух желаниях награждение и наказание явны, и потому постоянно есть стремление выполнить желаемое;

3) свыше – желание Творца, чтобы человек предпочел духовное материальному. Вознаграждение и наказание не явны, как в первых двух, – и потому нет сил и особого стремления выполнить это желание. Чтобы все же заставить человека неосознанно выполнять то, что Ему требуется, помещает Творец в определенные объекты нашего мира наслаждения или страдания и, таким образом, управляет человеком через первые два желания на подсознательном уровне.

35. **Возродить жизнь можно, лишь убив ангела смерти. И это имеет в виду Тора, говоря о четырех видах лишения жизни:**

1) четвертование – разделение на части, т.е. отделение клипот (Малхут Ц"А) от кдуша путем подъема малхут в бину;
2) сожжение – получение в малхут свойств бины;
3) умерщвление мечом – с помощью зивуга на среднюю линию (кав эмцаи);
4) удушение – вследствие отсутствия дыхания от кдуша путем создания зивуга ЗО"Н Ацилут.

Лишь после всех четырех видов уничтожения клипы она исчезает из мира.

36. В гмар тикун мы увидим, что то, что казалось нам прежде преследованием со стороны народов мира, раскроется и увидится совершенно противоположно – что все народы в этом лишь слепо выполняли указания Творца, чтобы привести нас к цели творения, а то, что воспринималось нами как удар судьбы, раскроется в обратном – что этим происходило их исправление и ускорение продвижения к совершенству. («Зоар», т. 1, стр. 165).

37. Все миры, все творения находятся внутри каждого из нас. В нас есть много разноречивых начал, которые можно обозначить, как Творец, Адам, Хава, Авраам, Ицхак, Яаков, Моше, Йосэф, Давид, Фараон, гои, евреи, животные, Храм и т.п., т.е. все существующее и еще даже не появившееся в нашем мире, даже звезды, страны, города. А сам человек – это наша внутренняя точка, ощущающая наше «я».

Например, ощущение нами духовной безысходности называется галут – изгнание, или темнота, или пустыня – в зависимости от того, о чем идет речь, – на каком духовном уровне находится человек. Человек может назвать себя созданием, когда он чувствует, что создан Творцом. Добро – совпадение с Создателем. Зло – любое удаление от Него.

Таким языком написана вся Тора: она говорит о единственном творении – человеке, внутри которого находится все: и райский сад, и деревья, и змей, и потоп, и все человечество, в нем ведутся войны, и все идет к намеченному концу – когда этот человек сольется с Творцом.

Человек – это маленький мир. Предводители этого мира – его основные желания. Праведники в человеке – его мысли о сближении с Творцом. Грешники – эгоистические помыслы. Так следует воспринимать все описываемое в книгах Торы.

38. **Вся духовная структура делится на три части:**

1) непосредственно Сам Творец;

2) исходящий из Творца свет;

3) келим, души, получающие этот свет.

Самого Творца наш разум не в состоянии постичь, и поэтому ни имени, ни свойства никакого мы Ему приписать не можем. В келим есть две характерные противоположности – сокрытие и раскрытие. Вначале они скрывают Творца.

Как, например, человек, закрывающий себя от взгляда другого. Сокрытие состоит из десяти экранов, называемых сфирот. Чем ниже кли, сфира, тем более скрывает оно свет. Но когда душа человека, благодаря выполнению им определенных условий-заповедей, начинает овладевать этими келим, то свойство скрывать, ослаблять свет обращается в противоположное, причем насколько было прежде велико сокрытие, настолько же проявляется теперь раскрытие света этим кли.

И таким образом, хотя сам Творец абсолютно непостижим, Он раскрывается нам посредством наполнения келим-сосудов наших душ исходящим от него светом, и в этой мере Он постигаем.

Теперь нам вполне понятно, что все те имена и действия, приписываемые Творцу в Торе, во всех ее книгах, описываемые нашим земным языком, ни в коем случае не описывают самого Творца, а лишь говорят о степени реакции кли на излучаемый Творцом свет, вернее, возбуждение души от наполнения определенным светом.

39. **Ступени духовного возвышения:**

получить – чтобы самонасладиться
отдать – чтобы самонасладиться
отдать – чтобы усладить, дать наслаждение
получить – чтобы усладить, дать наслаждение

Лишь действие в нашей власти, но не мысль, его сопровождающая, мотивация – ее может изменить лишь сверху сам Творец, соответственно нашей просьбе. Человек не в состоянии изменить свою природу, да и не требуется от него это, а требуется лишь, чтобы захотел этого и просил об этом Творца. И потому работа над собой называется аводат аШем – работа Творца, ибо человек только просит, а Творец делает (книга «Ешер диврэй эмэт», стр. 13).

40. **Любая душа состоит из десяти сфирот, ор пними и ор макиф.**

Ор пними находится в кли пними – в десяти сфирот, а ор макиф находится обычно в кли макиф. Но у Адама и Хавы не было этого кли макиф или хицон. В Торе говорится, что они были голые и не стыдились, т.е. были лишены ощущения нехватки этого кли.

А ощущение недостатка – это всегда первая причина восполнения, исправления этого недостатка (как у больного, не чувствующего, что он болен, хоть и готов бы был получить лекарство, но не чувствует потребности в нем).

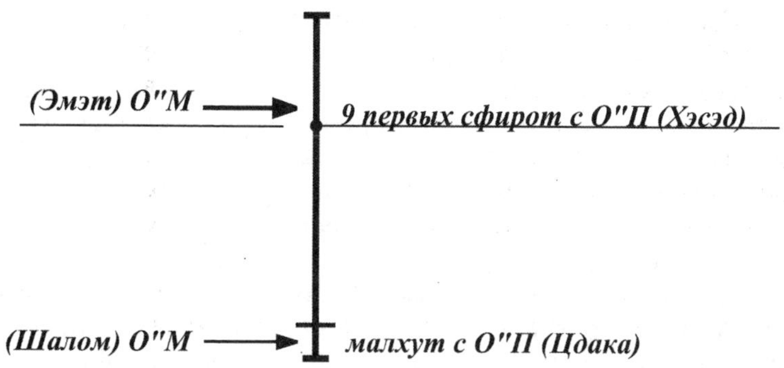

Ощущение недостатка, стыда дает кли хицон, так как оно – это часть от кли, души, незаполненное внутренним светом – ор пними, и заставляет поэтому человека идти вперед – создавать масах и наполнять душу светом.

А поскольку у Адама и Хавы не было этого кли, то они не были готовы к выполнению роли, для которой были созданы. И потому заранее было уготовлено им пройти через грехопадение для приобретения кли хицон.

41. **В нас существуют два вида анализа обстоятельств:**

первый – анализ хорошего и плохого;

второй – анализ правды и лжи.

Чтобы заставить развиваться и действовать в нужном направлении к цели творения, включил Творец в природу творения телесную силу анализа на основе чувства «горькое» или «сладкое».

При этом анализе телесная сила ненавидит и отталкивает все горькое, поскольку плохо чувствует себя, и любит, притягивает все сладкое.

И вот этой телесной силы совершенно достаточно для целенаправленного развития неживой, растительной и животной природы и доведения ее до требуемого совершенства, т.е. для избранной Творцом цели.

Лишь человеку приходится идти к цели вопреки желаниям тела, выбирая не из двух возможных состояний – сладкое или горькое, а вопреки им, из состояний правда – ложь.

42. Как я уже не раз повторял, человек является целью творения, т.е. все создано ради человека, – все изучаемое нами последовательное развитие миров было лишь для того, чтобы появился их обитатель-человек (Адам) в готовом месте его

работы над собой путем свободного выбора из раскрываемой перед ним картины мироздания.

И все высшие миры, и наша вселенная существуют только для обеспечения решения этой задачи – создать человеку условия духовного вознесения до уровня Творца.

В момент сотворения человека из Малхут Ацилут, которая создала и миры БЕ"А, его духовное состояние, духовное кли – гуф соответствовало этим мирам. **То есть духовное постижение ощущения, осознание у Адама было в пределах всех миров БЕ"А, в то время как мы сейчас постигаем лишь ничтожную часть нашего мира, а миры БЕ"А не ощущаем вообще.**

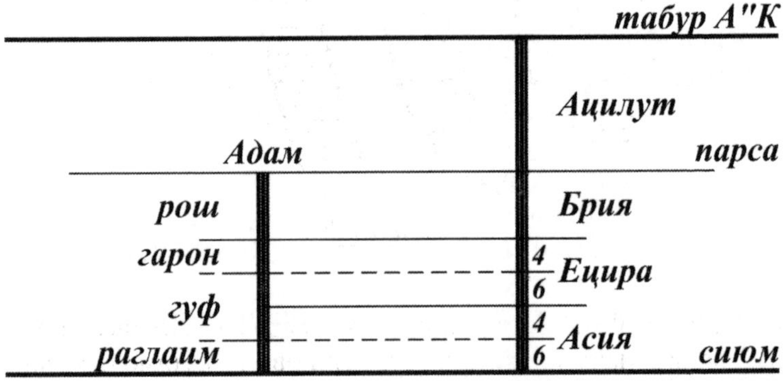

табур А"К

Ацилут

Адам ***парса***

рош ***Брия***

гарон ***4/6 Ецира***

гуф

раглаим ***4/6 Асия*** ***сиюм***

И это не зависит, конечно, от состояния нашего материального тела – мяса и костей, оно – наш спутник определенное время, вне всякой связи с границами духовных ощущений. (Как пишет в предисловии к книге «При хахам» рав Ашлаг о своем отце – тот писал лишь то, что постиг сам. А как видно из его трудов, описание им системы творения начинается с мира Бесконечности...)

Человек представляет собой как бы закрытый ящик, получающий все извне – витальную оживляющую его силу и воздействия, вызывающие в нем все ощущения.

Создателю известно заранее, какие ощущения вызовут у человека Его воздействия. От нас зависит лишь желание настроить себя на прием более тонких ощущений – и тогда мы их получим, т.е. почувствуем силы, действующие за внешней, видимой нами оболочкой нашего мира.

Поднявшись духовно в мир Ацилут, например, хотя его материальное тело и находится в нашем мире, человек одновременно ощущает оба мира – и мир Ацилут, и наш, материальный мир.

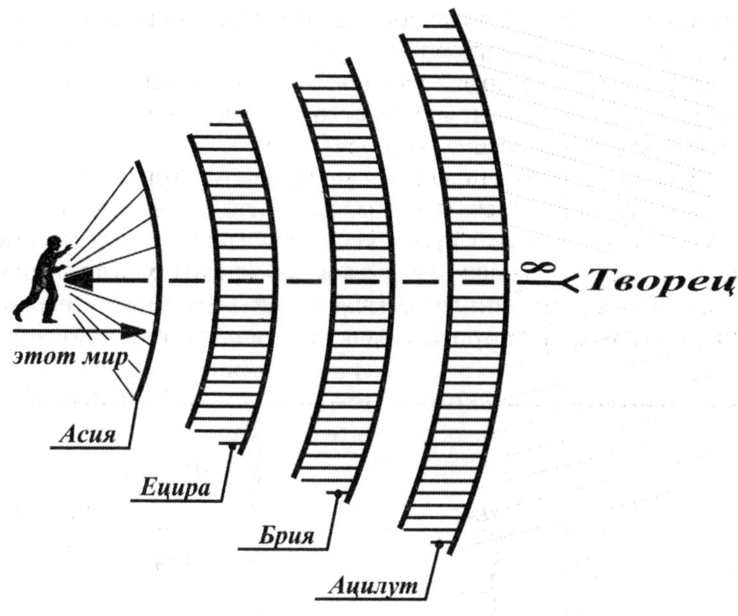

43. Вся работа человека, уже прошедшего духовный барьер, отделяющий наш мир от духовных миров, его взаимодействия с Высшим Светом, построена на принципе трех линий (гимэл кавим):

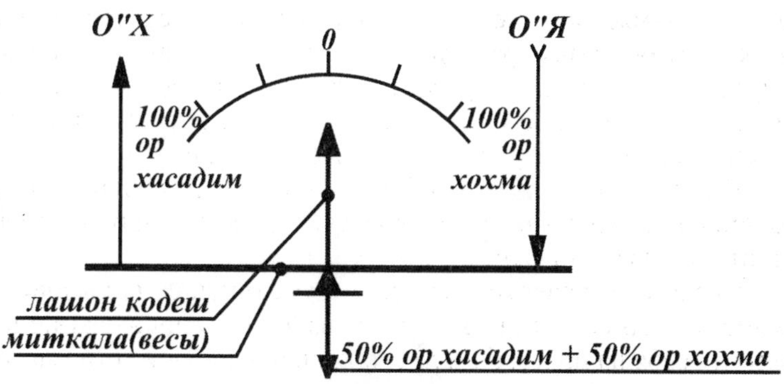

1) к духовному кли человека (желание + масах) приходит свыше свет – наслаждение. Это поступление света называется кав ямин (правая линия);

2) масах – воля человека, его нежелание самонасладиться, предпочтение духовной близости с Высшим личному эгоизму – отталкивает этот приходящий свет-наслаждение обратно. Это отторжение света называется кав смоль (левая линия);
3) оставшись в потемках без света, человек решает принять часть света из любви к Высшему. Это получение небольшой порции (ВА"К) света-наслаждения называется кав эмцаи (средняя линия). Духовная система, работающая в режиме трех линий, называется миткала (весы). Средняя линия, уравновешивающая две крайних, называется лашон кодэш (святой язык) по подобию измерительного язычка весов. Поэтому и говорится, что Тора написана на лашон кодэш, так как понять ее может лишь овладевший работой души в кав эмцаи.

ЧЕЛОВЕК И МИР

Пересказ записей рава Й.Ашлага (Бааль Сулама) конца 20-х годов.

ДОБРО И ЗЛО. Любая вещь в нашем мире – хорошая или плохая, или даже самая вредная, имеет право на существование. И нельзя уничтожить или удалить ее из мира, но возложено на нас исправить ее и сделать полезной. Ведь даже поверхностное размышление о мироздании порождает в нас чувство грандиозности и совершенства.

Известно, что Создатель не закончил творение. И это мы наблюдаем и ощущаем постоянно – и в общем, и в деталях. Все находится под действием законов постепенного развития – от появления и до достижения окончательной формы.

И сознавая это, наблюдая какой-либо элемент творения в неблаговидном состоянии (горький плод, дурной человек, питающееся ненавистью общество), мы не судим по его временному состоянию, поскольку уже знаем, что причина подобного состояния – развитие. То есть данный элемент еще не развился до своего конечного состояния – совершенства.

Если элемент творения видится дурным по своим свойствам – это не может служить свидетельством его окончательного свойства, поскольку он находится еще в переходных состояниях процесса развития. И мы не можем утверждать, что он будет вреден, как видится нам теперь (как сладкое яблоко горько в процессе созревания).

Из вышесказанного можно сделать вывод: всякая вещь должна быть оценена не по временному виду, а только по своему конечному, развитому, завершенному состоянию.

И теперь можно понять необоснованность стремлений и действий «исправителей» мира, появившихся в наше время, видящих все вокруг себя несовершенным и потому нуждающимся в исправлении, т.е. в изъятии «неисправных» частей и замене их «исправными».

Но поскольку Творец не позволяет уничтожать ничего в мире, а лишь преобразить зло в добро – тщетны все попытки «исправителей» искусственно что-либо изменить – зло останется. И оно, его величина, определяет количество ступеней развития, которые обязательно должны пройти все элементы творения до достижения ими настоящего совершенства.

И тогда эти плохие, вредные элементы, вернее, их свойства, сами обратятся в хорошие и полезные, как и замыслено было Творцом. И тогда лишь раскроется истинный смысл такого ступенчатого развития.

Необходимо знать, что хотя указанный выше закон развития природы, преобразующий все плохое в доброе и полезное, действует свыше, т.е. без нашего желания, Творец дал человеку разум и власть, дабы он взял этот закон развития под свой контроль – чтобы ускорить процесс развития по нашему желанию, свободному выбору и независимо от течения времени.

Таким образом, есть два руководителя, две силы, диктующие пути развития: «Небесная», гарантирующая привести все зло к добру и вредное к полезному, но действующая медленно и болезненно. Так что если развивающийся элемент творения – живой, имеющий органы чувств, то он чувствует боль и страдает от безжалостно толкающей его вперед развивающей силы.

И есть «Земная» власть – отдельные личности, взявшие под свой контроль закон развития и потому имеющие силу абсолютно освободиться от фактора времени и таким образом приблизить конец, т.е. высшую ступень своего развития.

Это условие выражено в Талмуде (Санэдрин, 98): «Ани – аШем бито ахишено», т.е. человечество может само идти по пути развития, а если нет – то поневоле проходит все ступени медленно и в страданиях.

Ведь поскольку речь идет о чувственных элементах творения, то именно горькие испытания и толкают человечество к переходу от самой низшей к высшей ступени развития, не позволяя останавливаться, так как задержка вызывает большие страдания, чем движение, – и потому вынуждены развиваться. Добровольный же путь развития зависит не от времени, а лишь от величины желания достичь как можно скорее нужного результата.

А теперь разберем вопрос исправления зла в человеке. Но предварительно нам необходимо условиться о значении этих категорий – «Добро» и «Зло» – и их оценке. То есть четко определить, что мы понимаем под словами «добро» и «зло», а также относительно кого производится их оценка.

Для понимания этого нам необходимо первоначально оценить связь и отношения человека и общества, в котором он живет и от которого питается как материально, так и духовно. Действительность говорит нам, что нет никакой возможности существования отдельной, изолированной от общества личности.

То есть человек создан как единица, как часть общества. Все его члены составляют единый механизм – таким образом, что нет свободного движения каждого, а каждый движется в соответствии с общим движением в определенном направлении, обусловленном необходимостью успешной работы всего механизма.

И если произойдет неисправность в одной детали этого механизма, то не оценивается неисправность лишь этой одной единицы, а величина неисправности оценивается по ее влиянию на общую работу всего механизма.

И по этому же принципу и в нашем анализе – величина полезности или вредности каждой единицы общества должна оцениваться не по ее личным качествам, а по ее полезности или вредности для общества.

Нет в обществе большего, чем в каждой из личностей, и польза общества состоит в пользе каждого. И вредящий обществу вредит в конечном счете и себе, а обогащающий общество – обогащает таким образом и себя, поскольку единицы – части общего, а сумма единиц и составляет общество. Свобода общества и свобода личности тождественны. Таким образом, плохие, хорошие, вредные и полезные качества и действия оцениваются только относительно общества.

Все вышесказанное относится к идеальному обществу, все члены которого выполняют свои обязанности по отношению к нему: получают не больше положенного, т.е. не присваивают уготованного другим. Но если не соблюдается это правило, то нарушающие вредят не только всему обществу, но и себе лично. Как известно – это самое больное и нуждающееся в исправлении явление.

Излечение заключается в осознании каждым, что его благо и благо общества – это одно и то же, и таким лишь образом придет мир к своему исправлению.

ПРАВДА, МИЛОСЕРДИЕ, СПРАВЕДЛИВОСТЬ И МИР. Эти четыре категории находятся в нашем распоряжении для достижения цели – добра и счастья. И этими категориями (понятиями, силами) пользуется Высшее управление для постепенного развития человечества до нужного, желательного Творцу состояния.

Как уже говорилось, в наших возможностях при желании взять закон нашего развития в свои руки, под свое управление и этим освободить себя от многих болезненных исторических моментов, еще ожидающих нас в противном случае впереди. И потому проанализируем эти четыре категории – что они дали нам в прошлом и чего можно ждать от них в будущем.

ПРАВДА. Самая лучшая их этих четырех категорий. Мы уже говорили, что равновесие личности и общества соблюдается в случае, когда личность **дает**, т.е. выполняет свою роль относительно общества, а также **получает** свою часть от общества, в соответствии со справедливым разделением общественного продукта.

Недостаток же данной категории в том, что на практике выявляется в ней какой-то изъян, из-за которого она не воспринимается обществом. В чем же он заключается? И более того, при более пристальном анализе категории «Правда», в особенности ее практического действия, мы находим, что она настолько расплывчата и сложна, что человечество не в состоянии следовать ей.

Правда обязывает нас приравнять всех членов общества, чтобы они получали в соответствии с затраченным трудом, не больше и не меньше. И это единственная справедливая база. Но каждый хочет насладиться трудом других членов общества.

Как же можно преобразовать Правду, чтобы она была принята всем обществом? Обязать всех членов общества работать одинаковое время? Но ведь есть разница в производительности людей, хотя бы даже ввиду разницы в их физической силе.

Кроме того, есть психологическая проблема: например, ленивый от природы человек должен приложить намного больше усилий, чем прилежный, а согласно Правде ясно, что нельзя обязать одного человека трудиться больше другого. Поэтому ловкие и сильные в обществе пользуются плодами чужого труда, поскольку трудятся меньше ленивых и слабых (тратят меньше усилий).

И более того, если мы примем во внимание закон природы «большинство определяет форму и закон», или иначе – «закон следовать за большинством», и положим в основу количество часов работы – то не сможем согласно Правде принять такой закон. Ведь ленивых и слабых – большинство, и они не отдадут себя в эксплуатацию сильным и предприимчивым.

Поэтому единственная настоящая справедливая основа – количество труда, отдаваемого личностью, с условием правдивого подхода. И с этим согласно большинство. Но это совершенно непрактично, так как величину усилия каждого невозможно измерить и, тем более, контролировать.

Ведь невозможно определить, насколько трудно слабому что-то сделать, сколько труда приложит каждый в соответствии со своим настроением, здоровьем и характером. То есть нам необходимо было бы измерять волевые усилия человека – насколько тяжело ему работать, – что в принципе невозможно из-за индивидуальных особенностей каждого, отсутствия научной базы и сложности.

Требование равного усилия от членов общества невозможно еще и ввиду того, что каждый человек чувствует себя единственным в мире и принимает весь мир, все окружающее его общество как инструмент, созданный для его обслуживания, – причем настолько, что совершенно не чувствует себя обязанным обществу.

Проще говоря, природное качество каждого человека – использовать весь мир себе на пользу, а все, что он дает другому, – он дает лишь в силу необходимости (и в этом случае есть использование другого, но скрытое, косвенное – так, что не чувствуется другим).

Причина этого в том, что ветвь подобна корню, источнику, близка ему по природе. И поскольку душа человека исходит от Творца, который Един и Единственен, и все – Его, то и человек, сын Б-жий, чувствует, что весь мир, все существа в мире должны находиться под его властью и существуют для его блага.

И вся разница между людьми лишь в цели использования мира: один выбирает путь использования других для получения животных удовольствий, другой – для достижения власти, третий – для почестей, славы. А если бы можно было, то каждый с удовольствием использовал бы весь мир для удовлетворения всех потребностей одновременно – и для богатства, и для власти, и для славы.

Но ввиду трудности выбирается одна из возможностей. И этот «закон Единственности» запечатлен в сердце каждого человека, и ни один из нас не свободен от его влияния, а каждый избирает часть из него согласно своим возможностям и стремлениям. И закон этот не хорош и не плох – это действительность и наша природа, и невозможно обойти его или даже немного приукрасить и смягчить. Закон этот и есть Абсолютная Правда.

Как же теперь мы сможем даже пробовать предлагать члену общества равенство с другими членами – ведь нет ничего более противного природе личности! Ведь стремление личности – возвыситься надо всем обществом.

Таким образом мы выяснили, что Правдой невозможно управлять жизнью общества (лишь в гмар тикун каждый член общества даст абсолютное согласие на управление своей жизнью категорией Правды).

МИЛОСЕРДИЕ, СПРАВЕДЛИВОСТЬ, МИР. Эти категории не были созданы с сотворением мира, а возникли лишь для частичной замены и помощи категории Правда, которой, как мы убедились, невозможно управлять нашим миром.

Так уж сложилось в истории, что хоть теоретически и считалось, что обществом управляет Правда, но на практике ее подменили совершенно противоположным, и пользуются ее именем самые лживые. И потому слабые и ленивые изобрели и развили категории Милосердия и Справедливости, включив их в закон жизни общества.

Сами основы общества обязывают сильных и удачливых помогать слабым, дабы те не угрожали существованию общины.

И потому вошло в практику Милосердие (сострадание, милостыня, помощь). Но природа общества такова, что с возникновением категории Милосердия настолько увеличивается количество слабых и нуждающихся, что они оказывают давление на сильных, – и это привело к появлению категории Мир. Причем все эти категории – Милосердие, Справедливость, Мир – родились и развились лишь ввиду слабости категории Правда.

И это привело к разделению общества на классы, группы. Определенная часть из них взяла себе за основу категорию Милосердие, т.е. уступку, жертву части своей доли другим. Из них затем произошли и принявшие категорию Правда, т.е. принцип – «мое – мое, твое – твое».

Эти группы, проще говоря, можно разделить на «строителей» и «разрушителей», где «строители» – заботящиеся о благе общества и готовые ради этого поделиться своим имуществом, а «разрушители» – те, которые предпочитают сохранять свое имущество и не готовы ни на какие жертвы ради других, даже если это угрожает существованию общества.

МИР. Когда внешние условия привели эти две группы к противостоянию и возникла угроза их существованию, тогда получила свое развитие категория «Мир», смысл которой в том, что обе стороны прекращают конфликт и принимают за «правдивую» основу существования – сосуществование.

Поборники этого подхода, как правило, из числа «разрушителей», сторонников Правды («мое – мое, твое – твое»). Они, будучи сильными и предприимчивыми, готовы рисковать, даже жизнью, ради самоутверждения. В то же время «строители», сторонники сострадания и милосердия, для которых главное – собственная жизнь и жизнь общества, не готовы на риск ради утверждения своей точки зрения, и потому они всегда остаются слабой стороной общества. И потому, естественно, что «разрушители» приводят к Миру.

Но так как Мир – компромисс, поскольку нет базы для внедрения категории Правда, то его немногочисленные, но сильные сторонники недовольны существующим и, постоянно реформируя категорию «Мир», изменяют общество.

Миры общества и человечества и даже отдельной личности взаимосвязаны и в общем едины. Рассматривая все строение как замкнутую систему, мы приходим к выводу, что это вообще одно и то же.

Причем если в прошлых поколениях жизнь и благополучие человека зависели и были ограничены рамками семьи, затем городища, то теперь его благополучие зависит от блага государства, а постепенно оно становится зависимым от блага всего мира.

И эта зависимость благополучия стран друг от друга и каждого из нас от всего мира еще увеличится в будущем. И хотя это уже явно видно, но еще не осознано населением планеты, так как все происходит по принципу: «Действие предшествует осознанию явления». И лишь действительность, как всегда, толкнет человечество вперед.

Но кроме этих проблем есть еще одна: четыре категории, действующие в каждом из нас, – Милосердие, Справедливость, Правда и Мир – находятся в постоянном противоречии. Например, Милосердие («твое – мое и мое – твое») противоречит Правде и Справедливости («мое – мое, твое – твое»). Ведь совершенно неверно с точки зрения Правды трудиться ради других, это портит людей, приучая их пользоваться плодами чужого труда.

И потому Правда утверждает, что человек обязан беречь и накапливать, чтобы не был вынужден упасть грузом на чужие плечи в тяжелое время. Он обязан создать материальную базу своему потомству, не взваливая задачу их обеспечения на плечи общества.

Категории «Мир» и «Справедливость» также противоречат друг другу. Ведь чтобы был мир – у сильных и энергичных должны быть условия разбогатеть согласно их вкладу, усилиям. Но при этом у непрактичных и ленивых произойдет спад в достатке – до обнищания, согласно их вкладу.

Но с другой стороны, как можно обвинять человека в том, что он родился неэнергичным или неспособным? Так что Мир и Справедливость оказываются в противоречии.

Если же разделить имущество по Справедливости, например, по количеству ртов в семье, то это вызовет недовольство, вплоть до войны, со стороны сильных и предприимчивых.

Таким образом, мы видим, что нет никакой надежды на мир в обществе...

ЭГОИЗМ – УНИЧТОЖИТЕЛЬ. Теперь, когда нам понятно, насколько противоречивы в нас четыре перечисленные категории, возникает вопрос, а может ли вообще человек прийти к ясному выводу, к единственному решению вопроса построения счастливого общества?...

Основа всех этих противоречий – «единственность», говорящая в каждом из нас. И хоть это свойство дано нам прямо от Творца – Единственного, корня всего существующего, но когда это свойство соединяется с нашим эгоизмом, то порождает разрушение и превращается в источник всех несчастий мира.

И нет, конечно, ни одного человека в мире, свободного от этого свойства – ощущения единственности, уникальности. А все отличия людей – лишь в проявлениях этого свойства – ублажении пороков, достижении богатства, власти или почета.

Общее между нами в том, что каждый постоянно, зачастую даже неосознанно, стремится использовать всех остальных для собственной выгоды. И неважно, какие оправдания он придумывает себе: ведь желание руководит мыслью, а не мысль – желанием. И еще дело в том, что насколько больше, «особенней» человек – в той же мере больше и его чувство «единственности».

ИСПОЛЬЗОВАНИЕ «ЕДИНСТВЕННОСТИ» КАК СРЕДСТВА ОПРЕДЕЛЕННОГО РАЗВИТИЯ ИНДИВИДУУМА. Чувство своей «единственности» в сердце каждого возбуждает желание поглотить всех и вся ради себя. Источник этого – Единственность нашего Творца, Его свойство породило в нас соответствующее чувство. Но почему это чувство раскрывается в нас в такой испорченной форме, настолько, что становится основой всех разрушений, хотя исходит из Источника, рождающего все живое?

Дело в том, что есть две стороны в свойстве «единственности». Если смотреть с точки зрения Творца, т.е. со стороны слияния с Ним, то свойство «единственности» побуждает к альтруизму – свойству самого Творца. Поэтому исходящее от Него свойство «единственности» обязано реализовываться в нас тоже альтруистически, а не эгоистически.

Если же посмотреть, как практически действует в нас это свойство, мы увидим, что оно действует совершенно противоположно – лишь как эгоизм – желание быть самым богатым, самым сильным, самым знатным – единственным в мире. И эти две стороны проявления «единственности» совершенно противоположны друг другу.

Так задумано Творцом, чтобы мы сами изменили использование этого свойства, и, начав развиваться с эгоистической «единственностью», дошли до альтруистической «единственности» – каждый и все вместе. И это будет условием жизни последних поколений – использовать ощущение «единственности» своего «я» в целях служения всему человечеству. И отсюда можно сделать следующие выводы.

Достичь счастья возможно лишь при условии осознания того факта, что мир общества, государства и человечества взаимосвязаны. Пока законы общества удовлетворяют большинство, меньшинство, остающееся неудовлетворенным, лишь вынужденно принимает законы и форму общества, но постоянно стремится к его изменению.

И если это не получается прямым путем, то косвенно – вызывая войны между государствами, в расчете на то что в результате войн возрастает число недовольных, и таким образом возникнет большинство для изменения формы власти.

А если возьмем то меньшинство, для которого война – источник доходов, получения наград и продвижений, и добавим к ним неудовлетворенных формой общества, то увидим, что внутри общества постоянно присутствует большое количество его членов, желающих войн и крови.

Довольные же существующим положением члены общества пребывают в состоянии беспокойства о собственной безопасности и могут лишь мечтать о мире. Поэтому мир индивидуума – основа и источник мира государства.

СТРАДАНИЯ И НАСЛАЖДЕНИЯ В ЭГОИЗМЕ. Если мы попытаемся осознать предлагаемый нам Творцом план действий, то обнаружим, что точка преткновения – в изменении нашей природы с эгоизма на альтруизм. И хотя с первого взгляда план кажется нам нереальным, даже фантастическим, выше наших сил, но осознав его, мы поймем, что **все противоречия между эгоизмом и альтруизмом – не более как психологические!** Ведь в действительности все наши приобретения в жизни определяются одним словом – «наслаждение». Лишь этого мы хотим и этого ждем от наших приобретений.

И если соберем вместе все наслаждения, получаемые человеком за его 70 лет, и все страдания, им пережитые, и сделаем подсчет – то предпочтительней не рождаться. А если так, то что выигрывает человек в мире, используя свой эгоизм? Тем более что при изменении мира к всеобщему альтруизму каждая личность получит абсолютное наслаждение.

В Торе мы находим еще большее подтверждение тому, что мир – это самое большое благословение: «Творец даст силу своему народу и благословит его миром», – благословение, заканчивающее Вавилонский Талмуд. Тяжело сердце человека, и природа тянет его вниз. И нужна вся сила Торы, чтобы преодолеть наш эгоизм.

Трудно поначалу согласиться, что всеми поступками, даже самыми вроде бы альтруистическими, у обычных людей, не перешедших махсом Ц"А, руководит эгоизм.

Когда еще в детском возрасте я заболел, то врачи запретили мне кушать, а мне как раз очень хотелось есть. И вот бабушка потихоньку, втайне от родителей, приносила мне в кроватку то печенье, то кусочек пирога – она любила меня больше, чем папа и мама? Те страдали оттого, что я хочу есть, а им запретили давать мне еду, вернее, они страдали оттого, что не могли удовлетворить своего желания накормить ребенка, а бабушка не могла заставить себя страдать и успокаивала себя, принося мне пищу. Так кто же из них больше любил меня и меньше себя?

Но сила Торы проявляется лишь в ее глубине. И тут большая проблема состоит в том, что есть четыре уровня глубины изложения в Торе – пшат (простой), рэмэз (намек), друш (иносказание), сод (тайна). Причем изучающий начинает постигать Тору с сод – так как вся Тора для него тайна, затем друш и т.д. – пока не доходит до пшат – простого, т.е. абсолютного понимания и ощущения всего мироздания (а не только его темной точки – нашего мира).

Причем этот последний, четвертый уровень должен быть обязательной и конечной целью каждого начинающего: ведь для этого, последнего достижения – слияния с Творцом – и дана Тора.

Эти четыре уровня постижения есть во всех книгах Торы – от первых и написанных до рав Ашла-акадош (затем ввиду падения поколений не все авторы являлись сведущими во всех уровнях Торы).

И эти четыре уровня сокрытия тайн Торы действуют, т.е. находятся в каждой букве и каждом слове написанного. Возникает вопрос – если жизнь и цель творения зависят от занятий Торой как главного инструмента нашего исправления от эгоизма к альтруизму, так почему она, тем более ее основная, самая действенная часть – Каббала – так глубоко скрыта?

Как я уже писал, еще Аристотель предостерегал своих учеников и коллег не пускать в науку любого желающего, так как основная масса людей – эгоисты и, захотев извлечь личную пользу, используют научные знания и достижения во вред человечеству.

Поэтому Каббала, включающая в себя все науки и раскрывающая тайны всего мироздания, требует отказа от личных интересов, дабы не использовались ее могучие и тонкие духовные силы во вред цели человечества.

Но говорится в книге «Зоар», что к концу поколений раскроется Каббала для всех, и каждый сможет заниматься ею, и не потребуются ни принятие клятв, ни строгий отбор желающих. С другой стороны, говорится, что лицо поколения будет, как морда собаки, наглость станет обыденным явлением. И именно это поколение станет достойным изучения Каббалы.

Причина в том, что не останется людей, желающих Знания, никто не захочет его, и поневоле лишь идеалисты придут в Каббалу, и естественно отпадет необходимость в строгом отборе учеников, и даже возвращающиеся к вере и люди молодого возраста смогут войти в нее.

Но без знания Каббалы, как утверждает «Зоар», нельзя выйти из галута и достичь гмар тикун, так как только скрытый в Каббале свет в состоянии изменить нас. И потому мы нуждаемся в распространении Знания, как можно в более широких кругах нашего народа.

Но как это возможно, если массы пренебрегают Каббалой, так как это не приносит личной выгоды и удовлетворения животных потребностей, а короткий ум не видит уготованного вечного совершенства?

Закат любого течения в иудаизме всегда начинался с того, что место почившего руководителя, рава, адмора занимал не его лучший ученик, а его ближайший родственник...

Неужели мы вновь нуждаемся в страданиях, дабы трезво взглянуть на этот временный, мельтешащий мир? Это подобно притче о короле, у которого к старости родился сын, и он на радостях заранее приготовил к его совершеннолетию чудесный замок с прекрасной библиотекой, музыкантами, яствами, учеными и развлечениями.

И вот вырос сын. Но он недоразвит – и нет ему радости в науках, не чувствует прекрасного, слеп – и не видит прекрасных картин, глух – и потому не слышит чудесных звуков, болен – и не может насладиться яствами. Чтобы мы все же смогли насладиться уготованным нам Творцом наслаждением, предусмотрено, как не раз уже говорилось, два пути: путь Торы – сознательный путь духовного развития, или путь страданий, который все равно вернет нас на путь Торы.

Наша свобода воли состоит лишь в том, чтобы выбрать сразу путь Торы либо ждать, пока страдания заставят нас поневоле выбрать этот путь. В нашей природе уже заложены необходимые для этого выбора силы.

Чтобы убедиться в этом, рассмотрим, как создан человек, на примере рассказа из Мидраш Раба (часть 6) о четырех силах-ангелах, описанных выше.

Обратился якобы к ним Творец: «Стоит ли создавать человека?»

– Милосердие ответило, что стоит, так как человек способен к милосердию;
– Правда возражала, что не стоит, так как человек лжив;
– Справедливость ответила – стоит сотворить, так как он способен к справедливости;
– Мир сказал – не создавать, так как человек постоянно ищет распрей.

Выслушав их, Творец спрятал Правду в Землю, хотя она является как бы Его печатью (основой), и ответил, что Правда взрастет из Земли.

Мы должны для начала понять два совершенно противоположных вида управления свыше: одно – поддержка существования всего сущего, и второе – жесткая управляющая рука, подталкивающая, ведущая к цели путем страданий.

С одной стороны, мы видим чрезвычайно заботливую опеку, «мягкое» управление с момента зачатия – прекрасно подготовленное место для внутриутробного развития, защита от постороннего влияния, снабжение всем необходимым, соответствующее питание, приготовленное место в мире и после рождения – в период первоначального развития – забота родителей, дом, школа и т.д. То же самое мы обнаруживаем в животном и растительном мирах – заботливое управление, обеспечивающее зарождение и развитие каждого организма.

Но с другой стороны, мы обнаруживаем беспорядок, страх, страдания и беспрестанную борьбу за существование на всех последующих уровнях жизни, и особенно у человека – вроде бы высшего существа природы. Только в конце своего развития он видит решение этого противоречия. И смысл всего нашего существования именно в достижении этого «конечного пункта», где разрешаются все противоречия и человек приходит к своему совершеннейшему состоянию.

Из десяти сфирот первые девять – **влияющие, дающие** свет, а последняя – малхут – **берущая, желающая получить**. При этом первые девять полны света, а последняя – пуста. И в каждом парцуфе мы обнаруживаем это противоречие. В нем есть два вида света – ор пними (внутренний) и ор макиф (окружающий) – и соответствующие им сосуды-келим – кли пними и кли макиф (или хицон).

И причина этого в том, что невозможно нахождение двух взаимопротивоположных сил или явлений в одном носителе, поэтому должно быть отдельное кли для ор пними и отдельное – для ор макиф. Причем если в малхут есть масах, то посредством ор хозэр она получает в себя часть света.

Таким образом построены все духовно чистые объекты – парцуфы и миры. Если же в малхут отсутствует масах, и поэтому она желает получить свет для себя, то в силу запрета Ц"А она остается пустой. Таким образом устроены нечистые (клипа) миры, и потому они противоположны чистым мирам (кдуша).

Как нам уже известно, единственная причина Ц"А состояла лишь в том, что души возжелали быть подобными Творцу, т.е. изменить свою эгоистическую природу на альтруистическую. В мирах кдуша это уже произошло, но не в мирах клипа. И для исправления душ необходим человек – носитель двух взаимопротивоположных сил, который именно в нашем мире, на низших стадиях развития (катнут) соединен с силами клипа и получает от них пустые кли – желания, чтобы затем, духовно развиваясь, соединиться с силами кдуша. С помощью Торы и заповедей он должен исправить желания-келим, т.е. создать масах на пустые келим и, следовательно, сравняться по свойствам, т.е. сблизиться с Творцом.

Причина существования понятия времени в нашем мире заключается в том, что общая душа – кли, малхут – разделилась на две противоположные части – кдуша и клипа, – и чтобы исправить, перевести клипа в кдуша, эти части должны находиться в одном носителе – человеке. Только поочередно – одна после другой – могут быть две противоположные силы в одном человеке – время катнут и время гадлут. И потому рождается «время».

Теперь нам станет понятней и необходимость «разбиения сосудов» – швират келим. Ведь как уже говорилось, есть ор яшар (сверху вниз от кэтэр до малхут) и ор хозэр (от малхут до кэтэр), соединяющиеся вместе в один. Но после Ц"А это стало возможно лишь в девяти первых сфирот. В малхут до гмар тикун может быть лишь ор хозэр, так как именно на нее был Ц"А.

А так как все миры клипа создались именно из этой последней сфиры – малхут, то лишены света и страстно желают его. И человек, будучи под властью этих нечистых сил, постоянно стремится к микродозам света в нашем мире – наслаждениям – и, конечно, никогда не сможет себя наполнить, ведь кли остается пустым и только увеличивает свои желания, растет (чем больше получает – тем больше желает).

И потому возникла необходимость в швират келим, в результате которого 320 искр ор хозэр опустились под парса в малхут, и они-то и оживляют пустые келим клипа – доставляют маленькие удовольствия человеку, пока тот не обретет масах, а с ним и настоящий свет.

И это происходит в параллельных системах кдуша и клипа: четыре мира АБЕ"А кдуша против четырех миров АБЕ"А клипа (или тума). И при преобладании одного уничтожается другой: если 320 искр ор хозэр войдут в миры АБЕ"А клипа, то АБЕ"А кдуша исчезнет (относительно нас, перестанет на нас воздействовать), а если все 320 частей войдут в миры АБЕ"А кдуша, то АБЕ"А клипа исчезнет (совершенно), так как не может существовать без света, а своего света, как в АБЕ"А кдуша, в ней нет.

И стало возможным нынешнее состояние – одновременное управление нашим миром посредством этих двух систем и согласно действиям человека, перемещающего искры из одного мира в другой и соответственно меняющего, таким образом, управление.

После швират келим и падения 320 искр света с места Ацилут (над парса) – в место миров БЕ"А (под парса), поднялось обратно в Ацилут 288 искр (те, которые находились в первых девяти сфирот: 9 х 32 = 288) и подсоединились к системе чистых миров АБЕ"А, а в темной АБЕ"А остались, таким образом, 32 искры.

Но в таком состоянии система темной АБЕ"А не в состоянии нормально функционировать, поскольку нет источников наслаждения, а потому и нет стимула какого-либо движения у населяющих эти миры (включая и наш мир).

А теперь разберем точнее природу четырех сил, названных выше ангелами: Милосердие, Справедливость, Правда и Мир, использованных Творцом в создании человека, вернее, создании его души. Душа, как любой парцуф, состоит из десяти сфирот с внутренним светом и десяти сфирот с окружающим светом.

МИЛОСЕРДИЕ – соответствует внутреннему свету в девяти первых сфирот души.

СПРАВЕДЛИВОСТЬ – это внутренний свет в малхут души.

ПРАВДА – это окружающий свет в девяти первых сфирот души.

МИР – окружающий свет в малхут души.

Мы уже говорили, что ор пними и ор макиф взаимообратны. Ор пними распространяется от Творца к творению в зависимости от наличия масаха у последнего и не входит в малхут ввиду запрета Ц"А. Ор макиф же окружает все миры, как и мир Бесконечности, и, как до Ц"А, светит в малхут. Кли, в которое светит ор пними, называется кли пними, а кли, в которое светит ор макиф, называется кли макиф или хицон (наружное).

Теперь понятно, почему Правда утверждала, что все в человеке ложь: ведь человек лишен кли хицон и потому лишен, соответственно, ор макиф, а без его воздействия не в состоянии получать свет от высших миров. А Милосердие и Справедливость были довольны строением души человека, так как ничто не мешало им заполнять имеющееся внутреннее кли души светом.

Сказано в Торе: «И были Адам и жена его оба обнаженные и не стыдились». Одежда, как нам уже известно, левуш – это кли хицон, и в отсутствии этого кли, как указывает Тора, и заключается причина греха Адама. Поскольку Адам был создан без кли хицон, ему заранее было уготовано согрешить.

Адам и Хава были созданы только с кли пними каждый, т.е. соединены только с системой светлых миров АБЕ"А, и потому не стыдились, т.е. не чувствовали недостатка, так как стыд – это чувство недостатка (неполноты, несовершенства).

Но как известно, чувство несовершенства – это первая причина, единственный стимул для исправления недостатка. Так больной, чувствующий болезнь, готов пройти любое лечение. Но если человек не чувствует, что болен, он всячески уклоняется от лечения.

И эта роль – внесения в ощущения человека чувства неполноты, несовершенства – лежит на кли хицон, так как оно пустое еще из мира Бесконечности, после Ц"А, и потому рождает ощущение пустоты, незаполненности наслаждением (светом) – в общем, вызывает страдания и потому вынуждает восполнить недостаток – принять ор макиф в это кли хицон.

Но у Адама и Хавы это кли отсутствовало, и потому они не были в состоянии выполнить программу творения. И это кли хицон смогли приобрести, лишь пройдя грехопадение, обман Змея.

В нас существуют два уровня анализа действительности:

1) Добро (хорошее) и Зло (плохое).

2) Правда и Ложь.

Руководствуясь ими, мы можем развить себя до возможности получения уготованного бесконечного наслаждения. Первый уровень анализа – телесный, т.е. действующий через ощущения «сладкое – горькое»: отторжение горького как плохого и приближение сладкого как хорошего. И этот уровень анализа достаточен для неживой, растительной и животной природы (и их частей в нас) в развитии их до желательного результата.

Но в человеке Творец создал дополнительную силу – разум, действующий по пути второго уровня анализа – отклонения от себя лжи, вплоть до ненависти к ней, и приближения к себе правды. Этот уровень анализа называется «правда – ложь» и действует в любом человеке в зависимости от степени его развития. Он приобретен человеком от Змея, так как по природе своей, как уже говорилось, у человека было лишь кли пними, и телесный уровень анализа «хорошо-плохо» («добро-зло») был ему совершенно достаточен.

Например, если бы вознаграждались праведники за добро, а грешники наказывались за зло на наших глазах, то духовная чистота называлась бы нами сладкое и хорошее, а клипа – плохое и горькое. И в таком случае свобода выбора сводилась бы к правилу: «Дам я вам сладкое и горькое – выбирайте же сладкое».

Тогда все человечество было бы уверено в достижении совершенства и отдалилось бы от грехов – горьких и плохих в ощущениях, и занималось бы только выполнением заповедей. Адам (родившись обрезанным, т.е. альтруистом) помещался в Райском Саду для работы и стражи.

Работа его состояла в выполнении заповедей, а охрана – в выполнении запретов, и все выполнения сводились к еде и наслаждению «ради Творца» от плодов Сада, а запреты – к запрету есть от Древа Познания Добра и Зла (хорошего и плохого).

Таким образом, заповедь «Делай» была сладкой и приятной, а заповедь «Не делай» отдаляла Адама от горького и неприятного. Итак, у Адама свобода воли сводилась к выбору «избери сладкое». Ему было достаточно одних органов ощущений для знания того, чего хочет от него Творец, и выполнения Его указаний.

А теперь разберем, что же такое скрывается под именем Змей. Ведь нет ничего другого созданного, кроме желания насладиться, и его центральная точка (малхут) называется ангел смерти (Сатана, Змей, Фараон и т.д., в зависимости от случая, аспекта исследования).

Змей утверждал, что в день, когда съедите плод (т.е. сможете получить удовольствие, как и от других плодов, – не ради себя, а доставляя радость Творцу), станете, как Творец (сблизитесь с Ним), и познаете добро и зло (т.е. увидите, что и добро и зло, и сладкое и горькое – все будет (как относительно Творца) лишь сладким. То есть достигнете гмар тикун, исправив самую сердцевину желания насладиться, обратив ее в наслаждение ради Творца.

И конечно, этим Змей мог соблазнить Хаву, желавшую достичь цели творения. Хава относительно Адама как Малхут относительно З"А, а когда Малхут изъявляет желание, то З"А дает ей требуемое – ведь речь идет о чистых действиях – не ради собственных наслаждений.

Человек и его жена (Адам – Хава), с точки зрения Каббалы, это одно целое, т.е. в любом из нас – в мужчине или женщине есть часть альтруистическая, называемая мужской, и часть эгоистическая – женская.

(Да не обидится на меня читатель за нарочно недосказанное и запутанное – чем ближе к нашему миру, тем более закрыта информация, и полную, истинную правду познает лишь поднявшийся в миры чистой АБЕ"А, а до того времени у каждого есть лишь смутное представление. Настоящую связь нашего и высших миров, суть душ невозможно познать, будучи эгоистом, – ни философия, ни фокусы, ни тем более кружки всяких «чудотворцев» не помогут.)

Древо Познания Добра и Зла – это часть не заполненной светом части малхут, на которую еще надо создать масах. Как уже говорилось, у Адама не было никакой связи с этой пустотой, так как был он создан из чистой АБЕ"А, т.е. альтруистом, не стремящимся к собственным удовольствиям, проистекающим из пустоты. И потому было запрещено ему соединяться с Древом Добра и Зла (с эгоизмом, нечистой АБЕ"А) под страхом смерти – исчезновения света – как у всех эгоистов в нашем мире.

Так вот, Сатана (ангел смерти, Змей) начал с того, что раскрыл Хаве цель творения – исправить эгоизм Древа Добра и Зла (т.е. желание насладиться без масаха, оставшееся без света после рождения всех миров, исправить на желание давать наслаждение).

И так как это была Правда, и она соответствовала полученным ранее заповедям – есть все плоды, кроме плодов этого дерева ради Творца, то Хава поверила ему. Тем более, что когда захотела съесть – получить не ради себя, т.е. создала масах, – то исчезло все Зло из Древа Познания Добра и Зла и осталось Древо Познания Добра.

И вкусив первый раз, смогла выстоять и получить весь огромный свет ради Творца. Но второй раз, когда уже было решимо, т.е. ощущение огромного наслаждения и тяга к его источнику – плоду (свету, соответствующему пустоте, т.е. бесконечному по объему наслаждения), – не смогла устоять против желания самонаслаждения (так как уже знала вкус и стремилась к нему сама). И потому первый раз вкушение плода – получение света – было в чистоте, а во второй раз – в грехе.

И это стало источником страданий и причиной смерти, как и предупреждал Творец: в день, когда вкусите, – умрете. Так как вкусив «плод», человек получил келим каббала (сосуды получения), и потому исчез свет из его души и осталась лишь поддерживающая витальную жизнь искорка – нэр дакик.

Жизнь Адама разделилась на мельчайшие жизни, и душа его разделилась на мельчайшие души людей, поколение за поколением исправляющих незаполненную часть Малхут. Таким образом, действие Творца не изменилось совершенно от греха Адама – лишь свет его жизни разделился на кругообороты маленьких жизней.

Так же и все другие творения скатились с уровня вечности и общности на уровень мелких кругооборотов, как человек. И поднимаются или опускаются в зависимости от действий человека – единственного, способного к анализу «добро – зло».

Следствием греха Адама и Хавы было появление двух основных зол. Сатана (дурное начало человека, его ангел смерти) может подниматься в высшие духовные сферы и обвинять человека. Теперь, после греха, он связан с человеком эгоизмом, полученным человеком от пустой части Малхут. Таким образом, произошло отдаление между Творцом и человеком – ведь свет и эгоизм противоположны .

И второй недостаток, рожденный от греха Адама, – спуск РАПА"Х – 288 искр света, находившихся в системе светлой АБЕ"А (оставалось лишь перевести туда же последние 32 искры, что и хотел сделать Адам), в систему темных сил. Дабы не уничтожился мир.

Поскольку теперь, когда система светлых сил не может питать людей ввиду их духовного несоответствия – противоположности между эгоизмом и светом, – то спустились 288 искр света в темную систему, чтобы питать человека и наш мир во все времена кругооборота душ в телах до гмар тикун.

И отсюда понятно, почему темная система АБЕ"А называется клипа – оболочка: как кожура покрывает плод и защищает его от повреждения, пока не поспеет, не созреет, не достигнет должного развития, – так 288 искр света, перешедших в клипа, питают наш мир, пока не достигнет он своей цели.

Об этом втором недостатке, рожденном от грехопадения, сказано также: «Приходит и забирает душу», т.е. даже эта маленькая частица от прошлой жизни, что теперь есть в человеке, – и та забирается у нас миром клипот.

Уже не раз говорилось о связи нашего и духовных миров как о связи ветвей с корнем, где вся разница между мирами только в материале их строения – материальном в нашем мире и духовном – в других, но не в соотношении между частями, деталями каждого мира или между одноименными объектами миров. И зная, чего требует клипа в нашем мире, можно узнать ее высший корень.

Желания человека происходят от системы темных сил. И потому в животном уровне этого – нашего – мира есть природное стремление к наслаждению. И оно связано с телом настолько, что лишь наслаждение дает телу ощущение жизни.

Дети (и оставшиеся на детском уровне взрослые) постоянно в любом месте, куда ни бросят взгляд, должны найти удовольствие даже от незначительных объектов. Низкий уровень их развития требует умножения ощущения жизни, чтобы возникла потребность и удовольствие от роста и развития. И потому они находят удовольствие в каждой мелочи. И хотя тяга к наслаждению – основа жизни, но приводит она к прямо противоположному – смерти.

Например, наслаждение от расчесывания участка кожи несет в себе разрушение, т.е. частицу смерти. И если не преодолеть это желание, то расчесывание приведет к умножению желания, поскольку дает наслаждение, пока поврежденное место не разболится настолько, что наслаждение превратится в боль.

Теперь мы можем представить себе строение системы клипот: Рош – желание самонасладиться. Гуф – требование наслаждения, которое невозможно насытить, так как получение порции наслаждения тут же вызывает увеличение требования (как при расчесывании все возрастает желание почесать). Соф системы – это капля смерти, разделяющая и забирающая последнюю оставшуюся искру жизни.

Точно, как говорится в Торе, что ангел смерти подносит меч с каплей яда ко рту человека, и последний сам открывает рот. Меч ангела смерти – наслаждение от клипот, отдаляющее нас все больше от вечной жизни. И поневоле вынужденный получить наслаждение для продолжения своего существования человек открывает рот и питается от системы клипот, пока не получает с конца меча последнюю каплю – окончательное отделение от последней искры жизни.

Итак, существуют две взаимопротивоположные системы управления, причем вследствие грехопадения Адама обеспечение существования и питания нашего мира перешло от светлой системы к темной. И потому так запутан порядок управления: уменьшение света приводит к страданиям, а увеличение света – к еще большему отдалению от светлых сил. И у кого есть 100 – хочет 200, а у кого есть 200 – хочет 400, как в примере с расчесыванием раны.

Увеличение наслаждения приближает смерть. Поэтому прежде всего человеку надо позаботиться об исключении всех излишеств (чтобы полученное излишество не увеличило тут же вдвойне желание) и уж затем – попытаться переходить от эгоизма к альтруизму, чтобы соединиться со светлой системой, удостоиться света Торы, сближения с Творцом.

Если бы Творец советовался с ангелами после греха Адама, то даже ангелы Милосердия и Справедливости не согласились бы. Ведь после грехопадения человек полностью вышел из-под их влияния и связал себя с темными силами. А Правда упрятана в землю, т.е. отстранена от управления творением.

До грехопадения осуществлялся анализ Правда – Ложь, анализ чувства «сладкое – горькое», поскольку 288 частиц из 320 уже находились в светлой системе миров АБЕ"А, и потому Адам, притягивая «сладкое» и отталкивая «горькое», мог продолжить исправление. Это состояние изменилось после того, как 288 частиц света упали в темную систему, смешались с ее силами и породили новую форму анализа: «сладкое» – вначале, но в конце – «горькое», называемое ложью и являющееся источником разрушения.

Так человек «включил» новый вид анализа – чувством, а не силой разума. Выбор Правда – Ложь обязан действовать до полного исправления (гмар тикун) в противовес оппозиции: «сладкое» вначале, а в конце – «горькое» – вкус лжи. И человек не в состоянии противостоять ей.

Тора дана человеку для исправления греха Адама – подъема обратно в светлую систему миров АБЕ"А 288 частиц-искр, вследствие чего управление творением возвращается к светлой системе сил, аннулируется путаница между «Правда – Ложь», «сладкое – горькое», и вновь анализ сводится к выбору «сладкое – горькое». И эта форма анализа возобновится с приходом Машиаха (освободителя).

Усилия всех поколений направлены на воссоединение всех душ в одну, называемую Адам, как было до грехопадения. И ни один из нас не живет для себя, а сознательно или бессознательно – лишь во имя этой цели. Как мы уже говорили, Адам должен был совершить грех, так как в нем отсутствовал кли хицон для получения ор макиф.

Лишь человек – носитель двух противоположностей, связанный с клипот (под действием наслаждений увеличивающий свое пустое кли до нужного размера), может Торой и Заповедями обратить кли каббала – эгоизм в кли ашпаа – альтруизм.

Но прежде чем человек соединит себя со светлыми силами, он обязан освободиться от удовольствий, рожденных в нем соприкосновением с клипот. И таких людей – праведников, способных уничтожить собственный эгоизм, – единицы в каждом поколении.

А вся остальная масса людей существует лишь для того, чтобы обладая кли хицон – пустым кли, предоставить его этим избранным для исправления (посредством служения, частичного приобщения к ним, даже поневоле и случайно).

Ведь все составляющие человечества взаимосвязаны, обмениваются и влияют друг на друга материально, информационно и духовно. И таким образом дают возможность немногим праведникам получить ор макиф – окружающий свет.

Но почему на каждого праведника есть миллионы грешников? В природе действуют два фактора – качество и количество. Находящиеся под действием клипот – духовно ничтожны, они следуют лишь желаниям тела и в состоянии противопоставить себя духовно сильному праведнику, лишь будучи соединены в огромное количество, в массу, и лишь таким образом они могут снабдить его – конечно, бессознательно – кли хицон, подходящим его духовной силе. И потому важен каждый из нас в этой огромной цепочке от начала человечества до его конца, но праведник – основа мира.

РАЗВИТИЕ ЧЕЛОВЕЧЕСТВА

Эта глава представляет собою пересказ записей рабби Й. Ашлага начала 30-х годов. Дополнительный материал по данной теме можно найти в статьях раздела «Последнее поколение» (о каббалистическом обществе).

Человечество развивается постепенно, причем каждый этап его развития строится на отрицании предыдущего. А время существования каждой общественной системы определяется достижением ею такой стадии, при которой раскроются ее недостатки в необходимой для отрицания степени.

И по мере осознания отрицательного намечается поворот для перемещения в новое состояние, свободное от недостатков прежнего. И эти раскрывающиеся в каждой формации недостатки, умерщвляющие ее, суть причины развития человечества.

Этот закон постепенного развития – общий для всей природы и на всех ее уровнях – от горького и невзрачного плода, гадкого утенка, беспомощного детеныша, мировых войн – к созревшему, устойчивому состоянию.

Возьмем для примера нашу планету. В первоначальном состоянии появился газовый шар, в котором под действием сил тяготения произошло уплотнение атомов до их воспламенения. Затем действием позитивной и негативной сил снизилась температура. Это привело к образованию тонкой, плотной оболочки.

Но не прекратилась на этом борьба сил – и снова воспламенился жидкий газ, и вырвался наружу, взорвав всю оболочку, и вернулось состояние к первоначальному, пока в результате борьбы двух сил вновь стала преобладать тенденция к охлаждению, и снова появилась тонкая оболочка – но уже более прозрачная, способная выдержать большее давление изнутри и в течение более длительного периода. Пока снова не повторился процесс.

И так чередовались периоды, и каждый раз появлялась более прочная оболочка в результате все большего преобладания позитивной силы, что привело систему к абсолютной гармонии. И залили жидкости внутренние пустоты Земли, а оболочка уплотнилась настолько, что появилась возможность зарождения органической жизни.

Но в отличие от всего остального – неорганического, органического и животного миров, заканчивающих свое развитие автоматически, под действием внутренних материальных сил человек обязан пройти дополнительный постепенный путь развития, поступенчатее развитие мышления, а кроме этого, еще и развитие совокупности себе подобных – постепенного развития общественного мышления и общества.

Как уже выяснено нами ранее, есть два пути достижения этого совершенства – путь Торы или путь страданий. И если еще непонятно миру, каковы размеры будущих глобальных катастроф, то у оставшихся в живых жалких остатках человечества не будет уже другого пути, как принять для себя закон, устанавливающий, что личность и общество в целом должны работать на себя лишь в объеме, необходимом для существования.

А все прочие продукты труда должны направляться на благо нуждающихся. И если согласятся на это все народы мира, то исчезнут войны, поскольку никто не будет беспокоиться о себе.

И этот закон о необходимости совпадения наших свойств со свойствами Творца и есть Тора. И именно о ней сказано, что в последние дни мира придут все народы в Сион, и Машиах научит их этой Торе – работе над собой, развитию альтруизма для слияния с Творцом.

И докажет, что добровольно или под давлением обстоятельств обязано все человечество принять эту Тору – быстрым путем разумного избрания пути Торы или болезненным, длительным путем поисков, пытаясь избежать постоянно угрожающих войн.

И необходимо понять убежденность Маркса и Энгельса в конечной победе коммунизма, когда каждый, работая по способностям, получит согласно потребностям, и почему мы обязаны принять на себя такое необычайно тяжелое условие как «мое – твое, твое – твое», т.е. абсолютный альтруизм как единственное спасение от грядущей мировой катастрофы.

Но нет никакой надежды у коммунизма выжить, если не привести его к абсолютному альтруизму.

В отношении к коммунизму существуют два противоположных подхода, два лагеря:

1) ненавидящих его и приписывающих ему все существующие пороки;
2) приверженцев этой идеи, считающих этот строй чуть ли не райским.

Необходимо провести тщательный анализ аргументов обеих сторон, а главное – в результате анализа положительных и отрицательных аспектов выяснить, каким образом возможно исправление недостатков коммунизма, чтобы увидели все этот строй в истинном виде – справедливое и счастливое братское существование.

А заодно выясним, почему советская попытка создания коммунистического общества привела к возникновению диктатуры, во много раз ужасней буржуазного строя, и вместо ожидаемой коммунистами мировой революции буржуазные цивилизации укрепляются и прогрессируют.

СВЕРЖЕНИЕ. Все люди делятся на два вида: эгоисты и альтруисты. Эгоист – это человек, действующий лишь ради собственного блага. А если изредка ради другого, то разве что за подходящее вознаграждение – деньги, почести и тому подобное.

Альтруист – это тот, кто жертвует все свое время, силы, а то и жизнь, на благо других, без всякого вознаграждения и, помогая другим, постоянно забывает о себе.

Эгоизм свойственен, т.е. заложен в природе как животного, так и человека, тогда как альтруизм противен природе человека. И все же он существует у единиц, называемых нами идеалистами. Но любая страна или общество в подавляющем большинстве своем состоит из простых заурядных членов, т.е. эгоистов. И меньшинство, исключение из них, составляют альтруисты – не более 10% населения.

И поскольку альтруисты составляют меньшинство в любой стране и в любом народе во все времена, то первые коммунисты (до Маркса) не могли преуспеть где-либо в установлении коммунизма. Создавались коллективные хозяйства, но безуспешно, поскольку в таком коллективе все должны быть коммунистами-альтруистами, какими были основоположники, организаторы этих коллективных хозяйств.

А поскольку 90% членов любого общества – даже самого развитого – эгоисты, то они не могли выдержать установленных для них коммунистами правил. Ведь правила поведения диктовали, согласно своей природе, альтруисты.

И так продолжалось до Карла Маркса, нашедшего чрезвычайно удачное решение для победы и распространения идей коммунизма: участие угнетенных, неудачников, малоимущих в борьбе коммунистов против капиталистического буржуазного строя:

«Я обращаюсь к пролетарию, т.е. к угнетенным, и к тем идеалистам, кто готов отдать жизнь за свою идею, но не к преуспевающим, потому что они довольны любым порядком, и даже в наихудших условиях, при любом общественном строе, незачем обращаться к промышленникам и торговцам...» (Капитал, стр. 128)

А поскольку неудачников большинство, и они заинтересованы в победе коммунизма ради собственного блага, т.е. из эгоистических соображений, то неудивительно, что идеи коммунизма распространились среди малоимущих.

УСТАНОВЛЕНИЕ. Но сотрудничество коммунистов-альтруистов с пролетарием-эгоистом хотя и было чрезвычайно успешным в свержении буржуазного строя, ненавистного обоим, все же не могло продолжаться далее – в построении коллективного общества со справедливым делением продукта общественного труда.

И это потому, что, как уже пояснялось, не в состоянии человек совершить какое-либо действие, если не преследует определенную цель, вынуждающую его совершить данное действие. Эта цель служит ему стимулом, толкающей силой, энергией для совершения действия, как горючее служит движущей силой в автомобиле.

При этом человек не может даже передвинуть свою руку с одного места на другое, если не уверен, что на новом месте его руке не будет удобнее. И эта цель, требующая нового, более удобного места для руки, и есть стимул, толкающий руку с места на место.

Тем более рабочий, тяжело работающий весь день, нуждается в энергии для своих движений. И она – это плата, которую он получает за работу. То есть получаемое вознаграждение является стимулом, толкающим его на тяжелую работу. И если не получит вознаграждение, причем в желанном ему виде, не сможет работать, как мотор без горючего.

И потому в идеальном коммунистическом строе – где каждый рабочий знает, что не получит надбавки за дополнительную работу, как не получит меньше в случае невыполнения работы, согласно лозунгу «От каждого по способностям, каждому по потребностям», – находим, что у рабочего нет никакой награды за дополнительные усилия и нет страха перед наказанием за невыполненную работу. То есть нет у него стимула, толкающего к работе.

И снижается производительность до минимального уровня, грозящего самому существованию строя. И никакое воспитание не в состоянии изменить природу человека так, чтобы он смог работать без стимула, т.е. без вознаграждения.

Исключение составляют лишь идеалисты-альтруисты от рождения, для которых стимулом, вознаграждением служит сама забота о других. И этот альтруистический стимул совершенно достаточен им для работы в той же степени, как эгоистический стимул – для прочих людей. Но поскольку идеалистов меньшинство, то их количество совершенно недостаточно для создания базы общества.

И потому сотрудничество идеалистов-альтруистов с эгоистами, столь успешное в деле свержения буржуазного строя, совершенно неспособно построить коллективное общество братски сотрудничающих людей.

И более того, наоборот, это плодотворное сотрудничество породит впоследствии взаимную ненависть и явится причиной падения общества. Таким образом, мы приходим к выводу, что истинный коммунизм и идеализм – это одно и то же.

ДИКТАТУРА. Известно, что существуют методы поощрения и принуждения работающих к увеличению объема труда. Это могут быть те же методы, что и при буржуазном строе, где каждый получает согласно производительности. Или это может быть страх перед тяжелыми наказаниями за неусердие, введенными в советском обществе.

Сталин, говоривший, что цель оправдывает средства, продолжил начатое еще Лениным планомерное, хладнокровное уничтожение противников режима. И довольно преуспел в этом. Но не сумел воспитать в рабочих качество альтруизма, т.е. желание работать не только на себя, но и на другого.

И потому, будучи диктатором, выбрал путь насилия. Это, конечно, грубая диктатура, а не коммунизм. И уж, конечно, не тот, возникавший в грезах, ожидаемый коммунистический строй, за который стоит отдать жизнь. В итоге он получился ужаснее любого буржуазного. И если бы эта диктатура была лишь необходимым переходным периодом на пути к идеальному коммунизму, то еще можно было бы принять и вытерпеть ее.

Но и это не так – поскольку никакое воспитание не изменит природу человека и не превратит эгоизм в альтруизм. И потому советская диктатура окончательна и неизменна по своей форме. А если бы и пожелали диктаторы перейти к справедливому общественному строю, то исчез бы стимул (страх) у работающих, и не смогли бы работать и поставили бы под угрозу существования весь строй. Поэтому эгоисты – они же и антикоммунисты.

Поскольку советский строй держится лишь на диктатуре устрашения, то, как и все империи и диктатуры, постепенно под давлением большинства самоаннулируется. Ведь никоим образом и никогда не смогут 10% идеалистов властвовать над 90% эгоистов и антикоммунистов, даже взяв власть и установив диктатуру советского типа. (Текст писался Бааль Суламом в конце 20-х годов XX века.)

И более того, даже если бы группа идеалистов-коммунистов стояла у власти в социалистических странах, то вовсе не обязательно, что такое положение сохранилось бы в следующих поколениях, поскольку идеалы не передаются по наследству.

И хотя отцы – идеалисты, но нет никакой уверенности, что их дети последуют им, и нет гарантии, что руководство следующего поколения останется в руках коммунистов-идеалистов. А если всеобщими выборами будет избираться руководство, то поскольку большинство – эгоисты, то, конечно, изберут близких по духу представителей. И уж конечно, не противников.

Всем известно, что сегодняшнее руководство в социалистических странах вовсе не выбирается большинством. А как только эгоисты доберутся до власти – без сомнения, изменят строй или, по крайней мере, преобразят его в национал-коммунизм расы господ.

Никакая власть не признает сантиментов. Но незначительное количество идеалистов-альтруистов в обществе свободных стран и незначительное их количество, находящееся в самом правительстве, сдерживает любую буржуазную власть от перехода к диктатуре.

ДЕЛЕНИЕ ОБЩЕСТВА. Если мы спросим самих коммунистов, правда ли, что истинный коммунизм тождественен альтруизму, а эгоизм – антикоммунизму, то они, отрицая это, будут утверждать, что далеки от сентиментальности и требуют лишь справедливости: чтобы не было угнетения человека человеком, т.е. соблюдался закон «мое – мое, твое – твое», что в общем-то чисто эгоистический принцип.

Прежде всего, согласно картине развития коммунистического строя, видно, что обобщенные определения типа «буржуазия», «пролетариат», «правящие», «угнетенные» – не отражают реальности. Точнее и адекватнее разделение общества на преуспевающих и неудачников, которые при буржуазном строе определяются, соответственно, как «капиталисты» и «средний класс», с одной стороны, и «рабочие, создающие все общественные ценности» – с другой.

А в коммунистическом обществе преуспевающие называются «управляющими», «начальниками», «стражниками», а неудачники – как и при капитализме – «рабочие, создающие все общественные ценности».

Естественно, что большинство общества – неудачники, а преуспевающие составляют не более 20%. Естественно, что управляющие используют все возможности для эксплуатации неудачников-рабочих.

И нет разницы между преуспевающими-капиталистами в буржуазном обществе и надсмотрщиками-начальниками при коммунизме. Потому как в конце концов все равно: энергичные-преуспевающие эксплуатируют неудачников-рабочих максимально.

Как уже говорилось, человек не в состоянии работать без какого-либо вознаграждения, выполняющего роль рабочей энергии, как горючее в машине. И эгоистическо-коммунистическое общество обязано давать рабочим вознаграждение за работу и наказание за отлынивание.

А поскольку вознаграждение минимально, то необходимы многочисленные надсмотрщики всех рангов, кропотливо работающие по поддержанию необходимого порядка. И потому даже приставленные надсмотрщики и надсмотрщики над надсмотрщиками до самого высокого ранга, следящие друг за другом, – все они вместе не смогут никоим образом заставить рабочих производительно работать, согласно своему желанию.

И нет другого пути, как увеличить количество вознаграждения надсмотрщикам до уровня, соответствующего их тяжелой работе, – дать им зарплату, во много раз большую зарплаты рабочего. И потому мы видим, какими благами и видами услуг окружены в Советской России надсмотрщики всех рангов.

Если же не предоставят им достаточного вознаграждения, то и надсмотрщики запустят свою работу, и рухнет строй. А поскольку вознаграждение надсмотрщиков в несколько раз больше зарплаты рабочего, то с течением времени в их руках скапливается капитал, как и у капиталистов. А по истечении нескольких десятков лет они превращаются в миллионеров. Потому и правильнее делить любое общество не на буржуазию и пролетариат, а на преуспевающих и неудачников.

Но мне возразят, что это, дескать, лишь необходимый переходный период к идеальному коммунизму, что под влиянием воспитания и общественного мнения постепенно воспитываются миллионы – так, что каждый будет работать по способностям, а получать по потребностям. И отпадет необходимость в надсмотрщиках.

Это большая ошибка – потому как лозунг «от каждого по способностям, каждому по потребностям» – чисто альтруистический. И работа человека на благо общества без стимула-вознаграждения вообще невозможна. Разве что при условии, что альтруизм станет вдруг естественен и сам будет вознаграждением.

СТИМУЛЫ. Есть люди, которые верят в воспитание: они полагают, что возможно изменить природу масс – сделать людей альтруистами. Это тоже ошибка, поскольку воспитание не может быть действеннее, чем общественное мнение, которое лишь на короткий период времени способно поддержать альтруизм и пренебречь эгоизмом.

И пока общественное мнение восхваляет альтруизм, ставя его на почетное место в общественной системе ценностей и принижая при этом эгоизм, – воспитание действует. Но как только наступит время, что какой-либо преуспевающий эгоист захочет постепенно изменить общественное мнение – он, вне всякого сомнения, сможет это сделать.

Исторический опыт нацизма доказывает, что даже такой развитый народ, как немецкий, можно было превратить во что угодно, т.е. с легкостью изменить даже традиционное воспитание и столетние общественные привычки. И произошло это именно так: изменились общественные приоритеты, воспитанию не на что стало опираться, а оно не в состоянии существовать без общественной поддержки.

И значит, нет у масс никакой возможности изменить диктатуру любого типа, и беспочвенны все надежды прийти к истинному коммунизму, где каждый «трудится по способностям, а получает по потребностям».

И навеки останутся неудачники рабами строя надсмотрщиков. И эксплуатация будет еще более изощренной. Ведь при диктаторско-коммунистическом строе нет даже права на выступления, забастовки, демонстрации, нет свободы высказываний и организаций.

А если исчезнет постоянный страх голода, высылки, а то и смерти, то, несомненно, разрушится общество, так как исчезнет «горючее» – стимул работающего.

На основании вышесказанного можно понять и причину гитлеризма как одного из исключительных явлений. Цивилизованнейший народ вдруг, в один день, стал варваром, ниже всех примитивных, когда-либо существовавших народов. А ведь Гитлер был избран демократическим большинством. Произошло это потому, что у масс не может быть никакого самостоятельного мнения, и их с легкостью можно ввести в заблуждение. И потому если большинство плохое, то руководство еще может быть хорошим.

Но если среди лидеров появляется низкий человек, способный изобличить перед массами общественные пороки и методы эксплуатации и представляющий группу, якобы достойную управлять, – что и сделал Гитлер, – то удивляться результатам выборов не приходится.

И в этом-то исключительность ситуации – никогда еще не случалось большинству прийти к власти в какой-либо стране. Обычно у власти была группа автократов с минимальными нравственными принципами, или олигархия, или дутые демократы, но никогда – большинство простого люда.

И вот в данном случае диктатор сумел внедрить в сознание масс чувство превосходства перед другими народами и поставить благо общества – этих масс – выше личных интересов каждого.

СОБСТВЕННОСТЬ. Коммунисты утверждают, что в коммунистическом обществе пролетариату стоит терпеть все тяготы режима, поскольку все продукты общественного труда находятся в его руках, и никто посторонний не может ими воспользоваться. Тогда как в буржуазном обществе рабочим с трудом достается лишь хлеб насущный, а все богатства скапливаются у капиталистов.

Это верно лишь относительно преуспевающих управляющих и надсмотрщиков, к которым попадают все лучшие продукты общественного труда. Но уж, конечно, не для пролетариев.

Для примера возьмем хотя бы нашу израильскую железную дорогу. Это – государственное имущество, т.е. собственность каждого из граждан страны. Чувствует ли обычный гражданин страны себя совладельцем данного предприятия? Испытывает ли он большее чувство удовлетворения, когда пользуется государственной железной дорогой, чем если бы она была частной – капиталистической?

Или возьмем еще пример такой ярко выраженной собственности пролетариата, как компания «Солель Боне», находящаяся под управлением рабочих. Неужели есть у работающих здесь – на своем предприятии – большие блага и удовлетворение, чем у работающих на чужом, капиталистическом?

Думается, что работающие у чужого подрядчика чувствуют себя много увереннее, чем рабочие «Солель Боне», хотя у последних и существует якобы право на это предприятие. Все имущество и сила, и власть действовать и поступать с общественным имуществом, как вздумается, принадлежит лишь группе управляющих. А у простого гражданина даже нет права спросить, что там делается с его якобы собственностью.

Воистину пролетариат не чувствует ни малейшего удовлетворения от государственного и общественного имущества, находящегося во власти преуспевающих управляющих, которые эксплуатируют и угнетают «неудачников», не принадлежащих к их клану.

Что есть у рабочих при коммунистической власти, кроме их хлеба насущного? Пролетариату в стране с коммунистической диктатурой не в чем завидовать. Он находится под тяжелой рукой власти надсмотрщиков, которые могут поступать с неудачниками-трудящимися как заблагорассудится – ведь все средства подавления, воспитания, печати в руках безжалостных управляющих.

И нет никакой возможности выступить против несправедливости, ведь все являются заключенными-рабами коммунистической диктатуры. А поскольку каждый работник создает общественные ценности, то как может позволить подобный режим свободный выезд производителей из страны?

Одним словом, в эгоистическо-коммунистическом обществе обязательно наличие двух общественных статусов – статус преуспевающих управляющих, надсмотрщиков и статус работающих, неудачников.

И положение преуспевающих волей-неволей обязывает их, согласно законам страны, к угнетению и унижению неудачников безо всякого сострадания к последним. И угнетению во много раз большему, чем в буржуазном обществе, поскольку полностью отсутствует всякая защита прав трудящихся.

И нет возможности у эксплуатируемых раскрыть действия эксплуататоров, так как отсутствует свобода обмена информацией, свобода прессы. И нет у них причин возрадоваться общественной собственности, созданной их трудом.

И поскольку коммунистическая диктатура советского типа не в состоянии победить человеческую природу и показать таким образом всему миру цветущие плоды экономического и общественного процветания, то ею уже давно взят курс на насильственное распространение своего влияния.

БЕЗОПАСНОСТЬ. Теперь главное: задача, цель коммунизма – не только экономически исправить мир, но и дать каждому уверенность в его существовании, т.е. предотвратить войны между народами. Тем более в наше время, когда войны грозят существованию всего человечества.

Но избежать их нет никакой возможности, если все народы не примут идеальный коммунистический строй, т.е. альтруистический коммунизм. Ведь после современной мировой войны исчезнет цивилизованное человечество. А эгоистический коммунизм не в состоянии обеспечить мир и безопасность – ведь даже если все народы мира и примут подобный строй, еще не обязательно, что развитые, богатые нации разделят с малоразвитыми и бедными поровну свои богатства.

Как, например, богатый американский народ не захочет снизить свой жизненный уровень ради народов Африки и Азии или даже народов Европы. А если у одного народа и есть возможность сравнять жизненный уровень богатого меньшинства с пролетариатом, то даже и это перераспределение имущества не может послужить примером для богатого народа, чтобы он еще и с другим, бедным народом разделил свои богатства.

Богатые страны запаслись достаточным для своей защиты количеством оружия. Так в чем же смысл установления коммунизма в отдельных странах, если остается зависть между народами, как при буржуазном строе? Ведь из справедливого распределения внутри одного народа (даже если бы такое было возможно) вовсе не следует справедливое разделение богатств между народами.

БЕЗВЫХОДНОСТЬ. Все несчастья в сегодняшнем эгоистическо-коммунистическом режиме – в отсутствии соответствующего вознаграждения, т.е. горючего, оживляющей силы, необходимой для плодотворного труда рабочих.

И нечего надеяться, что этот строй изменится когда-либо, как рассчитывают оптимисты, – ведь ни штыки, ни воспитание, ни общественное мнение не в состоянии изменить природу человека и заставить его работать по собственному желанию, без вознаграждения, выполняющего роль горючего.

И потому эта власть – проклятие этого поколения. А после уничтожения подобной диктатуры рабочие прекратят создавать общественный продукт, необходимый для существования государства.

РЕШЕНИЕ. Нет другого выхода, как взрастить в сердце каждого веру в вознаграждение и наказание духовное – свыше, когда под влиянием соответствующего воспитания это духовное вознаграждение или наказание будут выполнять роль горючего, достаточного для эффективного труда. И не понадобятся более надсмотрщики, а каждый и каждый станет с восторгом трудится на благо общества, чтобы удостоиться высшего духовного вознаграждения от Создателя.

Разница между верующими в вознаграждение свыше и идеалистами в том, что у последних нет основы для действий, поскольку не в состоянии объяснить кому-либо, почему их путь верен и что их обязывает к действию на благо других.

И потому расправились с ними Сталин и Гитлер. Верующий же ответит просто – есть указание Создателя, и потому я отдаю за это жизнь. Желающие идеального общества для потомков должны в первую очередь взрастить в сердцах сыновей веру в Высшее управление миром – вознаграждение и наказание свыше.

И неважно, что сами основатели в большинстве своем неверующие – вера в наличие Творца в данном случае является лишь средством построения счастливого общества для будущих поколений. Только на основании принципа «возлюби ближнего как самого себя», независимо от типа религии, возможен приход каждого отдельного народа к коммунизму.

МЕТОДЫ РЕШЕНИЯ. Возможны три основы для распространения веры:

1) удовлетворение стремлений;
2) доказательство;
3) возвышение.

В каждом, даже совершенно неверующем существует ощущение неизвестного – основа единения с Творцом. Когда возбуждается это стремление узнать, соединиться или отвергнуть Творца, что в общем-то одно и то же, найдется кто-то, готовый удовлетворить его желание, и соглашается человек слушать и вдуматься.

Доказательство состоит в осознании каждым, что другого пути в наше время нет, и возвышении конечной цели «от каждого по способностям, каждому по потребностям», т.е. альтруистического коммунизма.

РАСПРОСТРАНЕНИЕ В МИРЕ. Необходимо доведение до сознания каждого, что единственное избавление от голода и страданий – в построении альтруистического коммунизма. Осознав эту истину, каждая личность сможет пойти на определенные лишения и жертвы.

Иудаизм должен шире раскрыть свое учение всем народам – то, чего нет в их наследии, – мудрость, справедливость и мир. Сионизм исчезнет. Населению бедного ресурсами Израиля предстоят страдания, большинство покинет страну, а немногочисленные остатки растворятся в море арабского населения. И спасение от этого лишь в построении нами альтруистического коммунизма, а затем и всеми народами – построении Храма, слиянии всего человечества с Создателем, как и до своего возникновения.

Все вышеизложенное основывается на самой сути человека – эгоизме, нашей природе. Требуемое от нас Создателем совпадение с Ним желаний, свойств обязывает нас поневоле или добровольно принять альтруизм как духовную цель каждого. Согласно Каббале, всеобщий переход от эгоизма к альтруизму приобретет реальное воплощение лишь в дни Машиаха, благодаря чему и произойдет духовное и материальное освобождение человечества...

ИМЕНА ТВОРЦА

Различные имена Творца характеризуют многообразие Его свойств относительно человека. Другими словами, мы называем Творца тем именем, которое раскрывает нам его свойства в наших ощущениях: Милосердный, Справедливый, Грозный, Страшный, Далекий или Близкий.

Сам Творец, как много раз указывалось, непостигаем нами. Лишь свет, идущий от Него, вернее, та часть света, которая входит в кли (в нас), и вызывает те чувства, которыми мы называем Творца.

Каждое слово, каждый знак в Торе несет информацию о Создателе, Его раскрытии творениям, поэтому и говорят, что вся Тора – это имена Творца.

Кэтэр – свет, исходящий из Творца, несет в себе зародыш будущего творения, и потому эта скрытая форма создания в исходящем свете обозначается точкой, так как точка – начало любого изображения.

Хохма – распространение света в кли, пока еще без реакции со стороны последнего. Эта стадия называется хохма, обозначается она точкой и выходящей из нее небольшой линией, след которой свет оставляет в кли, – буква юд.

Бина – выражает реакцию кли на свет, появление ор хасадим и поэтому обозначается распространением линии вширь. Бина соответствует букве хэй.

З"А – соответствует букве вав – распространению ор хохма сверху вниз.

Малхут – обозначается буквой хэй, как бина.

Таким образом, десять сфирот, или пять ступеней кли можно изобразить как:

кэтэр	•
хохма	י
бина	ק
З"А	ו
малхут	ק

Лишь два вида света входят в кли: ор хасадим и ор хохма. Несмотря на то что в духовном мире нет понятия места, мы используем язык ветвей и потому говорим, что ор хасадим распространяется вширь (хэсэд – милосердие, широкая рука, большое сердце, широта души), а ор хохма распространяется сверху вниз – от Творца к творениям, чтобы выразить соответствие духовных сил.

Если в Каббале изображается горизонтальная линия, то подразумевается распространение в кли ор хасадим. Вертикальная линия соответствует распространению в кли ор хохма.

Источником всех букв являются два их корня – юд и алеф. Любое изображение и буква в частности – это кли, проявляющееся на белом, бесцветном фоне света. Сам этот фон – свет – не имеет определенных границ. Мы не в состоянии охватить свет нашим глазом и разумом, так как наши органы чувств – это келим.

Лишь граница, начинающаяся с точки, как и любая линия, так как представляет собой ограничение света, дает нам возможность постичь какую-то определенную его часть. Точка – ограничение, отторжение света (ор хозэр – некудот), и поэтому сумма, совокупность точек дает очертание буквы, кли. Однако естественно возникает вопрос, почему тогда первая буква алфавита алеф, а не юд?

Объясняется это тем, что лишь после наполнения и исчезновения света рождается кли – желание к бывшему в нем свету. Эти желания называются решимот. Вследствие того что Ц"А – причина исторжения света из келим во всех мирах, то точка Ц"А и является первым корнем букв.

Но Ц"А не является непосредственным корнем наших миров БЕ"А. Наш корень – Ц"Б. Ц"А произошел лишь на одну точку – Малхут, а Ц"Б – и на бину, т.е. две точки (бина и малхут) соединились между собой.

Соединение двух точек дает прямую. Таким образом, Ц"Б создал линию, называемую небосвод, или парса, отделяющую келим ашпаа (дающие) над парса от келим каббала (получающие, принимающие) под парса в виде буквы алеф:

Где верхняя юд – это Г"А (кэтэр и хохма), а нижняя, перевернутая юд – АХА"П (бина, З"А и Малхут). И потому буква алеф – начальная буква, т.е. первое кли нашего мира, созданного под Ц"Б. Итак, буквы юд-кей-вав-кэй – это основа (скелет) любого кли. Имя, образуемое ими, называется АВАЯ.

После Ц"А кли может получить свет только в том случае, если у него есть масах. От величины масаха зависит свет, заполняющий десять сфирот кли или заполняющий четыре буквы имени АВАЯ.

Кэтэр – точка, желание Творца, ор без кли, и потому соответствует скелету АВАЯ, т.е. незаполненной АВАЯ. Таким образом, парцуф Гальгальта обозначается лишь как четыре буквы АВАЯ.

Хохма – соответствует букве юд, и потому, чтобы изобразить парцуф, т.е. десять сфирот, заполненные ор хохма, мы везде в буквах АВАЯ вписываем букву юд.

То есть вместо простого изображения:

י ק ו ק

мы пишем: יוד קי ויו קי

показывая этим, что десять сфирот кли заполнены юд, т.е. светом хохма.

Как известно, каждой букве алфавита соответствует числовое значение:

1 - א	7 - ז	40 - מ	100 - ק
2 - ב	8 - ח	50 - נ	200 - ר
3 - ג	9 - ט	60 - ס	300 - ש
4 - ד	10 - י	70 - ע	400 - ת
5 - ה	20 - כ	80 - פ	
6 - ו	30 - ל	90 - צ	

Если мы произведем простой расчет:

י ו ד   ה י   ו י ו   ה י

10 5   6 10 6   10 5   4 6 10

то, суммируя эти цифры, мы получим:
10 + 5 + 6 + 10 + 6 + 10 + 5 + 4 + 6 + 10 = 72.

Числовое значение, полученное нами, соответствует значениям букв ע"ב , т.е. А"Б – парцуф хохма мира А"К.

Аналогично возникли названия всех остальных парцуфим: парцуф СА"Г тоже заполнен светом хохма в таамим, но в его некудот произошел Ц"Б, что изображается буквой алеф в заполнении АВАЯ СА"Г.

Парцуф М"А весь погружен в Ц"Б, поэтому он весь заполнен буквой алеф. Парцуф БО"Н – заполнен буквой хэй, которая соответствует и малхут, и бине. Напомним еще раз, что под буквой кэй подразумевается хэй.

Теперь нам понятно, почему парцуф хохма называется А"Б (числовое значение 72), парцуф бина – СА"Г (так как его числовое значение 63) и т.п. Заполнение АВАЯ называется милуй (наполнитель).

Другие имена Творца соответствуют определенным соотношениям кли и света. Например, имя Элоким – относится к ор хозэр, имя Ад'нут – обозначает незаполненную Малхут и т.д. Рибуа – заполнение парцуфа светом в момент подъема масаха из табура в пэ.

Часто можно встретить в молитвеннике совместное написание имен АВАЯ и Ад'нут – символизирующее объединение девяти первых сфирот (АВАЯ) и малхут (Ад'нут), или – ор яшар с ор хозэр.

Малхут мира Эйн Соф была полностью заполнена светом. После Ц"А эта Малхут заполнена лишь частично – от пэ Гальгальта до парса. Цель творения – заполнить ее, как в олам Эйн Соф, как до Ц"А.

Парцуф Гальгальта, А"Б, СА"Г, находящиеся выше табур Гальгальта, заполняют эту часть Малхут от пэ до табура, что обозначается именем Мэм-Бэт (42):

1) Четыре буквы АВАЯ Гальгальты.

2) Десять букв АВАЯ А"Б.

3) Двадцать восемь букв АВАЯ СА"Г.

Что в сумме составляет 42. В наших молитвах этому имени соответствует молитва «Ана бэ коах», состоящая из 42 слов, тайный смысл которых содержит характеристику этих трех АВАЯ.

Иногда для вычисления свойств парцуфа, для вычисления времени в частности, применяются перестановки и сочетания букв, принятые в математике: из двух букв – две перестановки, из трех – шесть, из четырех – двадцать четыре и т.д.

Каждый парцуф, как известно, делится на рош и гуф. Рош его – простая (незаполненная) АВАЯ, так как в рош нет еще келим. Гуф парцуф – это его часть, Малхут, заполненная светом в зависимости от величины масаха, и потому ему соответствует заполненная АВАЯ.

Можно разделить парцуф на девять сфирот и малхут. Тогда девять сфирот соответствуют имени АВАЯ, а малхут соответствует гематрии – числовому значению этого имени АВАЯ.

Существует также деление парцуфа на паним и ахораим, где паним соответствует прямое имя, а ахораим – рибуа.

Огласовка букв в иврите также несет в себе духовную информацию. Называются эти обозначения некудот. Для примера смотрите наш сидур «Тфилат коль пэ», стр. 4.

Отиет (буквы) – это келим. Ор – точка. Если точка находится над буквой, это означает, что свет еще не вошел в кли. Когда точка располагается внутри буквы – свет находится в кли, а если точка под буквой – это означает, что свет разбил кли и ушел в клипот.

Сказано, что вся Тора – это имена Творца, вся Тора говорит только о духовных мирах, их состояниях и пути постижения Божественного.

Целующий Тору, может быть, целует такие имена Творца, как Фараон, Билам, Амалек. Но един Творец, лишь Он Один руководит всем творением посредством разных, подчас противоположных сил. Им создано Зло, которое мы должны исправить, из Него исходят Добро, Свет. У этих двух противоположных сил и есть множество имен Творца, и мы воспринимаем лишь эти имена, а не Его Самого. Но все имена Творца – суть Его силы.

Буква – это не что иное, как запись определенного состояния определенного духовного объекта. Каббалист ощущает записанные буквами духовные состояния духовных объектов и миров, как музыкант по партитуре слышит записанные нотами сочетания звуков. И может, как любое духовное кли с зивуг дэакаа, согласно записи в буквах, получать свет Творца, т.е. производить исправления келим (тикуним).

Для примера приведем страницу из специального молитвенника и таблицы имен Творца из книги «Зоар».

Есть любители заниматься всякими вычислениями, сопоставлениями гематрий. Уже и Тору заложили в вычислительную машину и пытаются отыскать в ней всякие закономерности. Конечно, как во всей Торе, так и в любой ее самой малой части существует бесконечное количество всевозможных зависимостей: ведь Тора – это воистину Древо Жизни. Но что проку от получаемых формул, ведь что на самом деле кроется за ними, знает лишь постигший их духовный корень – а такому человеку уже и сама эта формула, выданная компьютером, не нужна.

Неужели от знания того, что гематрия имени АВАЯ равна 26, сердце взмывает ввысь в большем порыве к Творцу, чем от продумывания сути этого Имени?! Что толку в изучении графических изображений букв без понимания их внутреннего смысла!

В духовных мирах ведь нет места, времени, движения; нет никаких изображений – лишь чувства. Но дурное начало человека всяческими путями уводит его с прямого пути постижения Истины. И потому так падки на «исследования» гематрий, букв и каванот не посвященные в Настоящее Учение.

Что даст неучу молитвенник с каванот тфила (смотри прилагаемую страницу из молитвенника «Сидур тфила ле РАША"Ш»)? Как сказал рав из Коцка (Ешер Диврэй Эмэт стр. 11): «Наша работа – анализ добра и зла – возможна лишь в мысли и желании (мозге и сердце). Но есть умники в наше время, якобы изучающие Каббалу и считающие, что могут исправлять мир (бирур нэцуцот света упавших в клипот) тем, что едят с каванот (мысленаправленно) – как это возможно, если они сами не находятся на уровне этих нецуцот!»

О таких сказал рав Буним из Пшиска (Наим Змирот Исраэль, стр. 72): «Основная мысль при поглощении пищи должна быть – хорошенько жуй!»

Есть мнение у ряда верующих, что любой простой человек может даже во время еды, работы, выполнения заповедей или при благословении производить исправление высших духовных сфер. Мы же уже знаем, что без приобретения масаха это невозможно. А масах – это отказ от всего ради исправления, условие Ц"А. Кто это в состоянии сделать – он уже не простой человек!

Тора написана для всех. Но каждый чувствует, понимает ее по-своему. Есть Тора ше бэ ктав – письменная Тора. Но каждый понимает ее в зависимости от своего кли – величины и чистоты сердца, масаха. А так как масах, определяющий духовный уровень, стоит в пэ, то в зависимости от его величины свет Торы входит в духовное кли человека.

סידור תפלה להרש"ש סד

פנימיות דפנימיות

גומל

להמשיך פרקין אמצעיים דאבא לכחב"ד דז"א ולדחות הפ"א לחג"ת דז"א.

אֶהְיֶה אהיה אהיה אהיה

יְהֹוָה יהוה יהוה יהוה

יהוה יהוה יהוה

לג' כלי חכמה	לג' כלי דעה	לג' כלי בינה
יוד הי ואו הא	יוד הי ויו הי	אלף. אלף הא. אלף הא יוד. אלף הא יוד הא
י יה יהו יהוה	יוד הי ואו הי	אלף הא יוד הא
יוד הא ואו הא	יוד הה וו הה	א ה י ה

אֶהְיֶה אוהויוהו אוהויוהו אהיה

יְהֹוָה יוהוווהו יוהוווהו יהוה

וד י יו י וד י יו י וד י יו י

לג' כלי חסד דז"א	לג' כלי ת"ת	לג' כלי גבורה דז"א
א אל אלו אלוה	יוד הא ואו הא	אלף. אלף למד. אלף למד הי. אלף למד הי יוד. אלף למד הי יוד מם
א ל ו ה	י יה יהו יהוה	
אלף למד	י ה ו ה	

יכוין לדחות מוחין דקטנות לכ"ס התחתונים דת"ת דז"א.

חכמה: אלף למד הי יוד מם — בינה: אלף למד הה יוד מם

חסדים: אלף למד הא יוד מם — גבורות: אלף למד הא יוד מם

כ"ס ת"ת דז"א

страница из молитвенника "Сидур тфила ле Рашаш"

ם	ו	ת	ל	ד	ת	י	י
י	ה	י	י	ה	ו	ד	ו
ב	י	ל	ם	י	ל	ו	י
ק	ם	ה	ע	ם	ך	ע	ט
ע	ל	ו	ז	ב	י	ל	מ
ו	ח	י	ה	ר	ה	ה	ש
ה	ר	ש	כ	ו	ו	י	ה
מ	ב	ם	ל	ח	ה	ם	א
י	ה	א	ה	ק	א	ו	ת

ע״כ כלילן טורין דמלכא קדישא בתפארת.

חלופי גרסאות

י) י בדפו״י הנוסח כזה

ם	י	מ	ה	ו	ע	ק	ב	י
ו	ה	ב	ר	ח	ל	ם	י	ה
ת	א	ם	ש	י	ו	ה	ל	י
ל	ה	ל	כ	ה	ז	ע	ם	י
ד	ק	ח	ו	ר	ב	ם	י	ה
ת	א	ה	ו	ה	י	ך	ל	ו
י	ו	ם	י	ה	ל	ע	ו	ד
י	ת	א	ה	ש	מ	ט	י	ו

הנוסח שבפנים הוא מסודר ומוגה מבעל הסולם.

לבתר מתחברן אבהן ואתעבידו שמא קדישא

כהת	אכא	ללה	מהש	עלם	סיט	ילי	והו
הקם	הרי	מבה	יזל	ההע	לאו	אלד	הזי
חהו	מלה	ייי	נלך	פהל	לוו	כלי	לאו
ושר	לכב	אום	ריי	שאה	ירת	האא	נתה
ייז	רהע	חעם	אני	מנד	כוק	להח	יחו
מיה	עשל	ערי	סאל	ילה	וול	מיכ	ההה
פוי	מבה	נית	ננא	עמם	החש	דני	והו
מחי	ענו	יהה	ומב	מצר	הרח	ייל	נמם
מום	היי	יבמ	ראה	חבו	איע	מנק	דמב

אלו הם הע״ב שמות, היוצאים מן ג׳ פסוקים אלו במרובע כל שם ושם מן ג׳ אותיות היוצאים מג׳ פסוקים אלו ישר הפוך ישר.

(דפו״י דף נ״ב ע״א)

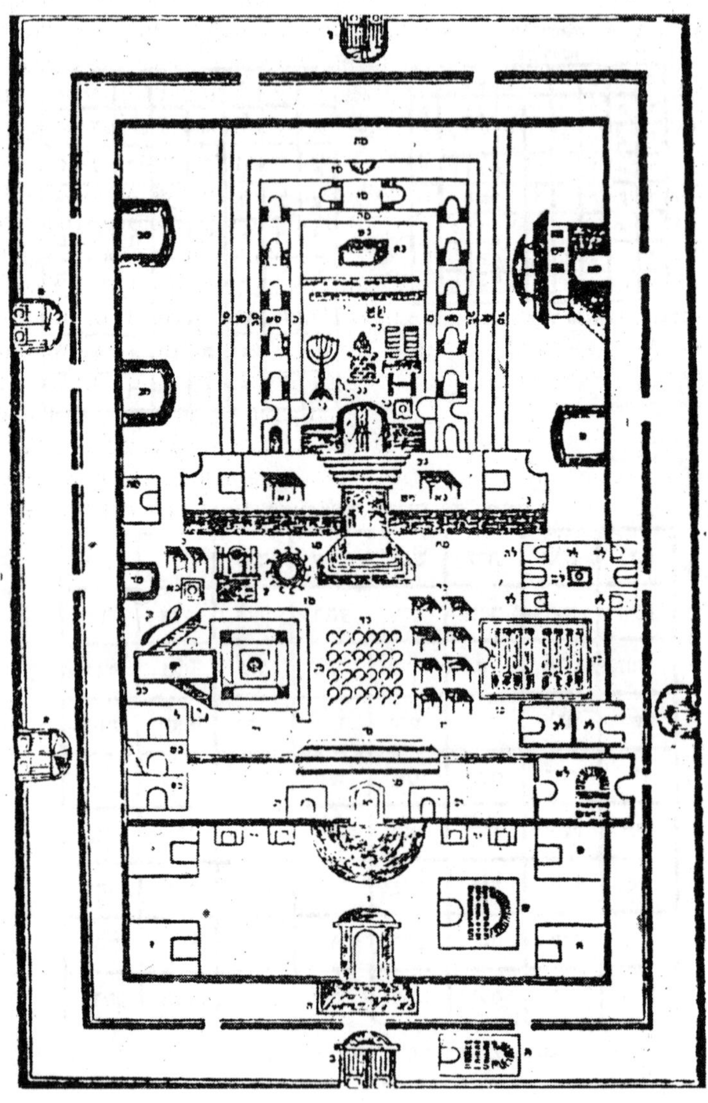

Эта часть Торы – света (Тора – ор), которую постигает именно таким образом человек, называется Тора шэ бааль пэ – устная Тора (так как зависит от пэ – масах), поскольку индивидуальна у каждого, в зависимости от величины его масаха. Каждый понимает Тору согласно своему масаху, т.е. согласно своему духовному кли. Кли может постичь лишь то, что входит в него; гематрии и каванот – ошибочный метод изучения Каббалы.

Гематрия – лишь метод записи и информации, суть которой раскрывается не в знании числа, а в слиянии с духовным уровнем объекта, обозначаемого данным числом. Поэтому в истинных каббалистических трудах им так мало уделяется внимания.

Примером перехода духовных сил в материальные объекты может служить чертеж будущего Третьего Храма, описанного в книге Рамхаля «Мишкани аЭлион». Этот великий каббалист, поднявшись по духовным ступеням путем огромной работы над собой, увидел силы, свет, источники еще не материализовавшегося Третьего Храма и по ним, т.е. по корням, увидел, в каком виде, объеме они должны будут материализоваться в будущем, и составил подробнейший чертеж с указанием точных размеров каждой детали.

О ЧЕМ ГОВОРЯТ ВСЕ КНИГИ ТОРЫ

Уже неоднократно приводились высказывания мудрецов о смысле, цели и содержании Торы. В сжатом виде они содержат весь смысл творения.

Талмуд Вавилонский. Макот, 23,2: «Хотел Творец очистить Израиль, потому дал им Тору и Заповеди.»

Эвэн Эзра. Ясод Морэ, 8,2: «А теперь открой сердце и слушай, что все заповеди, записанные в Торе и те, которые затем добавили наши мудрецы, хотя большинство из них требуют физического выполнения, – все они – для очистки сердца, потому как очищения сердца требует Творец от нас».

Тора, Ваикра 19,17: «Возлюби ближнего как себя». Берешит Раба: «Раби Акива сказал – это общий Закон всей Торы».

Талмуд Вавилонский. Хулин, 24 – дискуссия о том, сколько лет проходит от обычной учебы до первого духовного постижения.

Талмуд Вавилонский. Псахим, 119 – дискуссия о тайнах Торы...

В принципе этот список можно продолжать до полного исчерпания всей Торы, так как вся Тора говорит лишь о путях сближения с Создателем и лишь для этого дана. Но видит это лишь тот, кто желает видеть (как для историка Тора – это история, а для юриста – сборник юридических законов и актов).

Также и большинство изучающих Тору в наше время считают, что вся Тора – это всего лишь свод законов, и вся их учеба сводится к юридическому выяснению требований Талмуда, и думается им, что уже познали этим все. А по правде – коснулись лишь физического выполнения заповедей. Но главное – еще далеко от них, потому как даже изучаемого ими нельзя постичь без знания внутреннего содержания Торы. И большинство страниц Талмуда закрыты перед ними, так как они раскрываются лишь знанием тайн Торы.

И поэтому сказано, Талмуд Вавилонский. Санэдрин, 24: «Талмуд – тело Торы без света, и осветить его можно только через тайны Торы, о которых сказано: Тора – свет».

Поэтому Виленский Гаон писал: «Нет во всем Талмуде даже одной заповеди, которую можно полностью понять без познания части тайной Торы, на которой эта заповедь построена, и пока не понял тайную часть, даже открытая часть заповеди не может быть ясна».

Обычно начинающий изучать Вавилонский Талмуд начинает его с книги Бава Меция («Законы о находке, утере, возврате пропажи, делении имущества»), с дискуссии «Двое держатся за найденную вещь», и каким образом ее можно поделить между ними. Из того же места Талмуда, по принципу Торы «с низшего изучать высшее», можно изучить духовный мир: «Двое держатся за одну вещь» – в таком случае трактуется, как двое, т.е. доброе и дурное начала (альтруизм и эгоизм), держат в своих руках человека. «Один утверждает, что человек его, а другой возражает, что человек – его». И ведется дискуссия, каким образом человек может выявить в себе эти два начала и отделиться от дурного.

И уж конечно, более понятны моему читателю разделы Талмуда о чистоте (очистке от эгоизма) тела (гуф), очищении сосудов (кли), чистоте одежды (левушим).

Человеческое желание «получить» называется в Каббале земля, и как обращаться с ней, возделывать, сажать, взрастить и собирать урожай (урожай – плоды, желаемые нами, – сближение с Творцом), говорится в разделе Шаббат Талмуда, так как после исправления творения, в шаббат, эти работы аннулируются (гмар тикун).

Мы уже знаем, что такое зивуг дэ-акаа, зивуг З"А и нуква. Их духовные связи и породили законы, касающиеся новобрачных и супругов в нашем мире (Талмуд. Масэхэт Кидушим). Физически выполняя их, мы хотя бы на физическом уровне ставим себя в соответствие с духовными корнями. Но конечно, главное – достижение духовного соответствия, оно-то и дает сближение с корнем.

Большая часть Талмуда Вавилонского заполнена Агадой. Агада – сказание, но все признают, что это лишь внешнее выражение тайн Торы особым языком, понятным лишь Поднимающимся.

Хороший учебник – наш сидур (молитвенник). Утренняя молитва (см. сидур «Тфилат коль пэ», стр. 6) начинается со слов: «Благодарю Тебя, Творец, за то, что Ты возвратил мне душу». Как и всю Тору, это можно трактовать: «Спасибо, что я жив (витальная душа)».

Но Тора подразумевает и более высокую, истинную ступень: когда у человека есть уже духовное кли, поступающий в него высший свет называется божественная душа.

Следующее благословение из молитвенника: «Благословен Ты, Творец, поскольку обособил нас своими заповедями и наказал очищать (буквально – забирать) руки». Руки человека – это его кли, которыми он желает прибрать весь мир. Заповедь же Творца – чтобы мы убрали свои руки, отказались от получения. Соответственно этому физическое действие – омовение рук, так как ор хасадим называется маим – вода. «Омываясь» в ор хасадим, кли из эгоистического становится альтруистическим, не желающим брать себе.

И уже после этого благословения человек может поблагодарить Творца за Тору (стр. 7 молитвенника), так как пока «руки нечисты», мы не видим пользы в Торе. Далее – благодарность за нашу избранность – нам уже ясно, что она заключается в благодарности отрешения от эгоизма.

Все молитвы делятся на две группы – благодарственные и просительные. И обе они говорят об одном – или это просьба, чтобы Творец извлек нас из мира клипот, в котором мы находимся, или это наша благодарность за то, что он это уже сделал.

Почему же такое многообразие молитв? Да просто потому, что и просьбы, и благодарности на разных уровнях духовного постижения – разные. В зависимости от широты видения Творец представляется Постигающему (мы говорим о вошедших в духовный мир, а не просто читающих сидур) то Господином, то Спасителем, то Другом, то Создателем, то Любящим, то лишь Справедливым, а то подчас и Жестоким и т.д.

Обладатель великих темных сил Билам (см. Тора, глава «Балак»), равный по величине Моше – но с обратным знаком, – когда поднялся на свой самый высокий уровень (а клипот по высоте достигают уровня З"А мира Ацилут), вместо того чтобы проклясть Израиль, вдруг воскликнул:

«Как хороши твои жилища, Израиль,
И я по великой милости Твоей

Явлюсь в Твой дом,
Чтобы преклониться в трепете
Храму Святому твоему.
Творец, люблю я место пребывания Твое
И я повергаюсь пред Тобою
В благодарности, мой Создатель,
И молю Тебя в этот час благоволения Твоего
В великой милости Твоей –
Ответь мне истинным освобождением!»

Он увидел, что выше З"А мира Ацилут находится лишь святость и чистота (см. сидур, стр. 11).

Стихи «Адон Олам» и «Игдаль Элоким хай», следующие далее в сидуре, мой читатель поймет без труда. Далее следуют утренние благословения. Нам уже известно, что ночь – это состояние кли без ор хохма, когда оно не в состоянии видеть, т.е. анализировать Добро – Зло.

– И потому **первое благословение** утром за то, что дал мне Творец способность различать между днем и ночью. Эта способность и есть начало «дня».

– **Второе благословение** – за то, что не сотворил меня гоем. Вот я «встал» «утром» и обнаруживаю, что я уже не гой (гой – человек, находящийся под властью эгоизма).

– **Третье** – за то, что не сотворил меня рабом (моих телесных желаний).

– **Четвертое** – что не сотворил меня женщиной (мужчина дает, влияет, а женщина – нуква, получает. Ясно, что такие состояния не зависят от пола).

– **Пятое** – за то, что Творец дает зрение слепым (человек во тьме духовной, пока не получит ор хохма – ор видения, сфира хохма – глаза).

– **Шестое** – за то, что Творец одевает голых (вспомним голых Адама и Хаву, лишенных левушим, т.е. одежды. Одежда – это ор хозэр, условие получения ор яшар, ор хохма, ор хаим.) По этому же принципу можно объяснить и все остальные благословения.

Молитва учит, подсказывает, указывает путь. Приведем лишь места, говорящие читателю уже сами за себя:

– Творец, благослови нас, освяти нас – стр. 35.
– Множество мыслей в сердце человека, и лишь совет (свет) Творца поддержит его – стр. 37.

– Счастлив, кто уже находится в Твоем доме – стр. 37.
– Творец дает хлеб (веру) голодным (чувствующим нехватку этого), освобождает узников (из плена эгоизма) – стр. 39.
– Возблагодарим Творца, пожелавшего именно так создать мир (праведником называется тот, кто оправдывает все действия Создателя) – стр. 41.
– И выведет Творец в этот день Израиль (желающий сблизиться с Творцом) из Египта (клипот-эгоизм), и воспоет народ – стр. 45.

Особенно красочно и ярко звучит отрывок перед Крият Шма – центрального места всей молитвы (стр. 52):

«Отец наш, ради отцов наших, уповавших, что Ты научишь их законам жизни, научи и нас (дай нам желание идти Твоим путем и силы в этом пути, и разум понять Твой путь). Пожалей нас и дай нашему сердцу (злому с рождения) возможность понять, внять, учиться и соблюдать с любовью (не вынужденно, а осознанно и ради любимого, т.е. бескорыстно) все Твои законы (столь противоестественные нам). И прилепи сердца наши (желания) к заповедям Твоим, и объедини (помоги возлюбить ближнего как себя) наши сердца в любви и к благоволению Твоему (но в естественной любви к Творцу – цель творения, а любовь к ближнему – лишь средство к достижению этой цели), чтобы не ошиблись мы. Потому как лишь на Тебя полагаемся и радуемся будущему освобождению (т.е. верим обещанному Торой). Сведи нас к миру (шалом – от слова «шлемут» – совершенство) со всех сторон земли (эгоизма) в землю нашу (альтруизм), ибо Ты творишь спасение, а нас (желающих этого) избрал из всех народов (не стремящихся к духовному) приблизиться к Тебе (т.е. мы признаем сближение с Творцом как цель творения), чтобы восхвалить, и возлюбить, и провозгласить Единство Твое (и в этом наше наслаждение). Благословен Ты, Творец, с любовью выбравший Израиль (Израиль – от слов «Исра» – яшар и «Эль» – Творец; т.е. Исраэль – это тот, кто устремлен прямо к Творцу) из всех народов».

Полагаясь на помощь Творца, заранее радуется просящий освобождения от эгоизма и того же освобождения и других людей на земле, объединяющихся в итоге в Единый Израиль, восклицающий затем: «Слушай, Израиль, Творец наш Един!», поскольку постигает слияние с Творцом и видит, таким образом, что цель творения – общее единство в Едином Корне.

Затем следует главная молитва, называемая Шмона Эсрэй – 18, по числу просьб.

И все они также о помощи, о спасении от эгоизма, духовном освобождении и возвышении:

1) Благодарение за то, что Творец приносит освобождение (от эгоизма).
2) Что оживляет мертвых (вносит свет в кли), поддерживает (в пути исправления), освобождает узников (своих желаний), спящих (не осознавших пути) в земле (в эгоизме).
3) Благодарение, что Творец – святой (т.е. особый тем, что его желание – лишь давать и делать добро).

И так далее. Заканчивается молитва просьбой: «Господи, огради мой язык от плохого слова и лжи и уничтожь врагов души моей (сидящих во мне), уничтожь мое самомнение, открой мое сердце Торе, чтобы устремился я за Твоими указаниями, а всех (мои мысли) желающих мне зла на пути к Тебе – уничтожь. Сделай так, чтобы не гневаться мне на другого (гнев – прямое проявление эгоизма), не завидовать другому (не проявлять желания получить), избавь от дурного (желания), и пусть душа моя будет перед всеми, как прах, прояви Свое Единство в мире (чтобы во всем окружающем нас мы увидели Тебя), построй (в наших сердцах) Свое жилище».

Как видно из этого пересказа, наши молитвы – как и вся Тора – средства нашего духовного возвышения, перехода в духовный мир – ведь молитва, как уже говорилось, это и есть МА"Н, возбуждающий высший источник света.

Думается, теперь сам читатель, раскрыв любую из книг Торы, увидит и поймет замыслы авторов – наших мудрецов. И не отрывки, приведенные выше, а все книги Торы станут подтверждением уже многократно сказанного: Тора дана нам как средство (а не самоцель) для возвышения и слияния с Творцом.

Время в нашем мире – следствие изменения духовных корней, поэтому в субботу есть дополнительные молитвы и чтения Торы.

Существуют специальные молитвенники с каванот (мысленаправленность, мотивация), страница из которого здесь приводится с переводом указаний.

סידור תפלה להרש"ש

אל עליון

להמשיך הארה לס"ת דז"א מיסוד דאימא יו"ד פ' ה"א ה"א פ' וא"ו. גי'
אל עליון. עפ הכונ

1
הא הא הא הא הא הא הא הא הא הא
הא הא הא הא הא הא הא הא הא הא
ואו ואו ואו ואו ואו ואו

לג' כלי ס"ת

2
יוד הא ואו הא
י יה יהו יהוה
י ה ו ה

להאיר מפנים דיסוד דאימא ייאי
דס"ג ליסוד דאבא ויוצאים הארת
יסוד דאבא עם הארת יסוד אימא
מהחזה דז"א לתקן כתר דיעקב.

יוד הי ואו הי
גי'
אל

וכנגדו מאחור כתר דרחל להמשיך
לה אחוריים דס"ג מיסוד דאימא גי'
עליון ע"י א"א. (א)

יוד יוד הי יוד הי ואו
יוד הי ואו הי
גי'
עליון

כתר דיעקב

3
יוד הא ואו הה.
יוד.יוד הא. יוד
הא ואו.יוד הא
ואו הה
י יה יהו יהוה

כתר דרחל

4
יוד הא ואו הה
יוד,יוד הא.יוד
הא ואו,יוד הא
ואו הה
י יה יהו יהוה

חילוכיות דפנימיות

להמשיך מקיף לכתר דפרלוף דיעקב ורחל דחילוכיות דפנימיות מחלי התחתון דס"ת.
גומל

(א) עיין שהכ"ו פ"ג :

1) Получить ор в тифэрэт З"А от есод Има – 10 раз (приводится десять повторений в большой строке) и еще 10 раз и 6 раз, что соответствует гематрии Эль Элион – числовому значению одного из имен Творца.
2) Гематрия кли тифэрэт.
3) Провести свет от есод Има СА"Г до есод Аба, и оттуда этот свет выходит через хазэ З"А исправить кэтэр Яаков.
4) Параллельно этому то же от кэтэр Рахель.

* * *

Обычный переход от сфиры к сфире, от мира к миру происходит благодаря тому, что малхут – последняя сфира предыдущего, высшего – становится первой сфирой кэтэр нижестоящего, последующего.

Но при переходе от мира А"К к миру Ацилут произошли дополнительные изменения с целью ослабить свет, чтобы келим мира Ацилут не разбились, подобно келим мира Некудим.

Парцуф Атик связывает олам А"К с олам Ацилут, т.е. Атик – это как бы промежуточное звено между А"К и Ацилут. И поэтому парцуф А"А считается кэтэр мира Ацилут.

Атик относится еще к Ц"А, тогда как А"А уже весь находится под властью Ц"Б. Поэтому вопрос о передаче света из Ц"А в Ц"Б сводится к передаче света от Атик к А"А, и уже А"А передает свет далее до ЗО"Н и к нам, связанным с ним.

Передача света от А"А вниз занимает сотни страниц Талмуда Эсэр аСфирот. Мы же попытаемся понять этот вопрос в общих чертах, в кратком изложении.

Передача света от А"А к нижестоящим АВ"И происходит с помощью специального наружного, внешнего относительно А"А парцуфа, называемого Сэарот Дикна А"А – волосы бороды (по аналогии с нашим внешним, относительно тела, волосяным покровом).

АВ"И соответствуют сфире бина и потому безразличны к свету хохма, да и к Ц"Б. Передача света, в общем, сводится к подготовке, исправлению в течение 6000 лет келим, разбившихся в олам Некудим, и к заполнению их светом.

Все сводится к передаче света от А"А к З"А через парцуф АВ"И, стоящий между ними. Этот парцуф сэарот А"А – корень, источник наших бород (ветвей).

Не то, что наши бороды связаны с ним, как думают подчас, объясняя запрет стричь и брить. Запрет стричь и брить (вернее, запрет касается лишь бритья и лишь в точках висков и подбородка) исходит из нашего желания подражать корню, сопоставить ветвь с корнем, но они – корень и ветвь – никак не связаны. Состригая бороду, мы не наносим ущерба духовным мирам, лишь наши желания вызывают реакцию, но не физические действия. Распространение света, волос называется мазаль – удача в дословном переводе (отсюда и поговорка, что все зависит от удачи).

Всего существует 13 частей бороды – путей нисхождения благодати – света на З"А и далее на нас:

1. От уха до подбородка – бакенбарды.
2. Усы.
3. Щечный покров.
4. Свободное от волос место посреди усов.
5. Свободное от волос место подо ртом.
6. С двух сторон рта.
7. Свободные от волос скулы.
8. Передняя часть бороды (мазаль элион), распространяющаяся до груди.
9. Короткие волосы внутри верхней части бороды.
10. Задняя часть бороды, относящаяся к бине.
11. Задняя часть бороды, относящаяся к малхут.
12. Рот, свободный от волос.
13. Общее распространение по всем частям бороды позади (мазаль тахтон).

В молитвах мы три раза повторяем эти 13 частей нисхождения света жизни к нам в Йом Тов, Рош ходэш, Йом Кипур и Ошана раба перед чтением Торы (сидур, стр. 224), а также в таханун, когда его читают.

Наглядная связь нашей молитвы с высшими сфирот видна из текста, читаемого в Сфират Омэр. Но как уже говорилось, если человек устремляет свои мысли и желания (мозг и сердце) к Творцу, то это заменяет все каванот, так как автоматически включает их все, вознося к Самому Источнику.

В одной из книг Торы – книге Миха указываются 13 частей бороды А"А, а в Торе дважды указываются соответствующие им 13 частей в З"А:

Части	**З"А**	**А"А**
1	Эль	Ми эль камоха
2	Рахум	Носэ авон
3	Вэ ханун	Вэ овэр аль пэша
4	Эрэх апаим	Ле шеарит нахалато
5		Ло ихзик леад апо
6	Вэ рав хэсэд	Ки хафэц хесед ху
7	Вэ эмэт	Яшув вэ ирахамейну
8	Ноцар хэсэд	Ихбош авонатейну
9	Вэ алафим	Вэ ташлих бэ мецулот ям

10	Носэ авон	Титэн эмэт ле Яков
11	У пэша	Хэсэд ле Авраам
12	Вэ хата	Ашэр нишба ле авотейну
13	Вэ наке	Ми ямет кедем

НЕОБХОДИМОСТЬ ИЗУЧЕНИЯ КАББАЛЫ

Первое систематическое изложение основ Каббалы дано в книге «Зоар». Затем много веков, до появления великого каббалиста Ари, лишь единицы втайне занимались Каббалой. У Ари было несколько учеников. Но лишь один из них – Хаим Виталь, по словам самого Ари, понял его учение и верно записал его. Ученики Ари были в свою очередь выдающимися знатоками Торы.

Сразу же после смерти учителя Хаим Виталь принялся за систематизацию записанного им материала. Можно лишь поразиться тому огромному количеству материала, слово в слово записанного со слов Учителя, – более десятка томов убористого текста. Ниже кратко излагается ряд мыслей из предисловия Хаима Виталя к книге Шаар акдамот.

Каждое поколение, не удостоившееся прихода Машиаха и не построившее Храм, тождественно поколению, которое разрушило Храм. Отчего же зависит приход Машиаха? В книге «Зоар» дан однозначный ответ: пока люди занимаются «сухой» Торой, говорящей лишь о физическом, но не духовном выполнении заповедей, Машиах не придет. Духовное осмысление Торы возможно лишь с помощью Каббалы.

Занятия Торой должны сводиться не к собственной выгоде – не для получения выгодных мест, почета и не ради звания рава и мудреца. Про таких людей, таящих подобные замыслы, сказано в Талмуде (Брахот, 17), что лучше было бы им и вовсе не родиться.

Тора может быть одновременно лекарством и ядом – оживляющей или умертвляющей силой.

Тора включает в себя все четыре мира АБЕ"А. Когда она (Тора) еще находится в мире Ацилут, то называется Каббала. Там она свободна от всех скрывающих оболочек.

Именно в соответствии с этой Торой (подобно строению мира Ацилут) и создал Творец остальные миры, в том числе и наш. Творец создавал мир, глядя в Тору. Ацилут – чисто божественный мир, где нет еще разделения на добро и зло – кдуша и клипа. Тора там совершенно открыта сама по себе, без всяких оболочек.

Тора мира Ецира, называемого также Древо Познания Добра и Зла, относительно Торы в мире Ацилут, подобна служанке, наложнице относительно госпожи. В Торе мира Ецира есть изменения и даже противоречия, которые отсутствуют в Торе мира Ацилут. В ней (Торе мира Ецира) уже говорится о соотношениях добро – зло, кашер – пасуль, святое – несвятое.

Мишна и Талмуд, хотя и составленные на основе тайн Торы, но называются лишь ее телом, в отличие от Каббалы, называемой душой Торы. И как говорили сами мудрецы Талмуда (Санэдрин, 24): Талмуд может светить только посредством книги «Зоар», о которой и сказано, что Тора – это свет.

И нет сомнения, что если мир Брия является лишь оболочкой и клипой мира Ацилут, подобно будням относительно субботы, так и Тора мира Брия – Мишна – всего лишь клипа Торы Ацилута – Каббалы.

Каббала скрыта Мишной, Вавилонским и Иерусалимским Талмудами, как зерно скрывается под несколькими верхними оболочками. Лишь мудрый поймет, почему Мишна зовется клипой относительно Каббалы – ведь все понятия Мишны ограничиваются нашим миром, низкими и грубыми материальными составляющими.

Однако клипа эта способствует сохранению зерна, если только не применяют ее во вредных целях.

Но если же цель изучения Торы в извлечении какой-либо пользы (кроме избавления от эгоизма) лично для себя, то считается, что занимаются не Торой, а ее заменителем, а сами изучающие не считаются детьми Творца, а слугами, требующими плату и лишь ради нее работающими.

Различие между нашим и будущим миром, как сказано в Талмуде (Брахот, 34), лишь в изменении власти земной на небесную и поэтому Небесная Тора, Тора Машиаха, – это Каббала.

Каждый должен заниматься Мишной и Талмудом в той мере, в какой его мозг способен выдержать, а затем необходимо приступить к изучению Каббалы, как завещал царь Давид своему сыну Шломо – «познай Бога отцов своих и служи Ему».

А если занятия Талмудом трудны изучающему, он может полностью заняться Каббалой, как сказано (Талмуд. Хулин, 24): «Кто не увидел хорошего результата (своей учебы) после пяти лет – больше его не увидит». Но и в таком случае вместо Талмуда должен изучать упрощенные, краткие пособия, дабы не ошибиться в выполнении заповедей.

В книге «Зоар» описаны четыре великих ученых, вошедших в Пардэс: ПАРДЭ"С – пшат (простое толкование), рэмез (намек), друш (иносказательное), сод (тайное).

Три первых толкования считаются клипот. Они поверхностны относительно тайного. И поэтому лишь владеющий тайным толкованием рабби Акива, единственный из четырех мудрецов, вышел с миром из Пардэса. Имеется в виду духовное путешествие в миры АБЕ"А, называемые Пардэс (сад).

Трое остальных – пострадали: один не понял ни одного толкования и стал неверующим (аналогично происходит и в наше время от недопонимания смысла Торы), второй стал поклоняться другим силам – идолам, третий сошел с пути.

Начиная с Адама, который предпочел Древо Познания Добра и Зла (Тора миров БЕ"А) Древу Жизни (Тора мира Ацилут – Каббала), увеличивается число противников изучения Каббалы. А список несчастий растет. В этом причина того, что были разбиты первые Скрижали Завета, относящиеся к Древу Жизни, и заменены другими, относящимися к Древу Познания Добра и Зла.

Мишна, служанка Торы, привела к разрушению первого и второго Храмов и к этому, последнему горькому и длительному изгнанию, выход из которого возможен только изучением Истинной Мудрости – хохмат эмэт – Каббалы. Только с помощью книги «Зоар» (Насо, 124) «возвратятся сыны Израиля из изгнания».

Еще пророк Элиягу предсказал рабби Шимону, что этот грех от Адама будет тянуться до наших дней, пока не вернемся с любовью к изучению истинной мудрости – и тогда лишь вернемся из изгнания.

«Зоар» (Толдот, 139) объясняет причину длительности нашего изгнания так: «Весь народ Израиля делится как бы на три группы. Первая группа – простой люд. Вторая – мудрецы, занимающиеся простым толкованием Торы, третья – каббалисты.

О первой группе сказал Творец: «Меня они не знают». Третью группу он назвал «сыновья мои». А вторую группу, отвергающую изучение Каббалы и занимающуюся лишь простым толкованием и притом утверждающую, что это и есть Тора, назвал «злыми мудрецами, не умеющими делать добро». И Он, Творец, не помогает им. А они лишь бесконечно повторяют свои простые, грубые объяснения и пильпулим (запутанности), и они-то – причина всех страданий.

Первая группа подобна животным. Душа их животная, и умирают они, как животные. Все их занятие в заселении земли, а все их стремления – к насыщению тела. Поэтому они опустошают душу. «И Меня не познают они, – сказал Творец, – ведь далеки они от Торы, называемой Жизнью, и потому мертвы для будущего мира» (олам аба).

Вторая группа – мудрецы, занимающиеся Торой, душа их спускается с неба, а не поднимается с земли, как у первой группы, но нет света в их Торе, поскольку их Тора – грубые овеществленные оболочки нашего мира, которыми оперирует Талмуд. И совершенно скрыты от них 32 потока высшей мудрости «13 правилами толкования» Талмуда. Изучащие лишь Талмуд подобны грызущим стены, их глаза не видят истинной Торы.

Те, кто посвящает себя Каббале, – сыновья Творца – получают ключи от Врат Жизни – и обращается тьма нашего мира в свет всех миров, и тьма Талмуда в его простом толковании нашего мира обращается каббалистическим толкованием в свет, и вся их Тора – свет! И все трудности толкования Талмуда обращаются ими в яркий, широкий путь.

Речь не идет о бесполезности изучения Талмуда. Ведь тот же рабби Акива – единственный вышедший из Пардеса, т.е. постигший все миры и их тайны, еще будучи в нашем мире, занимался его толкованием. Но занимающиеся только простым изучением Талмуда надевают как бы траурные одежды на Тору, и их укоряет каждый день голос, исходящий из горы Хорэв: «Ой! Им – принижающим, стыдящим Тору».

Правы народы мира, говорящие что в вашей Торе, ведь она всякие легенды. И горе вызывающим подобное отношение к Торе. Они удлиняют наше изгнание и умножают наши страдания, но все равно не желают заниматься Каббалой, придумывая всевозможные доводы-оправдания.

Да и зачем им это – ведь и так они слывут мудрецами. Но глупость в глубине их глаз. Так и Авраам назвал Элиэзера – одним из народа ослов, поскольку тот хотя и учил Тору у самого Авраама, но не удостоился увидеть Шехину – Божественное свечение.

Так и все, от мала до велика, преследующие в своих занятиях только простое изучение и не желающие постигать Истинную

Мудрость, выискивают себе всякие оправдания и утверждают, что нет Торы, кроме их толкований. Нет сомнения, что нет им доли в будущем мире – ведь там удел лишь занимающихся тайной Торой, а «кто не работал до субботы, что будет есть в субботу?...»

Занимающийся же Каббалой зовется сыном Творца. О нем сказано: «это – Человек!». Ведь все его помыслы – вверх, к своему Создателю.

Не имеет значения, каковы мнимые причины у отстраняющихся от изучения Каббалы. Достаточно им того, что у них есть, и если они довольны имеющимся, то этим они удлиняют наше изгнание».

Изучение Каббалы возбуждает жажду ощущения, приближение к Творцу. В Талмуде (Хагига, 14) описывается, как предстают пред Творцом трое: изучавший Пятикнижие, изучавший Мишна, изучавший Талмуд. Спрашивает их Творец: «Занимались ли вы Каббалой, стремились ли познать Мое Величие? – ведь нет большей Мне радости, чем видеть мудрецов, углубленных в Каббалу».

Сами танаим (составители Талмуда) утверждают тем самым, что, не изучая Каббалу, человек совершенно не выполняет обязанности изучения Торы. Человек обязан всеми своими силами стремиться к познанию Каббалы. Ведь именно этим доставляет он радость Творцу, видящему сыновей Своих, постигающих Им созданное, постигающих Его Величие.

В то время как ни Мишна, ни Талмуд, ни законы и правила выполнения заповедей не дают никакого представления о Творце и Его творении. Напротив, есть законы, с которыми разум не в состоянии согласиться, вызывающие ненависть народов мира к Израилю и усмешки: «И это Тора, заповеданная вам, вашим Б-гом – взять коровий рог и трубить в Новый год, отгоняя этим злых духов?...» Суть Торы в постижении Высшего, ложные мудрецы...

Занимающийся Мишной и Талмудом зовется рабом, поскольку служит ради награды. Занимающийся же Каббалой – исправляет творение, доводит его до гмар тикун и потому служит Творцу.

Именно для того и создан человек, чтобы занимался Каббалой. И если можно получить награду за обычную Тору – то только в этом мире; в будущем же мире вознаграждается лишь тот, кто занимался, согласно своим возможностям, мудростью книги «Зоар».

Известно, что души Израиля происходят от Адама. Душа Адама – сумма всех душ. У каждого, у кого есть душа, есть тело – часть от тела Адама, нэфеш – соответствует части его, Адама, нэфеш; руах – части от его руах; нэшама – часть от его нэшама.

Тело Адама состоит из 248 мышц и 365 сухожилий. И так же душа. И все эти части взаимосвязаны и зависят от Торы, от ее 248 заповедей «делать» и 365 запретов «не делать». Также все миры созданы по образу одного человека с 613 (248 + 365) частями. И человек обязан с помощью изучения Каббалы постичь свой корень в Адаме и в мирах.

И именно в наших, последних поколениях открывает эта Наука для всех свои врата и доступна каждому, как никогда ранее. Но раскрывается эта мудрость лишь свыше, светом Творца, индивидуально каждому. И не сухим изучением Каббалы, как всякой науки, а личным, Божественным откровением (согласно чистоте сердца и помыслам жаждущего).

Рабби Шимон особо уполномочил именно рабби Аба записать все в книгу «Зоар», потому как последний умел особым, тайным образом излагать Учение – чтобы донести нам, последним поколениям, это Учение, чтобы с его помощью мы вызвали Машиаха.

И потому явилась в наш мир особая душа моего Учителя – рабби Ицхака Лурия Ашкенази – Ари, раскрывшего нам написанное в книге «Зоар». Его духовный взлет – результат упорной учебы и работы над собой, а не использование сил Каббалы (Каббала маасит), поскольку это совершенно запрещено. Эта наука – источник жизни, и потому я назвал эту книгу, записанную со слов моего учителя, «Эц Хаим» – «Древо Жизни».

Все вышесказанное обязует нас не оставаться всю жизнь на детском уровне понимания Торы, т.е. без понимания устройства и управления миров – в то время как наше познание окружающего нас материального мира каждый день расширяется в течение всей жизни.

Невозможно спокойное сосуществование этих двух видов познания – застывшего и прогрессирующего в одном человеке. Как правило, это приводит к ослаблению связи человека с Торой.

Тора и даже ее тайная часть – Каббала изложены обиходным, земным языком человека, словами, которыми мы пользуемся в обиходе. И как каждое наше слово выражает определенное понятие, так же каждое слово в Торе выражает определенное духовное постижение, смысл, мысль – свет, постигаемый посредством этого слова.

И хотя «говорит Тора языком человека», но «вся Тора – это имена Творца», т.е. каждое слово Торы представляет собой определенное свойство Творца, определенный уровень ощущения – постижение Его человеком.

Вкратце можно выделить четыре группы слов (имен) в Торе:

1) Непроизносимое четырехбуквенное имя Творца – Авая, включающее всю Тору. То есть вся Тора – это лишь разные уровни постижения этого имени.
2) Десять нестираемых имен. (Нестираемых – так как при допущении ошибки в написании исправление запрещено и свиток предается земле).
3) Определяющие имена, как то: «поднялся», «пошел» и т.п., описывающие действия Творца.
4) Остальные слова Торы, представляющие собой как бы трубопроводы, по которым изобилие нисходит на постигающего – в соответствии с тем что «вся Тора – это имена Творца».

Из всех книг Торы лишь в книге «Зоар» раскрываются все эти четыре группы слов. И на каждое слово дается его полное значение, так как «Зоар» учит нас определенному – духовному – постижению смысла слов. По внешнему виду текст «Зоар» составлен из обиходных, земных слов. Каким же образом мы постигаем их внутренний смысл?

Как нам уже известно, мир Ацилут соответствует имени Авая, а его десять сфирот – это раскрытие, объяснение десяти нестираемых имен. Смысл же слов «подъем», «спуск», «катнут» и т.д. – привлечение, исторжение света – не что иное, как выяснение значения слов Торы «поднялся», «пошел».

Изучением же Каббалы постигается значение и остальных слов Торы.

Тора дана нам на горе Синай в ее абсолютном совершенстве и полноте, со всеми четырьмя уровнями ее постижения – ПАРДЭ"С. Но разрешено было записать лишь часть, выясняющую выполнение духовных заповедей земным языком ветвей. Да и то не во всей ее полноте и глубине, а только в пшат (буквальный смысл).

И более того, то, что записано, нельзя передавать устно, и наоборот – устную часть Торы запрещено записывать, а лишь передавать, как Моше передал Иошуа, Иошуа – мудрецам и т.д. До тех пор, пока в дни рабби Акивы постановили дополнить первую часть Торы, говорящую о выполнении заповедей, дабы не забылись истинные духовные законы. И таким образом была записана Мишна, а затем и Талмуды – Вавилонский и Иерусалимский.

Но с остальных трех частей Торы – рэмэз, друш, сод – запрет не был снят. И лишь единицы, постигавшие духовные миры, тайны Торы, записывали втайне свои мысли и видения, называемые Мегилат Старим (тайные откровения).

И как рабби Меир, ученик рабби Акивы, начал писать Мишну, завершил которую рабэйну аКадош, так и другой ученик рабби Акивы – рабби Шимон бар Йохай начал в то же время записывать остальные три части Торы, и его ученики закончили эту работу.

Но эта рукопись была доступна для изучения лишь немногим избранным. А впоследствии и вообще сокрыта на многие века, даже от единиц, пока ввиду развития поколений и духовного фактора времени (приближение дней Машиаха) была книга «Зоар» вновь раскрыта, причем теперь уже для всех.

И теперь нам понятно, что невозможно ограничиться в изучении Торы лишь одной ее частью пшат, поскольку вручена была Тора на горе Синай во всей полноте своих четырех частей ПАРДЭ"С, представляющих собой четыре ступени познания Торы.

Причем нет среди нас ни одного, кто бы не смог, выполняя заповеди, даже без мотивации «ради Творца», дойти до самой высшей тайной последней ступени, т.е. до выполнения заповедей в их истинном объеме – наслаждение Создателем...

КНИГА «ЗОАР»

Фрагменты

Две точки

«Зоар»: Рав Хия начал: Начало всей мудрости – трепет перед Творцом. Но правильнее было сказать: конец мудрости. Ведь трепет – это свойство малхут, последней из сфирот. Но, продолжил рав Хия, малхут – это первая ступень к сфире хохма.

И поэтому сказано: «Отворите Мне врата справедливости», так как малхут называется справедливость (цэдэк), «это врата к Творцу». А кто не вошел в них – никоим образом не сможет приблизиться к Творцу, – ведь Он – Всевышний (т.е. буквально – «выше всего») и потому создал пред Собой целый ряд закрытых ворот.

Комментарии: Творец совершенно скрыт от недостойных, настолько, что обычный человек не чувствует Творца, а может лишь верить в Его существование. Он скрыт рядом ворот, лишь раскрыв которые, можно приблизиться к Нему. Таким образом, видно, что существует строго определенная последовательность постижения, раскрытия Творца созданиями.

Но в конце ряда этих ворот поставил Творец особые врата с несколькими запорами-замками. Эти последние врата и есть малхут в малхут, и это первые врата на пути восходящих к Высшей мудрости. И потому сказано: «Трепет пред Творцом – начало мудрости», так как именно это – первые ворота, ведущие к познанию Творца.

«Зоар»: А после всех врат поставил Создатель особые – с несколькими замками, входами и залами. И сказал: «Кто желает войти ко Мне – эти врата будут у него первыми, пусть войдет чрез них». Эти врата – первые к Высшей мудрости – трепету перед Всевышним. И это и есть малхут, называемая решит (первая).

Комментарии: Постигающие Творца испытывают на себе действие замков, входов, залов. И поскольку это высокие, неуловимые обычными чувствами, ускользающие от анализа разумом понятия, необходимо особенно напрячь душевные силы, чтобы хоть минимально осознать, о чем говорит нам «Зоар».

Сам Творец абсолютно непостижим. Его желанием в творении было создать души и насладить их, и потому не может быть у создания понятия о наслаждении в удалении от Творца. Кроме того, сказано: «Возжелал Творец вселиться в низшие творения». Эти два противоречия говорят об абсолютно противоположных свойствах Создателя и создания.

Наш мир создан в виде абсолютного эгоизма, а единственное из известных (так как проявляется относительно нас) свойств Творца – желание воздать, насладить. И поэтому Его абсолютно доброе управление проявляется в нашем мире как противоположное.

Так мы воспринимаем – чувствуем и оцениваем это управление в наших ощущениях – в наших кли кабала – эгоизме. И это суть засовов – замков на воротах. И хотя множество противоречий и фактов нашего мира, отрицающих существование единства Творца, поначалу вроде бы удаляют нас от Него, – но если мы все же усилием воли выполняем с любовью заповеди Торы, т.е. ради Творца, то все силы, отталкивающие нас от Него, – если мы преодолеваем их, – обращаются в ворота постижения Его мудрости.

В каждом противоречии есть свойство, позволяющее раскрыть новую ступень познания Его. И вошедшие обращают таким образом тьму в свет и горечь в сладость – соответственно двум отталкивающим силам – логическим противоречиям и неудобствам, ограничениям физических действий.

Пропорционально, насколько сильны были отталкивающие силы – они же обращаются в притягивающие к Творцу. И каждая из этих сил становится вратами справедливости, поскольку раскрывает цель, смысл всего творения – в благе сотворенных.

Но до того как удостаиваются творения обратить свой эгоизм в альтруизм, прочно замкнуты эти ворота и служат преградой, отделяющей нас от Творца, и поэтому называются замками, так как не позволяют приблизиться к Творцу. А если мы боремся с их охлаждающим действием, то обращаются замки в врата – и там, где ранее была тьма, – свет, а вместо ощущения горечи – сладость. И на каждый замок открываются новые врата – уровень постижения Высшего Управления, и эти уровни называются залами (эйхалот) мудрости.

Таким образом, мы видим, что замки, ворота, залы – это три формы ощущения Управления, последовательно действующие на нас.

«Зоар»: Тора начинается со слова «берешит» (вначале), где первая буква бэт означает 2 (как буквы алфавита, используемые для нумерации). Это говорит о двух точках в малхут – одна из которых скрыта, а другая проявляет свои свойства.

А так как нет между ними противоречия, называется решит, т.е. одна, но не две, поскольку тот, кто выбирает одну точку, должен взять и вторую – ведь они едины, как един Творец.

Комментарии: Эти две точки – малхут и бина, где малхут – кли каббала, а бина – кли ашпаа, соединенные Ц"Б вместе. Сама малхут, как одна точка, не может ничего раскрыть – осветить светом. И лишь ее соединение с бина позволяет миру существовать и двигаться к цели, – когда вся малхут получит свойства бины в гмар тикун и сольются в одну точку, – о чем и говорит изречение, что в тот день будет Творец и Имя Его едины, а земля (малхут) полна знанием Творца (ор хохма).

Ввиду этих двух точек называется малхут также Древо Добра и Зла – смотря как им пользоваться. Оно может привести к добру (свойство бина – милосердие) или ко злу (жестокости – как крайнему виду эгоизма). И потому как необходим страх ошибиться в выборе пути, называется малхут ира (трепет). И пока человек не преодолел эти первые врата, он постоянно в сомнениях – ведь подчас совершенно не поддается анализу – что к добру, а что ко злу.

Видение рава Хия

«Зоар»: Упал рав Хия на землю, поцеловал ее и зарыдал, говоря: «Земля, земля, до чего же ты неподатливая и скольких мужей ты поглотила, все светочи, столпы мира поглощены тобою. И даже освещающий весь мир, могущий управлять всем миром и страдать за весь мир рабби Шимон поглощен тобою». Помолчав, добавил: «Но не гордись – не были преданы тебе светочи мира и рабби Шимона не поглотила ты».

Комментарии: Малхут сама (конечный эгоизм, каким он родился в мире Эйн Соф) находится под запретом Ц"А на получение света в течение 6000 лет. Лишь соединения малхут с остальными девятью сфирот создают кли для получения света, т.е. небольшие вкрапления эгоизма, его соединение с альтруизмом позволяет получать, но не для себя. Такие соединения называют шеарим – врата, поскольку они позволяют войти в духовные пространства – эйхалот (чертоги, залы света).

После грехопадения Адама раскололась его душа на 600 тысяч отдельных душ, и они упали в место клипот, как бы попав в их плен. И Адам, и все появляющиеся, чередующиеся поколения – до гмар тикун – исправляют (посредством многоразового рождения в нашем мире – кругооборота душ) свои души, изымая их из плена – власти желаний, клипот.

Но есть особо высокие души, которые возможно исправить, лишь если произойдет зивуг на саму малхут и появится ор ехида – лишь этот большой свет сможет помочь низко упавшим душам выйти из клипот. А так как такой зивуг возможен лишь в гмар тикун, то потому и возрыдал рав Хия к земле – клипе, которая крепко держит такие высокие (в потенциале), – а потому пока столь низко павшие – души.

И этот шаар, т.е. сама Малхут, называется шаар сатум – закрытые ворота. А кроме этого, все праведники, освещающие наш мир, проводящие в него искры света и не позволяющие поэтому окончательному и полному торжеству зла, насилию поглотить нас, также и они, эти праведники, не могут себя абсолютно, полностью исправить, поскольку все души соединены вместе, включают одна другую. В каждой из душ есть части от всех остальных (так называемый иткалелут анэшамот).

И таким образом, даже души праведников находятся отчасти под властью земли. Потому и возрыдал рав Хия. Но подумав, пришел к выводу, что такая душа, освещающая и дающая существование миру, как душа рабби Шимона, обязана быть в состоянии абсолютного совершенства.

Только он, рав Хия, не может понять, как это возможно до гмар тикун. (Речь, конечно, идет о скончавшемся, т.е. умершем телесно, ушедшем из нашего мира рабби Шимоне. Душевно же он, еще при нахождении в нашем мире, обитал во всех других мирах, причем намного высших, чем души обычных, закончивших земной путь людей.)

«Зоар»: Постился с того дня 40 дней рав Хия, чтобы увидеть рабби Шимона. Сказано было ему свыше – не достоин ты увидеть его. Заплакал рав Хия и продолжил пост еще 40 дней (вот что значит желание!). И вот дано ему было в видении (ничто не устоит пред настоящим желанием) увидеть рабби Шимона с сыном равом Эльазаром, изучающими Тору, и тысячи внимающих им.

Произнес рабби Шимон: «Да войдет рав Хия и увидит, чем воздает Творец праведникам в будущем мире. Счастлив, кто придет сюда без стыда, своими силами устоит». И вот увидел рав Хия самого себя, входящего к ним, и встали все пред ним. А он, рав Хия, стесняясь, вошел и сел у подножия рабби Шимона.

(Рав Хия стеснялся своего желания выяснить свой вопрос, каким образом вообще можно исправить коренной эгоизм, созданный Творцом еще в олам Эйн Соф, лев эвэн, в то время как другие присутствующие были более совершенны...)

Появился голос и произнес: «Потупи глаза, пригни голову и не гляди (уничтожь гордыню, принизь себя – и тогда увидишь)» – и увидел свет. А голос продолжал: «Высшие, скрытые, видящие все миры души, посмотрите на низшие, дремлющие, и как свет скрыт в глазницах их».

Комментарии: Голос разделил все души на две группы: высшие – зрящие свет и низшие – не постигающие его.

«Зоар»: «Кто из вас, – продолжает вещать голос, – обратил тень в свет, горечь в сладость еще до того, как пришел сюда, еще будучи в низшем мире? Кто из вас каждый день, будучи в низшем мире, жаждал света, раскрывающего величие Творца? Кто не жил этим ожиданием – тому не место здесь!»

Комментарии: Голос четко разделяет все души на две группы по вышеуказанному принципу. К первой группе относятся души мира Ацилут, обращающие тень, горечь, т.е. все виды эгоизма в его противоположность, причем чем более низкий человек переделывает себя – создает масах на свою авиют (величина эгоизма), – тем больший свет, сладость он постигает.

И потому в Торе миров БЕ"А есть кашер (годное к употреблению) и пасуль, тарэф (не годное), запрет и разрешение, святое и нечистое. Тогда как в Торе мира Ацилут – вся Тора –

имена Творца, и нет ничего не святого, а все имена: Фараон, Лаван и прочие клипот в мирах БЕ"А – абсолютно чистые и святые имена. И потому души, постигшие Ацилут, удостаиваются его света и превращают темноту и горечь в свет и сладость. Прочие души – относятся ко второй группе.

«Зоар»: И тут ангел Матат (полное имя Мататрон не произносится в обычном тексте, как и другие имена Творца) появился и поклялся рабби Хия, что сам слышал из-за масаха, что Творец не забывает о малхут, низвергнутой в землю, и всякий раз, когда Он вспоминает ее, содрогаются все 390 небесных сводов и Творец роняет, горящие, как огонь, слезы о Шхине – малхут, низвергнутой в прах земной, и они падают в глубины Большого моря.

И от силы этих слез оживает царь моря Рахав и благословляет Творца, и клянется поглотить все, с первого дня творения, в то время, когда соберутся все народы вокруг святого народа, высохнут моря и пройдет Израиль по суше.

Комментарии: Творец поклялся, что он не забывает о малхут в малхут, которую мы, души, не можем исправить, и потому она полностью находится под властью клипот. Свет, который ударяет в масах, желая войти в кли, вызывает содрогание масаха. Но масах отбрасывает его обратно в виде отраженного света (ор хозер), облекающего прямой свет (ор яшар).

Масах, называемый небосводом, состоит из четырех разделов: хохма, бина, тифэрэт, малхут. А от подъема – подслащения малхут в бине вследствие Ц"Б получается, что масах, стоящий теперь в бине, состоит из 400 (так как в бине каждый раздел из четырех разделов равен 100. Малхут – единицы, З"А – десятки, бина – сотни, хохма – тысячи: таково ослабление света сфирот – т.е. каждая ослабляет его в десять раз).

А так как сама малхут в малхут отсутствует в подъеме, то получается масах, называемый небосвод, стоящий в бине, который состоит из 390 частей и небосводов. Так как масах стоит после сфиры хохма в бине, а хохма – видимый глазами – хохма – свет, то частицы света, выделяемые масахом наружу, называются слезами.

Так ор яшар весь хочет войти внутрь малхут и потому горит и кипит, а масах отбрасывает его; тем временем, пока масах еще не успел отбросить весь ор яшар, прорываются его отдельные маленькие капельки сквозь масах в малхут. И эти капли ор яшар – без одежды ор хозэр, так как масах не получил их путем отражения. И потому они выходят наружу из парцуф хохма, из глаз, где находится масах, и называются слезы.

И поэтому, когда человек наполняется сожалением и любовью к другому, он плачет. Ведь каждый высший корень дает в материальном мире свое следствие – ветвь. Ведь ор яшар идет от Творца, как и до Ц"А, к Малхут, без всяких ограничений. И желает, как в олам Эйн Соф, полностью заполнить Малхут – насладить ее. Поэтому эти слезы исходят из чувства любви и сострадания Творца к низшему.

Но духовные слезы не исчезают, они все падают в Малхут, называемую Большое море. И эти слезы – ор яшар – исправляют ту часть Малхут, которую сами души не в состоянии исправить (они исправляют лишь первые десять сфирот малхут, но не малхут в малхут) – они оживляют царя моря и постепенно, капля за каплей, уничтожают все нечистые силы – клипот. И тогда сможет олам Ацилут распространиться и под парса до сиюм, т.е. БЕ"А будет как Ацилут – и наступит гмар тикун.

И будет в то время: соберутся все народы мира вместе уничтожить Израиль (как погнался Фараон за уходящими из Египта евреями). Но сыны Израиля выйдут из Египта (эгоизма, малхут в малхут) и пройдут посреди моря, по суше, к Эрец Исраэль, но не временно, как это было в прошлом, а навсегда, освобождаясь от рабства (клипот).

А пока, до гмар тикун, поглощаются падающие слезы Большим морем (малхут в малхут), и поэтому мы не видим их действия, но оно проявится в то время, когда соберутся все народы на Израиль.

И тут раскрылось рабби Хия, что ничто не пропадает в земле, а наоборот, каждый день происходит ее исправление. Зивуг на малхут в малхут вызывает ор ехида, называемый Машиах (Мессия – освободитель). Но до этого каждая душа должна исправить присущий ей эгоизм первых девяти сфирот в малхут. Иными словами, встретить Машиаха можно, лишь сравнясь с ним по уровню, – и к этому все придут путем страданий или путем Торы.

Погонщик мулов

«Зоар»: рав Эльазар собрался навестить рава Йоси. Присоединился к нему и рав Аба. Вышли в путь. Впереди рав Эльазар и рав Аба, за ними – погонщик их мулов. Сказал рав Аба: «Откроем врата Торы, так как сейчас подходящее время заняться ею – делать исправления нашего пути».

Комментарии: «Зоар» никогда не говорит о нашем мире. Языком нашего мира она повествует о действиях в духовных мирах. Так и здесь: навестить, встретиться – значит сравняться по духовному уровню, т.е. подняться или опуститься со своего уровня на уровень того, с кем желаешь встретиться, – этим достигается полное совпадение душ – мыслей, чувств, т.е. полное взаимопонимание, коммуникация.

Погонщик мулов – это помощь, оказываемая самим Творцом душам праведников. Дабы смогли подняться по ступеням духовных миров. Без подобной помощи, посылаемой душам праведников, никакой их подъем невозможен.

Кстати, погонщик бьет и покалывает мулов, чтобы заставить их быстрее идти! И потому посылает Творец особо высокую душу каждому праведнику, согласно его уровню и свойствам его души, чтоб помогла подняться.

Далее «Зоар» повествует, как два великих ученых мужа не смогли найти решение по вопросам устройства высших миров. А погонщик мулов, вмешавшись в их дискуссию, с легкостью разрешил все их трудности (ввиду громоздкости и трудности этот текст не приводится).

Комментарии: Поначалу праведник не может оценить явившуюся к нему душу. И кажется ему, что это какая-то низкая душа, привязавшаяся к нему в его пути. Это состояние называется ибур – зарождение души праведника, т.е. высшая душа еще не проявляет свою помощь и поэтому совершенно неощутимо, кто она, – как погонщик мулов. И лишь по достижении праведником определенного духовного уровня (места в пути) он начинает постигать высоту этой души, и это состояние называется открытие души праведника.

Так и здесь «Зоар» повествует, что поначалу эта душа – лишь как погонщик, помогает путешественникам двигаться на мулах, а сам идет пешком впереди, направляя и взбадривая их. И вид его соответствует роду занятий.

И потому начал рав Аба с предложения открыть врата Торы, т.е. открыть сосуды души раскрытием врат тайн Торы, – чтобы не ошибиться в правильном пути навстречу Творцу, в который они собрались. А запутавшись в пути, получили решение, т.е. открытие нового духовного уровня, от погонщика. И лишь поднявшись на этот уровень, поняли, кто был их спутник и как его зовут, так как знание имени говорит о постижении.

Как видно из предыдущей статьи о видении рава Хия, хотя общего состояния гмар тикун души еще не постигли, но есть особо высокие души, создающие усилием воли на свой эгоизм масах на ор ехида – т.е. постигающие кэтэр (Атик), и этот свет, душа, вселяясь в праведников в нашем мире, помогает последним возвышаться.

РАМХАЛЬ*. ДААТ ТВУНОТ

Краткое содержание

1. ОБЯЗАННОСТЬ ЧЕЛОВЕКА ПОНЯТЬ УПРАВЛЕНИЕ ТВОРЦА МИРОМ. В основы мироздания Творец поставил точные законы управления.

2. ЧТОБЫ В ПОЛНОЙ МЕРЕ ДАТЬ НАСЛАЖДЕНИЕ СОЗДАНИЯМ, ВОЗЖЕЛАЛ ТВОРЕЦ, ЧТОБЫ ЧЕЛОВЕК САМ ДОПОЛНИЛ И ИСПРАВИЛ НЕДОСТАТКИ СВОЕЙ ПРИРОДЫ. Чтобы понять справедливость такого решения, необходимо вначале выяснить суть человека, его роль в мироздании и цель самого мироздания. На человеке лежит обязанность дополнить себя – в этом его возвышенное положение над остальными творениями и в этом его вознаграждение.

Творец сотворил Создание, потому как в природе доброго – творить добро, и создал творения, чтобы те получали добро как вознаграждение за свой труд, без чувства стыда, как от подаяния. Если человек должен исправить, дополнить свою природу, то справедлив вопрос, в чем заключается недостаток, порок его природы, каким образом его можно исправить и чем дополнить.

В общем, постигая совершенство, можно понять, что наш недостаток заключается в его, совершенства, отсутствии. Совершенство заключается в слиянии с Творцом и, как результат этого, получении наслаждения от постижения Его Величия, и потому первоначальное удаление от Творца и есть порок и недостаток. Творец не создал творение совершенным, как Он Сам, а ограниченным.

---

*РАМХАЛЬ: аббревиатура имени – рабби Моше Хаим Луцато – великого каббалиста прошлых поколений, великого Человека, подвергавшегося за свою любовь и преданность Правде гонениям и преследованиям, великого Учителя каждого «восходящего».

Вывод: в соответствии с желанием Творца насладить творение Он ограничил свою волю, силу, власть и создал творения несовершенными, чтобы довершили себя, и постигаемое ими совершенство и есть их вознаграждение и наслаждение.

Теперь же надо выяснить, как это в наших силах возможен путь к совершенству – восполнению недостатка нашего творения. Творец раскрыл лишь часть от своего совершенства, и в постижении этого все наше наслаждение.

3. РАСКРЫТИЕ ЕДИНСТВА ТВОРЦА – ОСНОВА ТВОРЕНИЯ. Из всех действий Творца полностью выявляется лишь Его Единство, а остальные достоинства мы полностью не в состоянии понять. Мы обязаны полностью выявить Единство Творца из Его действий, и это цель, поставленная перед нами Торой и пророками.

Единство – это постижение того, что только Творец является обязательно существующим и что лишь Он творит, управляет, властвует, и ничто Его не ограничивает.

Существует пять мнений, препятствующих постижению Единства:

1) Творец выше нашего постижения, и мы должны подчиняться лишь Его требованиям;
2) есть два вида управления – хорошее и плохое;
3) законы природы властвуют, и человек может использовать их по своему выбору, как угодно; и есть утверждающие, что все зависит от случая, удачи;
4) ввиду падения евреев решил Творец заменить их другим народом;
5) возможно действие против Творца с помощью магии.

Лишь полное постижение Единства выявляет вышеперечисленные ошибки.

Невозможно использовать законы, установленные Творцом против Него, поскольку они зависят от Его воли. Цель творения – раскрыть Единство всех действий и всех созданий, и для этого созданы творения и законы природы.

Несовершенство человека, его исправление и вознаграждение: их корни в основе раскрытия Единства. Определение Единства – на основе отрицания обратного Ему; остальные же характеристики уже не из отрицания, а из утверждения.

Выявление Единства обусловливает причину сотворения Зла, так как отрицанием его и выявляется Единство.

Творец создал все и управляет всем в соответствии с нашими, человеческими, представлениями, чтобы позволить нам понять, хотя бы частично, Его пути и действия. Определение Единства включает все достоинства – что Он единственный – совершенный и обязанный существовать.

Поскольку цель творения – выявление Единства, то создано несовершенство и возможность его исправления усилиями человека. Окончательное выявление Единства – устранение всех недостатков.

Скрытие Творца рождает недостатки, пороки; выполнением заповедей человек раскрывает лик Творца, и благодаря свету устраняются, аннулируются пороки. Грешникам раскроется Творец после получения ими наказания, которым покроются грехи, или же сами грешники исправятся.

В будущем, благодаря полному раскрытию лика Творца, уничтожатся все недостатки и поэтому исчезнет работа над собой и свобода воли. По мере усиления дурного – увеличивается сила выявления в будущем Единства Творца.

Если бы заслужили люди своими поступками – выявилось бы Единство без надобности в росте зла. Если бы Адам устоял против искушения змея – выявил бы Единство и уничтожил Зло.

Грех Адама сделал необходимым увеличение зла и трудностей этого мира, чтобы выявить Единство в действии посредством выявления Зла и его уничтожения. По мере духовного падения поколений и их все большей тяги к Злу необходимо Творцу еще более увеличивать влияние Зла, чтобы в конце пути полнее выявилось Единство.

Вывод: Единство в любом случае раскроется, а свобода воли уничтожится. И это говорит о том, что цель сотворения зла – в выявлении Единства, а свобода воли – побочная цель творения. Есть время сокрытия Единства, и в нем – работа человека. И время раскрытия Единства – получение вознаграждения.

Сам Создатель выше нашего постижения, Его свойства выявляются лишь относительно нас, пути Его действий – согласно нашим свойствам. Чтобы мы постигли Его, и выявляет Он свои свойства относительно нас. Его желания властвуют над всем, а величие раскрывается лишь частично. Через Его действия. Нам раскрываются результаты Его действий, а не пути их совершения.

4. ПЕРИОД СКРЫТИЯ ЕДИНСТВА ТВОРЦА. В период скрытия Добра Добро и Зло равнозначны, и возможна работа, а с усилением Зла рождаются недостатки. Но и во время сокрытия Творец оживляет все мироздание – но с меньшей силой, чем в период Своего раскрытия.

Внутри управления Добром и Злом действует скрытое управление Единства и использует все средства для конечного раскрытия Единства. Управление явное – в соответствии с нашими действиями, но внутри него действует Добро, приводящее все к совершенству вне связи с нашими действиями.

В будущем мы поймем из самих действий – что все они были необходимы для Добра и совершились благодаря Его мудрости. И это руководит управлением Добром и Злом как средством достижения совершенства.

Все пути управления постоянно и абсолютно зависят от воли Творца – как Его постоянное желание оживляет все творение. Творец первичен, место для творения, которое вторично, создано Им из ничего, из небытия, лишь Его желанием.

Творец раскрыл, что желает признания от творений, – значит, для этого и создал их, а ранее этого не испытывал недостатка в признании. Человек является целью мироздания, поэтому познание сути человека – ключ к познанию мироздания.

5. ВОСКРЕШЕНИЕ МЕРТВЫХ – ОСВЯЩЕНИЕ ТЕЛА ЧЕРЕЗ ДУШУ. С воскрешением мертвых вновь соединятся душа и тело, чтобы вместе получить вознаграждение, поскольку вместе работали в этом мире. Все недостатки – в теле, а душа – чистое, святое творение, и ее роль в очищении тела, и в этом ее награда. Величие Творца – в совершенстве творений, и поэтому, когда душа возвышает тело, возрастает и величие Творца. И потому душа удостаивается вознаграждения.

Ввиду греха Адама душа может очистить и возвысить тело лишь после возврата последнего в прах, очищения от скверны и воскрешения. При возвращении души в тело ослабевает ее свет, чтобы дать место Злу.

В будущем мире тело возвысится в соответствии со своими действиями и пропорционально этому очистится. Душа же возвышается тем, что в будущем очищает тело. Но уже и в нашем мире есть некоторое очищение выполнением заповедей Торы.

6. СОКРЫТИЕ И РАСКРЫТИЕ ЛИКА ТВОРЦА – ИСТОЧНИК СУЩЕСТВОВАНИЯ ДУШИ И ТЕЛА. Духовное происходит из Света, исходящего из Творца, и поэтому оно совершенно. Материальное же происходит из сокрытия света и потому низменно и полно недостатков.

Основа тела – скрытость света, основа души – свет Творца. Насколько душа исправляет тело – это и есть мера исправленности человека. Поколения от получивших Тору и до разрушения Храма жили во имя души и потому возвысились. Последние поколения живут для тела и этим увеличивают сокрытие и духовное падение.

От греха Адама появилось скрытие и уменьшилось знание. Творец раскрыл свой Свет, вручая Тору, но затем в поклонении Тельцу вновь увеличилось скрытие Творца. Когда человек возвышает душу над телом – светит ему свет Творца, пропорционально усилию человека по возвышению души. В соответствии с возвышением или тела, или души – Творец управляет миром скрыто или явно. Поэтому все зависит от человека.

Душа и тело: их свойства зависят от скрытия или присутствия света Творца. Основа тела – тьма, основа души – свет, и она очищает и освящает тело. Душа не делится на части, поскольку совершенное – неделимо, а части тела – пример управления делением в состоянии скрытия. У души одно действие – устранить недостатки тела и этим привести мир к совершенству.

Если тело диктует действия человека, то Творец управляет миром скрыто. Разные пути управления Творцом – лишь относительно созданий. Как душа изнутри управляет телом согласно его свойствам, так совершенство Творца скрывается Его внешними свойствами.

7. РАЗЛИЧНЫЕ ВЗАИМООТНОШЕНИЯ ДУШИ И ТЕЛА. Попытаемся объединить множество законов и путей, ведущих к совершенству человека и творения.

Три знания:

1) знание свойств скрытия и яви Творца;
2) знание их совмещения;
3) знание следствий этого совмещения.

Состояние совершенства человека – в абсолютном подавлении тела душой, в таком случае не затемняется свет души. Состояние менее совершенное – когда у тела есть немного власти. Низменное состояние – власть тела над душой.

Пять уровней соотношения души и тела:
1) нет никакой власти у тела, и поэтому душа находится в совершенстве;
2) некоторая власть тела, вызывающая уменьшение власти души и проявления ее совершенства;
3) власть тела в незначительном объеме;
4) все свойства тела видны, но не проявляются;
5) тело властвует над душой и действует в полном объеме – по пути зла или по пути добра.

В основном это три уровня:
1) власть тела;
2) власть тела и души в той или иной пропорции;
3) власть души.

Этим трем соотношениям соответствуют три периода:
1) 6000 лет;
2) седьмое тысячелетие;
3) обновление мира.

В деталях мы можем постичь лишь период 6000 лет, а остальное – лишь в общих чертах.

8. СОТВОРЕНИЕ ЗЛА И ЕГО ГРАНИЦЫ. Работа человека – в устранении из себя – и этим из мира – всех недостатков. Зло – специально сотворено, так как оно абсолютно противоположно Творцу и его цель – в аннулирование его. Добро же не требовалось создавать, поскольку оно исходит от самого Творца.

Все происходит и существует благодаря свету, постоянно исходящему из Творца. Творец создал и обновляет пути управления творениями для их блага. Управление и все его изменения – лишь относительно созданий. Из Творца не исходит Зло, потому как Он – источник абсолютного Добра. Творец лишь сотворил Зло, но не делает его.

Существование Зла заключается в существовании отрицания – отсутствии Добра. Добро и Зло – это благо или его отсутствие. Тем, что Творец дал изобилие (благо, свет), а потом ограничил его, и создались Добро и Зло; Зло родилось из недостатка Добра, т.е. из отсутствия изобилия. Зло существует не при полном исчезновении изобилия, а лишь при его частичном отсутствии.

Все наши понятия родились и действуют только внутри творения, и потому не может быть понятия «до», «прежде» творения. Совершенное благо, исходящее от Творца, скрыто в «несовершенном» управлении, дающем место для действий человека. И в будущем все пути управления поднимутся до единого, совершенного.

Скрытие Единства рождает несовершенство. Выявление Единства приведет к абсолютному изобилию. Сначала родилось Зло в мире, а потом оно получило ограничение, чтобы не распался мир. Основа управления – скрытие или явь; скрытие рождает тело, Зло, а Свет, явь рождает Добро и души.

Недостаток совершенства – это еще не Зло, но порождает недостаток, из которого постоянно появляется Зло. В будущем исчезнет Зло, а творение останется навечно.

9. ЧЕЛОВЕК И ЕГО РАБОТА. Работа человека заключается в исправлении недостатка (эгоизма, Зла) – в нем самом, а таким образом и в мире и, как следствие этого, в слиянии с Творцом. Творение подобно системе колес, запускаемых работой души, невидимой из-за материальной оболочки. Зло также включено в эту систему, чтобы раскрыть Единство, и когда оно раскроется, то постигнет человек самого себя.

Есть два вида воздействия Творца на человека: во время работы и во время получения вознаграждения. Когда Зло на нужном месте в системе мироздания, то помогает человеку в его работе. Польза Зла в скрытии Света, совершенства, выявлении Единства, награде выстоявшему в испытании и исправляющему мир.

Зло, находящееся в нужном месте, является средством постижения духовного, а с полным познанием мироздания Зло аннулируется. Зло приготовлено для работы и увеличивается или уменьшается ради исправления, пока не исчезнет в конце.

Две части Зла: ничтожность (униженность) и урон. Первая – от падения человека с его настоящего духовного уровня. Влияние действий человека на все творение зависит от уровня действия: его качества и глубины. На каждом духовном уровне определяются последствия действий человека и пути их рождения.

Все условия Райского Сада соответствовали духовному уровню Адама до грехопадения. Материальность (уровень тела) Адама до греха такая же, как его духовный уровень после греха, а мог бы вознести тело, как душу, а душу, соответственно, еще выше.

Особенность Древа жизни – духовный подъем, особенность Древа познания – спуск в материальность. Но уготован подъем с помощью наказаний. Сотворение человека низменным обусловило грехопадение, вследствие чего усилилось влияние Зла в человеке.

10. РОЛЬ ИЗРАИЛЯ В ТВОРЕНИИ. Все части творения взаимосвязаны и действуют во имя единой цели – возвеличивания Творца. Когда же части творения не связаны между собой – есть место для Зла. Когда же выявляется их связь с единой целью – обнаруживается, что все к Добру.

Пути Доброго управления созданы соответственно действию будущих праведников. Пути Злого управления (неисправностей) – соответственно будущим грешникам. Добру заранее дана большая сила и вечность, а Злу – ограниченность и в силе, и во времени.

Творец поддерживает существование творений и в крайне неисправленных состояниях, дабы исправились. Смерть не прекращает духовную жизнь человека, и благодаря этому он возрождается из мертвых. Зло в состоянии уничтожить творение, поэтому начало исправления в его удалении и уменьшении. Зло заранее уменьшено и уменьшается его принижением, а также возвышением Добра.

11. УПРАВЛЕНИЕ ПО СПРАВЕДЛИВОСТИ И ПО ЛЮБВИ. Единство управления приводит к уничтожению Зла, существующего лишь для работы над ним. Творец заранее определил Добрые действия как полезные, а Злые – как вредные. Потом определил вознаграждение и наказание, и духовный уровень человека в соответствии с его действиями, и пути исправления через раскаяние и страдание.

Два закона управления:

1) воздействие исходит от Творца;

2) творения получают эти воздействия.

Основа суда – любовь Творца к созданию, и потому наказание смягчается, а при необходимости и отменяется. У каждого действия есть причина, рождающая его и дополняющая. Одно управление может быть причиной другого и его дополнением. Когда суд происходит по Справедливости, то это к Добру для мира – праведники возвышаются, а грешники унижаются.

Во время скрытия управления, когда суд не по справедливости – увеличивается скрытость, и Зло торжествует. Во времена исправленного мира Зло исчезнет, и исчезнет потребность в суде по справедливости, суд станет абсолютно Добрым.

1) В период первых 2000 лет Египетского изгнания Управление было абсолютно скрыто. С усилением зла увеличилась скрытость суда, этим готовил Творец пути исправления, возвращения, покаяния.
2) В Вавилонском и последнем изгнаниях чуть раскрылись пути Творца через Тору.
3) В Первом и Втором Храмах раскрывались действия Творца через чудеса.
4) В дни Машиаха, в конце дней мира, полностью раскроется величие Творца и знание Его путей – через внутреннее постижение и пророчество.
5) Постепенное возвышение человека соответствует глубине постижения величия Творца.

Вышеперечисленные пять периодов соответствуют пяти периодам развития человека.

Все создания – пример поведения Творца. Суд ведется с помощью свойств Творца – Снисхождения, Справедливости, Сострадания – иногда скрыто, иногда явно. Управление судом обязывает связь материи и духа в человеке, и качество периодов управления определяет духовный уровень.

Все мироздание зависит от соотношения Тьмы и Света, властвующих в разные времена в различных пропорциях. Строгость суда – согласно действиям человека, сила Любви – вне зависимости от действий, и в итоге прольется Свет и уничтожит Зло.

Три влияния:

1) материи;
2) духа, уничтожающего материю;
3) духа внутри материи.

Соотношение влияний материи и духа рождают времена светлые (особые) или темные (будние). Человек должен вначале подняться из глубины, образованной грехопадением Адама, а потом и далее, до совершенства, ему уготовленного.

Любовь смягчает или вообще аннулирует суд, а также приводит приговор в исполнение. Качество Творца не есть его личные свойства, а лишь Его действия относительно нас.

12. ПОЛУЧЕНИЕ БОЖЕСТВЕННОГО ИЗОБИЛИЯ. Необходимо разделять между управлением Творца, оживлением созданий и их исправлением. Основа творения – народ Израиля, и самый ничтожный человек из него может вознестись к вершинам миров.

При исправлении Зло обращается в Добро и, таким образом, творение достигает совершенства. Израиль получает совершенство от Творца, соответственно близости к Нему. Праведники – сообщники Творца по совершенству творения и гордо наслаждаются Его близостью, а до рождения душа получает наслаждение лишь как подарок.

Отношения лицом друг к другу и спиной друг к другу Израиля и Творца соответствуют взаимной близости или отдалению. Творец дает силы выполнять заповеди и создавать духовные совершенства, как дал на горе Синай. Праведники исправляют творение от недостатков и грехов, и согласно этому Творец изливает изобилие на творения. Творец изливает изобилие, а Израиль подготавливает себя к его получению.

Таким образом, оба – и Творец, и Израиль – партнеры по исправлению творения. Сила, рождающая Израиль, соответствует во всех деталях управлению Творца, и от нее зависит все происходящее с Израилем.

Шхина (присутствие, явь Творца) – источник созданий и печется о них. Но прегрешения созданий отдаляют ее и, таким образом, уменьшают изобилие, изливаемое ею на творения. Малахим (ангелы) – посредники, посланцы выявления, раскрытия шхины. Храм – главное место яви Шхины, и это цель всех действий в нем.

Величие Творца раскрывается посредством единства творения, в этом была цель работы коэнов, и этим они притягивали свет во все миры. Работой праведников раскрывается единство Творца, и этим развивается и совершенствуется творение. Пропорционально сближению с Творцом, желает Он нашей работы, и согласно этому – плоды ее – исправление творения.

Два вида единения Израиля:

1) на основе Источника;

2) на основе работы, определяющей все направление.

Величина влияния света (изобилия) в субботу и будни, утром и в остальные часы дня зависит от силы связи Творца с нами, и в этом была также основная работа коэнов в Храме.

13. ПУТИ УПРАВЛЕНИЯ ЕДИНСТВА. У нас есть возможность постичь абсолютно все, что необходимо для выяснения вопроса веры.

Цель существования Зла – ради Добра, привести к раскрытию Единства и уничтожению Зла. Предоставление Злу свободы действия даже над праведниками – для раскрытия Единства.

Праведники в страданиях раскрывают Единство, и потому оно – вознаграждение, а не подарок, и весь мир пользуется плодами их труда. Вблизи цели возможно состояние или изобилия или, наоборот, уменьшения Света – следствие тайных причин в Управлении.

У каждого есть своя часть в исправлении творения, согласно тайным причинам, и каждый, согласно этой части, получает вознаграждение. Удача – скрытое управление во имя конечной цели, однако вознаграждение в будущем – лишь согласно проделанной работе и выдержке в испытаниях.

Управление «наказанием-вознаграждением» или управление «удачей» периодически сменяют друг друга, и это увеличивает испытание веры. При приближении дней Машиаха действует в основном управление удачей, и кажется, что отсутствует Справедливость, и это – ради исправления творения.

Основа управления – во имя исправления, но оно невидимо, раскрыты лишь законы вознаграждения и наказания. Вознаграждение в будущем согласно исправлению, которое произвел каждый в течение всех кругооборотов души.

14. КРУГООБРАЩЕНИЕ ВРЕМЕН. Звезды властвуют над всеми творениями, родившимися под ними. Есть влияние звезд общее и частное. Духовный рост человека соответствует кругообращению времени в творении.

* * *

Давайте сделаем для примера один практический вывод из краткого пересказа содержания книги «Даат Твунот»:

Написано: «Нет никого, кроме Него», т.е. нет воли и силы в мире, кроме Творца. А все, что, как кажется человеку, отвергает утверждение, что все от Творца, – лишь потому, что таково Его желание в соответствии с принципом: «Левая (рука) отталкивает, а правая притягивает».

Это значит, что есть вещи в мире, специально созданные, чтобы свести человека с его пути. Ведь только такие толчки и приводят к ломке привычных понятий, к расщеплению цельного желания, установившегося взгляда на жизнь. И все это для того, чтобы вознуждался в Творце для истинного, вечного сближения с Ним.

Поскольку ситуации запутанности, растерянности, неустойчивости «давят» на человека, не может он более оставаться в привычном состоянии «ло ли шма», и только усилиями, отбросив разум и расчет, может спастись, победить все факты и препятствия на пути к вечному.

И только когда человек видит, что он не в состоянии выйти в духовный мир без усилия выше разума, вопреки утверждениям разума и чувствам сердца, то возникает в его сердце настоящее требование к Творцу. Поскольку окончательно убеждается, что нет у него другого пути – разве что Творец откроет ему глаза и сердце. И так нарочно задумал и уготовил ему Творец, чтобы приблизить к Истине.

И человек должен стараться постоянно стремиться к близости с Творцом, чтобы его мысли были постоянно о Творце. Даже если он находится в самой плохой ситуации, самой низкой – также связать это с Творцом. То есть понять, что это Творец препятствует ему войти в духовный мир. Но не думать, что есть другая воля, могущая творить добро или зло, что якобы нечистые силы не дают ему возможности совершать добрые дела, затрудняют его путь к Творцу. Все делается Творцом!

...Рабби Шломо из Карлина путешествовал с одним из своих учеников. В дороге они остановились ненадолго в трактире, сели за стол, и рабби попросил, чтобы ему согрели медовый напиток – он любил пить теплый мед. Между тем в трактир вошли солдаты и крикнули им, чтобы они убирались вон. «Мед уже согрелся?» – спросил рабби трактирщика. В гневе ударили солдаты по столу и закричали: «Иди отсюда, или!...» – «Так он еще не готов?» – сказал рабби. Тот, кто был у солдат вожаком, выхватил саблю из ножен и приставил рабби к горлу. «Но только не нужно, чтобы он был слишком горяч», – сказал рабби Шломо. И солдаты ушли...

И как сказал Бааль Шем-Тов, кто говорит, что есть другие силы, кроме Творца, – как бы поклоняется другим богам. Даже если человек думает, что есть еще одна власть, даже его собственная. Например, считает, что вчера сам он не хотел идти по пути Творца – также ошибается и как бы не верит в единственность Создателя.

И потому когда человек совершает преступление, то не должен сожалеть о том, что он совершил его, а сожалеть о причине, по которой Творец отверг его, отдалил от Себя: ведь это Творец дал мысль и желание совершить проступок.

И так же, когда есть стремление к духовному возвышению и работе над собой, человек должен знать, что это оттого, что нашел он благоволение Творца. И потому Творец приближает его к себе, внушая ему соответствующие мысли и желания. И должен стремиться удерживать эти мысли и желания постоянно.

И так же сожаление, что Творец не привлекает его к Себе, не должно быть сожалением о себе, сожалением, что он удален и потому стал получателем, эгоистом, т.е. находящимся в удалении от Творца. Сожаление должно быть о том, что доставил огорчение Создателю. И это чувство огорчения у Творца неизмеримо сильнее, чем самое сильное, искреннее сожаление человека (как огорчение, доставляемое родителям от проступка сына).

И, когда чувствует радость от того, что удостоился обрести благоволение Творца, тоже должно быть это чувство не на свой счет, а должен радоваться тому, что удостоился порадовать своего Создателя.

РАМХАЛЬ. МЕСИЛАТ ЯШАРИМ

Рамхаль был велик не только в постижении духовных ступеней, но и в умении четко и методично изложить материал. На основе изречения из раздела Мишны «Поучения отцов» (Пиркей авот) построена его книга «Месилат яшарим» («Путь праведников»):

Тора ведет к появлению осмотрительности, осмотрительность – к быстроте, быстрота приводит к чистоте, чистота – к отрешенности, отрешенность приводит к очищению, очищение – к хасидут, хасидут – к ощущению ничтожности, ощущение ничтожности – к страху прегрешения и страх прегрешения – к святости.

Разберем по порядку эти десять ступеней духовного восхождения человека.

1. ТОРА – имеется в виду изучение Торы как обязанности для:

1) исправления человека;
2) выяснения цели существования человека – слияния по свойствам с Творцом.

2. ОСМОТРИТЕЛЬНОСТЬ – в действиях, относительно запрещающих (ло таасэ) заповедей. Осмотрительность в речи, выборе круга общения, в правде и лжи, уважении к созданиям.

Достигается эта ступень в борьбе с привычками, из чего следует необходимость заранее обдумывать поступки. Постоянно искать настоящую правду и стремиться к ней, равно как избегать зла. Взвешивать поступки в соответствии с требованиями Торы. Постигается эта ступень полностью лишь на девятой ступени – боязни прегрешения.

3. БЫСТРОТА – в действиях, относительно позитивных (осэ) заповедей. Призывает действовать по заранее разработанному графику, приучиться к быстроте, как начать, так и закончить начатое. Как избегать зла, так же и стремиться к добру. Не делать себе поблажек. Для достижения быстроты необходимо возвышение цели.

4. ЧИСТОТА – в соединении второй и третьей ступеней. Очистить себя от всевозможных мнимых причин, из-за которых можно не выполнять или не полностью выполнять требуемое. Лень хороша лишь при погоне за наслаждениями. Создать себе некую грань, ограждение в поступках, менее которой не делать. Возлюбить добро и возненавидеть зло. Постоянно анализировать мысли и действия с максимальной точностью и беспристрастностью.

Дойти до этой ступени – обязанность каждого, так как это не против законов природы – ради награды в этом или в будущем мире (для масс) или ради слияния с Творцом (для способных к этому). Постигшего этот уровень Рамхаль называет «цадик гамур» – совершенный праведник.

5. ОТРЕШЕННОСТЬ – отдаление даже от допускаемых Торой поступков в радости.

Отрешенность:

1) в наложении на себя дополнительных обязанностей, дабы отдалиться от зла, беря от мира лишь необходимое (из одного этого видно, что отсюда и далее путь очищения – лишь для избранных личностей, но не для масс);
2) в отдалении от допускаемых удовольствий;
3) в отдалении от обычного общества.

6. ОЧИЩЕНИЕ – исправление мыслей сердца:

1) в наслаждениях, даже необходимых – до ненависти к желаниям самонаслаждения; направление всех мыслей и желаний к Творцу;
2) в заповедях – исполнении их ради Творца.

7. ХАСИДУТ – отрешенность от самонаслаждения в выполнении заповедей (дальнейшее развитие пятой ступени) в борьбе с собственной природой:

1) в действии – любви к Торе, заповедям, в трепете и в радости, включая любовь ко всем творениям в действии – помощи, стремлении к миру;
2) в мотивации – намерении исполнения – лишь ради возвеличивания имени Творца и ради творений – человечества,

с истинной любовью к Нему, так, чтобы сердце было слито с Творцом без единой посторонней мысли (даже в трудные минуты) в порыве радости.

Прямота сердца, чистота мыслей, глубина самоанализа и абсолютная вера в Управление, уединение и самоотверженность – минимум необходимых требований.

Достигший этой ступени называется хасид (во времена Рамхаля хасидут не был распространен, тем более в Италии, где он проживал, но из вышеперечисленных требований видно, что уровень хасидут, подразумеваемый в Мишне, – для единиц и не имеет отношения к хасидизму – массовому религиозному движению).

8. ОЩУЩЕНИЕ НИЧТОЖНОСТИ – постоянное чувство ничтожности, при котором и происходит контакт с Шхиной (божественное присутствие). Достигается при отсутствии мыслей и забот о себе (поскольку уверен, что не заслуживает ничего, и сам – ничто относительно любого другого создания), в постоянном размышлении о величии Творца и о собственной слабости и ничтожности. Этот уровень – уровень Моше.

9. СТРАХ ПРЕГРЕШЕНИЯ – на этом уровне сводится лишь к проблеме: что еще я могу сделать ради Творца. Животный страх от ожидаемого наказания за прегрешения в этом (для масс) или (и) в будущем мире (для «средних») способствует лишь достижению обязательного для всех уровня «совершенный праведник» – пятая ступень (см. также «Зоар», т. 1, стр.184).

10. СВЯТОСТЬ – слияние со Шхиной вследствие исчезновения (бездействия, подавления) материи (эгоизма). Постоянное абсолютное слияние с Творцом в любых жизненных обстоятельствах, в глубоком понимании управления во всех его временах и стадиях. И как последняя наивысшая ступень – подарок Творца – воскрешение мертвых: человек, уничтожив, убив свое тело (эгоизм), получает как бы новое тело (желания от Творца) и таким образом становится ангелом и святым.

Путь восхождения, развитый Рамхалем на основе изречения из «Поучения отцов», соответствует десяти сфирот. Здесь перечислены лишь самые основные точки этого пути.

Но достаточно четко видно, насколько разнообразны и бесчисленны детали.

Рабби Ашлаг развил наиболее подходящий для нашего поколения путь. Суть его заключается в том, что всеми нашими поступками руководит эгоизм, и потому, не перегружая всеми разнообразными и многочисленными требованиями мозг, надо лишь на искоренении эгоизма, как основы всего зла, сосредоточить свои мысли и действия – и тогда поневоле рухнет все здание Зла, стоящее на эгоизме, как на фундаменте.

КАББАЛА – НАУКА О МИРОЗДАНИИ

Управлять мирозданием возможно только при условии, что ты знаешь, как оно устроено, понимаешь законы, по которым оно функционирует и имеешь силы для того, чтобы вмешаться в его управление. Такое знание и возможность его оптимального использования для своего блага должна дать человеку наука о мироздании – Каббала. Каким образом?

Мы изначально рождаемся с пятью органами чувств: зрение, слух, обоняние, осязание, вкус. Вся получаемая с их помощью информация попадает в мозг и дает нам определенную картину окружающего мира. Но если бы наши органы чувств были хоть немного другими, имели бы иные границы восприятия, окружающий мир ощущался бы нами совсем иным.

Дело в том, что органы чувств не дают нам представления о полной картине мира: они не дают нам сведений о происходящем до нашего рождения и после нашей смерти, о возможности осознания цели нашего существования и управления нашей жизнью посредством влияния на судьбу. Обречены ли мы навсегда оставаться в неведении об истинном смысле своего существования? Ведь в таком случае мы отличаемся от животных только тем, что ощущаем ущербность, временность, бессилие идущих на заклание...

Древняя наука Каббала утверждает, что если у человека появляется стремление к высшему, то его можно развить в дополнительный орган ощущения, с помощью которого есть возможность почувствовать то, чего нам не дают наши природные пять органов чувств, – то, что нам так необходимо знать о себе:

– в каком виде мы существуем до нашего рождения;
– в каком виде мы будем существовать после нашей смерти;
– почему так устроен мир;
– какова цель существования мира и нас в нем.

Каббала утверждает, что каждый человек и все человечество в целом обязаны прийти к раскрытию шестого органа чувств и ощущению всего мироздания. Когда человек поймет все о себе и о мире, он обретет возможность правильного существования. Каббала говорит, что именно в этом направлении развивается человечество, и с начала этого века у многих людей начинает развиваться этот шестой орган чувств, называемый «точка в сердце».

Все решение наших жизненных проблем, таким образом, будет зависеть от быстрого развития этого ощущения. Оно даст нам возможность все видеть, правильно поступать, избегать всех неприятностей и страданий. Жизнь обретет совсем иное наполнение, все действия человека станут осознанными.

Каббалисты – это люди, живущие среди нас, которые уже развили в себе дополнительный орган чувств и ощущают внешнее мироздание. Они рассказывают нам о возможности его восприятия, изучения его устройства, а затем управления нашим миром и своей судьбой.

Каббала обучает возможности управлять своей судьбой не только в этот маленький период жизни в нашем мире. Постигая свои прошлые кругообороты жизни, человек осознает конечную цель, к которой он должен прийти вместе с природой. Его задачей становится следование к этой цели наилучшим путем, изменение высшего управления для оптимального продвижения к цели жизни.

Каббала раскрывает каждому человеку его путь сквозь десятки жизней, которые он проходит, и точно рассказывает, как он может – максимально комфортно для себя и не вредя другим – двигаться дальше.

Без этого знания, как сказано в Каббале, все страдания и проблемы человечества, которые были в прошлом и есть в настоящем, не разрешатся и в будущем, несмотря на предпринимаемые нами усилия в достижении мирного сосуществования народов. Несмотря на прогресс, наша жизнь не улучшится. Развитие культуры, науки, техники, здравоохранения не сделает людей счастливыми.

Каббала утверждает, все страдания преследуют лишь одну цель: вопрос о смысле жизни должен встать перед человеком настолько остро, чтобы вынудить его посвятить себя изучению высшего управления – для того чтобы выйти из-под власти рока, изменить судьбу, избежать трагедий. Все страдания имеют конкретную цель – привести нас к управлению своей судьбой.

Но как развить в человеке стремление к высшему, если он находится под постоянным давлением окружающих, телевидения, рутинных жизненных проблем? Даже если он и заинтересовался «высшими материями», сама жизнь всеми своими помехами отвлекает его от этого.

Каббала указывает на единственную силу, способную помочь человеку в его судьбе, – силу общества. Всем известно, как окружающее нас общество навязывает нам желания, стремления, моду и пр. Поэтому человек должен найти такую среду, такое общество, целью которого было бы изучение высшего управления.

Если человек найдет такое общество и войдет в него, оно будет влиять на человека, диктуя ему свои цели и желания. Это даст человеку возможность оценить изучение высшего мира как нечто гораздо более важное, чем повседневная рутина, поможет быстрее освоить высшее управление и обрести знания и силы, необходимые для изменения жизни к лучшему.

Каббала называет «обществом» группу, книги и учителя – три источника влияния на человека. Подставить себя под их влияние и есть единственный свободный поступок человека в этом мире.

Задача всех кругооборотов жизни человека и его внутреннего развития заключается в том, чтобы прийти к самому комфортному, самому лучшему состоянию, к состоянию вечности и совершенства, самопознания и абсолютного управления всем мирозданием. Человек, пользуясь каббалистической методикой, может достичь этого в течение одной своей жизни. У нас есть тому примеры из многих прошедших поколений.

Занятия Каббалой зависят только от желания и ни в коем случае не зависят от иных условий и способностей – относительно Творца все люди равны и обладают равными возможностями. Но для того чтобы реализовать свою возможность, необходима среда – подходящая группа, небольшое сообщество – это то, что мы сейчас и создаем во всем мире. Таким образом мы хотим каждому человеку в мире предоставить возможность духовного развития до уровня Творца.

Создаем мы такие центры потому, что с конца прошлого века начался новый этап развития человеческих душ, т.е. новый этап развития человечества: души, нисходящие в последнем поколении, быстро приходят к необходимости решить вопрос о смысле жизни, о смысле страданий, а потому нуждаются в четком ответе, который находится только в Каббале.

Книга «Зоар» (3 в.н.э.) и каббалисты в течение последующих веков указывали на то, что в конце XX века, когда народ Израиля вернется из изгнания в свою страну, начнется духовная революция: люди будут вынуждены обратиться к духовным источникам, чтобы взять на себя управление происходящим.

«Зоар» рассказывает, что во время нашего возвращения в свою землю, бывшую пустынной и не заселенной в течение тысячелетий, сюда устремятся и арабы и будут нам всячески мешать. Затем эти сыны Ишмаэля начнут завоевывать весь мир и разожгут войны на всех континентах.

Но хотя их экспансия будет направлена на покорение всего мира, это не более чем психологическое давление с целью воздействия на человечество и подчинения его своей идее – обратить весь мир против Израиля. И тогда объединятся арабы – сыны Ишмаэля, и остальные народы – сыны Эйсава и вместе придут к Иерусалиму, т.е. обратятся к Израилю как к источнику всех проблем мира.

Это можно было видеть и по появившимся вновь международным резолюциям, осуждающим сионизм как агрессию против всего мира. И будет много таких резолюций, осуждающих наш народ – за то, что мы существуем! В итоге развития народов всем станет ясно, что проблема всех мировых страданий заключается только в нас.

Как сказано в Торе и в книге «Зоар», что если где-то в мире происходят несчастья, страдания, войны, то это происходит исключительно из-за евреев – потому что мы первыми должны достичь управления миром, а затем показать этот путь всем остальным народам. Под управлением миром подразумевается только то, что человек имеет возможность вызывать доброе воздействие свыше на весь мир, предотвращая и войны, и личные трагедии. Каббала и есть методика освоения высшего управления. Поэтому мы обязаны изучить и применить ее, а затем преподнести ее всем народам мира. Мы должны быть духовными проводниками для всего человечества.

Об этом писалось в книге «Зоар» после нашего изгнания из Эрец Исраэль, и в ней указано, что до нашего времени книга

«Зоар» будет скрыта, потому что в ней не будет необходимости, ведь она написана в начале последнего изгнания и предназначена для использования в его конце. Было сказано, что книга «Зоар» раскроется в конце изгнания, когда в ней возникнет необходимость, чтобы с помощью этой книги мы начали осваивать Каббалу, Высшее управление и начали изменять наш мир.

Когда обратятся все народы к Иерусалиму и возникнет их явное противостояние народу Израиля, тогда проявится для всех возможность управления миром при помощи Каббалы, и люди устремятся к постижению Учения Творца и достигнут совершенного высшего существования.

На этом пути есть очень много опасных участков, но его можно пройти легко, если перевести войны и противостояние чистых и нечистых сил с уровня нашего мира в духовную сферу. На духовном уровне все решается намерением человека, его усилием воли, его желанием и стремлением к тайнам управления.

«Зоар» объясняет, что все зависит только от нас, что мы все равно придем к правильному существованию, к управлению своей судьбой. Привести человека к этому состоянию кратким и приятным путем Каббалы вместо долгого и мучительного пути страданий – цель нашего распространения Каббалы среди всех народов мира.

Читая каббалистическую книгу, человек постигает науку об управлении мирозданием. И даже не понимая всего написанного, он немедленно вызывает на себя положительное воздействие свыше, потому что его душа соединена со своим духовным корнем. Для этого достаточно даже маленького желания, которое развивает чтение книги.

Но изучающий Каббалу обязан постоянно контролировать себя, насколько правильно он трактует применяемые автором религиозные понятия, такие как: библейские имена, понятия Израиль, Тора и Заповеди, Молитва и пр. Человек привык трактовать их в земном смысле. Но не следует забывать, что эта книга по Каббале, и она повествует о высшем мире.

И потому, например, под библейскими именами подразумеваются названия ступеней духовной лестницы, по которой поднимается в своем исправлении душа, из нашего мира к окончательному исправлению и полному слиянию с Творцом.

А под понятием «Израиль» понимается стремление к Творцу любого человека в мире.

Понятие «народы мира» («гои») означает еще неисправленное желание в любом человеке, в том числе в иудее.

Тора и Заповеди обычно означают средство достижения цели творения: Тора – исправляющий душу свет, а Заповеди – действия души для привлечения этого, исправляющего ее света.

С первого же дня изучения Каббалы меняется духовное пространство вокруг человека и создается вокруг него некий защитный «кокон», поэтому нет ничего более необходимого, чем изучение этой науки.

В изучении Каббалы есть два этапа:

1) неосознанное изучение – когда человек изучает, но еще не в состоянии активно вмешиваться в управление, так как для этого необходимо самому подняться на соответствующий духовный уровень;
2) осознанное изучение – когда человек уже поднялся на уровень Высшего мира и создает в себе внешнюю защиту, при этом положительно влияя на всех окружающих. В таком случае он уже производит высшие духовные действия, называемые Каванот, по формулам, приводящимся в каббалистических молитвенниках.

Чтобы дать возможность каждому достичь цели, мы открыли по всему Израилю более 60 групп бесплатного изучения Каббалы. Это группы для разных возрастов, в том числе детские группы. Я иногда обучал группы детей и всегда поражался, как естественно они схватывают то, что неуловимо для взрослого, как легко они видят невидимое нами и вполне реально впитывают материал.

В принципе, самое лучшее, что мы можем дать ребенку, – это правильное отношение к жизни, понимание того, для чего существует мир, какова его цель.

В ближайшие несколько лет, а это будут критические и тяжелые годы, наша задача состоит в том, чтобы как можно шире распространить знания об этой науке в мире. Мы выпускаем книги, CD-диски, аудио- и видеоматериалы. Наш сайт в Интернете на 21 языке посещают до четверти миллиона человек, за воспитательную работу сайт удостоен приза «Энциклопедии Британика». У нас множество кружков в России, Германии, Канаде, Америке, Литве.

Как постигается Каббала

Буквально после нескольких занятий вам станет понятным четкое и емкое значение слов «управление всем мирозданием», в которых и заключается смысл учения. В этих словах подразумевается не только способность улучшить нашу жизнь, сделать ее более комфортной, изменить конкретные жизненные ситуации, но ставится и самая высокая цель – достижение человеком иного, высшего уровня существования, который мы частично ощущаем до рождения и после смерти.

Человек одновременно должен жить в обоих мирах – в нашем и высшем, – реально в них существовать, видеть и ощущать все сущее, чтобы никакая часть нашей жизни не была бы от нас скрыта, чтобы знали, а не только догадывались или верили в высшие миры.

Каббала не оставляет места для веры, это методика познания. Каббала – это не религия и не имеет никакого отношения ни к ней, ни к выполнению заповедей в нашем мире. Это наука об управлении, и цель ее – самопознание. Философия, выполнявшая на определенном этапе эту роль, на сегодняшний день потеряла свое значение, потому что человечество обнаружило, что ее выводы ошибочны.

Каббала же занимается реальным постижением мироздания, а не догадками о его устройстве. Как мы постигаем наш мир с помощью естественных наук, так же и Каббала, используя наши внутренние инструменты – экран, шестое чувство, позволяет нам раскрыть Высший мир, причем со всем научным определением опыта – повторением, записью информации, воспроизведением и т.д. Если вы откроете каббалистические книги, вы обнаружите, насколько широко там используются графики, чертежи, матрицы, таблицы.

Когда человек начинает видеть мироздание и понимать его законы, он естественно поступает в соответствии с ними и вызывает на себя правильное, доброе управление. Вся проблема человек в том, что он не знает, «что такое хорошо и что такое плохо». Человек не видит плохих следствий эгоистических поступков. Наше воспитание дает плохие результаты именно потому, что мы, не имея доказательств и объяснений, вынужденно, наугад пытаемся поступать хорошо.

Воспитанием мы желаем привить ребенку антиестественные поступки, навязать ему противоположную эгоистической природе человека манеру поведения. Поэтому наше воспитание не дает тех результатов, которых мы от него ждем.

А если ребенку откроется картина мира, ничего не надо будет ему навязывать. Он будет сам правильно поступать. Он сам увидит, что, вредя другим, он тут же вредит себе. И это удержит его от нанесения вреда другим. Только так можно привести человека к истинно правильному поведению. Но если мы сами, по причине незнания картины мира, не видим, как следует правильно поступать, то что мы можем преподать нашим детям?

Поэтому Каббала говорит только об одном – как открыть человеку глаза, чтобы он увидел все миры, – и тогда его не надо будет обучать вслепую. Видя реальную картину мира и понимая свою эгоистическую природу, он будет правильно поступать, самообучаться, никогда ни себе и никому не нанесет вреда.

Все мы как-то устраиваемся в обществе, чтобы не очень вредить друг другу, у нас есть коллективная договоренность между собой, как поступать, чтобы минимально вредить, чтобы все соглашались с эгоизмом каждого. Это мы называем правилами человеческого общежития, хотя это не более чем взаимные уступки: давайте делать так, а не иначе, а то всем будет плохо.

Я советую всем почитать книги по Каббале и проверить: если вы почувствуете, что это внутренне как-то отзывается в вас, – продолжайте. Есть люди, которые сегодня еще не задают себе вопрос: «В чем смысл моей жизни?». Острое ощущение этого вопроса зависит только от накопленного опыта страданий. В ближайшие годы мы увидим, что перед всеми встанет этот вопрос во всей своей горечи и остроте.

Изучая Каббалу, вы обнаружите, где заканчиваются попытки человечества осознать картину мира с помощью философий и религий, являющихся методиками и средством социального обслуживания человечества, призванных дать человеку в этой жизни определенный психологический комфорт – «опиум для народа».

Человеку невозможно доказать, что Каббала – это лучшая методика. По мере развития точки в сердце, души, которая требует своего наполнения высшим светом, человек ощущает потребность в Каббале. Если точка еще недоразвита, человек уходит, чтобы затем снова прийти, когда эта точка потребует своего наполнения, – возможно, через несколько кругооборотов. Таких случаев много. Не зря сказано: «Тысячи входят в учение, но единицы выходят к свету». Через меня прошли тысячи учеников, но моя основная группа насчитывает чуть более ста человек.

Многие люди в течение поколений искали смысл жизни, но не нашли. Иначе мы бы сегодня знали, в чем он – этот смысл жизни. Доказательств тому, что именно и только Каббала может дать человеку ответ, – нет! Доказательством может быть только знание, обретаемое идущим в конце пути, когда он постигает смысл жизни. Но если этот смысл не может быть воспринят вами вследствие отсутствия шестого органа восприятия, по причине неощущения вами высшего мира, то доказательством может быть только ваше личное постижение, когда вы сами подниметесь на тот уровень, с которого увидите все мироздание и себя в нем.

Постижение высших миров

ОГЛАВЛЕНИЕ

...Среди всех книг и записей, которыми пользовался мой Рав Адмор Барух Шалом Алеви Ашлаг (РАБА"Ш), была одна тетрадь, которую он постоянно держал при себе. В этой тетради им были записаны беседы его отца, Раби Йегуды Лев Алеви Ашлаг, Каббалиста, рава Иерусалима, автора 21-томного комментария на книгу «Зоар», 6-томного комментария на книги великого Ари и многих других книг по Каббале. Почувствовав недомогание в праздник «Рош Ашана» (сентябрь 1991), поздним вечером, уже находясь в постели, он подозвал меня и передал мне эту тетрадь, со словами: «Возьми и занимайся по ней». Назавтра, ранним утром, мой учитель умер у меня на руках, оставив меня и многих учеников без поводыря в этом мире.

Он говорил: «Я мечтаю научить вас обращаться не ко мне, а к Творцу – к единственной силе, единственному источнику всего существующего, к тому, кто действительно может вам помочь и ждет от вас просьбы об этом. Помощь в поиске пути освобождения из клетки этого мира, помощь в духовном возвышении над нашим миром, помощь в поиске самого себя, своего предназначения только Творец, который сам посылает вам все эти стремления, дабы вы обратились к нему, может дать ответ и помочь».

В настоящей книге я попытался передать некоторые из записей этой тетради, как они прозвучали мне. Невозможно передать то, что написано, а лишь то, что прочтено, ведь каждый, согласно свойствам его души, поймет посвоему подобные записи, поскольку они отражают чувства каждой души от взаимодействия с Высшим светом. Тем, кто владеет ивритом, я советую обратиться к изданному мною оригиналу «Китвей РАБАШ. Шамати, Игрот».

Да прольются на мир мысли раби Йегуды Ашлага устами его старшего сына, моего Рава, и помогут всем нам еще в этой жизни, в этом мире слиться с Творцом!

Михаэль Лайтман

ПРЕДИСЛОВИЕ

Из вопросов учеников, вопросов, задаваемых мне на лекциях, в радиобеседах, в письмах со всего мира, где рассеялась последняя волна эмиграции из России, выявилась необходимость в этой книге.

Трудность изложения и изучения Каббалы заключается в том, что духовный мир не имеет подобия в нашем мире, и даже если объект изучения становится понятен, то временно, поскольку воспринимается в духовной части нашего сознания, которая постоянно обновляется свыше. И потому материал, ранее усвоенный, вновь представляется человеку как абсолютно неясный. В зависимости от настроения и духовного состояния текст может казаться читающему то полным глубокого смысла, то абсолютно несодержательными.

Не следует отчаиваться, что вновь непонятно то, что еще вчера было так ясно. Не следует отчаиваться, что вообще непонятен текст, кажется странным, нелогичным и т.д. Каббалу учат не для того, чтобы теоретически знать, а для того, чтобы начать видеть и ощущать, а личное созерцание и постижение духовных сил, света, ступеней даст абсолютное знание!

До тех пор пока человек сам не получит высший свет, ощущения духовных объектов, он не поймет, каким образом устроено и действует мироздание, потому что аналогов изучаемого в нашем мире нет.

Первые шаги на пути именно к ощущению духовных сил поможет осуществить эта книга. А затем, конечно, без непосредственной помощи учителя не обойтись.

Книга не разделена на главы, потому что говорит только об одном – о поисках пути к Создателю. Названия фрагментов или номера им может дать сам читатель.

Рекомендуется не читать в обычном смысле слова, а, просмотрев какой-либо абзац, обдумывать его, подбирая к нему разные примеры из жизни и включая свои собственные переживания.

Настойчиво и не раз продумывать предложение, стараясь войти в чувства автора, медленно читать, ощущая вкус сказанного, возвращаться к началу фразы. Это поможет войти в описываемое своими чувствами или прочувствовать отсутствие ощущений, что является также необходимым предварительным этапом духовного развития.

Книга написана вовсе не для беглого чтения, а для прочувствования собственной реакции. Поэтому хотя говорит она только об одном – отношении к Создателю, говорит об этом в разных формах, чтобы каждый смог найти подходящую фразу, слово, с которого сможет начать идти в глубь текста. Хотя в книге описаны желания и действия эгоизма в третьем лице, но до тех пор пока человек не в состоянии отделить чувственно свое сознание от желаний, он воспринимает побуждения и желания эгоизма как «свои».

Чтение должно быть многократным, в любых состояниях и различном настроении, чтобы лучше познать себя и свои реакции и взгляды на один и тот же текст. Несогласие с читаемым так же положительно, как и согласие, – главное переживать текст, а чувство несогласия означает предварительную ступень (ахораим, обратную сторону) познания (паним).

Именно в итоге медленного прочувствования описываемых состояний развиваются необходимые для ощущения духовных сил чувства-сосуды-келим, в которые затем сможет войти Высший свет, который пока находится вокруг нас, неощущаемый нами, окружает наши души.

Книга написана не для знания, не для запоминания. Читатель ни в коем случае не должен проверять себя, что же осталось у него в памяти от прочитанного. Хорошо, если все забывается, и повторно читаемый текст кажется абсолютно незнакомым. Это говорит о том, что человек полностью заполнил предыдущие чувства, и они отошли, предоставив место работе, заполнению новым, неизведанным чувствам. Процесс развития новых органов чувств постоянно обновляется и аккумулируется в духовной, неощущаемой сфере души. Поэтому главное – как ощущает себя читатель в тексте во время чтения, а не после него: чувства испытаны, и они проявляются внутри сердца и мозга по надобности для дальнейшего развития данной души.

Не спешите закончить книгу, выбирайте те места, где книга говорит про вас, – тогда лишь она сможет вам помочь и стать начальным проводником в поиске своего личного духовного восхождения.

Цель книги: помочь читателю заинтересовать самого себя причиной своего рождения, возможностью явного выхода в духовные миры, возможностью познания цели творения, ощущения Создателя, вечности, бессмертия и помочь преодолеть несколько предварительных этапов на этом пути.

ПОСТИЖЕНИЕ ВЫСШИХ МИРОВ

«Если только обратим внимание на всем известный вопрос, уверен я, что все ваши сомнения в необходимости изучения Каббалы исчезнут с горизонта, вопрос горький, справедливый, задаваемый каждым, родившимся на земле: «В чем смысл моей жизни?...» (Раби Йегуда Ашлаг «Предисловие к Талмуду Десяти Сфирот», параграфы 2,12-17,44-57)

...Поколения продолжают сменять друг друга на этой планете, но каждое поколение, каждый человек спрашивает себя о смысле жизни, особенно во время войн, глобальных страданий или полос неудач, проносящихся над каждым из нас. Во имя чего наша жизнь, так дорого нам стоящая, с незначительными ее радостями, когда отсутствие страданий, уже кажется нам счастьем?

«Не по своей воле ты родился, не по своей воле ты живешь, не по своей воле ты умираешь» – сказано в Торе. Каждому поколению предназначена его горькая чаша, а последнему и не одна.

Но и здесь я встречаю мое поколение, полное забот и страданий, неустроенности – не нашедшее себя. И потому, пока еще не устроились и не увязли в привычной рутине, вопрос о смысле нашей жизни ощущается особенно остро. Воистину наша жизнь тяжелее смерти, и не зря сказано: «Не по своей воле ты живешь».

Природа нас сотворила, и мы вынуждены существовать с теми свойствами, которые в нас есть, как полуразумные существа: разумные в том только, что можем осознать, что действуем в силу тех черт характера и свойств, с которыми мы созданы, но идти против этого не можем. И если мы отданы во власть природы, то неизвестно, куда еще заведет нас эта дикая, неразумная природа, сталкивая постоянно друг с другом людей и целые народы в злобной борьбе между собой, как диких зверей, во имя победы инстинктов. Но где-то подсознательно с этим взглядом не согласно наше представление о себе как о разумных существах.

Если же существует Высшая сила, создавшая нас, почему мы не ощущаем ее, почему она скрывается от нас? Ведь если бы мы знали, чего она от нас желает, мы бы не делали ошибок в жизни и не получали бы в наказание страданий!

Насколько проще было бы жить, если бы Творец не скрывался от нас, а явно был ощутим или видим каждому. Не было бы никаких сомнений в Его существовании, можно было бы видеть и чувствовать на себе и на окружающем мире его управление, осознать причину и цель нашего сотворения, видеть следствия наших поступков, Его реакцию на них, заранее в диалоге с ним выяснять все наши проблемы, просить помощи, искать защиты и совета, жаловаться и просить объяснения, зачем Он так поступает с нами, спрашивать совета на будущее, постоянно в связи с Творцом и в совете с ним изменять себя, что было бы угодно Ему и хорошо нам.

Как дети с момента рождения ощущают мать (а Творец ощущался бы не менее близко, потому что человек чувствовал бы Его как источник своего рождения, своего родителя, причину своего существования и своих будущих состояний), так уже «с пеленок» мы могли бы постоянно общаться с Творцом и учиться правильно жить, видя Его реакцию на свои поступки и даже на свои намерения.

...Отпала бы потребность в правительствах, школах, воспитателях, все свелось бы к прекрасному, простому существованию народов во имя всем явной цели – духовного сближения с явно ощущаемым и видимым Создателем.

Все бы руководствовались в своих действиях явно видимыми духовными законами, законами действия духовных миров, называемых заповедями, которые бы все естественно выполняли, так как видели бы, что иначе они наносят вред себе, как, например, человек не бросится в огонь или с высоты, зная что этим немедленно навредит себе.

Если бы все явно видели Творца и его управление нами, миром, мирозданием, нам не было бы трудно выполнять самую тяжелую работу, видя какие большие выгоды она нам приносит. Например, бескорыстно отдавать все, что у нас есть, незнакомым и далеким от нас людям, совершенно не думая о себе ни в настоящем, ни о нашем будущем. Потому что мы бы видели управление свыше, видели бы, какие полезные следствия есть у наших альтруистических поступков, насколько все мы во власти доброго и вечного Творца.

Насколько было бы естественно (и как это противоестественно и невозможно в нашем настоящем состоянии скрытого управления) всей душой отдаться Творцу, отдать в его власть свои мысли, желания, без оглядки и проверки быть такими, как Он захочет, абсолютно не заботиться о себе ни на мгновение, полностью оторваться мысленно от себя, как бы вообще перестать себя ощущать, перенести все свои чувства вне себя, как бы на Него, попытаться вселиться в Него, жить Его чувствами, мыслями и желаниями.

Из всего вышесказанного ясно, что **в нашем мире нам не хватает только одного – ощущения Творца!**

И только в этом человек должен видеть свою цель в нашем мире и только во имя этого приложить все свои усилия, потому что только ощущение Творца является его спасением, как от всех несчастий этой жизни, так и от духовной смерти, во имя душевного бессмертия, без возвращения в этот мир. Методика поиска ощущения Творца называется Каббалой.

Ощущение Творца называется верой. Характерно массовое заблуждение в понимании этого слова, ибо практически все считают, что вера означает путь в потемках, не видя и не ощущая Творца, т.е. понимают это слово в прямо противоположном смысле. По Каббале, свет Творца, наполняющий человека, свет связи с Творцом, ощущение слияния (ор хасадим) называется светом веры или просто вера.

Вера, свет Творца, дает человеку ощущение связи с вечным, понимание Создателя, чувство полного ясного общения с Создателем, чувство абсолютной безопасности, бессмертия, величия и силы.

Из вышесказанного ясно, что только в достижении ощущения веры, т.е. ощущения Творца, есть наше спасение от полного страданий и утомительной погони за преходящими наслаждениями нашего временного существования.

В любом случае вся причина наших несчастий, никчемности, временности нашей жизни – только в отсутствии ощущения Творца. Сама Тора призывает нас: «Попробуйте и убедитесь, как прекрасен Творец!» (Тааму ве рэу ки тов Ашэм).

Цель этой книги – помочь читателю преодолеть несколько предварительных этапов на пути к ощущению Творца. Тот, кто осознает подлинно жизненную необходимость в ощущении Творца, придет к решению изучать Каббалу по первоисточникам: книге «Зоар» с комментариями «Сулам», сочинениям Ари, Талмуду десяти сфирот.

...Мы видим, сколько страданий и боли, страшнее смерти, вынесло человечество со дня сотворения мира. И кто, если не Творец, – источник этих страданий, больших чем смерть, кто, если не Он, посылает нам это!

...А сколько было за историю человечества личностей, готовых на любые страдания ради постижения высшей мудрости и духовного восхождения, добровольно взявших на себя невыносимые тяготы и боль, ради того, чтобы найти хоть каплю духовного ощущения и опознать высшую силу, слиться с Творцом и найти возможность быть его рабом!..

... Но все они безответно прожили свою жизнь, ничего не достигнув, покинули этот мир, как и пришли в него, ни с чем...

...Но почему не ответил Творец на их молитвы, отвернулся от них, пренебрег их страданиями?..

...И они чувствовали, что Он пренебрегает ими! ...Ведь они неявно ощущали, что есть высшая цель вселенной и всего происходящего, называемая каплей слияния человека с Творцом в единое, и они, еще погруженные в глубины своего эгоизма, в моменты испытания ими невыносимых страданий, чувствуя, как отвергает их Творец, вдруг ощущали, как раскрывается в их сердце – закрытом со дня творения для ощущения истины и чувствующем только свои боли и желания – некое отверстие, благодаря которому они удостаиваются ощутить эту вожделенную каплю слияния, проникающую внутрь сердца сквозь его разбитую стенку...

...И изменяются все их качества на противоположные, подобные Творцу, и начинают видеть сами, что именно в глубине этих страданий, и только в них, там лишь можно постичь единство Творца, там находится Он и капля слияния с Ним...

...И в момент постижения этого чувства, раскрывающегося им и заполняющего их раны, и благодаря этим ранам ощущаемого и осознаваемого, именно благодаря ужасным, раздирающим душу противоречиям – именно их, все их, Сам Творец заполняет бесконечно прекрасным блаженством. Настолько, что невозможно осознать нечто более совершенное, настолько, что кажется им, что есть какая-то ценность в перенесенных для ощущения этого совершенства, страданиях...

...И каждая клеточка их тела убеждает, что каждый в нашем мире готов сам отрубать себе конечности по нескольку раз в день, дабы постичь хоть раз в жизни подобное ощущаемому ими блаженству, когда они становятся частью Творца...

...А причина молчания Творца в ответ на призывы – в том, что человек заботится только о своем продвижении вперед, а не о возвеличивании Создателя в своих глазах. И поэтому подобен плачущему пустыми слезами... и уходящему из жизни, как и пришел, ведь конец любого животного в забиении, а не постигшие Творца подобны животным. В то время как, если человек заботится о возвеличивании Творца в своих глазах, Творец открывается ему.

...Ведь капля единства, цель творения, вливается в сердце заботящегося о величии и любви Творца, утверждающего из глубины сердца, что все, что создал Творец, создал для него, а не вливается в сердце эгоистически жалующегося на несправедливость Высшего управления.

...Духовное не делится на части, но человек постигает из целого какую-то часть, пока не постигнет все целое... Поэтому все зависит от чистоты стремлений, и в очищенную от эгоизма часть сердца, в нее-то и вливается духовный свет.

Если человек попытается посмотреть на окружающие его ситуации и состояние человечества со стороны, то сможет более правдиво оценить творение.

И если действительно существует Творец, как утверждают каббалисты, те, кто с Ним, якобы непосредственно общается, и Он управляет всем, и Он создает нам все те жизненные ситуации, которые мы постоянно на себе ощущаем, то нет ничего более здравого, чем постоянно быть связанным с Ним, и как можно теснее.

Но если мы попытаемся внутренне напрячься и ощутить такое состояние, то ввиду скрытия Творца от наших чувств мы ощутим себя как бы повисшими в воздухе, без точки опоры. Ведь не видя, не ощущая, не слыша, не получая никакого сигнала в наши органы ощущений, мы как бы работаем в одну сторону, кричим в пустоту.

Зачем же Творец сотворил нас такими, что мы не можем ощутить Его? Более того, зачем Ему надо скрываться от нас? Почему, даже если человек взывает к Нему, Он не отвечает, а предпочитает действовать на нас скрыто от нас, за ширмой природы и окружающих объектов.

Ведь если бы Он хотел нас исправить, т.е. исправить Свою «ошибку» в творении, то мог бы это уже давно сделать, скрыто или явно. Если бы Он раскрылся нам, то мы бы все увидели и оценили Его, так, как можем оценить теми чувствами и разумом, с каковыми Он нас сотворил, и, наверное, знали бы, что и как делать в этом мире, который Он создал якобы для нас.

И более того, как только человек начинает стремиться к Творцу, желая ощутить Его, сблизиться с Ним, он чувствует, что его стремления к Творцу исчезают, пропадают. Но если Творец дает нам все наши ощущения, то зачем Он отбирает у желающего Его постигнуть это желание, и наоборот, еще добавляет ему всевозможные препятствия в его попытках обнаружить своего Создателя?

Такие попытки со стороны человека сблизиться с Творцом, и ответные отказы Творца пойти на сближение, и причинение страданий ищущим Его, могут продолжаться годами! Человеку представляется подчас, что та гордость и высокомерие, от которых, как ему говорят, он должен избавиться, проявляются у Творца в бесконечно большей степени!

А на слезы и призывы человек не получает ответа, вопреки утверждению, что Творец милосерден, особенно к ищущим Его. Если мы что-то можем сами изменить в нашей жизни, значит, Он дал нам свободу воли, но не дал достаточных знаний, как избежать страданий нашего существования и развития.

А если свободы воли нет, т.е. ли более жестокое обращение, чем заставлять нас десятки лет бессмысленно страдать в созданном Им жестоком мире? Подобные жалобы можно, конечно, продолжить до бесконечности, потому что, если Творец является причиной нашего состояния, то нам есть за что Его критиковать и обвинять, что наше сердце и делает, если ощущает такие чувства.

Ведь если человек недоволен чем-либо, этим своим чувством он уже, даже не обращаясь к Творцу, обвиняет Его. Даже если не верит в существование Творца, Творец ведь видит все, происходящее в сердце человека.

Каждый из нас прав в том, что он утверждает, что бы он ни утверждал. Потому что утверждает то, что чувствует в тот момент своими чувствами и анализирует своим разумом. Имеющие большой жизненный опыт знают, насколько менялись их взгляды в течение прошедших лет.

И нельзя сказать, что ранее он был неправ, а сегодня прав. Он должен понять, что его сегодняшняя точка зрения тоже неверна, в чем он убедится завтра. Поэтому в каждом своем состоянии человек делает выводы, и они правильны для этого состояния и могут быть совершенно противоположны его выводам, сделанным в других состояниях.

Так и мы не можем рассуждать о других мирах, их законах, судить об их качествах с точки зрения своих сегодняшних критериев, критериев нашего мира. В нас нет неземного разума, неземных ощущений, неземных понятий, и поэтому мы не можем судить о чем-то неизвестном и выносить решения. Ведь мы видим, что даже в рамках нашего мира мы постоянно ошибаемся.

Судить о неземном может тот, кто обладает неземными свойствами. Если он одновременно знает и наши свойства, то может хотя бы приблизительно как-то рассказать нам о неземном. Таким может быть только каббалист – человек нашего мира, сотворенный с теми же свойствами, как каждый из нас, и в то же время получивший свыше иные свойства, позволяющие ему рассказать о том, что же там, в том ином мире происходит.

Вот почему Творец разрешил некоторым каббалистам раскрыться перед широкими слоями общества для того, чтобы помочь еще некоторым приобщиться к Нему. Каббалисты объясняют нам языком, понятным нашему разуму, что в духовном, неземном мире, разум построен и действует по другим законам, и эти законы противоположны нашим.

Нет никакой стены между нашим и неземным, духовным миром. Но именно то, что духовный мир – это антимир по своим свойствам, и делает его не ощущаемым для нас, настолько, что рождаясь в нашем мире, т.е. получая его природу, мы полностью забываем о своем предыдущем антисостоянии. Естественно, что ощутить этот антимир можно, если человек приобретет его природу, его разум, его свойства. Как и в чем мы должны поменять нашу природу на противоположную?

Основной закон духовного мира – абсолютный альтруизм. Как может человек приобрести это свойство? Каббалисты предлагают совершить этот внутренний переворот действием, называемым эмуна лемала ми даат – вера выше разума: поскольку наш «здравый разум» является основным инструментом наших поступков, то кажется, человек не в состоянии полностью аннулировать его доводы и пытаться, вместо этого, когда ноги без опоры в виде здравого смысла повисают в воздухе, схватиться двумя руками за Творца. Ибо не видит в таком состоянии своим разумом, как он может спастись от надвигающихся обстоятельств, которые ему «подбрасывает» Творец, а в безнадежной попытке решить вопросы, повисает в воздухе, без опоры и разумного ответа на вопрос, что же с ним происходит.

Но если человек в состоянии мысленно, двумя руками, несмотря на критический подход разума и радуясь представляющейся возможности ухватиться за Творца, может хоть на мгновение выдержать подобное состояние, то он видит, как оно прекрасно, что именно в таком состоянии он находится в истинной, вечной правде, которая не изменится назавтра, как все его взгляды в прошлом, потому что связан с вечным Творцом, и только через эту истину смотрит на все события.

Как уже не раз упоминалось в предыдущих книгах, продвижение вперед возможно только по трем параллельным линиям одновременно, где правая линия называется вера, левая – осознание, постижение. И эти две линии находятся в противоречии, так как взаимно исключают друг друга. И поэтому уравновесить их возможно только при помощи средней линии, состоящей из правой и левой одновременно, линии такого духовного поведения, когда используется разум только в соответствии с величиной веры.

Все духовные объекты, по мере своего последовательного рождения от Творца, как бы наслаиваются, одеваются на Него. Все, что наслоилось в мироздании на Творце, существует только относительно созданий, и все это порождение первоначального создания, называемого малхут. Т.е. все миры и все творения, все, кроме Творца, есть единственное творение – это *малхут*, называемая корнем, источником всех творений, которое затем распадается на множество мелких своих частей.

И все они вместе называются *шхина*. А свет Творца, Его присутствие, Он сам, заполняющий шхину, называется *шохэн*.

Время, требуемое для полного заполнения всех частей шхины, называется временем исправления (*зман тикун*). За это время создания производят исправления своих частей малхут – каждый своей части, из которой он создан.

А до того момента, пока Творец не сможет полностью слиться с творениями, т.е. не проявится в полной мере, пока шохэн не заполнит шхину, состояние шхины, или составляющих ее созданий, называется изгнанием шхины (от Творца), (галут шхина), поскольку в таком состоянии нет в высших мирах совершенства. И в нашем, самом низшем из миров, в котором тоже каждое из творений должно полностью ощутить Творца, пока что каждый занят постоянной погоней за утолением мелких желаний нашего мира и вслепую следует требованиям своего тела.

И это состояние души называется шхина в пепле (шхина бе афар), когда каждый представляет себе духовно чистые наслаждения как измышление и бессмыслицу, и такое состояние называется страданием шхины (цаар шхина).

Все страдания человека происходят из того, что его вынуждают свыше полностью отвергнуть здравый смысл и следовать вслепую, поставив веру выше разума.

И чем больше у него разум и знания, чем он сильнее и умнее, тем труднее ему идти путем веры и, соответственно, тем больше страдает, отвергая свой здравый смысл.

И ни в коем случае не может согласиться с Творцом, который выбрал именно такой путь духовного развития, проклинает в сердце необходимость такого пути и не может никакими силами самоубеждения оправдать Творца. И не может выдержать такое состояние без всякой опоры, пока не поможет ему Творец и не откроет всю картину мироздания.

Если человек чувствует себя в состоянии духовного возвышения, когда все его желания направлены только к Творцу, это самое подходящее время углубиться в соответствующие книги по Каббале, чтобы попытаться понять их внутренний смысл. И хотя видит, что, несмотря на свои усилия, он не понимает ничего, все равно необходимо даже сотни раз углубляться в изучение Каббалы и не поддаваться отчаянию от того, что ничего не понимает.

Смысл этих усилий в том, что стремления человека постичь тайны Торы являются его молитвой о том, чтобы открылось ему проявление Творца, чтобы Творец заполнил эти стремления. Причем сила молитвы определяется величиной его стремлений.

Есть правило: затраченные усилия увеличивают желание получить то, к чему стремимся, и величина его определяется страданием от отсутствия желаемого. Сами же страдания, без слов, одним ощущением в сердце, являются молитвой.

Исходя из этого понятно, что только после больших усилий достичь желаемого, человек в состоянии настолько искренне взмолиться, что получит ожидаемое.

Но если во время попыток углубиться в книгу сердце не желает освободиться от посторонних мыслей, то и мозг не в состоянии углубиться в изучение, потому что только по желанию сердца работает мозг.

Но чтобы воспринял Творец молитву, она должна быть из глубины сердца, т.е. только на этом должны быть сосредоточены все его желания. И потому должен сотни раз углубляться в текст, даже не понимая ничего, чтобы дойти до истинного желания – быть услышанным Творцом.

А истинное желание – это такое, в котором нет места более ни для какого другого желания.

Вместе с тем во время изучения Каббалы он изучает действия Творца и потому сближается с Ним и становится постепенно достоин ощутить изучаемое.

Вера, т.е. ощущение Творца, должна быть такой, чтобы человек чувствовал, что он находится перед Царем вселенной. И тогда, несомненно, проникается необходимым чувством любви и страха.

А пока не достиг такой веры, не должен успокаиваться, потому что только такое чувство дает ему право на духовную жизнь и не позволит скатиться в эгоизм и вновь стать получателем наслаждений. Причем потребность в таком ощущении Творца должна быть постоянной, пока не станет привычкой человека, как постоянна тяга к предмету любви, не дающая жить.

Но все окружающее человека специально гасит в нем эту потребность, поскольку получение наслаждения от чего-либо сразу же уменьшает боль от ощущения духовной пустоты.

Поэтому при получении наслаждений нашего мира, необходимо контролировать, а не гасят ли эти наслаждения потребность в ощущении Творца, не крадут ли у него, таким образом, высшие ощущения.

Вообще внутренняя необходимость ощутить Творца свойственна только человеку, причем не каждому, имеющему внешний облик человека.

И эта необходимость вытекает из потребности человека понять, кто он такой, осмыслить себя и свое предназначение в мире, источник своего происхождения. Именно поиск ответов на вопросы о себе приводит нас к необходимости искать источник жизни.

И эта необходимость заставляет нас любыми усилиями раскрывать все тайны природы, не оставляя ни одной ни в нас самих, ни в окружающем мире. Но только стремление постичь Творца есть истинное, потому что Он является источником всего, а главное – нашим Создателем. Поэтому даже если бы человек находился в нашем мире один или находился бы в других мирах, все равно поиск себя приводит его к поиску Творца.

Есть две линии в восприятии влияния Творца на Его создания. Правой линией называется личное управление Творца каждым из нас, независимо от наших поступков.

Левой линией называется управление Творца каждым из нас в зависимости от наших поступков или, другими словами, наказание за плохие поступки и вознаграждение за хорошие.

Когда человек выбирает для себя время находиться в правой линии, он должен сказать себе, что все, что происходит, происходит только по желанию Творца, по Его плану, и ничего от самого человека не зависит. В таком случае нет у него никаких проступков, но и заслуг тоже, все его поступки вынужденные – под действием тех стремлений, которые он получает извне.

И потому должен благодарить Творца за все, что получил от Него. А осознав, что Творец ведет его в вечность, может ощутить любовь к Творцу.

Продвигаться вперед можно только при правильном сочетании правой и левой линий, точно посреди них. Если даже начал из правильно выбранной исходной точки правильно двигаться, но не знает точно, каким образом постоянно проверять и корректировать свое направление, непременно сойдет в сторону от правильного направления вправо или влево.

И более того, отклонившись хоть на миллиметр в сторону в одной из точек своего пути, хоть и продолжит затем весь путь в правильном направлении, с каждым шагом его ошибка будет расти и будет все больше уклоняться от цели.

До нисхождения вниз по духовным ступеням наша душа является частью Творца, Его маленькой точкой. Эта точка называется корнем души.

Творец помещает душу в тело, чтобы находясь в нем, она поднялась вместе с желаниями тела и вновь слилась с Творцом.

Другими словами, наша душа помещается в наше тело, что называется рождением человека в нашем мире, для того чтобы преодолевая желания тела, несмотря на них, еще при жизни человека в этом мире, подняться до того уровня, которым она обладала еще до ее спуска в наш мир.

Преодолевая желания тела, душа, достигая того же духовного уровня, с которого она спустилась, постигает во много раз большие наслаждения, чем при своем первоначальном состоянии, будучи частью Творца, и из точки превращается в объемное духовное тело, в 620 раз большее, чем первоначальная точка, до своего спуска в наш мир.

Таким образом, в своем законченном состоянии духовное тело души состоит из 620 частей или органов. Каждая часть или орган называется «заповедью». Свет Творца или сам Творец (что одно и то же), заполняющий каждую часть души, называется Торой.

При подъеме на очередную духовную ступень, называемом совершением заповеди, в созданные при этом подъеме новые, альтруистические стремления, душа получает Тору, наслаждение светом Творца, самим Творцом.

Истинный путь к этой цели пролегает по средней линии, смысл которой заключается в сочетании в одном понятии трех составляющих: самого человека, пути, по которому он должен идти, и Творца.

Действительно, есть всего три объекта мироздания: человек, стремящийся вернуться к Творцу, Творец – цель, к которой стремится человек, путь, идя по которому, человек может достичь Творца.

Как уже не раз говорилось, кроме Творца не существует никого, а мы – это нечто созданное Им с ощущением собственного существования. По мере своего духовного подъема человек явственно это осознает и ощущает.

А все наши, т.е. воспринимаемые как наши собственные, ощущения – это созданные Им в нас реакции на Его воздействия, т.е. в конечном итоге, наши ощущения – это те чувства, которые Он хочет, чтобы мы ощущали.

Но пока человек не достиг абсолютного постижения этой истины, три объекта мироздания: он, его путь к Творцу и сам Творец – воспринимаются им не как единое целое, а как три отдельных объекта.

Достигнув же последней ступени своего духовного развития, т.е. поднявшись к той же ступени, с которой спустилась его душа, но уже будучи нагруженным желаниями тела, человек полностью постигает всего Творца в свое духовное тело, принимающее всю Тору, весь свет Творца, Самого Творца, и т.о. три, ранее разделенных в ощущениях человека, объекта – человек, путь его и Творец сливаются в один объект – духовное тело, заполненное светом.

Поэтому для правильного продвижения вперед идущий должен постоянно проверять себя – стремится ли он с равной силой желания ко всем трем, пока еще разделенным в его восприятии, объектам с равной силой, уже с начала пути, как бы уже вначале соединяя их в один, какими они и должны представиться ему в конце пути и какие они и есть сейчас, но только ввиду своего несовершенства он их такими еще не ощущает.

И если будет стремиться к одному из них более, чем к другому, сразу же сойдет с истинного пути. А самая легкая проверка истинности пути – а стремится ли он понять свойства Творца, дабы слиться с Ним.

Если не я себе – то кто поможет мне, а если только я – то ведь ничтожен я. Это взаимоисключающее утверждение заключает в себе отношение человека к своим усилиям достичь цели, к которой он стремится: хотя человек должен утверждать, что если не он, кто же поможет ему, и действовать по принципу вознаграждения за хорошие поступки и наказания за дурные, с уверенностью, что есть прямые следствия от его поступков, и он сам строит свое будущее, но в то же время говорит самому себе: кто я такой, чтобы помочь самому себе выбраться из своей же природы, и никто из окружающих не в состоянии мне помочь.

Но если все происходит по плану управления Творца, что пользы человеку от его усилий? Дело в том, что в итоге личной работы по принципу вознаграждения и наказания человек получает свыше осознание управления Творцом и входит на ступень сознания, когда ясно ему, что всем управляет Творец и все заранее предусмотрено.

Но до этой ступени он сначала должен дойти, и не может, еще не достигнув ее, уже утверждать, что все во власти Творца. А до постижения такого состояния он не может в нем жить и по его законам действовать, ведь не таким образом он ощущает управление миром, т.е. человек должен действовать только по тем законам, которые он ощущает.

И только в результате усилий человека в работе по принципу «вознаграждение и наказание» он заслуживает полное доверие Творца и заслуживает увидеть истинную картину мира и его управления. И только тогда, хоть и видит, что все зависит от Творца, стремится сам навстречу Создателю.

Нельзя удалить эгоистические мысли и желания и оставить свое сердце пустым. Лишь заполняя его вместо эгоистических желаний духовными, альтруистическими стремлениями, можно заменить прошлые желания на противоположные и аннулировать эгоизм.

Любящий Творца непременно испытывает отвращение к эгоизму, поскольку явно ощущает на себе вред от любого его проявления и не видит, каким путем он может избавиться от него, и явно осознает, что это не в его силах, поскольку это свойство сам Творец придал своим творениям.

Избавиться от эгоизма человек сам не в состоянии, но насколько он осознает, что эгоизм его враг и духовный убийца, настолько он возненавидит его, и тогда Творец сможет помочь ему избавиться от врага, настолько, что даже эгоизмом он сможет пользоваться с пользой для духовного возвышения.

Говорится в Торе: «Я создал мир только для абсолютных праведников или для абсолютных грешников». То, что мир создан для праведников, нам понятно, но непонятно, почему он не создан для незаконченных праведников или для неокончательных грешников, а вот для абсолютных грешников – для них создавал все мироздание Творец?

Человек поневоле принимает управление Творца согласно тому, каким оно ему кажется: как хорошее и доброе, если ощущает его приятным, или плохое, если страдает. То есть каким человеку ощущается наш мир, таким он и считает Творца – хорошим или плохим.

И в этом ощущении управления мира Творцом возможны лишь два состояния: он чувствует Творца, и тогда все кажется прекрасным, или ему кажется, что нет управления мира Творцом, а миром управляют силы природы. И хотя разумом понимает, что это не так, но чувства решают отношение человека к миру, а не разум, и потому считает себя грешником, видя разницу между чувствами и разумом.

Понимая, что желание Творца усладить нас, что возможно только при приближении к Творцу, – человек, если чувствует удаление от Творца, это воспринимается им как плохое, и он считает себя грешником.

Но если человек ощущает себя грешником настолько, что поневоле кричит Творцу о своем спасении, чтобы открылся ему Творец и этим дал ему силы выйти из клетки эгоизма в духовный мир, то Творец немедленно помогает ему.

И вот для таких состояний человека и создан наш и все высшие миры, чтобы дойдя до состояния абсолютного грешника, человек воззвал к Творцу, поднялся до уровня абсолютного праведника.

Только человек, освободившийся от самомнения и прочувствовавший собственное бессилие и низость своих стремлений, становится достойным ощутить величие Творца.

И чем важнее ему представляется близость Творца, тем больше он ощущает Его, поскольку тем больше он может отыскать оттенков и проявлений в явлении Творца ему, а восхищение порождает чувства сердца и, согласно этому, в нем возникает радость.

Поэтому если он видит, что ничем не лучше всех окружающих, не заслуживших такое особое отношение Творца, которое испытывает он, и даже не догадывающихся о взаимосвязи с Творцом и не помышляющих ощутить Творца и осознать смысл жизни и духовного продвижения, а он заслужил, неизвестно как, особое отношение к себе тем, что Творец дает ему возможность хоть иногда вспомнить о цели жизни и связи с ее Создателем, если он в состоянии оценить уникальность и единственность отношения Создателя к нему, он постигает чувство бесконечной благодарности и радости. И чем больше может оценить особенность удачи, тем сильнее может возблагодарить Творца, тем больше может ощутить всевозможных оттенков чувств в каждой точке и мгновении своего контакта с Высшим, тем больше может оценить и величие духовного мира, открывающегося ему, и величие и мощь всесильного Творца, тем с большей уверенностью он предвкушает будущее слияние с Творцом.

Глядя на несовместимую разницу свойств Творца и творения, нетрудно сделать вывод, что совпадение их возможно при условии, что человек искоренит свою природу абсолютного эгоизма. В этом случае он как бы не существует, и нет ничего отделяющего его от Творца.

Только ощущая в себе, что без получения духовной жизни он умирает, как умирает наше тело, лишаясь жизни, и что страстно желает жить, человек получает возможность войти в духовную жизнь и вдохнуть духовный воздух.

Но каким путем можно дойти до такого состояния, когда полное избавление от собственных интересов и забот о себе и стремление всеми силами раздать себя станет целью всей жизни, вплоть до того, что без достижения этой цели возникает ощущение смерти?

Достижение подобного состояния приходит постепенно по принципу обратного воздействия: чем больше человек прикладывает сил в поисках духовного пути, в изучении, в попытках искусственно подражать духовным объектам, тем он все более убеждается, что не в состоянии своими силами достичь этого.

Чем больше он изучает важные для духовного развития источники, тем запутаннее воспринимается изучаемое. Чем больше усилий он прикладывает в попытках относиться к своим руководителям и товарищам по учебе лучше, тем больше он ощущает – если он действительно продвигается духовно, – как все поступки его продиктованы абсолютным эгоизмом.

Такие результаты порождает принцип «бить, пока не захочет сам»: человек может избавиться от эгоизма, только если он будет видеть, как эгоизм умертвляет его, не позволяя начать жить настоящей, вечной и полной наслаждений жизнью. Ненависть к эгоизму отторгает его от человека.

Главное – это желать всего себя отдать Творцу из осознания величия Творца. (Отдать себя Творцу – значит расстаться с собственным «я».) И тут человек должен себе представить, во имя чего ему стоит работать в этом мире: во имя преходящих ценностей или во имя вечных. Ведь ничего навечно не остается из произведенного нами, все уходит. Вечны только духовные структуры, только альтруистические мысли, действия, чувства.

То есть стремясь своими мыслями, желаниями и усилиями быть похожим на Творца, человек в действительности творит этим собственное здание вечности.

Идти же по пути, отдавая себя Творцу, возможно только при осознании величия Творца. И это подобно тому, как в нашем мире, если кто-либо в наших глазах выглядит великим, такому человеку мы с удовольствием окажем услугу и будем считать, что не мы ему оказали услугу, а он, согласившись принять что-либо от нас, оказал нам знак внимания и как бы дал нам что-то, хотя и принял от нас.

Из этого примера видно, что внутренняя цель может изменять смысл внешнего механического действия – брать или давать – на противоположное. Поэтому в той мере, в какой человек возвеличивает в своих глазах Творца, в той же мере он может отдавать Ему свои мысли, желания и усилия, и при этом будет чувствовать, что не отдает, а получает от Творца, получает возможность «оказать услугу», возможность, которой удостаиваются единицы в каждом поколении.

Из этого следует, что основная задача человека – возвысить в своих глазах Творца, т.е. приобрести веру в Его величие и могущество, и это единственная возможность выйти из клетки эгоизма в высшие миры.

Как указано в предыдущей статье, причина того, что человек чувствует такую непосильную тяжесть во время, когда хочет идти дорогой веры и не заботиться о себе, является чувство, будто он один отделяется от всего мира и как бы подвешен в пустоте без всякой опоры в виде здравого смысла, разума и предыдущего жизненного опыта, и как бы оставляет свое окружение, семью и друзей во имя слияния с Творцом.

Вся причина такого чувства, возникающего у человека, только в отсутствии веры в Творца, т.е. в отсутствии ощущения Творца, Его наличия и управления всеми творениями, т.е. в отсутствии самого объекта веры.

Но как только он начинает чувствовать наличие Творца, сразу же готов полностью отдаться Его власти и идти с закрытыми глазами вслед за своим Создателем, и готов полностью раствориться в Нем, пренебрегая разумом самым естественным образом.

И потому самая главная задача, стоящая перед человеком, заключается в том, чтобы почувствовать наличие Творца. И поэтому стоит отдать всю свою энергию и мысли во имя того, чтобы почувствовать Творца, поскольку сразу же при проявлении такого чувства человек уже сам всей своей душой стремится слиться с Творцом.

И потому все свои мысли, занятия, желания и время следует устремить только к этому. Это ощущение Творца и называется верой!

Ускорить этот процесс можно, если человек придает этой цели важность. И чем важнее она для него, тем быстрее он может достичь веры, т.е. ощущения Творца. И чем больше важность ощущения Творца, тем больше и само ощущение, вплоть до того что подобное чувство будет в нем постоянно.

Удача – это особый вид управления свыше, на которое человек не в состоянии никоим образом влиять. Но возложена на человека свыше обязанность пытаться самому достичь изменения собственной природы, а затем уже Творец, подсчитав усилия человека, Сам изменяет его и возвышает над нашим миром.

Прежде чем человек делает какое-либо усилие, он ни в коем случае не должен надеяться на высшие силы, удачу и особое к себе отношение свыше, а обязан приступить к делу с осознанием, что если он этого не сделает, то не достигнет того, чего хочет достичь.

Но по окончании работы, учебы или любого другого усилия он должен принять вывод, что то, чего он достиг в результате своих усилий – даже если бы ничего не делал, – все равно бы получилось, потому что так было уже заранее задумано Творцом.

Поэтому желающий осознать истинное управление, уже в начале своего пути обязан пытаться во всех случаях жизни соединить в себе эти два противоречия.

Например, утром человек обязан начать свой обычный день в учебе и работе, абсолютно убрав из своего сознания всякие мысли о высшем управлении Творца всем миром и каждым из нас. И трудиться, будто только от него зависит окончательный результат.

Но после окончания работы ни в коем случае не позволять себе воображать, что то, чего достиг, является результатом его усилий. Наоборот, должен осознать, что даже если бы пролежал весь день, все равно бы достиг того же, потому что этот результат был уже заранее задуман Творцом.

Поэтому с одной стороны, каббалист обязан, как и все, во всем следовать законам общества и природы, но одновременно верить в абсолютное управление мира Творцом.

Все наши поступки можно разделить на хорошие, нейтральные и плохие. Задача человека, выполняя нейтральные поступки, возвысить их до уровня хороших тем, что соединяет их мысленное исполнение с осознанием абсолютного управления Творца.

Например, больной, прекрасно понимая, что его излечение полностью в руках Творца, обязан получить от известного своим опытом врача проверенное и известное лекарство и обязан верить, что только искусство врача поможет ему превозмочь недуг.

Но приняв точно по предписанию врача лекарство и выздоровев, обязан верить, что и без всякого врача выздоровел бы с помощью Творца. И вместо благодарности врачу обязан благодарить Творца. И этим человек превращает нейтральное действие в духовное. И поступая так во всех нейтральных действиях, он постепенно одухотворяет все свои мысли.

Приведенные примеры и разъяснения необходимы, так как подобные вопросы становятся камнем преткновения на пути духовного возвышения еще и потому, что якобы знающие принципы управления, стремятся искусственно увеличить силу своей веры в вездесущность высшего управления и вместо работы над собой, дабы избежать усилий, продемонстрировать свою веру в Творца или просто по причине лени, еще до работы решают, что все во власти Творца, и потому все потуги напрасны! И более того, закрыв глаза в якобы слепой вере, избегают этим вопросов о вере, а не отвечая на эти вопросы, лишают себя возможности духовно продвигаться.

О нашем мире сказано: «в поте лица своего будешь зарабатывать свой хлеб», но после того, как что-то заработано трудом, человеку трудно признать, что результат был независим от его труда и способностей, а вместо него все сделал Творец. И должен «в поте лица своего» укреплять в себе веру в полное управление им Творца.

Но именно в стремлении и попытках соединить кажущиеся противоречия Высшего управления, проистекающие из нашей слепоты, именно из столкновения этих противоположных и потому непонятных нам подходов к требующимся от нас действиям, именно благодаря этим состояниям растет постигающий их и благодаря им получает новые духовные ощущения.

Состояние до начала творения сводится к существованию Единственного Творца.

Начало творения состоит в том, что в себе Творец выделяет некую точку с тем, что в будущем придаст ей отличные от себя свойства.

В этом суть творения, ибо придав этой точке эгоистические свойства, Творец как бы изгнал ее из себя. Эта точка и есть наше «я». Но поскольку не существует места и расстояния, то удаление по свойствам воспринимается этой точкой как скрытие Творца, т.е. она Его не чувствует, между ними темнота, создаваемая эгоистическими свойствами этой точки.

Эта темная пропасть воспринимается чувствами этой точки страшно безысходной, если Творец желает приблизить ее к себе. Если же Творец пока не желает приближения точки, она не ощущает никакой пропасти и вообще расстояния от Творца, и вообще Творца, а только может воображать себе такие состояния.

Темная пропасть, ощущаемая точкой, – это обычные страдания, причиняемые нам материальными трудностями или недугами, детьми и родными – в общем всем, что построил Творец как окружение точки, чтобы именно посредством этого окружения мог влиять на нее. Как и для чего?

Чтобы показать человеку, что для его же спасения от страданий необходимо избавиться от эгоизма, Творец создает через окружающие объекты – детей, работу, долги, болезни, семейные неприятности – такое состояние страдания в точке, что жизнь кажется невыносимым грузом из-за собственной заинтересованности достичь чего-то, и возникает единственное желание – ничего не хотеть, т.е. не иметь никаких личных интересов, убежать от всякого эгоистического желания, потому что оно порождает страдания.

И потому не остается никакого другого выхода, как просить Творца избавить от эгоизма, заставляющего быть заинтересованным в преодолении всех неприятностей и потому приносящего страдания.

В предисловии к Талмуду Десяти Сфирот (параграф 2) пишет Раби Ашлаг: «Но если прислушаемся нашим сердцем к одному знаменитому вопросу, уверен я, что все ваши сомнения, надо ли изучать Кабалу, исчезнут, как будто их и не было».

И это потому, что этот вопрос, задаваемый человеком в глубине своего сердца, а не ума или учености, т.е. кричащий в его сердце вопрос о его жизни, о ее смысле, о смысле его страданий, во много раз превышающих наслаждения, о жизни, когда смерть кажется легким избавлением и спасением, о жизни, в которой если сделать простой подсчет, страдания во много раз превосходят наслаждения, о жизни, в которой не видно конца водоворотам боли, пока мы, уже полностью обессиленные и опустошенные, не покидаем ее. И кто же в конечном итоге наслаждается этим, или кому я этим даю радость, или чего еще я от нее жду?

И хотя подсознательно каждого сверлит этот вопрос, но подчас он неожиданно ударяет нас до помутнения рассудка и бессилия что-либо предпринимать, и разбивает наш мозг, и бросает в темную бездну безысходности и осознания собственной ничтожности – пока не посчастливится нам вновь найти известное всем решение – существовать далее, как и вчера, плыть по течению жизни, не особенно задумываясь о ней.

Но как уже было сказано, такие осознанные ощущения Творец дает человеку для того, чтобы он постепенно понял, что все его несчастья, причина всех его страданий заключаются в том, что он лично заинтересован в результате своих поступков, что его эгоизм, т.е. его существо, его природа заставляет его действовать во имя своего «блага», и потому он постоянно страдает от неисполненности своих желаний.

Но если бы он избавился от своей личной заинтересованности в чем бы то ни было – сразу бы стал свободен от всех пут своего существа и воспринимал бы все окружающее без всякой боли и страданий.

Методика выхода из рабства эгоизма называется Каббалой. А Творец специально создал между собою и нами, между собою и точкой нашего сердца, наш мир со всеми его страданиями, дабы привести каждого из нас к ощущению необходимости избавиться от эгоизма как причины всех наших страданий.

Убрать эти страдания и ощутить Творца – источник наслаждения – можно лишь при настоящем желании со стороны человека избавиться от собственного эгоизма. Желания в духовных мирах есть действия, так как истинные, цельные желания немедленно приводят к действию.

Но вообще сам Творец приводит человека к твердому и окончательному решению избавиться от всякой личной заинтересованности во всех жизненных ситуациях, заставляя человека страдать в них настолько, что единственным желанием остается только одно желание – перестать чувствовать страдания, что возможно только при отсутствии всякого личного, эгоистического интереса в исходе всех жизненных дел, встающих перед ним.

Но где же тогда наша свобода воли, наше право свободного выбора, каким путем идти и что в жизни выбирать? Да, сам Творец толкает человека избрать определенное решение. Тем, что дает ему полную страданий ситуацию, настолько, что смерть милее этой жизни, но и сил покончить с жизнью и избежать, таким образом, страданий не позволяет Творец, а в полной невыносимым страданием ситуации он вдруг, как лучом солнца сквозь огромные облака, светит человеку единственным решением – не смерть, не бегство, а избавление от личной заинтересованности в исходе чего бы то ни было. Это решение вопроса, только это, приведет к покою и отдыху от непереносимых страданий.

И конечно, в этом нет никакой свободы воли, а поневоле так выбирает человек, в силу необходимости избежать страданий. А выбор и свобода решения заключаются уже в том, чтобы чуть выйдя из состояния упадка, осуществлять уже принятое решение и, укрепляясь в нем, искать самому, уже в действии, выход из своего прошедшего ужасного состояния, чтобы целью всех мыслей было «ради Творца», поскольку жизнь «ради себя» приносит страдание. И эта непрерывная работа и контроль над своими мыслями называется работой очищения.

Чувство страдания из-за личной заинтересованности в исходе жизненных ситуаций должно быть настолько острым, что человек готов на то, чтобы «сидеть на куске хлеба, глотке воды, спать на голой земле», только бы оттолкнуть от себя эгоизм, личный интерес в жизни.

И если внутренне он дошел до такого состояния, что при этом чувствует себя счастливым, то вступает в духовную область, называемую «будущий мир – олам аба».

Таким образом, если страдания заставили человека принять окончательное решение отказаться от эгоизма для своего блага, и затем, вследствие собственных усилий, постоянно вспоминая перенесенные страдания и поддерживая и укрепляя в себе это решение, он достиг такого состояния, что цель всех его поступков только в том, чтобы извлечь пользу для Творца, а что касается себя, он даже боится подумать о собственной выгоде и благе, сверх самых необходимых вещей, из-за боязни вновь ощутить те непереносимые страдания, которые появляются сразу же при появлении личной заинтересованности, если он смог полностью исторгнуть из себя личные мотивы, даже в самом необходимом, настолько, что дошел до последней точки отвлечения от собственных потребностей, вот тогда, уже привыкнув к такому образу мысли в повседневной жизни, в общении, в семье, в работе, во всех делах нашего мира, ничем не отличаясь внешне от окружающих, когда в его теле, по принципу «привычка – вторая натура», не осталось личных интересов, вот тогда он может перейти ко второй части своей духовной жизни, тогда он начинает наслаждаться тем, что своими действиями он приносит наслаждение Творцу.

И это наслаждение его уже не идет на его счет, а все оно на счет Творца, потому что «убил» в себе абсолютно все свои потребности в личном наслаждении. Это наслаждение бесконечно по времени и необъятно по величине, поскольку не ограничено личными потребностями человека. И видит тогда, как добр и прекрасен Творец тем, что создал возможность дойти до такого нечеловеческого счастья слияния в вечной любви со своим Создателем!

И потому для достижения этой цели творения есть в пути человека два последовательных этапа: первый – страданий и тяжелых испытаний, пока не избавится от эгоизма; второй – после того как закончил человек первую часть пути и исторг из своего тела все личные желания, он может все свои мысли направить к Творцу, и тогда он начинает новую жизнь, полную духовных наслаждений и вечного покоя, что и было задумано Творцом в начале творения.

Не обязательно идти путем абсолютного отказа от всего, настолько, чтобы удовлетворяться куском хлеба, глотком воды и сном на голой земле и таким образом приучать свое тело к отказу от эгоизма.

Вместо насильственного подавления телесных желаний дана нам Тора, вернее, свет Торы, способный помочь человеку избавиться от источника своих несчастий – эгоизма. Есть определенная сила, называемая светом Торы, которая может дать человеку силы выйти из рамок интересов его тела.

Но эта духовная сила, заключенная в Торе, действует на человека, только если он верит в то, что ему это поможет, что ему это необходимо для того, чтобы выжить, а не умирать, испытывая невыносимые страдания, т.е. верит в то, что учеба приведет его к цели, и он получит ожидаемое им вознаграждение за изучение Торы – освобождение от эгоистических желаний.

И так как испытывает истинно жизненную необходимость, он постоянно мысленно только и ищет пути освобождения и во время изучения Торы ищет инструкцию, каким образом он может выйти из клетки собственных интересов.

По чувству необходимости занятий и поисков можно сказать, насколько у человека большая вера в Тору. И если все его мысли постоянно заняты только поиском освобождения от эгоизма, можно считать, что у него полная вера, что и это может быть только в случае, если он действительно чувствует, что не найдя выхода из своего состояния, он хуже мертвого, поскольку страдания от личной заинтересованности в результатах его деятельности воистину безграничны.

И только если он действительно устремлено ищет своего спасения, ему помогает свет Торы, придается ему духовная сила, способная «вытащить» его из собственного «я». И он чувствует себя истинно свободным.

Для тех, кто не испытывает такой необходимости или необходимости вообще, свет Торы оборачивается тьмой, и чем больше они учат, тем больше впадают в собственный эгоизм, так как не используют Тору по ее единственному назначению.

Поэтому приступая к изучению Торы, открывая страницу из написанного РАШБИ, АРИ, раби Ашлагом или РАБАШ, обязуется открывающий книгу получить от Творца силу веры в ожидаемое им вознаграждение – что найдет в итоге изучения путь, каким образом себя изменить, стать достойным, чтобы Творец изменил его, что возрастет вера его в ожидаемое вознаграждение, приобретет уверенность, что даже в его эгоистическом состоянии возможно получить сверху такой подарок, как переход в противоположное духовное состояние.

И даже если он еще не пережил всех страданий, заставляющих абсолютно отказаться от собственных интересов в жизни, все равно ему поможет свет Торы, и вместо ожидаемых от эгоизма страданий он получит другую возможность пройти свой путь.

В борьбе с нашим первородным упрямством, проявляющимся в нежелании отказаться от эгоизма, и с нашей забывчивостью относительно страданий, которые он нам приносит, также поможет свет, исходящий из написанного великими сынами Творца!

Все исправление приводится в действие молитвой – тем, что ощущает Создатель в сердце человека. А настоящая молитва и ответ – спасение – приходят лишь при условии, что человек совершил полное усилие, все что было в его силах – и по количеству, и особенно, по качеству.

То есть стремление к спасению должно быть таким, чтобы ни на мгновение во время учебы не отвлечься от мысли и стремления найти нужное для своего спасения лекарство в Торе, среди ее букв и в ее внутреннем смысле, где человек ищет себя и о себе, ищет сказанное о том, как исторгнуть из себя свое «я».

Поэтому если страдания еще не «загнали» человека, как испуганного зверя в угол клетки, если еще где-то в тайниках сердца есть желание к удовольствиям, т.е. еще не до конца осознано и выстрадано, что именно эгоизм и есть его единственный враг, не сможет человек выдать полную сумму усилий, найти в Торе силы и путь выбраться из заключения в клетке своего эгоизма и потому не достигнет освобождения.

Хотя в начале учебы человек полон решимости только с этой целью учить Тору, но во время учебы поневоле убежит от него эта мысль, поскольку желания, как уже не раз говорилось, определяют наши мысли, а мозг, наш разум – как вспомогательный инструмент – лишь ищет пути выполнения наших желаний.

Отличие же изучения открытой части Торы от скрытой – Каббалы – в том, что при изучении Каббалы легче найти ту силу, которая помогает человеку выбраться из пут эгоизма, поскольку изучая Каббалу, человек непосредственно изучает описание действий Творца, свойства Творца, свои свойства и их отличие от духовных, цели Творца в творении и пути исправления своего «я».

И потому несравненно легче удержать мысль в нужном направлении, к нужной цели. И второе, свет Торы, та духовная сила, которая помогает человеку побороть эгоизм, при изучении Каббалы несравнимо больше, чем получаемый им свет при изучении открытой Торы с ее изложением духовных действий языком нашего мира, когда поневоле человек начинает вникать в овеществленные действия или судебно-правовые дискуссии, и ускользают от него духовные действия, стоящие за этими словами.

Поэтому тот, кто учит Тору для знаний, может учить ее в простом изложении, но тому, кто учит Тору для своего исправления, предпочтительно изучать ее непосредственно по Каббале.

Каббала – это наука о системе наших духовных корней, исходящих свыше по строгим законам, объединяющихся и указывающих на единственную высшую цель – «постижение Творца творениями, находящимися в этом мире».

Каббала, т.е. постижение Творца, состоит из двух частей: изложения в письменных трудах каббалистов, т.е. уже постигших Творца, и того, что постигается только тем, у кого появились духовные сосуды – альтруистические стремления, в которые он может получить, как в сосуд, духовные ощущения – ощущения Творца.

Поэтому хотя каждый может приобрести книги по Каббале, но только тот, кто заработал духовные альтруистические стремления, в состоянии понять и почувствовать, что излагается в них, и не сможет передать свои ощущения тому, кто не приобрел альтруистические свойства.

Если человек каждый раз после своего духовного возвышения вновь опускается до нечистых желаний, то хорошие желания, бывшие у него во время духовного возвышения, присоединяются к нечистым.

Накопление нечистых желаний постепенно увеличивается. И так продолжается до тех пор, пока он сможет постоянно оставаться в возвышенном состоянии только чистых желаний.

Когда человек уже закончил свою работу и раскрыл себе все свои желания, то он получает свыше такую силу света, которая навсегда выводит его из скорлупы нашего мира, и он становится постоянным обитателем духовных миров, о чем окружающие даже не подозревают...

Правая сторона или линия – это состояние, при котором Творец всегда прав в глазах человека, когда человек во всем оправдывает управление Творца. И это состояние называется верой.

С первых же своих попыток духовного развития и возвышения человек должен пытаться действовать так, будто уже полностью постиг веру в Творца, должен представлять в своем воображении, будто он уже чувствует всем своим телом, что Творец управляет миром абсолютно добрым управлением, и весь мир получает от него только добро.

И хотя, глядя на свое состояние, человек видит, что лишен всего, чего желает, а глядя вокруг, он видит, как весь мир страдает, каждый по-своему, несмотря на это, он обязан сказать себе, что то, что он видит, – это искаженная картина мира, поскольку видит эту картину сквозь призму собственного эгоизма, а настоящую картину мира он увидит, когда достигнет состояния абсолютного альтруизма, тогда он увидит, что Творец управляет миром с целью привести создания к абсолютному наслаждению.

Такое состояние, при котором вера человека в абсолютную доброту Творца больше, чем то, что он видит и чувствует, называется верой выше разума.

Человек не способен оценить свое истинное состояние и определить, находится ли он в состоянии духовного подъема или, наоборот, – духовного падения. Ведь он может чувствовать себя в духовном упадке, но на самом деле, это Творец желает показать ему его истинное состояние – что без самонаслаждения он не в состоянии ничего сделать и сразу впадает в уныние или даже в депрессию и гнев, потому что его тело не получает достаточных наслаждений от такой жизни.

А на самом деле – это духовный подъем, так как человек в это время ближе к истине, чем был ранее, когда ему просто было хорошо, как ребенку в этом мире.

И потому сказано: увеличивающий знание увеличивает скорбь. И наоборот, когда он считает, что испытывает духовное возвышение, может быть, что это ложное состояние обычного самонаслаждения и самодовольства.

И только тот, кто уже чувствует Творца и только Его власть над всеми созданиями, может правильно оценить, в каком состоянии он находится.

Исходя из сказанного, нетрудно понять, что чем больше продвигается человек вперед, работая над собою в попытках исправить собственный эгоизм, чем больше прикладывает усилий, тем больше с каждой попыткой, с каждым прошедшим днем, с каждой пройденной страницей разочаровывается в возможности чего-либо достичь.

И чем больше он отчаивается в своих попытках, тем больше его претензии к Творцу с требованием вызволить его из той черной бездны (темницы желаний собственного тела), в которой он себя ощущает.

И так происходит до тех пор, пока, испробовав все свои возможности, совершив все что в его силах, человек не убеждается, что он не в состоянии помочь себе, что лишь Творец, единственный, кто создает все эти препятствия, с тем, чтобы человек был вынужден обратиться к нему за помощью, захотел найти связь с ним.

А для этого просьба должна исходить из глубины сердца, что невозможно, пока человек не переберет все свои возможности и не убедится, что он бессилен. Только тогда он способен на исходящую из глубины всего его существа просьбу, ставшую его единственным желанием, поскольку убеждается, что лишь чудо свыше может спасти его от самого большого врага – собственного «я». Только на такую молитву отвечает Творец и заменяет эгоистическое сердце на духовное, «каменное сердце на сердце живое».

А до тех пор пока Творец не исправил его, чем больше продвигается человек, тем он становится хуже в собственных глазах и чувствах. Но на самом же деле он всегда был таким! Просто, уже понимая в какой-то мере свойства духовных миров, он все больше ощущает, насколько он противоположен им своими желаниями.

Но если человек, несмотря на ощущения усталости и безнадежности в попытках справиться собственными силами со своим телом, а также сделав все подсчеты и убедившись, что не видит выхода из собственного состояния, все же сможет усилием разума, с осознанием истинной причины таких чувств, создать в себе оптимистическое и радостное настроение, свидетельствующее о том, что он верит в справедливость именно такого устройства и управления миром и в доброту Творца, то этим он станет духовно подходящим для восприятия света Творца, поскольку строит все свое отношение к происходящему на вере, возвышая ее выше чувств и разума.

Нет в жизни духовно продвигающегося более ценного мгновения, чем то, когда он чувствует, что исчерпал все свои силы, сделав все, что только можно себе представить, и не достиг того, чего так желает. Потому что только в такое мгновение он в состоянии искренне воззвать к Творцу из глубин сердца, так как окончательно убедился, что все его усилия уже не помогут ему более ни в чем.

Но прежде чем исчерпал все свои силы в поисках выхода из своего состояния, он все еще уверен, что сам в состоянии достичь желаемого и не сможет обмануть себя и правдиво взмолить о спасении. Поскольку эгоизм обгоняет его мысли и убеждает его, что обязан усилить свои потуги.

И только убедившись, что он слабейший из всех живущих в борьбе со своим эгоизмом, приходит он к осознанию своего бессилия и ничтожности и готов склониться, прося Творца.

Но до достижения подобного униженного состояния не поймет тело, что только просьба к Творцу может вывести человека из глубин его природы.

Вера в единственность Творца означает, что человек воспринимает всем своим существом весь мир, в том числе и себя, как орудие в руках Творца. И наоборот, если человек считает, что и он в состоянии как-то влиять на происходящее, это называется верой в наличие в природе многих сил, а не воли одного Творца.

Поэтому, уничтожая собственное «я», человек попросту приводит себя в соответствие с истинным состоянием мира, в котором кроме воли единственного Творца ничего более не существует. Но если человек еще не пришел в своих ощущениях к такому состоянию, он не вправе действовать так, будто в мире есть только Творец, и сидеть сложа руки.

Поэтому дойти до ощущения того, что нет в мире никого, кроме Творца, можно лишь вследствие упорной работы и развития в себе соответствующих стремлений. И только достигнув во всех своих ощущениях явственного слияния с Творцом, т.е. поднявшись на уровень мира Ацилут, человек постигает единственность Творца и тогда, конечно, действует в соответствии с этой истинной действительностью.

До достижения этого состояния он обязан действовать в соответствии с тем уровнем, на котором он находится, а не с тем, который может лишь вообразить в своих фантазиях и мечтах.

Настоящая работа над собою в таком состоянии должна быть в сочетании веры в свои силы в начале работы и в то, что достигнутое в результате его усилий было бы достигнуто и без них, поскольку уже изначально все мироздание развивается по плану Творца, Его замысла творения. Но таким образом человек обязан думать только после того, как все, что зависело от него, он совершил.

Не в силах человеческих понять такое духовное свойство, как абсолютный альтруизм и любовь, так как разум не в состоянии осознать, как может быть вообще такое чувство в мире, поскольку во всем, что в состоянии делать и желать человек, обязана быть его личная выгода, иначе не сможет сделать ни малейшего движения. И потому такое свойство дается человеку только свыше, и только тот, кто почувствовал его, может это осознать.

Но если это свойство дается человеку свыше, зачем же надо прилагать усилия, чтобы достичь его? Ведь сами усилия ничего не дадут, пока Творец не поможет человеку и не даст ему свыше новые качества, новую природу?

Дело в том, что человек должен «снизу» дать молитву – просьбу, желание, чтобы Творец изменил его свойства. И только если есть действительно сильное желание, Творец отвечает на него.

Именно для того чтобы развить в себе такое сильное желание, с тем, чтобы Творец ответил на него, и должен человек приложить много усилий. А в попытке самому достичь цели, он постепенно осознает, что нет у него ни желания, ни возможности самому достичь ее. Тогда и появляется у человека истинное требование к Творцу об освобождении от первородных свойств и получении новых – души.

Но это невозможно без того, чтобы человек вложил все свои силы в попытки и сам на себе убедился в том, что они бесплодны. И лишь на крик о помощи из глубины сердца отвечает ему Творец.

Такую просьбу о помощи в изменении своих чувств человек может вскричать только после того, как убедится, что ни одно из его желаний, ни одна клеточка его тела не согласны на изменение своей природы, чтобы отдать себя Творцу без всяких условий, т.е. насколько он в настоящее время раб своей природы, настолько желает стать рабом альтруизма.

И только прочувствовав, что нет никакой надежды на то, что его тело когда-либо согласится с таким изменением, он может взмолить к Творцу о помощи из самой глубины своего сердца, и тогда уж Творец принимает его просьбу и отвечает на нее тем, что заменяет все его эгоистические свойства на противоположные, альтруистические, и этим человек сближается с Творцом.

Но если человек задумается о том, что дают ему все его усилия в этом мире, то придет к выводу, что не так уж невероятно тяжело работать над попыткой изменить себя – ведь поневоле он должен работать в этом мире, и что же остается у него в конце дней его от всех его усилий?

И кроме этого, у достигшего изменения свойств, появляются огромные наслаждения от самих душевных усилий, потому что видит, во имя чего он работает, и потому сами усилия воспринимаются им не как тягостные, а как радостные, и чем они больше, тем с большей радостью он их встречает, немедленно чувствуя огромную и вечную «плату» за каждое из них.

Даже на примере нашего мира можно видеть, как воодушевление гасит тяжесть больших усилий: если вы очень уважаете кого-то, и он в ваших глазах самый великий человек в мире, для него все, что вы в состоянии сделать, вы сделаете с радостью, от того, что вам досталась такая возможность, и любое усилие покажется вам, наоборот, наслаждением, как у любящего танцевать или выполнять физические упражнения, его усилия являются не работой, а наслаждением.

Поэтому у того, кто осознает и чувствует величие Творца, не возникает никаких чувств, кроме радости, при малейшей возможности совершить хоть что-нибудь угодное Творцу, и то, что ощущалось прежде рабством, превращается на самом деле в полную наслаждения свободу.

И потому если человек чувствует препятствия в своем духовном стремлении и должен прилагать сверхъестественные усилия в попытке устремиться к духовному, это свидетельствует о том, что Творец в его глазах, т.е. в ощущениях, еще не представляется великим, а исподволь им преследуются другие цели. А преследуя их, он не получит от Творца никакой поддержки, так как только еще более удалится от цели.

Но и при устремлении к Творцу человек не сразу получает духовную поддержку от Него. Ведь если бы он сразу ощутил вдохновение и наслаждение от своих усилий, то его эгоизм, конечно, сразу же возрадовался бы от такого состояния, и человек продолжал бы свои усилия с целью насладиться. И не было бы у него никакой возможности выйти из рамок своей эгоистической природы и достичь чистого альтруизма, так как видел бы в духовной работе над собой большие наслаждения, чем в чем-либо другом.

Если человек занимается каким-либо определенным видом деятельности, то начинает постепенно приобретать особую остроту в ощущении тех объектов, с которыми он работает. Поэтому нет чего бы то ни было в мире, чего бы человек не смог начать ощущать в силу привычки, даже если поначалу у него не было никакого ощущения данного объекта.

Отличие между Творцом и нами – в ощущении или понимании чего-либо: мы ощущаем себя и объект ощущения отдельно – есть ощущающий и то, что он ощущает (объект ощущения), понимающий и то, что он понимает.

Для ощущения чего-либо необходим определенный контакт между ощущающим и объектом ощущения, нечто их связывающее, общее во время ощущения. Человек постигает все его окружающее только посредством ощущения, и то, что он чувствует, принимается им за достоверную истинную информацию.

Не имея возможности объективно видеть то, что нас окружает, мы принимаем за истину картину, которую создают в нас наши органы чувств. Как выглядит мироздание вне наших чувств, каким оно представилось бы существу с иными органами чувств, мы не знаем. Всю окружающую картину действительности мы воспринимаем только посредством ее ощущения, и то, что мы чувствуем, то и принимаем за достоверную картину.

Исходя из условия, что нет никого в мироздании кроме Творца и Его творения, можно сказать, что та картина и те ощущения, которые воспринимаются каждым из нас, и есть явление Творца нашему сознанию, и на каждой ступени духовного восхождения эта картина все более приближается к истинной, пока – на последней ступени восхождения – человек ни постигает самого Творца, и только Его. Поэтому все миры, все, что мы воспринимаем вне нас, существует только относительно нас, т.е. ощущающего таким образом человека.

Если человек не чувствует в настоящий момент Творца и Его управления собой, это подобно тому, будто он сидит во тьме. При этом он никоим образом не может утверждать, хотя и находится во тьме, что солнца вообще не существует в природе, ведь его ощущения субъективны, так лишь он воспринимает окружающее относительно себя.

И если человек осознает, что его отрицание Творца и Высшего управления сугубо субъективны и изменяемы, то усилием воли, с помощью книг и учителей, даже из такого состояния он может начать возвышаться, причем тогда он начинает сознавать, что такие состояния тьмы Творец специально создает для него, чтобы вознуждался в помощи Творца и вынужден был сблизиться с ним.

Действительно, такие условия Творец специально создает именно тому, с кем хочет сближения. И необходимо осознать, что именно возвышением из состояния тьмы человек доставляет радость своему Создателю, поскольку чем из большей тьмы вознесется человек, тем ярче он сможет осознать величие Творца и должным образом оценить свое новое духовное состояние.

Но во время ощущения тьмы, скрытия управления Творца и отсутствия веры в Него человеку не остается ничего другого, как усилием воли пробовать с помощью книги, учителя искать любой путь выхода из подобного состояния, пока не ощутит хотя бы слабый луч света – слабое ощущение Творца – и сможет, усиливая его постоянными мыслями о Творце, выбраться из тени к свету.

И если человек сознает, что такие состояния тьмы необходимы для его продвижения вперед и потому желательны ему и посылаются Творцом, то именно таким состояниям он радуется – тому, что Творец создал в нем такие ощущения тени, т.е. неполной тьмы, из которых у него еще есть возможность искать источник света.

Но если он не использует эту возможность и не пытается выйти к свету, то Творец полностью скрывается от него, наступает полная тьма, ощущение отсутствия Творца и его управления, и человек уже не в состоянии даже представить себе, как он ранее мог жить с какими-то духовными целями, пренебрегая действительностью и своим разумом. Состояние полной тьмы продолжается, пока Творец снова не озарит его хоть маленьким лучиком света.

Желания человека называются сосудом, в который он может получить духовный свет или наслаждение. Но эти желания должны быть по своей природе подобны свойствам духовного света, иначе свет в них не может войти по закону соответствия духовных объектов: приближение или удаление или взаимное проникновение и соединение происходят только по принципу подобия свойств. Поэтому в той степени, в какой человек сможет очистить от эгоизма свое сердце, в той же мере его сердце заполнится ощущением Творца, по закону соответствия свойств света и сосуда.

Из любого своего состояния, в котором он находится, человек сможет начать возвышаться, если представит себе, что из всех возможных состояний, которые мог бы ему создать Творец, от самых высоких до самых низких, Творец выбрал именно настоящее состояние как самое наилучшее для его дальнейшего духовного продвижения.

То есть не может быть для него лучшего и более полезного состояния, чем то состояние духа, настроения и внешних обстоятельств, в котором он находится сейчас, даже если оно представляется ему самым упадническим и безвыходным.

От осознания этого человек радуется и получает возможность взмолить о помощи Творца и благодарить его, находясь в самых низких и безнадежных состояниях.

Духовным называется то, что вечно и не исчезает из мироздания, даже по достижении конечной цели. Эгоизм же, т.е. все первородные желания человека, вся его суть, называется материальным, поскольку исчезает при исправлении.

Существование духовного «места» не связано с каким-либо пространством, но зависит от свойств духовного объекта. Поэтому все, достигающие этого состояния улучшением своих духовных свойств, видят (чувствуют, постигают) одно и то же.

Тора состоит из 70 ступеней (лиц). На каждой из них она воспринимается по-разному, согласно свойствам каждой ступени. Отсюда следует, что человек, приобретший свойства какой-либо ступени, видит новую для себя Тору и нового для себя Творца.

Все, постигающие какую-либо из 70 ступеней каждого духовного мира, видят то, что видят все, находящиеся на этой ступени. (Шивим паним ле Тора.)

Отсюда можно понять, что когда мудрецы описывают: «так сказал Авраам Ицхаку», они просто находятся на том же уровне, где находился Авраам, и им понятно, что он должен был сказать Ицхаку, поскольку в этом состоянии они – как сам Авраам.

И все комментарии к Торе написаны таким же образом, каждым с уровня его постижения. И каждый из 70 уровней – это объективно существующее, и все постигающие видят одно и то же, как все живущие в этом мире и находящиеся в одном определенном месте видят одну и ту же картину окружающего их.

Как только у человека появляется хоть малейшее альтруистическое желание, он вступает на путь духовных взлетов и падений: то он готов полностью раствориться в Творце, то совершенно отсутствуют мысли об этом, и вообще любая мысль о духовном возвышении отталкивается и кажется абсолютно чуждой.

Это подобно тому, как мать учит ходить ребенка: она держит его за руки, он чувствует ее опору, и вдруг она отодвигается, отпускает его. И в это-то время, хотя он чувствует себя абсолютно оставленным без опоры, он поневоле должен сделать шаг вперед по направлению к ней, и только таким образом сможет научиться сам передвигаться.

Поэтому, хоть и кажется человеку, что Творец вдруг покинул его, на самом же деле Творец ожидает теперь его шагов.

Говорится, что Высший свет находится в абсолютном покое. Под покоем в духовном мире подразумевается отсутствие изменения в желаниях.

Все действия и движения в духовном (альтруистическом) мире и в нашем (эгоистическом) душевном, внутреннем мире в каждом из нас, сводятся к изменению прежнего желания на новое, а если оно не изменилось, то ничего нового не произошло, движения не произошло.

И это несмотря на то что само постоянное желание может быть очень ярким, переживаемым и не давать человеку покоя. Но если оно постоянно, неизменно, значит, движения нет.

Поэтому, говоря о том, что Высший свет находится в покое, подразумевают постоянное, неизменное желание Творца насладить нас. Этот свет пронизывает нас, но поскольку та точка в нас, которую мы называем «я», заключена в скорлупу эгоизма, мы не ощущаем наслаждения светом, в котором «плаваем».

Наслаждения нашего мира можно разделить на несколько видов: принимаемые обществом как престижные (богатство, известность), естественные (семейные), криминальные (наслаждения за счет жизни других), уголовные (за счет имущества других), любовные и пр. Все они понимаются обществом, хотя часть из них осуждается и наказывается. Но есть один вид наслаждения, не принимаемый ни в каком обществе и вызывающий протест, на борьбу с которым не жалеют огромных средств, хотя непосредственно обществу он наносит, пожалуй, самый незначительный ущерб.

Наркоманы, как правило, люди непритязательные, не мешающие другим, углубленные в свои внутренние наслаждения. Почему же мы не позволяем таким же, как мы, людям получать неопасные для общества наслаждения? Наркоманы, как правило, безработные. Мы не в состоянии предоставить им работу, как и еще большому числу членов нашего общества. Почему бы обществу не раздавать вместе с пособием по безработице и бесплатными обедами, также и бесплатный наркотик, чтобы не вынуждать этих людей продавать все, что имеют, оставлять без хлеба детей, идти на грабежи и убийства, являясь рабами наркотического голода? Почему бы не дать людям наслаждаться их непритязательным, спокойным видом наслаждения? Ведь это наслаждение достигается не за счет наших страданий, как в криминальных, уголовных и прочих проступках. Стоимость наркотика также не является существенной по сравнению с теми огромными средствами, которые общество тратит на борьбу с наркоманией.

Не таким же ли лживым носителем наслаждения являются все притягивающие нас объекты? Ведь и они отвлекают нас от настоящей цели, в погоне за ними мы забываемся и проводим всю жизнь, как в забытьи. Вместо того, чтобы в поисках настоящего источника наслаждения, не находя его, обратиться к духовному, мы ищем удовлетворения, постоянно меняя моду, стандарты, производя новые предметы обихода, дабы не иссякли вокруг нас притягивающие носители новых наслаждений, а иначе почувствуем, что жизнь, не дает нам наслаждения. Ведь как только человек достиг того, к чему стремился, он тут же должен увидеть перед собой следующую цель, ведь достигнутое сразу же теряет ценность, а без надежды на новое наслаждение, без поиска и погони за ним, человек теряет желание существовать. Так не являются ли наши моды, стандарты, все, за чем мы постоянно в погоне, тем же наркотиком?! Чем же отличаются наслаждения наркотические от наслаждений предметами нашего мира?

Почему Творец, Высшее управление – против наркотического наслаждения (и мы внизу принимаем соответствующие законы)? Почему они при этом не направлены против материальных наслаждений в оболочках предметов нашего мира?

Наркотики в нашем мире запрещены именно потому, что уводят человека от жизни, ставят его в состояние неспособности воспринимать все удары нашей жизни, являющиеся следствием отсутствия эгоистического наслаждения. Эти удары – средство нашего исправления: из общей массы лишь немногие приходят к Каббале. Как это ни покажется странным, если вдуматься, но в беде, в несчастье, человек обращается к Творцу, горе встряхивает человека. Хотя человек должен был бы наоборот, отвернуться от Творца, посылающего ему страдания.

Наркотики являются ложным носителем наслаждения и потому запрещены. Человек находится в состоянии ложного наслаждения, иллюзии наслаждения, устраняющем возможность его продвижения к истинным духовным наслаждениям, и потому наркотики подсознательно воспринимаются обществом как самое опасное увлечение, несмотря на то что совершенно не опасны для окружающих и могли бы стать неплохим методом социальной работы с большой частью непродуктивного населения.

Ошибка большинства обращающихся к религиозному образу жизни в том, что они считают изучение законов Торы для знания и выполнения – целью дарования Торы и целью человека в этом мире, условием для выполнения воли Творца и своей задачи в этой жизни. Потому что получают неправильное толкование принципа «Тора ли шма» и считают, что их учеба и выполнение заповедей уже достаточны для соблюдения этого условия Торы. И даже желающие духовного возвышения, вследствие полученного неверного определения «ли шма», остаются на неразвивающемся духовно уровне, как и их учителя.

Встречаются даже изучающие Тору ради знания, что вообще запрещено, поскольку есть четкое указание: «барати ецер ра, барати Тора тавлин», «ло натну мицвот, эле лецарэф ба хэм Исраэль», и всем известно, что изучать «Тора ло ли шма» – это большое преступление, поскольку изучающий берет дар Творца человечеству, данный только для искоренения эгоизма, и с его помощью еще больше увеличивает свой эгоизм (как те, кто изучает Тору, и тем более Каббалу, в университетах и кружках).

Как открытая Тора, так и скрытая Тора – это одна Тора – раскрытие Творца творениям. И все зависит от намерения человека при изучении Торы – от того, что человек желает получить от Торы. Если его целью является знание всех законов и их следствий, все комментарии, споры и пути изложения выводов наших мудрецов, то такой «бэн Тора» не постигнет самого малого духовного уровня.

Но если его намерением является приблизиться к Творцу, быть проводником его действий в своем эгоизме, то Тора превращается для него в источник силы и действия, для чего и создана – без деления на скрытую или открытую части. Но с помощью Каббалы быстрее и безболезненней придет к «ли шма».

Проблема в том, что изучающий Тору не может определить своих намерений. Хотя изучает «ло ли шма», эгоизм и общество поддерживают его в ложном ощущении собственной праведности. Тора «ли шма» означает, что все желания человека совпадают с желаниями Творца, что весь человек является проводником действий Творца – и наш эгоизм в состоянии доказать любому из нас, что он является именно таким человеком!

Стремящийся к «ли шма» стремится во всем увидеть действия Творца, постоянно контролирует свой взгляд на мир: пытается ли он во всем видеть только Творца, Его силу и действие или вновь ощущает себя и других, как самостоятельно действующие создания. Все требования к намерениям человека описаны в Талмуде, но как правило, пропускаются или поверхностно прочитываются при изучении.

Единственное, что создано Творцом, – это наш эгоизм, и если человек аннулирует его действие, то вновь чувствует только Творца, а творение-эгоизм исчезает, как и до начала творения, в чем и заключается возвышение (возврат, тшува) по лестнице Яакова. В таком случае человек есть соединение животного тела и божественной души.

Работа над собой должна проводиться как в ощущении собственного ничтожества относительно Творца, так и в гордости, что человек – центр творения (если выполняет его цель, иначе – животное). Из ощущения этих противоположных состояний исходят, соответственно, два обращения к Творцу: просьба о помощи и благодарность за возможность духовного возвышения (посредством выполнения заповедей с намерением «ради сближения с Творцом», называемых в таком случае Алаха, от слова «алиха» – движение).

Но главное средство духовного продвижения человека – это его просьба к Творцу о помощи: чтобы усилил его желание духовно развиваться, дал силы победить страх перед будущим, если будет он поступать не по эгоистическим канонам, чтобы укрепил его веру в величие и силу Творца, в Его единственность, а также дал силы подавить в себе постоянные порывы действовать по собственному разумению.

Есть начинающие углубляться в различные каванот – намерения во время просьб, молитв или выполнения каких-либо действий. Творец не слышит произносимое нашими устами, а читает наши чувства в сердце каждого. Не стоит трудиться красиво произносить пустые для сердца фразы и непонятные слова, читать по каббалистическим молитвенникам непонятные знаки или «каванот». Единственное, что требуется от человека –

это устремить свое сердце к Творцу, прочувствовать свои желания, и просить Творца изменить их! **И не прекращать диалог с Творцом никогда!**

У читателей, владеющих ивритом, есть возможность обратиться к нижеуказанным источникам и самим убедиться, каким образом Тора указывает нам свойства нашей природы и пути ее исправления.

Самое главное в работе над собой – это принижение себя относительно Творца. Но это должно быть не искусственно, а как цель. Если в результате работы над собой человек постепенно ощущает появление этого качества, значит правильно продвигается (Талмуд, Авода Зара 20;2).

Человек рожден абсолютным эгоистом, и это качество в нем настолько изощренно, что тот же эгоизм убеждает человека, что он уже праведник и избавился от эгоизма (Талмуд, Хагига 13;2).

Тора – это свет Творца, и только тот, кто его получает, называется изучающим Тору («Зоар», Мецора 53;2).

Свет Торы скрыт и раскрывается только достигающим уровня праведника (Талмуд, Хагига 12;1).

Достижение своими занятиями состояния, когда кроме духовного возвышения человек не желает ничего, а необходимое принимает для поддержания жизни тела, а не ради наслаждения – ступень, с которой начинается вход в духовный мир (Талмуд, Псахим 25;2).

Чем ниже ощущает себя человек, тем он ближе к истинному своему состоянию и тем ближе к Творцу (Талмуд, Сота 5;1).

Запрещено учить Тору для любой цели, кроме как для духовного возвышения (Талмуд, Санэдрин 60;2).

Самая большая ступень человека – достижение «маасэ меркава» (действия управления), настолько исправить себя, чтобы через него проходило управление миром (Талмуд, Сука 28;1).

Непременное условие возвышения – постоянно стремиться к связи с Творцом (Орэх Хаим 1;1), (Тора, Ваикра 4;39), (РАМБАМ, Илхот Есодэй Тора пэрэк 1), (Талмуд, Сука 39;1).

Не отчаиваться в пути, поскольку Творец заверяет нас в успехе, при надлежащем направлении стремления (Талмуд, Псахим 50;2), (Талмуд, Брахот 35;2), (Талмуд, Сука 52;2).

Главное в человеке – его стремления, а не достижения, поскольку это уже требование эгоизма (Талмуд, Явамот 104;2), (Талмуд, Сота 25;1).

Насколько человек должен стремиться чувствовать первородное ничтожество, настолько он должен гордиться своей духовной работой и предназначением (Талмуд, Таанит 25;1), (Талмуд, Брахот 6;2).

Тот, кто стремится к Творцу, называется его сыном (Талмуд, Шаббат 66;2), в отличие от желающих вознаграждения (почет, знания, деньги) за свою учебу.

Познай Творца (Диврэй аямим 1;28;9), (Талмуд, Нэдарим 32;1). Каббала называется тайным (нистар) учением потому, что постигается только в той мере, в которой человек изменил свои свойства. Поэтому то, что постиг человек, он не может передать другим, а только может и должен помочь им преодолеть тот же путь (Талмуд, Хагига 14;2), (РАМБАМ, Илхот Есодот Тора, пэрэк 4).

Кто представляет себе мир, не заполненный Творцом... (Талмуд, Йома 86;1), (Талмуд, Шаббат 77;2), (Талмуд, Минхот 39;2).

Человек должен представлять себе, будто он один в мире наедине с Творцом. Множество персонажей и сюжетов Торы означают свойства одного, любого человека, этапы его духовного пути, названные именами людей, обозначенные их поступками и географическими названиями. (Талмуд, Санэдрин 37;1), (Талмуд, Кидушин 40;2).

И не должен человек отчаиваться, когда по мере изучения и приложения усилий в работе над собой, в попытках духовно возвыситься, он начинает видеть себя более плохим, чем до занятий Каббалой. Кто выше других, тому больше открывается истинная природа эгоизма, и поэтому он считает себя хуже, хотя стал лучше (Талмуд, Сука 52;2), (Талмуд, Мегила 29;1).

Не стоит обращать внимание на то, что весь мир находится в непрерывной погоне за наслаждениями, а восходящих к Творцу – единицы (Талмуд, Рош Ашана 30;1), (Талмуд, Брахот 61;2).

Главное в духовном продвижении – это просьба к Творцу о помощи (Талмуд, Брахот 6;2), (Талмуд, Таанит 11;2), (Талмуд, Йома 38;2).

Главное отрицательное свойство в проявлении эгоизма – высокомерие, самоуверенность (Талмуд, Сота 49;2).

Человек должен получать силы от осознания цели творения, заранее радуясь непременному исправлению всего мира и наступлению состояния успокоения человечества (Талмуд, Шаббат 118;2), (Талмуд, Трума 135;1 136;2).

Только вера есть единственное средство спасения, потому что во всех остальных свойствах эгоизм в состоянии запутать человека, но вера есть единственная основа для выхода в духовное пространство (Талмуд, Макот 24;1), (Талмуд, Шаббат 105;2).

Вера не может проявиться в человеке без чувства страха, потому что только перед страхом склоняется эгоизм (Талмуд, Шаббат 31;2).

Даже если человек ничего не делает, его эгоизм толкает его на разного рода дурные деяния, и поэтому непрегрешивший – будто выполнивший доброе (Талмуд, Кидушим 39;2), (Талмуд, Бава меция 32;2).

Сближение с Творцом происходит только по признаку подобия свойств (Талмуд, Сота 5;1).

Слух называется вера, потому что если человек желает принять слышимое за истину, он должен в это верить. В то время как зрение называется – знание, потому что он не должен верить, в то, что ему говорят, а видит своими глазами. Пока человек не получил свыше вместо эгоизма свойства альтруизма, он не может видеть, потому что восприимет увиденное в эгоистические чувства, и еще труднее ему будет выйти из эгоизма. Поэтому в начале необходимо идти вслепую, выше того, что говорит нам наш эгоизм, а затем, внутри веры, начинать постигать, видеть высшее знание.

Для изменения эгоизма на альтруизм, своего разума на веру, необходимо правильно оценить величие, грандиозность духовного по сравнению с нашим материальным, временным, ущербным существованием, осознать то, насколько бессмысленно заботиться, прислуживать всю свою жизнь человеку, т.е. себе, вместо того чтобы служить Творцу, насколько выгоднее, приятнее сделать нечто приятное Творцу, чем такому эгоистическому ничтожеству, как наше тело, которое насытить мы все равно не в состоянии, а благодарность его только в том, что дает нам на мгновение почувствовать приятное ощущение.

Поставив рядом свое тело и Творца, человек должен взвесить, на кого стоит работать, чьим рабом стоит быть. Третьего не дано. Чем явственнее человек осознает свое ничтожество, тем легче ему будет предпочесть работать на Творца.

Неживая природа сама по себе совершенна. И это видно из того, что ни в чем не нуждается. Так же и духовно неживой получает силы хранить Тору и выполнять заповеди, поскольку получил соответствующее воспитание. И поэтому не отличаются его желания от желаний ему подобных, т.е. не желает и не может сделать личных духовных движений.

Обладающая такими свойствами духовная природа называется неживой, потому что имеет общее со всеми движение. Это, кстати, является самым лучшим залогом неизменного хранения традиции. А ощущение совершенства, испытываемое верующей массой, происходит от светящего издалека окружающего света – ор макиф, и этот далекий свет светит им, хотя они по свойствам противоположны Творцу. Но нет иного пути у человека, как начать исправлять себя с того уровня на котором он находится.

Подобно тому, как растительная природа произрастает на почве неживой природы, духовно растительный уровень также нуждается в предшествующем ему неживом уровне.

Таким образом, тот, кто не хочет оставаться на уровне развития духовно неживого, не должен принимать основу, питающую неживую духовную природу, т.е. воспитание. И это значит – выполнять все, что он выполняет, не потому, что его обязывает к этому общество, окружение, называемое верующей массой (клаль Исраэль) и давшие ему такое воспитание.

(Да не поймет меня читатель превратно: все, что есть в иудаизме, в том числе Каббала и все великие каббалисты произошли, взросли из этой верующей массы, в этом желание Творца, такова созданная Им природа мира. Каббала призывает тех, кто ощущает необходимость расти далее, следовать ей, а не искать чужие теории и ошибаться в поисках).

Человек, желающий расти далее, стать духовно растительным, иметь личные духовные движения, независимые от мнения, привычек, воспитания общества, желая покончить с этой зависимостью, мысленно отказывается слепо следовать воспитанию (делает соф, называемый малхут дэ элион).

Из этих решений покончить с автоматическими движениями, появляется зародыш нового, растительного духовного состояния (малхут дэ элион нааса кэтэр ле тахтон).

Но как зерно должно разложиться в почве, чтобы взрасти, так и человек должен полностью перестать чувствовать какую-либо духовную жизнь в неживом существовании масс – настолько, что подобной смерти ощущает «неживую жизнь». И это ощущение является его молитвой.

Но чтобы стать «растительным», с личными духовными движениями, необходимо произвести ряд работ над собой, начиная со «вспахивания» неживой почвы.

Духовные движения можно производить только с помощью противодействия желанию самонасладиться. Поэтому человек, желающий расти к Творцу, постоянно контролирует свои желания и решает, какие наслаждения он примет. Поскольку желание Творца – насладить его, он должен принять наслаждения, но только те, которые может принять ради Творца.

Языком Каббалы это описывается так: сила воли (экран, находящийся в уме – пэ дэ рош) подсчитывает-взвешивает, какое количество наслаждения в состоянии принять ради Творца, чтобы доставить Ему радость, в точной мере его любви к Творцу (ор хозэр), и это количество человек получает (ор пними). Но то количество наслаждения, которое принял бы и не из чувства любви к Творцу, не принимает (ор макиф) из боязни огорчить Творца.

В таком случае все поступки человека определяются его стремлением доставить радость Творцу – не стремлением приблизиться или страхом отдалиться, так как это тоже эгоистическое стремление, а бескорыстной любовью, желанием доставить приятное или боязнью огорчить.

Настоящие чувства – радость, горе, наслаждение, страх и т.п. мы ощущаем всем нашим телом, а не только какой-то определенной его частью. Поэтому человек, желающий проконтролировать свои желания, должен ощутить, все ли его тело согласно с тем, что он думает.

Например, когда он читает молитву, все ли его мысли, желания, органы согласны с тем, что произносят губы. Или все у него происходит автоматически, или на часть из произносимого он не обращает внимания, потому что не желает ощущать несогласие тела и неприятные ощущения вследствие этого или не понимает, какую пользу принесут ему те просьбы, которые он автоматически произносит по молитвеннику.

Стоит спросить свое сердце, что оно хотело бы произнести в молитве. Молитвой называется не то, что автоматически произносят губы, а то, чего желает все тело и разум. Поэтому сказано, что молитва – это работа сердца, когда сердце полностью согласно с тем, что произносят уста.

И только когда в результате работы всего тела человек получит его реакцию, говорящую о том, что ни один орган не желает избавиться от эгоизма и тем более просить об этом Творца, тогда это и будет полная молитва о спасении из духовного изгнания.

В физическом выполнении заповедей Творца все люди равны. Как маленький ребенок или неуч, так и старец или мудрец – все обязаны выполнять их одинаково. Только есть разница в зависимости от пола, времени дня и года, семейного положения и тому подобных, свыше устанавливаемых нам, обстоятельств. И нечего добавить и нечего отнять от установленного, что и как выполнять. Но все отличие может быть в том, для чего выполнять.

Человек должен стремиться, чтобы причина действия и само чисто механическое действие выполнения желания Творца совпадали. Как не понимая для чего, не видя немедленных выгодных следствий, его тело действует, как робот, выполняя указание Творца, так и причина выполнения заповедей должна быть «потому что желает Творец».

Такое действие называется «ради Творца – ли шма». Проверка причины выполнения человеком заповедей Творца, очень проста: если причина действия «ради Творца» – тело не в состоянии совершить ни малейшего движения. Если же причина – собственная выгода в этом или будущем мире, то чем больше думает человек о вознаграждении, тем больше энергии появляется для совершения и всевозможных прибавлений к выполнению.

Из вышесказанного станет ясно, что именно мысленаправленность – кавана – определяет качество действия, а на качество выполнения заповеди не влияет ее количественное преувеличение.

Все, что происходит с нашим народом, происходит на основе действия высших духовных сил. А мы на нашей земле наблюдаем в течение веков, в развертке по времени, причинно-следственную связь духовных сил. Мудрым называется тот, кто не дожидаясь последствия происходящего, заранее видит следствия тех или иных событий, поэтому может предугадать и предотвратить нежелательные последствия.

Но поскольку наш мир – это мир следствий действия духовных сил, а вся арена их действия находится выше наших ощущений, то только каббалист в состоянии заранее, до проявления на земле, увидеть и предупредить события. Но поскольку все эти события даны для нашего исправления, без которого мы не сможем достичь цели творения, то никто, кроме нас самих, нам помочь не сможет. Творец посылает нам не страдания, а побуждающие к исправлению средства нашего движения вперед.

Каббалист – не волшебник, совершающий чудеса. Его роль среди нас в общей помощи, в том, чтобы поднять уровень человеческого сознания до осознания необходимости самоисправления, а также лично помочь каждому из нас, если человек того желает.

Наше рассеяние среди других народов будет продолжаться до тех пор, пока внутри себя не пожелаем избавиться от наших «внутренних гоев» – эгоистических желаний. И будем испытывать на себе всеобщую ненависть тоже до тех пор, пока не поставим эгоизм на службу альтруизму. Преклонение евреев перед эгоизмом дает силы народам мира над нами. И наоборот, если бы мы хоть немного предпочли альтруизм эгоизму, не смог бы продиктовать нам свою волю ни один народ.

После нашего исправления, как говорится в Торе, придут все народы учиться у нас. И тогда получим нашу землю и станем независимы. Потому что земные евреи и гои, Эрец-Исраэль и земли изгнания – есть не что иное, как следствие духовных альтруистических и эгоистических сил. В той мере, в какой мы подчиняемся нашему телу, в той же мере вынуждены будем подчиняться другим народам.

Нет у человека никакой власти над своим сердцем – ни у сильного, ни у умного, ни у способного. Поэтому единственное, что он может, это механически делать добрые дела и просить Творца, чтобы дал ему другое сердце. (Под сердцем обычно подразумеваются все желания человека). Все, что требуется от человека, – это большое желание и чтобы это желание было единственным, а не одним из многих других. Потому что желание, ощущаемое человеком в его сердце, и есть молитва. И большое цельное желание не оставляет места для остальных.

Создать в себе большое желание человек может только при ежедневном, ежечасном усилии. Прекрасно сознавая, что находится далеко от цели и что все его занятия Торой – для личной выгоды, несмотря на всевозможные доводы тела: об усталости, о необходимости уделить время для..., о том, что все равно это не духовная работа, а эгоистическая, что когда надо, то сам Творец все свыше сделает, как привел его к этому состоянию, что надо сделать проверку достигнутого (кто же работает без контроля), что с тех пор, как начал заниматься Каббалой, еще хуже стало..., что все его сверстники удачливее, чем он в своих занятиях... и до бесконечности всевозможных подобных обвинений, упреков и взываний к разуму, как со стороны тела, так и со стороны родных – именно преодолевая эти трудности, человек строит в себе настоящее желание.

А преодолеть их можно только одним способом, как советует сама Тора, – «дать по зубам!» эгоизму, т.е. оставить его претензии без ответа или ответить: я иду как глупец, без всяких доводов и проверок, потому, что все они могут быть совершены мною только на основе эгоизма, из которого я должен выйти. А так как других чувств у меня пока еще нет, то я не могу слушать тебя, а только тех великих, которые уже проникли в высшие миры и знают, как действительно должен поступать человек. А то, что мое сердце становится еще эгоистичнее, это потому, что я продвинулся, и теперь мне могут показать свыше еще немного моего настоящего эгоизма, чтобы еще сильнее мог просить Творца об исправлении.

И тогда, в ответ, Творец открывает Себя человеку, так что человек чувствует величие Творца и поневоле становится его рабом. И уже не испытывает никаких искушений со стороны своего тела. И это называется замена «каменного» сердца, чувствующего только самого себя, на «живое» сердце, чувствующее других.

В нашем мире человек продвигается вперед, используя свои органы передвижения – ноги. А когда достигает своей цели, использует органы получения – руки. Духовные органы противоположны нашим: человек идет вперед по ступеням лестницы, если сознательно отказывается от опоры под собою в виде здравого смысла. А получить цель творения может, подняв руки вверх и отдавая.

Целью творения является наслаждение человека. Почему же Творец ведет нас к этой цели таким болезненным путем?

Поскольку человек создан совершенным Творцом, а признак совершенства – это состояние покоя, потому что движение является следствием недостатка в чем-то, попыткой достичь желаемого, то и человек любит покой и готов пренебречь покоем только ради избавления от страданий из-за отсутствия чего-либо важного, например, пищи, тепла и т.п.

Ощущения отсутствия необходимого толкают человека к действию. И чем больше страдание от отсутствия желаемого, тем большая готовность в человеке приложить еще большие усилия для достижения желаемого.

Поэтому, если Творец дает ему страдания от отсутствия духовного, он вынужден приложить силы для достижения этого. А достигнув духовного, цели творения, получит наслаждение, уже уготованное ему Творцом. Поэтому желающие продвигаться духовно не ощущают страдания от собственного эгоизма как наказание, а видят в этом проявление доброго желания помочь им со стороны Творца, вместо проклятия – благословление.

И только достигнув духовного, человек увидит, что это такое, что это за наслаждения, потому что до этого только страдал от его отсутствия. Отличие материального от духовного в том, что при отсутствии материальных наслаждений человек страдает. А при отсутствии духовных – нет. Поэтому, чтобы привести человека к духовным наслаждениям, Творец создает ему ощущение страданий от их отсутствия.

Но при ощущении материальных наслаждений человек никогда не ощутит полного, бесконечного наполнения, какое обязательно есть в самом малом духовном наслаждении.

Как только человек начинает чувствовать вкус в духовном, сразу же появляется опасность получить эти наслаждения в свои эгоистические желания и таким образом еще более удалиться от духовного. Причина этого в том, что человек начинает заниматься духовным, поскольку почувствовал в нем вкус наслаждения больше, чем во всей своей опостылевшей никчемной жизни, и уже не нуждается в основе духовного – вере, поскольку явно видит, что стоит заниматься этим для своей выгоды.

Но так поступает Творец только с начинающим, дабы привлечь, а потом исправить. И это подобно тому, как мать учит ребенка ходить: чем больше он в состоянии самостоятельно передвигаться, тем дальше она отодвигается.

Каждый из нас чувствует, что он-то лучше знает, что ему надо делать и что для его пользы. Это чувство исходит из того, что человек в эгоистической точке своего «я» чувствует только себя и не чувствует никого и ничего кроме себя. Поэтому ощущает себя самым мудрым, ведь только он знает, чего желает в каждый момент своей жизни.

В нашем мире Творец создал управление по четким материальным законам природы. Поэтому не помогут никакие ухищрения, если человек пойдет против них: прыгающий со скалы – разобьется, без кислорода – задохнется и т.п.

Творец утвердил такие законы природы в ясном виде для того, чтобы мы поняли, что для выживания необходимо прилагать усилия и соблюдать осторожность. В духовном мире, где человек не чувствует последствий и не знает законов выживания, он должен понять в начале пути, что самый главный закон, который не обойдешь, как и законы природы нашего мира, это закон, что нельзя руководствоваться чувством наслаждения, что определяет пользу или вред в духовной жизни не наслаждение, а альтруизм, отдача...

Тора – это свет, исходящий от Творца и ощущаемый нами, как огромное наслаждение. Постижение Торы или Творца (что одно и то же, поскольку мы ощущаем не Его, а исходящий к нам свет) есть цель творения.

Вера – это сила, позволяющая ощутить уверенность в возможности достичь духовной жизни, ожить из духовно мертвого состояния. Необходимость в ней ощущается в той мере, в которой человек чувствует, что он мертв духовно.

Молитва – усилия, прилагаемые человеком, в первую очередь усилия в сердце, чтобы ощутить Творца и просить Его дать уверенность в достижении истинной, духовной жизни. Работа, усилие, молитва возможны только при ощущении сокрытия Творца. Настоящая молитва – это просьба о том, чтобы Творец дал силы идти против эгоизма с закрытыми глазами, не раскрывая себя человеку, потому что это самое большое вознаграждение, а степень духовности определяется степенью стремления бескорыстно отдавать. Когда же человек уверен в своих альтруистических силах, он может понемногу начинать и получать наслаждения ради Творца, потому что этим доставляет радость

Творцу. А так как желание Творца – доставить наслаждение человеку, то совпадением желаний оба сближаются, и человек кроме наслаждения от получения света Творца получает бескрайнее наслаждение от постижения уровня Творца, от слияния с самим совершенством. Это наслаждение и есть цель творения.

Поскольку эгоизм является нашей природой, он властвует на всех уровнях природы – от атомно-молекулярного, гормонального, животного уровней и до самых высших систем нашего разума и подсознания, включая наши альтруистические желания, и человек не в состоянии ни в чем сознательно пойти против него.

Поэтому тот, кто желает выйти из-под власти эгоизма, обязан во всем, что связано с продвижением к духовному, действовать против желания тела и разума, несмотря на то, что не видит никакой выгоды для себя, иначе никогда не сможет выйти из рамок нашего мира.

Этот принцип работы называется в Каббале «бить, пока не захочет». А когда Творец поможет тем, что даст свою природу человеку, тогда тело захочет работать в духовном ключе, и это состояние называется возвращением – тшува.

Изменение природы эгоистической на альтруистическую происходит так: желание самонасладиться, созданное Творцом, эгоизм, черная точка – на которую произошло сокращение (цимцум), и потому свет Творца ушел из нее – проходит исправление, называемое экраном (масах), с помощью которого эгоизм превращается в альтруизм.

Как может произойти такое чудо, мы понять не в состоянии, до тех пор, пока не почувствуем этого на себе, поскольку совершенно невероятным кажется нам изменить основной закон природы, чтобы там, где мы даже усилием не могли ничего поделать с собой и не могли действовать, вдруг можем действовать.

В итоге человек обнаруживает, что его деяния остались прежними, и ничего не может он дать Творцу, потому что Творец совершенен и желает только наполнить совершенством человека.

А взамен безграничного наслаждения, получаемого от Творца, не может дать человек ничего, кроме мысли, что те же поступки совершает, что и ранее, но потому что радует этим Творца.

Но и эта мысль тоже не для Творца, а для пользы человека, потому что позволяет ему получать безграничные наслаждения без стыда за дармовой хлеб, ибо достиг сходства с Творцом, став альтруистом, и потому может бесконечно получать – поскольку не для себя – и потому наслаждаться.

Человек властен заставить себя что-либо сделать физически, но не в состоянии изменить свои желания, делать что-либо не ради себя. Но не зря сказано, что молитва без правильной мысленаправленности, как тело без души (тфила бли кавана, ки гуф бли нэшама), потому что действия относятся к телу, а мысль – к душе. И если человек еще не исправил своей мысли (души), того, для чего он совершает действие (тело), то само действие духовно мертво.

Во всем есть общее и частное. Верующая масса называется общее, духовно неживое, что говорит о возможности только общего движения для всех составляющих массу. Нет личного духовного движения, потому что нет внутренней потребности, вызывающей движение. И потому нет индивидуального роста, а только общий рост, в соответствии с движением общего управления свыше. Поэтому массы всегда ощущают свою правоту и совершенство.

Духовно растущее – цомэах – означает, что каждый объект имеет уже личное внутреннее движение и рост. И он уже называется человек-адам, по определению Торы «человек – дерево в поле».

Поскольку для духовного роста необходимо стремление к движению, а движение можно вызвать только ощущением недостатка в чем-либо, то человек постоянно чувствует свои недостатки, вынуждающие его искать пути роста. А если останавливается на каком-либо уровне духовного развития, то его спускают вниз, в его ощущениях, дабы подстегнуть идти, а не стоять. И если поднимается, то уже не на прошлый уровень, а на более высокий.

Итак, человек или движется вверх или спускается вниз, но стоять на месте не может, так как это состояние не соответствует уровню «человек». Только относящиеся к массе стоят на месте и не могут упасть со своего уровня и никогда не чувствуют падений.

Разделим мысленно пустое пространство горизонтальной линией. Над линией находится духовный мир. Под линией находится эгоистический мир.

Над линией может находиться тот, кто предпочитает действовать вопреки своему земному разуму, даже если есть возможность все знать и видеть, желает, закрыв глаза, верить (идти путем веры – эмуна лемала ми даат) и желать (альтруизм вместо эгоизма) духовное.

Духовные ступени определяются степенью альтруизма. В соответствии со своими свойствами человек находится на той духовной ступени, которой он по своим свойствам соответствует.

Над линией ощущается Творец, чем выше над линией, тем сильнее. Выше-ниже определяется экраном человека, отражающим прямое-эгоистическое наслаждение от света Творца. Свет над линией называется Тора.

Экран, линия, отделяющая наш мир от духовного, называется заслоном (махсом). Те, кто проходит заслон, уже духовно никогда не опускаются на уровень нашего мира. Под линией – власть эгоизма, над линией – власть альтруизма, но параллельно духовным альтруистическим ступеням, от линии вверх, находятся также нечистые ступени – оламот Асия, Ецира, Брия дэ тума, каждая по десять ступеней-сфирот – итого 30.

От линии вверх: весь мир Асия и до половины мира Ецира параллельно чистым и нечистым ступеням, занимает также отдел основных нечистых желаний – мадор клипот. Выше трех чистых миров (каждый по десять ступеней-сфирот, итого 30) находится мир Ацилут, также состоящий из десяти ступеней-сфирот.

Ацилут – это мир полного ощущения Творца и слияния с Ним. Человек постепенно поднимается до мира Ацилут, приобретая альтруистические свойства. Достигнув мира Ацилут, т.е. приобретя все свойства «отдавать», человек, стоя на самой низшей ступени мира Ацилут, начинает «получать ради Творца». Если до этого он приобретал дополнительные, альтруистические свойства, то теперь он с помощью приобретенных альтруистических свойств начинает исправлять (не уничтожать!) саму суть своего существа – не уничтожает желание насладиться, а исправляет намерение, ради чего насладиться.

Постепенно исправляя эгоизм на альтруизм, человек, соответственно этому, поднимается, пока не получит все, что должен получить, согласно корню своей души (шорэш нэшама), являющейся изначально частью последней ступени (малхут) мира Ацилут, но вследствие исправления поднимающейся до своего полного слияния с Творцом и получающей при этом в 620 раз больше, чем до облачения в человеческое тело.

Весь свет, все количество наслаждения, которое Творец желает дать творениям, называется – общая душа всех творений, или шхина. Свет, предопределенный каждому из нас (душа каждого из нас), является частью этой общей души. И эту часть каждый должен получить по мере исправления своего желания.

Человек может ощутить Творца (свою душу) только в своем исправленном желании насладиться. Это желание называется сосуд (кли) души. Т.о. душа состоит из сосуда и света, идущего от Творца. Если человек полностью исправил свой сосуд из эгоистического на альтруистический, то этот сосуд совершенно сливается со светом, потому что приобрел его свойства.

Таким образом, человек становится равным Творцу, полностью сливается с ним по свойствам. При этом человек испытывает все то, что есть в свете, наполняющем его.

Нет в нашем языке слов, чтобы описать это состояние. Поэтому говорится, что вся сумма всех наслаждений в этом мире представляет собою искру от бесконечного огня наслаждения души от слияния с Творцом.

Продвигаться по ступеням духовной лестницы можно только по закону средней линии (кав эмцаи). Принцип этого состояния можно кратко охарактеризовать словами – «богат тот, кто счастлив владеющим»: сколько он понимает в Торе и в заповедях – достаточно ему, а главное для него то, что может выполнять этими действиями желание Творца, чувствуя, будто выполнил желание Творца во всех тонкостях, и счастлив при этом, будто досталась ему самая лучшая доля в мире.

Такое чувство рождается в человеке, если он ставит Творца над собой как Царя вселенной. И потому счастлив тем, что из многих миллиардов Творец избрал его тем, что указал ему через книги и учителей, чего Он от него желает. Такое духовное состояние называется стремлением к отдаче (хафэц хэсэд). В этом случае его свойства совпадают со свойствами духовного объекта, называемого бина.

Но это еще не совершенство человека, потому что при этой работе над собой человек не использует свой разум и называется «бедный знанием» (ани бэ даат), поскольку ничего не знает о связи его действий с их духовными следствиями, т.е. действует неосознанно, не понимая, что делает, действует только верой.

Поэтому, чтобы сознательно духовно действовать, человек обязан приложить много усилий, почувствовать, что мысль должна быть «ради Творца». И тут он начинает чувствовать, что совершенно не поднимается духовно, а наоборот, каждый раз при выполнении чего-то видит, что все более далек от настоящего намерения – доставить Творцу наслаждение в той мере, как Творец этим желает доставить наслаждение ему.

В таком состоянии человек должен принимать знания не более того, что позволит ему по-прежнему оставаться счастливым от совершенства, как и ранее. И вот это состояние называется средней линией (кав эмцаи). А постепенно прибавляя знания, левую линию (кав смоль), он достигает полного совершенства.

Разберем еще раз работу в средней линии. Человек должен начать свое духовное восхождение с правой линии, ощущения совершенства в духовном, счастья от своей доли, желания безвозмездно и бескорыстно выполнять желания Творца. А сколько наслаждения есть у него в его духовных поисках? Достаточно ему, ибо верит в личное управление им Творца, в то, что это желание Творца, чтобы он так себя чувствовал в своем духовном поиске. Каким бы ни было его состояние, оно исходит от Творца. И одним этим осознанием духовного управления и совершенства он счастлив, чувствуя и свое совершенство, и в радости благодарит Творца.

Но в таком состоянии отсутствует левая линия, когда человек должен делать проверку своего состояния (хэшбон нэфеш). И эта внутренняя работа противоположна работе правой линии, где главное – возвышение духовного и Творца, без всякой связи с собой и своим состоянием. А когда человек начинает проверять, что действительно он собой представляет, насколько серьезно его отношение к духовному, насколько он сам совершенен, то видит, что погружен в свой мелкий эгоизм, а для других, для Творца не в состоянии сдвинуться с места. И в той мере, в какой он обнаруживает в себе зло, понимая, что это зло, насколько он стремится от этого зла избавиться, настолько он должен приложить усилие его преодолеть и вознести молитву о помощи, ибо видит, что сам не в состоянии ничего с собой поделать.

Таким образом появились в человеке две противоположные линии: правая – чувствует, что все во власти Творца и потому все совершенно, и потому не желает ничего, и потому он счастлив. Левая – чувствует, что сам он абсолютно не имеет никакого отношения к духовному, ничего не постиг, что пребывает, как и прежде, в скорлупе своего эгоизма и не просит Творца о помощи выбраться как-то из этого состояния.

Но после того как видел в себе все свое зло и несмотря на это, отбросив здравый смысл, отговаривающий его от безнадежной работы по исправлению эгоизма, он все равно благодарит Творца за свое состояние, веря в то, что находится в совершенстве, и поэтому счастлив, как и до проверки своего состояния, он продвигается вперед по средней линии. И необходим постоянный контроль – не «перебрать» с самокритикой левой линии, чтобы постоянно быть в радости средней линии – только тогда человек «обеими ногами» восходит в духовное.

Есть два уровня (не путать с четырьмя уровнями желаний: неживой, растительный, животный, говорящий) развития человека: животное и человек. Животное, как мы видим в животном мире, каким родилось, так же и продолжает жить, не развиваясь. А того, что есть в нем в день его рождения, достаточно ему для существования в течение всей его жизни.

Так же человек, относящийся к этому типу, – каким был, получая воспитание, обучаясь выполнять заповеди, каким был в день бар-мицвы, когда стал выполнять все заповеди, – таким и остается, с тем же разумом их выполняет, а все дополнения – только в количестве.

Тогда как человеческий тип создан совсем иначе: эгоистом рождается, и видя, что рожден эгоистом, стремится к исправлению.

Если человек желает действительно заслужить раскрытие Творца, то:

1) это желание должно быть у него сильнее всех других, т.е. чтобы не чувствовал других желаний. И кроме того, желание это должно быть у него постоянным: поскольку сам Творец вечен, и неизменны Его желания, так и человек, если хочет приблизиться к Творцу, должен походить на него и этим свойством, т.е. неизменным желанием, чтобы его желания не изменялись в зависимости от обстоятельств;
2) должен овладеть альтруистическими желаниями «отдать» свои мысли и желания Творцу, что называется уровень

хэсэд, катнут, рахамим, пока не заслужит свет веры, дающий человеку уверенность;

3) должен заслужить совершенного, абсолютного знания Творца. Результат действий человека зависит от его духовного уровня, но если светит свет Творца, то нет различия между ступенями, поскольку сосуд души и свет души вместе, одновременно получает человек от Творца, и поэтому получаемое знание воспринимается совершенным.

Обычно человек живет полностью в согласии со своим телом: тело диктует ему свои желания и оплачивает его усилия тем, что посредством тела человек ощущает наслаждения. Само наслаждение духовно, но в нашем мире оно должно быть привязано к какому-либо материальному носителю: должно облачиться в материальную оболочку (пища, противоположный пол, звуки музыки и т.п.), чтобы человек мог это наслаждение в оболочке материального носителя воспринять. А уже внутри нас, во внутреннем ощущении, мы чувствуем просто наслаждение, но все равно полностью его от его носителя отделить не можем.

Люди отличаются по типу носителя наслаждения – кто чем наслаждается. Но само наслаждение духовно, хотя и происходит его ощущение в нашем мозгу под действием электрических импульсов. И в принципе, раздражая электросигналами наш мозг, можно воспроизвести полное ощущение всех наслаждений. А поскольку мы уже привыкли получать их в определенных одеждах-носителях, то такое чистое наслаждение вызовет из памяти ощущение его носителя, и человеку будут слышаться звуки музыки, ощущаться вкусы пищи и т.п.

Из вышесказанного видно, что человек и его тело взаимно обслуживают друг друга: человек платит за усилия тела, за его работу наслаждением. Поэтому если человек видит, что его тело согласно работать, значит, оно видит вознаграждение в результате своей работы, обозначаемое общим словом «наслаждение». (Бегство от неприятных ощущений тоже является получением наслаждения.) Это явный признак того, что то, что он делает, является эгоистическим действием.

И наоборот, если человек видит, что его тело сопротивляется и спрашивает: «А зачем работать?», значит оно не видит наслаждения, большего, чем в настоящий момент, или, по крайней мере, достаточного для преодоления стремления к покою, не видит для себя выгоды в изменении своего состояния.

Но если человек желает оторваться от расчетов тела, а принимает в расчет улучшение состояния своей души, то тело, естественно, не сможет сделать даже малейшего движения, не видя явной выгоды для себя. И человек не в состоянии его заставить работать. Поэтому остается только одно – просить Творца, чтобы помог идти вперед.

Творец не заменяет человеку тело, не изменяет законы природы и не делает чудес. В ответ на настоящую просьбу-молитву Творец дает человеку душу – силу действовать по законам истины. Естественно, если человек выполняет все предписания Торы, но не чувствует преград со стороны тела, то нет у него потребности получить душу, силу духовного продвижения.

Не могут быть счастливы все, если эгоистически наслаждаются, потому что эгоизм наслаждается не только от того, что есть у него, но и от того, что нет у других, потому что все наслаждения сравнительны и относительны.

Поэтому невозможно построить справедливое общество на основе правильного использования эгоизма. И несодержательность этих утопий показана всей историей человечества: в древних общинах, в израильских кибуцах, в попытках строительства социализма.

Невозможно насладить каждого в эгоистическом обществе: всегда человек сравнивает себя с другими, что особенно хорошо видно именно в небольших поселениях.

Поэтому Творец, желая дать неограниченное наслаждение каждому, поставил условием такого наслаждения его независимость от желаний тела. Эти всевозможные, независимые от желаний нашего тела, неэгоистические побуждения мы называем альтруистическими (ашпаа).

Каббала – это порядок духовных корней, следующих по неизменным законам один из другого, объединяющихся и указывающих на одну их высшую цель – «постижение Творца творениями, находящимися в этом мире».

Каббалистический язык неразрывно связан с духовными объектами или их действиями. Поэтому изучать его, даже в кратком виде, можно только рассматривая процесс создания творения.

Каббала объясняет, а затем постигающий обнаруживает сам, что: **времени нет, а вместо времени есть цепочка – причина и ее следствие,** которое в свою очередь становится причиной для последующего следствия – рождения нового действия или объекта. В принципе, так же и в нашем мире понятие времени мы связываем с ощущением внутренних причинно-следственных процессов. Даже наука утверждает, что время, как и пространство, есть понятие относительное.

Место или пространство – желание насладиться.

Действие – наслаждение или отказ от него.

«Вначале», т.е. до начала творения, существует только один Творец. Его самого мы никаким другим словом назвать не можем, потому что любое имя говорит о постижении объекта, а поскольку в Нем самом мы постигаем только то, что Он сотворил нас, мы можем назвать Его только Творцом, Создателем и т.п.

От Творца исходит свет – это желание Творца породить создание и дать ему ощущение наслаждения собою. И только по этому свойству света, исходящего от Творца, мы можем судить о самом Творце.

Вернее, по ощущению света мы судим не о самом Творце, а о том, какие ощущения Он желает вызвать в нас. И поэтому мы говорим о Нем, как о желающем нас насладить.

Но это наслаждение не находится в самом свете, а рождается в нас от воздействия света на наши органы духовных ощущений, как, например, нет в куске мяса того наслаждения, которое испытывает вкушающий его, а только при соприкосновении мяса с нашим органом чувств появляется в нас соответствующее ощущение наслаждения.

Любое действие, как духовное, так и физическое, состоит из мысли и самого действия, воплощающего эту мысль. Мысль Творца – насладить творения и, соответственно этому, Он дает нам наслаждение. Такое действие называется «дать с целью дать»! Такое действие называется простым, потому что цель и движение совпадают.

Творение создано эгоистическим, т.е. у человека не может быть другой цели, кроме получения наслаждения. Для этого человек может выполнять два действия – получать или давать, чтобы получить то, что хочет, т.е. хотя физически он дает, но всегда преследует цель – получить.

Если действие того же направления, что и цель, т.е. если действие направлено на то, чтобы получить, и цель – получить, то действие человека называется простым. Если движение направлено на то, чтобы дать, но цель – получить, а в нашем мире другой цели быть не может, то такое действие называется сложным, потому что цель и движение несхожи, не совпадают по намерениям.

Мы не в состоянии представить себе желания и поля их действия вне пространства, и потому не остается ничего другого, как представить себе Творца духовной силой, заполняющей пространство.

Говорится в Торе, что Творец сотворил человека действующим простым расчетом, а люди его усложнили (элоким аса адам яшар, ве хэм асу хэшбонот рабим).

Чем выше человек поднимается по духовной лестнице, тем проще законы мироздания, потому что основные, базисные категории простые, а не составные. Но оттого что человек не ощущает корней творения, а воспринимает их далекие следствия, то видит законы творения в нашем мире состоящими из условий и ограничений и поэтому воспринимает их как чрезвычайно запутанные.

Поскольку в истинных каббалистических книгах содержится скрытый свет, присутствует влияние автора во время его труда над текстом, то важно при изучении текстов правильное намерение – для чего человек изучает – для того ли, чтобы ощутить Творца. Также во время изучения надо просить получить разум и понимание, каким обладал автор, и просить связи с ним, обращаться к нему. И поэтому очень важно не читать посторонние сочинения, а тем более те, которые вроде бы тоже говорят о духовных мирах, потому что и в этом случае читающий получает влияние от их авторов.

Человек, желающий овладеть духовными знаниями, должен перейти в своей повседневной жизни на определенный распорядок дня: отключиться от влияния посторонних взглядов, ненужных новостей, вредных книг. Только по необходимости на работе или в учебе общаться с людьми, не показывая, что он замыкается в себе, но постоянно контролируя, чем занят его разум. Мысли должны быть о работе, когда это необходимо, а в остальное время – о цели его жизни.

Достижение цели больше зависит от качества усилия, чем от количества: один может просиживать над книгами сутками, а другой, ввиду необходимости работать и занятости по семейным делам в состоянии уделить учению только час в сутки. Усилие измеряется только относительно свободного времени, насколько человек страдает, что не в состоянии больше времени уделять духовному. Результат прямо зависит от интенсивности намерения, от того, что именно человек желает извлечь в результате своей учебы и работы над собой, заполняя свободное время.

Есть два вида кормления ребенка: насильно, без его наслаждения, но питание он получает, и это дает силу и возможность роста. Этот вид духовного взращивания человека называется в Каббале «за счет высшего». Но если «ребенок», желающий духовно расти, сам желает принимать духовную пищу, поскольку появился к ней аппетит (осознал необходимость или почувствовал наслаждение от света), то не только духовно растет поневоле, болезненно, путем страданий, но и наслаждается процессом жизни, духовного постижения.

Острое чувство, ощущаемое человеком в осознании хорошего и плохого, называется в Каббале процессом вскармливания: как мать поднимает ребенка к своей груди, и он в это время получает ее пищу, так каббалист получает свет, находящийся в высшем духовном объекте и явно ощущает и осознает пропасть между добром и злом. А затем, как мать отнимает от своей груди ребенка, так и каббалист теряет связь с высшим, и пропадает четкость разделения в его ощущении доброго и злого. Этот процесс происходит с человеком для того, чтобы просил Творца дать ему такие же возможности ощущения (келим) добра и зла, как у высшего.

Как эгоизм, так и альтруизм человек получает свыше. Отличие в том, что эгоистические желания человек получает автоматически, а альтруистические – только по своей настоятельной просьбе.

Человек сначала должен достичь состояния, в котором желает «давать наслаждения Творцу», несмотря ни на какие свои эгоистические желания (подъем по ступеням миров БЕ"А), как Творец дает ему, а затем уже искать, чем он может порадовать

Творца. Тогда он видит, что только наслаждаясь, он радует Творца. И это называется «мекабэль аль менат леашпиа» – уровень мира Ацилут. Овладение различной величины силами желания только бескорыстно отдавать Творцу называется ступенями миров БЕ"А (Брия, Ецира, Асия). Овладение силой получать наслаждение от Творца ради Его желания называется уровнем мира Ацилут.

Бэйт мидраш – это место, где учатся лидрош (требовать) Творца (требовать духовные силы), и где учатся требовать ощущения цели творения, ощущения Творца.

Поскольку мы (наше тело, эгоизм) естественно стремимся к тому, что больше и сильнее нас, то надо просить Творца, чтобы Он приоткрыл себя, чтобы мы увидели в Его свете свое истинное ничтожество и Его истинное величие, и смогли тянуться к нему естественной тягой, как к самому сильному и большому. Самое главное для человека – это важность того, чем он занимается. Например, богатые люди тяжело работают, чтобы другие завидовали им. Но если бы пропал престиж богатства, то перестали бы им завидовать, и исчез бы у богачей смысл, стимул работать. Поэтому главное – приобрести чувство важности постижения Творца.

Никогда не наступит такое время, когда без усилий человек сможет достичь духовного, потому что эти усилия и есть сосуд получения света. До тех исправлений в мире, которые сделал великий АРИ, было относительно легче достичь духовного, чем после него: после того как Ари открыл путь постижения духовного, стало труднее отказаться от наслаждений нашего мира. До Ари пути были закрыты, и свыше не было такой готовности излить свет. Ари открыл источник света, но стало труднее бороться с эгоизмом, он стал более сильным и изощренным.

Это можно пояснить таким подобием: до Ари давали свыше 100 единиц постижения, и можно было работой и усилием в 1 единицу получить 1 единицу постижения. Сегодня же, после исправлений, которые Ари произвел в нашем мире, можно за единицу усилий получить 100 единиц постижения, но несравненно тяжелее совершить это усилие в 1 единицу.

Раби Йегуда Ашлаг, «Бааль Сулам», внес такое исправление в мир, что человек не в состоянии обманывать себя, что он совершенен, а должен идти путем веры выше знания. И хотя путь стал более ясным, но поколение не в состоянии совершить требуемое количество и качество усилий, как могли это предыдущие поколения: хотя и есть как никогда ясное ощущение недостатков человека, но не возносят духовное на соответствующую высоту, как в прошлых поколениях, когда массы были согласны на все во имя духовного восхождения. Причиной этого является непомерно возросший личный и общественный эгоизм.

Большое исправление в мире сделал великий Бааль Шем-Тов. Временно даже массы смогли почувствовать чуть больше духовного в мире, и временно легче стало достичь духовного тому, кто этого желает. Для того чтобы выбрать достойных учеников в свою каббалистическую группу, Бааль Шем-Тов учредил «адморут» – такое деление еврейского общества, когда массы поделены на части, и каждая часть имеет своего духовного предводителя-каббалиста.

Эти предводители «адморы» выбирали достойных изучать Каббалу в свои классы «хэйдэр» (комната) и в них растили будущие поколения каббалистов, предводителей масс. Но влияние исправления, сделанного Бааль Шем-Товом, прошло, и уже не все предводители поколения являются каббалистами (постигающими Творца). После же ухода Бааль Сулама наш мир находится в духовном падении, всегда предшествующем будущему подъему.

Почувствовать себя созданным творением означает почувствовать себя отделенным от Творца.

Поскольку вследствие нашей эгоистической природы мы инстинктивно, естественно, удаляемся от того, что причиняет нам страдание, то это использует Творец, чтобы привести нас к хорошему: он изымает наслаждения из материального мира, окружающего нас и дает наслаждение только в альтруистических действиях. Но это путь страданий.

Путь Торы иной: хоть и есть наслаждения в нашем мире, но верой в цель творения, выше разума, т.е. вопреки тому, что утверждают наше тело и разум, мы можем выйти из эгоизма, самолюбия, и начинаем тогда испытывать любовь к Творцу, чувствуя, что это взаимно. Это путь спокойствия и радости, веры в то, что длинный путь – на самом деле короткий, без переживания страданий.

Есть духовное развитие под воздействием окружающего света (ор макиф), когда у человека еще нет возможности получить свет внутрь (внутренний свет, ор пними). Такой путь духовного развития человека называется естественным, путем страданий (дэрэх бито), и по нему идет человечество.

Но есть путь индивидуального духовного развития человека посредством личной связи с Творцом, работы в трех линиях. Этот путь называется путем Торы (дэрэх Тора, дэрэх ахишэна), и он намного короче, чем путь страданий. И потому говорится в Торе: «Исраэль мекадэш зманим», желающий стать «Исраэль» уменьшает время своего исправления.

Верить без того, что страдания заставляют верить, тяжело. Но главное – человек должен верить в то, что плоды его труда зависят только от его усилий, т.е. верить в управление вознаграждением и наказанием.

Вознаграждение заключается в том, что Творец дает человеку хорошие мысли и желания. Веру человек должен получать также от товарищей по учебе и из книг, но после того, как почувствовал в себе веру, ощущение Творца, должен сказать себе, что это Творец дал ему.

Тора – это лекарство – наркотик жизни и смерти (вспомните, «религия – опиум для народа»). Наркотик жизни – если дает силы и желание работать, и наркотик смерти – если человек говорит себе, что все, что ни делается, делается свыше и не зависит от его усилий. Основное усилие должно быть в том, чтобы удержать возвышенное стремление, данное свыше. Вначале свыше дают человеку духовное ощущение, поднимают его, а затем наступает время работы, усилий – удержаться на этом уровне своими силами. Главное усилие должно быть в ощущении ценности полученного духовного возвышения. Как только человек начинает пренебрегать полученным и самонаслаждаться им, он начинает терять этот уровень.

Все, что находится под властью эгоизма, находится в центральной точке творения, нэкуда эмцаит. Все, что не желает самонаслаждения, находится выше этой точки. Поэтому сказано, что линия нисхождения света (кав) соприкасается (чтобы неощутимо оживлять творение) и не соприкасается (не наполняет ощутимым светом Творца творение) с центральной точкой.

Говорится, что желающему духовно приблизиться помогают тем, что дают душу, свет, часть Творца. Человек начинает ощущать, что он – часть Творца!

Каким образом свет Творца породил желание наслаждаться Им (ор бонэ кли)? Пример: в нашем мире – если дать человеку почести, к которым он ранее не стремился, а затем забрать их, он уже возжелает знакомые от почестей наслаждения. Это стремление вернуть наслаждение, бывшее в нем, и называется сосудом (кли). Свет постепенно растит таким образом сосуд для наслаждения собой (светом).

В совершении усилий над своими желаниями человек должен осознать, что его тело не воспринимает понятия времени, и поэтому не ощущает ни прошлого, ни будущего, а только настоящее. Например, надо сделать какое-то последнее усилие еще в течение пяти минут, а потом заслуженно отдыхать, но тело сопротивляется, потому что не ощущает выигрыша в будущем отдыхе. Если человек и помнит наслаждения после тяжелой работы, то тело все равно не дает силы совершить эту работу, как например, если заранее получил плату, то нет уже желания работать. Поэтому надо не откладывать борьбу с телом, а каждое мгновение, в настоящем, противодействовать ему мыслями о высшем.

Поскольку человек на 100% эгоист, то не захочет сам связи с Творцом. Он может захотеть этого только в том случае, если будет уверен, что это для его блага. То есть мало того, что человек видит свое зло и понимает, что только Творец может ему помочь – все равно это не даст силы просить Творца. Необходимо осознание того, что в сближении, в связи с Творцом его спасение.

Тора предлагает нам ее путь вместо пути страданий. Время меняет условия: два тысячелетия назад поиском связи с Творцом занимались единицы, как во времена раби Шимона. Во времена Ари и Рамхаля Каббалой уже занимались маленькие группы. Во времена Бааль Шем-Това – десятки. Во времена Бааль Сулама – еще больше.

А в наше время уже исчез барьер, отделяющий Каббалу от масс, и уже почти нет сопротивления ей, разве что слабое. А в следующем поколении тысячи сочтут целью своей жизни ощущение Творца. Причем, если ранее только особо сильные духом могли достичь связи с Творцом, то в наше время даже начинающие, без предварительного изучения Талмуда (а в следующем поколении – даже дети) смогут постигать связь с Творцом без всякой предварительной подготовки, только изучая Каббалу под правильным руководством.

В благословении на исходе субботы мы говорим: «Благословен ты, Творец, разделяющий духовное и будни». Человек не в состоянии отличить добро от зла – что для его пользы, а что ему во вред. Только Творец может помочь человеку в этом, открывая ему глаза. Тогда человек все видит, и это означает: «и выбери жизнь». Но до тех пор пока человек не убедился в жизненной необходимости постоянной связи, Творец не раскрывает ему глаз, именно чтобы просил милосердия.

Внутри духовных ощущений каббалиста находится часть (АХА"П) высшей ступени, будущего его состояния. Человек ощущает более высокое духовное состояние, как пустое, непривлекательное, а не как полное света, потому что не получает от высшей ступени. Хотя высший полон света, но низший воспринимает высшего согласно своим качествам, а так как по своим свойствам еще не готов к приему такого света, то и не ощущает его.

Ввиду скрытия Творца каждый из нас прилагает неимоверные усилия для того, чтобы достичь принятого в нашем обществе стандарта существования, слепо следуя внутренней подсказке, постоянному нашептыванию изнутри нашего эгоизма. Мы, как слепые орудия эгоизма, спешим выполнять его указания, иначе он накажет нас страданием, подстегнет этим, и мы смиримся и поневоле, а затем уже и не думая, выполним его волю.

Наш эгоизм сидит в нас, но он настолько уже вжился в нас, что мы принимаем его за нашу природу, за наши желания. Он пронизывает все клетки нашего тела, заставляет оценивать все наши ощущения в соответствии с его желаниями, заставляет просчитывать по его программе, сколько он получит от наших действий.

Человек даже не представляет себе, что можно снять с себя это влияние эгоизма, очистить себя, как в фантастическом фильме, извергнуть из себя подобное нашему телу по форме, эгоистическое облако, пронизывающее нас, одетое во всю нашу плоть. Мы останемся без эгоистических желаний, и тогда нам Творец даст свои желания, альтруистические.

Но пока внутри нас находится это эгоистическое существо, мы не можем себе представить, какой выигрыш будет нам от этого, а наоборот, альтруистические мысли и желания представляются нам неприемлемыми, нелепыми, несерьезными и не могущими управлять нашим обществом, не говоря уже о вселенной.

Но это лишь потому, что наши мысли и желания находятся под властью эгоизма. Для объективной оценки происходящего с ним человек должен стремиться ощутить эгоизм как нечто постороннее, как своего внутреннего врага, выдающего себя за друга, или вообще за него самого (мы даже идентифицируем себя с его желаниями), стараться почувствовать его, как нечто постороннее, находящееся в нем по воле Создателя. Такие действия человека называются осознанием зла (акарат ра).

Но и это возможно лишь в той мере, в какой он ощутит существование Творца, свет Творца, потому что мы все постигаем только в сравнении, из ощущения противоположностей. Поэтому вместо того, чтобы заниматься поисками «злого змия» в себе, надо приложить все свои усилия в попытках ощутить свет Творца.

Кроме нас, все творение действует по законам альтруизма. Только человек и окружающий его мир (наш мир – олам азэ) созданы с противоположными, эгоистическими свойствами. Если бы мы увидели Творца и все духовные миры, мы бы сразу обнаружили, насколько наш мир микроскопически мал по сравнению с духовными мирами, и только в горошине нашего мира действуют законы эгоистической природы.

Но почему же Творец скрылся, нарочно поселив нас в мир, полный тьмы, неуверенности и несчастий?

Создавая нас, Творец ставил целью наше вечное существование вместе с Ним, но достичь этого состояния мы должны своими усилиями, дабы не испытывать чувства стыда за незаслуженно полученное вечное абсолютное наслаждение.

Поэтому Творец создал противоположный себе мир, создав противоположное себе свойство – стремление самонасладиться, эгоизм – и наделил им нас. Как только человек ощущает на себе действие этого свойства, рождается в нашем мире, он сразу же перестает ощущать Творца.

Это сокрытие Творца существует специально для создания у нас иллюзии свободы воли в выборе нашего мира или мира Творца. Если бы несмотря на эгоизм, мы видели Творца, то естественно предпочли бы без всяких сомнений нашему миру мир Творца, как дающий наслаждения и отсутствие страданий.

Свобода воли, выбора может быть именно в отсутствии ощущения Творца, в состоянии Его сокрытия. Но если человек уже с момента рождения испытывает на себе абсолютное, всеподавляющее влияние эгоизма настолько, что полностью ассоциирует его с собой, то как он может свободно, независимо от эгоизма решить, что предпочесть? Как же Творец создает нейтральное состояние для выбора? И вообще, в чем может быть выбор, если наш мир полон страданий и смерти, а мир Творца полон наслаждений и бессмертия, что остается выбирать человеку?

Для того чтобы создать нам условия свободы выбора Творец:

- временами приоткрывается человеку, чтобы дать почувствовать величие и успокоение от ощущения власти высших сил;
- дал нам Тору, при изучении которой, если человек действительно желает выйти из своего состояния и ощутить Творца, он возбуждает на себя скрытое окружающее духовное свечение (ор макиф).

Не все части Торы равносильны по возбуждению окружающего неощущаемого света (ор макиф). Самое сильное возбуждение происходит при изучении Каббалы, потому что Каббала изучает духовные структуры, излучающие этот свет на человека. Таким образом, человеку остается выбор: заниматься ли ему Каббалой или нет и сколько усилий приложить в этом направлении.

Связь человека с Творцом, начиная с низшего, нашего начального уровня до самого высшего, где находится сам Творец, можно уподобить ступеням духовной лестницы.

Все ступени духовной лестницы находятся в духовных мирах. На высшей ее ступени находится сам Творец, а низшая ее ступень касается нашего мира.

Человек находится под низшей ступенью духовной лестницы, поскольку исходный эгоистический уровень человека не связан с последней ступенью лестницы, которая еще полностью альтруистична.

Ощущение более высокой духовной ступени возможно при совпадении свойств человека и этой ступени, и степень ощущения пропорциональна совпадению свойств.

Возможность ощутить высшую ступень обусловлена тем, что на лестнице все духовные ступени не только располагаются последовательно снизу вверх, но и частично входят, проникают друг в друга: нижняя половина высшего находится внутри верхней половины низшего (АХА"П дэ элион упали в Г"Э дэ тахтон). Поэтому внутри нас находится часть низшей, последней ступени, но обычно она нами не ощущается.

Более высокая ступень над нами именуется Творцом, потому что именно она и является для нас нашим Творцом, рождает, оживляет нас и управляет нами. Поскольку мы не ощущаем эту ступень, мы утверждаем, что Творца не существует.

Если человек находится в таком состоянии, что воочию видит высшее управление Творца всеми творениями нашего мира, у него пропадает всякая возможность свободы воли, веры, выбора действия, поскольку ясно видит только одну правду, одну силу, одно желание, действующее во всем и во всех.

Поскольку желание Творца – дать человеку свободу воли, то необходимо сокрытие Творца от творений.

Только в состоянии сокрытия Творца можно утверждать, что человек сам бескорыстно стремится к слиянию с Творцом, к деяниям для блага Творца, «ли шма».

Вся наша работа над собой возможна только в условиях сокрытия Творца, поскольку как только Творец открывается нам, мы тут же автоматически становимся его рабами, полностью во власти Его величия и силы. И невозможно определить, каковы на самом деле истинные помыслы человека.

Поэтому чтобы дать человеку свободу действия, Творец должен скрыть себя. Но чтобы создать человеку возможность вырваться из рабства слепого подчинения эгоизму, Творец должен раскрыть себя, потому что человек подчиняется только двум силам в мире – власти эгоизма, тела, или власти Творца, альтруизма.

Таким образом, необходима поочередность состояний: скрытия Творца от человека, когда человек ощущает только себя и эгоистические силы, властвующие в нем, и раскрытие Творца, когда человек ощущает власть духовных сил.

Чтобы человек, находящийся во власти эгоизма, смог ощутить ближайший высший объект, т.е. своего Творца, последний сравнивает с человеком часть своих свойств – придает части своих альтруистических свойств свойство эгоизма и этим сравнивается с человеком. (Поднимает малхут, мидат дин, до своей

Г"Э, от чего его АХА"П приобретает эгоистические свойства. Таким образом, его АХА"П как бы «спускается» на духовный уровень человека, сравниваясь с ним по свойствам.)

Если до этого человек вообще никак не ощущал высшую ступень, то теперь, вследствие скрытия высшим своих альтруистических свойств под эгоизмом – чем он спускается на уровень человека, – человек может ощутить Его.

Но поскольку свойства высшего ощущаются человеком как эгоистические, то он ощущает, что и в духовном нет ничего притягательного, сулящего наслаждение, вдохновение, уверенность и спокойствие.

И вот тут-то возникает у человека возможность проявить свободу воли и вопреки ощущаемому сказать себе, что отсутствие наслаждения, вкуса, которое он ощущает в высшем, в духовном, в Торе является следствием того, что высший специально скрыл себя для пользы человека, потому что нет еще в человеке необходимых духовных свойств, которыми можно ощутить высшие наслаждения, так как над всеми его желаниями властвует эгоизм.

И это главное для начинающего – именно в состояниях упадка и опустошенности найти в себе силы (просьбами к Творцу, учебой, добрыми действиями) утверждать, что это состояние дано специально для его преодоления. А то, что он не чувствует наслаждения и жизни в духовных стремлениях, специально делается свыше для того, чтобы дать ему возможность выбора самому сказать, что не чувствует в духовном наслаждения, потому что нет у него подходящих, альтруистических свойств, и поэтому высший обязан скрывать от него свои истинные свойства.

Поэтому человек должен помнить, что начало ощущения высшего именно в ощущении духовной пустоты.

И если человек в состоянии утверждать, что высший скрывает себя ввиду несовпадения их свойств, и просит помощи в исправлении своего эгоизма, поднимая свою просьбу – МА"Н, то высший объект частично приоткрывает себя (поднимает свой АХА"П), показывая свои истинные качества, которые он ранее прикрывал эгоизмом, и соответствующие им наслаждения. Человек начинает ощущать то величие и духовное наслаждение, которое ощущает высший объект от наличия в себе этих духовных альтруистических свойств.

Тем, что высший поднял в глазах человека свои альтруистические качества, он духовно поднял человека до половины своей ступени (поднял Г"Э человека со своим АХА"П). Это духовное состояние человека называется малым духовным уровнем, катнут.

Высший как бы приподнимает человека к себе, на свой духовный уровень тем, что позволяет человеку увидеть свое величие, величие альтруистических качеств. Человек, видя величие духовного по сравнению с материальным, духовно приподнимается над нашим миром. Ощущение духовного независимо от воли человека меняет его эгоистические свойства на альтруистические – свойства высшего.

Чтобы человек смог полностью овладеть верхней первой ступенью, высший полностью открывает себя, все свои духовные качества, делает гадлут. При этом человек ощущает высшего как единственного, совершенного правителя всего и постигает высшее знание цели творения и его управления. Человек явно видит, что нельзя поступать иначе, чем утверждает Тора. Теперь уже его разум обязывает его к этому.

Вследствие явного познания Творца возникает в человеке противоречие между верой и знанием, правой и левой линиями: имея уже альтруистические свойства, келим ДЭ АШПАА, в состоянии *катнут*, человек желал бы идти путем одной только веры в могущество Творца, потому что это является индикацией бескорыстия его желаний, но раскрытие Творцом своего могущества, гадлут высшего, мешает ему в этом. Со своей стороны человек готов пренебречь полученным знанием.

Просьба человека о том, что он предпочитает идти вслепую, веря в величие Творца, а не вследствие осознания Его силы и величия, и использовать разум только в пропорции с имеющейся верой, вынуждает высшего уменьшить свое раскрытие.

Это действие человека, вынуждающее высшего уменьшить раскрытие всеобщего управления, всесилия, света (ор хохма), называется экраном дэ хирик: человек уменьшает раскрытие высшего разума, левой линии до той степени, в какой он может уравновесить ее своей верой, правой линией.

Получаемое правильное соотношение между верой и знанием называется духовным равновесием, средней линией. Сам человек определяет то состояние, в котором он желает находиться.

В таком случае человек уже может существовать как духовный объект, поскольку состоит из правильной пропорции веры и разума, называемой средней линией, благодаря которой человек достигает совершенства.

Та часть знания, раскрытия, левой линии, которую человек может использовать в соответствии с величиной своей веры, правой линией, идя путем веры выше разума, средней линией, дополняется к тем духовным свойствам, которые он обрел ранее, в состоянии катнут. Приобретенный духовный уровень называется Гадлут – Большой, Полный.

После того как человек приобрел свой первый полный духовный уровень, он становится по своим качествам равным первой, самой нижней ступени духовной лестницы.

Поскольку все ступени лестницы, как уже говорилось, частично входят друг в друга, взаимопроникают своими свойствами, то достигнув полной первой ступени, человек может обнаружить в себе часть более высокой ступени и по тому же принципу продвигаться к цели творения – полному слиянию с Творцом на самой высокой ступени.

Духовный подъем состоит в том, что человек каждый раз обнаруживая в себе все большее зло, просит Творца дать ему силы справиться со злом. И каждый раз получает силы в виде все большего духовного света. До тех пор пока не достигнет истинного первоначального размера своей души – всего своего исправленного эгоизма, полностью наполненного светом.

Когда посещают человека посторонние мысли, он считает, что они мешают ему продвигаться в освоении духовного, потому что слабеют его силы и растрачивается ум в посторонних мыслях, и сердце наполняется жалкими желаниями. И перестает от всего этого верить, что только в Торе скрыта настоящая жизнь.

А когда он, несмотря на все, преодолевает это состояние, то выходит к свету, получает высший свет, помогающий ему еще более подняться. Таким образом, посторонние мысли являются помощником человека в его духовном продвижении.

Преодолеть помехи можно только с помощью Творца. Потому что человек может работать, только если видит выгоду для себя в каком бы то ни было виде.

А поскольку наше тело, сердце, разум не понимают, какая им может быть выгода от альтруизма, то как только человек хочет сделать малейшее альтруистическое действие, у него нет сил действовать ни разумом, ни сердцем, ни телом. И остается у него только одно – просить Творца о помощи. И таким образом, поневоле приближается к Творцу, пока не сольется с ним полностью.

Не имеет права человек жаловаться на то, что родился недостаточно умным, сильным или смелым, или что нет в нем еще каких-либо качеств, как у других людей, ибо если не идет по правильному пути, то что проку в самых лучших задатках и способностях. Возможно, даже станет большим ученым, даже будет знатоком Талмуда, но если не достигнет связи с Творцом, то не выполнит своего предназначения, как и все остальные. Потому что главное – достичь уровня праведника – ведь только в таком случае человек может использовать все имеющиеся в нем задатки в нужном направлении и не растратить зря свои силы, а все, даже самые слабые и посредственные, данные ему Творцом именно для этого способности, все их использовать во имя высшей цели.

Если человек находится в состоянии духовного упадка, то бесполезно уговаривать его взбодриться, говорить ему ученые мудрости – ничего из услышанного от других ему не поможет! Ни рассказы о том, что другие пережили и ощутили и советуют, – от этого он совершенно не взбадривается, потому что совсем пропала вера во все, в том числе и в постижения других.

Но если он говорит себе то, что сам говорил и пережил в то время, когда был в состоянии духовного подъема, когда был полон жизни, а не духовно мертв, как сейчас, если вспоминает свои стремления, свои духовные постижения – от этого он может приободриться. Воспоминаниями о том, что сам верил и шел путем веры выше разума – если он вспомнит об этом и возбудит свои собственные ощущения, – этим он сможет помочь себе выйти из состояния духовной смерти. Поэтому человек должен опираться на собственные воспоминания и опыт, только они могут помочь ему выйти из духовного упадка.

Работа человека, поднявшегося на какую-либо духовную ступень, состоит в том, что он сразу же в ощущениях наслаждения, приходящих к нему, производит селекцию и ту часть наслаждения, которую не может уравновесить верой, сразу же отбрасывает как негодную к употреблению. В Каббале часть наслаждения, которую человек принимает ради Творца, чтобы укрепить свою веру, и не более, называется пищей. Та часть, которую он не может принять, называется отходами. Если он не в состоянии произвести проверку и желает поглотить всю пищу, что называется в Каббале «пьяный» (от избытка наслаждения), то теряет все и остается без ничего, что называется в Каббале «нищий».

Человеку объясняют, что можно, а что нельзя делать, и если он не выполняет, получает наказание. Но если человек не предвидит заранее той боли и страданий, которые ему грозят, если нарушит закон, то конечно, нарушит его, если получит наслаждение от нарушения, а затем он получит наказание, для того, чтобы знал в будущем, что нельзя так поступать.

Например, есть закон, что нельзя воровать деньги. Но если у человека есть большое стремление к деньгам и он знает, где их можно украсть, то даже если знает, что точно получит наказание за кражу, не в состоянии оценить всего страдания от наказания. И поэтому решает, что наслаждение от денег значительно больше, чем страдания от наказания. А когда получает страдания от наказания, то видит, что они намного больше, чем он предполагал, и больше, чем наслаждение, которое получил от кражи денег. И потому теперь он в состоянии придерживаться закона.

Но при выходе на свободу говорят ему: знай, что ты получишь еще большее наказание, если поступишь так же еще раз. И это напоминают ему, потому, что он забывает о страданиях, которые перенес. И теперь, когда снова захочет украсть, вспомнит, что получит еще большие страдания от наказания за вторую кражу. Поэтому есть возможность удержать себя от кражи.

Из этого и других примеров нашей жизни, которые и сам читатель может найти вокруг себя, видно, что страдания направляют человека даже по тому пути, по которому он сам бы, по собственному желанию своего эгоизма, не пошел бы никогда, поскольку намного легче украсть, чем заработать, легче отдыхать, чем думать и работать, приятней наслаждаться, чем страдать.

Тем более если человек решает учить Тору или соблюдать заповеди, то уж точно должен знать, что это для его пользы. То есть обязан понять, что его эгоизм выиграет от этого. А брать на себя абсолютно бескорыстную, не оплачиваемую деньгами, почетом, наслаждениями, обещаниями на будущее работу никто из нас не в состоянии.

Тем более не в состоянии человек работать, не видя никаких следствий работы, ее плодов, даже не видя, не наблюдая, что производишь, что даешь кому-то, что кто-то получает, не видя, на кого работаешь, т.е. производить усилия в пустое пространство. Естественно, что наши эгоистические разум и тело не готовы к подобному, потому что созданы Творцом, чтобы наслаждаться!

И только от страданий, ощущаемых во всей окружающей его жизни, от полной потери ощущения вкуса и малейшего наслаждения в ней, от полной уверенности, что не в состоянии получить ни от чего окружающего ни малейшего наслаждения (в любом виде: спокойствия, отрады и т.д.), человек вынужден начать желать и поступать «альтруистически», в надежде на этом новом пути найти спасение.

И хотя это также еще не альтруизм, потому что целью действий является личное благополучие и спасение, но эти действия уже близки к альтруизму, и постепенно из такого состояния человек перейдет к нему, под действием скрытого в его поступках света.

Потому что действуя альтруистически ради себя, отдавая, чтобы получить, человек начинает чувствовать в своих действиях скрытый свет – наслаждение, а природа этого света такова, что исправляет человека.

В природе мы можем наблюдать следующее – могут пролиться на землю обильные дожди, но не в тех местах, где надо, например, вместо полей – в пустыне, и не будет никакого проку от них, а от небольших осадков в нужном месте произрастет много плодов. Подобно этому человек может безотрывно изучать Тору, но не увидеть плодов, которые должны быть от ее изучения, – духовное постижение Творца, и наоборот, вложив во много раз меньше трудов в изучение Каббалы, изучая в нужном месте, получит благословенный урожай от своих трудов.

А так же при изучении уже самой Каббалы, если вся учеба мысленаправлена на поиски Творца, а не на приобретение знания, то вся живительная влага Торы проливается в самом нужном месте, потому что для этого дана. Но если человек учит для знания, или – что еще хуже для того, чтобы показать свой ум и гордиться этим – то даже Каббала не даст плодов. Но она может в этом случае раскрыть человеку нужную цель изучения, а затем уже сам человек прилагает усилия в этом направлении.

Этот процесс поиска нужной мысленаправленности и происходит при изучении Каббалы постоянно, поскольку вся работа человека заключается именно в том, чтобы направить себя в правильную сторону, чтобы его мысли и деяния были едины с целью творения, тем более во время изучения Каббалы, потому что нет более сильного средства сближения с духовным.

«Египет» в Торе – это олицетворение царства власти нашего эгоизма (поэтому называется Мицраим, от слов «миц-ра» – концентрат зла), «Амалек» – это племя, сражавшееся с «Исраэль» (от слов исра-яшар – прямо и эль – Творец, т.е. с теми, кто хочет направить себя прямо к Творцу), и олицетворяющее наш эгоизм, который ни в коем случае не желает позволить нам выйти из-под своей власти.

Проявляется (нападает) эгоизм только в ощущениях человека, желающего выйти из египетского плена-эгоизма. Причем даже если этот человек находится в самом начале пути, Амалек сразу же становится поперек его дороги.

Это ощущение усилившегося в человеке эгоизма посылается именно избранным самим Творцом. Только избранным, кому Творец дает желание постичь Его, он посылает Амалека, чтобы они вознуждались в самом Творце, а не просто в улучшении своих качеств, например, быть просто «хорошими» людьми.

И такой человек начинает ощущать большие трудности в улучшении своих поступков, пропадает бывшее столь сильным желание учиться, тяжелым в нужных деяниях становится тело.

Борьба с телом происходит в основном в том, что тело (разум, наше «я») желает понять, кто такой Творец, куда надо идти и для чего, будет ли ему (телу) хорошо от каждого его усилия. Иначе ни наш ум, ни наше тело не дадут ни энергии, ни мотивации что-либо совершить. И они правы, ведь глупо что-либо делать, не зная наперед, что может из этого получиться.

Нет другого способа выйти из рамок нашей природы в духовный антимир, как приобретя другие, этого антимира разум и желания. Они противоположны нашим, поскольку все, что мы постигаем, ощущаем, все, что дает нам картину того, что мы называем нашим миром, рамками нашего мира – эти понятия – от эгоистического разума и эгоистического сердца.

Поэтому только поменяв их на противоположные – веру вместо разума и отдачу вместо получения, можно выйти в духовный мир.

Но поскольку мы владеем только теми инструментами, с какими созданы, – разумом и эгоизмом, – причем наш ум лишь обслуживает наш эгоизм, то только извне, т.е. от Творца, мы можем получить другие инструменты разума и чувств.

Для этого он и «притягивает» нас к себе, одновременно показывая, что мы сами не в состоянии переделать себя. И поневоле мы должны искать и создавать связь с Творцом, что и является залогом нашего духовного спасения.

Не должен человек просить у Творца возможности видеть, ощущать чудеса, утверждая, что это, дескать, поможет ему идти против самого себя, даст силы вместо слепой веры в величие духовного. Тора предупреждает об этом в примере: сразу после выхода из Египта Амалек нападает на человека. И только подняв руки, прося силу веры, победил его Моше.

Но в итоге нашего духовного возвышения мы постоянно получаем высший разум, на каждой ступени все больший. И должны постоянно увеличивать силу нашей веры, чтобы она была больше разума, иначе попадем снова во власть эгоизма. И так до тех пор, пока полностью не сольемся с Творцом.

В этом состоянии мы достигаем абсолютного познания, максимального получения света (ор хохма) без каких бы то ни было градаций, как говорится в Торе: «свет, созданный в первый день творения, в котором видел первый человек от конца мира до его конца» или как говорится в Каббале: «в начале творения все заливал собою высший свет». Это означает, что когда свет светит всем, без различия уровней, и все абсолютно ясно, то нет ему начала и нет ему конца, никаких оттенков, а все совершенно постигаемо.

Есть путь Торы, и есть сама Тора. Путь Торы – это тяжелый период переосмысливания цели жизни, исследования себя, своей природы, точное определение направления своих желаний, правдивое ощущение мотивации поступков, усилия в попытках преодоления желаний тела и требований разума, полное осознание своего эгоизма, длительный период страдания в поисках утоления желаний, разочарования от невозможности найти истинный «наполнитель» своих стремлений, осознание, что истинное бегство от источника страдания – эгоизма – состоит в альтруистических мыслях, без всяких мыслей о себе, постепенное ощущение сладости в мыслях о Творце, настолько что только об этом желает думать человек.

Только после того как человек проходит все периоды своего предварительного духовного развития, что называется путем Торы, он постигает саму Тору – высший свет, постепенно все более светящий ему по мере его восхождения по ступеням духовной лестницы, ведущей к полному слиянию с Творцом.

Поэтому весь наш путь состоит из двух частей: пути Торы и самой Торы. Путь Торы – это период подготовки новых мыслей и желаний, в течение которого человек ощущает страдания. Но после того, как проходит этот переход, коридор, ведущий в покои Творца, входит в духовность, в царство света, достигает цели творения – Торы, полного ощущения Творца.

...Поколением потопа называется период работы в сердце, поколением строителей Вавилонской башни называется период работы разумом...

Все отличие между людьми состоит в том, чем каждый из нас желает насладиться, начиная с первого мгновения жизни до ее последнего мгновения. То есть все различие в том, в каком виде человек желает получить наслаждение, а само наслаждение является духовным. И только внешняя оболочка создает нам иллюзию его материальности.

Поэтому мы неосознанно стремимся менять внешние оболочки (одежды) наслаждения, надеясь ощутить его в чистом, оголенном виде света Творца, а так как отличие между людьми состоит в стремлении к различным внешним оболочкам наслаждения, то по названиям (именам) этих оболочек мы и судим о человеке. Некоторые из облачений наслаждения принимаются нами как нормальные, общепринятые, например, любовь к детям, еде, теплу и т.д., некоторые не принимаются обществом, например наркотики, и человек должен скрывать свое стремление к ним.

Но всем человечеством принято соглашение взаимоуравновешенно использовать свой эгоизм без всякого стеснения в принятых рамках. Причем устанавливаемые границы использования каждым своего эгоизма и мода-диктат наилучших оболочек постоянно меняются по мере развития общества. И каждый из нас в течение своей жизни под влиянием возраста, т.е. под общим «естественным» влиянием Творца свыше, также меняет оболочки, с помощью которых удовлетворяет свою потребность в наслаждении.

Причем, даже в одном человеке подчас разителен переход, смена оболочек наслаждения. Например, девочка получает наслаждение от куклы, но не в состоянии получить наслаждение, ухаживая за настоящим ребенком, а ее мать уже не может получить наслаждение от куклы, но не сможет убедить дочь получить наслаждение от живого младенца.

С точки зрения девочки, как она может судить по своим ощущениям, ее мать тяжело работает с живым ребенком, не получая от этого никакого наслаждения (какое наслаждение можно получить от живого ребенка – он ведь не кукла! Наверное, в будущем мире ей за это воздастся. Я же хочу насладиться в этом мире и потому играю с куклой!).

Так считает ребенок, и с ним невозможно не согласиться, поскольку он еще не дорос до такого состояния, в котором сможет находить наслаждение в настоящих предметах, и находит его в игрушках, т.е. в ложных, ненастоящих объектах.

Все мы, Божьи создания, тянемся только к наслаждению, исходящему от Творца. И все можем желать только его и только в этом ощущать жизнь. И этим мы не отличаемся ни от наших душ до их снисхождения в наш мир и облачения в наши тела, ни после всех наших кругооборотов, когда все вернемся к Творцу. Такими желающими насладиться исходящим от Него светом мы созданы, и это изменить нельзя, да и не надо! Все что требуется от нас, для чего и создал нас Творец, это чтобы мы сменили внешнюю оболочку наших наслаждений, поменяли куклу на живого ребенка – действительно насладились!

Человек желает, как младенец во время кормления, только получать то, что хочет. Но поневоле согласен приложить усилия, если уверен, что их итогом будет получение наслаждения. Если же человек желает заняться работой над собой, изучением Торы, то тело его сразу же спрашивает: зачем это нужно?

На этот вопрос есть четыре ответа:

– для того чтобы досадить другим – самая плохая цель, потому что стремится причинить страдания другим;
– для того чтобы стать большим равом, получить хорошую должность, почет, деньги, удачно жениться – цель лучше прежней, потому что от него будет польза людям, это называется работой ради других, так как те платят ему;
– для того чтобы только Творец знал про его учебу и работу над собой, а люди чтобы не знали: он не желает получать почести от людей, но чтобы Творец воздал ему. Это

называется работой на Творца, потому что вознаграждение ждет от Творца;

– для того чтобы все плоды его труда получил Творец, но в ответ не ждет от Него никакой платы. И только в таком случае эгоизм спрашивает его: а что же тебе будет за это? И такому человеку нечего ответить самому себе, и остается только идти наперекор своему разуму и чувствам, т.е. выше своего разума и чувств (лемала ми даат).

Таким образом, вся его работа сводится к тому, что он полностью отстраняет свой ум и свои чувства от критики и проверки своего состояния, полностью доверяя его Творцу, а сам полную меру своих сил вкладывает в то, чтобы все его мысли и чувства постоянно были о Творце и величии духовной жизни. А на все обращения к нему своего же внутреннего голоса разума, со всеми его доводами о необходимости заботиться о всевозможных проблемах текущей жизни, он отвечает, что все, что от него требуется, он выполняет, но все свои мысли и желания устремляет только на благо Творца. А всю критику своего внутреннего голоса он не желает воспринимать. Таким образом, человек как бы повисает в воздухе без всякой разумной точки опоры, что и называется выше разума и чувств, «лемала ми даат».

Чем больше человек получает наслаждения от обладания чем-либо, тем он больше этим дорожит. А чем больше дорожит, тем больше боится потерять.

Как же может человек дойти до осознания и ощущения важности духовного, если никогда не ощущал его? Это приходит к нему от его усилий именно в состояниях духовной опустошенности, когда переживает, что нет у него ни малейшего ощущения величия духовного, что крайне удален от Творца, что не в состоянии измениться.

Усилия человека именно в таком состоянии, называемые будничной работой, рождают в нем важность духовного ощущения, называемого субботой, когда ему уже не надо (запрещено) работать над собой, а только хранить (субботу), дабы не потерять этот подарок Творца.

Известно, что если человек имеет личную заинтересованность в чем-то, то поневоле уже не может объективно судить о чем бы то ни было, что связано с этим объектом. Если сказать человеку напрямую, что он неправильно себя ведет, он никогда с этим не согласится, поскольку так ему удобнее, и потому уверен, что поступает правильно.

Поэтому если человек принимает на себя обязательство поступать, как ему говорят, то постепенно обнаруживает, что правда не в его прошлых поступках и мыслях, а в том, что ему советуют. Этот принцип называется в Торе наасэ вэ нишма.

Поскольку цель Творца насладить творения (каковыми являемся только мы, а все остальное создано Им только со вспомогательной целью), то до тех пор, пока человек не почувствовал совершенства в наслаждении и может обнаружить в нем (по качеству, степени, через какое-то время и т.д.) какой-либо недостаток, это признак того, что еще не пришел к цели творения.

Но чтобы получить наслаждение, цель творения, необходимо прежде сделать исправление своего желания получать наслаждение – получать, потому, что так желает Творец. Причем человек не должен заботиться о получении наслаждения, так как немедленно, как только исправит себя, оно тут же ощутится им, а должен думать только о том, как исправить себя.

Это подобно тому, как человек, желающий купить квартиру, не должен думать, как он ее получит, а должен думать, как он за нее рассчитается, как заработает, потому что как только у него будут деньги, квартира уже будет его. Таким образом, все усилия должны быть направлены не на квартиру, а на деньги.

Также и в постижении духовного, все усилия надо направить на создание условия для получения света, а не на сам свет, т.е. на создание альтруистических мыслей и желаний – и духовное наслаждение тут же ощутится.

Польза от прогресса человечества заключается в том, что, несмотря на то что человечество постоянно ошибается и вроде бы ничему не учится на собственных ошибках, процесс накопления страданий происходит в вечной душе, а не в бренных телах.

Таким образом, ни одно страдание не пропадает и приведет в каком-то кругообороте в этом мире человеческое тело к осознанию необходимости искать пути избавления от страданий в духовном возвышении.

Высшие, духовные миры справедливо назвать относительно нас антимирами, поскольку в нашем мире все законы природы построены на основе эгоизма, стремлении захватить и понять, а природа высших миров – это абсолютный альтруизм, стремление отдать и верить.

И настолько обратны эти два противоположных полюса духовной и материальной природы, что никакого подобия нет между ними, и все наши попытки представить себе, что там происходит, ни в коем случае не дадут нам ни малейшего представления. Только заменив желание сердца с «захватить» на «отдать» и желание ума с «понять» на «верить», вопреки уму, можно приобрести духовные ощущения.

Оба эти желания связаны друг с другом, хотя желание захватить находится в сердце, а желание понять – в мозгу. И это потому, что основа их – эгоизм.

Сказано в Каббале, что порядок рождения духовного объекта начинается с того, что «отец выводит мать наружу», чтобы родить сына: совершенство «выталкивает» разум из процесса анализа окружающего, чтобы получить новый, высший разум, независимый от желаний и потому истинно объективный.

Недостаточна просто вера в Творца. Эта вера должна быть еще во имя Творца, а не для собственного блага.

Молитвой называется только такое обращение к Творцу, которое подразумевает возбудить в Творце желание помочь молящемуся обрести чувство важности и величия Творца. Только на ощущение такого желания реагирует Творец тем, что поднимает молящегося в высший мир, и раскрывается ему все величие Творца, что дает ему силы для вознесения над собственной природой.

Только получив свет Творца, дающий силы противостоять своей эгоистической природе, человек получает ощущение того, что достиг вечности, постоянства, потому что не может уже в нем ничто измениться, и никогда не вернется снова к эгоизму, а уже вечно будет жить в духовном мире. Поэтому в его ощущениях настоящее и будущее становятся равны, и появляется чувство достижения вечности.

Поскольку наш Творец находится в состоянии абсолютного покоя, то и мы, его создания, стремимся к состоянию покоя –

достижения желаемого. Творец создал две силы для нашего развития: толкающая сзади, т.е. страдания, заставляющие нас убегать от нашего состояния, и притягивающая, манящая наслаждением впереди. Но только две эти силы одновременно, а не каждая в отдельности, в состоянии сдвинуть нас с места и заставить двигаться.

И человек ни в коем случае не должен жаловаться, что Творец сотворил его ленивым, что это, дескать, Творец виноват, что ему так трудно сдвинуться с места. Наоборот, именно потому что он ленив, он не стремится бездумно и импульсивно за любыми мелкими увлечениями в жизни, а долго приценивается, стоит ли тратить силы на то, что случайно приглянулось.

И от страданий он убегает не сразу, а оценивает, зачем, с какой целью он их получил, учится на них, чтобы избежать в будущем, потому что они вынуждают его к действию и движению, которые ему так трудно совершить.

Во всех жизненных ситуациях человек хотел бы использовать весь свой эгоизм. Но окружающие не позволяют ему действовать подобным образом. Все наши законы человеческого общежития построены на том, чтобы договориться между собой об использовании каждым своего эгоизма, чтобы при этом минимально пострадали другие.

Потому что при любом общении мы хотим максимального: ведь продавец хотел бы получить деньги, не отдавая товара, а покупатель хотел бы получить товар бесплатно. Хозяин мечтает о бесплатных работниках, а работник желает получить зарплату, не работая.

Наши желания можно измерить только по силе страданий от отсутствия того, чего мы желаем: чем больше страдание от отсутствия желаемого, тем больше, значит, желание к нему.

Говорится: «желает Творец жить в низших созданиях» – создать эти условия в нас самих и есть цель творения и наше предназначение.

Идолопоклонство (авода зара) – это следование эгоистическим желаниям тела, в противоположность духовной работе, аводат ашем, аводат акодэш – следованию альтруистическим желаниям или целям (если желаний еще нет).

Духовное слияние – это полное подобие свойств двух духовных объектов.

Духовная любовь – это следствие ощущения полного слияния. Поскольку имеется в виду слияние двух противоположных свойств – человека и Творца, то проверка – любовь ли это или подчинение – заключается в том, что если у человека нет желания вернуться к своей власти, власти своих желаний, то это признак того, что он действительно любит Творца.

Совпадение означает, что так же как есть у Творца радость от доброго влияния на творения, так и у человека есть радость от того, что может что-то дать Творцу.

Возвращение, тшува, означает, что человек в течение своей жизни в этом мире вернется в то духовное состояние, в котором находился при сотворении его души (состояние первого человека до грехопадения).

Есть два органа действия, два действующих начала в человеке – ум и сердце, мысль и желание. И над обоими он должен провести работу по преобразованию их эгоистической основы в альтруистическую.

Все наши наслаждения мы ощущаем в сердце. Если человек в состоянии отказаться от любого земного наслаждения, ради обладания духовным свойством, н заслуживает получать настоящие наслаждения свыше, потому что уже не использует свой эгоизм.

Ум не ощущает наслаждения от того, что понимает то, что делает. Если человек в состоянии делать не понимая, а в силу веры, против того, что говорит ему разум, что называется идти выше разума, несмотря на то что умом постиг и думает иначе, то, значит, и в уме исключил свой эгоизм, и может поступать по разуму Творца, а не по своему уму.

Свет Творца пронизывает все творение, в том числе и наш мир, хотя никак нами не ощущается. Этот свет называется светом, оживляющим творение. Благодаря ему, творение, миры существуют, иначе бы не только остановилась жизнь, но исчез бы и сам материал, из которого они состоят. Этот оживляющий свет проявляет свое действие во всевозможных материальных одеяниях объектов и явлений нашего мира перед нашими глазами.

Все, что нас окружает, и мы сами, есть не что иное, как свет Творца – и в Торе, и в материи, и в самом грубом творении. А разница ощущается только нами, воспринимающими внешние оболочки, одежду света. На самом же деле внутри всех творений действует одна сила – свет Творца.

Большинство людей не ощущает свет Творца, а только его внешнюю одежду. Есть люди, которые ощущают свет Творца только в Торе. А есть люди, ощущающие свет Творца во всем, ощущающие, что все вокруг – это исходящий от Творца и все собой заполняющий свет.

Творец решил сотворить человека в нашем мире, чтобы с самых низин своего первоначального состояния человек смог духовно подняться до уровня Творца, стать, как Творец. Поэтому Творец создал свойство эгоизма – желание насладиться. Это ощущение эгоизма и называется первым творением.

Поскольку Творец – это свет, то естественно, первое творение оказалось заполненным светом-наслаждением.

Таким образом, вначале творения свет-наслаждение заполнял все созданное пространство-эгоизм, заполнял целиком, до предела все желания насладиться, какие только есть в сотворенном эгоизме.

Затем Творец сократил распространение света, скрыл его, и на его месте, в творении, в желании насладиться, в эгоизме появилась боль, пустота, тьма, тоска – все, что только можно себе представить при полном отсутствии наслаждения от чего бы то ни было.

Для того, чтобы поддержать минимальное стремление к жизни в человеке, чтобы не покончил с собой от отсутствия какого бы то ни было наслаждения, Творец дает нам желание насладиться маленькой порцией света, «нэр дакик», одетой в различные предметы нашего мира, к которым поэтому мы стремимся.

Таким образом, мы неосознанно и автоматически находимся в постоянной погоне за светом Творца. И мы рабы этого природного стремления.

Но человек должен верить, что скрытие Творца, ощущение безысходности в отсутствии наслаждения, специально создается Творцом для пользы человека, потому что если свет

Творца заполнит эгоизм, у человека не будет свободы воли самостоятельно действовать, ибо станет рабом наполняющего его наслаждения.

И только в отрыве от света Творца, в ощущении Его скрытия, когда человек ощущает себя как абсолютно независимое, самостоятельное существо, есть возможность самостоятельного решения и действия.

Но и эта самостоятельность проявляется только при определенных условиях. Ведь хотя Творец скрыл себя от нас, но наш эгоизм в нас остался, и он командует всеми нашим помыслами и чувствами.

Поэтому действительная свобода воли появляется только тогда, когда:

1) человек не ощущает влияния Творца и

2) может поступать независимо от желаний своего тела.

Такая возможность предоставлена нам именно в наших, земных условиях, почему мы в них и находимся. И человек должен верить в то, что нет никого и ничего в мире, кроме Творца.

И даже он сам есть некое самостоятельное осознание своего «я» именно вследствие созданного в его ощущении эгоизма, а если бы избавился от этого качества, то снова стал бы частью Творца.

Человек должен верить, что скрытие Творца ощущается только им, в его чувствах, что скрытие Творца создано специально для пользы человека. Поэтому до тех пор, пока человек не подготовлен узнать истину, он должен верить, что истина не такая, какой он ощущает ее в своих чувствах. А понять ее можно постепенно и только в той мере, в какой человек достигает совершенства в своих качествах.

Т.о. вся работа человека возможна только в состоянии скрытия от него духовного наслаждения, чтобы, несмотря на скрытие Творца, мог сказать себе, что духовную непривлекательность он ощущает только по желанию Творца, а на самом деле нет ничего более совершенного.

И если человек, вопреки ощущению тьмы, подавленности и пустоты, вопреки доводам разума, может устремиться к поискам ощущения Творца, духовному сближению, что называется, идет выше своего разума и чувств по принципу «эмуна лемала ми даат», то Творец открывается ему, потому что во всех своих состояниях человек ищет и ждет только этого.

Таким образом рождается в человеке настоящее желание ощутить Творца, что является необходимым условием для раскрытия Творца.

Сила веры в возможность ощущения Творца измеряется ощущением глубины падения, из которой человек может воззвать к Творцу.

Но человек должен понимать, что если он еще не готов к ощущению Творца, то поневоле эгоистически насладится этим неземным ощущением.

Поэтому человек должен просить Творца: 1) чтобы он был подготовлен ощутить высшее наслаждение; 2) чтобы Творец дал ему силы удержаться в вере выше разума, несмотря на раскрытие Творца.

Есть два вида помех со стороны нечистых сил (клипот), которые в нас: удержание (ахизат клипот) и вскармливание (еникат клипот).

Когда человек не чувствует никакого вкуса в занятиях и работе над собой и через силу идет вперед, то клипа показывает человеку всевозможные недостатки духовного существования: человек ощущает, что нет ничего в духовном.

Вследствие этого у клипот есть возможность «удержать» человека от занятий, поскольку не видит величия духовного. Подобное состояние называется явление Творца в пепле (шхинта бэ афра).

Но если человек силой воли все же продолжает стремиться вперед и начинает ощущать вкус в духовной работе над собой, то клипа начинает «кормиться» от его духовных постижений, т.е. то, что человек заработал (наслаждение от духовного), она теперь хочет забрать себе, вселяя в человека мысли, что он должен продолжать работать, но не потому, что Творец желает, а для собственного удовольствия.

И если человек сдается этим мыслям, то все наслаждение переходит в его эгоизм. И это называется «вскармливание» клипот. В этом случае человек должен просить Творца, чтобы Он помог справиться с подобными совратительными мыслями.

Вывод: сначала человек должен просить Творца о том, чтобы ощутить наслаждение в Торе, а потом – чтобы это наслаждение не принять в свой эгоизм.

Возражения тела против духовной работы, так как не получает от этого ни наслаждения, ни уверенности в вознаграждении в будущем, называются «злой язык» – лашон ра. Для того чтобы избежать соблазна, человек должен притвориться глухим к зову тела и слепым, вообразить, что якобы есть свет Торы, но только он его не видит. А затем Творец открывает ему глаза и слух, и видит свет Торы и слышит, что говорит только ему Творец.

Усилия, которые человек прилагает в любой своей деятельности для постижения духовного, постепенно накапливаются в такой степени, что их количество становится достаточным для образования сосуда-кли или одежды-левуш для приема внутрь света Творца, души человека.

(Часть из усилий, соответствующая сфире ход, образует вокруг человека объемную картину-сферу, которую он считает своим духовным миром, аналогично тому, как мы воспринимаем нашу вселенную, мир, который ощущаем сейчас, и поэтому говорим, что находимся в нем.)

Кроме света-Творца и человека, созданного этим светом, находящегося внутри этого света и могущего (больше-меньше, в зависимости от совпадения свойств со светом) ощущать свет, нет ничего.

Если свойства человека и света не совпадают, человек совершенно не чувствует света, т.е. Творца. Первоначально человек помещается именно в такие условия полного властвования эгоизма, называемые «наш мир».

Только посредством своих усилий он может постепенно взрастить в себе такое желание и необходимость ощущения Творца (сосуд для света Творца), что начнет ощущать Его. Усилия человека заключаются в том, что он пытается всеми силами сам исправить себя, а убедившись в собственном бессилии, взывает к Творцу молитвой о помощи в спасении от эгоизма и слиянии с Творцом. Этот процесс может длиться месяцы, годы, если проходит под руководством учителя-каббалиста, или несколько жизней-гильгулим, если человек проходит его самостоятельно, путем страданий.

Только правильные усилия в нужном направлении создают сосуд души, внутри которого раскрывается человеку его Творец.

Причины поступков человека называются в Каббале отцами, а следствия поступков сыновьями (правильные духовные действия).

Не по своей воле ты рождаешься: тебя заставляет родиться духовно Творец путем страданий (получить душу – свет Творца), и в твоих силах осуществить это самостоятельно путем Торы.

Не по своей воле ты живешь: если не по своей (эгоистической) воле будешь действовать (жить), то получишь настоящую вечную духовную жизнь, которую только и можно назвать жизнью.

Не по своей воле ты умираешь: если не хочешь (духовно) умереть или быть духовно мертвым (без души – света Творца), должен поступать не по своей воле.

Работа в средней линии души начинается с правой линии: белый свет (ловэн дэ аба), свет мудрости (ор хохма) входит в 320 искр (нецуцим), и власть (малхут) эгоизма спускается на свое место, так как на нее есть запрет использования (Цимцум Алеф). Это на языке Каббалы. А языком наших чувств: оттого что ор хохма раскрывает эгоизм как зло (авиют), человек ощущает, что нет более мерзкого поступка, чем работать на себя. Но все равно нет у него еще сил работать на других, отдавать.

Поэтому необходима левая линия: красный свет (одэм дэ има), дающий человеку альтруистические желания и силы.

Сами органы духовных чувств по аналогии с нашими пятью органами (зрение, слух, обоняние, речь, осязание) действуют с определенной выбираемой нами целью.

При воздействии белого света человек осознает, что нет ему выгоды использовать для себя эти пять органов, нет смысла работать на эгоизм.

Отсутствие желания самонасладиться, побуждающего эти пять органов к работе, ведет к отсутствию энергии для совершения какого бы то ни было движения, т.е. к пассивности и бездействию. Человек еще не осознал, что может быть целью работа на отдачу, альтруистические действия.

Поэтому необходимо воздействие еще одного духовного свойства, называемого красный свет, левая линия, малхут мемутэкет ба бина, чтобы его желание насладиться согласилось на альтруистическую работу (свойства бина).

Получая энергию духовно, альтруистически двигаться, человек начинает действовать на сочетании свойств правой и левой линий и получает в свои новые желания свет Творца (средняя линия), наслаждение совершенством.

Если человек согласен получить силу веры, альтруизма-митук дэ бина, хасадим мехусим, катнут, лемала ми даат, то может впоследствии получить и высший разум, хасадим мегулим.

Принцип отречения от самонаслаждений, избранный одной из мировых религий и принцип наслаждения, выбранный другой, происходят из нечистых (эгоистических) сил (клипот) правой и левой линий духовного восхождения.

Поэтому там, где в Торе сказано о самоограничении, имеется в виду предварительная стадия работы над собой, попытка отречения собственными силами от намерения самонаслаждения.

Можно явно видеть корни всех верований, течений, групп, религиозных философий в различных клипот, окружающих левую и правую духовные, чистые линии, питающихся посредством схватывания-удерживания (ахиза) или вскармливания (еника).

Но цель работы – в средней линии, взойти до бесконечного, т.е. не имеющего конца, границы, т.е. неограниченного нашими свойствами, наслаждения Творцом.

Местом в духовных понятиях называется желание. Отсутствие желания называется отсутствием места. Как и в нашем мире человек говорит, что нет места в желудке принять пищу, потому что нет желания.

Духовное место, желание человека ощутить Творца, называется сосудом (кли) его души, или шхина. В этот сосуд он получает свет Творца, раскрытие Творца, называемое душой человека. Сам Творец называется шохэн.

Поскольку все наши желания пронизывает эгоизм (рацон лекабэль), есть скрытие света Творца (галут шхина). По мере изгнания эгоизма из наших желаний очищается место. Неисправленное желание называется гой, а поскольку их множество, то они называются народами мира. Исправленное желание называется Исраэль.

В освободившемся месте – исправленном желании – раскрывается свет Творца, сам Творец действует тайно, скрыто от нас.

Процесс раскрытия Творца по мере исправления, очищения (акшара от слова кашрут – ритуальная чистота) наших желаний, мест, сосудов (килим) воспринимается нами как приход света. На самом же деле нет никакого движения, но подобно процессу проявления фотоснимка свет постепенно проявляется в наших ощущениях.

Поскольку мы воспринимаем не сам свет, а его воздействие на наш сосуд, то и самого Творца (шохэн) мы называем по имени Его раскрытия – шхина, а о Нем самом мы можем судить только по тем ощущениям, которые Он вызывает в нас.

Поэтому раскрытие Творца называется шхина. Если Творец скрывает себя, говорится, что шхина находится в изгнании, шохэн скрывается. А если человек заслужил раскрытие Творца, это называется возвращением из изгнания.

Мера раскрытия Творца в человеке называется душой (нэшама). Как только какое-либо из своих желаний человек в состоянии исправить на альтруистическое, сразу же в нем проявляется ощущение Творца. Поэтому говорится, что душа человека – это часть самого Творца.

В состоянии конечного исправления Творец заполнит все наши желания, т.е. раскроется нам в той мере, в какой Он желает раскрыться творениям, соответственно чему Он создал наши желания еще в начале творения.

Шхина – это сумма всех частных душ. Каждая душа есть часть общего раскрытия Творца.

Мы не можем ответить на вопрос, что за причина вызвала у Творца желание сотворить нас, чтобы дать наслаждение поскольку этот вопрос касается процесса до начала творения, а мы постигаем максимум то, что раскрывается нам, т.е. после этого момента развития.

Исходная ступень, начиная с которой мы постигаем творение, это ощущение наслаждения, исходящее от Творца. Поэтому мы называем целью творения «желание Творца насладить создания», постигающие Его.

Все вопросы выше этой ступени – выше нашего постижения. Человек должен постоянно помнить, что все наши понятия и знания исходят только из личного постижения.

Наше желание наслаждения – единственное, что в нас есть. Все возможности нашего тела, его способности, разум, весь наш прогресс – все только для того, чтобы обслуживать это наше единственное желание насладиться от различных объектов, которые мы порождаем, изобретаем, ищем, принимаем как нужные, модные, необходимые, респектабельные и т.д. и все это ради того, чтобы возможно было постоянно получать наслаждения, где бы мы ни были, на любой вкус и нрав.

Мы не можем жаловаться на безграничные вариации желания насладиться. Только одно это желание было достаточно создать Творцу, чтобы далее мы ощутили себя самостоятельными (желающими) существами и могли самостоятельно действовать на основании этого единственного нашего инстинкта – «инстинкта выбора максимального наслаждения».

Выбор максимального наслаждения происходит с привлечением всех наших умственных, подсознательных, физических, нравственных и многих других данных, возможностей, памяти на всех уровнях – от атомной, молекулярной, биологической, животно-телесной и др. до высших способностей нашего разума.

Простой пример: человек любит деньги, но под угрозой смерти готов все свое богатство отдать грабителю. Таким образом, он меняет одно наслаждение – от богатства – на другое, еще большее – остаться в живых.

Невозможно произвести действие, если человек не будет уверен, что в итоге выиграет по сравнению со своим настоящим состоянием. Причем выигрыш может быть в любом виде, в любом обличии, но главное, что конечное наслаждение будет больше, чем нынешнее, – только тогда человек может действовать.

Какая же разница, получает ли человек наслаждение от эгоизма, получения, или от альтруизма, отдачи?

Дело в том, что запрет пользоваться эгоизмом обусловлен ощущаемым при этом чувством стыда, обязательно возникающим у получающего. Но если получает ради дающего, то не ощущает стыда, и его наслаждение совершенно.

Поскольку первичное духовное создание, именуемое «общая душа», или «первый человек», было не в силах произвести такой переворот в своих замыслах при получении огромного наслаждения от Творца, оно разделилось на 600 тысяч частей (душ). Каждая часть, каждая душа получает «нагрузку» в виде эгоизма, который должна исправить. Когда все части исправятся, они снова сольются в «общую исправленную душу». Такое состояние общей души называется концом исправления – гмар тикун.

Это подобно тому, как в нашем мире человек в состоянии удержать себя от кражи незначительной суммы денег, от небольшого наслаждения, из-за страха наказания или стыда, но если наслаждение больше, чем все его силы сопротивления, то не в состоянии удержать себя.

Поэтому, разделив душу на множество частей и каждую часть – на множество последовательных стадий работы в виде многоразовых облачений в человеческие тела (гильгулим), и каждое состояние человека – на множество подъемов (алиет) и спусков (еридот) в желании изменить свою природу, Творец создал нам условия свободы воли для преодоления эгоизма.

Если человек чувствует любовь к Творцу, он немедленно должен пытаться присоединить к этому чувству также чувство страха: не является ли его чувство любви эгоистичным. И только если есть оба этих чувства, есть совершенство в устремлении к Творцу.

Испытывающий стремление к духовному постижению, но не ощущающий еще Творца, полон духовного смятения. И хотя свыше дано ему стремление познать Творца, все равно не готов сам сделать шаг вперед к этому, пока свыше не дадут ему такое желание, которое подтолкнет его и позволит понять, что все его ощущения и жизненные обстоятельства таковы, потому что проникнуты желанием Творца обратить внимание на себя и побудить идти навстречу. И тогда во всем окружающем можно видеть обращение Творца к каждому из нас лично.

Ведь именно поэтому мы сугубо индивидуально воспринимаем картину мира и даем свою интерпретацию всему происходящему. Правило «сколько людей, столько и мнений» именно и подчеркивает единственность каждого из нас.

И потому, вслушиваясь в свои чувства, человек может начать диалог с Творцом, по принципу «человек есть тень Творца», т.е. как тень движется в соответствии с движением человека, и все движения тени только повторяют движения человека, так и внутренние движения человека – его желания, стремления, восприятия, вся его духовная суть, его взгляд на мир – повторяют движения, т.е. желания, Творца относительно данного человека.

Поэтому, если человек вдруг почувствовал желание ощутить Творца, он сразу же должен осознать, что это не результат каких-либо его действий, а это Творец сделал навстречу ему шаг и хочет, чтобы человек почувствовал влечение, тягу к Нему.

В начале пути Творец при каждом удобном случае обращается к человеку, вызывая в нем тоску и страдания по духовным ощущениям. Но каждый раз на данное человеку влечение Творец ждет такой же реакции со стороны самого человека. То есть если человек понимает, что с той же силой чувств, с какой он хочет ощутить Творца, Творец хочет ощутить его, и пытается развить в себе эти чувства и усилить их, он тем самым движется навстречу Творцу, пока не соединяется с Ним по своим желаниям и свойствам.

Но поскольку, находясь в начале пути, человек еще не чувствует и не понимает Творца, то после нескольких бесплодных попыток продвинуться навстречу Творцу, ему вдруг начинает казаться, что только он желает сблизиться с Творцом, а Творец пренебрегает им. И человек, вместо того чтобы дополнить свои стремления до необходимого предела и слиться с Творцом, начинает в сердце обвинять Творца в пренебрежении к себе и сердиться, совершенно забывая, что точно в той же степени Творец желает его и потому-то дал ему такие стремления к себе.

И пока в человеке нет полной веры в единственность Творца, он неизбежно будет круг за кругом возвращаться к тем же ошибкам до тех пор, пока Творец, суммируя все усилия человека удержать мысль о том, что свое влечение к Творцу он получает от Творца, получит необходимое число усилий человека и поможет, открывшись ему, показывая всю истинную панораму миров и самого себя.

Полностью слиться с Творцом человек может только в том случае, если все свои стремления с радостью устремит к Творцу. И это называется «всем сердцем», т.е. даже тем, чего не требуется для подобия Творцу.

Если человек в состоянии полностью принизить все выявленные в себе эгоистические желания, ощущая при этом радость в сердце, он создает условия для заполнения его сердца светом Творца.

Главное в работе человека над собой – это достичь чувства наслаждения в том, что делает что-либо приятное Творцу, потому что все, что делает для себя, отдаляет его от Творца. Поэтому все усилия должны быть направлены на отыскание приятного в обращении к Творцу, сладости в мыслях и чувствах о Нем.

Когда человек чувствует себя абсолютно опустошенным, это и есть подходящее время искать величие Творца и опору в Нем. И чем более опустошенным и беспомощным он себя ощущает, чем более величественным может представить себе Творца, тем выше он сможет подняться, прося у Творца помощи в духовном восхождении, в том, чтобы Творец раскрыл ему свое величие, и это лишь для того, чтобы появились силы для движения вперед.

В таком состоянии человек нуждается в Творце и Его помощи, поскольку разум говорит ему в это время совершенно противоположное. Поэтому ощущение собственной опустошенности приходит именно для того, чтобы человек заполнил его ощущением величия Творца, называемым верой.

Праведником называется тот, кто:

1) во всем, что чувствует, будь то плохое или хорошее, оправдывает действия Творца, несмотря на воспринимаемые телом, сердцем и разумом чувства. Оправдывая любые ощущения, посылаемые ему Творцом, он как бы совершает шаг вперед навстречу Творцу, так называемый «правый» шаг;
2) ни в коем случае не закрывает глаза на свое истинное положение и ощущения, сколь бы они ни были неприятны. Даже если и не понимает, для чего необходимы подобные состояния, не пытается их стушевать. Поступая таким образом, он как бы делает вперед «левый» шаг.

Совершенство в духовном продвижении заключается в том, что человек постоянно движется вперед, попеременно меняя эти два состояния.

Абсолютным праведником называется тот, кто оправдывает все действия Творца, как над собою, так и над всем творением, т.е. достигший возможности воспринимать ощущения не в свои эгоистические желания, а уже оторвавшийся от них и желающий только радовать.

В таком состоянии не может быть у человека духовных падений, так как все, что с ним происходит, он не расценивает с точки зрения собственной выгоды, и потому все, что ни делается, все к лучшему.

Но поскольку не в этом заключается цель Творца в творении, но в том чтобы творения именно в своих ощущениях наслаждались, то достижение уровня праведника – это еще не конечное состояние человека. Поэтому после того, как человек достигает ступени праведника, он должен постепенно вновь начать возвращать себе свой эгоизм, подавленный им во время постижения уровня праведника.

Но и этот, возвращаемый вновь эгоизм праведник прилагает к приобретенному желанию радовать Творца и потому уже может не только отдавать, но и получать наслаждения в свои возвращаемые желания, доставляя этим радость Творцу.

Это подобно тому, как альтруист нашего мира стремится творить добро, поскольку родился с такими склонностями, а не получил их от Творца в качестве вознаграждения за работу над собой, и ничего не хочет якобы ради себя, поскольку создан его эгоизм таким образом, что он наслаждается, отдавая людям, и действует таким образом ради заполнения своего эгоизма и не может действовать иначе.

И это подобно ситуации, в которой человек находится в гостях у своего друга: чем с большим аппетитом и наслаждением он вкушает предлагаемое ему, тем большее удовольствие он доставляет дающему, а не будучи голодным не в состоянии порадовать друга.

Поскольку при получении наслаждения у получающего возникает чувство стыда, то если он отклоняет угощение достаточное количество раз, у него создается ощущение, что вкушая, он делает одолжение хозяину, тогда чувство стыда пропадает, и наслаждение испытывается в полной мере.

В духовных ощущениях нет самообмана, будто праведник не желает получить никаких наслаждений. Завоевывая ступени праведности, он на самом деле отказывается от эгоистических наслаждений с помощью Творца, заменяющего его эгоистическую природу на альтруистическую, и потому действительно стремится лишь доставить радость Творцу.

А уже видя, что Творцу доставляет наслаждение только то, что его создания наслаждаются исходящим от Него наслаждением, не уменьшаемым или даже уничтожаемым чувством стыда, праведник вынужден вновь использовать свой эгоизм, но уже с другой целью – наслаждаться ради Творца.

В итоге Творец и человек полностью совпадают по намерению и действию: каждый стремится усладить другого и потому наслаждается. И нет никаких ограничений в получении наслаждения в таком виде: и напротив, чем ощущаемое наслаждение больше, тем выше духовный уровень, и есть дополнительное наслаждение – от слияния с Творцом, т.е. наслаждение от постижения бесконечной силы, власти, могущества без всякой заботы о себе.

Поэтому уровень праведника недостаточен для достижения цели творения – наслаждения исходящим от Творца светом, это лишь необходимая ступень исправления наших намерений – «для чего мы хотим наслаждаться». Постижение ступени праведника лишь позволяет нам избавиться от чувства стыда при получении наслаждения от Создателя.

Насколько эгоизм – природа человека нашего «этого» мира простая категория, всеобщий закон жизни материи, а альтруизм – категория утопическая, настолько наоборот они воспринимаются находящимися на ступенях духовного мира.

Усложнение происходит по причине сокрытия (астара) Творца. Человек наслаждается, только наполняя свои желания – а Тора говорит, что это зло, не для его пользы. И человек не понимает, почему так, ведь он не может чувствовать в страданиях никакого наслаждения, а должен верить, что это добро для него.

Поэтому на каждое действие или мысль у человека возникает множество расчетов. Причем, чем ближе он находится ко входу в духовный мир (махсом), тем все сложнее, и понятней становится одна истина: «Много мыслей в сердце человека, но только совет Творца их разрешит» (арбэ махшавот бэ лев иш, ве эйцат ашем такум).

Отличие человека, желающего духовно возвыситься, т.е. приобрести духовные свойства, свойства Творца, от человека, выполняющего желания Творца за вознаграждения и в силу полученного воспитания, – в том, что у последнего есть вера в вознаграждение и наказание, и поэтому он выполняет желания Творца. Творец в таком случае для него, как дающий работу, платящий зарплату, а человек, как работник, которому не важен хозяин, а важна зарплата: вознаграждение наслаждением или наказание страданием в этом или будущем мире. И это дает ему силы выполнять заповеди, и он не спрашивает себя, для чего он выполняет волю Творца, ведь верит в вознаграждение.

Но тот, кто хочет выполнять желания Творца не ради платы, постоянно спрашивает себя: для чего же он это делает? Ведь если это желание Творца, то для чего Творцу это надо, ведь Он полон, совершенен? Что же Ему добавят наши действия? Очевидно, что для нас самих. И человек начинает исследовать, что же за выгода есть для него в выполнении желаний

Творца. И постепенно осознает, что платой за выполнение является исправление самого человека, пока не получит свыше свою душу – свет Творца.

Тора говорит, что грешникам эгоизм представляется как небольшое препятствие, похожее на нитку, а праведникам – на высокую гору. Поскольку Тора говорит только относительно одного человека, в котором его свойства, мысли и желания называются различными именами нашего мира, то под грешниками и праведниками подразумеваются состояния одного человека.

Сокрытие означает не только сокрытие Творца, но и сокрытие сути человека от него самого. Мы не знаем самих себя, наших истинных свойств – они раскрываются нам только в том объеме, в котором мы можем исправить их. (Человек подобен ящику с отбросами: чем больше он в себе копается, тем больше нечистот и зловония он ощущает).

Поэтому тем, кто еще в начале пути, грешникам, показывает Творец, что их эгоизм не такой уж непреодолимый, чтобы у человека не опустились руки от вида непосильной работы.

Тем же, кто уже находятся в пути, в той мере, в какой они приобрели силу сопротивления эгоизму и ощущение важности исправления, Творец раскрывает истинные размеры их зла.

А праведникам, т.е. тем, кто желает стать праведником, Творец раскрывает всю величину их эгоизма, и им он представляется как высокая, непреодолимая гора.

Итак, по мере продвижения человека ему раскрывается все больше его собственное зло в той мере, в какой он может его исправить. Поэтому, если человек вдруг раскрывает в себе нечто отрицательное новое, он должен помнить, что если он это почувствовал, значит может с этим справиться, т.е. не поддаться унынию, а просить Творца его исправить.

Например, когда человек начинал работать над собой, то ощущал во всех наслаждениях окружающего мира только 10 грамм наслаждения и мог пренебречь им. А потом Творец дает ему вкус наслаждения в 15 грамм. И начинается работа, потому что человек чувствует себя от прибавления вкуса в наслаждениях более низким (от ощущения стремления к ранее не привлекавшим его наслаждениям) и более слабым (от разницы между силой притяжения к наслаждению и силой своего сопротивления).

Но в таком состоянии человек обязан заявить себе, что это от того, что Творец добавил ему вкус в наслаждениях на 5 грамм. А затем пробовать самому справиться и, видя что не в состоянии, просить Творца. Но получив силы справиться с наслаждением в 15 грамм, тут же получает прибавление во вкусе наслаждения еще на 5 грамм и снова чувствует себя более слабым и более низким и т.д.

Вся информация о духовном объекте аккумулируется в понятии «танта» – таамим (музыкальные знаки), нэкудот (точки), тагин (знаки над буквами), отиет (буквы) в понятиях и на языке Каббалы. На языке духовной работы, таамим – это вкус, ощущаемый от поступления света. Поэтому тот, кто желает попробовать вкус настоящей жизни, он должен внимательно отнестись к духовной точке, находящейся в его сердце.

У каждого человека есть точка в сердце, но обычно она не подает признаков жизни, не светит, и потому человек ее не ощущает. В таком случае она называется черной точкой. Эта точка есть часть, зародыш души человека (нэфеш дэ кдуша).

Свойство этой точки альтруистическое, потому что она – зерно будущего сосуда души и ее света – часть Творца. Но начальное ее состояние в человеке скрыто, и потому называется такое ее состояние изгнанием (Творец в изгнании), так как человек не ценит ее. Такое состояние души называется «точки»-нэкудот.

Если человек возносит важность этой точки выше своего «я», выше головы, как знаки над буквами (тагин), уподобляя не пеплу, но короне на своей голове, то эта точка изливает свет в тело (отиет), из потенциальной точки она превращается в источник сил для духовного возвышения человека.

Поэтому вместо всех наших просьб о помощи к Творцу единственной нашей молитвой должна быть молитва об осознании важности ощущения Творца как средства нашего исправления ради Него.

Возможность совершать благие (альтруистические) действия есть не средство, а награда для желающего быть подобным Творцу.

Последовательность процесса выхода человека из эгоизма в духовный мир описывается в Торе, как выход из Египта. Появление у человека альтруистических желаний (келим дэ ашпаа) называется выходом из Египта. Но альтруистические желания означают, что человек предпочитает идти путем веры, а не знания, а выйти из эгоизма возможно только под действием видения духовного, света знания – ор хохма, рассечением пограничного моря (ям суф), преодолением границы между двумя мирами.

Поэтому Творец совершает чудо – дает человеку свет знания, хотя у человека еще нет соответствующего сосуда (кли гадлут) для получения этого света.

Человек с помощью этого света преодолевает рубеж (махсом), затем чудо проходит, но вошедший в духовный мир один раз уже не возвращается на уровень нашего мира. Следующий этап заключается в том, что человек должен теперь сам приобрести сосуд для получения света-знания. Это происходит трудным путем продвижения по духовной пустыне, пока не удостаивается получить свет Торы, поднявшись на «гору Синай».

Выполнение заповедей происходит силой веры выше знания (эмуна лемала ми даат), когда свои мысли и желания человек ставит ниже веры, малое состояние, катнут, малхут ола ле кэтэр, т.е. малхут представляет собою в таком состоянии только точку кэтэр, ор кэтэр или нэфеш в нэкуда шель малхут. В таком минимальном своем состоянии нечистые (эгоистические) силы человека не могут одолеть его, потому что веру поставил выше знания и ощущения. Малым такое состояние называется потому, что, не имея сил для противоборства с эгоизмом, человек его просто не принимает в расчет. Это подобно тому, как не имея силы принять лишь небольшое количество пищи, человек вовсе отказывается от всей порции.

Но связь с Торой, светом Творца, может быть только если человек сможет получить в себя этот свет, т.е. работать альтруистически со своим эгоизмом. И в той мере, в какой человек исправил свой эгоизм на альтруизм, в исправленные сосуды входит свет Торы. Такое состояние духовного сосуда (исправленного эгоизма, кли) человека называется большим, гадлут: малхут спускается с кэтэр до того уровня, на ту сфиру, на уровне которой человек в состоянии противостоять желанию самонаслаждения и получать не для своего наслаждения. Полностью получить весь свет Торы, ощутить всего Творца, полностью слиться с Ним можно, только полностью используя эгоизм на службе альтруизма. Такое состояние называется концом исправления. И это цель творения.

Все наши ощущения сугубо субъективны, и картина мира, видимая нами, зависит от нашего внутреннего состояния – душевного, физического, от настроения и т.п. Но в духовных восприятиях ощущение – это сама действительность, потому как там, где духовно находится человек, там же он и воспринимает настоящее.

Нашим миром называется настоящее наше ощущение. Будущим миром называется то, что мы ощутим в следующее мгновение. Времени нет, есть только смена ощущений. Если человек воспринимает все верой выше знания, то полностью живет в будущем...

В нашей повседневной жизни человек, имеющий свой бизнес, например, систематически подводит итоги своей работы и прибыли. И если видит, что его затраты и усилия не оправдываются, т.е. прибыль меньше затрат, то закрывает этот бизнес и открывает новый, потому что ожидаемая прибыль стоит перед его глазами. И ни в коем случае не обманывает сам себя, а четко подсчитывает свою прибыль в виде денег, почестей, славы, покоя и т.п. – в том виде, в каком он желает ее иметь.

Почему таким же образом человек не подводит общий итог своей жизни, допустим раз в год – для чего он его прожил? Но если хоть немного займется своим духовным развитием, начинает ежеминутно себя об этом спрашивать?

Наш мир является миром лжи, и потому само тело не хочет этих вопросов, потому что не может на них ответить. Действительно, что оно может ответить человеку на исходе года или на исходе жизни? Все прошло: и хорошее, и плохое, и с чем он остался? Зачем работал на свое тело? Ответа нет, потому что нет оплаты за прожитое. И поэтому тело не позволяет такие вопросы задавать.

В то время как духовное, поскольку это истина, и его вознаграждение вечно, каждый раз само задает человеку вопрос о его духовной прибыли, дабы возбудить человека на еще большую прибыль от его усилий, чтобы больше исправил себя и больше получил вечного вознаграждения.

Зачем же Творец дает человеку ложные занятия в жизни в нашем мире? Процесс создания духовного сосуда чрезвычайно сложен и потому длителен. Человек ведь обязан пройти в своих ощущениях весь вселенский эгоизм, т.е. ощутить всего его, во всей его низости, и вкусить во всех его ложных наслаждениях до самых его низин. Эта работа по накоплению опыта происходит не за один кругооборот жизни в нашем мире.

Но вся информация накапливается в душе и проявляется в нужный момент. А до этого процесс накопления скрыт от человека, и он ощущает только свое настоящее состояние. Поскольку вся наша суть – это желание насладиться, то тем, кто еще не созрел для духовного восхождения, чтобы было им откуда взять силы жить, Творец дает «жизнь», называемую ложью.

Есть свет, несущий исправление желаний-сосуда, а есть свет, несущий знание и наслаждение. На самом деле это один и тот же свет Творца, но человек сам выделяет из него то свойство, которым он желает воспользоваться для духовной цели.

Религиозная масса использует понятия вознаграждения и наказания, в основном, относительно будущего мира. Каббалист же пользуется этими понятиями только относительно нашего мира, но не относительно будущего, хотя и в будущем мире это есть.

Вознаграждением называется наслаждение, а наказанием – страдание. Когда человек в силу воспитания или собственной выгоды выполняет указания Торы ради себя, то ожидает вознаграждения или наказания в будущем мире, потому что только в будущем мире он почувствует наслаждения от выполнения Торы и заповедей и страдания от невыполнения.

Каббалист же получает вознаграждение или наказание в этом мире: ощущает наслаждение от возможности получать свет веры или наказание от его отсутствия.

«Оставь зло и твори добро». Первой стадией работы над своим исправлением является осознание зла, ибо как только человек убедится, что эгоизм – его злейший, смертельный враг, возненавидит его и оставит. Такое состояние нестерпимо. То есть не надо убегать ото зла, а надо только прочувствовать, что является злом, – и потом инстинктивно произойдет отдаление от вредного.

Осознание того, что же является злом, происходит именно под воздействием добрых поступков, т.е. при выполнении заповедей и изучении Каббалы, потому что при этом человек начинает стремиться к духовному совершенству и чувствует, что мешает ему начать жить.

Скрытие (астара) Творца от человека – ощущаемое как страдание, сомнение в Высшем управлении, неуверенность, мешающие мысли – называется «ночь».

Раскрытие (гилуй) Творца человеку, ощущаемое как наслаждение, уверенность в Высшем управлении, чувство принадлежности к вечному, понимание законов всей природы, называется «день».

В состоянии скрытия Творца человек должен работать над обретением веры в то, что такое состояние для его пользы, потому что во всех состояниях Творец делает только самое лучшее и полезное для человека. И если бы человек был уже готов получить без вреда для себя свет Творца, Творец несомненно раскрылся бы ему.

Но так как человек не в силах совладать и с теми наслаждениями, которые ощущает, Творец не может добавить такие огромные наслаждения от своего света, рабом которых человек сразу же станет и уже никогда не сможет выбраться из пут своего эгоизма и еще больше из-за этого удалится от Творца.

Ценность и красоту вещей, объектов, явлений и категорий каждое поколение определяет для себя заново и большинством. При этом каждое поколение отрицает стандарт предыдущего. Поэтому нет абсолютного стандарта, а большинство в каждом народе и в каждом поколении диктует свой стандарт, и все пытаются придерживаться его. Поэтому постоянно возникают новые моды и новые объекты подражания.

Все, что диктует большинство, называется красивым, и придерживающиеся этого получают уважение и почести. Достичь того, что ценится в глазах общества, считается почетным, и человек готов приложить для этого большие усилия.

И только поэтому так тяжело достичь духовных свойств, ибо большинство не считает эту цель престижной не почитает ее, как, например, новую моду.

Но действительно ли так важно постичь духовное? Объективно духовное очень важно, но чтобы мы его не испортили, создан специальный прием, называемый скрытием (астара), чтобы мы не видели всего величия духовного мира. И человек может только верить, что есть огромная важность в ощущении Творца, но по мнению большинства важность духовного постижения равна нулю, презираема практически всеми.

И это несмотря на то что воочию видим, как ничтожные личности определяют для всех эталоны красоты, приоритеты, нормы поведения, законы общества и прочие стандарты и постоянно их меняют, что только доказывает несостоятельность диктующих и ложь стандартов.

Вера выше разума дает человеку возможность именно разумом ощутить своего злейшего врага, того кто ему мешает достичь добра. И в той мере, в какой человек верит выше разума в духовное наслаждение, он чувствует и осознает зло.

Объективно нет никого, кроме Творца (но это самый высший уровень каббалистического постижения, а до постижения этого уровня человек ощущает в мире и себя тоже). В процессе же познания различают; что есть:

1) Творец;
2) первое творение;
3) творения;
4) наслаждение, которое Творец желает дать творениям.

Вся последовательность, естественно, разворачивается не во времени, а по цепочке «причина-следствие».

Существует Творец. Творец желает создать творение, чтобы насладить его. Творец создает желание насладиться именно тем (по количеству и виду) наслаждением, которое Он желает дать. Творение принимает наслаждение и абсолютно наслаждается, потому что получает именно то, что желает.

Это первое творение называется малхут. Состояние полного наслаждения малхут называется «мир бесконечности», потому что малхут бесконечно наслаждается светом Творца, который полностью заполняет ее. Но ощущая одновременно с наслаждением и самого Творца, Его желание насладить, малхут стремится стать подобной Ему. Это приводит к тому, что малхут исторгает свет.

Это действие малхут называется сокращением (сокращением получения света – цимцум). Стать подобной Творцу малхут может при получении наслаждения ради Творца, потому что так желает Творец. В таком случае из получающей она превращается в дающую наслаждение Творцу по собственной воле.

Опустошенная малхут делится на части – души, каждая из которых отдельно производит исправление эгоизма. Микропорции малхут, лишенные света Творца, находятся в условиях, называемых «наш мир». Последовательно, раз за разом, находясь в этих условиях, эти части выходят из желания самонасладиться и приобретают желание «наслаждать». Сила, помогающая душе выйти из желаний эгоизма, называется «вытаскивающей» (Машиах).

Уровни постепенного духовного исправления называются духовными мирами, а их внутренние ступени – сфирот. Конец исправления заключается в возвращении в первоначальное, до цимцум, состояние получения наслаждения не ради себя, а ради Творца. Такое состояние называется концом исправления (гмар тикун).

Все вопросы, возникающие у человека о цели творения, цели его усилий – «необходимо ли это», «все равно Творец сделает по своему плану и желанию, зачем требует что-то от меня» и т.п. посылаются человеку непосредственно Творцом. И возникает еще один вопрос – а зачем?

Если бы все вопросы укрепляли человека на его пути к духовному, то смысл вопросов был бы ясен. Но у начинающего постоянно возникают мысли о трудности, безнадежности, невыгодности такого пути. Нет другой силы и желания, кроме Творца, и все создано Творцом для достижения нами цели творения, в том числе, конечно, и эти «мешающие» вопросы и мысли, и силы, противодействующие нашему продвижению к Нему.

Творец создал много преград на пути избранного Им к духовному возвышению именно для того, чтобы этот человек приобрел чувство страха, что не достигнет цели, что навсегда останется в своем низменном состоянии, если не приобретет ощущение величия Творца, от чего его сердце сдается альтруизму.

Человек должен понять, что только Творец может открыть ему глаза и сердце, чтобы ощутить величие духовного. Для ощущения необходимости в этом возникают в человеке «мешающие» вопросы.

Один из основных вопросов, возникающих у начинающего, формулируется в следующей форме: если бы Творец захотел, Он бы открылся мне. А если бы открылся мне, то я (мое тело – мой сегодняшний диктатор) сразу, автоматически согласился бы заменить свои эгоистические поступки на альтруистические, и моим диктатором стал бы Творец. Я не хочу сам свободно выбирать свои поступки. Я верю, что Творец прав, что лучшее для меня – это не думать о своей выгоде. Только тогда я выигрываю по-настоящему, навечно. Но я ведь не могу сам себя изменить. Так пусть придет Творец и сделает это. Ведь это Он меня создал таким, что только Он сам может исправить то, что сотворил.

Конечно, Творец может дать человеку желание духовного, что называется пробуждение свыше (иторэрут милемала), но тогда человек работает ради наслаждения без свободы воли, под диктатом эгоистического желания самонасладиться. Такая работа называется «не во имя Творца» (ло ли шма).

Цель Творца в том, чтобы человек сам, свободной волей своей выбрал правильный путь в жизни, оправдав этим действия Творца в творении, что возможно осмыслить только в условиях полной свободы от эгоизма, независимо от личных наслаждений.

Поэтому Творец создал условием духовного возвышения принятие веры в Него и в справедливость управления (эмуна лемала ми даат). При этом наша работа сводится к тому, чтобы:

1. Верить, что есть Управляющий миром.

2. Осознать, что хотя вера не важна нам, но Творец избрал для нас именно этот путь.

3. Верить в то, что идти надо путем «отдачи», а не путем «получения».

4. Работая «на Творца», верить, что Он принимает нашу работу независимо от того, как она выглядит в наших глазах.

5. Пройти в своем развитии две разновидности веры выше знания: а) человек идет в вере выше знания, потому что нет у него другого выбора; б) даже если получает знания и уже не должен верить и идти выше знания, все равно он избирает для себя идти путем веры выше знания.

6. Знать, что если работа происходит в рамках эгоизма, то плоды всех успехов, которых он в своем воображении надеется достичь, служат только его благу, тогда как при любви к Творцу человек отдает все блага, все плоды своих усилий другим.

7. Благодарить Творца за прошлое, потому что от этого зависит будущее, поскольку в той мере, в какой человек ценит прошлое и благодарит за него, в той мере он ценит то, что получил свыше, и сможет сохранить полученную свыше помощь и не потерять ее.

8. Основную работу осуществлять в продвижении по правой линии, т.е. с ощущением совершенства. Он счастлив той, даже незначительной связью с духовным, которая есть у него, счастлив

тем, что заслужил у Творца получение силы и желания сделать хоть что-то в духовном.

9. Идти и по левой линии, но достаточно 30 минут в день для того, чтобы сделать расчет для себя: насколько он предпочитает любовь к Творцу любви к себе. И в той мере, в какой человек почувствует свои недостатки, в той же мере на эти ощущения он должен обратиться с молитвой к Творцу, чтобы приблизил его к Себе истинным путем, именно в сочетании двух линий.

В самой же работе человек должен сконцентрировать свои мысли и желания на том, чтобы:

- познать пути Творца и тайны Торы, чтобы эти знания помогли выполнять желания Творца. Это главная из целей человека;
- стремиться полностью исправить свою душу, вернуться т.о. к ее корню – Творцу;
- стремиться постичь Творца, слиться с Ним в осознании Его совершенства.

О Творце говорится, что Он находится в состоянии абсолютного покоя. Так же и человек по достижении цели творения входит в такое состояние. Ясно, что состояние покоя можно оценить, только если до этого имели место движение, усилия, работа. А поскольку имеется в виду духовный покой, то очевидно, и работа подразумевается духовная.

Духовная работа состоит в стремлении доставлять радость Творцу. Вся наша работа имеет место только до тех пор, пока наше тело сопротивляется работе без всякой выгоды для себя, не понимая смысла альтруистической работы и не чувствуя вознаграждения.

Огромные усилия требуется приложить человеку, чтобы противостоят справедливым, в принципе, жалобам тела: вот уже много времени, как ты мучаешь себя в попытках чего-то духовно постичь, а что получаешь взамен? Ты знаком с кем-то, кто преуспел в этом? Неужели Творец желает, чтобы ты вот так мучился? Поучись на своем опыте, ну чего ты достиг? С твоим ли это здоровьем так издеваться над собой? Подумай о себе и о семье, о подрастающих детях. Если Творец захочет, то как привел тебя к Каббале, так поведет и дальше! Ведь всем управляет только Творец!

Все вышеперечисленные и многие подобные жалобы тела (слышимые подчас через родных, что тоже относится к телу) абсолютно справедливы. И возразить на них нечем. Да и не надо! Потому что, если человек желает выйти из рамок желаний своего тела, он просто должен не принимать их во внимание и сказать себе: тело право, его доводы логичны, его жалобы истинны, но я хочу выйти из тела, что значит выйти из его желаний, и поэтому действую на основе веры, а не здравого смысла. Это в нашем мире мой разум считается логичным. Но в духовном мире, хотя я не понимаю этого, так как у меня еще нет духовного разума и видения, все действует по другому закону, который только нам кажется странным и не имеющим реальной основы, – по закону всесилия Творца и полного добровольного умственного и чувственного рабства у Него, а потому полной веры в Его помощь, несмотря на возражения тела.

Такая работа человека над собой называется «давать ради отдачи», т.е. чисто альтруистическое действие: все отдает просто потому, что желает отдать, машпиа аль минат леашпиа, состояние «малое»-катнут, правая линия – кав ямин. Получаемое от такой работы наслаждение от подобия Творцу – ибо только отдает, как и Творец, – называется светом веры или милосердия – ор хасадим.

И если человек пытается так поступать, то Творец открывается ему, и человек получает ощущение бесконечного величия и всесилия Творца. Вера уступает место знанию, тело начинает чувствовать важность Творца и готово делать ради Него все, поскольку ощущение важности, согласие Великого принять от человека что-либо, ощущается как получение наслаждения.

Но в таком случае человек чувствует, что вновь идет на поводу у тела. И не величие Творца, а наслаждение и собственная уверенность в работе на самого Великого определяют его действие. То есть снова падает в объятия эгоизма и личной заинтересованности. И именно период полного отсутствия ощущения Творца позволял ему утверждать, что делает все ради Творца, альтруистически, духовно. Раскрытие Творца называется левой линией – кав смоль, а знание – светом мудрости – ор хохма.

Поэтому раскрытие Творца вызывает необходимость строгого ограничения в получении знания управления и ощущения величия, чтобы в такой пропорции уравновесить веру и знание, необходимость отсутствия ощущений и наслаждения Творцом, чтобы не впасть вновь во власть эгоизма.

Прибавляя к первоначальному состоянию «катнут» еще и небольшое количество эгоизма, которое может использовать (и все равно идти будто ничего и не узнал, как и в состоянии «катнут»), человек – уравновешивая правую линию с небольшим количеством левой – создает как бы среднюю линию – кав эмцаи. Часть левой линии в кав эмцаи определяет высоту духовной ступени человека. Само состояние называется «большое» – гадлут.

Последующее продвижение вплоть до самой высшей, последней ступени, где человек и Творец полностью сливаются по свойствам и желаниям, происходит постепенным увеличением попеременно правой, а затем левой линии и их уравновешиванием на каждой из ступеней духовной лестницы.

В состоянии правой линии (кав ямин, катнут, хафэц хэсэд) человек должен быть счастлив без всякой причины, только от одной мысли, что в его мире существует Творец. И ему не требуется никаких других условий для счастья. Такое состояние называется «счастлив имеющимся». Если ничего не может вывести его из этого состояния, то оно называется совершенным.

Но если начинает делать проверку своего духовного состояния, то видит, что он при этом вовсе не приближается к Творцу. А поскольку уже испытал, что сам не в силах исправить себя, то просит об этом Творца. Свет Творца, помогающий человеку преодолеть эгоизм тела, называется душой.

Самая верная проверка – альтруистический поступок или эгоистический – состоит в том, что чувствует человек, что готов пренебречь любым для себя исходом, наслаждениями, платой, несмотря на то, что испытывает огромное желание насладиться следствием своего труда. Только в таком случае человек, получая наслаждение, может утверждать, что делает это ради Творца, а не ради себя (мэкабэль аль минат леашпиа).

Весь путь постепенного духовного подъема – это последовательный отказ от получения все больших наслаждений: вначале от наслаждений нашего мира, а затем от настоящих духовных наслаждений – ощущения Творца.

Для того чтобы дать возможность человеку постепенно войти в эту работу, Творец скрыл себя. Поэтому сокрытие Творца надо понимать, как часть нашего исправления и просить Его открыться нам, ибо как только сможем ощутить Его без всякого вреда для нас, Он тут же сам откроется нам.

Если бы наслаждения от ощущения Творца человек ощутил в начальном, эгоистическом состоянии, у него никогда не было бы сил расстаться с эгоизмом – просить Творца дать силу воли не наслаждаться. Как ночные бабочки, летя на огонь, погибают от него, так и человек сгорел бы в огне наслаждения, но не смог бы с ним расстаться. Каждый хоть раз в жизни ощутил свое бессилие перед большим наслаждением и, даже стыдясь самого себя, знает, что не сможет удержаться, если наслаждение больше, чем сила воли, чем осознание зла.

Поэтому в состоянии сокрытия Творца мы можем действовать, не «продаваясь» наслаждению, силой веры, что такова Его воля для нашей же пользы. Но если мы хотим совершить что-либо, наше тело сразу же требует предварительного расчета – а стоит ли это делать, потому что без цели в виде платы наслаждением оно не в состоянии работать и ищет всевозможные недостатки (авонот) в наших духовных стремлениях и оговаривает (мекатрэг) наши цели.

Наше тело сначала спрашивает, зачем нам надо этим заниматься – в таком случае оно называется злым желанием – *ецер ра*. Затем оно мешает нам выполнять задуманное – в таком случае оно называется *сатан*, поскольку желает увести нас с пути («сатан» от глагола «листот»). А затем оно духовно умертвляет человека тем, что изымает все духовные ощущения из его занятий Каббалой и дает наслаждения именно в объектах нашего мира – в таком случае оно называется ангелом смерти (*малах мавэт*).

А ответ на все претензии тела может быть только один – я иду вперед, назло тебе, силой веры, потому что того требует Творец. И это условие Творца называется законом Торы – хукат Тора.

Не в силах человек удержать себя от наслаждения, используя эгоизм, если только не убедит себя, что это во вред ему, т.е. противопоставит сердцу разум. Но в таком случае это будет всего лишь простой расчет, что ему выгоднее: наслаждение сейчас и страдания потом, или отказ от наслаждения и пребывание в том состоянии, в котором он находится. Но всегда при отказе от наслаждения обязан дать своему телу точный отчет, почему не стоит насладиться тем, что идет к нему в руки.

Поэтому человек может ответить телу на том языке, который его тело понимает – языке наслаждений: что стоит отказаться сейчас от никчемных наслаждений ради райских. Или на языке страданий: не стоит наслаждаться, а потом терпеть вечные муки ада. И таким образом строит обычный человек свою оборону против тела. Но при этом все равно жажда наслаждения может обмануть трезвый расчет и нарисует неверную картину соотношения наслаждений и страданий.

Надежным решением может быть только ответ телу, что человек решил работать на духовное без всякой личной выгоды, потому что в таком случае обрывается всякая связь между его действиями и телом, и оно уже не может вмешиваться в расчеты, выгодно или не выгодно работать. Этот ответ называется работой в сердце, потому что сердце ищет наслаждений.

Ответ же разуму должен быть таким: я верю в то, что Творец слышит все мои просьбы – молитвы о помощи. Если человек в состоянии стоять на своих ответах, то Творец открывается, и человек видит и чувствует только Творца.

Человек состоит из 70 основных желаний, называемых 70 народов мира, потому что духовный прообраз человека – соответствующий духовный объект (парцуф Зэир Анпин) в мире Ацилут состоит из 70 сфирот.

Как только человек начинает стремиться сблизиться с Творцом, получить свет Торы, сразу же он начинает ощущать в себе желания, о которых и не подозревал.

Все 70 желаний имеют два корня, потому что человек идет вперед на сочетании двух линий – правой и левой. Против действий человека в правой линии находится его нечистая (эгоистическая) сила (скорлупа-клипа) против работы в сердце, называемая Ишмаэль. Против действий человека в левой линии находится его нечистая сила против работы разума, называемая клипой Эйсав.

Но когда человек идет дальше в своей работе, то видит, что для входа в духовный мир он обязан избавиться от этих двух клипот, так как они не желают получить Тору. Как говорится в Торе, Творец прежде чем дать Тору Исраэлю, предлагал ее Эйсаву и Ишмаэлю, но они отказались.

Лишь после того, как человек видит, что ни от одной из этих сил он не получит Тору – свет Творца, он придерживается только средней линии – Исраэль, по закону «действовать, а потом услышать» (наасэ ве нишма), что значит получать ради Творца.

Поскольку человек полностью, всеми своими мыслями, намерениями и желаниями погружен в свой эгоизм, то не в состоянии независимо, объективно, неэгоистично мыслить и поэтому не в состоянии контролировать себя.

В принципе, контролировать себя нет необходимости, зная наперед, что все, что человек думает и делает, основано на эгоистических желаниях. Но при работе над собой, прилагая усилия развить духовные стремления, человек нуждается в проверке своего состояния, проверке для себя, а не для Творца, который и так прекрасно знает наше состояние.

Самый верный метод проверки истинного духовного состояния человека состоит в испытании, есть ли в нем радость от работы на Творца. Таким образом, испытание подразумевает не тяжелые физические, а нравственные усилия, как в состоянии, когда он не получает, как ему кажется, самого необходимого, так и в состоянии, когда получает от Творца.

Каббала говорит о человеке, как о целом мире. То есть внутри человека находится все, что находится вокруг нас: вселенная, народы-желания, гои, праведники народов мира, Исраэль, Храм и даже сам Творец – духовная точка в сердце.

Тора говорит нам в первую очередь об этих внутренних наших свойствах, а уж затем, как о следствии их, о внешних объектах, обозначаемых этими именами. Причем от духовного состояния этих внутренних свойств непосредственно зависит духовное состояние внешних объектов и их влияние на нас.

Начальное духовное состояние человека называется гой. Если он начинает стремиться сблизиться с Творцом, то называется праведником народов мира. Как может проверить себя человек, находится ли он уже на этой ступени?

Поскольку в гое есть только эгоистические желания, то все, что ему не хватает для насыщения своего эгоизма, он ощущает отобранным у него – будто имел то, что хотел, а затем лишился.

Это чувство исходит из нашего духовного «прошлого»: на высшем духовном уровне наша душа имеет все, а при духовном падении в наш мир все теряет. Поэтому как только человек ощущает желание чего-то, оно равносильно тому, что в этот момент он полон претензий к Творцу за то, что забрал у него, или за то, что не дает ему того, что он желает.

Поэтому если человек в состоянии заявить в своем сердце, что все, что делает Творец, все для блага человека, и быть при этом в радости и любви к Творцу, будто он получил от Творца все, что только мог пожелать, во всем оправдывая управление Творца, то этим он успешно проходит испытание его намерения-кавана и называется «праведник народов мира».

Если же человек далее работает над исправлением эгоизма с помощью Творца, то испытывают уже не его мысль, а его действия: Творец дает ему все, что только желает человек, а человек должен быть готов все это вернуть, но часть получить, ту часть, которую в состоянии получить ради Творца.

Причем часто испытания ощущаются, как выбор из двух возможностей: человек ощущает, что половина его желаний тянет его в одну сторону, а половина – в другую. (Обычно человек не ощущает вообще в себе никакой борьбы противоположных сил добра и зла, потому что только силы зла властвуют в нем, и задача сводится к решению, какой из них воспользоваться с большим выигрышем).

В случае же равновесия сил нет у человека никакой возможности выбрать, предпочесть одно другому, человек ощущает себя находящимся между двух действующих на него сил, и единственное решение в том, чтобы обратиться за помощью к Творцу, чтобы перетянул его на хорошую сторону.

Поэтому ко всему, что с ним происходит в жизни, человек должен относиться, как к испытанию свыше – тогда стремительно взойдет к цели творения.

Понять творение, в целом, и то, что с нами происходит, в частности, можно только поняв его конечную цель. Тогда мы поймем действия Творца, потому что все они определяются только конечной целью. Как и в нашем мире, если мы не знакомы с будущим результатом, нам невозможно понять смысл действий человека. Как говорится, глупцу незаконченную работу не показывают.

Творец представляет все творение, свет. И его цель – насладить этим светом человека. Поэтому единственное, что должен создать Творец – это желание насладиться. Ибо все существующее представляет собой свет и желание насладиться. Все, что создано, кроме человека, создано только для помощи ему в достижении цели творения.

Мы находимся в самом Творце, в океане света, заполняющем собою все, но можем ощутить Творца только в той мере, в какой мы подобны Ему по свойствам; только в те наши желания, которые похожи на желания Творца, может войти свет.

В той мере, в какой мы различны по свойствам и желаниям с Творцом, мы не ощущаем Его, потому что не входит в нас Его свет. Если же все наши свойства противоположны Его свойствам, то мы вообще не ощущаем Его и представляем себя единственными в этом мире.

Творец желает дать нам наслаждение, Его свойство – «желание дать». Поэтому сотворил все миры и населяющие их объекты с противоположным свойством – «желанием получать».

Все наши эгоистические свойства создал Творец, и не наша вина в низости нашей природы, но Творец желает, чтобы мы сами исправили себя и этим заслуженно наполнились Им, стали как Он.

Свет оживляет все творение в неживой, растительной, животной и человеческой материи. В нашем мире – это неявный, неощущаемый нами свет. Мы плаваем в океане света Творца. Если в нас входит какая-то часть света, она называется душой.

Поскольку свет Творца дает жизнь, живительную силу и наслаждение, то тот, кто не получает света, а получает только незначительное свечение для поддержки физического существования, называется духовно мертвым, не имеющим души.

Только единицы в нашем мире, называемые каббалистами (Каббала от слова лекабель – получать, учение о том, как получить свет), овладевают приемами получения света.

Каждый человек из своего первоначального состояния – совершенного неощущения океана света, в котором он «плавает», должен достичь полного наполнения светом. Такое состояние называется **целью творения** или **концом исправления** (гмар тикун). Причем такого состояния человек должен достичь еще при жизни в этом мире, в одном из своих круго-возвращений.

Стадии постепенного наполнения человека светом Творца называются духовными ступенями, или мирами.

Продвигаться к цели творения человека заставляют страдания: если эгоизм вместо наслаждения испытывает большие страдания, он готов ради их прекращения сам отказаться от желания «получать», поскольку лучше ничего не получать, чем получать страдания. Всевозможные страдания преследуют нас до тех пор, пока мы полностью не откажемся от «получения» и захотим только «отдавать».

Различие между людьми только в том, какого вида каждый желает получить наслаждение: животные (телесные, имеющиеся и у животных), человеческие (известность, почет, власть), познавательные (научные открытия, достижения). В каждом человеке стремления к этим видам наслаждения соединяются в особой, только ему свойственной пропорции.

Разум человека является лишь вспомогательным инструментом для достижения желаемого. Желания человека меняются, но тот же разум помогает ему отыскать пути достижения желаемого.

Под воздействием страданий эгоизм отказывается от желания получать наслаждения и обретает желание «отдавать». Период, необходимый для полного аннулирования эгоизма, называется **6000 лет**, но никакого отношения к времени не имеет.

Эгоизм называется **телом**, и состояние, когда человек его не использует, называется **смертью** тела. Это состояние достигается в 5 этапов постепенного отказа от эгоизма: от его самой легкой части и до самой эгоистической.

В отрицающие эгоизм желания человек получает свет Творца. Таким образом, он последовательно получает пять видов света, называемые нэфеш, руах, нэшама, хая, ехида.

Этапы духовного восхождения человека:

1. Погоня за эгоистическими наслаждениями этого мира. Так может человек закончить жизнь, до следующего возвращения в этот мир, если не начнет заниматься Каббалой – тогда переходит к стадии 2.

2. Осознание эгоизма как зла для себя и отказ от его использования.

В самом центре эгоистических желаний человека находится зародыш духовного желания. В определенный момент жизни человек начинает ощущать его как свое стремление к познанию, освоению, изучению духовного.

Если человек действует в соответствии с этим желанием, развивает, а не подавляет его, то оно начинает расти, и при правильном намерении, под руководством учителя неощутимый прежде духовный свет начинает ощущаться человеком в его появившихся духовных желаниях и помогает своим присутствием ощутить уверенность и силы для дальнейшего исправления эгоизма.

3. Достижение состояния абсолютного бескорыстного желания радовать Творца своими поступками.

4. Исправление приобретенного желания «отдавать» в желание «получать ради Творца». Для этого человек привлекает к работе свои желания наслаждаться, но только с другим намерением – «ради Творца». Начало такой работы называется «оживление мертвых», уже отторгнутых эгоистических желаний. Постепенно исправляя свои эгоистические желания на противоположные, человек выигрывает вдвойне: наслаждается Творцом и подобием ему. Завершение исправления эгоизма на альтруизм называется «конец исправления» (гмар тикун).

Каждый раз, исправив определенную часть своих желаний, человек получает в них часть своей души, и этот свет позволяет продолжать далее исправлять желания, пока человек не исправит всего себя и полностью получит свою душу, тот свет, ту часть Творца, которая соответствует его первородному эгоизму, каким его создал Творец.

Переделав весь свой эгоизм на альтруизм, человек полностью уничтожает этим препятствие для получения света Творца, заполнения себя Творцом и т.о. полностью сливается с Создателем, ощущая весь океан света вокруг и наслаждаясь им.

Уже не раз говорилось об ограниченности наших возможностей в познании мира, о том, что в той степени, в какой мы не можем познать самих себя, в той же точно степени мы не можем познать Творца, что все наши познания есть следствия субъективных ощущений, вернее, реакций нашего тела на те внешние воздействия, которые оно в состоянии ощутить.

Иными словами, мы получаем и воспринимаем только ту информацию, которая избирательно посылается нам с учетом качества-свойства и количества-глубины возможностей нашего восприятия.

Не имея достоверной информации о строении и функционировании не ощущаемых нами высших неуловимых субстанций, мы позволяем себе философствовать и спорить о возможном их строении и действии, что в общем, подобно детским спорам, кто прав в том, чего никто не знает.

Попытки всех религиозных, светских, научных и псевдонаучных философий объяснить, что такое душа и тело, сводятся к **четырем основным взглядам**:

1. Верующий – все, что «есть» в любом объекте, – это его душа. Души отделяются друг от друга своими качествами, называемыми духовными качествами человека. Души существуют независимо от существования нашего тела: до его рождения, до облачения в него и после его смерти – чисто биологического процесса разложения белковой материи на ее составные части. (Понятие верующий, веряций не совпадают с понятием религиозный).

Поэтому смерть физического тела не может влиять на саму душу, а лишь является причиной отделения души от тела. Душа же есть нечто вечное, поскольку не состоит из материи нашего мира. По своей природе душа едина и неделима, не состоит из многих составляющих и потому не может ни разделяться, ни разлагаться, а следовательно, и умирать.

Тело же есть внешняя оболочка души, как бы ее одежда, в которую душа одевается и, действуя через тело, проявляет свои свойства, умственные, духовные, свой характер, как человек, управляя машиной, проявляет во всех действиях машины свои желания, характер и интеллект.

Кроме того, душа дает телу жизнь и движение и заботится о сохранении тела настолько, что без души тело лишено жизни и движения. Само тело – мертвый материал, как мы это можем наблюдать после ухода души из тела в момент смерти. Моментом смерти мы называем выход души из тела, и поэтому все признаки жизни тела человека определяются душой.

2. Дуалистический – вследствие развития наук появился новый взгляд на тело человека: наше тело может существовать и без какой-то духовной субстанции, помещенной в него и оживляющей его, может существовать абсолютно самостоятельно, независимо от души, что мы можем доказать с помощью биологических и медицинских опытов, оживляя тело или его части.

Но тело в таком виде – это лишь самостоятельно существующий биологический объект, форма существования белковой материи, а то, что придает ему разные личные свойства, – это душа, спускаемая в него свыше, что соответствует и первому подходу.

Отличие данного взгляда от предыдущего в том, что если в соответствии с первым считается, что душа дает телу как жизнь, так разум и духовные свойства, то соответственно второму – душа дает телу только духовные свойства, поскольку из опытов видно, что тело может существовать само, без помощи каких-либо дополнительных высших сил.

И потому остается для души только роль источника разума и добрых качеств, свойственных духовному, но не материальному.

Кроме того, этот подход утверждает, что хотя тело может самостоятельно существовать, оно является порождением души. Душа является первичной, поскольку является причиной появления, рождения тела.

3. Неверующий – отрицающий существование духовных структур и присутствие души в теле, признающий только материю и ее свойства. А так как нет души, то разум и все свойства человека также являются порождением его тела, представляющего собою механизм, управляемый передачей электрических сигналов по нервам-проводам. (Неверующий – не адекватно понятию нерелигиозный).

Все ощущения тела происходят от взаимодействия нервных окончаний с внешними раздражителями и передаются по нервам-проводам в мозг, где анализируются и осознаются как боль или наслаждения и, в соответствии с этим, диктуют исполнительному органу вид реакции.

Таким образом, все построено, как в механизме с датчиками, передачей сигналов и мозговым устройством обработки и выдачи сигнала на исполнительное устройство и контролем исполнения с помощью обратной связи. А мозговое устройство действует по принципу отдаления от боли и приближения к наслаждению – на основании этих сигналов строится в человеке отношение к жизни и определяются его поступки.

А ощущаемый нами разум есть ни что иное, как картина происходящих в нашем теле процессов, как бы их фотография. И все отличие человека от животного в том, что в человеке мозг развит настолько, что все процессы, происходящие в организме, собираются в такую полную картину, что ощущаются нами как разум и логика. Но весь наш разум – лишь следствие нашего телесного ощущения и осознания.

Несомненно, что из всех подходов к проблеме этот подход самый трезвый, научный и понятный, поскольку опирается только на опыт и потому занимается только телом человека, а не чем-то неуловимым, называемым душой, и потому абсолютно достоверный в том, что касается тела человека.

Но проблема этого подхода в том, что он не удовлетворяет даже неверующих и отталкивает тем, что представляет человека роботом в руках слепой природы (заданных заранее свойств характера, законов развития общества, требований нашего тела по поддержанию жизни и поиску наслаждения и т.п.), совсем лишая нас звания разумных существ.

Ведь если человек – всего лишь механизм, вынужденно действующий, согласно заложенным в нем природным данным и диктуемым ему обществом правилам, то этим отрицается вся свобода воли и выбора поступков, а значит, и объективное мышление.

Ведь хотя человек и сотворен природой, но сам-то он считает себя мудрее ее. И потому не могут принять такого взгляда даже неверующие в Высший Разум. Ведь в таком случае они представляются себе полностью отданными во власть слепой природы, не имеющей никакой мысли и цели и играющей ими, разумными существами, неизвестно как и для чего, и нет разумной причины ни их жизни, ни смерти.

Чтобы каким-то образом исправить столь научно-достоверный, но душевно неприемлемый подход к своему существованию, постепенно в наше время принимает человечество «современный» взгляд на себя.

4. Современный – особенно в последнее время стало модным (хотя человек полностью принимает предыдущий чисто материалистический подход к мирозданию как научно достоверный и понятный ему) соглашаться с тем, что существует нечто вечное, не умирающее, духовное в человеке, одевающееся в материальную телесную оболочку, и что именно это духовное, называемое душой, и есть суть человека, а наше тело только его одежда.

Но все равно сторонники этого взгляда не могут объяснить, каким образом облачается душа в тело, какая связь между ними, что является источником души, что она собой представляет. И потому, закрыв глаза на все эти проблемы, человечество использует старый испытанный прием самоуспокоения – забывается в водовороте мелких забот и радостей, сегодня как и вчера...

Кто же может понять, что такое тело и что такое душа, какая связь между ними, почему мы воспринимаем себя состоящими из двух – материальной и духовной – частей, в какой из этих двух наших составляющих мы сами, наше вечное «я», что происходит с нашим «я» до рождения и после смерти, то ли это «я», которое чувствует себя сейчас, находясь в теле, и вне его, до рождения и после смерти.

И главное: все эти вопросы и картины различных вариантов превращений и кругооборотов душ и тел рождаются, возникают в нашем материальном сознании, исследуются нашим телесным разумом – истинны ли они или являются только плодом фантазий – воображаемых картин духовного мира, прихода из него в наш мир и ухода из нашего в духовный – выдаваемых нашим материальным мозгом? Ведь они составляются нашим мозгом по аналогии с его земными представлениями, потому что другой информации в нем нет, и потому только на основании картин нашего мира, запечатленных в нем, наш мозг в состоянии работать и выдавать нам фантазии и предположения. Например, мы не можем изобразить инопланетное существо, совершенно не подобное нам ни в чем и не имеющее элементов нашего тела.

Но если все, что мы способны вообразить и на основании чего строим свои теории, является лишь некой игрой в «вообрази себе то, не знаю что, чего не могу вообразить» – и потому мы принимаем то, что мозг выдает нам по аналогии с нашим миром, за истину за неимением другого ответа – то есть ли вообще для нас, находящихся в рамках восприятия нашего мира, ответ на вопрос «что такое душа и тело»?

Я уже писал в предыдущих частях этой книги об ограниченности нашего познания: в той степени, в какой мы не можем истинно увидеть, ощутить и исследовать ни один предмет в нашем мире, в той же степени мы не можем истинно судить не только о своей душе, но и о своем теле. Из четырех категорий познания объекта – материала объекта, внешней формы объекта, отвлеченной формы объекта, сути объекта – мы постигаем лишь его внешнюю форму, какой она нам видится, и материал, из которого состоит объект, каким мы его представляем по результатам наших исследований, но отвлеченная форма объекта, т.е. его свойства вне облачения в материал и его суть – абсолютно непостижимы для нас.

Каббала называется тайным учением, так как раскрывает постигающему ее ранее от него скрытое, тайное. И только постигающий видит открывающуюся ему истинную картину мироздания, как пишет в стихе наш учитель – раби Ашлаг:

Воссияет вам чудно истина
И уста лишь ее изрекут,
А все, что раскроется в откровении, –
Вы увидите – и никто другой!

Каббала – учение тайное, потому что скрыто от простого читателя и раскрывается только на определенных условиях, постепенно проясняющихся для изучающего из самого учения при особом руководстве в «мысленаправленности» наставником.

И только тот, для кого Каббала из тайного учения стала уже учением явным, видит и понимает, как устроен «мир» и, так называемые, «душа» и «тело», и не в состоянии передать другим воспринимаемую им картину творения, не в состоянии и не имеет права передать, кроме одной единственной истины: **по мере духовного восхождения постигается единственная в творении истина – нет никого, кроме Творца!**

Мы созданы с такими органами чувств, что из всего мироздания ощущаем лишь его малую часть, называемую нами **«наш мир»**. Все изобретаемые нами приборы лишь расширяют диапазон наших органов чувств, причем, мы не можем себе представить, каких органов чувств мы лишены, потому что не испытываем в них недостатка, как не может человек испытывать потребность в шестом пальце на руке.

Не обладая же органами для ощущения других миров, мы не можем ощутить их. Таким образом, несмотря на то, что нас окружает поразительно богатая картина, мы видим лишь ее ничтожный фрагмент, причем и этот, ощущаемый нами фрагмент, необычайно искажен, ввиду того, что мы, улавливая его малую часть, на основании ее строим свои представления об устройстве всего мироздания.

Как видящий только в рентгеновском спектре наблюдает только скелетную картину задерживающих рентгеновские лучи предметов, так и мы видим искаженную картину вселенной.

И как по рентгенозрению нельзя судить об истинной картине вселенной, так и мы не можем по результатам ощущений наших органов чувств представить себе истинную картину мироздания. И никаким воображением мы не можем заменить то, что не можем ощутить, ибо все наши фантазии тоже строятся на наших предыдущих ощущениях.

Тем не менее попытаемся потусторонний, т.е. находящийся по ту сторону наших представлений, непостижимый для наших органов чувств, так называемый духовный мир умозрительно представить в нашем воображении в понятном нам виде.

Для начала представьте: вы стоите в пустоте. От вас, от того места, где вы находитесь, и в даль этой пустоты уходит дорога. Вдоль дороги через определенные промежутки стоят отметки – от нулевой, где вы стоите, и до конечной. Этими метками вся дорога разделена на четыре части.

Перемещение вперед вдоль дороги происходит не попеременным перемещением ног, как в нашем мире, а попеременным изменением желаний. В духовном мире нет места, пространства, движения в наших привычных представлениях. Духовный мир – это мир чувств вне физических тел. Объекты – чувства. Движение – изменение чувств. Место – определенное качество.

Место в духовном мире определяется его свойством. Поэтому движением является изменение объектом своих свойств, подобно тому, как в нашем мире мы говорим о душевном движении, как о движении чувств, а не физическом перемещении. Поэтому путь, который мы пытаемся представить – это постепенное изменение наших внутренних свойств – желаний.

Расстояние между духовными объектами определяется и измеряется разницей их свойств. Чем ближе свойства, тем ближе объекты. Приближение или удаление объектов определяется относительным изменением их свойств. А если свойства абсолютно схожи, то два духовных объекта сливаются в один, а если в одном духовном объекте вдруг проявляется нечто новое, то это свойство отделяется от первого, и таким образом рождается новый духовный объект.

На противоположном от нас конце пути находится сам Творец. Его местонахождение определяется Его свойствами – абсолютно альтруистическими.

Родившись в нашем мире с абсолютно эгоистическими свойствами, мы полярно удалены от Творца, и цель, которую Он ставит перед нами, заключается в том, чтобы мы, живя в этом мире, достигли бы Его свойств, т.е. духовно слились с Ним. Наш путь есть не что иное, как постепенное изменение наших свойств до полного подобия свойствам Творца.

Единственное свойство Творца – это отсутствие всякого эгоизма, из чего следует отсутствие всякой мысли о себе, своем состоянии, своем влиянии и власти – всего, что составляет всю суть наших мыслей и стремлений.

(Но поскольку мы находимся в этом мире в некоей материальной оболочке, то забота о минимуме для поддержания ее существования является необходимой и не считается проявлением эгоизма. И вообще, определить, является ли любая мысль или желание тела эгоистическими, можно простой проверкой – если человек хотел бы быть свободным от этой мысли, но не может в силу объективной необходимости поддержать свое существование, то подобная мысль или действие считаются вынужденными, а не эгоистическими и не отделяют человека от Творца.)

Творец продвигает человека по направлению к цели следующим образом: Он дает человеку «плохое» желание или страдание, что подобно движению вперед левой ноги, и если человек находит в себе силы просить Творца о помощи, то Творец помогает ему тем, что дает хорошее желание или наслаждение, что подобно движению вперед правой ноги... и снова человек получает сверху еще более сильное плохое желание или сомнение в Творце, и снова он еще большим усилием воли просит Творца помочь ему, и снова Творец помогает ему тем, что дает еще более сильное хорошее желание и т.д.

Таким образом человек движется вперед. Движения назад нет, и чем чище желания, тем дальше от исходной точки, абсолютного эгоизма, находится человек.

Продвижение вперед можно описать во многих вариациях, но всегда это поочередное прохождение сквозь чувства, чередование чувств: было чувство чего-то духовного, т.е. подсознательное ощущение существования Творца, и потому – уверенность, и потому – радость. Затем это чувство начало пропадать, как бы таять. Это означает, что человек поднялся на более высокую ступень своего духовного восхождения, которую он еще не может ощутить, ввиду отсутствия органов чувств, необходимых для ощущения качеств этой ступени. Ощущения этой следующей ступени еще не родились, поскольку человек их еще не выстрадал, не заработал, не создал на них соответствующие органы восприятия.

Новые органы чувств для последующей ступени (т.е. желание наслаждения, действующего на этой ступени и, соответственно, чувство страдания ввиду его отсутствия) можно развить в себе двумя путями:

а) **путем Торы**: человек получает ощущение Творца, затем оно пропадает. Ощущается страдание из-за отсутствия наслаждения, и оно необходимо для ощущения наслаждения. Таким образом рождаются новые органы ощущения Творца на каждой ступени. Как в нашем мире: без желания человек не в состоянии выявить в объекте наслаждение. Все отличие между людьми, людьми и животными, состоит в том, чем каждый из нас желает насладиться. Поэтому невозможно духовное продвижение без предварительного желания, т.е. без страдания при отсутствии того, чего желаешь.

б) **путем страданий**: если не смог усилиями, учебой, просьбами к Творцу, воспринятыми от товарищей по группе, поднять себя к новым желаниям, к новому уровню любви к Творцу, к трепету пред Творцом, то появляется легкость мыслей, пренебрежение духовным, тяга к низким наслаждениям, – и человек опускается в нечистые (эгоистические) миры АБЕ"А.

Страдания рождают в человеке стремление избавиться от них – в такой степени, что это ощущение страданий и будет сосудом, в который он сможет получить новое ощущение Творца, как и при постижении этого же чувства путем Торы.

Таким образом, отличие между продвижением путем Торы и путем страданий в том, что при движении вперед путем Торы человеку дают свет Торы, т.е. ощущение присутствия Творца, а потом забирают – от отсутствия наслаждения появляется чувство нехватки света и тяга к свету, которая и есть сосуд – новые органы чувств – и человек стремится получить в них ощущение Творца – и получает, т.е. стремления тянут его вперед.

При движении вперед путем страданий человек подгоняется сзади страданиями, а не как в первом случае тянется к наслаждениям.

Творец управляет нами в соответствии со своим планом – привести, переместить каждого из нас и все человечество в целом в этой или в последующих наших жизнях к конечной точке этого пути, где находится Он, а весь наш путь – это этапы нашего сближения по свойствам с Творцом.

Лишь слившись по свойствам с Творцом, мы полностью постигнем всю истинную картину мироздания, увидим, что нет никого в мире, кроме Творца, а все миры и населяющие их объекты – все, что мы чувствовали вокруг себя, да и мы сами – являются лишь Его частью, вернее Им самим...

Все мысли и действия человека определяются его желаниями. Мозг лишь помогает человеку достичь того, чего он желает. Желания человек получает свыше от Творца, и изменить их может только Творец.

Сделано это Творцом специально – чтобы поняв, что во всем, что с нами произошло в прошлом, происходит в настоящем и произойдет в будущем, в материальном (семейном, общественном) и в духовном – во всех наших состояниях – мы абсолютно зависимы только от Него, и только от Него зависит улучшение нашего состояния, что только Он является причиной происходящего с нами, и чтобы осознав это, мы вознуждались в связи с Ним, от абсолютного неприятия Его в начале пути до полного слияния с Ним в конце пути.

Можно сказать, что отметки вдоль нашей дороги есть мера нашей связи, близости с Творцом, и весь наш путь проходит от точки полного разрыва до точки полного слияния с Ним.

Если человек вдруг испытывает желание приблизиться к Творцу, желание и тягу к духовному, испытывает духовное удовлетворение – это является следствием того, что Творец привлекает человека к себе, давая ему такие чувства.

И наоборот, «упав» в своих стремлениях, или даже в своем материальном, общественном и др. положениях, через неудачи и лишения, человек начинает постепенно понимать, что это специально делается Творцом, чтобы дать человеку ощутить зависимость от Источника всего с ним происходящего, и то, что «только Творец может помочь ему, иначе он пропал».

И так делается Творцом специально, чтобы возникло в человеке твердое требование к своему Создателю изменить его состояние, чтобы вознуждался человек в связи с Ним, и тогда Творец уже в соответствии с желанием человека может приблизить его к Себе.

Таким образом, помощь Творца в избавлении человека из сонного или удовлетворенного состояния, чтобы продвинуть его вперед к намеченной Творцом цели, состоит, как правило, в том, что посылаются человеку неудачи и лишения, как духовные, так и материальные, через окружающих человека друзей, семью, коллег, общество.

И потому мы созданы Творцом такими, что все ощущаемое нами как приятное – от приближения к Нему, и наоборот, все неприятные ощущения – из-за удаления от Него.

По этой причине и создан наш мир таким, что человек в нем зависим от здоровья, семьи, окружающих, их любви, уважения, чтобы Творец мог через эти обстоятельства жизни, как через посыльных, посылать человеку отрицательные воздействия, вынуждая его искать пути выхода из давящих состояний, пока человек не обнаружит и не осознает, что все зависит только от Творца.

И тогда, если найдет в себе силы и терпение, удостоится немедленно связывать все происходящее с ним с желанием Творца, а не с какими-либо причинами или даже со своими поступками и мыслями в прошлом. То есть осознает, что только Творец, а не кто-либо иной – даже не он сам – причина всего происходящего.

Дорога, которую мы представили, это путь как отдельного человека, так и всего человечества в целом.

Начиная с начальной точки, где мы стоим в соответствии с нашими сегодняшними желаниями, называемой **«наш мир»**, и до конечной цели, к которой все мы поневоле должны прийти, называемой **«будущий мир»**, наш **путь делится на 4 этапа или состояния:**

1. Абсолютное неощущение (сокрытие) Творца. Следствие этого: неверие в Творца и в управление свыше, вера в свои силы, в силы природы, обстоятельств и случая. На этом этапе (духовном уровне) находится все человечество.

Земная жизнь на этом этапе является процессом накопления опыта в нашей душе через посылаемые человеку различного вида страдания. Процесс накопления опыта души происходит путем повторяющихся возвращений одной и той же души в этот мир в разных телах. По достижению душой определенного опыта человек получает ощущения следующей, первой духовной ступени.

2. Неявное ощущение Творца. Следствие этого: вера в вознаграждение и наказание, вера в то что страдания – следствие удаления от Творца, а наслаждения – следствие приближения к Творцу.

И хотя под влиянием больших страданий человек может некоторое время вновь вернуться к 1-му, неосознанному процессу накопления опыта, но так или иначе, этот процесс продолжается до тех пор, пока человек не осознает, что только полное ощущение управления Творца даст ему силы продвинуться вперед.

В первых двух состояниях у человека есть свобода веры в управление свыше. И если человек пытается, несмотря на все «возникающие» – посылаемые свыше помехи – укрепить в себе веру и ощущение управления Творцом, то после определенного количества усилий Творец помогает ему тем, что открывает себя и картину мироздания.

3. Раскрытие частичной картины управления миром. Следствие этого: человек **видит** вознаграждение за хорошие поступки и наказание за плохие и потому не в состоянии удержаться от совершения доброго и отрешения от дурного, как никто из нас не в состоянии уклониться от приятного или явно вредить себе.

Но этот этап духовного развития еще не окончательный, так как на этом этапе все поступки человека вынужденные, ввиду явных вознаграждения и наказания.

Поэтому есть еще один этап духовного развития – постижение того, что все что делается Творцом, делается Им с абсолютной любовью к нам.

4. Раскрытие полной картины управления миром. Следствие этого: ясное **осознание** того, что управление мира Творцом основано не на вознаграждении и наказании за соответствующие поступки, а на абсолютной безграничной любви к Его созданиям.

Постигается эта ступень духовного развития вследствие того, что человек **видит**, как в любых обстоятельствах, со всеми созданиями в целом и с каждым в отдельности, с хорошими и плохими, независимо от их проступков, Творец **всегда** поступает только с чувством безграничной любви.

Испытав на себе постижение высшей ступени наслаждения, человек предвкушает будущее состояние всех, еще не достигших этого: как и они – каждый в отдельности и все в целом – достигнут того же. Постигается это состояние человеком вследствие того, что Творец раскрывает ему всю картину творения и Свое отношение к каждой душе в каждом поколении, на протяжении всего существования всех миров, созданных с единственной целью – насладить создания, что является единственной причиной, определяющей все действия Творца относительно нас, от начала и до конца творения, когда все вместе и каждый в отдельности достигают безграничного наслаждения от слияния со своим Источником.

Вследствие того, что человек явно видит, каковы все замыслы и действия Создателя с Его творениями, он проникается чувством безграничной любви к Творцу, а вследствие схожести чувств Творец и человек сливаются в единое целое. И поскольку такое состояние и есть цель творения, то три первые ступени постижения управления являются всего лишь предварительными для постижения четвертой ступени.

Все желания человека как бы находятся в его сердце, потому что физиологически ощущаются в нем. Поэтому сердце мы принимаем за представителя желаний всего тела, всей сути человека. Изменения желаний сердца говорят о переменах в личности.

От рождения, т.е. от появления в этом мире, сердце человека занято только заботой о теле, только его желаниями оно наполняется и живет.

Но есть в глубине сердца, в глубине желаний, так называемая **внутренняя точка** (нэкуда ше балев), скрытая за всеми мелкими желаниями, не ощущаемая нами – потребность духовных ощущений. Эта точка является частью самого Творца.

Если человек сознательно, волевыми усилиями, преодолевая пассивность тела, ищет в Торе пути сближения с Творцом, то эта точка постепенно заполняется добрыми и чистыми желаниями, и человек постигает Творца на первом духовном уровне, уровне мира Асия.

Затем, пройдя в своих ощущениях все ступени мира Асия, он начинает ощущать Творца на уровне мира Ецира и т.д., пока не достигает высшей ступени – постижения Творца на уровне мира Ацилут. И каждый раз эти ощущения он испытывает в той же внутренней точке своего сердца.

В прошлом, когда его сердце было под властью желаний тела, т.е. точка в сердце не получала совершенно никакого ощущения Творца, он мог думать только о желаниях, о которых тело заставляло его думать, и соответственно, желать только того, чего желало тело. Теперь же, если просьбами и требованиями к Творцу о своем духовном спасении он постепенно заполняет сердце чистыми, свободными от эгоизма желаниями и начинает получать ощущение Творца, он в состоянии думать только о Творце, так как в нем рождаются мысли и желания, свойственные данной духовной ступени.

Таким образом, всегда человек желает только то, что заставляет его желать то духовное влияние, которое он получает от ступени, на которой находится.

Отсюда понятно, что человек не должен стремиться сам изменить свои мысли, а должен просить Творца изменить их, так как все наши желания и мысли являются следствием того, что мы получаем, точнее, в какой степени мы ощущаем Творца.

Применительно ко всему творению ясно, что все исходит от Творца, но сам Творец создал нас с определенной свободой воли, и эта возможность распоряжаться своими желаниями появляется только у постигающих ступени АБЕ"А – чем выше поднимается духовно человек, тем выше его степень свободы.

Процесс развития духовной личности для большей наглядности можно сопоставить с развитием материальной природы нашего мира.

Поскольку вся природа и все мироздание представляют собой только одно, но личное по величине в каждом создании желание самонаслаждения, то по мере увеличения этого желания появляются в нашем мире более развитые существа, поскольку желание заставляет работать мозг и развивать интеллект для удовлетворения своих потребностей.

Мысли человека являются всегда следствием его желаний, следуют за его желаниями, направлены только на достижение желаемого и ни на что более.

Но, вместе с тем, есть у мысли особая роль – с ее помощью человек может увеличить свое желание: если будет постоянно углублять и расширять мысль о чем-то и постоянно возвращаться к ней, то постепенно это желание начнет возрастать по сравнению с другими желаниями.

Таким образом, человек может изменить соотношение своих желаний: постоянными мыслями о малом желании он в состоянии сделать из малого желания большое – настолько, что оно начнет довлеть над всеми остальными желаниями и определит саму суть человека.

Самый низший уровень духовного развития – это неживой, подобно неживой части природы: космическим телам, в том числе и нашей планете, минералам и пр. Неживой уровень духовного развития не дает возможности самостоятельно действовать, не индивидуален ни в чем, потому что его ничтожное желание наслаждения сводится только к стремлению сохранить неизменными свои свойства. На этом уровне отсутствует самостоятельное движение. Вся его функция сводится к слепому, автоматическому выполнению желания создавшего его Творца.

А поскольку Творец захотел, чтобы неживые объекты вели себя только таким образом, то дал им самый низший уровень желаний, не вызывающий в них необходимости развиваться, поэтому они, не имея никаких желаний, кроме первоначально созданных в них Творцом, слепо выполняют свою задачу, заботясь только о нуждах духовно неживой природы, не чувствуя окружающего.

И в людях, пока еще духовно неживых, также нет никаких своих личных желаний, а лишь желания Творца руководят ими, и они обязаны в силу своей природы их неукоснительно неосознанно выполнять, повинуясь программе, заложенной в них Создателем.

Поэтому, хотя Творец создал природу людей такой ради Своей цели, в этом духовном состоянии люди не могут чувствовать никого, кроме себя, а потому и делать что-либо ради других, а могут работать лишь на себя. И потому этот уровень духовного развития называется неживой.

Более высокая ступень развития – у **растительной** природы. Поскольку Творец придал ее объектам большее по сравнению с неживой природой желание наслаждения, то это желание вызывает у растений потребность в некотором движении и росте для удовлетворения своих нужд.

Но это движение и рост групповые, а не индивидуальные. Подобно этому у людей, находящихся на растительном уровне желаний, существует некоторая степень духовной независимости от задающего программу Творца, а поскольку Творец создал всю природу на основе абсолютного эгоизма, т.е. стремления к самоудовлетворению, то эти личности уже желают своим «растительным» уровнем желания удалиться от желаний, в них созданных, и делать что-либо ради других, т.е. действовать как бы против собственной природы.

Но как растения в нашем мире, хотя и растут вверх и вширь, т.е. обладают какой-то свободой движения, но движения эти коллективны, и ни одно растение не в состоянии – ввиду отсутствия соответствующего желания – даже представить себе, что возможно индивидуальное движение, так и человек с «растительным» уровнем желания не в состоянии стремиться к индивидуальным проявлениям, противоречащим мнению коллектива, общества, воспитанию, а желает лишь сохранять и выполнять все желания и законы своей «растительной» природы, той же группы людей с «растительным» уровнем развития.

То есть как у растения, так и у человека этого уровня желаний, нет индивидуальной, личной жизни, а его жизнь – это часть жизни общества, в котором он – лишь один из многих. То есть у всех растений и у всех людей такого уровня одна общая жизнь, а не индивидуальная у каждого.

Как все растения можно уподобить единому растительному организму, где каждое из них подобно отдельной ветви растения, так и люди «растительного» духовного уровня, хотя и могут уже в чем-то пойти против своей эгоистической природы, но поскольку растительный уровень духовного желания еще мал, они находятся в плену законов общества или своего круга и не имеют индивидуальных желаний, а потому и сил поступать против общества и воспитания, хотя против собственной природы в чем-то они уже могут идти – т.е. действовать на благо других.

Выше по духовному уровню развития находится так называемый, **животный** уровень, поскольку данные ему Творцом желания развивают его носителей настолько, что их может удовлетворить возможность независимо от других передвигаться и, в еще большей степени, чем растения, самостоятельно мыслить для удовлетворения своих желаний.

То есть у каждого животного есть свой индивидуальный характер и чувства, независимые от окружения. И поэтому человек этого уровня развития может идти вопреки эгоистической природе и уже в состоянии действовать на благо ближнего.

Но хотя он уже независим от коллектива и обладает своей личной жизнью, т.е. его внутренняя жизнь может не зависеть от мнения общества, он все еще не в состоянии чувствовать никого, кроме себя.

Находящийся на **человеческом**, так называемом, **говорящем** уровне развития, уже в состоянии действовать против своей природы, не подчиняется коллективу, как растение, т.е. совершенно независим от общества в своих желаниях, чувствует любое другое создание и потому может заботиться о других, помогать им в исправлении тем, что страдает их страданиями, в отличие от животного, чувствует прошлое и будущее и потому в состоянии действовать, исходя из осознания конечной цели.

Все миры и ступени, на которые они делятся, представляют собою как бы последовательность стоящих друг за другом экранов, скрывающих от нас (свет) Творца.

По мере того, как в нас появляются духовные силы противодействовать собственной природе (соответственно каждой силе), соответствующий экран исчезает, как бы растворяется.

Эта последовательность экранов скрывает от нас Создателя. Эти экраны существуют в нас самих, в наших душах, а кроме наших душ с задерживающими «экранами», все, что вне нас – это сам Творец.

Мы можем ощутить только то, что проникает в нас сквозь экран. Все, что вне нас, совершенно неощущаемо нами. Как в нашем мире, мы видим лишь то, что, попадая в поле зрения, отпечатывается на внутренней поверхности глаза.

Все наши знания о духовных мирах – это то, что постигли и ощутили души каббалистов и передали нам. Но и они постигли то, что было в их духовном поле зрения. Поэтому все известные нам миры существуют только относительно душ.

Исходя из вышесказанного, **все мироздание можно разделить на три части:**

1. **Творец** – о котором мы не можем говорить по той причине, что можем судить только о том, что попадает в наше духовное поле зрения, проходя сквозь экраны.

2. **Замысел творения** – то, с чего мы можем начать говорить, т.е. с чего начинаем постигать замысел Творца. Утверждают, что он заключается в наслаждении созданий.

Кроме как об этой связи Творца с нами, мы не можем более ничего сказать о Нем, ввиду отсутствия всякой иной информации. Творец захотел, чтобы мы почувствовали Его влияние на нас как наслаждение и создал наши органы чувств такими, чтобы Его воздействия мы воспринимали как наслаждение.

А поскольку все ощущается только душами, мы не можем говорить о самих мирах вне связи с тем, кто их ощущает, потому что без восприятия душ сами миры не существуют. Ослабляющие экраны, стоящие между нами и Творцом, это и есть миры. «Олам» – от слова «алама» – скрытие. Миры существуют только для передачи какой-то доли исходящего от Творца наслаждения (света) душам.

3. **Души** – нечто созданное Творцом, ощущающее само себя как индивидуально существующее. Но это сугубо субъективное чувство, ощущаемое душой, т.е. нами, как свое «я», специально так создано Творцом в нас. Относительно же Творца мы являемся Его интегральной частью.

Весь путь человека от его начального состояния и до полного слияния по свойствам с Творцом делится на пять ступеней, каждая из которых, в свою очередь, состоит из пяти подступеней, в свою очередь также состоящих из пять подступеней – итого 125 ступеней.

Каждый находящийся на определенной ступени получает от нее те же ощущения и влияние, которые получают все находящиеся на этой ступени и имеющие одинаковые духовные органы чувств, и потому чувствует то же, что и все находящиеся на этой ступени. Это подобно тому, что все находящиеся в нашем мире, имеют одинаковые органы чувств и, соответственно им, одинаковые ощущения и не могут ощущать других миров.

Поэтому книги по Каббале понятны лишь тем, кто достиг ступени, на которой находится и о которой повествует автор, поскольку тогда у читающего и автора есть общие ощущения, как у читающего обычную книгу и писателя, описывающего происходящее в нашем мире.

Ощущение близости Творца, духовное наслаждение и просветление, получаемые от слияния с Ним и от понимания Его желаний и законов Его управления – так называемый свет Творца, ощущение Его самого – получает душа от духовных миров. Ощущение приближения к Творцу постигается по мере постепенного продвижения по нашему духовному пути. Поэтому на каждом этапе дороги мы по новому воспринимаем Тору – проявления Творца: постигающим только наш мир Тора представляется в виде книги законов и исторических повествований, описывающей поведение человека в нашем мире, а по мере духовного продвижения по нашему пути за именами объектов и действий нашего мира человек начинает видеть духовные действия Творца.

Из всего вышесказанного понятно, **что всего в творении есть два участника – Творец и человек, им созданный**, а все картины, возникающие перед человеком, как то: ощущение нашего мира или даже ощущения более высоких миров – есть различные степени проявления, раскрытия Творца на пути приближения к человеку.

Все мироздание можно описать как функцию трех параметров: мира, времени и души, которые управляются изнутри волей и желанием Творца.

Мир – вся неживая вселенная. В духовных мирах – неживой уровень желаний.

Душа – все живое, включая человека.

Время – причинно-следственная последовательность событий, происходящих с каждой отдельной душой и со всем человечеством, подобно историческому развитию человечества.

Источник существования – план развития событий, происходящих с каждым из нас и со всем человечеством в целом, план управления всем творением по приведению его к заранее выбранному состоянию.

Решив создать миры и человека в них для постепенного приближения к Себе, Творец, постепенно удаляя от Себя путем ослабления Своего света, Своего присутствия, создал наш мир.

Этапы постепенного (сверху вниз) сокрытия присутствия Творца называются мирами:

1) **Ацилут** – мир, находящиеся в котором абсолютно слиты с Творцом.
2) **Брия** – мир, находящиеся в котором связаны с Творцом.
3) **Ецира** – мир, находящиеся в котором чувствуют Творца.
4) **Асия** – мир, находящиеся в котором почти или полностью не ощущают Творца, включая и наш мир как последний, самый низкий и наиболее удаленный от Творца.

Эти миры вышли один из другого и как бы являются копией один другого. Только каждый нижестоящий, т.е. более удаленный от Творца, является более грубой (но точной) копией предыдущего. Причем копией по всем четырем параметрам: мир, душа, время, источник существования.

Таким образом, все в нашем мире является точным следствием процессов ранее уже произошедших в более высоком мире, а то, что происходит в нем, в свою очередь, является следствием процесса, происходившего ранее в еще более высоком мире и т.д. – до места, где все 4 параметра – мир, время, душа, источник существования сливаются в едином источнике существующего – в Творце! Это «место» называется миром Ацилут.

Одевание Творца в оболочки миров Ацилут, Брия, Ецира (Его проявление нам путем свечения через ослабляющие экраны этих миров) называется **Каббалой**. Одевание Творца в оболочку нашего мира, мира Асия, называется письменной **Торой**.

Вывод: нет разницы между Каббалой и Торой нашего мира. Источник всего – Творец. Другими словами, учиться и жить по Торе или учиться и жить по Каббале – зависит от духовного уровня самого человека: если человек духовно находится на уровне нашего мира, то он видит и воспринимает наш мир и Тору, как все.

Если же он духовно возвысится, то увидит другую картину, так как оболочка нашего мира спадет, и останутся только оболочки миров Ецира и Брия. Тогда Тора и вся действительность будут выглядеть для него иначе так, как это видят населяющие, постигающие мир Ецира.

И Тора, которую он увидит, из Торы нашего мира, повествующей о животных, войнах, предметах нашего мира, превратится в **Каббалу** – описание мира Ецира.

А если человек поднимется еще выше, в мир Брия или в мир Ацилут, то картину мира и управления им он увидит другую – соответственно своему духовному состоянию.

И нет разницы между Торой нашего мира и Каббалой – Торой духовного мира, а разница только в духовном уровне людей, которые ею занимаются.

И из двоих, читающих одну и ту же книгу, один увидит в ней историю еврейского народа, а другой – картину управления мирами ощущаемым им явно Творцом.

Находящиеся в состоянии полного сокрытия Творца пребывают в мире Асия. Поэтому все в мире, в конечном итоге, видится им нехорошим: мир полон страданий, поскольку они не могут чувствовать иначе – вследствие сокрытия от них Творца. А если и получают какое-либо удовольствие, то лишь следующее за предшествующим ему страданием.

И лишь при достижении человеком мира Ецира Творец частично раскрывается ему, и видит он управление вознаграждением и наказанием, и потому возникает в нем любовь (зависимая от вознаграждения) и страх (наказания).

Следующая, третья ступень – любовь, независимая ни от чего, возникает как следствие осознания человеком того, что никогда Творец не причинял ему зла. Но только добро. И это соответствует миру Брия.

А когда Творец раскрывает ему всю картину мироздания и управления всеми творениями, то возникает в человеке абсолютная любовь к Создателю, так как видит абсолютную любовь Создателя ко всем созданиям. И это постижение возносит его на уровень мира Ацилут.

Таким образом, наше отношение к Творцу есть следствие понимания Его действий и зависит только от того, насколько Он откроется нам, поскольку мы созданы такими, что воздействия Творца влияют на нас (наши мысли, наши качества, наши поступки) автоматически, и мы лишь можем просить Его изменить нас.

Хотя все действия Творца абсолютно добрые, Им же специально созданы силы, действующие якобы вопреки желанию Творца, вызывающие критику Его действий и потому называемые нечистыми.

На каждой ступени, от начала нашего пути и до его конца, существуют созданные Творцом **две противоположные силы: чистая и нечистая**. Нечистая сила специально вызывает в нас недоверие и отталкивает нас от Творца. Но если невзирая на это, мы напрягаемся в просьбе к Творцу помочь нам, т.е. вопреки этой силе укрепляем связь с Творцом, то получаем вместо нее чистую силу и поднимаемся на более высокую ступень. А нечистая сила перестает на нас действовать, так как выполнила уже свою роль.

Стремление нечистой силы мира Асия (первая ступень) – трактовать все происходящее отрицанием наличия Творца.

Стремление нечистой силы мира Ецира (вторая ступень) – пытаться убедить человека, что мир управляется не вознаграждением и наказанием, а произвольно.

Стремление нечистой силы мира Брия (третья ступень) – нейтрализовать в человеке осознание любви Создателя к нему, вызывающее любовь к Творцу.

Стремление нечистой силы мира Ацилут (четвертая ступень) – доказать человеку, что не со всеми творениями или не всегда Творец поступает с чувством безграничной любви, чтобы не допустить появления у человека чувства абсолютной любви к Творцу.

Таким образом, видно, что для восхождения на каждую духовную ступень, для каждого возвышения, раскрытия Творца и наслаждения от сближения с Ним, предварительно надо победить соответствующую по силе и характеру обратную силу в виде мысли или желания и только тогда можно взойти еще на одну ступень, сделать еще один шаг по нашей дороге вперед.

Из вышесказанного ясно, что всей гамме духовных сил и чувств четырех миров Асия – Ецира – Брия – Ацилут соответствует гамма противоположных и параллельных сил и чувств – четыре нечистых мира Асия – Ецира – Брия – Ацилут. Причем продвижение вперед происходит только попеременно: если человек усилием воли преодолевает нечистую силу – все помехи, посылаемые ему Создателем, прося Создателя раскрыться, чтобы таким образом найти силы выстоять против нечистых сил, мыслей и желаний, – то, соответственно, постигает чистую ступень.

С рождения любой из нас находится в состоянии абсолютного неощущения Творца. Чтобы начать продвигаться по описанному нами пути, необходимо:

1) Прочувствовать нынешнее свое состояние как **невыносимое**.
2) Хотя бы неявно ощутить, что Творец **существует**.
3) Прочувствовать, что только от Творца мы **зависим**.
4) Осознать, что только Он может нам **помочь**.

Приоткрывая Себя, Творец может немедленно менять наши желания, создавать в нас качественно новый разум. Появление сильных желаний немедленно вызывает появление сил для их достижения.

Единственное, что определяет человека, это его желания. Их набор является сутью человека. Разум наш существует только для того, чтобы помочь нам достигнуть того, чего мы хотим, т.е. разум является не более чем вспомогательным инструментом.

Человек проходит свой путь поэтапно, шаг за шагом продвигаясь вперед, находясь попеременно под влиянием нечистой (левой) эгоистической силы и чистой (правой) альтруистической. Преодолев с помощью Творца левую силу, человек приобретает свойства правой.

Путь этот, как два рельса – левый и правый, две силы – отталкивания и притяжения к Творцу, два желания – эгоизм и альтруизм. Чем дальше от начальной точки нашего пути, тем эти две противоположности сильнее.

Продвижение вперед есть функция уподобления Творцу: подобия в желаниях и в любви. Ведь любовь Творца – это единственное Его чувство к нам, из которого вытекает все остальное: делать нам только доброе, привести нас к идеальному состоянию – а это может быть только состояние, подобное состоянию Творца, – бессмертие с ничем неограниченным наслаждением от чувства бесконечной любви к Творцу, излучающему подобное чувство.

Так как достижение этого состояния является целью творения, то все посторонние желания называются нечистыми.

Цель, которую поставил перед Собою Творец – **привести нас к состоянию подобия Ему** – эта цель обязательна для каждого из нас и для всего человечества, хотим ли мы этого или не хотим.

Хотеть мы этого не можем, так как, находясь в нашем мире, не видим тех великих наслаждений и избавления от всех страданий, которые приносит нам слияние с Творцом.

Страдания посылаются нам Творцом, поскольку только таким путем можно подтолкнуть нас вперед, заставить нас захотеть сменить наши взгляды, окружение, привычки и поступки, ибо инстинктивно человек хочет избавиться от страданий.

Не может быть наслаждения без предшествующего ему страдания, не может быть ответа без вопроса, сытости без предшествующего чувства голода, т.е. для получения любого ощущения необходимо предварительно испытать прямо противоположное ему ощущение.

Поэтому чтобы испытать тягу и любовь к Творцу, необходимо испытать и прямо противоположные чувства, такие как ненависть, удаленность по взглядам, привычкам, желаниям.

Не может возникнуть никакого чувства в пустоте – обязательно должно быть желание ощутить это чувство. Как, например, надо научить человека понимать, а поэтому и любить музыку. Не может несведущий понять радость ученого, после долгих усилий открывшего что-то новое, к чему так стремился.

Желание чего-либо называется в Каббале сосудом (кли), так как именно это ощущение отсутствия и является условием наслаждения при наполнении, и от его величины зависит величина будущего наслаждения.

Даже в нашем мире мы видим, что не от величины желудка, а от желания, ощущения голода зависит величина наслаждения от пищи, т.е. именно степень страдания от отсутствия желаемого определяет величину сосуда и т.о. величину будущего наслаждения.

Наслаждение, наполняющее желание именно им насладиться, называется светом, потому что дает сосуду именно такое чувство полноты и удовлетворения.

Необходимо предварительное желание до чувства страдания от отсутствия желаемого, дабы быть действительно готовым к принятию наполнения, которого так ждал.

Задача в творении нечистых сил (желаний), называемых *клипот*, как раз и состоит в том, чтобы создать в человеке бесконечное по величине желание.

Если бы не желания клипот, человек никогда бы не захотел большего, чем требуется телу, и остался бы на детском уровне развития. Именно клипот подталкивают человека к поиску новых наслаждений, поскольку постоянно создают в нем все новые желания, требующие удовлетворения, заставляющие человека развиваться.

Достижение свойств мира Ацилут называется воскрешением мертвых, так как этим человек переводит в чистую сторону все свои бывшие нечистые, т.е. мертвые желания. До мира Ацилут, проходя как бы по двум рельсам пути, человек только меняет свои желания на противоположные, но не исправляет на чистые.

Теперь же, войдя в мир Ацилут, он может свои прошлые желания снова взять и исправить и т.о. подняться еще выше. Этот процесс называется **воскрешением мертвых** (желаний). Конечно же речь не может идти о нашем материальном теле – оно, как тела всех остальных созданий, населяющих этот мир, разлагается после исхода души из него, ничего без души собою не представляя.

Если в результате работы над собой человек достигает такого состояния, что ненужные мысли не властвуют над ним и не отвлекают его от связи с Творцом, хотя он чувствует, что они еще существуют в нем, такое внутреннее состояние называется **субботой**.

Но если он отвлек свои мысли и стремления от Творца, сам или слушая посторонние мысли, впустил их в себя, это называется **нарушением субботы**. И он уже не считает эти мысли, полученные им извне, посторонними, а считает их своими и уверен, что эти-то мысли и есть правильные, а не те, что ранее призывали его не задумываясь идти за Творцом.

Если большой специалист в каком-то ремесле попадает в среду плохих работников, убеждающих его, что выгоднее посредственно работать, а не вкладывать в свою работу всю душу, то, как правило, такой специалист постепенно теряет свое искусство.

Но если он находится среди плохих работников другой специальности, то это ему не вредит, поскольку нет между ними по работе никакой связи. Поэтому тот, кто действительно желает преуспеть в своем ремесле, должен стремиться попасть в среду специалистов, относящихся к своей работе, как к искусству.

Кроме того, яркое отличие специалиста от простого ремесленника в том, что специалист получает наслаждение от самой работы и от ее результата большее, чем от оплаты за произведенную работу.

Поэтому желающие духовно возвыситься обязаны строго проверять, в какой среде, среди каких людей они находятся. Если это неверующие, то вы – как специалисты в разных областях: ваша цель духовно возрасти, а их цель – насладиться этим миром.

И потому нечего особенно опасаться их мнения. Даже если вы на мгновение и примите их точку зрения, спустя мгновение вы поймете, что это мнение вы получили от них, и вновь вернетесь к своим целям в жизни.

Если это люди верующие, но не особенно заботящиеся о правильной цели выполнения заповедей, уже заранее предвкушающие вознаграждение в будущем мире и потому выполняющие заповеди, необходимо остерегаться их. И чем они ближе к вашим целям и мыслям, тем дальше необходимо держаться от них.

А от тех, кто называет себя «каббалистами», требуется бежать сломя голову, поскольку могут, незаметно для вас, испортить ваше искусство в новом для вас ремесле...

Должно показаться странным, что у людей, которых весь мир называет евреями, возникает вопрос, кто же они такие. И сам вопрос, не говоря уже о многочисленных ответах, подозрительно неясен и тем, кто должен называться евреем, и тем, кто их так называет.

Что же понимает Каббала под словом ехуди (иудей), иври (еврей), исраэли (израильтянин), бней-Авраам (дети Авраама) и другими обозначениями в Торе определенной группы людей.

Каббала представляет мироздание состоящим всего из двух аспектов: Творца и созданного Им желания насладиться

Его близостью. Это желание (как любое из наших желаний, но существующее без телесной оболочки) насладиться близостью Творца как источника бесконечного абсолютного наслаждения, называется душой.

Причина и цель творения – желание Творца дать наслаждение душам. Стремление души состоит в наслаждении Творцом. Желание Творца и желание души исполняются при их сближении, слиянии.

Слияние, сближение осуществляется путем совпадения свойств, желаний. Как, впрочем, и в нашем мире близким мы называем человека, которого таковым чувствуем, а не того который находится на близком от нас расстоянии. И как в нашем мире, чем с большего первоначального отдаления происходит соединение, чем с большими трудностями достается желаемое, тем больше получаемое от соединения с желаемым наслаждением.

Поэтому Творец помещает душу в крайне удаленное от Него состояние: 1) абсолютно скрывает Себя как источник наслаждений; 2) помещает душу в тело, в желание насладиться всем, что ее окружает.

Если, несмотря на 1) сокрытие Творца и 2) мешающие желания тела, человек развивает в себе желание соединиться с Творцом, он может, именно благодаря сопротивлению тела, достичь во много раз большего желания насладиться Творцом, чем наслаждалась его душа до облачения в тело.

Методика, или инструкция, воссоединения с Творцом называется **Каббалой**, от глагола лекабэль (получать), получать наслаждение от Творца.

Каббала с помощью слов и понятий нашего мира рассказывает нам о действиях духовного мира.

Говорится в пасхальном сказании, что вначале наши предки были идолопоклонниками, а потом Творец выбрал одного из них – Авраама – и повелел ему отделиться от своего племени и поселиться в другом месте. Коренные жители того места звали Авраама Авраам-иври, оттого, что пришел к ним из-за (ми эвер) реки. Отсюда слово **еврей**. (Слово «жид» не имеет корня в иврите и, наверное, происходит от слова «ожидать» – прихода Машиаха).

Поскольку, согласно Каббале, все, что говорится в Торе, говорится для обучения человека пути к цели творения (слово «Тора» происходит от слова «ораа» – обучение), то Каббала видит в этих словах следующий смысл: «вначале» – в начале работы над собой, в начале пути сближения с Творцом «наши предки» – начальное состояние желаний человека, – «были идолопоклонниками» – все желания человека были направлены только на то, чтобы насладиться этой недолгой жизнью, «а потом Творец выбрал одного из них» – из всех желаний человек вдруг избрал желание духовно вознестись и ощутить Творца, «и повелел ему отделиться от своего племени и поселиться в другом месте» – чтобы ощутить Творца, человек должен выделить из всех своих желаний только одно – желание ощутить Творца и отстраниться от других.

Если человек в состоянии выделить одно из всех своих желаний, взрастить его и жить только этим желанием – соединиться с Творцом, то он как бы переходит в другую жизнь, в сферу духовных интересов и называется **иври**.

Если человек ставит своей целью полное слияние с Творцом, то он уже, хоть и не достиг пока этого, называется **ехуди** – от слова «ихуд» (единство).

Если человек хочет идти или идет прямым путем навстречу Творцу, то он называется **Исраэль**, от слов «исра» (прямо) и «Эль» (Творец).

Таково истинное происхождение этих слов и их духовное значение. К сожалению, нет возможности точно описать, какое отличие между этими именами, поскольку для этого пришлось бы объяснить этапы духовного восхождения, к каждому из которых то или иное имя относится.

Творение мира включает в себя его создание и управление, чтобы мир мог существовать и продвигаться по установленному заранее плану к той цели, для которой он создан.

Для осуществления управления свыше и свободы выбора в поступках человека созданы две системы управления – так, что любой положительной силе соответствует равная ей отрицательная сила: созданы **четыре положительных мира АБЕ"А**, и также созданы противоположные им **отрицательные четыре мира АБЕ"А**, причем в нашем мире – мире Асия – не видна разница между положительной и отрицательной силами, между человеком, духовно поднимающимся к Творцу, и не развивающимся духовно.

И сам человек не может правдиво судить, продвигается ли он вперед или стоит на месте, и не может определить – положительная или отрицательная сила желания действуют на него в данный момент. Поэтому воодушевление и чувство уверенности в истинности пути обманчиво и, как правило, не является доказательством правильности выбора поступков и того, что выбранный путь верен.

Но если человек находится в начале своего духовного пути, то как может он продвигаться в желаемом для цели творения и своего существования направлении?

Каким образом без явного четкого ощущения и представления, что есть добро и зло для его конечной цели, для его истинного вечного благополучия, а не для кажущегося временного удовлетворения, он сможет найти свой верный путь в этом мире?

Все человечество дружно ошибается и заблуждается, выбирая себе теории смысла существования и пути к этим надуманным целям. И даже у находящегося в начальной точке верного пути нет никакого видимого ориентира, и каждую свою мысль и желание он не в состоянии определить как верные.

Мог ли Творец сотворить нас без какой-либо помощи в абсолютно безысходном, беспомощном состоянии?

Ведь даже наш здравый смысл подсказывает, что неразумно было создавать что-либо с четкой целью, а затем оставить весь процесс во власти слепых и слабых созданий. И конечно, не мог так поступить Создатель, а дал, очевидно, нам возможность в любых обстоятельствах находить верный путь.

И действительно, есть одна очень важная проверка правильности выбранного пути – и в этом помощь Творца! Те, кто идет по пути нечистой, эгоистической АБЕ"А, не достигают духовной цели, и иссякают их силы, пока окончательно не упираются в стену безысходности, так как не удостаиваются помощи Творца в виде раскрытия пред ними всей картины мироздания, и наоборот, те, кто идут по пути чистых миров АБЕ"А, вознаграждаются видением и ощущением всего мироздания как благословением со стороны Творца и достигают высшей духовной цели.

И это **единственная проверка в нашем мире** (т.е. в нашем состоянии) того, каким путем идти, какие поступки и мысли выбирать как нужные для достижения цели из всех мыслей и желаний, поставляемых нам как из чистого мира Асия, так и из нечистого мира Асия.

Таким образом, разница между идущим по правильному пути и заблудшим в том, что первый обязательно должен быть вознагражден благословением Творца свыше тем, что Творец откроется и приблизится к нему.

Поэтому если человек видит, что не открываются ему тайны Торы, значит, его путь неправильный, хотя он полон воодушевления, сил и воображения, что уже достиг духовных сфер. Это обычный удел любительского занятия Каббалой или «тайными» философиями.

Весь наш путь духовного восхождения по ступеням миров АБЕ"А представляет собой поочередное влияние на нас каждый раз той силы, на ступени которой мы находимся.

Каждая из этих сил изображается определенной буквой нашего алфавита, т.е. каждая буква нашего алфавита символизирует духовную силу, управляющую определенной ступенью в мирах АБЕ"А.

Только одна сила в состоянии спасти человека, т.е. вывести его из власти эгоистических желаний, и это сила благословения Творца, изображаемая буквой бэт. Соответственно противоположной ей силы в нечистой АБЕ"А нет, потому что благословение исходит от единственного Творца, и потому не может быть ничего противоположного ему в нечистых мирах АБЕ"А. И поэтому только с помощью силы благословения Творца существует мир, и только с ее помощью можно действительно различать добро и зло, точнее, что для человека – благо, и что ему во зло, отличать чистые силы от нечистых и преодолевать нечистые на всем пути человека до достижения цели творения, точно определяя, обманывает ли себя человек или действительно входит в духовные миры.

Каждая сила в системе нечистых сил зла существует благодаря тому, что получает поддержку от соответствующей ей противоположной силы системы чистых сил, кроме силы благословения Творца.

И поэтому не одной силой не мог быть создан мир, кроме силы благословления Творца, которая не уменьшаясь исходит от Творца до самой низшей ступени миров – нашего мира – и потому способна исправить создания, придавая им силы исправиться и начать возвышаться.

С помощью такой силы создан мир, поэтому нечистые эгоистические силы не могут ни уменьшить ее воздействия, ни использовать ее, так как нечистые силы могут мешать лишь там, где есть слабость чистых сил.

Поэтому подобной помощи достаточно для выяснения, какие мысли чистые в человеке, а какие нет, так как при направлении мыслей не к Творцу, сразу же исчезает сила благословления.

Огласовки букв (нэкудот) символизируют исход света, ощущения Творца. Поскольку любое ощущение Творца, любое духовное ощущение градуируется, состоит из десяти сфирот, то начиная с высшей из них (кэтэр), огласовки соответствуют: 1 – камац, 2 – патах, 3 – сэголь, 4 – цэйрэ, 5 – шва, 6 – холам, 7 – хирэк, 8 – кубуц, 9 – шурук, 10 – без огласовки, т.е. соответствует малхут – последней, никогда не заполняющейся ступени ощущения.

Иногда в процессе, во время продвижения к цели человек вдруг испытывает чувство собственного ничтожества и бессилия от того, что нет у него знания Торы, и не в состоянии он совершить никаких неэгоистических действий, а все мысли только о преуспевании его в этом мире.

И человек впадает в уныние, говоря себе, что приближение к Творцу дано лишь особым личностям, у которых от рождения есть особые силы и свойства, мысли и желания, соответствующие этой цели, сердце их стремится к Торе и работе над собою.

Но затем к нему приходит чувство, что каждому уготовано место рядом с Творцом и что постепенно все, в том числе и он, удостоятся духовных наслаждений слияния с Творцом, что нельзя отчаиваться, а надо верить в то, что Творец всемогущ и планирует путь каждого, слышит и чувствует все, что чувствует каждый из нас, ведет нас и ждет нашего обращения к Нему о сближении.

Затем он вспоминает, что уже не раз говорил это себе, и все равно ничего не изменялось. В конечном итоге он остается погруженным в мысли о никчемности, собственной слабости.

Но если приходит мысль, что это состояние посылается ему Творцом специально для его преодоления, и он усилием воли начинает работать над собой, то вдруг получает вдохновение и силы от будущего состояния, к которому он стремится.

Это означает, что свет его будущего состояния светит ему издали, потому что еще не может светить внутри него самого, поскольку его желания пока эгоистические, а свет (духовное наслаждение) не может войти и светить (насладить) в таких желаниях...

Творение есть сгусток эгоистических желаний и называется человеком. Творец же абсолютно альтруистичен.

Поэтому возвращение к Творцу, слияние с Творцом, ощущение Творца есть не что иное, как совпадение с Ним по тем или иным свойствам. И это возвращение к Творцу называется тшува.

Человек сможет утверждать, что сделал тшува, когда это подтвердит сам Творец – тем, что человек будет в состоянии постоянно его ощущать, что позволит человеку постоянно быть мысленно с Творцом и таким образом оторваться от желаний своего тела.

Только сам человек, и никто другой, чувствует, сделал ли он «тшува». И с помощью сил, получаемых от ощущения Творца, человек в состоянии постепенно полностью вернуться к Нему, изменить свои эгоистические желания на альтруистические, и чем больше «плохих» желаний имел в начале своего пути, тем большую работу он может теперь проделать над собою и в большей степени слиться с Творцом. Поэтому не должен человек сожалеть о своих плохих качествах, а только просить об исправлении, и так каждый раз, когда приходят ему мысли о собственном ничтожестве.

Потому что эти мысли появляются у него от отдаленного ощущения Творца, и Творец посылает их не всем, а только ему, а остальные люди не чувствуют себя плохими, не осознают свой эгоизм, а наоборот, утверждают, что они почти праведники или деланно восклицают, что они грешники, потому что написано, что должен человек себя так чувствовать.

Эти мысли посылаются Творцом человеку не для того, чтобы он страдал и впадал в уныние, а для того, чтобы воззвал к Творцу, требуя освобождения от самого себя, своей природы. Каждый раз, когда человек вновь чувствует свою слабость и уже прошел это ощущение в прошлом, и ему кажется, что он не должен заново повторять уже пройденные им ощущения падения, надо помнить, что каждый раз он проходит новые исправления, которые накапливаются, пока не соединит их вместе Творец.

Все эти отрицательные ощущения отстранения от Творца, недовольства духовными путями, претензии о безысходности – испытывает человек в той мере, какая необходима, чтобы удостоиться прорваться к ощущению высших сил Творца и наслаждений, от Него исходящих. Тогда открываются «врата слез», потому что только через них можно войти в залы Творца.

Поражаясь силе и стойкости своего эгоизма, не имеет права человек утверждать, что это Творец дал ему мало сил противостоять эгоизму или что от рождения имеет он мало способностей, терпения или остроты ума, или не те условия даны ему свыше, и поэтому он не может исправить себя и достичь того, чего может на его месте достичь кто-либо другой в мире, и не должен утверждать, что это его страдание за прошлые прегрешения или деяния в прошлой жизни, что так уж начертано ему судьбой. И не имеет права отчаиваться и бездельничать, потому что если будет правильно использовать свои малые силы и способности, то преуспеет много. А все черты характера и свойства, которые дал ему Творец, даже самые низкие и ничтожные – все это пригодится ему сегодня или в дальнейшем, чтобы достичь своего предназначения – исправления именно своей души.

Подобно зерну, если будет брошено на благодатную почву с должным уходом – прорастет и даст плоды.

Поэтому необходимы человеку руководитель и подходящая почва-среда, дабы все его качества взрастить и сбалансировать так, чтобы каждое из них и все вместе, в соответствующей пропорции, могли способствовать достижению его главной цели.

Все вопросы, возникающие в сознании человека, посылает Творец и ждет от человека должного ответа. А ответ на вопросы тела (разума), эгоистические вопросы типа «а зачем», – только один, и он выше понимания тела: «Это желание Творца, чтобы именно по этому пути я пришел к Нему».

Все слова Торы и все советы – только о том, как приблизиться к Творцу и слиться с Ним, потому что весь наш недостаток в том, что мы не чувствуем величия Творца. Ведь едва начав стремиться к Нему, мы уже хотим ощутить Его в своих чувствах.

Но это невозможно до тех пор, пока нет у нас экрана (*масах*), отражающего свет Творца, т.е. нет альтруистических сосудов-чувств.

А пока таких свойств у нас нет, мы можем получать лишь издали ощущение Творца, называемое *ор макиф* – окружающий свет, который может светить человеку, даже еще очень удаленному по своим свойствам от Творца.

Окружающий свет всегда больше внутреннего света, получаемого с помощью экрана, при наличии определенных альтруистических сил в человеке, поскольку окружающий свет – это сам Творец , а внутренний свет (душа) – это всего лишь та «часть» Творца, которую человек смог постичь, исправив свои свойства в той или иной степени.

Как же человек может получить свет Творца в то время, как он еще не исправил своих свойств? Ответ прост – только за счет увеличения свечения ему окружающего света, т.е. за счет возвеличивания, возвышения Творца в своих глазах, постоянного стремления к ощущению Его как источника всего происходящего, чтобы во всех случаях человек твердо осознавал, что то, что с ним происходит, – это все деяния Творца, и нет ничего другого в мире.

А все старания свои должен направить на то, чтобы ни при каких обстоятельствах не начать вдруг думать, что происходящее с ним – это случайность или судьба, или следствия его прошлых поступков, или воля и желания других людей, а пытаться никогда не забывать Творца.

Ни в коем случае не следует интерпретировать текст какой-либо части Торы согласно нашему восприятию, уподобляя описанию событий в нашем мире.

Например, как я уже писал в предыдущих частях книги, обманщик-Лаван, упоминающийся в Торе, – это самый высокий уровень наполнения души светом Творца, Фараон – символ всего нашего эгоизма.

...Говорится в ТАНАХе о том, что пришел в город человек по имени Птахия и собрал вокруг себя пустых людей, и ушли они все в пустыню. Так вот: Птахия от слова лифтоах (открыть) – человек, который открывает людям глаза. Собрал вокруг себя «пустых» людей, которые чувствовали пустоту в своей жизни, вывел их из города в пустыню – раскрыл им пустыню их существования, чтобы, как говорится в Теилим (псалмах): «лех ахарай ба мидбар» – иди, говорит человеку Творец, за мной по пустыне – с чувством, что твоя жизнь без духовных ощущений, как иссохшая пустыня без капли воды, так, чтобы малейший проблеск спасения от ощущения никчемности, показался тебе, как «маим карим аль нэфеш аефа» – прохладным родником для утомленной души.

Главное наше сказание – о выходе из Египта – из духовного плена Фараона – нашего эгоизма: «И вот умер Фараон» – увидел наконец-то человек, что эгоизм не для его пользы: убивает его, заставляет тратить на себя всю жизнь. И умер в его глазах этот символ и принцип. Но пока не осознал эгоизма как своего единственного врага, считает жизнь и работу свою в Египте (в плену желаний тела) хорошим своим состоянием. Даже потом временами (в духовных падениях) плачет о «горшках с мясом и хлебом», которые вдоволь имел в Египте (обслуживая собственный эгоизм).

Пока еще был жив (в сердце) Фараон (эгоизм), царь (властвовал в их мыслях и принципах) египетский, то поневоле, все мысли и поступки диктовались им, что и означает находиться в плену египетском (мицраим от слова миц ра – концентрация зла), в плену всевозможных эгоистических желаний. А самим невозможно понять, что власть нашей природы над нами есть зло – пока Творец не окажет человеку услугу – «и умер царь египетский» – даст человеку такие обстоятельства в жизни, что он осознает, что эгоизм его враг, и умрет этот символ зла в нем, и сразу же почувствует, что не в состоянии больше так существовать, работая впустую.

И «воскричали сыны Израиля от тяжелой работы» – обнаружив, что не в состоянии даже двинуться без эгоистической выгоды своей, не имея еще духовной, альтруистической природы, «и дошла эта их молитва до Творца, и услышал ее» – только если человек действительно кричит из самой глубины своей, а это возможно только если уже дошел до самой последней черты своего терпения и страдания, лишь тогда Творец помогает ему, причем помощь эта приходит неожиданно, человек никогда не может предчувствовать заранее, какая капля его слез будет последней, просто все капли должны быть как последняя, но помощь Творца «ешуат ашэм кеэрэв аин» – появляется вдруг и всегда неожиданно!

Книгу «Зоар» многие непосвященные называют нравоучением на основе Каббалы – «мусар аль пи Каббала», так как «Зоар» написан языком заповедей – того, что должен делать человек. Понятно, говоря так о книге «Зоар», они пытаются отрицать ее тайную, скрытую суть, которая в той же мере находится и в любой книге Торы, и сводят всю Тору к выполнению «желания Творца о соблюдении нами заповедей». Для чего их выполнять – этот вопрос остается открытым. В принципе, для выполнения заповедей в таком случае вообще не нужен Творец, если человек не нуждается в Нем – для чего же сам Создатель? Авторы «Зоар» специально изложили эту книгу, говорящую только о строении и действии духовных миров, научным юридически-поучающим языком, дабы у читающего не осталось никакого сомнения, что главное в Торе не мудрость – а «дающий мудрость», что главное в Торе и заповедях – чтобы вознуждаться в Творце и приблизиться к Нему душевными свойствами.

Все препятствия, которые ощущает человек на пути своего продвижения к Творцу для того, чтобы войти в духовные сферы, это не что иное, как знак приближения к Творцу, к вратам в духовный мир. Потому что нет более удаленного состояния от Творца, чем состояние человека, вообще не подозревающего о существовании духовного мира или не имеющего желания почувствовать его.

А если человек почувствовал, что он далек от духовного мира, это значит, что Творец дает ему ощущение его истинного состояния, пробуждая его таким образом к сближению. И если бы не возникало в нас подобных ощущений удаленности от Творца, не было бы у нас никакой возможности начать сближение с Ним. Поэтому чувство удаленности есть признак начала сближения.

И так на протяжении всего пути к Творцу: постоянно человек ощущает всевозможные мешающие ему препятствия. На самом же деле это не что иное, как помощь со стороны Творца, имеющая целью возбудить в нас негодование, неудовлетворенность настоящим состоянием и требование к Творцу о его изменении.

А все препятствия, которые человек в своем духовном продвижении должен преодолеть, нужны для того, чтобы он привык идти по линии удаления, чувствуя, что удаляется от Творца, осознавая все более свой эгоизм. Это ощущение все равно не влияет на его действия, поскольку заранее знает, что оно и есть раскрытие его истинного состояния, что и раньше он находился в состоянии не лучшем настоящего, но только не знал об этом.

И так до тех пор, пока забота о собственном состоянии не перестанет его беспокоить, а все мысли и желания сведутся к желанию заботиться не о своем состоянии, а о том, каким он выглядит в глазах Творца. И это определяет все его действия и мысли. А что именно желает видеть Творец в человеке, последний ощущает сам по мере изучения Каббалы и выполняет все указания Торы только ради этой высшей цели, и тогда становится вся Тора орудием сближения с Творцом.

Пока человек не станет соизмерять все свои поступки и мысли с желанием Творца, – все, что бы он ни делал, он делает, соизмеряя с желаниями других людей, которые ему исподволь диктуют свою волю, определяя этим его мысли и поступки. И никогда человек не может быть волен сам совершить что-либо – или на него влияют ему подобные, определяя его поведение и действия, либо свои мысли и действия он определяет в соответствии с желаниями Творца, но никогда абсолютно свободно человек не поступает.

Сокрытие Творца от нас – для нашей же пользы. Как в нашем мире всякий еще не полностью познанный нами объект привлекает больше, чем уже изведанный, так и сокрытие духовного мира необходимо для того, чтобы человек взрастил в себе сознание важности постижения духовного мира.

Хотя никогда человек не в состоянии по-настоящему оценить величие Творца и духовных миров (частичного проявления Творца), но именно благодаря сокрытию, в той мере, в какой Творец посылает ему ощущение сокрытия и удаленности, возбуждается в нем стремление ощутить Творца, а также сознание важности постижения сокрытого.

С другой стороны, величина сокрытия определяется (его) потребностью в познании скрытого. И так человек постепенно приобретает сознание важности постижения скрытого от него в такой мере, что ему кажется, будто он крайне удален от страстно желаемого.

Почести, оказываемые человеку, наполняют его эго и, соответственно, наносят вред его душе настолько, что те великие праведники, которые стали широко известны и приобрели почитателей, считают что получили такую огласку своего имени от Творца в качестве наказания.

Но те великие, которых Творец желает защитить, чтобы не потеряли самую малую часть своего духовного уровня, Творец оберегает – тем, что посылает им ненавистников, завистников и противников их взглядов, готовых всячески очернить этих праведников, чтобы соответственно равны были почести, оказываемые им, тем страданиям, которые они должны испытать от своих современников.

Насколько тяжело человеку, еще не вошедшему в духовные миры и еще не ощущающему духовных сил и желаний, удерживать свои действия и мысли в нужном направлении, настолько легко ему и естественно поступать в соответствии с природой духовных миров, если получил духовные силы и вошел в духовные миры, приобрел другую, высшую природу.

В момент духовного падения исчезают все прежние духовные постижения, желание служить Творцу и слиться с Ним, воевать с собою и быть только в состоянии духовного взлета, исчезает даже само воспоминание и представление о том, что вообще может быть такое желание, как духовный подъем. А если это и дается кому-то, то только высшими мыслями можно оградить себя от множества пусть и малых наслаждений этого мира. А у простых людей, каким он себя сейчас чувствует, есть еще цели в этом мире, кроме духовных стремлений. Да и как может быть у него, простого человека, какая-то связь с Творцом, тем более возможность слиться с Ним, ведь сама мысль об этом кажется ему теперь такой странной и далекой...

О таких именно моментах сказано: «Там, где находится величие Творца, там же ты найдешь Его скромность», ибо Творец дал возможность воссоединиться с Ним каждому из созданий. И когда человек снова через некоторое время воспрянет духом, он обязан не забывать эти бывшие у него состояния духовного падения, дабы по-настоящему оценить духовно возвышенные состояния стремления к слиянию с Творцом, как личный, индивидуальный подарок Творца. В таком случае не возникнет необходимости в состояниях духовного падения в будущем, поскольку уже заранее работой над собою, возвышением веры выше разума, учебой и соблюдением установленного порядка действий и мыслей, человек создает в себе духовный сосуд для постепенного духовного возвышения.

Желательный путь духовного возвышения – путь Торы. Путь страданий поневоле ждет человека, если нет другого метода воздействия на него, чтобы достиг совершенства.

Как уже говорилось, путь Торы заключается в том, что дают человеку свыше возможность создать в себе необходимые для духовного роста желания, посредством его духовного возвышения и падения показывая ему, что духовный свет – это наслаждение, и что его отсутствие – страдание. Таким образом в человеке создается стремление к свету – духовному возвышению и ощущению Творца. Но без наполнения человека высшим духовным светом и его исчезновения невозможно создать желание к свету. И чем большим светом наполнит Творец человека, а затем «заберет», тем с большей силой возжелает этого света человек.

И этот путь называется путем Торы, т.е. света. Но есть и путь страданий – когда человек в поиске путей побега от невыносимых страданий, настигающих его в жизни, а не от желания вернуть себе ушедшее наслаждение, возбуждает в себе желание наполниться духовным светом, как живительным источником его спасения... Оба пути ведут к одной цели, но один притягивает наслаждением и совершенством спереди, а второй подталкивает сзади, вынуждая к бегству от боли.

Для того, чтобы человек мог анализировать внешние воздействия и внутренние ощущения, в нем созданы два вида их восприятия: горькое и сладкое – воспринимаемые сердцем, лживое и истинное – воспринимаемые умом.

Духовное постижение невозможно ощутить в сердце – это абсолютно противоположно его природе, а потому ощущается как горькое, а любое собственное наслаждение ощущается как сладкое. Поэтому работа над собою в изменении направленности желаний называется работой сердца.

Работа ума совсем иная, поскольку человек абсолютно не может полагаться на собственный разум и логику в анализе происходящего, ведь при этом он поневоле вынужден полагаться на свой эгоистический природный разум, от которого не в силах оторваться в осмысливании происходящего, поскольку таким образом создан Творцом.

Потому есть только один путь – полностью отказаться от естественного подхода в осмысливании и верить в советы мудрецов, изложенные в книгах по Каббале и передаваемые учителем, достигшим духовного уровня познания.

Если человек в состоянии с помощью Творца совершить хоть малейший анализ верой, а не разумом, и ощутить сердцем горечь эгоизма, ему сразу же свыше поступает духовное постижение достигнутого уровня, озарение, силы.

Затем Творец раскрывает человеку следующую, ранее скрытую, более низкую эгоистическую ступень человека. Ранее скрытую – дабы человек, ощутив сразу всю бездну своего эгоизма, не имея еще сил справиться с ним, не пал духом от вида непосильного количества работы. Человек должен понимать, что весь мировой эгоизм изначально находится в нем, но скрыт от него и постепенно ощущается по мере получения от Творца сил и способностей исправления.

Поэтому тот, кто продвигается по духовным ступеням, постепенно преодолевая «свой» разум, с каждым продвижением, ощущая себя все более непонимающим и глупым в сравнению с указаниями мудрецов в каббалистических книгах и наставника-каббалиста, в той же степени, в какой он принижает значимость «своего» ума, дается ему высший разум, и в конечном итоге вместо того чтобы стать глупее, отказавшись использовать нашу земную, эгоистическую логику, он становится мудрее всех!

И потому кто еще не постиг высшего разума, не изменил своего способа логического анализа, не ощущает сладости в неэгоистических мыслях вместо горечи и истину веры вместо лжи своего, ограниченного природой нашего мира, разума, тот может продвигаться вперед, используя уже исправленный анализ своего учителя, во всем слушая его и во всем идя за ним.

В этом и заключается совет Торы – следовать советам мудрецов. Ведь если хотя бы один каббалист с истинным духовным восприятием ума и сердца поведет за собой человечество, все смогут прийти к цели творения не путем страданий, а легким и безболезненным путем Торы! Но если даже во главе народа, избранного первым пройти этот путь – с которым в первую очередь производит расчет Творец, с которого больше и в первую очередь требует Творец, – стоят люди, ничего не понимающие в высшем замысле и управлении, то горе и постоянные неудачи являются нашим уделом.

Лишь во время войн, катастроф или других больших несчастий, когда уже не видно, казалось бы, никаких решений наших проблем, мы все можем явственно видеть руку Творца и Его помощь. Но это только в критические моменты, в которые мы попадаем, не желая познать и использовать каббалистические знания об управлении мирозданием.

Почему люди рождаются с разными способностями ощущать тонкие воздействия и с разными способностями разумно и логично схватывать суть вещей? И чем виноват человек, что не дано ему, не создал его Творец таким, как сотворил гениев и мыслителей или богатые чувствами тонкие натуры. И вообще, почему все мы, рождаясь, получаем от Творца неравные начальные умственные и духовные желания и способности?

Люди, родившиеся с большими желаниями, широким сердцем и острым умом называются в Торе умными, потому что способны получить высший разум. И противоположно этому рождаются ограниченные в умственных и душевных своих возможностях. Таких Тора называет глупыми.

Но поскольку у каждой души есть свое личное предназначение, ради которого она и «спустилась» в этот мир, нечего ни одному из нас стыдиться за свои задатки, их такими создал в каждом из нас Творец. И за плохие мысли наши нам нечего стыдиться – их тоже посылает нам Творец. А вот за то, как мы реагируем на плохие мысли, боремся ли с ними или слепо внимаем им, желаем ли исправить себя – каждый в силу своих природных способностей – и что делаем для этого – вот чего должен стыдиться человек, и об этом его спрашивает Творец.

И все же, каким образом глупец может достичь духовных высот? Сказал Творец: «Я создал мудрых, и я создал глупых. И поместил мудрых в каждом поколении, дабы помочь этим глупым, чтобы, приклеившись всем сердцем к поднимающимся, смогли и они достичь полного слияния со Мной».

Но зачем все же нужны глупцы в мире? Ведь их абсолютное большинство по сравнению с несколькими мудрецами мира! Все дело в том, что для каждого духовного свойства необходим свой отдельный носитель. И именно люди с ограниченными духовными способностями являются носителями эгоизма. А мудрецы, желающие бесконечного духовного подъема ради служения Творцу, по окончании исправления своего эгоизма нуждаются в работе над эгоизмом глупцов, поскольку для постоянного подъема обязаны постоянно впитывать в себя «чужой» эгоизм и исправлять его и, таким образом, подниматься.

И потому все нуждаются друг в друге. Но поскольку массы могут дать мудрецу лишь свой ничтожный эгоизм (желания мелких, преходящих наслаждений нашего мира), то на каждого мудреца в мире приходится миллиарды глупцов. Но поступая в соответствии с указаниями мудрецов, если глупцы сознательно идут за мудрецом, все могут достичь цели своего существования – абсолютного слияния с Творцом.

Хотя духовная работа по возвышению альтруизма над эгоизмом происходит в сердце, а по возвышению веры над утверждениями разума – в уме, но все это относится к отказу человека использовать свои, природой данные ему от рождения, разум и желания самонасладиться и самоутвердиться. Ведь даже работая уже с альтруистическими целями, человек все равно предпочитает видеть и знать, кому он дает и кто получает плоды его труда – и в таком случае нет у человека ничего, кроме как веры в существование Творца, и в то, что Он получает плоды его усилий.

И здесь осмысливание единственности Творца по принципу «нет никого, кроме Творца», посылающего все ощущаемое и мысленно воспринимаемое, создающего именно такой ход мыслей у нас, приводящего именно к таким выводам и решениям, – помогает человеку найти правильный взгляд на все происходящее и на коррекцию своих желаний и мыслей в соответствии с замыслами Творца.

Вся Тора говорит только о Творце, Его действиях, потому и называется Тора именами Творца, поскольку подобно тому, как имя человека говорит нам, о ком именно идет речь, любое слово в Торе – это имя Творца, ибо выражает Его определенное действие, говорит, что именно в данный момент он посылает нам.

А о нас говорится в Торе как о части Творца, которую он отдалил от себя, придав этой части эгоизм. Потому душа человека состоит из двух противоположных частей. Божественной части, которая проявляет свои желания чувствовать Творца (в некоторых из нас), и тогда человек начинает искать что-то духовное, чтобы наполнить себя, а всем, чем другие наслаждаются, наполняют себя, он уже не в состоянии удовлетвориться. Вторая же часть души – это ощущаемая в полной мере, наша специально созданная эгоистическая природа – желание всем завладеть, все узнать, сделать, увидеть результат своих действий, т.е. во всем и вся увидеть часть своего «я».

Эта эгоистическая часть нашей души и есть творение – единственное, что создано, так как альтруистическая часть души – это часть самого Творца. Взяв в себе свое желание и придав ему дополнительный эгоизм, Он этим отделил от Себя эту часть, и она стала называться душой, существующим отдельно от Него творением. И называется творением именно потому, что в ней есть часть нового – ее эгоизм, созданное свойство, ранее не существовавшее, ведь в самом Творце такого желания нет.

И только об этом объекте – душе, состоящей из части Творца и части вновь созданного эгоистического чувства «все получить в себя», и говорится в Торе. А не о теле, состоящем из мяса и костей – оно, как все тела – животное, и его удел, как и всех животных – сгнить и превратиться снова в элементы этого мира.

А ощущаем мы себя как тело потому, что не ощущаем нашу душу. Но по мере того, как человек начинает ощущать душу, он все меньше ощущает свое физическое тело, его желания, его боль, поскольку душа все больше говорит в нем. Еще более продвинувшийся вообще не чувствует желаний своего тела, поскольку прислушивается только к тому, что говорит ему его душа – часть Творца в нем. И потому под словом «тело» понимает себя, т.е. свои душевные желания, свою обретенную суть, а не телесные желания, которых практически не ощущает.

Тора говорит не о нашем физическом теле, килограммах мяса и костей, а о двух стремлениях души – о желании божественной части к ощущению Творца, слиянию с Ним и о желании эгоистической части к самоудовлетворению, самонасыщению, ощущению себя вместо Творца. Оба этих желания называются в Торе телом – или телом эгоистическим, телом физическим – телом нашего мира, так как только нашему миру свойственен эгоизм, или телом духовным, так как альтруистические желания – это желания Творца, свойственные духовному миру.

Всегда и во всем Тора говорит о том, что происходит в тех или иных случаях с нашей душой, с нашими желаниями – как их меняет Творец, и как мы можем их изменять, вернее просить Его, чтобы Он их изменил, потому что мы сами их изменить не в состоянии.

Но самое основное для начинающего – сквозь все постоянно возникающие самые различные мысли и желания силой воли упорно ловить и удерживать мысль, что это идет от Творца, что эти мысли и желания, самые разные и подчас самые низкие, посылает ему Творец. И делает Творец это для того, чтобы, несмотря на эти помехи, человек упорно не терял с Ним связь, удерживая в себе веру в то, что все эти мысли и желания посылаются ему Творцом, посылаются для того, чтобы он, борясь с этими мешающими мыслям о Творце помехами, укреплял свою веру, чувство, что все исходит от Творца. И по мере укрепления в себе этого убеждения он сможет достичь такого состояния, что это ощущение постоянно будет жить в нем, несмотря на все возрастающие помехи, которые будут постоянно посылаться Творцом, именно для укрепления в нем этого чувства. И в это постоянное чувство веры во всесущность Творца войдет тогда ощущение Его присутствия в человеке, Творец «облачится» в самого человека, и это уже определит все мысли и желания его, и он станет частью Творца.

Человек должен ощутить, что именно чувство удаленности от Творца и есть то необходимое чувство, с помощью которого, внутри которого, он сможет затем ощутить самого Творца. Именно эти два чувства и называются в Каббале кли-сосуд и ор-свет – это желание ощутить Творца, которое постепенно рождается в человеке под воздействием мешающих мыслей и желаний, специально отвлекающих от мыслей о Творце и Его единственности, и потому заставляющих человека силой воли увеличивать силу веры и удерживать мысли о Творце. Свет – это уже ответ на желание человека ощутить Творца, когда сам Творец «одевается» в это желание человека – свет входит в сосуд.

Порядок духовного роста таков, что человек пробуждается к желанию духовного, к ощущению Творца, к потребности познать себя лишь только под действием света, когда чувствует жизнь, воодушевление от сближения с духовными ощущениями, чувствует себя более совершенным.

Но затем начинают посещать его посторонние мысли, и он падает с этого уровня под их воздействием и возвращается к своим обычным желаниям и мыслям. Затем возникающее в нем через некоторое время сожаление о своих преходящих и ничтожных заботах и мыслях рождает горечь и гнев на себя, а подчас и на Творца, что посылает ему отталкивающие от духовного мысли и желания.

И как ответ на горькое чувство сожаления о своем духовном состоянии человек получает свыше свет, чувство сближения с Высшим, чувствует, что все готов отдать за это чувство ощущения Творца, за чувства безопасности, уверенности, бессмертия, ощущаемое им при приближении к абсолютному и вечному совершенству, излучаемому Творцом.

И не стыдится он за свои прошлые мысли и чувства и ничего не боится в этом мире, поскольку ощущает в это время свою бессмертную, как часть вечного Творца, душу, во всем согласен с Творцом, и во всем оправдывает его действия с созданиями, и готов, отказавшись от своего разума, следовать за своим Создателем. Это чувство, являющееся следствием заполнения души человека светом Творца, делает его абсолютным рабом духовных ощущений.

Но вновь через некоторое время возникает в нем посторонняя мысль... и так постепенно – от многих последовательно посещающих человека мешающих мыслей и приходящих вслед за ними ощущений духовного подъема – рождается в нем настолько цельное чувство требования духовного, что получает постоянный свет Творца.

Рав Барух спросил своего деда Бааль Шем-Това: «Известно, что в давние времена желавшие постичь Творца постоянно подвергали себя ограничениям, а ты их отменил в соответствии со сказанным, что каждый, подвергающий себя добровольным лишениям, является нарушителем Торы и должен дать ответ за это. Так что же главное в работе человека над собой?» Ответил Бааль Шем-Тов: «Я пришел в этот мир показать другой путь – человек должен стремиться овладеть тремя вещами: любовью к Творцу, любовью к народу, любовью к Торе – и тогда нет необходимости в добровольных лишениях».

Возможность благодарить Творца уже сама по себе является благом, данным Творцом. Милосердие Творца в том, что мы можем любить Его, а сила Его в том, что мы можем бояться Его.

В чем причина того, что человек, стремящийся приблизиться к Творцу и чувствующий, что уже близок к Нему в какой-то мере, вдруг ощущает отдаление? Ответ Бааль Шем-Това: «Это подобно обучению ребенка ходьбе: его поддерживают, и он, совершая несколько шагов, приближается к отцу, но отец, желая научить сына самостоятельно ходить, отодвигается, пока сын не научится ходить».

Сказал Бааль Шем-Тов: Работа человека над собой заключается в постоянной, до последнего вздоха борьбе с эгоизмом и вместо него, раз за разом, внесении в себя на его место Творца.

Творец, подобно великому властителю, сидит в центре своего дворца. Он возвел много стен и препятствий на пути к

Себе, разбросал между стен Своего дворца богатство, раздает почести и посты тем, кто преодолевает препятствия. Человек, получая их, успокаивается. Но только тот, кто отказывается от всего, желая быть рядом с Творцом, удостаивается войти к Нему.

Как необходимо переходное состояние между зерном и ростком, прорастающим из него, состояние полного разложения зерна, абсолютного исчезновения, так и человек – до тех пор, пока не достигнет состояния полного отрицания своего «я», не сможет получить новую духовную природу. Творец сотворил «я» человека из «ничего», поэтому, чтобы слиться с Творцом, необходимо вернуться из состояния «я» обратно в «ничто». Поэтому говорится, что спаситель (Машиах) родился в день разрушения Храма. И каждый раз, когда человек доходит до состояния полного отчаяния, приходит к выводу, что «все прах и суета сует» – именно из такого состояния начинается новая ступень его духовного роста, потому что может отречься от всего.

Сказал Магид из Мезрича, великий каббалист прошлого века: есть десять правил духовной работы.

Трем правилам можно научиться у младенца:
– Радуется независимо ни от чего.
– Даже минуты не бывает спокоен.
– Желаемое требует изо всех сил.

Семи правилам можно научиться у вора:
– Работает по ночам.
– То, чего не достиг в прошлую ночь, пытается достичь в следующую.
– Предан своим товарищам.
– Рискует собой для приобретения даже незначительных вещей.
– То, что украл, не ценит и продает за гроши.
– Получает побои, но не успокаивается.
– Видит в своем деле преимущества и не желает сменить его.

И добавил: к каждому замку есть ключ, но если замок не поддается, смелый вор ломает его. Творец любит человека, ломающего свое сердце, чтобы попасть в дом Творца.

Когда человек достигает духовных ступеней, только тогда он становится ничтожным в собственных глазах и может склониться перед Творцом, ощущая, что ничего ему не требуется: ни собственного духовного спасения, ни духовного возвышения, ни вечности – а только Творец.

Во время духовного упадка кажется человеку, что Творец скрывает себя, и тяжело удержаться в вере в Его существование и управление. Но если человек чувствует, что Творец скрывается от него, то это уже не сокрытие Творца, а состояние, из которого Творец ожидает усилия человека для сближения с Ним.

Творец называется местом (маком) именно потому, что человек должен войти в Него всем своим существом, чтобы Творец окружал его и был местом его пребывания. (Как уже отмечалось, мы находимся в океане света Творца и должны это постичь.)

Вся Тора предназначена для истребления нашего эгоизма. Поэтому заповедь «возлюби ближнего» является естественным следствием слияния с Творцом, потому что нет никого кроме Него, и когда человек постигает это – все творение, в том числе и наш мир, объединяются в его ощущении в одном Творце. Отсюда понятно, как могли праотцы соблюдать всю Тору еще до получения ее.

Требование физического выполнения заповедей обусловлено необходимостью исправления «неживого» уровня души человека. Тот, кто выполняет заповеди в силу воспитания (бэ тмитут), находится на уровне «духовно неживой», на котором не ощущается связь с Творцом.

Следствие духовного возвышения проявляется еще и в том, что человек начинает любить самых злостных врагов и ненавистников всех народов. Поэтому самая большая работа может быть в молитве за своих врагов.

Когда начали нападать на раби Леви Ицхака из Бердичева за его широкую работу по обучению правильному служению Творцу, дошли слухи об этом до раби Элимелеха из Лиженска. Он сказал: «Чего удивляться! Такое происходит постоянно! Если бы не было этого, ни один народ не смог бы нас поработить».

Есть два периода борьбы с эгоистическими желаниями: поначалу человек устремляется за ними, а когда начинает убегать от них, обнаруживает их непрестанную погоню за собой.

Отрицающим единство Творца (кофэр) называется тот, кто еще ощущает, что Творец и все происходящее в мире и с ним самим – не абсолютно одно и то же.

Раби Ихиэль Михаль (Магид ми Злочив), каббалист прошлого века, жил в очень большой бедности. Спросили его ученики: «Как можешь ты произносить благословение Творцу, что дал тебе все необходимое (ше аса ли коль цархи)?» Ответил: «Могу благословлять Творца, давшего мне все, потому что именно бедность, очевидно, необходима мне для сближения с Ним, поэтому дает мне ее.»

Нет ничего более отрицающего управление Творца, чем уныние. Причем в это чувство впадает любой человек от всевозможных причин: страданий, ощущения собственного бессилия, отсутствия желаемого и т.п. Невозможно принимать удары и радоваться без осознания их необходимости и великой пользы, когда каждый удар воспринимается уже как лекарство. Единственная тревога человека должна быть о том – почему он тревожится. О страданиях – говорил раби Моше из Коврина – надо сказать, что они не плохие, потому как нет плохого в мире, а горькие, потому как это и есть настоящий вкус лекарства.

Самое серьезное усилие необходимо приложить для «излечения» от чувства уныния, поскольку следствием веры является радость, и только приобретением веры можно спастись от уныния. Поэтому на сказанное в Мишне «Обязан человек благодарить за плохое», – немедленно добавляет Талмуд: «Обязан принять в радости», потому что нет зла в мире!

Поскольку человек постигает только то, что входит в его чувства, а не остается снаружи, то и Творца мы постигаем по Его воздействию в нас. Поэтому все наши ощущения, отрицающие единственность их источника, именно для того, чтобы в итоге выявить и почувствовать единственность Творца.

Сказано, что после перехода через море, поверили в Творца и запели. Только вера дает возможность воспеть.

Если человек считает, что он в состоянии работой над собой исправить себя, должен проверить свое отношение к вере во всемогущество и единственность Творца, потому что только через Творца, молитвой об изменении, возможно что-либо изменить в себе.

«Мир сотворен для наслаждения человека – барати олам кедей леитив». Олам (мир) происходит от слова элем, алама – сокрытие. Именно через ощущение противоположности сокрытия и раскрытия человек постигает наслаждение. И в этом смысл сказанного: «сотворил помощь против тебя – эзер ке нэгдо».

Эгоизм сотворен в помощь человеку: постепенно в борьбе с ним человек приобретает необходимые для духовного ощущения органы чувств. Поэтому воспринимать помехи и страдания человек должен с полным осознанием их цели – подтолкнуть человека просить помощи Творца в спасении от страданий. Тогда эгоизм и все неприятное превращаются в «помощь против тебя» – против самого же эгоизма.

Можно по-другому себе представить, что эгоизм стоит «напротив нас» вместо Творца, заслоняя, скрывая Творца от нас, как сказано: «Я стою между Творцом и вами» – «я» человека стоит между ним и Творцом. Потому и существует заповедь вначале «знать, что сделал» нам Амалек, а затем «стереть все воспоминания» о нем.

Не надо искать в себе мешающие мысли, а именно первое, что возникает в сердце и в мыслях человека с момента пробуждения, необходимо связать с Творцом. В этом помощь «помех», возвращающих человека к мысли о Творце. Поэтому самое большое зло состоит в том, что человек забывает о Творце.

Насколько эгоизм подталкивает человека согрешить, настолько же он подталкивает человека быть чрезмерным «праведником» – в обоих случаях человек отрывается от истины. Насколько человек может разыгрывать из себя праведника перед посторонними, настолько, подчас, не ощущая того, что обманывает себя, он уверен, что на самом деле праведник.

Сказал раби Яков Ицхак из Люблина (Хозэ ми Люблин): «Я больше люблю грешников, знающих, что они грешники, чем праведников, знающих, что они праведники. Но грешники, считающие себя праведниками, вообще никогда не смогут выйти на истинный путь, потому что даже на пороге ада им кажется, что их привели туда, чтобы спасать других».

Цель настоящего каббалиста в том, чтобы ученик уважал и боялся Творца больше, чем его, верил в Творца больше, чем в него, зависел от Творца больше, чем от него.

Раби Нахум из Ружин, каббалист прошлого века, застав учеников за игрой в шашки, рассказал им о схожести правил этой игры и духовных: во-первых, запрещено делать два хода одновременно; во-вторых, можно ходить только вперед, но не назад; в-третьих, дошедший до конца имеет право идти как угодно, по своему желанию.

Если человек подозревает, что люди говорят о нем, то заинтересован слышать их. Желаемое, но скрытое называется тайной. Если человек читает Тору и чувствует, что там говорится о нем, считается, что он приступил к изучению тайной Торы (Торат анистар), где говорится о нем, но это еще для него тайна. А по мере духовного продвижения он узнает, что сказано в Торе о нем, и Тора из тайной становится открытой, явной (Торат анигле). Кто изучает Тору без вопросов о себе, не ощущает в Торе тайной или уже явной части, тому Тора предстает как история или свод юридических законов. Сказано в Талмуде: «Вся Тора говорит только о настоящем».

С точки зрения эгоизма, нет ничего более странного и противоестественного, нереального и глупого, чем «продаться» в рабство Творцу, стереть в себе все свои мысли и желания и предоставить всего себя Его воле, какой бы она ни была, не зная ее наперед.

Такими нелепыми кажутся человеку духовные требования во время удаления от Творца. И наоборот, как только он чувствует духовный подъем, сразу же соглашается с этим состоянием, без всякого сопротивления и критики разума. И уже не стыдится своих мыслей и поступков, направленных на то, чтобы отдать себя в рабство Творцу.

Эти противоположные состояния специально даются человеку, чтобы он ощутил, что спасение от эгоизма сверхъестественно и происходит только по воле Творца.

Человек находится в состоянии неудовлетворенности, потому что сравнивает свое настоящее состояние с прошлым или с надеждами и страдает от отсутствия желаемого.

Но если бы он знал, какие огромные наслаждения может получить и не получает свыше, страдал бы несравненно больше. Но он находится относительно духовных наслаждений как в бессознательном состоянии, не чувствует их отсутствия. Поэтому самое главное – ощутить Творца, а затем, даже если это ощущение пропадает, уже естественно будет стремиться снова ощутить Его. Теилим, 42: «Как лань стремится к источникам вод, так душа моя стремится к Тебе, Творец».

Стремление ощутить Творца называется «Лаким Шхинта ми афра» – стремление «поднять» шхину – ощущение Творца, из пепла – самого низкого в наших глазах состояния, когда все в нашем мире представляется нам более ценным, чем ощущение Творца.

Выполняющие заповеди в силу соответствующего воспитания, что тоже является желанием Творца, делают это как и те, кто желает постичь Творца. Все отличие в ощущении самого человека. Но это самое главное, потому что желание Творца, чтобы творения наслаждались Его близостью.

Поэтому чтобы выйти из автоматического выполнения заповедей и стать самостоятельно действующим, человек обязан четко осознать, что получено им благодаря воспитанию, обществу, а какие стремления его собственные.

Например, человек получил воспитание по системе «Мусар», говорящей, что наш мир ничто. В таком случае духовный мир представляется всего лишь чуть большим, чем ничто. Каббала же говорит человеку, что этот мир, как он и ощущается, – полон наслаждений, но духовный мир, мир ощущений Творца – несравненно более прекрасен. Таким образом, духовное представляется не просто больше, чем ничто, а больше всех наслаждений нашего мира.

Нельзя заставить себя желать услаждать Творца, как он услаждает нас, потому что нет таких желаний (келим дэ ашпаа) у человека, но надо пытаться познать «к Кому» должен стремиться. Это проверка истинности стремления к Творцу, ведь при искреннем желании Творца все остальные мысли и желания исчезают, как свет свечи исчезает в свете факела.

До появления ощущения Творца, каждый человек ощущает себя, как единственного в мире. Но поскольку лишь Творец единственен – ибо только Он в состоянии дать наслаждение всему миру, а мы абсолютно противоположны этому желанию – то при первом же ощущении Творца человек приобретает, пусть временно, те же свойства. И это называется ки нэр бифнэй авука.

Все, чего человек должен достичь в этом мире, – это жить в нем по закону духовного мира.

Быть постоянно связанным (давук) с Творцом – означает верить в то, что все плохое, что человек чувствует, тоже исходит от Творца, посылается Творцом.

Есть Творец и творение – человек, не ощущающий Творца, а лишь способный «верить» в существование и единственность Творца, в то, что только Творец существует и всем управляет (слово «верить» взято в кавычки, потому что вера в каббалистическом смысле означает именно ощущение Творца).

Единственное, чего человек желает, – это получать наслаждение. Таким его создал Творец. И это цель творения, желание Творца. Но человек должен наслаждаться в том же виде, что и Творец.

Все, что когда-либо происходило, происходит или произойдет с каждым из нас, все хорошее или плохое, заранее планируется и посылается нам Творцом. В конце исправления (гмар тикун) мы все убедимся в том, насколько все это было необходимо для нашего блага.

Но пока каждый из нас находится на пути своего исправления, этот путь воспринимается нами как долгий, тысячелетний, горький, кровавый и необычайно болезненный, и как бы ни был готов к очередному удару человек, как только он ощущает на себе какое-либо неприятное воздействие, он забывает, что это исходит от той же единственной в мире силы, от которой исходит все, а он, человек, представляет собой лишь материал в руках Творца, и начинает представлять себя самостоятельно действующим лицом, а причиной неприятных обстоятельств считать себе подобных, а не Творца.

Поэтому самое важное, чему мы должны научиться в этом мире, не просто заранее понимать, что все исходит только от Творца, но не поддаваться мешающим чувствам и мыслям во время самых трагических событий, не начинать вдруг мыслить «самостоятельно», будто то, что с нами в данный момент происходит, исходит от подобных нам, а не от Творца, что исход дела тоже зависит от людей или обстоятельств, а не от Творца.

Но научиться этому можно только на своем опыте, и во время учебы человек забывает о причине происходящего с ним, о том, что все это для того, чтобы взрастить его, а забываясь, впадает в ложное ощущение отсутствия управления и полного сокрытия Творца.

Происходит этот процесс следующим образом: Творец дает человеку знание и ощущение того, что только Он, Творец, управляет миром, а затем посылает человеку пугающие, полные неприятных последствий жизненные обстоятельства.

Неприятные ощущения настолько захватывают человека, что он забывает о том, кто и с какой целью посылает ему эти удары. Время от времени в процессе этого «эксперимента», человеку дается осознание – почему это с ним происходит, но под усилением неприятных воздействий это ощущение пропадает.

Но даже когда человек вдруг «вспоминает», Кто и зачем посылает ему такие страдания, он не в состоянии убедить себя отнести их к Творцу и просить только Творца о спасении, а одновременно со знанием того, что это исходит от Творца, ищет самостоятельно пути своего спасения.

Подобные ощущения можно умозрительно представить в следующей картине:

1) на пути человека к Творцу находится нечистая, отвлекающая, пугающая сила или мысль, и человек должен сквозь нее пробиваться к Творцу, чтобы соединиться с Ним;
2) человек находится рядом с Творцом, как ребенок на руках матери, а посторонние силы-мысли хотят оторвать его от Творца, чтобы перестал чувствовать Его и ощущать Его управление;
3) Творец якобы поручает человеку охранять нечто важное от своего врага, тот нападает, и человек отчаянно воюет с ним.

По окончании борьбы человека с его врагом, человеку становится ясно, что он воевал только с помехами, посылаемыми самим Творцом для обучения и возвышения. В итоге этой внутренней борьбы человек получает знания о себе и об управлении и любовь к Творцу – видя в конце борьбы, с какой целью прежде посылались Творцом все препятствия.

Воспитание человека должно состоять не в принуждении и подавлении, а в развитии навыков, необходимых для выработки в нем критики своих внутренних состояний и желаний. Правильное воспитание должно включать обучение навыкам мыслить, в то время как традиционное воспитание ставит целью привить человеку автоматические поступки и реакции в будущем. Вся цель воспитания должна заключаться в формировании привычки постоянно и самостоятельно производить анализ и оценку собственных независимых, не навязанных извне или воспитанием действий.

Каким образом человек может прийти к правде, ведь эгоистически правда ощущается как горечь, боль, а кто согласен на подобные ощущения?

Человек получает живительную силу и энергию от наслаждения, почета и зависти. Например, будучи одет в порванную одежду – стыдится от того, что у другого одежда лучше. Но если одежда другого тоже порванная, то остается только половина неприятного ощущения. Поэтому говорится «общее несчастье, половина успокоения» (царат рабим, хаци нэхама).

Если бы человек получал удовольствие только от одного из трех источников, он бы не смог продвинуться вперед, развиваться духовно. Например, если бы в нас было стремление только к наслаждению, без стремления к почету, человек ходил бы голым в жаркую погоду, потому что не испытывал бы стыда.

Стремление к почету, высокому положению в глазах общества может уменьшиться, если все общество сократит свои потребности, как например, во время серьезных испытаний и войн. Но в стремлении насладиться или уменьшить страдания человек не так зависим от мнений окружающих, как например, не болят зубы меньше оттого, что болят еще у кого-то, поэтому работа «ради Творца» должна строится на основе наслаждения, а не почета, иначе человек может успокоиться и остановиться на полпути.

Говорится, «зависть ученых увеличивает знания». Нет у человека желания к почестям, но почему почитают другого, а не его. Поэтому прилагает усилия в науке, чтобы только не уважали другого больше, чем его. Эти стремления увеличивают знания. Также среди начинающих: видя что другие встают до рассвета заниматься, человек тоже заставляет себя встать, хотя в душе желает, чтобы никто не встал, тогда и ему не придется вставать.

Если бы человек знал, что все его мысли не принадлежат ему, а приходят к нему от окружающих, он мог бы с ними бороться, но общество действует на нас таким образом, что мы ощущаем получаемые от общества мысли и желания как свои. Поэтому важно, какое общество выбирает себе человек, каковы цели и идеалы круга, в котором он вращается.

Но если человек желает быть под влиянием, получить мысли только определенного круга людей, самое надежное средство – быть среди них, а еще вернее, прислуживать, помогать им, потому что получить может низший от высшего, и потому в группе сотоварищей по учебе необходимо считать всех более исправленными и знающими, чем сам.

Это называется приобретением от «авторов» (ми пи софрим), так как получает от общения. Причем, находясь среди других людей на работе и дома, желательно мысленно быть со своими сотоварищами по учебе, и тогда никакие посторонние мысли не проникнут обманом в человека, и не станет вдруг рассуждать, как его соседи, жена, коллеги.

(Начинающему абсолютно невозможно разобраться, кто в нашем мире истинный каббалист, а кто ложный, потому что все говорят одни и те же истины о работе над собой и о необходимости отрешения от эгоизма. Но эти слова, как свет Творца, заливающий собой все, как свет без сосуда. То есть говорящий их может произносить самые проникновенные слова, но не понимает их внутреннего смысла, не имея келим, ощущения этого света.)

Намного труднее, чем непосредственно от учителя, получить мысли и свойства из книг автора-каббалиста, что называется «ми сфарим», ибо если желает получить мысли автора, обязан верить, что автор большой каббалист. И чем выше будет его мнение об авторе, тем больше сможет понять из его книг.

Из тысяч постигших Творца только раби Шимону Бар Йохаю (РАШБИ), раби Ашкенази Ицхаку (АРИ) и раби Иегуде Ашлагу (Бааль Сулам) было дано разрешение писать о Каббале на языке, понятном для непосвященных, т.е. для еще не постигших ощущения духовных ступеней. Остальные каббалистические книги используют образы, понятные только для уже вошедших в духовные миры, и поэтому непригодны для начинающих.

При помощи этих двух средств – избранного им общества и выбранных им книг – человек постепенно достигает самостоятельного мышления (до этого он находится в положении всех существующих на этой земле – желает быть самостоятельным, но не может, «роцэ вэ ло яхоль»).

Сказано, что зависть, наслаждение и желание почета уводят человека из этого мира (кина, таава вэ кавод моциим адам мин аолам). Смысл изречения в том, что эти три вида человеческих желаний являются причиной того, что человек принуждает себя действовать, хотя и не из хороших побуждений, но они заставляют человека изменяться, расти, желать достичь все большего, пока не поймет, что настоящее приобретение – это приобретение духовного мира – и захочет выйти из нашего мира в духовный мир.

Поэтому и сказано, что эти три желания «уводят» человека из этого мира (в духовный, будущий мир). В итоге накопления знаний и разума человек начинает понимать – что в мире самое ценное, и что стоит достичь этого самого ценного. Таким образом, от желания «ради себя» приходит к желанию «ради Творца» (ми ло ли шма ба ли шма).

Все творение есть стремление насладиться или страдание от отсутствия наслаждения, исходящего от Творца. Для наслаждения необходимы два условия: наслаждение было и исчезло, оставив впечатление, воспоминание (решимо, от слова рошем – запись).

Существует несколько типов нечистых, отвлекающих сил, называемых клипот-кожура-шелуха – название это определяет их назначение. Эти силы: 1) защищают духовно чистые силы (сам плод под кожурой) от проникновения в духовное вредителей – еще не подготовленных, которые могли бы навредить себе и другим, овладев духовным; 2) создают помехи тем, кто истинно желает овладеть плодом. В итоге борьбы с ними человек овладевает необходимыми знаниями и силами пройти оболочку, становится достойным вкусить сам плод.

Ни в коем случае не следует считать, что посылаемые человеку мысли против Творца, пути и веры исходят не от Творца. Только Творец – единственная сила, включая человека, действует во всем творении, а человеку остается только роль активного наблюдателя: прочувствовать на себе всю гамму сил и каждый раз бороться с мыслями о том, что эти силы исходят не от Творца. Кому Творец не посылает мешающие в изучении Каббалы и в работе над собой мысли, тот не в состоянии продвигаться.

Основные клипот: «клипат мицраим» (Египет) не дает желания идти далее духовным путем; «клипат нога» (сияющая) дает ощущение, что и так хорошо, нет смысла продвигаться (человек ощущает свое состояние как спящее, но сердцем не согласен с ним – «ани яшена вэ либи эр» – я сплю, но сердце бодрствует).

Настоящие каббалистические книги, особенно книги раби Иегуды Ашлага, написаны таким образом, что изучающий их уже не может наслаждаться сиянием «клипат нога» – после того, как поймет цель творения.

Но тем единицам, которых Творец выбирает, чтобы приблизить к себе, он посылает страдания любви (исурэй ахава), страдания в их состоянии, чтобы стремились выйти из него и продвигались навстречу Творцу. Это внутреннее стремление человека, ощущаемое им как свое, называется давлением изнутри (дахав пними).

Действие (маасэ) человека называется «открытым» (нигле), потому что всем, кто видит, ясно, что он сделал, и не может быть иной трактовки. Мысленаправленность, намерение (кавана) человека называется «скрытым» (нистар), потому что может быть вовсе не таким, как представляется постороннему наблюдателю или даже не тем, что сам человек говорит о своих намерениях.

Подчас и сам человек не может точно знать, что его толкает на тот или иной поступок, т.е. каковы его истинные внутренние намерения, даже от человека скрыто его намерение, а не только от посторонних. Поэтому называется Каббала тайной частью Торы, тайной мудростью (хохмат нистар), потому что это наука о намерении, о том как сделать намерения человека направленными к Творцу. И это должно быть скрыто от всех, а подчас и от самого исполнителя.

Необходимо верить в то, что все, что происходит в мире, происходит по воле Творца, управляется Им, посылается Им и контролируется Им. Есть утверждающие, что наши страдания – это не страдания, а награда. Это справедливо только относительно тех праведников, которые в состоянии все обстоятельства и их последствия отнести к управлению Творцом. В таком лишь случае, когда человек в состоянии идти верой в справедливость Высшего управления вопреки самым большим испытаниям, проклятия обращаются в благословления. А в тех испытаниях, в которых не в состоянии идти выше своего разума, духовно падает, потому что только в простой вере выше разума можно найти опору. А падая из веры в свой разум, уже должен ждать помощи... Но те, кто в состоянии пройти эти испытания, возвышаются, поскольку именно испытывая страдания, с помощью этих испытаний, увеличивают силу своей веры. И потому для них испытания и страдания обращаются благословлением.

Настоящая просьба должна исходить из всей глубины сердца, что означает, что все сердце должно быть согласно с тем, что оно хочет сказать Творцу. Сказать не словами, но чувствами. Ведь только то, что происходит в сердце человека, слышит Творец. Творец слышит даже больше, чем сам человек хотел бы сказать, поскольку понимает все причины и все чувства, им самим посылаемые. И никуда не увильнуть ни одному созданию от намеченной конечной цели – возжелать приобрести духовные свойства.

Но что же делать человеку, если сам чувствует, что не желает в достаточной мере расстаться с удовольствиями этого мира и ощущает, будто должен полностью оставить своих родных, семью, весь полный жизни мир, с его маленькими радостями, со всем, что (эгоистические) желания так красочно рисуют в его воображении? И что же он может делать, если, прося Творца о помощи, тут же сам ощущает, что не желает, чтобы Творец помог ему, услышал его молитву?

Поэтому и нужна особая подготовка и осознание жизненной необходимости в приобретении свойств альтруизма. А подобные желания постепенно созревают в человеке, под действием ощущения удаленности от духовных наслаждений и покоя, издалека манящих его.

И это подобно тому, как приглашающий гостей должен позаботиться о том, чтобы у них был аппетит на те яства, которые он им приготовил. И кроме того, в начале трапезы должен также позаботиться о раздражающих аппетит закусках. И только после этого он может предложить своим гостям то, что приготовил, а без подготовки не почувствуют гости наслаждения от угощения, каким бы вкусным и обильным оно ни было. Тем более, если речь идет о создании аппетита к противоестественным, непривычным яствам – наслаждению от альтруизма.

Потребность в сближении с Творцом постепенно рождается в человеке под действием усилий, прилагаемых им именно в состояниях крайней удаленности от духовного спасения, собственной опустошенности и тьмы, когда он нуждается в Творце для личного спасения, чтобы Творец вытащил его из создаваемых Им же безвыходных ситуаций, помог ему свыше. И если человек действительно нуждается в помощи Творца, это признак того, что готов получить помощь, создал в себе «аппетит» для получения того именно наслаждения, которое Творец уготовил ему, и в той мере, в которой испытывает страдания, в той же мере способен испытать наслаждение.

Но если человек должен пережить страдания и в той мере, в какой страдает, он затем способен воспринять наслаждение, то во-первых, это путь страданий, а не путь Торы, как говорилось выше. И во-вторых, зачем же тогда просить Творца о чем-либо? Надо просто пройти страдания, пока само тело не захочет от них избавиться в полной мере, настолько, что воскричит к Творцу с такой силой, что Творец вынужден будет спасти его.

Ответ прост – молитва, даже если не исходит из глубины сердца, все равно подготавливает человека к освобождению, потому что в ней человек как бы обещает Творцу, что после получения духовных сил, он всеми своими силами возместит отсутствие в нем в настоящий момент необходимого стремления. В этом и есть великое спасение молитвы. Просьба с подобным обещанием принимается Творцом, и вместо пути страданий человек продвигается вперед путем Торы.

Потому ни в коем случае человек не должен соглашаться со страданиями, даже если и уверен, что они посылаются ему Творцом, и верит, что все, что посылается Творцом – для блага человека. Творец ждет от человека не покорного получения страданий, а их предупреждения, чтобы не пришлось подталкивать человека страданиями сзади, а чтобы он сам стремился вперед верой в то, что для своей пользы просил у Творца продвижения.

И если чувствует, что нет в нем еще настоящего желания к этому, он все равно просит Творца, чтобы дал ему и желания и веру в силу молитвы, просит о желании просить, которого ему не хватает.

Наша душа, «я» каждого из нас, находится в своем совершенном состоянии с того момента, как Творец, создавая нас, решил, каким оно должно быть. Это состояние можно определить как состояние абсолютного покоя (поскольку любое движение вызвано желанием обрести более совершенное состояние) и абсолютного наслаждения (поскольку желания, созданные в нас Творцом, абсолютно насыщаются).

Чтобы достичь этого состояния, нам надо приобрести желание достичь его, т.е. захотеть изменить свои настоящие стремления на совершенные, альтруистические. Альтернативы нет: «Так говорит Творец: если не по вашему желанию, то я поставлю над вами жестоких властителей, которые силой заставят вас вернуться ко Мне».

Существуют в одном человеке, в каждом из нас, одновременно эти два – наше настоящее и наше будущее – совершенные состояния, но сейчас мы испытываем ощущение только нашего настоящего, а перейти в «будущее» состояние возможно в одно мгновение – изменив нашу природу с эгоистической, материальной на альтруистическую, духовную. Творец может сотворить такое чудо с каждым из нас в любое следующее мгновение, потому что эти два состояния существуют одновременно, только одно из них мы воспринимаем сейчас, а совершенное, параллельно существующее, не ощущаем (хотя и находимся в нем), так как по свойствам-желаниям не соответствуем ему, как говорит Творец: «Не могу Я и вы существовать в одном месте», ибо противоположны мы в своих желаниях.

И потому имеет каждый из нас два состояния или, как это называется в Каббале, два тела. Наше физическое тело, в котором мы находимся в настоящий момент, принято называть в Каббале просто материальной оболочкой, а наши желания и свойства называются в Каббале телом, поскольку именно в них находится наша душа, часть Творца. Если в нашем настоящем состоянии наше тело представляет собою чисто эгоистические желания и мысли, то в него может вселиться только микроскопически малая часть нашей настоящей души, так называемый «нэр дакик» – искорка большого света, которая и дает нам жизнь.

Второе, параллельно существующее – это наше духовное тело, не ощущаемое пока нами, наши будущие альтруистические желания и свойства, в которых находится вся наша душа – та часть Творца, которую в будущем, в конце исправления, мы ощутим.

Свойства и эгоистического и альтруистического тел, их жизненная сила делятся на чувства и разум, соответственно ощущаемые нами в сердце и в сознании. Только в эгоистическом теле – это желание получить сердцем и осознать умом, а в альтруистическом теле – это желание отдать в сердце и верить умом.

Ни одно из этих тел мы не в состоянии изменить: духовное – абсолютно совершенно, а наше настоящее – абсолютно неисправимо, поскольку таким создано Творцом. Но существует еще одно, третье, промежуточное, среднее тело – постоянно меняющиеся в нас свыше желания и мысли, которые мы должны пытаться исправлять и просить Творца об их исправлении. Таким образом, мы соединяем наше среднее тело, называемое «клипат нога», с нашим духовным телом.

И когда мы совместим все его постоянно обновляющиеся желания и мысли с духовным телом, наше эгоистическое тело отойдет от нас, и мы приобретем духовное. А затем, сам Творец изменит все свойства эгоистического тела на противоположные, и весь первородный эгоизм преобразится в абсолютный альтруизм.

... Во всех жизненных ситуациях следует пытаться смотреть на все происходящее сквозь Творца: это Он стоит между всеми и мною, сквозь Него я смотрю на всех в мире и на себя тоже. И все, что воспринимается мною, исходит от Него, и все, что исходит от меня, исходит только к Нему, и потому все вокруг – это Он, как сказано: «спереди и сзади находишься Ты и возложил на меня руку Свою». Все, что есть во мне, все, что думаю и чувствую, – это от Тебя, это диалог с Тобой.

Самое ужасающее переживание – ощущение кромешной бездны «аярат малхут», поражающее своей разверзшейся прямо под ногами человека тьмой безысходности, страха, отсутствием какой-либо опоры, абсолютным исчезновением окружающего света, дающего нам ощущение будущего, завтра, следующего мгновения.

Все менее ужасные отрицательные ощущения происходят из этого чувства и являются его аспектами. Все они посылаются человеку из того же источника – малхут – созданной Творцом пустой души, каждую часть которой обязан каждый из нас заполнить светом. Все ощущения тьмы, испытываемые человеком, исходят из нее. Преодолеть это ужасное чувство неопределенности возможно только верой в Творца, ощущением Его. И с этой целью посылаются Творцом все страдания.

Царь Давид как олицетворение всех наших душ в каждой строке своих псалмов описывает состояние души, ее ощущения на всех этапах восхождения. Поразительно, сколько должен перенести человек прежде, чем поймет, осознает и найдет правильный путь, ведь никто не в состоянии подсказать ему следующий шаг – только по необходимости, споткнувшись на предыдущем, он выбирает правильное действие. И чем чаще нас толкают несчастья, тем быстрее есть возможность вырасти духовно, как говорится: «Счастлив, кого преследует Творец».

Не следует знать свой следующий шаг, свое будущее, не зря существует запрет Торы: «не ворожите не гадайте» – духовный рост происходит ростом веры в то, что все, что в данный момент испытывает человек и все, что в следующее мгновение с ним произойдет, все исходит от Творца, и все преодолевается только сближением с Ним, по необходимости, поскольку наша природа не желает признать Его как нашего властителя. Знание своего будущего состояния или уверенность в его знании, отнимает у человека возможность закрыть глаза, смолчать и принять любое неожиданное проявление Высшего управления как верное, справедливое, а это возможно только притянувшись к Творцу.

Все наши последовательные состояния духовного восхождения описываются в Торе бытовым языком нашего мира. Как мы уже знаем, есть всего два свойства в творении – альтруизм и эгоизм, свойство Творца и свойство его созданий. Каббала говорит о прохождении духовных ступеней языком прямых чувств, как в этой части книги, или языком сфирот – физико-математическим описанием духовных объектов.

Этот язык универсален, компактен и точен. Он понятен в своем внешнем виде для начинающих, на нем можно говорить и понимать друг друга, так как говорится об отвлеченных действиях, абстрактных духовных объектах. Постигающий сами духовные ступени может также выразить свои действия и чувства на этом «научном» языке, поскольку сам свет, постигаемый им, несет в себе информацию о действии и о названии. Но передать свои чувства, ощущения какой-то духовной степени каббалист может только тому, кто прошел эту же ступень, другой его не поймет, подобно тому как в нашем мире человек, не переживший определенного чувства и не знающий его по аналогии с подобным, похожим чувством, не в состоянии вас понять.

Есть две последовательные ступени исправления эгоизма: – совсем не использовать его, мыслить и действовать с намерением лишь «отдавать», без всякой мысли о своей заинтересованности в результатах своих действий. Когда человек уже в состоянии полностью действовать таким образом, он переходит ко второй ступени – начинает, постепенно используя свой эгоизм, включать его в малых порциях в свои альтруистические действия и мысли, исправляя его таким образом.

Например, человек все, что есть у него, отдает другим, ничего ни от кого не получая, – это первая ступень развития. Если он в состоянии так поступать во всем, то для того, чтобы у него была возможность еще больше отдавать, он зарабатывает или получает от богатых, пропуская через себя большое богатство, и отдает его другим. Сколько он при этом может получать от других, зависит от того, сможет ли он отдать все то, что получает, не соблазнившись слишком большими деньгами, проходящими через его руки, ведь в таком состоянии он использует свой эгоизм – чем больше получит, тем больше сможет отдать. Но сможет ли все отдать? Величина проходящей через него суммы, определяет его уровень исправления.

Первая ступень называется исправлением творения (эгоизма), а вторая ступень называется целью творения – использовать эгоизм в альтруистических действиях, для альтруистических целей. Об этих двух ступенях нашего духовного развития и говорит вся Тора. (Но как желания, так и наслаждения, о которых говорится в Торе – в миллиарды раз больше, чем любые, даже собранные все вместе наслаждения нашего мира).

Эти две ступени находятся также в постоянном конфликте, поскольку первая полностью отрицает использование эгоизма, его исправление, а вторая использует его в небольших – в соответствии с силой сопротивления ему – количествах для его исправления. Поэтому действия в этих двух состояниях противоположны, хотя оба альтруистичны по цели. Ведь и в нашем мире человек, который все отдает, противоположен по действию человеку, который получает, хотя и ради того, чтобы отдать.

Многие противоречия, споры, описываемые в Торе, теперь станут более понятны. Например, противоборство Шауля и Давида, где Шауль – это продажа Йосефа, спор и противоречия в решениях школ Шамая и Хилеля, Машиах Бен-Йосеф (им был каббалист АРИ) и Машиах Бен-Давид, и другие, почти все спорные вопросы и войны, трактуемые непосвященными как столкновения народов, колен, семей, эгоистических личностей.

Через некоторое время после того, как человек прикладывает повышенные усилия в работе над собой, в учебе, в стремлении к духовным ощущениям, в нем возникает требование к ощущению результата, ему кажется, что после проделанной им работы (по сравнению с окружающими его современниками) – уж он-то заслужил, чтобы Творец раскрылся ему, чтобы Тора, которую он изучает, стала для него явной, и наслаждения духовных миров ощутились им.

А на самом деле он видит, что все происходит как раз наоборот: он чувствует, будто пятится назад, а не продвигается вперед по сравнению с теми, кто вообще не занимается Каббалой. И вместо того, чтобы ощутить Творца, и чтобы Творец услышал его, он все далее удаляется от Творца и чувствует, что это удаление от духовных постижений и понижение духовных стремлений есть прямое следствие его учебы.

И возникает у него законный вопрос: глядя на изучающих обычную Тору, он видит, что они чувствуют свое совершенство по сравнению с другими, а он с каждым днем все больше видит, как он становится все хуже в своих желаниях и мыслях и все дальше удаляется от тех духовных, хороших желаний, с которыми пришел к Каббале! Так лучше было бы вообще не начинать занятия Каббалой! И вообще, все это время он провел зря!

Но с другой стороны, он уже чувствует, что здесь лишь и есть правда и решение его вопросов, что создает еще дополнительное напряжение: не может оставить Каббалу, потому что это истина, но и не имеет ничего с ней общего и удаляется от нее, а по своим желаниям находится ниже, чем все его современники.

И ему кажется, что если бы другой человек был на его месте, то Творец уже давно ответил бы и приблизил к Себе, и не трудился бы этот человек, как он, впустую, с обидой на Творца за то, что не считается с ним. А возможно, Творец вообще не реагирует на его действия.

А дело все в том, что такие чувства переживает только тот, кто находится в процессе настоящей духовной работы над собой, а не тот, кто сидит над Торой только ради познания простого ее смысла и выполнения заповедей. Поскольку желающий возвыситься желает достичь такого духовного состояния, когда все его стремления, мысли и желания будут определяться не его личными интересами. Поэтому дают ему свыше осознать, каковы на самом деле его мысли и чем определяются все его действия.

И если проходя сквозь страдания, обнаруживая в себе весь этот огромный эгоизм, видя, насколько он удален от самого незначительного духовного свойства, он все же выдерживает испытание, и в состоянии, несмотря на все пережитое, молчать в сердце, раскрыть свою любовь к Творцу, а не просить вознаграждения за свои усилия и за свои страдания, и если, несмотря на муки, эти состояния ему милее, чем животные наслаждения и покой, то удостаивается ощутить духовный мир.

Вообще, как только человек начинает входить в настоящую работу над собой, сразу же начинает ощущать помехи и препятствия на пути к ощущению духовного в виде всевозможных посторонних мыслей и желаний, в виде потери уверенности в правильности выбранного пути, упадка настроения при ощущении своих истинных желаний – в отличие от тех, кто просто сидит и учит Тору ради знания и механического выполнения.

И это оттого, что **проверяют человека свыше**, есть ли действительно у него настоящее желание к истине, какой бы противоестественной, против его эгоистической природы она ни была, насколько болезненно бы ни было отказаться от привычного личного комфорта во имя Творца. В то время, как простого человека не проверяют, и он чувствует себя очень комфортно в своей привычной жизни, да еще и будущий мир – он считает – ему обеспечен, потому что выполняет заповеди Торы. Таким образом, у него есть и этот, и будущий мир, он уже заранее радуется будущему вознаграждению, предвкушает его, поскольку считает, что оно положено ему, ибо он-то выполняет желания Творца, и потому Творец обязан оплатить ему все в этом и в будущем мире. Таким образом, его эгоизм возрастает – по сравнению с эгоизмом неверующего, не требующего вознаграждения от Творца – во много раз, как и его самоуверенность и чувство превосходства по сравнению со всеми «неприближенными» к Творцу.

Но Творец проверяет человека не для того, чтобы узнать, в каком состоянии тот находится, это Творец знает и без всяких проверок, поскольку сам же Он дает нам эти состояния. Этим нам дается осознание того, где духовно находимся мы. Создавая в нас желания земных наслаждений, Творец отталкивает недостойных, дает тем, кого хочет приблизить к себе, возможность, преодолевая препятствия, приблизиться ко входу в духовный мир.

Для того, чтобы человек почувствовал ненависть к эгоизму, Творец постепенно приоткрывает ему глаза на то, кто является его **истинным врагом**, кто не позволяет ему войти в духовные миры, пока не разовьется чувство ненависти до такой степени, что человек полностью оторвется от эгоизма.

Все, что находится вне тела человека, это сам Творец, так как основа творения – это ощущение собственного «я» каждым из нас. Эта иллюзия собственного «я» называется творением и ощущается только нами. Но **кроме этого ощущения собственного «я», существует только Творец**. Поэтому наше отношение к миру и к каждому из окружающих есть не что иное, как отношение к Творцу. И если человек привыкает к такому отношению к окружающему, он восстанавливает этим прямую связь с Творцом.

Нет никого, кроме Творца. Кто же такой «я»? «Я» – это чувство себя, своего существования, чего в общем нет, но по желанию Творца какая-то Его часть так себя чувствует, потому что удалена от Творца, Творец скрывается от нее. Но по мере все большего ощущения Творца эта часть Его, ощущаемое мною «я», начинает все больше чувствовать, что она все-таки часть Творца, а не самостоятельное творение. **Стадии постепенного ощущения Творца называются мирами или сфирот**. Человек рождается, как правило, без какого-либо ощущения Творца и то, что видит вокруг себя, то и принимает за действительность. Такое состояние называется «наш мир».

Если Творец желает приблизить человека, тот начинает временами ощущать неявное наличие Высшей силы, еще не видит ее своим внутренним зрением, а только издали, извне светит ему нечто, несущее чувство уверенности, духовной праздничности и вдохновения. Творец может вновь удалиться, вновь стать неощутимым.

Это воспринимается человеком, как возврат в первоначальное состояние – он забывает вообще о том, что когда-то был уверен в существовании Творца и как-то Его чувствовал. Или Творец удаляется от него таким образом, что человек чувствует удаление духовного присутствия и, как следствие этого, падение духа – это ощущение Творец посылает тому, кого желает еще больше приблизить к себе, поскольку возникающее в человеке чувство тоски по исчезнувшему прекрасному чувству заставляет его пытаться вернуть это ощущение.

Если человек прилагает усилия, начинает заниматься Каббалой, находит настоящего учителя, Творец попеременно то еще больше раскрывается ему в виде ощущения духовного подъема, то скрывается, возбуждая этим человека искать выход из состояния упадка.

Если человек усилием воли в состоянии сам преодолеть неприятное состояние – сокрытие Творца, он получает свыше поддержку в виде духовного подъема и вдохновения. Если же человек не пытается своими силами выйти из этого состояния, то Творец может Сам приблизиться к нему, а может и оставить его (после нескольких попыток побудить человека самому двигаться навстречу Творцу) в состоянии полного отсутствия ощущения Его.

Все, что мы желаем знать о нашем мире, можно определить как результат творения и его управления или, как называют исследователи, законы природы. Человек в своих изобретениях пытается повторить некоторые детали творения – то, что он узнал о природе, т.е. пытается повторить действия Творца на более низком уровне и с более грубым материалом.

Глубина познания человеком природы ограничена, и хотя эта граница постепенно расширяется, но и по сей день за тело человека, например, принимается его материальное тело. А при таком рассмотрении нет никакой разницы между людьми – ведь всю индивидуальность каждого определяют именно его духовные силы и свойства, а не формы нашего тела.

Поэтому можно сказать, что все тела, несмотря на их множество, представляют собой, с точки зрения творения, только одно тело, поскольку нет индивидуальной разницы между ними, которая бы отличила одно от другого.

А значит, чтобы понять себе подобных и весь окружающий мир, знать, как относиться ко всему, что вне его тела, человеку достаточно углубиться в себя, понять себя. Так мы и действуем, поскольку созданы именно так, что постигаем то, что входит в нас извне, вернее, **наши реакции на воздействие извне**.

Поэтому если человек ничем духовным от других не отличается, а все его отличия стандартны в рамках вариаций чисто животных свойств наших материальных тел, то он как бы не существует, поскольку, не имея собственного индивидуального отличия от других, он как бы находится внутри одного тела, олицетворяющего все наши тела.

Иначе можно сказать так: все, чем могут отличаться люди один от другого, – это душой, и если ее нет, то данного человека нельзя считать индивидуально существующим. И чем больше духовных отличий у индивидуума, тем он важнее и больше, а если их нет вообще, то и его нет, он не существует.

Но как только появляется в нем самое маленькое первое духовное отличие – это мгновение, это духовное состояние называется его **рождением**, поскольку впервые появилось в нем нечто личное, выделяющее именно его из всей общей массы тел. То есть рождение индивидуальности происходит посредством индивидуального духовного отделения от общей массы.

Подобно посаженному в землю зерну, последовательно происходят два противоположных процесса – разложение и развитие, полное освобождение от предыдущей, родительской исходной формы. И пока не отторгнет ее полностью, не освободится от своей физической формы, не сможет превратиться из физического тела в силу. Пока не будут пройдены все эти состояния, называемые рождением плода сверху вниз – не сможет родиться в нем первая духовная сила – снизу вверх, чтобы начать расти и достичь уровня и формы породившего его.

Подобные процессы происходят в неживой, растительной, живой – животной природе и в человеке, хотя и в разных внешних формах.

Каббала определяет **духовное рождение**, как первое проявление в человеке самого низшего свойства самого низшего духовного мира, как **выход человека из границ «нашего» мира** на первую наинизшую духовную ступень. Но в отличие от земного новорожденного духовно рожденный не умирает, а постоянно развивается.

Начать познавать себя человек может только с момента самоосознания, но не ранее. Например, мы не помним себя в прошлых состояниях, в момент оплодотворения, рождения, а тем более до этого. Мы постигаем лишь наше развитие, но не предшествующие формы.

Каббала описывает все предшествующие стадии творения, начиная с состояния существования одного Творца, создания Им общей души – духовного существа, постепенного духовного нисхождения миров сверху вниз до наинизшего духовного уровня – последней ступени низшего духовного мира.

Каббала не описывает все последующие стадии (постижение человеком нашего мира наинизшей ступени духовного мира и его дальнейшего восхождение снизу вверх, вплоть до своей конечной цели – возвращения к исходной точке творения), поскольку восхождение происходит по тем же законам и ступеням, по которым происходило нисхождение души, и **каждый постигающий обязан самостоятельно ощутить на себе все эти стадии духовного рождения до своего окончательного полного духовного роста**.

Но достигая по окончании роста абсолютно исправленного состояния своих первоначальных качеств, все души, возвращаясь к Творцу, соединяются с Ним до абсолютно неразделимого состояния из-за полного сходства, настолько, будто их не существует, как и до их создания. Иными словами, по тем же 125 ступеням своего нисхождения сверху вниз, от Творца до нас, душа должна подняться снизу вверх, от момента нашего духовного рождения до полного слияния с Творцом.

В Каббале первая снизу ступень называется рождением, последняя, верхняя – окончательным исправлением, а все промежуточные ступени обозначаются названиями мест или лиц из Торы или каббалистическими символами – именами сфирот или миров.

Из всего вышесказанного выясняется, что не в состоянии человек полностью познать мироздание и себя в нем без полного представления о цели творения, акта творения, всех стадий развития вплоть до конца творения. А поскольку человек исследует мир только изнутри, то в состоянии исследовать лишь ту часть своего существования, которая осознается им. И потому не имеет возможности полностью познать себя.

И более того, познание человека ограничено, поскольку познание объекта происходит, в основном, исследованием отрицательных свойств, а человек не в состоянии видеть в себе недостатки. Дело в том, что наша природа автоматически, независимо от нашего желания исключает их из нашего сознания, опускает их из нашего поля зрения, поскольку ощущение этих недостатков вызывает в человеке чувство огромной боли, а наша природа, наше тело автоматически избегает подобных чувств, убегает от них.

И только каббалисты, работающие над исправлением своей природы с целью достижения свойств Творца, постепенно раскрывают в себе недостатки собственной природы, в той степени, в какой они в состоянии себя исправить. Лишь тогда их разум, их природа, разрешают им видеть эти недостатки, поскольку эти черты характера уже проходят исправление, т.е. уже как бы не принадлежат человеку.

И не может помочь в самоисследовании то, что в себе подобных человек видит, в основном, только отрицательные свойства, поскольку природа автоматически избегает отрицательных ощущений, человек не в состоянии перенести на себя то отрицательное, что обнаруживает в других, наше тело никогда не позволит ощутить в себе те же отрицательные качества.

И наоборот, именно потому мы и ощущаем отрицательные качества другого, что это доставляет нам удовольствие! И потому можно смело утверждать, что нет в мире человека, который бы знал себя. Каббалист же, постигающий в полном виде истинную природу человека, его корень, постигает его в первозданном объеме, называемом душой.

Как сказано выше, для истинного постижения творения необходимо исследовать его сверху вниз, от Творца до нашего мира, а затем снизу вверх.

Путь сверху вниз называется последовательным нисхождением души в наш мир или **зарождением души** (ибур) – по аналогии с нашим миром, где зарождается зародыш в теле матери от семени отца. Пока не проявляется в человеке его последняя наинизшая ступень, где он полностью отрывается от Создателя, как плод от родителей, как зерно, полностью потерявшее свою первоначальную форму, он не становится физически самостоятельным организмом.

Но как в нашем мире, так и в духовном, продолжает быть полностью зависим от своего источника, пока с его помощью не станет самостоятельным духовным существом.

Родившись духовно, человек находится в самой удаленной от Творца стадии своего духовного развития и начинает постепенно постигать ступени восхождения к Творцу. Путь снизу вверх называется **собственным постижением и восхождением**, стадиями духовного роста по законам духовных миров, как в нашем мире новорожденный развивается по законам нашего мира. Причем все ступени его развития снизу вверх в точности соответствуют ступеням нисхождения его души от Творца в наш мир сверху вниз.

(Потому в Каббале изучается нисхождение души, а ступени восхождения каждый восходящий должен постичь самостоятельно, иначе не сможет духовно вырасти. Поэтому ни в коем случае нельзя мешать ученику, навязывать ему духовные действия – они должны быть продиктованы его собственным осознанием происходящего. Только в таком случае он сможет исследовать и исправить в себе все свои качества, и потому запрещено каббалистам передавать друг другу сведения о своих личных ощущениях.)

Из-за того, что два пути сверху вниз и снизу вверх абсолютно схожи, постигая на себе один из них – путь снизу вверх, можно понять и путь сверху вниз. Таким образом, в ходе собственного развития приходит понимание своего предыдущего состояния до рождения: что программа творения нисходит в наш мир сверху вниз, высшая ступень рождает низшую, вплоть до нашего мира, где порождает ее в человеке нашего мира в какой-то из моментов одной из его жизней. А затем заставляет духовно расти, вплоть до самой высокой ступени.

Но должен духовно растущий, по мере своего роста, добавлять от себя свои личные усилия, внести свои личные действия в творение для его развития и завершения. И эти действия заключаются только в полном повторении процесса творения, поскольку чего нет в природе – как физической, так и духовной – того человек выдумать не может. И все, что делаем мы, есть не что иное, как повторение взятых от природы патентов и идей. Поэтому весь путь духовного развития заключается только в стремлении полностью повторить заложенное в духовной природе Творцом.

Как уже указывалось в первой части этой книги, все творения нашего мира и все их окружающее создано в совершенном соответствии с необходимыми для каждого вида условиями. Как в нашем мире природа уготовила надежное и подходящее место для развития плода, а с появлением новорожденного возбуждает в родителях потребность заботиться о нем, так и в духовном мире до духовного рождения человека все происходит без его ведома и вмешательства.

.Но как только подрастает человек, тут же начинает сталкиваться со сложностями и неустроенностью, с необходимостью прилагать усилия для существования. И по мере его возмужания постепенно начинают проявляться в нем все более отрицательные качества. Так и в духовном мире по мере духовного роста человека перед ним обнажаются все более отрицательные свойства его природы.

Все в природе обоих миров сотворено и уготовлено Творцом с целью довести человека до такого уровня развития, чтобы осознал, что только возлюбив ближнего, как себя, он может достичь счастья, поскольку окажется подобным высшей природе.

Во всем, в чем человек обнаруживает «просчеты» природы, «недоделки» Создателя – именно в этих качествах он сам должен восполнить свою природу, исправить свое отношение к окружающему, возлюбив всех и все вне себя, как самого себя – соответственно нисхождению духовных ступеней сверху вниз. И тогда он полностью будет соответствовать Творцу, чем достигнет цели творения – абсолютного наслаждения.

И это в наших силах, и ни в коем случае Творец не отступит от своего плана, потому что это для нас, с желанием дать нам абсолютное наслаждение, создано Им все. А наша задача – лишь в том, чтобы изучая свойства духовного нисхождения сверху вниз, научиться поступать так же в нашем восхождении снизу вверх.

Кажущееся нам противоестественным, требуемое от нас чувство любви к подобным себе (к «ближнему» слово неуместное, поскольку ближних мы любим, потому как они дороги нам) вызывает в нас – как и любое другое альтруистическое свойство, любой отказ от эгоизма – чувство внутреннего **сжатия** (иткабцут) нашего «я».

Но если человек в состоянии поступиться личными интересами, т.е. сократить их, то в освободившееся от эгоизма духовное место он может получить Высший свет, производящий в нем действие наполнения и расширения.

Эти два действия вместе называются **движением жизни** или **душой**, и потому уже в состоянии вызвать следующие действия сокращения и расширения. И только таким образом может духовный сосуд человека получать в себя свет Творца или свою душу и, расширяя ее, возвышаться.

Сокращение может быть совершено из-за внешнего воздействия или под действием внутренних свойств самого сосуда.

В случае сокращения под действием болезненно вынуждающей, давящей, внешней силы природа сосуда вынуждает его возбудить в себе силы противодействия сокращению и расшириться, возвратиться в первоначальное состояние и удалиться от этого внешнего воздействия.

В случае если сокращение произведено самим сосудом, то он не в состоянии сам расшириться до первоначального состояния. Но если свет Творца войдет и наполнит сосуд, последний в состоянии расшириться до предыдущего состояния. И этот свет называется **жизнью**.

Сама жизнь есть осознание ее, и это может быть постигнуто только посредством предварительных сокращений, поскольку не в состоянии человек выйти за свои духовные границы, в которых создан.

А впервые сократиться, как говорилось выше, человек в состоянии только под воздействием принуждающей его к этому внешней силы или взывая молитвой к Творцу о помощи высших сил, поскольку до получения первой помощи, жизни, в свою душу, нет сил в человеке самому произвести подобное, противоестественное душевное действие. И пока не сам человек, а внешняя сила заставляет его «сжиматься», он считается неживым, поскольку живая природа определяется как способная к самостоятельному движению.

Доступно и понятно описать все мироздание можно с помощью понятий Каббалы. Все в мироздании Каббала разделяет на два понятия: свет (ор) и сосуд (кли). Свет – это наслаждение, а сосуд – это желание насладиться. Когда наслаждение входит в желание насладиться, оно придает этому желанию определенное стремление насладиться именно им.

Без света сосуд не знает, чем бы он хотел насладиться, поэтому сам сосуд никогда не самостоятелен, и только свет диктует ему вид наслаждения, т.е. мысли, стремления, все его свойства, и потому важность и духовная ценность сосуда полностью определяется наполняющим его светом.

И более того, чем большее желание насладиться есть в сосуде, тем он «хуже», поскольку больше зависит от света, менее самостоятелен. Но с другой стороны, чем он «хуже», тем большее наслаждение он в состоянии получить. Но рост, развитие зависят именно от больших желаний. И это противоречие происходит именно от противоположных свойств света и сосуда. Награда за наши душевные усилия – познание Творца, но именно наше «я» заслоняет Творца от нас.

Поскольку желание определяет человека, а не его физиологическое тело, то с появлением каждого нового желания, как бы **рождается** новый человек. Именно таким образом надо понимать **гильгулей нэшамот – кругооборот душ**: что с каждой новой мыслью и желанием человек рождается заново, поскольку его желание новое.

Таким образом, если желание человека – как у животного, то говорится, что его душа вселилась в животное, если его желание возвышенное, то говорится, что он превратился в мудреца. Только так надо рассматривать кругооборот душ. Человек в состоянии явственно почувствовать на себе, насколько противоположны его взгляды и желания в разное время, будто это действительно не один человек, а разные люди.

Но каждый раз, когда он ощущает свои желания, если эти желания действительно сильные, он не может себе представить, что может быть другое, совершенно противоположное состояние. И это оттого, что душа человека вечна как часть Творца. И потому в каждом своем состоянии он представляет, что будет находиться в нем вечно. Но Творец свыше меняет ему душу – в этом состоит кругооборот душ, умирает прошлое состояние и «рождается новый человек».

И так же в своих духовных взлетах, вдохновениях и падениях, радостях и депрессиях человек не в состоянии себе представить, что он может перейти из одного состояния в другое: находясь в состоянии духовного воодушевления не может себе представить, как может интересоваться чем-то в мире, кроме духовного постижения. Как мертвый не может представить себе, что есть такое состояние как жизнь, так и живой не думает о смерти. И все это по причине божественности, и потому, вечности нашей души.

Вся наша действительность специально создана для того, чтобы всячески мешать нам постигнуть духовные миры, и тысячи мыслей постоянно отвлекают нас от цели, и чем больше пытается человек мыслеустремленно действовать, тем больше помехи. А против всех помех есть только одна помощь – в лице Творца. И в этом причина их творения – чтобы в поиске пути собственного спасения мы были вынуждены обратиться к Творцу.

Как маленьких детей, чтобы они съели то, что мы хотим им дать, мы отвлекаем от главного, от еды – рассказываем им сказки и пр., – так и Творец, дабы привести нас к хорошему, вынужден облачать альтруистическую истину в эгоистические «одежды», посредством которых мы можем пожелать ощутить духовное. А затем, ощутив его, мы уже сами захотим именно эту духовную пищу.

Весь путь нашего исправления построен на принципе слияния с Творцом, соединения с духовными объектами, дабы перенять у них их духовные свойства. Только при каком-либо контакте с духовным мы в состоянии получить от него. Потому так важно иметь учителя и товарищей по цели: в чисто бытовом общении можно постепенно, незаметно для себя – а потому без помех со стороны тела – начать получать духовные желания. И чем ближе человек стремится быть с возвышающими духовную цель, тем больше вероятность поддаться воздействию их мыслей и желаний.

Поскольку настоящим усилием считается только такое, которое сделано против желаний тела, то легче совершать усилие, если есть пример, и многие его совершают, даже если это кажется противоестественным. (Большинство определяет сознание: там где все ходят обнаженными, допустим в бане или в «примитивном» обществе – нет никаких усилий освободиться от одежды каждому). Но и группа товарищей и учитель – это всего лишь вспомогательные средства. По мере духовного возвышения Творец делает так, что человек все равно будет вынужден обратиться за помощью только к Нему.

Почему есть Тора в письменно изложенном виде и устная? Ответ прост: письменная Тора дает описание духовных процессов, осуществляющихся сверху вниз, и только об этом в ней говорится, хотя она использует язык повествования, исторических хроник и юридических документов, язык пророчеств и каббалистических знаний.

Но главное, для чего дана Тора, – **для духовного восхождения человека снизу-вверх до самого Создателя**, а это индивидуальный путь для каждого, в зависимости от свойств и особенностей его души. Поэтому каждый человек постигает восхождение по ступеням духовных миров по-своему. И это **индивидуальное раскрытие Торы снизу-вверх называется устной Торой**, потому что дать единый вариант ее для каждого невозможно и незачем – сам человек должен молитвой к Творцу (устно) постичь ее.

Каббала объясняет, что масах-экран духовного тела – парцуфа – с помощью которого парцуф получает свет – Тору, находится на духовном уровне, называемом рот – пэ. Отсюда и название получаемого света – Тора ше бэаль пэ – устная Тора. Каббала объясняет, каким образом изучать – получать эту Тору.

Все усилия, совершаемые нами в учебе и работе над собой, нужны только для того, чтобы почувствовать всю нашу беспомощность и обратиться за помощью к Творцу. Но не может человек оценить свои действия и просить о помощи Творца до того, как почувствовал в этой помощи необходимость. И чем больше учит и работает над собой, тем все сильнее претензии его к Творцу. Хотя в конечном итоге помощь исходит от Творца, но без нашей молитвы мы ее не получим. Поэтому тот, кто желает продвинуться вперед, должен прилагать усилия во всевозможных действиях, а о том, кто сидит и ждет, сказано: «Глупец сидит сложа руки и ест себя».

Усилием называется все, что человек делает против желания тела, независимо от того, какое это действие. Например, если человек спит против желания тела – это тоже усилие. Но основная проблема в том, что человек думает о вознаграждении за усилие, а для отторжения эгоизма необходимо стремиться совершить усилие именно безвозмездно и просить у Творца силы для этого, потому что наше тело без вознаграждения работать не может.

Но как любящий свое ремесло специалист думает во время работы о самой работе, а не о вознаграждении, так и любящий Творца желает получить силы для того, чтобы подавить эгоизм, быть ближе к Творцу, так как этого хочет Создатель, а не потому что вследствие близости к Творцу человек получает бесконечное наслаждение.

В том же случае, если человек не стремится к вознаграждению, он постоянно счастлив, поскольку чем большие усилия он может совершить с помощью Творца, тем больше радости от этого ему и Творцу. И потому постоянно как бы получает вознаграждение.

И если человек чувствует, что ему еще тяжела работа над собой, и нет от нее радости – это признак того, что еще не вышел из эгоизма, не перешел из массы людей в единицы тех в мире, кто работает на Творца, а не на себя. Но только тот чувствует, как тяжело совершить хотя бы малейшее усилие не ради себя, кто находится уже в пути между массами и каббалистами.

Но массам невозможно дать истинное воспитание, поскольку они не в состоянии принять противоестественные законы работы без вознаграждения.

Поэтому воспитание масс построено на основе **вознаграждения эгоизма**. И потому не тяжело им выполнять заповеди в самой строгой форме и даже искать дополнительные усложнения. И потому, как пишет великий РАМБАМ, вначале учат всех, как маленьких детей, т.е. объясняя, что это для пользы эгоизма, для вознаграждения в этом и будущем мире, а затем, когда подрастут из них единицы, наберутся ума и поймут истинный смысл творения от учителя, постепенно можно учить их методикам выхода из эгоизма.

Вообще же вознаграждением называется то, что человек желает видеть в результате своих усилий, а усилия могут быть в совершенно разных областях деятельности. Нельзя работать без вознаграждения, но можно изменить само вознаграждение – удовольствие эгоистическое на альтруистическое. Например, нет различия в наслаждении, ощущаемом ребенком от своей куклы и взрослым от постижения Торы. Вся разница только в одеждах на наслаждении, в его внешней форме. Но чтобы ее сменить, надо, как и в нашем мире, вырасти. И тогда вместо куклы появится стремление к Торе, вместо эгоистического облачения наслаждения – альтруистическое.

Поэтому совершенно неверно утверждать, как нередко можно слышать от разных «умников», что Тора проповедует воздержание от наслаждений. Как раз наоборот, по закону Торы, *назир* – человек, отказывающий себе в некоторых видах наслаждений, – обязан принести жертвоприношение – как бы штраф за то, что не использует все, что Творец дал человеку.

Цель творения именно в том, чтобы насладить души абсолютным наслаждением, а оно может быть только в альтруистической оболочке. Каббала дана для того, чтобы с ее помощью мы могли убедиться, что необходимо изменить внешний вид нашего наслаждения, чтобы истина показалась нам сладкой, а не горькой, как в настоящий момент.

Менять **внешние одежды наслаждения** в течение жизни нас вынуждает возраст или общество. Нет в нашем лексиконе слова, определяющего наслаждение, а только слова, описывающие в каком виде, в какой одежде, от чего мы его получили – от еды, природы, игрушки. И стремление к наслаждению мы описываем по виду его одежды, по типу – «люблю рыбу».

У изучающих Тору вид наслаждения можно определить вопросом – важна ли человеку сама Тора или важен ему Дающий Тору. Важна ли ему Тора, потому что она исходит от Творца, т.е.

важен сам Творец, или главное – это выполнение указаний Творца и следующее за это вознаграждение.

Вся сложность в том, что есть короткий и легкий путь достижения духовного состояния, но наш эгоизм не позволяет идти по этому пути. Мы выбираем, как правило, тяжелый и тупиковый путь, диктуемый нам эгоизмом, после многих страданий возвращаемся в исходную точку и лишь затем следуем по правильному пути. Краткий и легкий путь называется путем веры, а тяжелый и долгий – **путем страданий**. Но как тяжело выбрать путь веры, так легко затем следовать ему.

Препятствие в виде требования низшего разума – сначала понять, а потом выполнять, называется камнем преткновения или просто камнем – «эвен». На этом-то камне все спотыкаются. Вся Тора говорит только об одной душе, душе любого из нас и ее восхождении к цели.

В Торе говорится, что когда отяжелели руки (вера) Моше (Моше от глагола лимшох – вытащить себя из эгоизма), то он начал проигрывать в битве с врагами (с теми, кого считал врагами – своими эгоистическими мыслями и желаниями). Тогда посадили (принизил свой разум) его старейшины (мудрые его мысли) на камень (над эгоизмом) и подняли его руки (веру) и положили под них камень (подняли веру выше требований эгоистического здравого разума), чтобы победил Израиль (стремление к духовному возвышению).

Или повествуется, что наши отцы были идолопоклонниками (первоначальные стремления человека эгоистичны и работают только на свое тело), что они были беженцами (*Цион* – от слова *ециа*, и оно говорит о том, что из *ециет* – выходов из эгоизма – получают Тору).

В мире начинающего каббалиста есть всего два состояния – **или страдания или ощущения Творца**. Причем, до тех пор, пока человек не исправил свой эгоизм и не может все свои мысли и желания обратить только на пользу Творцу, он воспринимает свой мир только как источник страдания.

Но затем, заслужив ощущение Творца, он видит, что Тот наполняет собою весь мир, и весь мир являет собою исправленные духовные объекты.

Но таковым он может увидеть мир, только если приобретает духовное зрение. И тогда все прошлые страдания кажутся ему необходимыми и приятными, потому что прошли исправления в прошлом.

Но главное, обязан знать человек, что есть хозяин мира, и все в мире происходит только по Его желанию, хотя тело по воле Творца постоянно будет утверждать, что все в мире случайно.

Но вопреки голосу тела человек обязан верить, что за все его действия в мире следует наказание или вознаграждение.

Как например, если вдруг он чувствует желание духовно возвыситься, должен осознать, что это не случайно, а является вознаграждением за его хорошие деяния в прошлом, за то, что просил Творца помочь хорошо поступить, но забыл об этом, поскольку не придал важности своей прошлой молитве, так как не получил сразу же ответа на нее от Творца.

Или человек говорит о себе, что вот теперь, когда он ощущает духовное возвышение и нет у него других забот, как только о высшем, должен понять, что: 1) это состояние послано ему Творцом как ответ на его просьбы; 2) этим он сейчас утверждает, что в состоянии работать сам, и от его усилий зависит его духовное продвижение, а не от Творца.

И также во время учебы, если вдруг начинает ощущать изучаемое, должен понять, что это тоже не случайно, а Творец дает ему такие состояния. И потому при изучении должен ставить себя в зависимость от желаний Творца, чтобы его вера в Высшее управление окрепла. И так он становится нуждающимся в Творце, и так появляется у него связь с Творцом, что в будущем приведет к слиянию с Создателем.

А также необходимо осознать, что есть **две противоположные силы, действующие на человека: альтруистическая** утверждает, что все в мире – это осуществление желаний Творца, все для него; **эгоистическая** утверждает, что все в мире создано для человека и ради него.

И хотя в любом случае побеждает высшая, альтруистическая сила, но этот путь называется долгим путем страданий. И есть краткий путь, называемый путем Торы. И стремление человека должно быть – максимально сократить свой путь, добровольно сократить время исправления, иначе поневоле, страданиями он придет к тому же, Творец все равно заставит его принять путь Торы.

Самое естественное чувство человека – это любовь к себе, что мы наблюдаем в самом откровенном виде в новорожденных и детях. Но не менее естественно порождаемое любовью к себе чувство любви к другому созданию, что питает бесконечными вариациями искусство, поэзию, творчество. Нет научного объяснения любви и порождающих ее процессов.

Все мы не раз сталкивались с таким естественным процессом в нашей жизни, как проявление чувства обоюдной любви, расцвет этого чувства и, как ни странно, упадок. Причем именно в случае обоюдной любви, чем она сильнее, тем быстрее проходит.

И наоборот, чем меньше любит один, тем подчас сильнее чувство другого, а если почувствует вдруг ответное чувство, соответственно этому уменьшается его любовь. И этот парадокс виден на примерах разного типа любви – между полами, между родителями и детьми и т.п.

Более того, можно даже сказать, что если один проявляет большую любовь, он не дает другому возможности стремиться к нему и сильнее полюбить его. То есть проявление большой любви не позволяет любимому ответить в полную силу своих чувств, а постепенно обращает чувство любви в ненависть. И это потому, что перестает бояться потерять любящего, ощущая его бесконечную слепую любовь.

Но если даже в нашем мире, эгоистически, нам редко удается кого-либо любить, нетрудно себе представить, что **альтруистическая любовь** – чувство нам абсолютно незнакомое и недосягаемое.

И так как именно такой любовью любит нас Творец, то Он скрывает свое чувство до тех пор, пока мы не приобретем способность ответить полной постоянной взаимностью.

Пока человек не ощущает вообще никакого чувства любви к себе, он согласен на любую любовь. Но как только получает и насыщается этим чувством, начинает, по мере насыщения, выбирать и желать только необычайных по силе ощущения чувств. И в этом заключена возможность постоянного стремления к увеличению силы любви к Творцу.

Постоянная, неугасающая взаимная любовь возможна только в том случае, если она не зависит ни от чего в мире. Поэтому любовь Творца скрыта от нас и раскрывается постепенно в ощущении каббалиста, по мере его избавления от эгоизма, который и является причиной угасания чувства взаимной любви в нашем мире.

Для того, чтобы дать нам возможность расширить границы своего чувства, ощущая постоянно все более раскрывающееся чувство любви Творца, и созданы мы эгоистами, поскольку можем именно чувствуя любовь Творца, желать соединиться с ним, для избавления от эгоизма, как общего врага. Можно сказать, что эгоизм является третьим в треугольнике творения (Творец, мы, эгоизм), позволяющим нам выбрать Творца.

Более того, причина творения, все действия Творца, конечная цель творения и все Его действия, как бы мы их ни воспринимали, основываются на чувстве именно абсолютной, постоянной любви. Свет, исходящий из Творца, построивший все миры и создавший нас, микродоза которого в наших телах и есть наша жизнь, напоминающий наши души после их исправления, это и есть чувство Его любви.

Причина нашего сотворения – естественное желание доброты творить доброе, желание любить и давать наслаждение, естественное желание альтруизма (потому и не воспринимаемое нами), желание, чтобы мы – объект любви – в полной мере ощущали Его любовь и наслаждались ею и чувством любви к Нему, ибо только одновременное ощущение этих противоположных в нашем мире чувств дает то совершенство наслаждения, которое и было целью Творца.

Всю нашу природу мы обозначаем одним словом – эгоизм. Одно из ярких проявлений эгоизма – это ощущение своего «я». Все может вынести человек, кроме чувства собственного унижения. Чтобы избежать унижения, он готов умереть. В любых обстоятельствах – в нищете, в поражении, в проигрыше, в измене и т.п. мы пытаемся отыскать и всегда находим посторонние, не зависящие от нас причины и обстоятельства, которые «поставили» нас в такое положение.

Потому что иначе не можем оправдаться ни в своих глазах, ни перед другими, чего наша природа не позволит – не позволит унизиться, поскольку этим уничтожается, изымается из мира само творение – ощущаемое нами «я». **И потому уничтожение эгоизма невозможно естественным путем, без помощи Творца**. И добровольно заменить его можно только при возвышении в наших глазах, превыше всего в мире, цели творения.

То, что человек просит Творца о духовных постижениях, но не просит его о разрешении всевозможных жизненных проблем, говорит о слабости веры в силу и вездесущность Творца, о непонимании того, что все житейские проблемы нам даются с одной целью – чтобы мы пытались разрешить их сами, но одновременно просили Творца об их разрешении, в полной вере, что эти проблемы мы получаем от Него для развития в нас веры в Его единство.

Если уверен человек, что все зависит только от Творца, то обязан просить Творца. Но не для того, чтобы избавиться от решения проблем, а чтобы использовать это как возможность быть зависимым от Творца. Поэтому, чтобы не обмануть себя, для чего он это делает, обязан одновременно и сам, как все окружающие, бороться с проблемами.

Духовное падение дается сверху для последующего духовного роста, и так как дается сверху, приходит к человеку **мгновенно**, проявляется в один момент и почти всегда застает человека неподготовленным. А выход из него, духовный подъем происходит **медленно**, как выздоровление, потому что человек должен прочувствовать это состояние падения и попытаться сам его преодолеть.

Если человек в моменты духовного подъема в состоянии проанализировать свои плохие качества, присоединить левую линию к правой, то при этом он избегает многих духовных падений, как бы перескакивая их. Но это могут не все, а только те, кто уже в состоянии идти по правой линии – оправдывать, несмотря на эгоистические страдания, действия Творца.

И это подобно указанному в Торе правилу об **обязательной войне** (милхэмет мицва) и **добровольной войне** (милхэмет рэшут): обязательная война против эгоизма и добровольная, если человек в состоянии и имеет желание сам добавить свои усилия.

Внутренняя работа над собой, над преодолением эгоизма, над возвышением Творца, над верой в Его управление должна быть тайной человека, как и все состояния, которые он проходит. И не может один указывать другому, как поступать. А если видит в посторонних проявления эгоизма, обязан принять это на свой счет, ведь нет в мире никого, кроме Творца, т.е. то, что видит и чувствует человек, это Высшее желание, чтобы он так видел и чувствовал.

Все вокруг человека создано для того, чтобы постоянно толкать его к необходимости думать о Творце, просить Творца об изменении материального, физического, общественного и др. состояний творения. Сказано, что Тора дана только тем, кто ест манну (ло натна Тора эле ле охлей ман), т.е. тем, кто в состоянии просить Творца (в Каббале молитва называется МА"Н), они-то и получают Тору – Высший свет.

В человеке бесконечное множество недостатков, источник которых один – наш эгоизм, желание насладиться, стремление в любом состоянии обрести комфорт. Сборник наставлений (мусар) говорит о том, как надо бороться с каждым недостатком человека, и научно обосновывает свои методы.

Каббала даже начинающего вводит в сферу действия высших духовных сил, и человек на себе ощущает свое отличие от духовных объектов. Таким образом, он изучает на себе, кто он такой и каким должен быть. Отпадает вся необходимость в светском воспитании, которое, как мы ясно видим, не дает ожидаемых результатов.

Наблюдая в самом себе борьбу двух начал – эгоистического и духовного, человек постепенно вынуждает этим свое тело возжелать заменить свою природу на духовную, свои качества на качества Творца без внешнего давления наставников. Вместо исправления каждого из наших недостатков, как предлагает система «мусар», Каббала предлагает человеку исправить только свой эгоизм как основу всего зла.

Прошлое, настоящее и будущее человек ощущает в **настоящем**. В нашем мире это воспринимается в одном настоящем времени, но в трех разных ощущениях, где наш мозг раскладывает их по своей внутренней линейке времени и дает нам такое представление.

На языке Каббалы это определяется как различные влияния света-наслаждения. Наслаждение, в данный момент ощущаемое нами, мы называем **настоящим**. Если его внутреннее, непосредственное воздействие на нас прошло, наслаждение ушло и уже издали светит нам, издалека ощущается нами, это создает в нас ощущение **прошлого**.

Если излучение покинувшего нас наслаждения прекращается, не воспринимается нами, мы начисто забываем о его существовании. Но если вновь засветит нам издалека, станет подобно забытому прошлому, которое мы вспомнили.

Если свет-наслаждение никогда еще не был воспринимаем нами и вдруг светит в наши органы ощущений издали, это воспринимается нами как **будущее**, свет уверенности.

Таким образом, настоящее воспринимается как внутреннее получение, ощущение света, информации, наслаждения, а прошлое и будущее воспринимаются нами от внешнего далекого свечения наслаждения. Но в любом случае человек не живет ни в прошлом, ни в будущем, а только в настоящем мгновении он ощущает разного типа влияния света и потому воспринимает его, как в разные времена.

Человек, не имея наслаждения в настоящем, ищет, от чего он сможет получить наслаждение в будущем, ждет, чтобы пришло уже следующее мгновение, несущее другое ощущение. Но наша работа над собой заключается именно в том, чтобы внешнее, далекое свечение вовлечь внутрь наших чувств в настоящем.

Две силы действуют на нас: страдания толкают сзади, а наслаждения устремляют, тянут вперед. Как правило, недостаточно только одной силы, одного предчувствия будущего наслаждения, потому что если для этого надо приложить усилия, то нам могут не позволить двинуться навстречу либо лень нашего тела, либо страх, что и то, что имеем, потеряем, останемся и без того, что имеем сегодня. Поэтому необходима еще сила, толкающая сзади – ощущения страданий в нынешнем состоянии.

Во всех проступках есть в корне только один проступок – стремление насладиться. Совершивший его обычно не хвастается тем, что не смог удержаться, оказался слабее внешней приманки. И только наслаждением от гнева гордится в открытую человек, потому что утверждает этим, что он прав, иначе не смог бы гордиться. И вот эта гордость мгновенно сбрасывает его вниз. Поэтому гнев есть самое сильное проявление эгоизма.

Когда человек переживает материальные, телесные или душевные страдания, он должен сожалеть о том, что Творец дал ему такое наказание. А если не сожалеет – то это **не наказание**, так как наказание – это ощущение боли и сожаления от своего состояния, которое не может перенести, – страдания из-за насущного, из-за здоровья, например, и т.п. А если он не чувствует боли от своего состояния, значит, не получил еще наказания, которое посылает ему Творец. А так как наказание – это исправление для души, то не ощутив наказания, упускает возможность исправления.

Но ощущающий наказание – если в состоянии просить Творца, чтобы избавил его от этих страданий, – производит еще большее исправление в себе, чем если бы переживал страдания без молитвы.

Потому что Творец дает нам наказания не так, как дают наказания в нашем мире, за наши проступки, т.е. не **за то**, что ослушались Его, а **для того**, чтобы мы вознуждались в связи с Ним, обратились к Нему, сблизились с Ним.

Поэтому если человек молит Творца избавить его от наказания, это не значит, что он просит Творца избавить его от возможности исправиться, ибо молитва, связь с Творцом, это несравнимо более сильное исправление, чем путем ощущения страданий.

...«Не по своей воле ты рожден, не по своей воле ты живешь, не по своей воле умираешь». Так, мы видим, происходит в нашем мире. Но все, что происходит в нашем мире, является следствием происходящего в духовном мире. Только нет между этими мирами прямой аналогии – подобия.

Поэтому: не по своей воле (против желания тела) ты рождаешься (духовно – получаешь первые духовные ощущения), так как при этом ты отрываешься от собственного «я», на что наше тело никогда добровольно не согласно. Получив свыше духовные органы действия и восприятия (келим), человек начинает духовно жить, ощущать свой новый мир. Но и в этом состоянии он идет против желания тела насладиться самому духовными наслаждениями, и потому – «против своей воли ты живешь». «Не по своей воле ты умираешь» – значит, что поневоле принимая участие в нашей обыденной жизни, он ощущает ее как духовную смерть.

В каждом поколении каббалисты своими трудами и книгами по Каббале создают все лучшие условия для достижения цели – сближения с Творцом. Если до великого Бааль Шем-Това достичь цели могли лишь единицы в мире, то после него, под влиянием проведенной им работы, высшей цели могли достичь уже просто большие ученые Торы. А **Бааль Сулам, раби Йегуда Ашлаг** провел такую работу в нашем мире, что сегодня каждый желающий может достичь цели творения.

Путь Торы и путь страданий отличаются тем, что по пути страданий человек идет до тех пор, пока не осознает, что быстрее и легче идти путем Торы. А путь Торы состоит в том, что заранее, еще до ощущения страданий, человек представляет себе те страдания, которые пережил и которые могут свалиться на него, и уже не должен пережить новые, ибо прошлых страданий ему оказывается достаточно для осознания правильных действий.

Мудрость в том, чтобы проанализировать все происходящее, осознать, что источник наших несчастий – в эгоизме, и действовать так, чтобы не выйти снова на путь страданий от эгоизма, а добровольно отказавшись от его использования, принять на себя путь Торы.

Каббалист чувствует, что весь мир создан только для него, для того, чтобы служить ему в достижении цели. Все желания, которые каббалист получает от окружающих, только помогают ему в продвижении вперед, поскольку он немедленно отвергает их использование для личного блага. Видя отрицательное в окружающих, человек верит, что видит так потому, что сам еще не свободен от недостатков, и как результат этого, знает, что ему еще надо исправить. Таким образом, **весь окружающий мир создан, чтобы служить продвижению человека**, так как помогает ему видеть свои недостатки.

Только из ощущения глубин своего духовного падения и чувства бесконечной удаленности от страстно желаемого, человек может ощутить то чудо , которое совершил с ним Творец, возвысив из нашего мира к Себе, в духовный мир. Какой огромный подарок он получил от Создателя! Только из низин своего состояния можно оценить получаемое и ответить настоящей любовью и жаждой слияния.

Есть **открытая часть Торы**, описывающая выполнение духовных законов языком ветвей. И есть тайная, т.е. **скрытая** от окружающих, часть Торы – цели, преследуемые человеком при выполнении Торы, его мысли и желания. В письменной Торе нельзя ничего добавлять, а выполнять, как указано, но в устной Торе есть постоянная возможность улучшения намерений в выполнении, и ее каждый пишет сам в своем сердце и каждый раз заново...

Невозможно приобрести никакое знание без предварительного усилия, которое, в свою очередь, рождает в человеке два следствия: понимание необходимости познания, пропорционально приложенным усилиям, и осознание того, что именно он должен познать. Таким образом, усилие рождает в человеке два необходимых условия: желание – в сердце – и мысль, умственную готовность осознать и понять новое – в уме, и поэтому усилие необходимо.

Только приложение усилий требуется от человека, и только это от него зависит, но само знание дается свыше, и на его нисхождение свыше человек не в силах влиять. Причем в постижении духовных знаний и ощущений человек получает свыше только то, о чем просит, – то, к чему внутренне готов. Но ведь просить о получении чего-либо у Творца – это использовать свои желания, свое эго? На такие желания Творец не может ответить духовным возвышением человека! И кроме того, как человек может просить о том, чего еще ни разу не ощутил?

Если человек просит избавить его от эгоизма, источника его страданий, просит дать ему духовные свойства, хотя он и не знает до их получения, что это такое, Творец дает ему этот подарок.

... Если Каббала говорит только о душевной работе человека в его уме и сердце, утверждая, что только от них зависит наше духовное продвижение, то какое отношение к цели творения имеет выполнение религиозных ритуалов?

Поскольку все заповеди Торы – это описание духовных действий каббалиста в высших мирах, то выполняя их физически в нашем мире, хотя это никак не влияет на духовные миры, **человек физически выполняет волю Творца**. Конечно, желание Творца – духовно поднять творения до своего уровня. Но передача из поколения в поколение учения, подготовка почвы, из которой могут взрасти единицы великих духом, возможна только при выполнении массами определенной работы.

Как и в нашем мире, для того, чтобы вырос один великий ученый, необходимы и все остальные. Потому что для передачи знания из поколения в поколение необходимо создать определенные условия, создать учебные заведения, где воспитывается и будущий великий ученый. Таким образом, все участвуют в его достижениях, а затем могут пользоваться плодами его трудов.

Так и каббалист, получив воспитание, как и его сверстники в надлежащей обстановке механического выполнения заповедей и простой веры в Творца, продолжает свой духовный рост. Тогда как его сверстники остаются на детском уровне духовного развития. Но и они, как и все человечество, неосознанно участвуют в его работе и поэтому неосознанно же и получают часть из его духовного обретения, и потому неосознанно исправляются в неосознанной части своих духовных свойств, чтобы впоследствии, возможно через несколько поколений или кругооборотов, самим прийти к осознанному духовному возвышению.

И даже об учениках, пришедших заниматься Каббалой – кто для общего познания, кто во имя духовного возвышения – сказано: «тысяча входит в школу, но один выходит к свету». Но все участвуют в успехе одного и получают от этого участия свою долю исправления.

Выйдя в духовный мир и исправив свои эгоистические свойства, каббалист вновь нуждается в окружающих: вращаясь в нашем мире, он набирает от окружающих их эгоистические желания и исправляет их, помогая всем остальным в будущем также прийти к сознательной духовной работе. Причем, если обычный человек сможет в чем-то помочь каббалисту, даже прислуживая механически, он тем самым позволяет каббалисту включить свои личные желания в исправления, совершаемые каббалистом.

Потому и сказано в Торе, что служение мудрецу полезнее для ученика, чем учеба, потому что учеба включает эгоизм и использует наш земной разум, а служение идет из чувства веры в величие каббалиста, которое ученик не может осознать, и потому его служение более близко к духовным свойствам, а значит более продуктивно для ученика.

Поэтому тот, кто ближе был к своему учителю, более других служил ему, имеет большую вероятность духовного возвышения. Поэтому и сказано в Торе, что она не передается по наследству, а только от учителя к ученику.

Так и было во всех поколениях, вплоть до последнего, которое духовно настолько упало, что даже его предводители передают свои знания по наследству, поскольку их знания находятся на телесном уровне. Но тот, кто живет духовной связью с Творцом и с учениками, тот передает свое наследство только тому, кто может его принять, т.е. своему ближайшему ученику.

Когда человек ощущает помехи в своем устремлении к Творцу, о чем он **должен просить Творца**:

1) о том, чтобы Творец устранил эти помехи, Им же и посылаемые, и тогда человек сам далее сможет справиться своими силами, и не потребуются ему большие, чем имеет, духовные силы;
2) о том, чтобы Творец дал ему более сильное желание к духовному постижению, осознание важности духовного возвышения, и тогда помехи не смогут остановить его на пути к Творцу.

Все в мире человек готов отдать за свою жизнь, если она ему дорога. Поэтому человек должен просить Творца, чтобы дал ему вкус к духовной жизни, и тогда никакие помехи не будут ему страшны.

Духовное, означает желание отдавать и использовать желание наслаждения только там, где с его помощью можно насладить других. Желание самонасладиться в духовных объектах отсутствует. Материальное полярно противоположно духовному.

Но если нет никакого контакта, т.е. общих свойств между духовным, альтруизмом и материальным, эгоизмом, то как можно исправить эгоизм? Ведь духовный свет, способный придать эгоизму свойства альтруизма, не может войти в эгоистическое желание. Ведь наш мир не ощущает Творца именно по той причине, что свет Творца входит в объект в мере соответствия свойств света и объекта. И только свет Творца, войдя в эгоистический сосуд, может переделать его на духовный. Другого пути нет.

И потому сотворен человек, который вначале находится под властью эгоистических сил и получает от них свойства, отдаляющие его от духовного. Но затем попадает под влияние духовных сил и постепенно, работая над своей духовной точкой в сердце, с помощью Каббалы, он исправляет те желания, которые получил от эгоистических сил.

Имя Творца АВА"Я означает Его свет еще до получения человеком, т.е. свет сам по себе, и поэтому называется письменной Торой – Торой в том виде, как она вышла от Творца. **Имя Творца АДН"Й** означает постигаемый человеком свет и называется устной Торой, потому что проходит по путям духовного восприятия: зрения (чтение), слуха и осмысливания.

Повествуется в Торе, что Авраам сказал, будто Сара – его сестра, а не жена, боясь, что его убьют, дабы завладеть ею. Поскольку весь мир Каббала рассматривает как одного человека, потому что только для облегчения достижения конечной цели разделилась душа на 600 тысяч частей, то Авраам – это олицетворение веры в нас. Жена – это то, что принадлежит только мужу, в противоположность сестре, запрещенной только брату, но не всем остальным. Авраам, видя, что не в состоянии остальные свойства человека, кроме него, кроме веры, взять Сару, Тору, цель творения за основу своей жизни и этим убьют и веру, плененные красотой цели творения, желая получить в свои эгоистические чувства вечные блага, потому и сказал, что цель творения может быть воспринята и остальными свойствами человека – всем людям дозволена она, потому что его сестра, – и до исправления можно пользоваться Торой ради своей выгоды.

Отличие всех духовных миров от нашего мира в том, что все, находящееся в духовных мирах, является частью Творца и приобрело вид духовной лестницы ради облегчения духовного подъема человека. Но наш эгоистический мир никогда не был частью Творца, он сотворен из небытия и по возвышении последней души из нашего мира в духовный мир, наш мир исчезнет. Поэтому все виды человеческой деятельности, передающиеся из поколения в поколение, все, что произведено из материала нашего мира, обречено на исчезновение.

Вопрос: первое творение получало весь свет и отказалось от него, дабы не испытывать чувство стыда. Как такое состояние можно считать близким к Творцу, ведь неприятное ощущение означает удаление от Творца?

Ответ: поскольку в таком духовном состоянии прошедшее, настоящее и будущее сливаются в одно целое, то творение не испытывало чувства стыда, потому что решило своими желаниями достичь такого же состояния слияния с Творцом, а решение и его результат ощущаются сразу.

Уверенность, **чувство безопасности** являются следствием воздействия окружающего света (ор макиф), ощущения Творца в настоящем. Но так как человеком еще не созданы подходящие исправленные свойства, Творец ощущается не в виде внутреннего света (ор пними), а в виде окружающего света.

Уверенность и вера схожие понятия. Вера есть психологическая готовность к страданию. Ведь нет препятствия перед желанием, кроме недостатка терпения прилагать усилия и усталости. Поэтому сильным является тот, кто чувствует в себе уверенность, терпение и силы страдать, а слабый, чувствуя отсутствие терпения к страданиям, сдается уже в самом начале давления страданий.

Для достижения ощущения Творца необходимы ум и сила. Известно, что для достижения высоко ценимого требуется приложить много усилий, испытать много страданий. Сумма усилий определяет в наших глазах ценность приобретаемого. Мера терпения свидетельствует о жизненной силе человека. Поэтому до 40-летнего возраста человек находится в силе, а затем по мере уменьшения жизненной силы уменьшается его способность верить в себя, пока уверенность и вера в себя не исчезают полностью в момент ухода из этой жизни.

Поскольку Каббала есть Высшая мудрость и вечное приобретение, в отличие от всех остальных приобретений этого мира, естественно, что она требует самых больших усилий, потому что «покупает» мир, а не нечто временное. Постигнув Каббалу, человек постигает источник всех наук в их истинном, полностью раскрытом виде. Уже одно это может дать представление о мере требуемых усилий, поскольку мы знаем, сколько усилий требует освоение одной науки в наших ничтожных рамках ее понимания.

Воистину сверхъестественные силы для освоения Каббалы человек получает свыше, и с их помощью он приобретает достаточную силу терпения к страданиям на пути освоения Каббалы. И появляются у него уверенность в себе и жизненные силы самому стремиться на себе постичь Каббалу. Но для преодоления всех препятствий без явной (не явно Творец поддерживает жизнь в каждом) помощи Творца не обойтись.

Сила, определяющая готовность человека к действиям, называется **верой**. Хотя в начале пути в человеке нет способности почувствовать Творца, ввиду отсутствия альтруистических свойств, но появляется ощущение наличия высшего всесильного управляющего миром, к которому он иногда обращается в моменты абсолютной беспомощности, инстинктивно, вопреки антирелигиозному воспитанию и мировоззрению.

Это особое свойство нашего тела предусмотрено Творцом, чтобы мы смогли из нашего состояния абсолютного сокрытия Творца начать постепенно открывать Его для нас.

Мы видим, как поколения ученых раскрывают нам тайны природы. Если бы человечество приложило подобные усилия в постижении Творца, Он бы раскрылся нам не в меньшей степени, чем тайны природы, потому что все пути поиска человечества проходят через освоение тайн природы мира. Но что-то не слышно об ученых, исследующих смысл цели творения, а наоборот, как правило, они отрицают Высшее управление.

Причина в том, что вложена в них Творцом сила разума и способность только к материальным поискам и изобретениям. Но именно поэтому, с другой стороны, заложена в нас Творцом инстинктивная вера вопреки всем наукам. Природа и вселенная предстают перед нами таким образом, что отрицают наличие Высшего управления, и поэтому ученый не обладает природной силой веры.

Дополнительная причина в том, что общество ожидает от ученого материальных результатов его труда, и он инстинктивно подчиняется этому. И так как самые ценные вещи в мире находятся в минимальном количестве и отыскиваются с трудом, а раскрытие Творца – самое трудное из всех открытий, ученый автоматически избегает неудачи.

Поэтому единственный путь приближения к ощущению Творца заключается в том, чтобы вопреки мнению большинства взрастить в себе чувство веры. Сила веры не больше, чем другие силы в природе человека, потому что все они являются следствием света Творца. Но особенность этой силы в том, что она в состоянии привести человека к соприкосновению с Создателем.

Постижение Творца подобно обретению знания: вначале человек работает над изучением и постижением, а затем, постигнув, применяет. И как всегда, трудно вначале, а плоды пожинает тот, кто достиг цели, вышел в духовный мир: с безграничным наслаждением ощущения Творца он постигает **абсолютное знание всех миров** и населяющих их объектов, кругообороты душ во всех временах-состояниях от начала творения до его конца.

Альтруистическое действие определяется отторжением личного наслаждения ввиду осознания величия цели творения, выхода из эгоизма. Заключается оно в том, что на приходящее в виде духовного света наслаждение человек ставит ограничение, экран (масах), отталкивающий наслаждение обратно к источнику. Этим человек добровольно ограничивает возможность наслаждения и потому готов сам определять причину его принятия: не ради ублажения эгоизма, а ради цели творения, ибо Творец желает его наслаждения, и он, наслаждаясь, доставляет наслаждение Творцу и только поэтому наслаждается.

Причем, меру наслаждения человек определяет в соответствии с силой воли противостоять прямому наслаждению от света, а наслаждается тем, что доставляет наслаждение Творцу. В таком случае действие человека и действие Творца совпадают, и человек дополнительно ощущает огромное наслаждение от совпадения своих свойств со свойствами Творца, от величия, силы, могущества, абсолютного знания, беспредельного существования.

Степень духовной зрелости определяется величиной экрана, который может воздвигнуть человек на пути эгоистического наслаждения: чем больше сила противодействия личным интересам, тем выше ступень и получаемый «ради Творца» свет.

Все наши органы ощущения построены подобным образом: только от контакта входящей звуковой, зрительной, обонятельной и др. информации с нашими органами чувств возникают ощущение и восприятие. Без соприкосновения сигнала с ограничением на пути его распространения не может быть их ощущения, восприятия. Естественно, по этому же принципу действуют и все измерительные приборы, потому что законы нашего мира – не более чем следствия духовных законов.

Поэтому как проявление нового в нашем мире явления, так и первое раскрытие Творца и каждое дополнительное ощущение Его зависят только от величины границы, которую человек в состоянии создать. Эта **граница в духовном мире называется сосудом, кли**. А постигается не сам свет, а его взаимодействие с границей его распространения, производная от его влияния на духовное кли человека, как и в нашем мире мы постигаем не само явление, а результат его взаимодействия с нашими органами чувств или нашими приборами.

Некую часть себя Творец наделил созданным Им эгоистическим желанием наслаждения. Вследствие этого, эта часть перестала ощущать Творца и ощущает только саму себя, свое состояние, свое желание. Эта часть называется душой. Эта эгоистическая часть находится в самом Творце, потому что только Он существует, и нет незаполненного Им места, но ввиду того, что эгоизм ощущает только свои желания, он не ощущает Творца. Цель творения состоит в том, чтобы своими силами, своим выбором эта часть предпочла вернуться к Творцу, вновь стать подобной Ему по свойствам.

Творец полностью управляет приведением этой эгоистической части к слиянию с Ним. Но это управление извне неощутимо. Желанием Творца является проявление (с Его скрытой помощью) желания сблизиться с Ним изнутри самого эгоизма. Для облегчения этой задачи Творец разбил эгоизм на 600 тысяч частей. Причем каждая из них решает задачу отказа от эгоизма постепенно, последовательным осознанием эгоизма как зла, в процессе многократного получения эгоистических свойств и страданий от них.

Каждая из 600 тысяч частей души называется душой человека. Период соединения с эгоизмом называется **человеческой жизнью**. Временное прерывание связи с эгоизмом называется существованием в высших, духовных мирах. Момент получения душой эгоистических свойств называется **рождением** человека в нашем мире. Каждая из 600 тысяч частей общей души обязана в итоге последовательных слияний с эгоизмом предпочесть его свойствам Творца и слиться с Ним, несмотря на наличие эгоизма в ней, т.е. еще находясь в человеческом теле.

Постепенное совпадение по свойствам, постепенное приближение свойства души к Творцу называется **духовным подъемом**. Духовный подъем происходит по ступеням, называемым сфирот (сфира). От первоначального, самого эгоистического состояния и до последней ступени подобия Творцу духовная лестница состоит всего из 125 ступеней, сфирот. Каждые 25 сфирот составляют законченный этап, называемый «мир». Итого, кроме нашего состояния, называемого «нашим миром», есть пять миров. Таким образом, мы видим, что цель эгоистической части – достичь свойств Творца, **будучи в нас, в этом мире, чтобы, несмотря на наш эгоизм, мы в этом мире ощущали Творца во всем и в себе**.

Желание слияния – это естественное, изначально созданное, т.е. не требующее никаких предпосылок и выводов знание необходимости слияния с Творцом. То, что в Творце является вольным желанием, в Его творении действует как естественный обязывающий закон, ибо Он создал природу по Своему намерению, и каждый закон природы является Его желанием видеть такой порядок.

Поэтому все наши «естественные» инстинкты и желания исходят непосредственно от Творца, а все требующие расчета и знаний выводы являются плодом нашей деятельности. Если человек желает достичь полного слияния с Творцом, он должен сам довести это желание до инстинктивного знания, будто оно получено им с его природой от Творца.

Законы духовных желаний таковы, что нет места для неполных, частичных желаний, в которых есть сомнения или место для посторонних желаний. Поэтому Творец внимает только такой просьбе, которая идет из самой глубины чувств человека, соответствует полному желанию духовного сосуда на том уровне, на котором находится человек. Но процесс создания в сердце человека подобной просьбы идет медленно и накапливается незаметно для человека, выше его понимания. **Творец соединяет все маленькие молитвы человека в одну** и по получении окончательной, необходимой силы просьбы о помощи, помогает человеку.

Так же и человек, попадая в сферу действия света Творца (эйхаль), сразу же получает все, потому что Дающий вечен и не делает расчетов, зависящих от времени и кругооборотов жизней. Поэтому самая малая духовная ступень дает полное ощущение вечного. Но поскольку человек еще и потом переживает духовные подъемы и падения, то находится в обстоятельствах, называемых «мир, год, душа», потому что движущаяся, неокончившая свое исправление душа нуждается в месте для движения, называемом «мир», а сумма ее движений ощущается как время, называемое «годом».

Даже самая нижняя духовная ступень уже дает ощущение **полного совершенства** – настолько, что человек только верой выше разума постигает, что его состояние – это всего лишь «духовные отходы» более высокой духовной ступени. И только поверив в это, он может подняться еще выше, на тот духовный уровень, в который поверил и который возвысил в своих глазах больше, чем свое ощущение совершенства.

Наше тело настолько автоматически действует по законам своей эгоистической природы и по привычке, привыканию, что если человек будет постоянно говорить себе, что желает только духовного возвышения, то в конце концов возжелает этого, потому что тело посредством таких упражнений примет это желание как природное (привычка – вторая натура).

В состоянии духовного падения следует верить в сказанное: «Израиль в изгнании, Творец с ними» (Исраэль ше галу, шхина имахэм). Когда человек в апатии и чувстве безысходности, то ему кажется, что и в духовном нет ничего притягательного, что все находится на том уровне, на котором он находится сейчас. И надо верить, что это его личное ощущение, из-за того, что он в духовном изгнании (галут), и потому Творец также в ощущении человека нисходит в изгнание, не ощущается.

Свет, распространяющийся от Творца, проходит четыре стадии до создания эгоизма. И только последняя, пятая стадия (малхут) называется творением, потому что ощущает свои эгоистические желания насладиться светом Творца. Первые четыре стадии – это свойства самого света, которыми он нас создает. Самое высшее свойство, свойство первой стадии – желание насладить будущее творение – принимается нами за свойство Творца.

Эгоистическое творение (пятая стадия развития) желает противостоять своей эгоистической природе и быть подобным первой стадии. Оно пытается это сделать, но это удается лишь отчасти.

Эгоизм, способный хотя бы в некоторой своей части противостоять себе и быть подобным по действию первой стадии, называется **(мир) Олам Адам Кадмон**.

Эгоизм, который может быть подобен второй стадии, называется **(мир) Олам Ацилут**.

Эгоизм (часть пятой стадии), который уже не может быть подобным ни первой, ни второй стадиям, а только третьей – называется **(мир) Олам Брия**.

Эгоизм (часть пятой стадии), который не имеет сил противостоять себе, чтобы быть подобным либо первой, либо второй, либо третьей стадиям, а только может быть подобным четвертой стадии развития света, называется **(мир) Олам Ецира**.

Оставшаяся часть пятой стадии, которая не имеет сил быть подобной ни одной из предыдущих стадий, а только может пассивно сопротивляться эгоизму, оградить себя от получения наслаждения и не более (действие, обратное пятой стадии), называется **(мир) Олам Асия**..

В каждом из миров есть пять подступеней, называемых парцуфим: кэтэр, хохма, бина, зэир ампин, малхут. Зэир ампин состоит из шести подсфирот: хэсэд, гвура, тифэрэт, нэцах, ход, есод.

После создания пяти миров был создан наш **материальный мир**, находящийся ниже мира Асия, и человек в нем. В человеке заложена небольшая порция эгоистического свойства пятой стадии. Если человек поднимается в своем духовном развитии снизу вверх внутри миров, то часть эгоизма, находящаяся в нем, а также все те части миров, которые он использовал для своего подъема, становятся подобными первой стадии, свойству Творца. Когда вся пятая стадия станет подобной первой, все миры придут к **цели творения (гмар тикун)**.

Духовным корнем времени и места является отсутствие света в общей душе, где духовные подъемы и спуски дают ощущение времени, а место будущего заполнения светом Творца дает ощущение пространства в нашем мире.

На наш мир последовательно влияют духовные силы и дают ощущение времени, ввиду изменения своего влияния. Поскольку два духовных объекта не могут быть как один, отличаясь своими свойствами, то они действуют один за другим, сначала более высокий, а затем более низкий и т.д., что дает в нашем мире **ощущение времени**.

Для успешной работы по исправлению эгоизма в нас сотворены три инструмента: чувства, разум и воображение.

Духовный материал и форма: **материал** представляет собой эгоизм, а **форму** его определяют противостоящие ему силы, по аналогии с нашим миром.

Наслаждения и страдания определяются нами соответственно, как хорошее или плохое. Но духовные страдания являются единственным источником развития и продвижения человека. Духовное спасение есть совершенство, получаемое на основе сильных отрицательных ощущений, воспринимаемых как сладостные, поскольку левая линия возвращается к правой, и тем самым несчастья, страдания и давления превращаются в радость, наслаждения и духовный простор. Причина заключается в том, что в каждом объекте существуют два противоположных начала – эгоизм и альтруизм, ощущаемые как отдаление или сближение с Творцом. Тому много примеров в Торе:

жертвоприношение Ицхака, жертвоприношения в Храме и пр. (Жертвоприношения – курбанот от слова каров – сближение.)

Правая линия представляет собой саму суть духовного объекта, в то время как левая линия является лишь той частью эгоизма, которую он может использовать, присоединив к своим альтруистическим намерениям.

Много чернил изведено философами в дискуссиях о непознаваемости Творца. Иудаизм как наука, основанная на личном эксперименте каббалистов, объясняет: как мы можем говорить о познаваемости Творца, если не познаем Его? Ведь уже это определение говорит о какой-то мере познания. Поэтому вначале требуется уяснить, что подразумевается под понятием непознаваемости, или понятием бесконечности – каким образом мы можем утверждать, что понимаем эти категории.

Ясно, что если мы говорим даже о познании Творца, то подразумеваем лишь восприятие нашими органами чувств и разумом того, что исследуем, подобно исследованиям нашего мира. Кроме того, эти понятия должны быть доступны каждому в нашем мире, подобно любому иному знанию, а потому должно быть в этом познании нечто вполне ощутимое и реальное, воспринимаемое нашими органами чувств.

Отличие познания духовных объектов и самого Творца от познания объектов нашего мира – в сдвиге границ ощущения. Самая близкая граница восприятия в **органах тактильных ощущений**, когда мы непосредственно соприкасаемся с внешней границей исследуемого объекта. В слуховом ощущении мы уже не соприкасаемся с самим объектом вообще, а соприкасаемся с промежуточным, передающим, третьим объектом, например воздухом, имевшим контакт с внешней границей исследуемого объекта, голосовыми связками человека или колеблющейся поверхностью, передающей нам звуковую волну.

Так и духовные органы чувств применяются для ощущения Творца. Ощущение соприкосновения с внешней границей – подобно тактильному – называется пророческим видением, а ощущение, опосредованное некой средой, соприкасающейся, в свою очередь, с внешней границей постигаемого, подобное слуховому ощущению, называется **пророческим слухом**.

Пророческое зрение считается явным знанием (как в нашем мире мы желаем увидеть и считаем это самым полным постижением объекта), потому что мы имеем непосредственный контакт со светом, исходящим от самого Творца.

Пророческий же слух (голос Творца) определяется каббалистами как непостигаемое, в отличие от пророческого зрения, подобно тому, как мы слышим звуковые волны, ибо ощущаем сигналы промежуточного духовного объекта от его соприкосновения с внешней границей Творца. Волны, как и в случае пророческого зрения, воспринимаются внутри нашего сознания, как звуковые.

Каббалист, заслуживший пророческое постижение Творца, сначала воспринимает Его своим физическим зрением или слухом и осмысливает, причем, осознание увиденного дает полное познание, а воспринятое с помощью слуха дает осознание непознаваемости.

Но как в нашем мире, даже одного слуха достаточно для ощущения свойств объекта познания (даже слепой от рождения прекрасно ощущает многие свойства окружающих его людей), так и духовное познание с помощью слуха достаточно. Потому что внутри доходящей духовной слуховой информации находятся все скрытые остальные свойства...

Заповедь познания Творца сводится к Его ощущению на основе духовных зрения и слуха до такой степени, чтобы человеку было абсолютно ясно, что он находится в полном зрительном и слуховом сознательном контакте с Творцом, что называется лицом к лицу.

Творение и управление происходит благодаря двум противоположным явлениям: сокрытию мощи Творца и постепенному Его раскрытию, в той мере, в которой творения могут Его ощутить в своих исправленных свойствах. Поэтому в иврите есть имя Творца Мааціль, от слова «цэль» – тень, и Борэ, от слов «бо рэ» – приди и смотри. От этих слов, соответственно, произошли имена миров Ацилут и Брия.

Мы не в силах осознать истинную картину творения, но только ощущаемую нашими чувствами – как материальными, так и духовными. Все существующее делится в нашем понятии на пустоту и наличие, хотя утверждают ученые мужи, что нет вообще такого понятия, как пустота. И действительно это понятие выше нашего понимания, потому что даже отсутствие чего-то мы должны воспринять своими чувствами.

Но мы можем ощутить пустоту или отсутствие чего бы то ни было, если представим отношение существующего в этом мире к нам после нашей смерти. Даже и при нашей жизни в этом мире мы ощущаем ту же картину – что все, находящееся вне нашего тела как бы отсутствует и вообще не существует.

Истина в том, что как раз наоборот, – именно то, что находится вне нас, является вечным и существующим, и только мы сами ничто и исчезаем в ничто.

Эти два понятия в нас абсолютно неадекватны, потому что наше ощущение говорит нам о том, что все существующее связано с нами и только в этих рамках существует – с нами и в нас – а все, что вне нас, не имеет никакой ценности. Но объективный разум утверждает обратное: что мы ничтожны, а все окружающее вечно.

Бесконечно малая порция Высшего света, находящаяся во всех объектах неживой и живой природы, определяющая их существование, называется **малой свечой (нэр дакик)**.

Запрет раскрывать тайны Торы исходит из того, чтобы не проявилось пренебрежение к Каббале. Потому что непостигаемое вызывает уважение и представляется ценностью. Ведь такова природа человека, что будучи бедняком, ценит копейку, а в глазах обладателя миллиона теряет эта сумма прошлую ценность, и только два миллиона ценятся и т.д.

Также и в науке – все, что еще непостижимо, вызывает уважение и представляется ценным, но как только постиг, сразу пропадает ценность постигнутого, и человек гонится за еще не постигнутым. Поэтому нельзя раскрывать тайны Торы массам: они начнут пренебрегать ими. Но каббалистам можно раскрывать, потому как стремятся познать все больше, как и ученые нашего мира, и хотя пренебрегают своими знаниями, но именно это вызывает в них стремление постичь еще не постигнутое. И потому весь мир создан для тех, кто стремится постичь тайны Творца.

Ощущающие и постигающие исходящий от Творца Высший свет жизни (ор хохма) ни в коем случае не постигают при этом самого Творца, Его суть. Но не следует ошибаться в том, что постигающие духовные ступени и их свет постигают только свет, потому как нельзя постичь малейшей духовной ступени, если не постиг каббалист в соответствующей степени Творца и Его свойства относительно нас.

В нашем мире мы постигаем окружающих по их действиям и проявлениям относительно нас и других. После того как мы познакомились с действиями человека, с проявлениями его доброты, зависти, злости, уступчивости и т.п. относительно различных лиц, мы можем утверждать, что знаем его. Так и каббалист – после того, как постигает все действия и проявления Творца в них, Творец раскрывается ему в абсолютно постигаемом виде посредством света.

Если ступени и излучаемый ими свет не несут в себе возможности постижения «самого» Творца, то мы называем их **нечистыми (клипа, ситра ахра)**. («Самого» – имеется в виду, что как и в нашем мире, мы получаем представление о ком-то по его действиям и не испытываем при этом потребности познать что-то еще, так как то, что вообще не постигаемо нами, не вызывает в нас интереса и потребности постичь.)

Нечистые силы (клипа, ситра ахра) – это силы, властвующие над человеком, чтобы не позволить ему полностью насладиться каждым приходящим наслаждением, чтобы человек удовлетворился немногим: чтобы сказал себе, что достаточно ему того, что знает, как срезать верхнюю часть, кожуру, с плода и оставить самое главное. Разум человека не может понять смысла работы ради Творца ввиду действия этих нечистых сил, не позволяющих понять скрытый смысл в Торе.

В духовном объекте свет, заполняющий его верхнюю половину (до табур) называется **прошлое**; заполняющий нижнюю часть (сиюм) называется **настоящее**; окружающий – еще не вошедший, но ожидающий своей очереди раскрыться – свет называется **будущее**.

Если человек духовно упал, увеличились его эгоистические желания, то падает в его глазах важность духовного. Но духовное падение он получает специально свыше, чтобы понял, что находится все еще в духовном изгнании, что подтолкнет его к молитве о спасении.

Изгнание (галут) – понятие духовное. Материально человек обычно чувствует себя в галуте лучше, чем в Израиле, настолько, что желает вернуться в галут снова. Ибо не может быть освобождения, **возвращения из галута (геула)** физического без духовного. Поэтому мы и сегодня еще находимся в галуте, о чем свидетельствуют и наши уступки соседям, и бегство молодежи из страны, и наша жажда подражать всему миру.

Но не найдем спокойствия, пока не вознесем надо всем наше высшее предназначение – духовное освобождение как нас самих, всего народа, так и всего человечества.

Галут – это не физическое порабощение, которое все народы испытали в течение своей истории. Галут – это порабощение каждого из нас нашим злейшим врагом – эгоизмом, причем порабощение настолько изощренное, что человек не воспринимает того, что постоянно работает на этого господина, внешнюю силу, вселившуюся в нас и диктующую нам свои желания. А мы, как невменяемые, не осознаем этого и изо всех сил пытаемся выполнить все ее требования. Воистину, наше состояние подобно состоянию душевнобольного, воспринимающего кажущиеся только ему голоса за приказы или за свое истинное желание и исполняющего их.

Настоящий наш галут – это изгнание из духовного, невозможность быть в контакте, чувствовать Творца и работать на Него. Именно ощущение этого галута и должно быть условием выхода, освобождения из него.

Поначалу тело согласно изучать Каббалу и прилагать усилия в освоении духовного, потому что видит определенные выгоды в духовных знаниях, но когда начинает немного осознавать, что значит настоящая работа «ради Творца», и должен просить своего освобождения, человек отталкивает такое спасение, убеждая себя, что не сможет преуспеть в подобной работе. И снова становится рабом своего разума, т.е. возвращается к идеалам материальной жизни. Спасение из такого состояния может быть только в действии путем веры выше знания (эмуна лемала ми даат).

Но духовное падение не означает, что потеряна вера. Дополнительным раскрытием эгоизма дает Творец возможность приложить добавочное усилие и увеличить таким образом веру. Прошлый уровень его веры не пропал, но относительно новой работы человек ощущает его как падение.

Наш мир создан подобно духовному, только из эгоистического материала. Из окружающего мира мы можем многое узнать, если не о свойствах духовных объектов, то об их взаимосвязи по аналогии с нашим миром.

Есть и в духовном мире понятия: мир, пустыня, поселение, страны, Израиль. Все духовные действия (заповеди) можно производить на любом уровне, даже еще не достигнув уровня Израиль, кроме заповеди любви и страха. Они раскрываются только постигшему уровень Эрэц Исраэль.

Внутри уровня Эрэц Исраэль есть подуровень, называемый Ирушалаим, от слов ира (страх) и шалем (совершенный) – желание ощущения трепета перед Творцом, помогающее освободиться от эгоизма.

Человек поневоле выполняет действия по поддержанию жизни тела. Например, даже будучи больным и не имея желания принимать пищу, заставляет себя, зная, что без этого не выздоровеет. Но это благодаря тому, что в нашем мире вознаграждение и наказание явно видны всем, и поэтому все выполняют законы природы.

Но несмотря на то, что наша душа больна, и выздороветь может только от приема, выполнения альтруистических усилий, человек, не видя явных вознаграждения и наказания, не в состоянии заставить себя заняться лечением. Поэтому излечение души полностью зависит от веры человека.

Нижняя половина более высокого духовного объекта находится внутри верхней половины более низкого (АХА"П дэ элион находятся внутри Г"Э дэ тахтон). В нижнем объекте экран находится в его «глазах» (масах в никвей эйнаим). Это называется духовной слепотой (стимат эйнаим), потому что в таком состоянии видит, что и у более высокого есть всего лишь половина – АХА"П. Получается, что **экран нижнего скрывает от него более высокий объект**.

Если более высокий объект передает свой экран нижнему, то этим открывает себя нижнему, который начинает видеть более высокого, как он тот видит самого себя. От этого нижний получает состояние «полный» (гадлут). Нижний видит, что более высокий находится в «большом» состоянии и осознает, что прежнее сокрытие себя – чтобы его видели «малым» (катнут) – более высокий осуществлял специально для пользы более низкого: т.о. более низкий получает ощущение важности более высокого.

Все последовательные состояния, которые человек испытывает на своем пути, подобны тому, будто Творец дает болезнь, от которой сам же впоследствии излечивает. Но то, что человек воспринимает как болезнь, безнадежность, бессилие и безысходность, если принимает эти состояния как волю Творца, превращается в стадии исправления и приближения к слиянию с Творцом.

Как только свет Творца входит в эгоистическое желание, оно сразу же преклоняется перед светом и готово преобразоваться в альтруизм.

(Не раз сказано, что свет в эгоистическое желание не может войти, но есть два вида света – свет, приходящий для исправления желаний, и свет, несущий наслаждение, и в данном случае говорится о свете, несущем исправление.)

А так как свет входит в желания, они изменяются на противоположные. Так самые большие наши прегрешения обращаются в заслуги. Но это происходит только при условии возвращения из-за любви к Творцу (тшува ми ахава), когда можем получить весь свет Творца не ради себя. (Гар дэ хохма), только тогда все наши прошлые деяния (желания) становятся сосудами для получения света.

Но такого состояния не может быть прежде всеобщего исправления (гмар тикун). А до этого возможно получение лишь части света Творца (вак дэ хохма) не ради себя, по принципу средней линии (кав эмцаи).

Есть несколько видов получения: получения милостыней, подарком, силой (требуя, считая, что ему положено). Получая милостыню, человек стыдится, но просит. Подарок не просят, его дают тому, кого любят. Силой требует тот, кто не считает, что получает в виде милостыни или в виде подарка.

Так чувствуют себя в своих требованиях праведники, требуя от Творца, как долг, положенный им, еще в замысле творения им предназначенный, и потому сказано: **«праведники берут силой»**.

Авраам (правая линия, вера выше разума) связал и готов принести в жертву Ицхака (левую линию, разум, контроль своего духовного состояния), дабы постоянно идти только в правой линии. Вследствие этого поднялся до средней линии, включающей обе. Потому что есть большое отличие в том, идет ли человек только в вере выше разума,

Простая вера – это бесконтрольная вера и называется обычно **верой ниже разума**. Вера, проверяемая разумом, называется **верой внутри разума**. Но **вера выше разума** возможна только после анализа своего состояния. И если человек, видя, что не достиг ничего, все-таки предпочитает веру, будто все у него есть, и так до самого критического состояния (месирут нэфеш), то это называется верой выше разума, потому что человек совершенно не принимает во внимание свой разум – и тогда он удостаивается средней линии.

Есть три линии духовного поведения – правая, левая и их сочетание – средняя, но если есть у человека только одна линия, то ее нельзя назвать ни правой, ни левой, так как только наличие двух противоположных линий выявляет, какая из них правая, а какая левая.

И есть просто прямая линия, называемая чувством совершенства, по которой идет вся верующая масса, т.е. один путь, по законам которого воспитывается и затем всю жизнь действует человек. И каждый точно знает в соответствии со своим расчетом, сколько усилий он должен приложить, чтобы почувствовать, что сделал в Торе то, что должен, отдал свой долг. И потому каждый чувствует удовлетворение от своей работы в Торе. А кроме того, чувствует, что каждый прошедший день прибавляет ему дополнительные заслуги, льготы, поскольку выполнил еще несколько заповедей. Эта линия поведения потому и называется прямой, что с нее не может сбиться человек, поскольку обучен с детства поступать так, без контроля и самокритики. И потому идет прямо всю жизнь и каждый день прибавляет к своим заслугам.

Идущий по **правой** линии должен делать так же, как и те, кто идет по прямой. С той лишь разницей, что у идущих по прямой отсутствует самокритика их духовного состояния. Идущие же по правой линии с трудом преодолевают каждый шаг, поскольку левая линия нейтрализует правую, пробуждая жажду духовного, и потому нет удовлетворения в своем духовном состоянии.

Идущий же по **прямой** линии не подвергает критике свое состояние, а постоянно добавляет к своим прошлым заслугам новые, потому как есть ему на что опереться, в то время как левая линия стирает все прошлые усилия.

Главное для ощущения наслаждения – это жажда наслаждения, что называется в Каббале **сосудом**. Величина этого сосуда измеряется степенью ощущения недостающего наслаждения. Поэтому если есть одно и то же наслаждение у двух сосудов-людей, то один может при этом чувствовать себя абсолютно насыщенным им, а второй – чувствовать, что нет у него ничего и пребывать в глубоком унынии.

В книге «Адир бе маром» (стр. 133) великий каббалист Луцато пишет: «...Тора – это внутреннее содержание (свет Торы это пнимиют) и включает работу человека как внешнее (аводат ашем – кли ле ор Тора). А знания мудрецов относятся к внешней части (хохмот хицониет) и совершенно не относятся к Торе».

Человек должен стремиться жить данным мгновением, взяв знания из прошлых состояний и идя верой выше разума в настоящем, и он не нуждается в будущем.

Постижение Эрэц Исраэль и как следствие этого раскрытие Творца (ашрат шхина) дается достигшему духовного уровня, называемого Эрэц Исраэль. Для этого необходимо оторвать от себя три нечистые силы (шалош клипот тмеот, что соответствует духовному обрезанию своего эгоизма) и добровольно принять на себя условие сокращения (цимцум), определяющее, что в эгоизм свет не войдет.

Там, где в Каббале говорится «нельзя», имеется в виду – невозможно, даже если желает. Но цель в том, чтобы не желать.

Если человек работает на какой-либо работе час в день и не знаком с работниками, уже получившими вознаграждение за свою работу, он беспокоится, выплатят ли ему зарплату – но намного меньше, чем работающий по 10 часов. У последнего вера в хозяина должна быть намного больше, и он больше страдает от того, что не видит, как другие получают вознаграждение.

А если желает работать день и ночь, то еще более чувствует сокрытие хозяина и вознаграждения, потому что испытывает большую потребность знать, получит ли вознаграждение, как ему обещано.

Но те, кто идет **верой выше знания**, развивают в себе огромную потребность в раскрытии Творца и, соответственно, возможность противостоять раскрытию, тогда Творец раскрывает перед ними все мироздание.

Единственная возможность не использовать эгоистические желания – это идти путем веры. Только если человек отказывается видеть и знать, опасаясь лишиться возможности работать альтруистически, получив сильные чувства и знания, он может начать их получать в той мере, в какой они ему не мешают продолжать идти путем веры.

Таким образом, видно, что суть работы не ради себя связана с необходимостью выйти из ограниченных эгоистических возможностей наслаждения, чтобы приобрести ничем не ограниченные возможности наслаждаться вне узких рамок тела. И такой духовный «орган» ощущения называется верой выше знания.

А достигший такого уровня духовного развития, что в состоянии выполнять работу без всякого вознаграждения для эгоизма, приобретает совпадение по свойствам с Творцом (а значит сближение, потому что в духовных мирах только разница свойств отделяет объекты, а других понятий места и расстояний нет) и ощущает беспредельные наслаждения, не ограниченные чувством стыда за милостыню.

Ощущение заполняющего все пространство вселенной невидимого «облака» Высшего Разума, насквозь пронизывающего все и управляющего всем, дает человеку **настоящее чувство опоры и уверенности**. Поэтому вера есть единственное противодействие эгоизму. Но не только от внутреннего эгоизма спасает вера, а и от внешнего, потому как посторонние могут навредить только внешним, но не внутренним постижениям.

Природа человека такова, что в нем есть силы делать только то, что осознает и чувствует. И это называется – **внутри разума**. Верой называется высшая, противоестественная сила, потому что дает возможность действовать даже в том случае, когда человек еще не чувствует и не понимает всей сути своих действий, т.е. сила, не зависящая от личного интереса, эгоизма.

Сказано: там где стоит возвращающийся (бааль тшува), абсолютный праведник не может стоять. Когда учится, называется абсолютным праведником. Когда не в состоянии учиться, называется грешником. Но если преодолевает себя, то называется «возвращающимся». А так как весь наш путь – только навстречу цели творения, то каждое новое состояние выше предыдущего. И потому новое состояние «возвращающегося» выше прошлого состояния «праведника».

Есть **два вида возвращения** – в действии и в мыслях. Возвращение в действии – когда человек, до сих пор не выполнявший все требования в полном объеме, пытается выполнять все (учебу, молитву, заповеди), но это только в действии (маасэ), а не в мыслях о том, для чего он это выполняет (кавана).

Возвращение в мыслях происходит, если прежде выполнял все, но только с целью извлечения пользы для себя, а теперь исправляет свое намерение на противоположное, чтобы его поступки имели альтруистические последствия. Отсюда видно, что есть работа в действии, которая видна всем, и есть работа в мыслях, никому не заметная. И эти два вида работы называются открытым (нигле) и скрытым (нистар).

Творец воспринимается нами как свет наслаждения. В зависимости от свойства и степени чистоты нашего альтруистического сосуда – органа ощущения духовного света – свет Творца воспринимается по-разному. Поэтому хотя свет один, но в зависимости от нашего ощущения мы называем его разными именами, по воздействию на нас.

Есть **два вида света Творца: свет знания, разума, мудрости (ор хохма) и свет милосердия, уверенности, слияния (ор хасадим)**. В свою очередь, ор хохма различается двух видов – по своему воздействию на человека: сначала (когда он приходит) человек осознает свое зло, а затем (когда человек осознал свое зло и знает, что нельзя использовать свой эгоизм) тот же свет дает силы в те же эгоистические желания, чтобы работать (наслаждаться) с ними не ради себя. А затем, когда уже есть силы переделать эгоизм, то этот свет дает возможность исправленным, бывшим эгоистическим, желаниям наслаждаться альтруизмом (лекабэль аль минат леашпиа).

Ор хасадим дает нам другие желания – «давать» вместо того чтобы «брать» наслаждения, поэтому из **320 неисправленных желаний души** (постепенно их ощущают по мере духовного восхождения, как постепенно человек постигает всю глубину своего зла и содрогается от понимания, кто же он такой) под действием ор хохма отделяются 32 части малхут – желания самонасладиться, потому что человек обнаруживает, что эгоизм – его злейший враг.

Оставшиеся 288 желаний не имеют ни эгоистической, ни альтруистической направленности, это просто ощущения (типа слуха, зрения и т.п.), которые можно применять как угодно, в зависимости от сделанного выбора: для себя или ради других.

Тогда под действием ор хасадим у человека появляется желание альтруистически работать со всеми 288 ощущениями. Это происходит вследствие замены 32 эгоистических желаний на 32 альтруистических.

Исправление под действием света (или Торы, что одно и то же, потому что Тора и есть Высший свет Творца) происходит без ощущения наслаждения от него. Человек ощущает только разницу свойств между своим эгоизмом и величием света. Этого одного достаточно для стремления вырваться из телесных желаний. Поэтому сказано: «Я создал в вас эгоистические побуждения и потому сотворил Тору».

Но затем, исправив свои желания, человек начинает принимать свет ради услаждения Творца. Этот свет – т.е. эта **Тора – называется именами Творца**, потому что человек получает в себя, в свою душу часть Творца и по своим наслаждениям от света дает Творцу имена.

Войти в духовный мир (олам тикун) можно только приобретя свойство все отдавать (ор хасадим, хафэц хэсэд). Это минимальное и необходимое условие, чтобы никакие эгоистические желания уже не могли соблазнить человека и потому навредить ему, поскольку ничего не хочет ради себя.

Без защиты альтруистических свойств свойством ор хасадим человек, ощутив бесконечное наслаждение от Высшего (света), непременно возжелает самонасладиться и тем погубит себя – уже никак не сможет выйти из эгоизма в альтруизм. Все его существование будет погоней за этими, недостижимыми для его эгоистических желаний, наслаждениями.

Но ор хасадим, дающий человеку стремление к альтруизму, не может светить в эгоистические желания (сосуд-кли). Эгоистические желания питаются микродозой, искрой находящегося в них света, насильно введенного Творцом для поддержания жизни в нас, потому что без получения наслаждения человек жить не может. Если бы эта искра Высшего света исчезла, человек сразу же покончил бы с жизнью, дабы оторваться от эгоизма, от незаполненного желания насладиться, только бы не испытывать ощущения абсолютной тьмы и безысходности.

Почему в эгоизм не может войти ор хасадим? Как указывалось выше, в самом свете **нет отличия ор хохма это или ор**

хасадим, но сам человек определяет это. А эгоистическое желание может начать наслаждаться светом, независимо от его происхождения, т.е. наслаждаться ор хасадим ради себя. Только уже подготовленное к альтруистическим действиям желание может принять свет и ощутить наслаждение от альтруизма, т.е. ощутить свет как ор хасадим.

Человек получает наслаждение от трех видов ощущений: прошлого, настоящего и будущего. Самое большое наслаждение – от будущего, поскольку уже заранее, в настоящем предвкушает наслаждение, т.е. наслаждается в настоящем. И поэтому предвкушение и мысли о неугодных деяниях хуже, чем сами эти деяния, так как растягивают наслаждение и занимают мысль долгое время.

Наслаждение в настоящем, как правило, недолгое, ввиду наших мелких быстронасыщающихся желаний. Прошедшее наслаждение человек может вновь и вновь вызывать в мыслях и наслаждаться.

Поэтому, прежде чем предпринять хорошее действие (кавана леашпиа), необходимо о нем много думать и готовиться, чтобы вкусить как можно больше различных ощущений, чтобы затем можно было вызвать их в памяти и оживлять свои стремления к духовному.

Поскольку наша природа – эгоизм, человек желает наслаждаться жизнью. Но если свыше дают человеку в его же желания маленький зародыш души, которая по своей природе желает питаться антиэгоистическими наслаждениями, то эгоизм не может дать силы для таких действий, и нет наслаждения от такой жизни, потому что душа не дает ему покоя и каждое мгновение дает ему понять, что это не жизнь, а животное существование.

Вследствие этого жизнь начинает казаться человеку невыносимой, полной страданий, ибо что бы ни делал, не в состоянии получить наслаждения или хотя бы удовлетворения ни от чего, поскольку душа не дает ему удовлетворения. И так продолжается до тех пор, пока **сам эгоизм не решит, что нет другого выхода, как внимать голосу души и выполнять ее указания**, иначе человеку не будет покоя. И это означает, что Творец поневоле возвращает нас к Себе.

Невозможно ощутить ни одного самого маленького наслаждения, если перед этим человек не испытывает его недостаток, который определяется как страдание от того, что нет наслаждения, которого желает. Для получения Высшего света также необходимо предварительное желание. Поэтому человек должен во время учебы и других своих действий просить об ощущении **потребности в Высшем свете**.

«Нет никого кроме Него» – все происходящее является Его желанием, и все творения выполняют Его желание. Отличие лишь в том, что есть единицы, выполняющие Его волю по своему желанию (ми даато). Ощущение слияния творения с Сотворившим возможно именно при совпадении желаний (берацон аловэш у берацон амальбиш).

Благословением называется излияние свыше света милосердия (ор хасадим), что возможно только при альтруистических действиях человека снизу.

Сказано в Торе: «Потребности народа Твоего велики, а мудрость коротка» – именно потому, что мало мудрости, но большие потребности.

Сказал раби Йегуда Ашлаг: «Наше состояние подобно состоянию царского сына, которого отец поместил во дворец, полный всего, но не дал света видеть. И вот сидит сын в темноте и не хватает ему только света, чтобы овладеть всем богатством. Даже свеча есть у него (Творец посылает ему возможности начать сближение с Собой), как сказано: «Душа человека – свеча Творца». Он только должен зажечь ее своим желанием.

Сказал раби Йегуда Ашлаг: «Хотя сказано, что цель творения непознаваема, но есть огромное отличие ее непознаваемости мудрецом от незнания этой цели неучем».

Сказал раби Йегуда Ашлаг: «Закон корня и ветви означает, что низший обязан достичь ступени высшего, но высший не обязан быть как низший».

Вся наша работа заключается в подготовке к принятию света. Как сказал раби Йегуда Ашлаг: «Главное – это кли-сосуд, хотя кли без света безжизненно, как тело без души. И мы должны заранее подготовить наше кли, чтобы при получении света оно исправно работало. Это подобно тому, что работа машины, сделанной человеком и работающей на электричестве, невозможна без подсоединения электрического тока, но результат ее работы зависит от того, как она сама сделана.

В духовном мире совершенно противоположные нашему миру-состоянию законы и желания: насколько в нашем мире невозможно идти вопреки знанию-пониманию, настолько в духовном мире трудно идти в знании. Как сказал раби Йегуда Ашлаг: «Сказано, что когда в Храме стояли в службе, то было тесно, но когда падали ниц, становилось просторно. Стоять означает большое состояние парцуфа, получение света, а лежа – малое состояние, отсутствие света. В малом состоянии было больше места – ощущали себя вольнее, потому что именно в скрытии Творца духовно поднимающиеся ощущают возможность идти вопреки своему разуму, и в этом их радость в работе.

Как рассказывал раби Йегуда Ашлаг, у раби Пинхаса из местечка Корицы, великого каббалиста прошлого века, не было даже денег купить книгу «Древо жизни» Ари, и он был вынужден идти на полгода преподавать детям, чтобы заработать на покупку этой книги.

Хотя наше тело вроде бы только мешает нам духовно возвышаться, но это только кажется нам от непонимания функций, возложенных на него Творцом. Как сказал раби Йегуда Ашлаг: «Наше тело подобно анкеру в часах – хотя анкер и останавливает часы, но без него часы бы не работали, не двигались вперед». В другое время сказал: «В стволе дальнобойного орудия есть винтовая резьба, затрудняющая выход снаряда, но именно благодаря этой задержке снаряд летит дальше и точнее». Такое состояние называется в Каббале «кишуй».

Как сказал раби Йегуда Ашлаг: «Настолько все трактуют Тору в понятиях нашего мира, что даже там, где прямо сказано в Торе «Берегите свои души», все равно говорят, что имеется в виду здоровье тела».

Как сказал раби Йегуда Ашлаг: «Человек находится в духовном настолько, насколько он ощущает, что его эгоистические желания – это и есть нечистая сила».

Как сказал раби Йегуда Ашлаг: «Самая малая духовная ступень – это когда духовное важнее и прежде, чем материальное».

Как сказал раби Йегуда Ашлаг: «Только в одном может человек быть заносчивым – в том, что никто не сможет доставить большее удовольствие Творцу, чем он».

Сказано: «Вознаграждение за Заповедь – познание Заповедывающего».

Как сказал раби Йегуда Ашлаг: «Заботы об этом мире у духовнорастущих совершенно отсутствуют, как у тяжелобольного нет заботы о зарплате, а есть только о том, как бы выжить».

Как сказал раби Йегуда Ашлаг: «В духовном, как и в материальном нашем мире, нет спасения ввиду насильственных обстоятельств. Например, если кто-то нечаянно свалился в пропасть, разве спасет его от смерти то обстоятельство, что свалился, того не желая. Так и в духовном».

Когда раби Йегуда Ашлаг болел, позвали к нему врача. Врач посоветовал покой, сказал, что необходимо успокоить нервы и если уж изучать, то что-нибудь легкое, например, читать Теилим. Когда врач ушел, сказал раби Йегуда : «Видно, врач считает, что Теилим можно читать, не углубляясь».

Как сказал раби Йегуда Ашлаг: «Нет места посреди между духовным, чистым, альтруистическим – «отдавать», и материальным, эгоистическим, нечистым – «получать». И если человек не связан каждое мгновение с духовным, то он не просто забывает о нем, а находится в нечистом, материальном».

Сказано в книге «Кузари», что царь Кузари, когда выбирал веру для своего народа, обратился к христианину, мусульманину, а уж затем к иудею. Когда он выслушал иудея, то сказал, что христианин и мусульманин обещают ему вечную райскую жизнь и огромные вознаграждения в том мире, после его смерти, а Тора говорит о вознаграждении за выполнение заповедей и о наказании за их невыполнение в этом мире. Но ведь более важно, что человек получит после своей смерти, в вечном мире, чем как он проживет свои годы в этом мире. Ответил на это иудей, что они обещают вознаграждение в том мире, потому что говорящий неправду отдаляет, чтобы скрыть ложь, раскрытие своих слов. Как говорил раби Йегуда Ашлаг со слов АГ-Р"А, смысл сказанного иудеем в том, что все духовное, весь будущий мир человек должен ощутить еще в этом мире и это обещает нам, как вознаграждение, Тора. А все вознаграждения Торы человек должен получить в этом мире, именно еще во время своего нахождения в теле, ощутить все всем своим телом.

Как сказал раби Йегуда Ашлаг: «Когда человек чувствует, что нечистые силы (эгоистические желания) притесняют его, это уже начало его духовного освобождения».

Как сказал раби Йегуда Ашлаг на слова Торы «Все в руках неба, кроме страха перед небом»: «В ответ на все просьбы человека может решить Творец, дать ему то, что человек просит, или не дать. Только на просьбу о страхе перед небом Творец не дает ответа: это не в руках неба дать страх перед небом. А если просит человек страха перед небом – обязательно получает».

Жизнью называется состояние ощущения желания насладиться от получения или отдачи. Если это желание наслаждения пропадает, то такое состояние называется лишением чувств, обморочным или мертвым.

Если человек находится в таком состоянии, что явно видит и чувствует, что невозможно получить наслаждение – например, потому, что должен всем, стыдится своих прошлых поступков, ощущает одни страдания, которые нейтрализуют даже то небольшое удовольствие, которое имел от этой жизни, – он желает покончить с собой.

В таком случае человек обязан приложить все силы, чтобы получать наслаждения от того, что совершает благие в глазах Творца деяния, что доставляет этим радость Творцу. В подобных мыслях и действиях есть настолько великое наслаждение, что оно способно нейтрализовать самые большие страдания в мире. И потому посредством окружающих – врагов, банкротства, неудач в работе – **даются духовно поднимающемуся ощущения безнадежности**, безысходности, полного отсутствия смысла его существования.

Если человек уже в состоянии совершать альтруистические поступки, т.е. что бы он ни делал совершенно исключает любую выгоду для себя, думает только о благе того, для кого он это делает, т.е. о Творце, но еще не получает наслаждения от своих действий, это называется чистой отдачей (машпиа аль минат леашпия). Например, выполняя заповеди ради Творца, он при этом еще не получает соответствующий каждой заповеди свет Торы, наслаждение. Причина этого в том, что еще не полностью себя исправил, и если получит наслаждение открытым светом Торы, восстанет эгоизм и возжелает получить такое наслаждение во что бы то ни стало, для самонаслаждения, и не сможет отказаться и поневоле, силой притяжения наслаждения большей, чем его желание быть угодным в глазах Творца, получит для себя.

Келим, которыми человек совершает альтруистические действия (леашпиа аль минат леашпиа), называются **келим дэ ашпаа**. Духовный объект имеет строение (соответствие духовных сил подобно физическому строению нашего тела) подобное нашему телу, состоящему из ТАРЬЯ"Г мицвот или 613 органов.

Поэтому **РАМА"Х келим дэ ашпаа** определяются как находящиеся над грудью духовного тела и соответствуют исполнительным заповедям, выполнять которые Тора обязывает каждого.

Свет, который получает человек, выполняющий такие действия, называется ор хасадим или хасадим мехусим – скрытые хасадим, скрытые от света ор хохма.

Если у человека есть сила воли, исправленные чувства – настолько, что в состоянии не только совершать альтруистические действия, но и получать наслаждения от них ради Творца, т.е. получать в прошлые эгоистические желания (келим), – то это называется **кабала аль минат леашпиа**. Тогда он может получать свет, находящийся в каждой заповеди, т.е. в каждом духовном действии.

Начальная стадия желающего постичь цель творения состоит в том, что работает над собой для своей выгоды (ло ли шма), так как есть много способов ощутить наслаждение, например, путем приема пищи, игр, почестей, славы и пр.

Но эти способы позволяют ощутить довольно незначительные и быстропроходящие наслаждения. Такие намерения называются «ради себя» – **ло ли шма**. Тогда как с помощью веры в Творца (в Его всесилие, в Его единственность в управлении всем в мире, в том числе и всем, что случается с нами, в Его управлении всем, от чего зависит человек, в Его готовность помочь, слыша молитву) человек может постичь намного большие наслаждения.

И только после того, как человек полностью постигает эту предварительную ступень работы, он получает особые, совсем другие ощущения более высокого состояния, заключающиеся в том, что вдруг ему становится совершенно безразлична личная выгода, а заботится только о том, все ли его расчеты и мысли духовно истинны, а именно: все ли его мысли и намерения направлены только на то, чтобы полностью ввериться сущности истинных законов мироздания, чтобы ощутить, что обязан выполнять только волю Творца, исходя из ощущения Его величия и силы.

И тогда он забывает о своих прошлых намерениях и чувствует, что у него нет совсем никакого желания думать и беспокоиться о себе, что он полностью отдается величию всепроникающего Высшего Разума и совершенно не ощущает голоса собственного разума, а все его беспокойство только о том, как можно сделать что-либо приятное и угодное Творцу. И такое состояние называется «не ради себя», «ли шма», **«машпиа аль минат леашпиа»**.

Причина веры в том, что нет большего наслаждения, чем ощутить Творца и наполнение Им. Но чтобы человек смог получить это наслаждение не ради себя, есть состояние скрытия Творца, чтобы дать возможность человеку выполнять заповеди, даже если не ощущает никаких наслаждений, и это называется «не ради вознаграждения» (аль минат ше ло лекабэль прас).

А когда человек постигает такое состояние, создает такой духовный сосуд, немедленно открываются у него глаза, и всем своим существом ощущает и видит Творца. А то, что раньше вынуждало его и говорило о выгодности работы на Творца ради себя – исчезает эта причина и воспринимается сейчас как смерть, потому что ранее был связан с жизнью, и этого достиг посредством веры.

Но если в своем же исправленном состоянии начинает снова работать над верой выше разума, то получает обратно свою **душу, свет Творца**.

Имена в Каббале, хотя и взяты из нашего мира, но означают совершенно непохожие, не подобные им объекты и действия в духовном мире, хотя эти духовные объекты являются их непосредственными корнями. Из этой противоположности и несхожести корня и его следствия в нашем мире еще раз видно, насколько духовные объекты удалены от наших эгоистических представлений.

В духовном мире имя означает особенность раскрытия света Творца человеку с помощью действия, называемого данным именем. Как в нашем мире любое слово говорит не о самом предмете, а о нашем восприятии его.

Само же явление или объект вне наших ощущений – вещь в себе, абсолютно нами не постигаемая. Конечно же у него есть совершенно другой вид и свойства, чем те которые воспринимаются нашими приборами или чувствами. Подтверждение этому мы можем видеть хотя бы из того, что картина объекта в лучах видимой части спектра совершенно не подобна картине наблюдаемой с помощью приборов в спектре рентгеновских лучей или тепловых частот.

Как бы то ни было, но есть объект, и есть то, каким его воспринимает согласно своим свойствам постигающий. И это потому, что сочетание самого объекта, его истинных свойств и свойств постигающего этот объект создают вместе третью форму: в ощущениях постигающего рождается картина объекта из общих свойств самого объекта и постигающего.

В работе с духовным светом есть два различных состояния человека, желающего и принимающего свет: ощущения и качества человека до получения света и после его получения.

Есть также два состояния у самого света-наполнителя сосуда-желания человека: состояние до того, как он вошел в контакт с чувствами, желаниями человека, и состояние после того, как вошел в контакт с ощущающим его. В таком состоянии **свет называется простым** (ор пашут), потому что не связан со свойствами объектов восприятия. А так как все объекты, кроме света Творца, являются желающими получить, т.е. насладиться светом, то нет у нас никакой возможности постичь, исследовать, ощутить или даже представить себе, что значит сам свет вне нас.

Поэтому, если мы называем Творца сильным, то именно потому, что чувствуем в этот момент (тот, кто чувствует!) Его силу, но не постигнув какого-либо свойства, невозможно никак назвать Его, ведь даже слово «Творец» говорит о том, что человек постиг это в ощущаемом им свете. Если же человек говорит имена Творца (т.е. называет Его качества), не постигая их в своих ощущениях, то это равносильно тому, что он дает имена простому свету еще до ощущения его в себе, что называется ложью, так как у простого света нет имени...

Человек, желающий духовно возвыситься, обязан **сторониться посторонних влияний**, оберегать свои еще не окрепшие убеждения, пока не получит сам свыше необходимые ощущения, которые послужат ему затем опорой. И основная защита и отдаление должны быть не от людей, далеких от Торы, так как у них может быть только равнодушие или крайнее отрицание, т.е. удаленность от его состояния, а именно от людей вроде бы близких к Торе или даже к Каббале. Ибо снаружи человек может выглядеть так, будто находится в самом центре истины и всего себя отдает Творцу, точнейшему выполнению Его заповедей и исступленной молитве, но причины его «праведничества» не видны никому, и на самом деле все его помыслы – извлечь пользу в каком-либо виде для себя.

Такого рода личности или группы людей представляют собой опасность для стремящихся духовно расти, потому что начинающий видит картину истового служения Творцу, но не может проверить, исходит ли оно из желания познания Творца или это поведение человека – следствие воспитания, а может быть соображений престижа и пр.

При этом он видит те огромные силы, которые подобные люди могут призвать себе на помощь, не понимая, что эти силы только и можно употреблять потому, что нет никакой помехи им со стороны эгоизма, а наоборот, именно эгоизм и стремление доказать свою правоту дают им силу, тогда как настоящая Тора ослабляет силы человека, дабы вознуждался в Творце (Тора матэшэт кохо шель адам).

И если человек чувствует во внешних действиях подобных «праведников» притягательную силу, то попадает в рабство фараона, ибо сказано в Торе, что рабство у фараона было приятно для Исраэль (Исраэль есть тот, кто желает идти яшар Эль – прямо к Творцу). А поскольку Тора говорит только о духовных состояниях каждого из нас лично, то имеется в виду именно духовное рабство, в которое может попасть начинающий – настолько, что будет сожалеть о тех силах, которые потратил на борьбу с эгоизмом.

Далеких от Торы людей начинающий может не опасаться, зная наперед, что у них ему нечему учиться, и потому они не представляют собой опасности духовного порабощения.

Наш эгоизм позволяет нам двигаться только когда ощущает страх. И толкает нас на любые действия, чтобы нейтрализовать это чувство. Поэтому если бы человек мог ощутить страх перед Творцом, у него появились бы силы и желание работать.

Есть **два вида страха**: страх перед нарушением заповеди и страх перед Творцом. Есть страх, не позволяющий человеку грешить, иначе бы он согрешил. Но если человек уже уверен, что не согрешит, и все его деяния только ради Творца, все равно выполняет все заповеди, не из страха, а потому, что это желание Творца.

Страх перед нарушением (прегрешения) является страхом эгоистическим, потому что человек боится навредить себе. Страх перед Творцом называется страхом альтруистическим, потому что он боится не выполнить то, что приятно Творцу, из чувства любви. Но при всем желании выполнять угодное Творцу, все равно тяжело человеку выполнять заповеди Творца (действия, приятные Творцу), так как не видит необходимости в них.

Страх из чувства любви должен быть не меньшим, чем страх эгоистический. Например, человек боится, что если его увидят в момент совершения преступления или просто прегрешения, то он испытывает страдания и стыд. Постепенно каббалист развивает в себе чувство трепета, что мало делает для Творца, и чувство это постоянно и столь же велико, как у эгоиста страх наказания за большие очевидные преступления.

«Человек учится только тому, чему желает научиться» (эйн адам ломэд, эле бэ маком ше либо хафэц). Исходя из этого ясно: человек никогда не научится выполнению каких бы то ни было правил и норм, если он того не желает. Но какой человек желает выслушивать нравоучения, при том что, как правило, он не чувствует своих недостатков? Как же тогда вообще может исправиться даже стремящийся к этому?

Человек создан таким, что желает только усладить себя. Поэтому все, что учит, учит только для того, чтобы найти путь удовлетворить свои потребности, и не станет учить ненужное, потому что такова его природа.

Поэтому чтобы тот, кто желает приблизиться к Творцу, смог научиться, каким образом можно действовать «ради Творца», **должен просить Творца, чтобы дал ему другое сердце, чтобы появилось альтруистическое желание вместо эгоизма**. Если Творец выполнит эту просьбу, то поневоле во всем, что будет учить, будет видеть пути делать угодное Творцу.

Но никогда человек не увидит то, что против желания сердца (или эгоистического или альтруистического). И никогда не почувствует себя обязанным сделать что-то если от этого нет удовольствия сердцу. Но как только Творец меняет эгоистическое сердце (лев эвэн) на альтруистическое (лев басар), он сразу же ощущает свой долг, дабы мог исправлять себя при помощи обретенных возможностей, и обнаруживает, что нет в мире более важного занятия, чем доставлять радость Творцу.

А то, что видит как свои недостатки, оборачивается преимуществами, потому что исправляя их, доставляет радость Творцу. Но тот, кто не может еще исправлять себя, никогда не увидит своих недостатков, потому что раскрывают их человеку только в той мере, в какой он в состоянии себя исправить.

Все деяния человека по удовлетворению личных потребностей и вся его работа в состоянии «ради себя» (ло ли шма) пропадает вместе с его уходом из нашего мира. И все, о чем так заботился, и что выстрадал, пропадает в один момент.

Поэтому если человек в состоянии произвести расчет, стоит ли ему работать в этом мире и потерять все в последний момент жизни, то может прийти к выводу, что предпочтительнее работать «на Творца» (ли шма). В таком случае это решение приведет его к необходимости просить Творца о помощи, особенно если много труда вложил в выполнение заповедей с намерением извлечь личную пользу.

У того же, кто немного трудился в Торе, и желание перевести свои деяния в деяния «ради Творца» (ли шма) меньше, потому что немного проиграет, а работа по изменению намерения требует еще многих усилий.

Поэтому человек должен стараться увеличить всеми путями и свои усилия в работе «не ради Творца», поскольку это является причиной того, что затем возникает у него желание возвратиться к Творцу (лахзор бэ тшува) и работать «ли шма».

Все свои ощущения человек получает свыше. И если человек ощущает стремление, любовь, тягу к Творцу, это верный признак того, что и Творец испытывает к нему те же чувства (по закону: «человек это тень Творца»), то что человек чувствует к Творцу, то и Творец – к человеку, и наоборот.

После грехопадения «первого человека – Адама» (духовного нисхождения общей души из мира Ацилут до уровня, называемого «этот мир» или «наш мир») его душа разделилась на 600 тысяч частей, и эти части облачаются в рождающиеся в нашем мире человеческие тела. Каждая часть общей души облачается в человеческие тела такое количество раз, какое ей необходимо до полного личного исправления. А когда все части поодиночке исправят каждая себя, они вновь сольются в общую исправленную душу, называемую «Адам».

В чередовании поколений есть **причина, называемая «отцы»**, и ее **следствие – дети**. Причем причина появления «детей» только в том, чтобы продолжить исправление того, что не исправили отцы, т.е. души в предыдущем кругообороте.

Творец приближает человека к себе не за его хорошие качества, а за его ощущение собственной ничтожности и желание очиститься от собственной «грязи». Если человек ощущает наслаждения в духовном воодушевлении, то у него исподволь возникает мысль, что стоит быть рабом Творца ради подобных ощущений. В таких случаях Творец обычно изымает наслаждение из его состояния, чтобы показать этим человеку, какова истинная причина его воодушевления от духовного ощущения: что не вера в Творца, а личное наслаждение является причиной его желания стать рабом Творца. Этим дается человеку возможность действовать не ради наслаждения.

Изъятие наслаждения из любого духовного состояния сразу ввергает человека в состояние упадка и безысходности, и он не чувствует никакого вкуса в духовной работе. Но т.о. появляется у человека возможность именно из этого состояния приблизиться к Творцу, благодаря вере выше знания (ощущения), что то, что он в данный момент ощущает непритягательность духовного, это его субъективное ощущение, а на самом деле нет ничего величественнее Творца.

Отсюда видим, что **духовное падение уготовано ему Творцом специально**, для его же немедленного духовного возвышения на еще большую ступень – тем, что дана ему возможность работать над увеличением веры. Как говорится, «Творец предваряет лекарством болезнь» и «тем же, чем бьет Творец, он лечит».

Несмотря на то, что каждый раз изъятие жизненной силы и интереса сотрясает весь организм человека, если человек действительно желает духовного возвышения, то радуется возможности вознести веру выше разума, на еще большую ступень и утверждает этим, что действительно желает быть независимым от личных наслаждений.

Человек обычно занят только собой, своими ощущениями и мыслями, своими страданиями или наслаждениями. Но если он стремится к духовному восприятию, **должен пытаться перенести центр своих интересов как бы наружу**, в наполняемое Творцом пространство, жить существованием и желаниями Творца, связать все происходящее с Его замыслом, перенести всего себя в Него, чтобы только телесная оболочка осталась в своих животных рамках, но внутренние ощущения, суть человека, его «я», все, что называют душой, умозрительно и чувственно перенеслось из тела «наружу», и тогда постоянно будет ощущаться пронизывающая все мироздание добрая сила.

Такое ощущение подобно вере выше разума, поскольку человек стремится перенести все свои ощущения изнутри себя наружу, вне своего тела. А постигнув веру в Творца, человек, продолжая удерживаться в этом состоянии, несмотря на посылаемые Творцом помехи, увеличивает свою веру и постепенно начинает получать в нее свет Творца.

Поскольку все творение построено на **взаимодействии двух противоположных сил**: эгоизма, желания насладиться и альтруизма, желания усладить, то путь постепенного исправления, перевода эгоистических сил в противоположные, строится на их сочетании: постепенно и понемногу небольшие части, эгоистические желания включаются в альтруистические и т.о. исправляются.

Такой метод преобразования нашей природы называется **работой в трех линиях**. Правая линия (кав ямин, хэсэд, Лаван, Авраам) называется белой линией, потому что в ней нет никаких недостатков, пороков.

После того, как человек уже овладел ею, он вбирает в себя наибольшую часть левой линии (кав смоль, гвура, адом), называемой красной, потому что в ней находится наш эгоизм, на который есть запрет использования его в духовных действиях, так как можно попасть под его власть, власть нечистых сил-желаний (клипат смоль, клипат Ицхак, Эйсав), стремящихся получить ради себя свет (ор хохма), ощутить Творца и самонасладиться этим ощущением в своих эгоистических желаниях.

Если человек силой веры выше разума, т.е. стремлением воспринимать не в свои эгоистические желания, отказывается от возможности постижения Творца, Его действий, управления, наслаждения Его светом, предпочитая идти выше своих естественных стремлений все узнать и почувствовать, знать заранее, какое получит вознаграждение за свои действия, то на него уже не влияют силы запрета использовать левую линию. Такое решение называется «создание тени», ибо отгораживает сам себя от света Творца.

В таком случае человек имеет возможность взять некоторую часть от своих левых желаний и совместить их с правыми. Получаемое сочетание сил, желаний называется средней линией (кав эмцаи, Исраэль). Именно в ней раскрывается Творец. А затем все вышеописанные действия повторяются на следующей, более высокой ступени и так до конца пути.

Отличие наемного работника от раба в том, что наемный работник во время работы думает о вознаграждении, знает его величину, и это является целью его работы. Раб не получает никакого вознаграждения, только необходимое для своего существования, а все, что имеет, принадлежит не ему, а его господину. Поэтому если раб усердно работает, это явный признак того, что желает просто угодить своему господину, делать ему приятное.

Наша задача освоить отношение к нашей духовной работе подобно преданному рабу, работающему совершенно безвозмездно, чтобы на наше отношение к работе над собой не влияло никакое чувство боязни наказания или вероятность получения вознаграждения, а только желание бескорыстно сделать то, что желает Творец, причем даже не ощущая Его, потому что это чувство – тоже вознаграждение, и даже без того, чтобы Он знал, что именно «я» это сделал для Него, и даже чтобы не знал, действительно ли я что-либо сделал, т.е. не видел даже результатов своего труда, а только верил в то, что Творец им доволен.

Но если наша работа должна действительно быть такой, то исключается условие наказания и вознаграждения. Чтобы понять это, надо знать, что подразумевается в Торе под понятиями наказания и вознаграждения.

Вознаграждение имеет место там, где человек прикладывает определенные усилия получить то, что он желает, и в результате своих трудов получает или находит желаемое. Не может быть вознаграждением то, что есть в изобилии, что доступно для всех в нашем мире. Работой называются усилия человека для получения определенного вознаграждения, которое без затраты этих усилий получить нельзя.

Например, не может человек утверждать, что совершил работу найдя камень, если вокруг него они находятся в изобилии. В таком случае нет ни работы, ни вознаграждения. В то же время чтобы завладеть маленьким драгоценным камнем, необходимо приложить большие усилия, потому что его трудно отыскать. В таком случае есть как наличие усилий, так и наличие вознаграждения.

Свет Творца заполняет все творение. Мы как бы плаваем внутри него, но не можем ощутить. Наслаждения, которые мы ощущаем, – лишь бесконечно маленькое свечение, проникающее милостью Творца к нам, потому что без наслаждения мы бы покончили со своим существованием. Это свечение ощущается нами как сила, притягивающая к тем объектам, в которые она облачается. Сами объекты не имеют никакого значения, как мы и сами чувствуем, когда вдруг перестаем интересоваться тем, что ранее так притягивало нас.

Причина восприятия нами только маленького свечения (нэр дакик), а не всего света Творца в том, что наш эгоизм выполняет роль экрана. Там, где властвуют наши эгоистические желания, свет не ощущается по закону соответствия свойств, закону подобия: только в той мере, в какой желания, свойства двух объектов совпадают, они могут ощущать друг друга. Даже внутри нашего мира мы видим, что если двое людей находятся на разных уровнях мышления, желаний, то просто не могут понять друг друга.

Поэтому если бы человек имел свойства Творца, он попросту плавал бы в ощущении бесконечного океана наслаждения и абсолютного знания . Но если Творец заполняет собою все, т.е. не надо искать Его, как драгоценную вещь, то, очевидно, и понятие вознаграждения не содержится в нем. И понятие работы не приложимо к поиску ощущения Его, потому что Он вокруг и внутри нас, только еще не в наших ощущениях, а в нашей вере. Но и ощутив Его, и наслаждаясь Им, нельзя сказать, что получили вознаграждение, потому что если нет работы, и принятая вещь находится в изобилии в мире, она не может быть вознаграждением.

Но в таком случае остается открытым вопрос, что же тогда является вознаграждением за наши усилия идти против природы эгоизма.

Прежде всего необходимо понять, почему Творец создал **закон подобия**, из-за которого хотя Он и заполняет все, но мы не в состоянии Его ощутить. Вследствие этого закона Он скрывает Себя от нас. Ответ таков: Творец создал закон подобия, в силу которого мы ощущаем только то, что находится на нашем духовном уровне, для того, чтобы мы не испытали при наслаждении Им самого ужасного чувства в творении (т.е. в эгоизме) – чувство стыда, униженности. Этого ощущения эгоизм не в состоянии перенести. Если человек не в состоянии никоим образом оправдать свой нехороший поступок, ни перед собой, ни перед другими, не в состоянии найти никаких причин, якобы вынудивших против его желания совершить то, что он совершил, он предпочитает любое другое наказание, только не это ощущение унижения своего «я», потому что это «я» есть основа основ его существа, и как только оно унижается, духовно исчезает само его «я», он сам будто исчезает из мира.

Но когда человек достигает такого уровня сознания, что его желанием становится все отдавать Творцу, и он постоянно занят мыслью, что еще может сделать ради Творца, тогда он обнаруживает, что Творец сотворил его, чтобы он получал наслаждения от Творца, и больше этого Творец не желает. И тогда человек получает все наслаждения, которые только в состоянии ощутить, чтобы выполнить желание Творца.

В таком случае совершенно не имеет место чувство стыда, так как получает наслаждение потому, что Творец показывает ему, что именно желает, чтобы человек принял эти наслаждения. И человек выполняет этим желание Творца, а не свои эгоистические желания. И поэтому он становится подобным по свойствам Творцу, и экран эгоизма исчезает. И это вследствие овладения духовным уровнем, на котором он уже способен давать наслаждения, подобно Творцу.

Исходя из вышесказанного, вознаграждение, которое человек должен просить за свои усилия, должно состоять в получении новых, альтруистических свойств, желаний «отдавать», стремлений наслаждать, подобно желанию Творца относительно нас. Эта духовная ступень, эти свойства называются страхом перед Творцом.

Духовный, альтруистический страх и все остальные антиэгоистические свойства духовных объектов, абсолютно не похожи на наши свойства и ощущения. Страх перед Творцом заключается в том, что человек **боится быть удаленным от Творца**, но не ради корыстных выгод, не из боязни остаться в своем эгоизме, не быть подобным Творцу, потому что все подобные расчеты строятся на личных интересах, принимая во внимание свое состояние.

Страх перед Творцом состоит в бескорыстном опасении не сделать то, что еще мог бы сделать ради Творца. Такой страх и есть альтруистическое свойство духовного объекта – в противоположность нашему эгоистическому страху перед тем, что мы не сможем удовлетворить свои потребности.

Достижение свойства страха перед Творцом, силы отдавать должно быть причиной и целью усилий человека. А затем с помощью достигнутых свойств человек принимает ради Творца все уготованные ему наслаждения, и такое состояние называется концом исправления (гмар тикун).

Страх перед Творцом должен предшествовать любви к Творцу. Причина заключается в том, что человек – для того, чтобы мог выполнять требуемое из чувства любви, чтобы почувствовал наслаждение, заключенное в духовных действиях, называемых заповедями, чтобы эти наслаждения вызвали у него чувство любви (как и в нашем мире: то, что дает нам наслаждение, любимо нами, от чего страдаем – ненавидим), – он должен прежде постичь страх к Творцу.

Если человек выполняет заповеди не из любви, не из-за наслаждения от них, а из чувства страха, это происходит оттого, что не чувствует скрытого в них наслаждения и выполняет волю Творца из страха наказания. Тело не противится такой работе, поскольку боится наказания, но постоянно спрашивает его о причине его работы, что дает человеку повод еще больше усилить страх и веру в наказание и вознаграждение, в управление Творцом, пока не удостоится постоянно ощущать наличие Творца.

Почувствовав **наличие Творца, т.е. овладев верой в Творца**, человек может начинать выполнять желания Творца уже из чувства любви, ощущая вкус, наслаждения в заповедях, тогда как если бы Творец дал ему возможность сразу, без страха, выполнять заповеди из чувства любви, т.е. из ощущения наслаждения в них, то человек не вознуждался бы в вере в

Творца. А это подобно тем, кто проводит свою жизнь в погоне за земными наслаждениями и кому не требуется вера в Творца для выполнения заповедей (законов) их природы, поскольку она их обязывает к этому, суля наслаждения.

Если бы каббалист сразу ощущал наслаждения в заповедях Творца, то поневоле бы выполнял их, и все бы ринулись выполнять волю Творца ради получения тех огромных наслаждений, которые скрыты в Торе. И никогда бы человек не смог сблизиться с Творцом.

Поэтому создано сокрытие наслаждений, заключенных в заповедях и Торе в целом (Тора есть сумма всех наслаждений, заключенных в каждой заповеди; свет Торы есть сумма всех заповедей), и раскрываются эти наслаждения только по достижении постоянной веры в Творца.

Каким образом человек, созданный со свойствами абсолютного эгоизма, не ощущающий никаких желаний, кроме тех, которые диктует его тело, и даже не имеющий возможности представить себе нечто, кроме своих ощущений, может выйти из желаний своего тела и ощутить то, чего не в состоянии ощутить своими природными органами чувств?

Человек сотворен со стремлением наполнить свои эгоистические желания наслаждением, и в таких условиях у него нет никакой возможности изменить себя, свои свойства на противоположные.

Для того, чтобы создать такую возможность перехода от эгоизма к альтруизму, Творец, создав эгоизм, поместил в него зерно альтруизма, которое человек в состоянии сам взрастить с помощью изучения и действий методом Каббалы.

Когда человек ощущает на себе диктующие требования своего тела, он не властен противостоять им, и все его мысли направлены только на их выполнение. В таком состоянии у него нет никакой свободы воли не только действовать, но и думать о чем-либо, кроме самоудовлетворения.

Когда же человек ощущает прилив духовного возвышения, появляются желания духовного роста и отрыва от тянущих вниз желаний тела, он просто не ощущает желаний тела и не нуждается в праве выбора между материальным и духовным.

Таким образом, находясь в эгоизме, человек не имеет сил выбрать альтруизм, а ощущая величие духовного, уже не стоит перед выбором, потому что сам его желает. Поэтому вся свобода воли состоит в выборе, кто же будет управлять им: эгоизм или альтруизм. Но когда же бывает такое нейтральное состояние, в котором человек может принять независимое решение?

Нет у человека другого пути, **как только связать себя с учителем, углубиться в книги по Каббале, включиться в группу, стремящуюся к той же цели**, предоставив себя влиянию мыслей об альтруизме духовных сил, от чего и в нем проснется альтруистическое зерно, заложенное в каждом из нас Творцом, но дремлющее подчас в течение многих кругооборотов жизней человека. И в этом его свобода воли. А как только почувствует ожившие альтруистические желания, уже без усилий устремится к постижению духовного.

Человек, стремящийся к духовным мыслям и действиям, но еще не укрепившийся прочно в своих убеждениях, должен беречь себя от связи с теми людьми, мысли которых постоянно в их эгоизме. Особенно те, кто желает идти верой выше разума, должны **избегать контактов с мнением идущих по жизни в рамках своего разума**, потому что они противоположны в основе своего мышления, как говорится, «разум неучей противоположен разуму Торы» (даат баалей байтим афуха ми даат Тора).

Мышление в рамках своего разума означает, что человек прежде всего рассчитывает выгоду от своих действий. Тогда как разум Торы, т.е. вера, стоящая выше разума человека, предполагает поступки, совершенно не связанные с эгоистическими мнениями разума и возможными приобретениями вследствие своих действий.

Человек, нуждающийся в помощи других людей, называется бедняком. Тот, кто счастлив имеющимся, называется богачом. Если человек ощущает, что все его действия – результат эгоистических желаний (либа) и мыслей (моха), и чувствует себя бедным, то приходит к пониманию своего истинного духовного уровня, осознанию своего эгоизма, зла, находящегося в нем. Ощущение горечи от осознания истинного своего состояния рождает в человеке стремление исправиться. Если это стремление достигло определенной величины, Творец посылает в это кли свой свет исправления. И таким образом человек начинает восходить по ступеням духовной лестницы.

Массы воспитываются в согласии с их эгоистической природой, в том числе и в выполнении заповедей Торы. И выполняют

принятое в процессе воспитания уже затем автоматически. И это является верным залогом того, что не оставят этот уровень связи с Творцом. И если тело спрашивает человека, для чего он выполняет заповеди, он отвечает себе, что так воспитан, и это образ жизни его и его общества.

Это самая надежная основа, с которой человек не может пасть, потому что **привычка стала натурой**, его природой, и поэтому уже не требуется никаких усилий выполнять естественные действия, ибо само тело и разум диктуют их. И у такого человека не возникнет опасности нарушить привычно-естественное для него, например захотеть поехать на машине в субботу.

Но если человек желает делать то, что не дано ему воспитанием, что не вошло в него как природное требование тела, то каждое, самое незначительное действие будет сопровождаться предварительным вопросом тела, зачем он это делает, кто и что заставляет его выйти из состояния (относительного) покоя.

В таком случае человек стоит перед испытанием и выбором, потому что ни он, ни его общество не делают того, что он намеревается, и вокруг не с кого брать пример и найти поддержку своим намерениям или знать, что другие мыслят так же, как он, дабы приобрести опору своим мыслям.

А так как не может отыскать никакого примера ни в своем воспитании, ни в своем обществе, то обязан сказать себе, что только страх перед Творцом вынуждает его по-новому поступать и мыслить. И поэтому не на кого ему надеяться и опираться, кроме Творца.

И так как Творец Един и является его единственной опорой, то и такой человек называется единственным (яхид сгула), а не относящимся к массам, среди которых родился, вырос и воспитывался, и чувствует, что не может получить поддержку от масс, но абсолютно зависим от милости Творца, и потому удостаивается получить Тору – свет Творца, служащую ему проводником в его пути.

У каждого начинающего возникает этот вопрос: кто определяет выбор пути человека – сам человек или Творец. Другими словами, **кто выбирает кого: человек Творца или Творец человека**.

Дело в том, что с одной стороны человек обязан сказать, что Творец избрал именно его, что называется личным управлением (ашгаха пратит), и должен благодарить за это Творца – за то, что дал ему возможность что-либо сделать ради своего Создателя.

Но затем человек должен продумать, а зачем Творец выбрал его и дал ему такую возможность, для чего он должен выполнять заповеди, для какой цели, к чему они должны его привести. И он приходит к выводу, что все это дано ему для деяний ради Творца, что сама работа является вознаграждением, а отстранение от нее – наказанием. И эта работа является выбором человека ради Творца, он готов просить Творца дать ему намерение своими действиями доставлять радость Создателю. И этот выбор делает человек.

Массы называются в Торе владельцами домов (бааль байт), потому что их стремление – построить свой дом – эгоистический сосуд (кли) и наполнить его наслаждениями. Поднимающийся называется в Торе сыном Торы (Бэн Тора), так как его желания являются порождением света Торы и заключаются в том, чтобы выстроить в своем сердце дом Творца для заполнения светом Творца.

Все понятия, все явления мы различаем по нашим ощущениям. **По реакции наших органов чувств мы даем название происходящему.** Поэтому если человек говорит о каком-то объекте или действии, он выражает свое ощущение. И в той мере, в какой этот объект мешает ему получить наслаждение, он определяет степень его зла для себя, вплоть до того, что не в состоянии вынести близости с ним.

Поэтому в той мере, в какой есть в человеке понимание важности Торы и Заповедей, он определяет зло, заключенное в объектах, мешающих ему выполнять заповеди. Поэтому если человек желает дойти до ненависти ко злу, он должен работать над возвеличиванием Торы, заповедей и Творца в своем сознании. И в той мере, в какой появится у человека любовь к Творцу, в той же мере почувствует ненависть к эгоизму.

В пасхальном сказании повествуется о четырех сыновьях, задающих вопросы о духовной работе человека. И хотя все эти четыре свойства есть в каждом из нас, Каббала, как обычно, говорит только об одном, собирательном образе человека относительно Творца, но можно рассмотреть эти четыре образа как разные типы людей.

Тора дана для борьбы с эгоизмом. Поэтому если у человека нет вопросов (эйно едэя лишоль), значит еще не осознал своего зла, и ему не нужна Тора. В таком случае, если он верит в наказание и вознаграждение, его можно пробудить тем, что есть вознаграждение за выполнение заповедей. И это называется: «Ты открой ему» (птах ло).

А тот, кто уже выполняет заповеди ради получения вознаграждения, но не чувствует своего эгоизма, тот не может себя исправлять, потому что не ощущает своих недостатков. Того надо учить бескорыстно выполнять заповеди. Тогда является его эгоизм (плохой сын, раша) и спрашивает: «Что это за работа и зачем? (Ма авода азот лахэм?) Что я буду с этого иметь? Ведь это против моего желания». И человек начинает нуждаться в помощи Торы для работы против своего эгоизма, потому что ощутил зло в себе.

Есть особая духовная сила, называемая ангелом (малах), дающая страдания человеку, чтобы он осознал, что не может насытиться, наслаждая свой эгоизм. И эти страдания подталкивают человека выйти из рамок эгоизма, иначе остался бы рабом эгоизма навечно.

Говорится, что Творец, прежде, чем вручить Тору Израилю, предлагал ее всем народам, но получал отказ. Человек, как маленький мир, состоит из многих желаний, называемых народами. Человек должен знать, что ни одно его желание не пригодно для духовного возвышения, только желание устремиться к Творцу, что называется Исраэль – «яшар Эль». Лишь избрав это желание из всех остальных, он может получить Тору.

Сокрытие своего духовного уровня есть одно из непременных условий успеха в духовном возвышении. Под скрытностью такого рода подразумевается совершение действий, незаметных посторонним. Но главное требование распространяется на сокрытие мыслей человека, его стремлений, и если требуется от каббалиста все же выразить свои взгляды, обязан затушевать их и выражать в общем виде, так, чтобы истинных его намерений не обнаружили.

Например, человек дает большое пожертвование на поддержку уроков Торы с условием, чтобы его имя напечатали в газетах, т.е. дает деньги, чтобы прославиться и насладиться. Но хотя он явно показывает, что для него главное – получение почестей, возможно, что настоящая причина в том, что не желает показать, что делает это ради распространения Торы. Поэтому скрытность обычно имеет место в намерениях, а не в действиях.

Если Творец должен дать каббалисту ощущение духовного падения, то прежде всего, давая плохие ощущения, отнимает у него веру в великих каббалистов, иначе сможет получить от них укрепление сил и не почувствует духовного падения.

Массы, выполняющие заповеди, заботятся только о действии, но не о намерениях, потому что им ясно, что делают это ради вознаграждения в этом или в будущем мире, всегда имеют оправдание своим действиям и ощущают себя праведниками.

Каббалист, работая над своим эгоизмом, контролируя именно свои намерения в исполнении заповедей, желая бескорыстно выполнять желания Творца, ощущает сопротивление тела и постоянные мешающие мысли и чувствует себя грешником.

И так специально делается Творцом, чтобы каббалист постоянно имел возможность корректировать свои мысли и намерения, чтобы не остался рабом своего эгоизма, не работал бы, как массы, ради себя, а почувствовал, что нет у него иной возможности выполнять желания Творца, как только ради Него (ли шма).

Именно отсюда острое постоянное чувство у каббалиста, что он намного хуже масс. Ведь отсутствие ощущения истинного духовного состояния у масс является основой физического выполнения заповедей. Каббалист же вынужден переделать свои намерения с эгоистических на альтруистические, иначе не сможет выполнять заповеди вообще. Поэтому он хуже, чем массы, в своих ощущениях.

Человек постоянно находится в состоянии войны за выполнение требований своих желаний. Но есть война противоположного вида, в которой человек воюет против себя, за то, чтобы отдать всю территорию своего сердца Творцу и заполнить сердце своим естественным врагом – альтруизмом, чтобы Творец занимал все пространство не только по Своей воле, но и по желанию человека, царствовал над нами по нашей просьбе, явно нами руководил.

В такой войне человек прежде всего должен **перестать отождествлять себя со своим телом**, а относиться к своему телу, разуму, мыслям, чувствам, как к приходящим извне, посылаемым Творцом для того, чтобы человек вознуждался в помощи Творца, просил Творца победить их, чтобы Творец укрепил мысль о Своей единственности. О том, что именно Он посылает эти мысли, чтобы Творец дал ему веру – ощущение Своего присутствия и управления для противостояния мыслям, будто что-то зависит от самого человека, что есть в мире еще воля и сила, кроме Творца.

Например, хотя человек прекрасно знает, что Творец все сотворил и всем управляет (правая линия), но вместе с тем не может изгнать мысли, что некто «N» сделал что-то ему или может сделать (левая линия). И хотя, с одной стороны, он уверен, что все эти воздействия исходят от одного источника, Творца (правая линия), не в состоянии подавить в себе мысль, что кроме Творца еще кто-то влияет на него, или что не только от Творца зависит исход чего-либо (левая линия).

Такие внутренние столкновения между противоположными ощущениями происходят по всем возможным поводам в зависимости от общественных связей человека до тех пор, пока он не доходит до того, что Творец помогает ему обрести среднюю линию.

Война происходит за ощущение единственности Творца, а мешающие мысли посылаются специально для борьбы с ними же, для победы с помощью Творца и завоевания большего ощущения Его управления, т.е. увеличения веры. Если естественная война человека происходит за наполнение своего эгоизма, за большие приобретения, как и все войны в нашем мире, то противоестественная война, война против своего естества, ставит целью отдать власть над своим сознанием «противнику», Творцу, отдать всю свою территорию в уме и в сердце воздействию Творца, заполнению Творцом, чтобы Творец завоевал весь мир – и личный маленький мир человека и весь большой мир – наделил своими свойствами по их желанию.

Состояние, при котором желания, свойства Творца занимают все мысли и желания человека, называется альтруистическим, состоянием «отдачи» (машпиа аль минат леашпиа), или состоянием отдачи Творцу животной души (месирут нэфеш), или возвращением (тшува). Происходит это под воздействием света милосердия (ор хасадим), получаемым от Творца и дающим силы противостоять мешающим мыслям тела.

Такое состояние может быть и непостоянным: человек может преодолеть какие-то мысленные помехи, но от новой атаки мыслей, опровергающих единственность Творца, вновь подпасть под их влияние, вновь бороться с ними, вновь почувствовать необходимость в помощи Творца, вновь получить свет, победить и эту мысль, отдать и ее под власть Творца.

Состояние, при котором человек получает наслаждения ради Творца, т.е. не только сдается своему «противнику», Творцу, но и переходит на его сторону, называется получением ради Творца (лекабэль аль минат леашпиа). Естественный выбор поступков и мыслей человека таков, что подсознательно или сознательно он выбирает тот путь, на котором может получить большие наслаждения, т.е. пренебрегает малыми наслаждениями, предпочитая им большие. В этих поступках нет никакой свободы воли, права выбора.

Но у того, кто ставит своей целью выбирать решение на основе критерия правды, а не наслаждения, появляется право выбора, свобода решения, потому что согласен идти путем правды, хотя и приносящим страдания. Но природное стремление тела – избегать страданий и искать наслаждений любым путем, и оно не позволит человеку действовать, руководствуясь категорией «правда». Те, кто выполняют заповеди из веры в вознаграждение и наказание, также не преследуют цели ощутить величие Творца, потому что их целью является получение вознаграждения в нашем или в будущем мире, и это является причиной выполнения Торы и Заповедей. Поэтому нет у них связи с Творцом, ибо не нуждаются в Нем, настолько что если бы Творец не существовал вообще, а вознаграждение исходило бы из любого другого источника, они бы также выполняли его желания.

Тот же, кто стремится выполнить желания Творца, т.е. должен ставить свои желания ниже желания Творца, обязан **постоянно заботиться об ощущении величия Творца**, дающем силы выполнять волю Творца, а не свою. И в той мере, в какой человек верит в величие и силу Творца, он может выполнять Его желания. Поэтому все усилия человек должен сосредоточить на углублении ощущения величия Творца.

Так как Творец желает, чтобы мы почувствовали наслаждение, Он создал в нас желание наслаждаться. Кроме этого желания, нет в нас никакого иного свойства, и оно диктует все наши мысли и поступки, программирует наше существование.

Эгоизм называется злым ангелом, злой силой, потому что повелевает нами свыше, посылая нам наслаждение, и мы поневоле становимся его рабами. Состояние беспрекословного подчинения этой силе, покупающей нас наслаждениями, называется **рабством или изгнанием** (галут) из духовного мира.

Если бы у этого ангела не было, что дать, он не мог бы властвовать над человеком. И человек если бы мог отказаться от наслаждений, предлагаемых эгоизмом, он не был бы порабощен им.

Поэтому человек не в состоянии выйти из рабства, но если пытается это сделать – что расценивается как его выбор – то Творец помогает ему свыше тем, что изымает наслаждения, которыми эгоизм порабощает человека, и тогда он в состоянии выйти из-под власти эгоизма и стать свободным, а попадая под влияние духовно чистых сил, ощущает наслаждения в альтруистических действиях и становится рабом альтруизма.

Вывод: человек является рабом наслаждения. Если наслаждения человека от получения, то он называется рабом эгоизма (фараона, злого ангела и пр.). Если наслаждения его от отдачи, то называется рабом Творца (альтруизма). Но без получения наслаждения человек не в состоянии существовать, такова его суть, таким его создал Творец, и в этом его изменить нельзя. Все, что должен сделать человек, это просить Творца дать ему желание альтруизма. В этом выбор человека и его молитва (алият ма"н, итарута дэ летата).

Правильное (действенное) обращение к Творцу состоит из двух этапов. Вначале человек должен осознать, что Творец абсолютно добр ко всем без исключения, и все его действия милосердны, какими бы неприятными они не ощущались. Поэтому и ему Творец посылает только самое наилучшее, наполняет его всем необходимым, и ему не о чем просить Творца.

В той мере, в которой он доволен получаемым от Творца, в каком бы ужасном состоянии он ни находился, в той же мере человек может благодарить Творца и превозносить Его – настолько, что уже нечего добавить к его состоянию, ибо доволен имеющимся (самэах бэ хэлько).

Вначале, за прошлое, человек всегда обязан благодарить Творца, а затем, на будущее – просить. Но если человек чувствует недостаток в чем-то, то он в той же мере, в какой чувствует его, удален от Творца, поскольку Творец абсолютно совершенен, а человек ощущает себя несчастным. Но придя к ощущению, что все, что имеет, это самое лучшее, – так как Творец послал ему именно это состояние, а не иное – он становится ближе к Творцу и уже может просить на будущее.

Состояние «доволен имеющимся» (самэах бэ хэлько) может быть у человека даже только от осознания того, что не он, а Творец дал ему такие обстоятельства: вот он читает книгу, говорящую о Творце, бессмертии, высшей цели жизни, доброй цели творения, о том, как просить Творца изменить свою судьбу – чего не удостаиваются миллионы в мире.

И те, кто желает ощутить Творца, но еще не удостоились этого, но довольны имеющимся – поскольку это исходит от Творца – счастливы своей долей (самэах бэ хэлько). А поскольку (несмотря на то, что они довольны тем, что Творец находит нужным им давать, и потому близки к Творцу) все же остаются в них незаполненные желания, то заслуживают получить свет Творца, несущий абсолютные знания, понимание и наслаждение.

Человек, чтобы духовно оторваться от эгоизма, обязан ощутить свое ничтожество, низменность своих интересов, стремлений, наслаждений, ощутить, насколько он готов на любые поступки во имя достижения собственного благополучия и во всех мыслях преследует только свои выгоды.

Главное в ощущении своего ничтожества – это осознание истины, что собственное удовлетворение важнее Творца, и если не видит в своих действиях выгоды, не в состоянии совершить их ни в мыслях, ни в действии.

Творец наслаждается, давая наслаждение человеку. Если человек наслаждается тем, что дает Творцу возможность усладить себя, то и Творец и человек схожи по свойствам, желаниям, потому что каждый доволен тем, что дает: Творец дает наслаждения, а человек создает условия для их получения, каждый думает о другом, но не о себе, и это определяет их действия.

Но поскольку человек рожден эгоистом, не может думать о других, а только о себе, и может отдавать только в том случае, если видит в этом прямую выгоду, большую чем то, что отдает (как, например, процесс обмена, покупки), то этим свойством человек полярно удален от Творца и не ощущает Его.

Эта абсолютная удаленность человека от Творца, источника всех наслаждений, ввиду нашего эгоизма **является источником всех наших страданий**. Осознание этого называется осознанием зла (акарат ра), потому что для отказа от эгоизма из-за ненависти к нему человек обязан полностью ощутить, что это все его зло, его единственный смертельный враг, не позволяющий человеку достичь совершенства наслаждений и бессмертия.

Поэтому во всех деяниях – в изучении Торы, в выполнении заповедей человек должен ставить своей целью оторваться от эгоизма и сблизиться с Творцом совпадением свойств, чтобы в той же мере, в какой он сейчас может насладиться от эгоизма, он мог бы наслаждаться тем, что совершает альтруистические поступки. Если помощью свыше человек начинает получать наслаждение от совершения им альтруистических деяний, и в этом его радость и его самое большое вознаграждение, то такое состояние называется «дает ради отдачи» без всякого вознаграждения (машпиа аль минат леашпиа). Наслаждение человека только в том, что может что-то сделать для Творца.

Но после того, как поднялся на этот духовный уровень и желает что-либо дать Творцу, видит, что Творец желает только одного, чтобы человек получал от него наслаждения. Тогда человек готов принимать наслаждения, потому что именно в этом желание Творца. Такие действия называются «получает ради отдачи» (мэкабэль аль минат леашпиа).

В духовных состояниях ум (разум, мудрость) человека соответствует **свету мудрости** (ор хохма). Сердце, желания, ощущения человека соответствуют **свету милосердия** (ор хасадим). Только когда есть у человека подготовленное к восприятию сердце, то разум может властвовать над ним. (Ор хохма может светить только там, где есть уже ор хасадим). Если же нет ор хасадим, то ор хохма не светит, и такое состояние называется тьмой, ночью.

Но в нашем мире, т.е. у человека, еще находящегося в порабощении у эгоизма, никогда разум не может властвовать над сердцем, потому что сердце есть источник желаний. Оно является истинным хозяином человека, и нет у разума доводов противостоять желаниям сердца.

Например, если человек желает украсть, то просит у своего ума совета, каким образом это сделать, и ум является исполнителем желаний сердца. А если желает сделать что-либо доброе, то тот же ум помогает ему, как и другие органы тела. Поэтому нет иного пути, как только очистить свое сердце от эгоистических желаний.

Творец специально показывает человеку, что Его желанием является получение человеком наслаждения – дабы освободить человека от стыда получения. У человека создается полное ощущение того, что получая наслаждения «ради Творца», он действительно радует Его, т.е. дает наслаждение Творцу, а не получает наслаждения от Творца.

Есть **три вида работы человека в Торе** и заповедях, и в каждой из них есть добрые и злые стремления:

1. Учит и выполняет ради себя, например, чтобы стать известным – чтобы не Творец, а окружающие платили ему почестями или деньгами за его усилия. И поэтому занимается Торой на виду у всех, иначе не получит вознаграждения.

2. Учит и выполняет ради Творца, чтобы Творец уплатил ему в этом и в будущем мире. В таком случае уже занимается Торой не на виду у всех, чтобы люди не видели его работу, не стали бы его вознаграждать за труды, потому что все вознаграждение желает получить только от Творца, а если окружающие станут его вознаграждать, то может сбиться со своих намерений и вместо награждения от Творца, начать получать вознаграждение от людей.

Такие намерения человека в его работе называются «ради Творца», потому что работает на Творца, выполняет заповеди Творца, чтобы только Творец вознаградил его за это, тогда как в первом случае он работает на людей, выполняя то, что они желают видеть в его работе, и за это требует вознаграждения.

3. После предварительных двух этапов человек вступает в состояние осознания эгоистического рабства: его тело начинает спрашивать: «что это за работа без вознаграждения?». И на этот вопрос нечем ответить.

В состоянии 1 эгоизм не задает вопросов, потому что видит плату за труд от окружающих. В состоянии 2 человек может ответить эгоизму, что желает плату большую, чем могут ему дать окружающие, т.е. желает вечных духовных наслаждений в этом и в будущем мире. Но в состоянии 3 человеку нечего ответить своему телу, и поэтому только тогда он начинает чувствовать свое рабство, власть эгоизма над собой, тогда как Творец желает только отдавать, и чтобы возможность делать это и была его вознаграждением.

Вознаграждением называется то, что желает получить человек за свою работу. В общем виде мы называем это словом наслаждение, а под работой подразумеваем любое умственное, физическое, моральное и пр. усилие тела. Наслаждение также может быть в виде денег, почестей, славы и пр.

Когда человек чувствует, что не в его силах противостоять в борьбе с телом, нет энергии для совершения даже незначительного действия, поскольку тело, не видя вознаграждения, не в состоянии совершить никакого усилия, у него не остается никакой возможности, кроме как просить Творца дать ему сверхъестественные силы работать против природы и разума. Тогда он сможет работать вне всякой связи со своим телом и доводами разума.

Поэтому самая главная проблема – это поверить в то, что **Творец может помочь вопреки природе** и ждет просьбы об этом. Но это решение человек может принять только после абсолютного разочарования в своих силах. Творец желает, чтобы человек сам выбрал хорошее и отдалился от плохого. Иначе Творец сотворил бы человека со своими качествами или, уже сотворив эгоизм, сам бы его заменил на альтруизм без горького состояния изгнания из высшего совершенства.

Выбор же заключается в свободном личном решении самого человека, чтобы над ним царствовал Творец вместо фараона. Сила фараона в том, что открывает человеку глаза на вознаграждения, которые сулит. Человек явно видит вознаграждение от своих эгоистических действий, понимает их своим разумом и видит глазами. Результат привычен, известен заранее, одобряется обществом, семьей, родителями и детьми. Поэтому тело задает вопрос фараона: «Кто такой Творец, что я должен его слушать?», «Зачем мне такая работа?»

Поэтому прав человек, когда говорит, что не в его силах идти против природы. Но от него этого и не требуется. А требуется только верить, что Творец в состоянии его изменить.

Свет Творца, Его раскрытие человеку называется жизнью. Момент первого постоянного ощущения Творца называется духовным рождением человека. Но как в нашем мире человек обладает естественным желанием жить, стремлением существовать, такое же желание духовно жить он обязан взрастить в себе, если желает духовно родиться, по закону «страдание по наслаждению определяет получаемое наслаждение».

Поэтому человек должен учить Тору ради Торы, т.е. ради раскрытия света, лица Творца. И если не достигает этого, то ощущает огромные страдания и горечь. Это состояние называется «в горечи живи» (хаей цаар тихье). Но все равно должен продолжить свои усилия (бэ Тора ата амэль), и соответственно его страдания от того, что не получает откровения, усиливаются до определенного уровня, когда Творец раскрывается ему.

Мы видим, что именно страдания постепенно рождают в человеке настоящее желание обрести раскрытие Творца. Такие страдания называются страданиями любви (исурэй ахава). И этим страданиям может завидовать каждый! Пока не наполнится вся чаша этих страданий в нужной мере, и тогда Творец раскроется каббалисту.

Для заключения сделки зачастую необходим посредник, дающий понять покупателю, что интересующая его вещь стоит больше, чем та цена, по которой она продается, т.е. продавец не преувеличивает цену. Весь метод «получения» («мусар») построен на этом принципе, убеждающем человека отбросить материальные блага во имя духовных. И книги системы «мусар» учат, что все наслаждения нашего мира – это надуманные наслаждения, не имеющие никакой ценности. И поэтому человек не так уж много теряет, поступаясь ими для приобретения духовных наслаждений.

Метод раби Бааль Шем-Това несколько иной: основная тяжесть убеждения падает на предлагаемую покупку. Человеку дают понять безграничную ценность и величие духовного приобретения, хотя и есть ценность в наслаждениях мира, но от них предпочтительно отказаться, так как духовные несравненно больше.

Если бы человек продолжал оставаться в эгоизме и мог бы одновременно с материальными получать духовные наслаждения, то он бы, как и в нашем мире, увеличивал свои желания, каждый раз все больше и больше, и удалялся от Творца все дальше и дальше, отличием свойств и их величиной. В таком случае человек, не ощущая Творца, не испытывал бы чувства стыда при получении наслаждения. Но такое состояние подобно состоянию общей души в момент ее творения (малхут дэ эйн соф).

Насладиться от Творца можно только приближением к Нему по свойствам, против чего наше тело, эгоизм, немедленно восстает, что человек ощущает в виде вопросов, вдруг у него возникающих: что я имею от этой работы на сегодня, несмотря на то, что уже отдал так много сил; почему я должен быть уверен, что кто-то достиг духовного мира; зачем надо так тяжело учиться по ночам; можно ли действительно достичь ощущения духовного и Творца в том объеме, как пишут каббалисты; по плечу ли это простому человеку...

Все, что говорит наш эгоизм, – правда: не в силах человек достичь самой нижней духовной ступени без помощи Творца. Но самое трудное – это верить в помощь Творца до ее получения. Эта помощь в преодолении эгоизма приходит в виде раскрытия величия и силы Творца.

Если бы величие Творца было бы раскрыто всем в нашем мире, то каждый бы только и стремился угодить Творцу, даже без всякой платы, потому что сама возможность услужить была бы платой. И никто бы не просил и даже отказался бы от иного или дополнительного вознаграждения (машпиа аль минат леашпиа).

Но так как величие Творца скрыто от наших глаз и чувств (шхина дэ галут, шхина бэ афар), не в состоянии человек что-либо совершить ради Творца. Ведь тело (наш разум) считает себя важнее Творца, так как только себя и ощущает, и потому справедливо возражает: если тело важнее Творца, то работай на тело и получай вознаграждение. Но там, где не видишь выгоды, не работай. И мы видим, что в нашем мире только дети в своих играх или душевнобольные готовы трудиться без осознания вознаграждения. (Но и это потому, что и те, и другие автоматически принуждаются к этому природой: дети для их развития, душевнобольные для исправления их душ).

Наслаждение является производной от предшествующего ему желания: аппетита, страдания, страсти, голода. Человек, у которого есть все, несчастен, потому что не в состоянии насладиться и пребывает в депрессии. Если измерять имущество человека его ощущением счастья, то бедные люди – это самые богатые, потому что имеют удовольствие от получения незначительных вещей.

Именно поэтому Творец не раскрывается сразу, чтобы человек создал необходимое ощущение желания Творца. Когда человек решает идти навстречу Творцу, то вместо того, чтобы ощущать удовлетворение от своего выбора и наслаждение от процесса духовного постижения, он попадает в обстоятельства, полные страданий. И это специально для того, чтобы взрастил в себе веру выше своих ощущений и мыслей в доброту Творца. Несмотря на страдания, вдруг больно колющие, он должен усилием, внутренним напряжением превозмочь мысль об этих страданиях и заставить себя думать о цели творения и своем пути к ней, хотя для этого нет места ни в уме, ни в сердце.

Но нельзя лгать себе и говорить, что это не страдания, а вместе с тем должен верить, вопреки своим чувствам, и пытаться не стремиться ощутить Творца – Его раскрытие и явное знание его замыслов, действий и планов в посылаемых Им страданиях – потому что это подобно взятке, вознаграждению за ощущения страданий. Все его действия и мысли должны быть не о себе, не внутри себя, не направлены на ощущение своих страданий и попыток их избежать, а за пределами своего тела, как бы перенесенными изнутри наружу. Нужно пытаться ощущать Творца и Его замыслы, но не в своем сердце, не по своим ощущениям, а снаружи, в отрыве от себя, поставив себя на место Творца, принимая эти страдания как необходимое условие для увеличения веры в управление, чтобы все было ради Творца.

В таком случае он может заслужить раскрытие Творца, ощущение света Творца, его истинного управления. Потому что Творец раскрывается только в альтруистических желаниях, мыслях не о себе и своих проблемах, а во «внешних» заботах, так как только тогда достигается совпадение по свойствам между Творцом и человеком. А если человек просит в своем сердце избавить его от его страданий, то находится в состоянии просителя, эгоиста. Поэтому обязан найти положительные чувства, за которые может благодарить Творца, и тогда может получить личное раскрытие Творца.

Следует помнить, что сокрытие Творца и страдания – это следствие действия нашей эгоистической оболочки, а со стороны Творца приходит только наслаждение и ясность, но лишь при условии создания в человеке альтруистических желаний и полного отторжения эгоизма (келим лемала ми даат) путем выхода из своей природы, ощущения своего «я». И все прегрешение человека в том, что не желает идти верой выше разума и потому ощущает постоянные страдания, ибо опора уходит из-под ног (толе эрец аль бли ма).

Причем, приложив много усилий в учебе и работе над собой, человек, естественно, ждет доброго вознаграждения, а получает болезненные ощущения безысходных и критических состояний. Ведь удержаться от наслаждения своими альтруистическими действиями труднее, чем от эгоистических наслаждений, потому что само наслаждение несравненно больше. Необычайно трудно даже на мгновение усилием разума согласиться, что это и есть помощь Творца. Тело, вопреки всем рассуждениям, кричит о необходимости избавиться от подобных состояний.

Помощь Творца, только она может спасти человека от неожиданно возникающих жизненных проблем, но не просьбой о решении, а молитвой о возможности – независимо от требований тела – просить Творца о вере выше разума, о согласии с действиями Творца, ведь только Он всем управляет и создает эти ситуации специально для нашего высшего духовного благополучия.

Все земные муки, душевные страдания, стыд, порицания – все приходится переносить каббалисту в пути духовного слияния с Творцом: история Каббалы полна подобными примерами (РАШБИ, РАМБАМ, РАМХАЛЬ, АРИ и пр.)

Но как только будет в состоянии верить выше разума, т.е. вопреки своим ощущениям, что эти страдания не что иное, как абсолютная доброта и желание Творца притянуть человека к Себе, согласится с этим состоянием и не захочет сменить его на приятные для эгоизма ощущения, Творец раскроется ему во всем своем величии.

Говорится, что наше тело не что иное, как временная оболочка для спускаемой свыше вечной души, что процесс смерти и нового рождения подобен смене одежды человеком в нашем мире: как мы легко меняем одну рубашку на другую, так же легко, с точки зрения духовного мира, душа меняет одно тело на другое.

Не то чтобы эти события ничего не значили по сравнению с духовными: ведь человек – цель творения и на себе ощущает самую незначительную радость или боль. Но на этом примере можно представить себе ту грандиозность духовных процессов, в которых мы должны участвовать и (обязаны, еще будучи в нашем теле), все величие сил, наслаждения, к которым нас готовит Творец.

Бескорыстно выполнять желания Творца, быть альтруистом в мысли и действии означает, что несмотря на неприятные события, ощущения, случаи, специально посылаемые Творцом – для того, чтобы человек себя изучил и сам дал оценку своему истинному низменному состоянию – все же постоянно быть в мыслях о выполнении желаний Творца, о стремлении выполнять прямые и справедливые законы духовного мира вопреки «личному» благополучию.

Стремление быть похожим свойствами на Творца может исходить из страданий и испытаний, переживаемых человеком, а может исходить из постижения величия Творца, и тогда выбор человека состоит в том, чтобы просить о продвижении путем Торы. Все свои занятия человек должен предпринимать с намерением постичь величие Творца, чтобы ощущение и осознание этого помогли ему стать чище и духовнее.

Для того чтобы духовно продвигаться, человек должен на каждом духовном уровне заботиться о росте в себе осознания величия Творца, постоянно ощущая, что для духовного совершенства и даже для того, чтобы удержаться на той ступени, где он находится в данный момент, он нуждается во все более глубоком осознании величия Творца.

Ценность подарка определяется важностью дарящего, настолько, что зачастую перекрывает номинальную ценность самого подарка во много раз. Ведь вещь, принадлежавшая известной важной в глазах общества личности, стоит подчас миллионы.

Ценность Торы также определяется соответствием с величием дарящего нам Тору: если человек не верит в Творца, то Тора для него значит не более, чем исторический или литературный документ, но если верит в силу Торы и в ее пользу для себя, поскольку верит в Высшую силу, вручившую Тору, ценность Торы в его глазах несказанно возрастает.

Чем больше человек верит в Творца, тем большую ценность представляет для него Тора. А каждый раз принимая на себя добровольное подчинение Творцу в соответствии с величиной веры в Него, постигает ценность Торы и ее внутренний смысл. Таким образом, каждый раз принимает новую Тору, поскольку каждый раз получает ее как бы от нового Творца, на более высокой духовной ступени.

Но это относится только к тем, кто, поднимаясь по духовным ступеням, каждый раз получает новое раскрытие света Творца. Поэтому говорится: «праведник живет верой», – величина веры определяет меру ощущаемого им света. «Каждый день есть вручение Торы», а для каббалиста каждый «день» (когда светит свет Творца) есть новая Тора.

Если человек желает придерживаться духовных правил, но чувствует, что его желания и мысли противятся этому, постоянно стирают его мысли об единственности Творца, о том, что это Творец посылает специально для выталкивания «человека из эгоизма давящие обстоятельства и страдания», т.е. его тело (под телом в Каббале подразумеваются эгоистические желания и мысли) не желает выполнять требования альтруистических законов духовной жизни, и причина этого в отсутствии страха перед Творцом.

Человека можно воспитать так, что он будет выполнять религиозные предписания, называемые в нашем мире Заповедями, но невозможно воспитать в нем потребность придавать своим действиям те или иные альтруистические намерения, поскольку это не может войти в эгоистическую природу человека, чтобы мог автоматически выполнять их, как потребности тела.

Если человек проникается чувством, что его война против эгоизма есть война против темных сил, против свойств, противоположных Творцу, то таким образом он отделяет эти силы от себя, не отождествляет себя с ними, мысленно отстраняется от них, как бы выходит из желаний своего тела. Продолжая чувствовать их, он начинает их презирать, как презирают врага, и таким способом он может победить эгоизм, наслаждаясь его страданиями. Подобный прием называется войной мщения за Творца, «нэкамат ашэм». Постепенно человек сможет привыкнуть ощущать нужные цели, мысли, намерения независимо от желаний, эгоистических требований его тела.

1. Если во время учебы и выполнения заповедей, человек не видит никакой выгоды для себя и страдает – это называется **«злое начало» (ецэр ра)**.

2. Мера зла определяется степенью ощущения зла, сожалением об отсутствии тяги к духовному, если не видит личной выгоды. И чем больше страдания от столь низменного состояния, тем больше степень осознания зла.

3. Если человек разумом понимает, что пока не успевает в духовном продвижении, но не «болит» ему, то нет еще у такого человека злого начала (ецэр ра), потому что еще не страдает от зла.

4. Если человек не чувствует зла в себе, то он должен заниматься Торой. Если почувствовал зло в себе, должен верой и молитвой выше разума избавляться от него.

Вышеприведенные определения требуют пояснения. Написано в Торе: «Я создал злое начало (силу, желание) и Я же создал ему Тору в добавку (в изменение его) – «барати ецер ра, барати Тора тавлин». Тавлин означает – специи, добавки, дополнение, делающее пищу вкусной, пригодной для употребления.

Мы видим, что главное создание – это зло, эгоизм. А Тора всего лишь добавка к нему, т.е. средство, позволяющее вкушать, пользоваться злом. Это тем более странно, так как еще сказано, что даны заповеди только для того, чтобы очистить с их помощью Израиль – «Ло натну мицвот, эла лецарэф ба хэм Исраэль». Из этого следует, что после очистки человека уже не потребуется ему Тора и Мицвот.

Цель творения – насладить созданных. Поэтому в созданных сотворено желание насладиться, стремление получить наслаждение. Чтобы при получении наслаждения творения не ощущали стыд, омрачающий наслаждение, создана возможность исправить ощущение стыда: если творение не желает ничего для себя, а желает доставить радость Творцу, тогда не почувствует стыда от получения наслаждения, так как получит его ради Творца, а не для своего удовольствия.

Но что можно дать Творцу, чтобы Он наслаждался? Для этого Творец дал нам Тору и Заповеди, чтобы мы могли «ради Него» их выполнять, и тогда Он сможет дать нам наслаждения, не омраченные стыдом, ощущением подачки. Если бы не заповеди, мы бы не знали чего желает Творец.

Если человек выполняет Тору и заповеди, чтобы сделать Творцу приятное, то он похож своими действиями на Творца, делающего приятное человеку. По мере уподобления желаний, действий, свойств человек и Творец сближаются. Творец желает, чтобы мы давали Ему, как Он дает нам, чтобы наши наслаждения не были омрачены стыдом, не ощущались милостыней.

Духовное желание, т.е. желание, обладающее всеми условиями получить свет, определяет получаемое им наслаждение по величине и по виду, потому что свет Творца включает в себя все, каждое наше желание насладиться чем-то определенным, выявляет из общего света желаемое нами. Величина желания, измеряемая страданием от отсутствия наслаждения, определяет величину последнего. Творцом предписано именно 613 заповедей для исправления зла (в нас), превращения его в добро (для нас), потому что именно из 613 частей Он сотворил наше желание насладиться, и каждая заповедь исправляет определенное свойство. И потому говорится: «Я создал зло и Тору для его исправления».

Но зачем выполнять Тору и заповеди после исправления зла? Заповеди даются нам для следующего:

1) Когда человек еще находится в рабстве своей природы и не в состоянии ничего делать ради Творца – а потому находится в удалении от Творца, вследствие разности свойств – то 613 заповедей дают ему силы выйти из рабства эгоизма, о чем и говорит Творец: «Я создал зло и Тору для его исправления».
2) По окончании исправления, когда человек находится в слиянии с Творцом сходством свойств и желаний, он удостаивается света Торы: 613 заповедей становятся его духовным телом, сосудом его души, и в каждое из 613 желаний он получает свет наслаждения. Как видим, заповеди на этом этапе из способа исправления становятся «местом» получения наслаждения (сосуд, кли).

Правой линией (кав ямин) – называется малое духовное состояние-катнут («доволен имеющимся» – хафэц хэсэд), когда нет потребности в Торе, поскольку не ощущает зла, эгоизма в себе, а без потребности исправить себя не нуждается в Торе.

Поэтому нуждается в **левой линии (кав смоль)**, критике своего состояния (хэшбон нэфеш), выяснении, чего он желает от Творца и от себя, понимает ли Тору, приближается ли к цели творения. И тут он видит свое истинное состояние и обязан включить его в свою правую линию, т.е. довольствоваться имеющимся и радоваться своему состоянию, будто имеет все, что желает.

Левая линия, дающая страдания от отсутствия желаемого, именно этим вызывает потребность в помощи Творца, которая приходит в виде света души.

В правой линии, в состоянии, когда человек не желает ничего для себя, есть только свет милосердия (ор хасадим), наслаждения от подобия духовным свойствам. Но это состояние несовершенно, потому что нет в нем знания, постижения Творца.

В левой линии нет совершенства, потому что свет разума может светить, только если есть сходство духовных свойств света и получающего. Сходство дает ор хасадим, находящийся в правой линии. Духовные постижения можно получить только при желании. Но правая линия ничего не желает. Желания сосредоточены в левой линии. Но желаемое невозможно получить в эгоистические желания.

Поэтому необходимо объединение этих двух свойств, и тогда свет познания и наслаждения левой линии войдет в свет альтруистических свойств правой и осветит творение средней линией. Без света правой линии свет левой не проявляется и ощущается как тьма.

Даже когда человек находится еще в рабстве своего эгоизма, тоже имеет место работа в правой и левой линиях, но он еще не управляет своими желаниями. Желания диктуют ему мысли и поведение, и он не может наполниться светом сходства с Творцом (ор хасадим) и светом высшего постижения (ор хохма), только произносит имена миров, сфирот, килим.

В таком состоянии только изучение строения духовных миров и их действий, т.е. изучение Каббалы, позволяет человеку развить в себе стремление приблизиться к Творцу, поскольку в процессе учебы он проникается желаниями изучаемых им духовных объектов и вызывает на себя их не ощущаемое из-за отсутствия духовных чувств воздействие.

Но духовные силы воздействуют на человека при условии, что он учит ради сближения (по свойствам) с духовным. Только в таком случае человек вызывает на себя очищающее воздействие окружающего света. Как можно наблюдать на примере многих, изучающих Каббалу без правильного инструктажа – человек может знать, что написано в книгах Каббалы, умно и со знанием дела рассуждать и дискутировать, но так и не постичь чувственно сути изучаемого. Обычно, его сухие знания превосходят знания уже находящихся в духовных мирах.

Но тот, кто постигает духовные ступени, даже самые незначительные, сам, своей работой, собой – тот уже вышел из скорлупы нашего мира, уже делает то, для чего спустился в наш мир. Знания и память умников только увеличивают их эгоизм и самомнение и еще больше отдаляют их от цели, потому что Тора может быть как живительным лекарством (сам хаим), так и ядом (сам мавэт). И не в состоянии начинающий отличить постигающего, каббалиста от изучающего Каббалу как одну из светских наук.

Для начинающего **работа в трех линиях** заключается не в получении Высшего света, как для уже постигающего, а в анализе своего состояния. В правой линии, называемой «отдачей», хэсэд, верой выше знания и ощущения недовольства, человек счастлив выпавшей ему долей, своей судьбой, тем, что дает ему Творец, считая, что это самый большой подарок для него.

Но это состояние еще не называется правой линией, потому что отсутствует левая. Только при появлении противоположного состояния можно говорить об одном из них, как о правой линии. Поэтому только после того, как появляется у человека критика своего состояния, когда производит подсчет своих достижений, осознания, какова действительно цель его жизни, определяет этим свои требования к результатам своих усилий, тогда лишь возникает в нем левая линия.

Главное здесь – понимание цели творения. Человек узнает, что она состоит в получении им наслаждения от Творца. Но он чувствует, что еще ни разу не ощутил этого. В процессе учебы он осознает, что это возможно только при совпадении его свойств со свойствами Творца. Поэтому он обязан изучать свои стремления и желания, как можно объективнее их оценивать, контролировать и анализировать, чтобы ощутить, действительно ли он приближается к отторжению эгоизма и любви к ближнему.

Если ученик видит, что он еще находится в эгоистических желаниях и не сдвинулся в лучшую сторону, он зачастую проникается чувством безысходности и апатии. Более того, часто он обнаруживает, что не только остался в своих эгоистических желаниях, но еще увеличил их, так как появились желания к наслаждениям, которые считал ранее низкими, мелкими, преходящими, недостойными, а теперь он мечтает достичь их.

Естественно в таком состоянии тяжело выполнять заповеди и продолжать учиться, как ранее, в радости. Человек впадает в отчаяние, разочарование, сожалеет о затраченных времени, усилиях, лишениях, восстает против цели творения.

Такое состояние называется левой линией (кав смоль), потому что нуждается в исправлении. Человек ощущает свою пустоту и должен перейти в таком случае в правую линию, в ощущение совершенства, достатка, полного довольства имеющимся.

Прежде, находясь в таком состоянии, человек считался находящимся не в правой линии, а в одной – первой, – потому что еще не имел второй линии – критики своего состояния. Но если после истинного осознания несовершенства своего состояния во второй линии, он возвращается к ощущению чувства совершенства (наперекор настоящему его состоянию и чувствам), в первую линию, считается что действует уже в двух линиях, не просто первой и второй, а в противоположных – правой и левой.

Весь путь отказа от эгоизма, выхода из круга своих интересов строится на основе правой линии. Когда говорится, что человек должен оторваться от «своих» интересов, подразумеваются временные, мелкие, преходящие интересы нашего тела, данные нам свыше не только для того, чтобы мы принимали их за цель жизни, а для того, чтобы отказались от них во имя приобретения вечных, высших, абсолютных ощущений духовных наслаждений, слияния с самым Высшим, что есть в мироздании, с Творцом.

Но оторваться от своих мыслей и желаний невозможно, поскольку, кроме себя мы не ощущаем ничего. Единственное, что возможно в нашем состоянии, это верить в существование Творца, в Его полное управление всем, в цель Его творения, в необходимость достичь этой цели вопреки уверениям тела. Такая вера в неощущаемое, вера в то, что выше нашего понимания, называется верой выше знания (эмуна лемала ми даат).

Именно после левой линии наступает черед перейти к такому принятию действительности. Человек счастлив от того, что заслужил выполнять волю Творца, хотя не чувствует, ввиду эгоистических желаний, никакого наслаждения от этого. Но вопреки своим ощущениям он верит, что получил особый подарок от Творца, тем, что пусть даже таким образом, но может выполнять Его волю. Именно так, а не как все – ради наслаждений или в силу воспитания, не сознавая даже автоматизма своих действий.

А он осознает, что все выполняет вопреки своему телу, т.е. уже внутренне находится на стороне Творца, а не на стороне своего тела. Он верит, что все приходит к нему свыше, от Творца, особенным отношением именно к нему. Поэтому он дорожит этим подарком Творца, и это воодушевляет его, будто удостоился получить самые высокие духовные постижения.

Только в таком случае первая линия называется **правой**, совершенством, поскольку радость человека не от своего состояния, а от отношения к нему Творца, позволившего совершить что-либо вне личных эгоистических желаний. И в таком состоянии, хотя человек еще не вышел из рабства эгоизма, он может получить свыше духовное свечение.

Но хотя это высшее свечение еще не входит в него, потому что в эгоистические желания свет войти не может, а охватывает его вокруг в виде окружающего света (ор макиф), все же это дает человеку связь с духовным и осознание того, что даже самая незначительная связь с Творцом – это великая награда и наслаждение. А про ощущение свечения он должен сказать себе, что не в его силах оценить действительную ценность света.

Правая линия называется также истинной, потому что человек трезво понимает, что не достиг еще духовного уровня, не обманывает себя, а говорит, что то, что получил, исходит от Творца – даже самое горькое его состояние, и потому верой выше разума, самоубеждением вопреки своим ощущениям – знает, что это большая ценность, потому что есть контакт с духовным.

Мы видим, что правая линия строится из четкого осознания отсутствия духовного постижения и горького ощущения собственного ничтожества, и последующего выхода из эгоистических расчетов, на основе: «не то, что имею я, а то, что желает Творец» – настолько, будто получил все, что желает.

Несмотря на то, что доводы человека разумные, если говорит, что к нему есть особое отношение Творца, что есть у него особое отношение к Торе и к заповедям, а другие заняты мелкими расчетами своих преходящих забот, все же эти расчеты в разуме, а не выше разума, но следует сказать себе, что это настолько важная вещь, что счастлив своим состоянием, и для этого он должен идти верой выше разума, чтобы его ликование строилось на вере.

Левая же линия строится на проверке, насколько искренна его любовь к ближнему, способен ли он на альтруистические действия, на бескорыстные поступки, не желая получить за свои труды ни в каком виде вознаграждения. И если после подобных расчетов человек видит, что еще не способен ни на самую малость отказаться от своих интересов, нет у него другого выхода, как молить Творца о спасении. Поэтому левая линия приводит человека к Творцу.

Правая линия дает человеку возможность благодарить Творца за ощущение совершенства Торы. Но не дает ощущения истинного его состояния, состояния незнания, отсутствия связи с духовным. И поэтому не приводит человека к молитве, без которой невозможно постичь света Торы.

В левой же линии, стараясь усилием воли превозмочь истинное свое состояние, человек чувствует, что у него нет никаких сил на это. И тогда у него появляется потребность в помощи свыше, так как видит, что только сверхъестественные силы могут ему помочь. И только с помощью левой линии человек достигает того, чего желал.

Но необходимо знать, что эти две линии должны быть уравновешены таким образом, чтобы использовались поровну. И только тогда возникает средняя линия, соединяющая правую и левую в одну. А если одна из них больше другой, то большая не позволит произойти слиянию с меньшей, из-за ощущения того, что она более полезна в данной ситуации. Поэтому они должны быть абсолютно равны.

Польза от такой тяжелой работы по равному увеличению двух линий в том, что на их основе человек получает свыше среднюю линию, Высший свет, раскрывающийся и ощущающийся именно на чувствах двух линий.

Правая дает совершенство, потому что верит в совершенство Творца. А так как Творец управляет миром, и никто более, то если не принимать в расчет эгоизм, все совершенно. Левая линия дает критику его состояния и ощущение несовершенства. И необходимо заботиться, чтобы ни в коем случае она не была больше правой. (Практически по времени человек должен 23,5 часа в сутки находиться в правой линии и только на полчаса позволять себе включать эгоистический расчет.)

Правая линия должна быть настолько ярко выраженной, чтобы не возникало никаких дополнительных потребностей для ощущения полного счастья. Это контроль отрыва от собственных эгоистических расчетов. И потому она называется совершенством, что не нуждается ни в чем для ощущения радости. Потому что все расчеты его не внутри своего тела, а вне тела, на стороне Творца.

Перейдя к левой линии (переход от правой линии к левой и обратно человек должен делать сознательно, по времени, заранее диктуя себе условия, а не в соответствии со своим настроением), он обнаруживает, что не только не продвинулся вперед в понимании и ощущении духовного, но и в обычной своей жизни стал еще хуже, чем был ранее. То есть вместо движения вперед, возвращается еще больше в свой эгоизм.

Из такого состояния человек должен сразу же перейти к молитве об исправлении. И об этом сказано в Торе, что выход из

Египта (эгоизма) происходит в состоянии, когда находится на самой последней, 49-й ступени желаний нечистых сил. Только когда человек полностью осознает всю глубину и вредность своего эгоизма и кричит о помощи, Творец возвышает его, дает среднюю линию тем, что дает душу, и начинает светить ему свыше свет Творца, дающий силы перейти к альтруизму, родиться в духовном мире.

Для достижения цели творения необходим «голод», без которого невозможно вкусить всю глубину посылаемых Творцом наслаждений, без которых мы не доставим радости Создателю. И потому необходим исправленный эгоизм, позволяющий наслаждаться ради Творца.

...В моменты, когда человек ощущает страх, необходимо осознать, для чего посылает ему Творец подобные ощущения. Ведь нет в мире иной силы и власти кроме Творца – ни врагов, ни темных сил, – а сам Творец создает в человеке такое чувство, чтобы, очевидно, задумался, с какой целью оно вдруг ощущается им, и в итоге своих поисков смог бы усилием веры сказать, что это посылает ему сам Творец.

И если все же после всех его усилий страх не покидает его, он должен принять это как пример, что в такой же мере должен быть страх перед могуществом и властью Творца, т.е. в той же мере, как сейчас его тело содрогается от надуманного источника страха нашего мира, в той же мере, оно должно содрогаться от страха перед Творцом.

Как человек может точно определить, в каком духовном состоянии он находится? Ведь когда чувствует себя уверенным и довольным – это, возможно, от того, что верит в свои силы и потому не нуждается в Творце, т.е. на самом деле находится в самой глубине своего эгоизма и крайне удален от Творца, а чувствуя себя абсолютно потерянным и беспомощным и потому испытывая острую необходимость в поддержке Творца, он в это время как раз находится в наилучшем для себя состоянии.

Если человек, сделав усилие, совершил какое-либо благое в его глазах дело и чувствует удовлетворение от «своего» поступка, то тут же впадает в свой эгоизм и не осознает, что это Творец дал ему возможность совершить что-то доброе, и только усиливает свой эгоизм.

Если постоянно, изо дня в день прилагая усилия в учебе и возвращении мыслями к цели творения, человек все равно чувствует, что ничего не понимает и не исправляется, и этим, исподволь, своим чувством в сердце укоряет за свое состояние Творца, то еще больше удаляется от истины.

Как только человек начинает пытаться перейти к альтруизму, его тело и разум сразу же восстают против подобных мыслей и любыми путями пытаются увести его с этого пути: сразу же появляются сотни мыслей, неотложных дел и оправданий, поскольку альтруизм, т.е. все, что не связано с какой-либо выгодой для тела, ненавистен нам, и не в состоянии наш разум вынести хоть на какое-то мгновение подобные стремления и немедленно подавляет их.

И потому мысли об отказе от эгоизма кажутся нам чрезвычайно тяжелыми, непосильными. А если они еще не ощущаются такими, значит, где-то в них кроется собственная выгода для тела, и именно она позволяет так действовать и думать, обманывая нас и доказывая, что наши мысли и поступки альтруистичны.

Поэтому самой верной проверкой, продиктованы ли данная мысль или действие заботой о себе или альтруистичны, является проверка того, позволяют ли сердце и разум хоть как-то согласиться, задержать на этом мысль или совершить малейшее движение. Если мы согласны, значит это самообман, а не истинный альтруизм.

Как только человек останавливается на отвлеченных от потребностей тела мыслях, сразу же у него возникают вопросы типа «а зачем мне это надо» и «кому есть польза от этого».

В подобных состояниях самое важное осознать, что это не наше тело спрашивает нас и не дает никакой возможности сделать что-либо, выходящее за рамки его интересов, а это действия самого Творца, это Он лично создает в нас такие мысли и желания, и не позволяет нам самостоятельно оторваться от желаний тела, ибо нет никого кроме Него; Он как притягивает нас к себе, так же и ставит нам препятствия на пути к самому себе, с тем, чтобы мы научились распознавать нашу природу и смогли реагировать на каждую мысль и желание нашего тела при попытках оторваться от него.

Несомненно, что подобные состояния могут быть только у тех, кто пытается постичь свойства Творца, «прорваться» в духовный мир – таким Творец посылает различные препятствия, ощущаемые как отталкивающие от духовного мысли и желания тела.

И это для того, чтобы человек осознал свое истинное духовное состояние и отношение к Творцу – насколько он оправдывает действия Творца вопреки возражениям разума, насколько он ненавидит Творца, забирающего у него все удовольствия этой, вдруг кажущейся такой переполненной прекрасным жизни, ввергающего его во мрак безысходности, потому что тело не в состоянии найти в альтруистических состояниях ни капли наслаждения.

Человеку кажется, что это его тело возражает, а не сам Творец действует на его чувства и разум тем, что дает положительно или отрицательно воспринимаемые мысли и эмоции. И сам же Творец создает на них определенную реакцию сердца и разума, дабы научить человека, познакомить его с самим собой. Подобно тому как мать учит ребенка, показывая, давая попробовать и тут же объясняя, – так и Творец показывает и объясняет человеку его истинное отношение к духовному и его неспособность самостоятельно действовать.

Самое тяжелое в продвижении заключается в том, что постоянно в человеке сталкиваются два мнения, две силы, две цели, два желания. Даже в осознании цели творения: с одной стороны, человек должен достичь слияния по своим свойствам с Творцом, чтобы, с другой стороны, его единственным желанием было отказаться от всего ради Творца.

Но ведь Творец абсолютно альтруистичен и не нуждается ни в чем, желая лишь того, чтобы мы ощутили абсолютное наслаждение, это Его цель в творении. И это две абсолютно противоположные цели: человек должен все отдать Творцу и, с другой стороны, наслаждаться сам.

Все дело в том, что одна из них не цель, а лишь средство для достижения цели: сначала человек должен достичь такого состояния, когда все его мысли, желания и действия будут только вне рамок его эгоизма, абсолютно альтруистичны, «ради Творца». А поскольку кроме человека и Творца нет ничего в мироздании, то все, что выходит за рамки нашего тела, – это Творец.

А после того как человек достигнет исправления творения – совпадения своих свойств со свойствами Творца, он начинает постигать цель творения – получения от Творца бесконечного, неограниченного рамками эгоизма наслаждения.

До исправления у человека есть только желания самонаслаждения. По мере исправления он предпочитает желанию самонасладиться желание все отдать и потому тоже не в состоянии получать наслаждение от Творца. И только по завершении исправления он в состоянии начать получать бесконечное наслаждение не ради своего эгоизма, а ради цели творения.

Подобное наслаждение бескорыстно и не рождает чувство стыда, поскольку получая, постигая и ощущая Творца, он радуется доставленной Творцу радости от его поступков. И потому чем больше получает, чем больше наслаждается, тем больше он радуется наслаждению, испытываемому от этого Творцом.

По аналогии со светом и тьмой в нашем мире, в духовных ощущениях свет и тьма (или день и ночь) – это ощущения существования или отсутствия Творца, управления Творца или отсутствия этого управления, т.е. «присутствие или отсутствие Творца» в нас.

Другими словами, если человек о чем-то просит Творца и немедленно получает то, что просил, это называется светом или днем. А если находится в сомнениях о существовании Творца и Его управлении, это называется тьмой или ночью. Вернее, скрытие Творца называется тьмой, потому что вызывает в человеке сомнения и неправильные мысли, воспринимаемые им как ночная тьма.

Но настоящее стремление человека должно быть не к ощущению Творца и познанию Его действий, поскольку это ведь тоже чисто эгоистические желания, ибо не сможет человек удержаться от наслаждения этими ощущениями и упадет в эгоистические наслаждения.

Настоящим стремлением должно быть стремление получить от Творца силы идти против желаний своего тела и разума, т.е. получить силу веры – большую, чем его разум и телесные желания, – силу веры, настолько действенную, будто он видит и ощущает Творца и Его абсолютно доброе управление, Его власть над всем творением, но предпочитает не видеть явно Творца и Его власть над всем творением, ибо это против веры, а желает только с помощью силы веры идти наперекор желаниям тела и разума. И все его желание в том, чтобы Творец дал ему силы, будто он видит Его и все управление мирами. Обладание такой возможностью человек называет светом или днем, поскольку не боится начать наслаждаться, ибо может свободно поступать, независимо от желания тела, не будучи уже рабом своего тела и разума.

Когда человек уже постиг новую природу, т.е. уже в состоянии совершать поступки независимо от желаний тела, Творец дает ему наслаждения Своим светом.

Если опустилась тьма на человека и чувствует, что нет у него никакого вкуса в работе над духовными постижениями, и не в его силах ощутить особое отношение к Творцу, и нет ни страха, ни любви к возвышенному – остается единственное: рыданием души взмолить Творца, чтобы сжалился над ним и убрал это черное облако, затмевающее все его чувства и мысли, и скрывающее Творца от его глаз и сердца.

И это потому, что плач души – это самая сильная молитва. И там, где ничего не может помочь, т.е. после того как человек убеждается, что ни его усилия, ни его знания и опыт, никакие его физические действия и меры не помогут ему войти в высший мир, когда всем своим существом он чувствует, что использовал все свои возможности и силы, только тогда он доходит до осознания, что лишь Творец может помочь ему, только тогда приходит к нему состояние внутреннего рыдания и моления к Творцу о спасении.

А до этого никакие внешние потуги не помогут человеку правдиво, из самой глубины сердца воззвать к Творцу. И когда все пути перед ним, как он чувствует, уже закрыты, тогда открываются «врата слез», и он входит в высший мир – чертоги Творца.

Поэтому когда человек испытал все свои возможности самому достичь духовного восхождения, опускается на него состояние полной тьмы, и выход один – только если сам Творец поможет ему.

Но пока, ломая эгоистическое «я», не достиг еще ощущения, что есть сила, управляющая им, не переболел этой истиной и не достиг этого состояния, его тело не позволит ему воззвать к Творцу. И потому необходимо предпринимать все, что только в его силах, а не ждать чуда свыше.

И это не потому, что Творец не желает сжалиться над человеком и ждет пока он себя «сломает», а потому, что лишь перепробовав все свои возможности, человек накапливает опыт, ощущения и осознание собственной природы. И эти чувства ему необходимы, потому что именно в них он и получает, именно ими он и ощущает затем свет раскрытия Творца и Высший разум.

МОЙ ПУТЬ

На лекциях и в интервью почему-то всегда задается вопрос о том, как я пришел к Каббале. Если бы я занимался чем-то совсем отвлеченным, необычным, то мог бы понять справедливость такого вопроса. Но ведь Каббала – это учение о цели нашей жизни, о том, что так близко каждому! Есть место для вопроса, как я нашел, что ответы на вопросы о себе и о нашей жизни находятся в Каббале, как я нашел Каббалу? А не для чего я ею занимаюсь.

...Еще в детстве, как и все, я спрашивал себя, для чего я существую, вопрос этот колол сердце и мозг постоянно, если только не удавалось подавлять его погоней за наслаждениями, но каждое утро с этим вопросом приходилось вставать, хотя я и пытался заглушить его надуманными целями: то получить интересную специальность и забыться в работе, то годами ставилась цель репатриироваться в свою страну.

Но приехав в Израиль (1974), я продолжал мучиться тем же вопросом о смысле жизни – найти, для чего стоило бы жить. Перебрав бывшие в моем распоряжении возможности (политика, бизнес и прочее) быть как все, не смог все же этим убить в себе тот же вопрос – а для чего я все это делаю? Что мне лично дает то, что я внешне похож на других!

От всех этих материальных и моральных потрясений, осознания того, что не могу сладить с действительностью, решил попробовать стать по образу жизни верующим – авось сам этот образ жизни и соответствующие ему мысли более подойдут мне (1976).

К гуманитарным наукам я никогда не питал страсти и не понимал занятий психологией и не мог прочувствовать глубин Достоевского, все занятия были на среднем уровне, ни глубиной мысли, ни глубиной чувств не блистал, а в детстве верил только в науку, приносящую благо.

Тем временем неожиданно увидел объявление о кружке Каббалы, сразу записался, как обычно, ринулся с головой, накупил книги (1978), стал копать внутрь, чтобы досконально выяснить все вопросы, даже если мне для этого надо было просиживать над ними неделями. Первый раз в жизни взяло за живое, и я понял, что это мое и касается лично меня.

Начал искать настоящих учителей, ездить в поисках их по всей стране, брать уроки, но внутренний голос говорил мне, что это не настоящая Каббала, потому что говорит не обо мне, а о чем-то отвлеченном. Бросив всех учителей, заинтересовал одного знакомого, и вечерами мы изучали подряд все книги о Каббале, и так продолжалось месяцами.

В один из холодных дождливых зимних вечеров 1980 года вместо того чтобы, как обычно, засесть за «Пардес римоним» и за «Таль орот», отчаявшись, даже неожиданно для самого себя вдруг предложил своему напарнику ехать в Бней-Брак искать учителя, аргументируя это тем, что если мы там найдем себе учителя, нам будет легко наведываться к нему на занятия. До этого Бней-Брак я посещал 2 – 3 раза, разыскивая книги о Каббале.

В Бней-Браке также был холодный, ветреный, дождливый зимний вечер. Доехав до перекрестка улиц Раби Акива и Хазон Иш, я приоткрыл окно и через дорогу крикнул одетому в длинные черные одежды мужчине: «Скажи мне, где здесь изучают Каббалу?» Для незнакомых с обществом верующих и атмосферой кварталов, где они проживают, поясню, что мой вопрос был несколько странен: Каббалу не изучают ни в одном учебном заведении или ешиве. Единицы берут на себя смелость заявить, что они интересуются Каббалой. Но незнакомец, не удивившись, запросто мне ответил: «Поверни налево, поезжай до плантации, а там увидишь Бейт-Кнессет, и там учат Каббалу!»

Доехав до указанного места, мы обнаружили темное здание. Войдя, мы увидели в небольшой боковой комнате длинный стол и за ним 4 – 5 белобородых стариков. Я представился и объяснил, что мы из Реховота и хотим изучать Каббалу. Старец, сидевший во главе стола, пригласил нас присесть и ответил, что поговорим об этом после окончания урока. Они продолжили читать недельную главу книги «Зоар» с комментариями «Сулам» со старческим проглатыванием слов и полуфразами на идиш, как люди, с полуслова понимающих друг друга.

Видя и слыша их, я пришел к выводу, что эта компания попросту коротает время на старости лет, и нам лучше еще успеть в тот же вечер найти другое место для занятий Каббалой, но мой спутник удержал меня, сказав, что так нетактично он поступить не может.

Через несколько минут урок закончился, и старик, расспросив кто мы, попросил номер телефона: он подумает, кого нам дать в учителя и сообщит. Я даже не захотел дать свой номер, считая всю эту затею, как многие другие в прошлом, бессмысленной тратой времени. Чувствуя это, мой товарищ дал свой номер телефона. Мы попрощались и уехали.

На следующий же вечер мой друг зашел ко мне и сообщил, что старец звонил, предлагает нам учителя по Каббале, и уже договорено, что мы приедем в тот же вечер.

Я никак не хотел тратить на это вечер, но уступил все же просьбам моего друга.

Мы приехали. Старец подозвал к себе другого, чуть помоложе, но тоже седобородого, сказал ему пару слов «оф идиш» и оставил нас с ним. Тот предложил сесть и начать заниматься, сказав, что предпочитает начать занятия со статьи «Введение в Каббалу», которую мы, кстати, уже не раз пытались освоить.

Мы присели за один из столов в пустом зале Бейт-Кнессета, и он начал читать и объяснять прочитанное по абзацам. Мне трудно всегда вспоминать этот момент: это необычайно острое ощущение наконец-то найденного после многолетних поисков, что так всегда хотелось найти, и не мог!

В конце занятий мы уже договорились, что приедем завтра же. На следующий день я уже записывал его занятия на магнитофон. Узнав, что основные занятия проходят с 2 часов ночи до 6 утра, мы начали приезжать на занятия каждую ночь, на ежемесячные трапезы в честь новолуния вносили, как и все, ежемесячные взносы.

Я как более наглый, подталкиваемый желанием наконец-то все для себя выяснить, часто вступал в споры. Видно, это все передавалось Главному, как оказалось, постоянно интересующемуся нами. И наш учитель вдруг сказал мне, что после урока, часов в 7 утра, Главный может поучить со мной «Предисловие к книге «Зоар».

...Видя, что я не понимаю, после двух-трех занятий Главный через нашего учителя объявил мне, что их больше не будет.

Я бы продолжал заниматься, хотя чувствовал, что ничего не понимаю. Я готов был автоматически читать с ним все подряд, подталкиваемый необходимостью все же понять, что есть внутри этих строк, но он, видимо, знал, что еще не пришло мое время и, несмотря на то что я очень обиделся, все же прекратил эти занятия.

Прошло несколько месяцев, и через моего учителя Главный спросил меня, не могу ли я отвезти его на прием к врачу в Тель-Авив. Я, конечно, согласился. По дороге он много говорил на самые разные темы. Я же пытался спрашивать о Каббале. И тогда он сказал, что пока я еще ничего не понимаю, он может говорить мне обо всем, но в дальнейшем, когда я начну понимать, он перестанет быть со мной таким откровенным.

Так и произошло: годами вместо ответов на самые кричащие во мне вопросы, я слышал в ответ: «У тебя есть уже к кому обращаться», имея в виду Творца, «Кричи, проси, жалуйся, все, что ты хочешь – все обращай к Нему и требуй от Него!» ...Процедуры у врача ни к чему не привели, и Главный с воспалением уха должен был лечь в больницу на целый месяц. А поскольку я его уже многократно сопровождал на приемы к врачам, то, поместив его в больницу, я остался с ним в тот день. В течение всего месяца я приезжал в 4 часа утра к больнице, перелезал через забор, незаметно проходил через все помещения, и мы учили... И так целый месяц! С тех пор Барух Шалом Алеви Ашлаг, старший сын «Бааль Сулама» стал моим Равом.

После его возвращения из больницы, мы выезжали в лес, в парки на прогулки. Возвращаясь с этих прогулок, я лихорадочно записывал все мною услышанное. Эти постоянные выезды по 3 – 4 часа в день превратились с годами в привычку.

В течение первых двух лет я спрашивал Рава о разрешении переехать поближе к нему, но всегда слышал в ответ, что он пока еще не видит в этом необходимости, что мои приезды из Рехово-та – это усилие, которое мне приносит духовную пользу. А когда через 2 года он сам предложил мне переехать на жительство в Бней-Брак, я почему-то не стал торопиться, настолько, что Рав сам нашел мне квартиру по соседству и подталкивал к переезду.

Еще живя в Реховоте, я спросил у Рава разрешение провести несколько занятий в одном из мест, где когда-то присутствовал на лекциях и познакомился с пытающимися изучать Каббалу. Он воспринял это без большого воодушевления, но впоследствии расспрашивал о моих уроках. А когда я сказал ему, что существует возможность, чтобы пришли оттуда к нам несколько молодых людей, то Рав осторожно согласился.

Так в наш Бейт-Кнессет пришло сразу несколько десятков молодых парней, в тихом замкнутом месте закипела жизнь, за полгода были сыграны десяток свадеб. Жизнь Рава, все его дни приобрели новое значение, он светился от такого наплыва жаждущих изучать Каббалу!

Обычно наш день начинался в 3 часа утра с учебы в группе учеников до 6 утра. Каждый день с 9 до 12 мы выезжали в лес, в парк или на море. По возвращении я уходил домой работать. С 5 до 8 вечера продолжались занятия. После чего расходились, чтобы встать вновь в 3 часа ночи. И так годами. Все занятия записывались мною на магнитофон и за прошедшие годы собралось более тысячи кассет.

В последние 5 лет (с 1987 года) Рав принял решение выезжать раз в 1-2 недели на два дня в Тверию, что мы вместе и делали, отрываясь ото всех, что еще больше сблизило нас. С годами я все сильнее ощущал, какая между нами духовная пропасть, но как преодолеть ее, не представлял.

Я явственно ощущал эту духовную пропасть, наблюдая за человеком, который радуется, когда есть возможность что-то в теле подавить, для которого принятое решение является законом, а график и распорядок незыблем, несмотря на усталость или недомогание.

Падая от усталости, этот Человек выполнял до последней буквы все то, что наметил, и никогда не уменьшал взятое на себя. Задыхаясь от усталости, до того уставая, что не было сил даже дышать, страдая от затрудненного дыхания, он не отменил, не сократил ни одной встречи или занятия, не переложил на других ни одной своей обязанности.

Постоянно наблюдая это, я постепенно терял уверенность в себе и своем успехе, хотя понимал, что эти нечеловеческие силы появляются при осознании величия задачи и исходят свыше.

Не могу забыть ни одной минуты, проведенной во время наших поездок в Тверию или в Мирон, когда долгими вечерами сидел напротив Него и впитывал Его взгляд, Его беседы, Его песни. Эти впечатления где-то глубоко живут во мне, и надеюсь, именно они определяют сегодня мой путь. Эта информация, накопившаяся в ежедневном 10-часовом общении в течение 12 лет, действует самостоятельно. Часто Рав говорил что-то непонятное, прибавляя, что сказал это для того, чтобы сказанное вышло в мир, чтобы само жило и действовало в этом мире.

Поскольку издавна среди каббалистов практиковались собрания в группе, я попросил Рава организовать подобные группы для вновь пришедших и изложить нам план собрания письменно. Это привело к тому, что он начал писать еженедельные статьи.

Так продолжалось вплоть до его ухода от нас. В итоге нам осталось несколько томов исключительного по своему содержанию материала, который вместе с моими записями на пленках составляет на сегодня воистину собрание комментариев и объяснений по всей Каббале.

В дни празднования Нового года Рав почувствовал недомогание и давление в груди. Только после многих моих уговоров согласился лечь на обследование. Медицина ничего не обнаружила, но ранним утром 5 числа месяца Тишрэй 5752 (1991) года его не стало.

Десятки пришедших в последние годы учеников продолжают как изучение Каббалы, так и внутреннее постижение творения. Учение живет, как и во все века. Раби Йегуда Ашлаг и его старший сын, мой рав, Рав Барух Ашлаг своими трудами развили и приспособили это учение для нашего поколения, для того вида душ, которые в настоящее время нисходят в наш мир.

От издателя

Михаэль Лайтман

КАББАЛА

ТАЙНОЕ УЧЕНИЕ

Готовятся к изданию:

Наука Каббала

Том I, II

Эта книга – основной вводный курс для начинающих изучать «Науку Каббала». Великий каббалист 20 века, почти наш современник, Бааль Сулам «перевел» основные каббалистические источники, создававшиеся в течение тысячелетий, на язык современных поколений, которым предназначено проникнуть в высшие духовные миры. С помощью книг Бааль Сулама древнее учение становится доступно массам (как и предсказывали каббалисты прошлого).

Главная часть книги – «Введение в науку Каббала» – приводится с комментариями последователя и наследника Бааль Сулама, современного каббалиста Михаэля Лайтмана. Учебный курс включает большой альбом графиков и чертежей духовных миров, контрольные вопросы и ответы, словарь каббалистических терминов.

Том II – каббалистический словарь.

Ступени возвышения

Том I, II

Книга основана на статьях знаменитого каббалиста Баруха Ашлага. В ней впервые раскрывается методология работы каббалиста в группе. Она дает уникальный анализ путей духовного развития человека. Здесь раскрывается то, что ранее передавалось исключительно устно – от учителя избранным ученикам. Книга несет в себе неоценимое Знание.

Книга Зоар

Книга «Зоар» - основная и самая известная книга из всей многовековой каббалистической литературы. Хотя книга написана еще в IV веке н.э., многие века она была скрыта. Своим особенным, мистическим языком «Зоар» описывает устройство мироздания, кругооборот душ, тайны букв, будущее человечества. Книга уникальна по силе духовного воздействия на человека, по возможности её положительного влияния на судьбу читателя.

Величайшие каббалисты прошлого о книге «Зоар»:

...Книга «Зоар» («Книга Свечения») названа так, потому что излучает свет от Высшего источника. Этот свет несет изучающему высшее воздействие, озаряет его высшим знанием, раскрывает будущее, вводит читателя в постижение вечности и совершенства...

...Нет более высшего занятия, чем изучение книги «Зоар». Изучение книги «Зоар» выше любого другого учения, даже если изучающий не понимает...

...Даже тот, кто не понимает язык книги «Зоар», все равно обязан изучать её, потому что сам язык книги «Зоар» защищает изучающего и очищает его душу...

Талмуд Десяти Сфирот

Совершенно уникальная книга, написанная величайшим каббалистом Бааль Суламом (Властелин Восхождения). Автор использовал материалы книги «Зоар» и фундаментальную работу великого АРИ «Древо Жизни» (16 томов классической Каббалы). Соотнеся их со своими постижениями Высшего Управления, он создал гениальный научный труд, раскрыв глубинные пласты Каббалы современным поколениям.

Книга является самым мощным учебным пособием даже для самых серьезных каббалистов. Она совершенно логично, мотивированно, подробно и доказуемо разъясняет все причинно-следственные связи Высшего Замысла Творения и его воплощения. Ни один момент в процессе создания мироздания не остался за пределами настоящей научной работы. Нет во всемирном архиве книги, могущей соревноваться с «Талмуд Десяти Сфирот» по глубине познания, широте изложения и величию объекта изучения.

Эта книга принадлежит к числу самых важных книг человечества.

Уроки Каббалы

(Виртуальный курс)

Крупнейший ученый-каббалист современности Михаэль Лайтман снимает завесы тайны с науки, уникальной по точности и глубине познания. В древней книге «Зоар» («Сияние») сказано о времени, когда пробудится в людях стремление вырваться в Высший мир, овладеть Высшими силами. Сегодня десятки тысяч учеников во всем мире получили возможность изучать скрытую до недавних пор методику постижения Высшего благодаря трансляциям виртуального курса Международной академии Каббалы.

Изложенный в книге материал виртуального курса явится вдохновляющим пособием для учащихся первых лет обучения и послужит всем, кто стремиться постичь Законы мироздания

Учение Десяти Сфирот

Материал книги основан на курсе, прочитанном руководителем Международной академии Каббалы равом Михаэлем Лайтманом по фундаментальному каббалистическому источнику «Талмуд Десяти Сфирот».

В книгу вошли комментарии на 1, 3 и 9части уникального научного труда Бааль Сулама, описывающего зарождение души, ее конструкцию и пути постижения вечности и совершенства.

Каббалистический форум 2001

Книга «Каббалистический форум 2001» является избранным материалом из каббалистического интернет-сайта Международного каббалистического центра «Бней Барух». Форум содержит более двух миллионов вопросов изучающих Каббалу со всего мира.

В сборник вошли лишь наиболее интересные, любопытные и полезные для продвигающихся Путем Каббалы слушателей ответы Михаэля Лайтмана.

Настоящая книга рекомендована читателю, интересующемуся проблемами происхождения душ, корректировки судьбы, отношения Каббалы к семье, воспитанию, роли женщины.

Международный каббалистический центр «Бней Барух»

BNEI BARUCH P.O.B. 584 BNEI BRAK 51104 ISRAEL
Адрес электронной почты: russian@kabbalah.info

Международная академия Каббалы

заочное отделение

Виртуальный курс для начинающих

- Международная академия Каббалы транслирует по всемирной системе Интернет курс заочного обучения «Введение в Науку Каббала».
- Участие в этих занятиях обеспечит освоение основ Науки Каббала, постижение высшего мира, знание о своем предназначении, причинах происходящего с вами, возможность управления судьбой.
- Курс рассчитан на начинающих и предназначен для дистанционного обучения на языках английском, русском, иврите.
- Занятия транслируются в видео- и аудиоформатах, с демонстрацией чертежей, возможностью задавать вопросы и получать ответы в режиме реального времени.
- Во время прямой трансляции, действует служба технической поддержки.
- Курс бесплатный, включая рассылку учащимся учебных пособий.
- Успешные занятия поощряются поездкой на семинары, происходящие 2 раза в год в разных странах мира.

Адрес подключения

http://www.kabbalah.info/ruskab/translation_new.htm

Архив курса

http://www.kabbalah.info/ruskab/virt_uroki/virt_urok.htm

Русское отделение

http://www.kabbalah.info/ruskab/index_rus.htm

Международный
каббалистический центр
«Бней Барух»

Издательская группа
kabbalah.info
+972 (3) 619-1301

Для книготорговых организаций

(заказ учебных пособий)

Америка и Канада.................... info@kabbalah.info, +1-866 LAITMAN

Израиль.................................. zakaz@kabbalah.info, +972 (55) 606-701

Россия.. +7 (095) 721-7154, 109-0131
109341, Москва, а/я 42

Запись в группы изучения Каббалы

(обучение бесплатное)

США (Восточное побережье)........... +1 (718) 288-2222
США (Западное побережье)............. +1 (650) 533-1629
Канада.. +1-866 LAITMAN
Израиль..+972 (55) 606-701
Россия... +7 (095) 721-7154, 109-0131

Заказ книг и учебных материалов на английском языке
+1-866 LAITMAN

Международный каббалистический центр
«Бней Барух»
http://www.kabbalah.info

Учитывая растущий интерес к знаниям Каббалы во всем мире, Академия Каббалы под руководством рава М.Лайтмана издает серию книг «Каббала. Тайное учение», транслирует виртуальные уроки, совершенствует интернет-сайт, открывает по всему миру группы изучения Каббалы. В рамках нашего заочного университета занимаются более 700 000 учащихся с 68 стран мира (на 1.01.2003).

Вся деятельность Академии Каббалы осуществляется на добровольные взносы и пожертвования ее членов. Каббалистические знания вносят в мир совершенство, безопасность, высшую цель.

Мы с благодарностью примем Вашу помощь.

Наш счет:
wire transfer
Bnei Baruch
TD Canada Trust
7967 Yonge Street
Thornhill, Ontario
Canada L3T 2C4
Tel: 905 881 3252
Branch / Transit #: 03162
Account #: 7599802
Intuition Code: 004
Swift Code: TDOMCATTTOR

Михаэль Лайтман

серия

КАББАЛА

ТАЙНОЕ УЧЕНИЕ

ОСНОВЫ КАББАЛЫ

Научно-просветительский фонд

«Древо Жизни»

Издательская группа

kabbalah.info

+972 (3) 619-1301

ISBN 590217208-X

9 785902 172086

Подписано в печать 10.02.2003. Формат 60 × 90 $^{1}/_{16}$.

Печать офсетная. Усл. печ. л. 40.

Тираж 7000 экз. Заказ № 731.

Отпечатано в ОАО «Можайский полиграфкомбинат».

143200, г. Можайск, ул. Мира, 93.

БХИНОТ	ОЛАМОТ	СФИРОТ
ШОРЕШ	А``К	КЕТЕР
АЛЕФ	АЦИЛУТ	ХОХМА
БИНА	БРИЯ	БРИЯ
ГИМЕЛ	ЕЦИРА	З``А
ДАЛЕТ	АСИЯ	МАЛХУТ

9 первых сфирот { 1, 1, 1, 6 — Х-Г-Т-Н-Х-Е=З"А

МАЛХУТ { 1

ИТОГО: 10 сфирот

К —
Х —
Б —
З"А —
М —

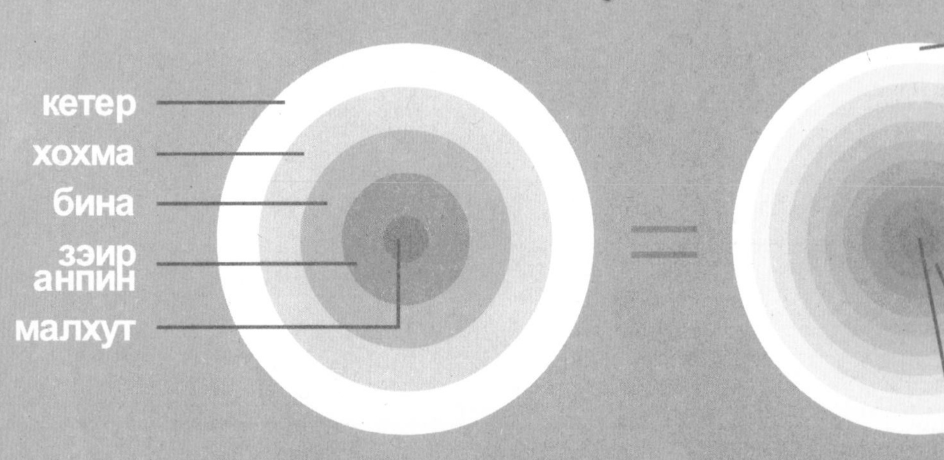